中国年鉴精品工程
High Quality Project of China's Yearbook

赣榆年鉴
2023
GANYU YEARBOOK

连云港市赣榆区党史地方志工作办公室 编

方志出版社
Publishing House of Local Records

图书在版编目(CIP)数据

赣榆年鉴. 2023 / 连云港市赣榆区党史地方志工作办公室编.—北京 : 方志出版社, 2023.12

ISBN 978-7-5144-6034-6

Ⅰ. ①赣… Ⅱ. ①连… Ⅲ. ①赣榆—2023—年鉴 Ⅳ. ①Z525.34

中国国家版本馆CIP数据核字(2023)第240627号

责任编辑:刘　芳

责任校对:张玉霞

责任印制:梅中英

出 版 者:方志出版社

地　　址:北京市朝阳区潘家园东里9号(国家方志馆4层)

邮　　编:100021

网　　址:http://www.zgfzcb.cn

发　　行:方志出版社图书营销中心(010-67110500)

印　　刷:南京凯德印刷有限公司

开　　本:889毫米×1194毫米 1/16

印　　张:24.25

字　　数:798千字

版　　次:2023年12月第1版

印　　次:2023年12月第1次印刷

定　　价:200.00元

连云港市赣榆区地方志编纂委员会

（2023年10月）

《赣榆年鉴（2023）》编辑部

国务院办公厅2015年8月印发的《全国地方志事业发展规划纲要(2015—2020年)》(以下简称《规划纲要》)要求,到2020年要做到地方综合年鉴一年一鉴,公开出版,实现省、市、县三级综合年鉴全覆盖。《规划纲要》还要求,坚持存真求实,正确处理质量与进度的关系,将精品意识贯穿于年鉴编纂出版工作全过程。2015年12月,中国地方志指导小组办公室启动中国年鉴精品工程,将其与先期实施的中国志书精品工程视为姊妹工程,一道作为加强地方志质量建设的重要抓手。

实施中国年鉴精品工程有助于推动中华优秀传统文化传承发展。近年来,在党中央、国务院的高度重视和关心支持下,全国地方志事业发展迎来最好的发展时期。年鉴编纂发端于欧洲,鸦片战争后被引入我国,在我国走过了100多年的发展历史。在长期的编纂中,年鉴在内容和形式上不断发展,逐渐演变成为适合反映中国国情、具有鲜明中国特色的一种文化载体,并在改革开放后出现了快速发展的局面。2006年5月,国务院《地方志工作条例》颁布施行,明确将地方综合年鉴纳入地方志工作范畴,年鉴工作走上了有法可依的轨道。《规划纲要》出台,为从依法编鉴转变到依法治鉴指明了方向。2016年12月,中国地方志指导小组印发《全国年鉴事业发展规划(2016—2020年)》,更进一步明确了到2020年全国年鉴事业的任务书、时间表、路线图。经过多年的发展,年鉴工作已经成为地方志工作的重要组成部分,成为中华民族优秀文化传统的有机组成部分,其存史、育人、资政作用日益彰显。实施中国年鉴精品工程,是年鉴工作者紧扣时代脉搏、坚持创新发展的一项重要举措,对于坚定文化自信,传承弘扬好中华优秀传统文化意义重大。

实施中国年鉴精品工程有助于为全面建成小康社会提供更多智力支持和历史借鉴。党的十八大作出全面建成小康社会的战略部署。党的十八届五中全会提出到2020年如期实现全面建成小康社会的目标要求。完成《规划纲要》确定的目标任务是年鉴工作者的神圣使命,更是年鉴工作者以自身力量为全面建成小康社会献上的厚礼。一方面,可以更好地利用年鉴这种年度资料性文献,及时记录各地区在全面建成小康社会伟大征程中每年取得的新成绩和新经验、出现的新情况和新问题、涌现的优秀人物和典型事迹等;另一方面,可以更好地积累地情、国情资料,为推动经济社会发展和深化改革提供智力支持,为推进国家治理体系和治理能力现代化提供历史借鉴。

实施中国年鉴精品工程有助于全面推进地方志事业转型升级。地方志不是单纯修志编鉴工作,而是全体方志人"修志问道,以启未来"的一项事业,这项事业包含着巨大的时代担当与使命追求。地方志工作要在"五大建设"总体布局和"四个全面"战略布局中发挥与其自身价值、功能相匹配的作用,就要因时而谋、乘势而上、顺势而为,全面推进地方志事业转型升级。转型升级，当下最重要的目标就是完成“两全”目标，包括“年鉴全覆盖”目标；长远的目标就是基本形成地方志编修体系、理论研究和学科建设体系、质量保障体系、资源开发利用体系、工作保障体系“五位一体”的地方志事业发展综合体系，包括“五位一体”的年鉴事业发展综合体系。中国年鉴精品工程是一项探索工程，也是一项创新工程，是推进地方志事业转型升级的重要内容。通过实施中国年鉴精品工程，不仅有助于确保年鉴质量，不断编纂出版具有鲜明时代特征、年度特点和地域特色的精品年鉴，也有助于推动年鉴工作适应经济社会发展形势和时代需要，不断改革创新，与时俱进。

多年来，在中国地方志指导小组办公室的指导和全国各级地方志工作机构的共同努力下，年鉴种类数量快速增长，年鉴成果粲然可观，为实施中国年鉴精品工程奠定了坚实的基础。实施中国年鉴精品工程，就是要在全国地方志系统起到示范作用，进一步培育精品意识，打造精品年鉴，以点带面，在提高年鉴质量方面探索出一条切实可行之路，使这项探索工程和创新工程能够积累经验，发挥引领作用。

“万山磅礴，必有主峰；龙衮九章，但挈一领。”实施中国年鉴精品工程，是筑牢地方志事业特别是年鉴事业发展根基之举，其意义与价值不言而喻。但编修出年鉴精品佳作，绝非朝夕之功，需要付出长期艰辛的努力。希望通过实施中国年鉴精品工程，能够进一步推进年鉴质量建设，使年鉴真正成为传承中华民族优秀传统文化的重要载体，成为展示中国国情、地情的重要窗口，成为“为当代提供资政辅治之参考、为后世留下堪存堪鉴之记述”的资源宝库，在全面建成小康社会过程中作出更大贡献。

是为序。

中国社会科学院原副院长
原中国地方志指导小组常务副组长　李培林

编辑说明

一、《赣榆年鉴》是由连云港市赣榆区人民政府主办、连云港市赣榆区党史地方志工作办公室负责编纂的年度资料性文献，于2003年出版第1卷，此后每年公开出版1卷，并标以出版年份，本卷年鉴为第21卷。

二、《赣榆年鉴（2023）》以马克思列宁主义、毛泽东思想、邓小平理论、"三个代表"重要思想、科学发展观、习近平新时代中国特色社会主义思想为指导，坚持辩证唯物主义和历史唯物主义的立场、观点和方法，遵循实事求是的原则，注重年度特点和地方特色，全面、系统、准确地记载2022年度赣榆区自然、经济、政治、文化、社会、生态等方面的基本情况，科学地反映赣榆区经济社会建设取得的新典型、新成就、新经验，为社会各界了解和研究赣榆区提供基本的信息资料，力求发挥年鉴存史、资政、育人的重要作用。

三、本卷年鉴记述时间原则上为2022年1月1日至2022年12月31日，特载、专文、区情概览等内容有所上溯或下延。记述地域范围以2022年赣榆行政区域为界。

四、与《赣榆年鉴（2022）》相比，本卷年鉴新增"数字赣榆""赣榆港区""旅游业"类目，增设"政府实事工程""机关事务管理""信用体系建设""种业""农业产业化""物流业""乡村文化""乡村治理"等20多个分目，突出赣榆创新发展、绿色发展、高质量发展的时代风貌和年度特色。

五、本卷年鉴采用分类编辑，分为类目、分目、条目3个层次，以条目为基本记述单元。卷首设专题图照、特载、专文、大事记，主体部分设区情概览、中共连云港市赣榆区委员会、连云港市赣榆区人民代表大会、连云港市赣榆区人民政府、政协连云港市赣榆区委员会、连云港市赣榆区纪委监委、民主党派 工商联、群众团体、法治、军事、经济管理、海洋经济、连云港港赣榆港区、开放型经济、数字赣榆、交通、农业、工业、商贸服务业、金融业、旅游业、房地产业、城市建设与管理、乡村振兴、生态环境保护、科学技术、教育、文化、卫生健康、体育、社会生活、公共安全、镇域发展、人物 荣誉34个类目，卷尾设统计资料、附录、索引。分目286个、条目1388个，专题图照设赣榆名片、年度聚焦、非凡十年3个专题64幅、随文图照178幅，表格28张。

六、本卷年鉴交叉内容采用参见法。个别地方设"链接"，收录相关资料，以扩展记述内容的信息量。

七、本卷年鉴中数字用法、标点符号用法分别采用国家标准《出版物上数字用法》（GB/T 15835—2011）、《标点符号用法》（GB/T 15834—2011），计量单位采用国家技术监督局1993年12月发布的《量和单位》系列国家标准。根据农业生产的实际情况，本卷年鉴部分内容采用"亩"作计量单位。

八、本卷年鉴文稿资料根据赣榆区党史地方志工作办公室审定的年鉴组稿计划和撰写要求，由赣榆区相关部门、单位指派专人编写，并经相关部门、单位领导人审核签字。为完整反映相关领域的发展情况，《赣榆年鉴》编辑部采编和补充了部分内容。

九、本卷年鉴中的统计数据，原则上采用赣榆区统计局提供的《统计年鉴（2023）》中的统计数据。由于数据来源、时间、统计口径和方式的不同，文中数据或有差异，使用时请以赣榆区统计局提供的统计数据为准。

十、本卷年鉴的检索方法有目录和索引两种。目录在卷首，索引在卷末。本卷年鉴加入中国知网（www.cnki.net），方便读者读鉴用鉴。

赣榆名片

红色沃土

位于抗日山上的抗日烈士纪念塔

赣榆是一片有着光荣革命传统的红色土地。1926年就有共产党人活动，1928年建立中共党组织。抗日战争时期，赣榆是山东抗日根据地党政军领导机关所在地，是滨海抗日根据地的核心区。刘少奇、罗荣桓等老一辈无产阶级革命家在赣榆生活战斗过。解放战争时期，赣榆人民万人大参军、万人大支前。新中国成立前后，有3943位赣榆儿女为党和人民的事业献身。抗日山烈士陵园是全国青少年教育基地、全国爱国主义教育示范基地、首批国家级抗战纪念设施遗址。黑林镇大树村、班庄镇抗日山村入选中组部全国红色村，青口十八勇士纪念馆、抗日山、小沙东海战纪念地纳入全省首批100个红色地名目录。

教育强区

赣榆县有尊师重教、崇文尚学传统。赣榆尚学之风浓厚，在宋、元时已有县学之设。1995年，在江苏省率先通过普及义务教育评估验收。1997年、2001年，赣榆县连续两次被评为全国基本普及义务教育和基本扫除青壮年文盲“两基”工作先进县。赣榆有江苏省四星级普通高中6所、四星级职业高中2所，四星级高中拥有量全省领先。高考成绩从1999年至2022年连续24年保持全市第一。

落成于1902年的文峰塔

徐福故里

赣榆是秦代方士徐福的故里。1985年12月1日，时任全国政协副主席赵朴初为金山镇徐福村题写村碑。赣榆区有徐福祠、徐福庙、徐福纪念馆、徐福生态园、徐福广场等景点、景区，有徐福茶、徐福酒、徐福粉丝、徐福石业等一大批徐福品牌。1990—2022年，举办12届中国·赣榆徐福节庆活动。

位于秦山岛上的徐福石像

美食之乡

赣榆依山傍海，享山川之饶，受渔盐之利，食材来源于山河湖海，山珍海味俱全，是著名的美食之乡。黄海基围虾、东方对虾、海州湾梭子蟹、黄海比目鱼等海鲜远近闻名。塔山湖湖鲜、赣马牛羊肉、金山鹌鹑、墩尚泥鳅、谢湖大樱桃、石桥黄桃等颇受欢迎。赣榆煎饼、赣榆虾酱、蟹仔豆腐、豆沫糊涂等别具风味。“赣榆梭子蟹”“谢湖大樱桃”“石桥黄桃”等获批国家地理标志农产品，“赣榆对虾”为地理标志证明商标。

电商高地

赣榆区获批“江苏省农村电商示范县”，农业农村部“互联网+”农产品出村进城工程试点县。7个镇获评“中国淘宝镇”，12个村获评“中国淘宝村”。赣榆海产品电商集聚区，被评为江苏省县域电商产业集聚区。建成赣榆区电商物流产业园、抖音（连云港）生鲜电商直播基地、京东（赣榆）分拣中心、宝鲜乐冷链仓储等一大批电商基地。

年度荣誉

全国投资潜力百强区
第二批全国农作物病虫害绿色防控整建制推进县（市、区）
全国信访工作示范县（市、区、旗）
国家知识产权强县建设试点县(市、区)
江苏省第十二届双拥模范城（县、区）
江苏省土地执法先进县（市、区）
江苏省知识产权建设示范县（区）
“科创江苏”试点县（市、区）
江苏省“信用便企”试点地区

年度聚焦

2022年，赣榆区重点培育粮油和食品加工、光伏新材料、石化及化工新材料、钢铁四大产业支柱。新海石化、镔鑫钢铁入选江苏百强和制造业百强企业。以电子商务为引领的现代服务业蓬勃发展，中菲跨境电商产业园、赣榆海产品电商集聚区、峰叠实业电商服务中心、海后村海产品电商服务中心、九里海产品电商创业园等一大批电商平台成为全区经济新增长引擎。城市功能布局持续优化，徐福片区、义塘片区城市道路、教育配套、水系景观基本成型。乡村环境更加优化，创成2个省级特色田园乡村、3个市级特色田园乡村，建成7个农村新型社区。

2022年1月7日、15日，中央电视台聚焦报道赣榆区无缝对接互联网，传统渔民变身电商主播，点赞赣榆区海洋电商经济。图为1月20日，石桥镇电商直播现场

（区融媒体中心　供图）

2022年1月25日，连云港市农科院与江苏沃田集团在沃田集团研发中心举行“江苏省沃田浆果产业技术研究院”“连云港市农科院沃田工作站”签约及揭牌仪式

（区农业农村局　供图）

2022年4月26日，赣榆区组织银企对接会，开展知识产权质押融资，帮助解决中小企业融资难题

（区市场监管局　供图）

2022年6月3日，连云港市龙舟赛在班庄镇石梁河水库渔人码头举行，赣榆区有10支队伍参赛。在农民组200米直道赛、500米直道赛比赛中，海头镇代表队、墩尚镇代表队分获冠军 （司 伟 摄）

2022年7月，在江苏省第二十届运动会青少年部射箭比赛中，连云港市（赣榆实验中学）射箭队摘得2金1银

（区融媒体中心　供图）

2022年7月1日，赣榆区举行新业态新就业群体党建“榆快驿”品牌发布暨“1+5+N”服务阵地集中揭牌仪式。“1+5+N”服务阵地，即建成1个集成服务中心、5个行业服务枢纽、N个特色服务节点。赣榆区利用原行政审批中心，重点打造1个集成服务中心，提供“一站式”、共享型综合服务；围绕货车司机、外卖骑手、快递小哥、海鲜电商、跨境电商5个重点领域，布点5个行业服务枢纽，提供多元暖心服务；依托社区小区、公园、菜鸟驿站等N个特色服务节点，首批设置70余个暖心小栈

（区委组织部　供图）

2022年7月4日，安安集团、赣榆经济开发区年产5000万套光伏组件边框项目签约　　（区融媒体中心　供图）

2022年8月3日，中粮油脂连云港基地项目签约。该项目位于黄海粮油科技产业园，占地80公顷，总投资100亿元，全部建成后可实现油料加工能力300万吨/年，油脂精炼能力60万吨/年，粮食贸易300万吨/年　　（司　伟　摄）

2022年，赣榆区加强生态文明建设，到此栖息繁殖的鸟类种群和数量越来越多。图为10月23日，数万只反嘴鹬在赣榆区沿海湿地翔集

（司 伟 摄）

2022年9月15日，全国大众创业万众创新活动周江苏分会场，赣榆区被授予“科创江苏”试点区县称号

（程 琪 摄）

2022年9月20日，赣榆区“全国科普日”暨科普大集活动在区新时代文明实践中心广场启动 （区科协 供图）

2022年9月23日，“丰收迎盛会　山海唱欢歌”连云港市2022年中国农民丰收节暨赣榆第二届生态稻虾美食文化节启动仪式在城头镇举行（司　伟　摄）

2022年10月1日，赣榆区“喜迎二十大　奔跑健体魄”马拉松系列赛举行。图为颁奖仪式现场（司　伟　摄）

2022年12月5日，秦山岛获批国家AAAA级旅游景区。秦山岛面积0.98平方千米，有神路、棋子湾、受珠台、李斯碑、奶奶庙、碧霞宫等景点

（樊豹声　摄）

2022年10月22日，赣榆渔港经济区海头核心区峰叠实业生态电商中心项目奠基开工仪式。峰叠实业生态电商中心项目总投资3亿元，占地5.4公顷，建筑面积6.63万平方米 （司　伟　摄）

2022年12月1日，“一带一路”部分共建国家组成企业考察团到赣榆跨境电商直播基地考察 （司　伟　摄）

非凡十年

2013—2022年，赣榆全面推进中国式现代化赣榆新实践，经济社会保持高质量发展态势。地区生产总值从2013年的376.41亿元，增加到2022年的727.43亿元。人民生活水平不断提升，城镇居民人均可支配收入从2013年的2.15万元增加到2022年的4.02万元，农村居民人均可支配收入从2013年的1.16万元增加到2022年的2.38万元。实施城市东进战略，城市建设日新月异，建成区面积从2013年的28平方千米扩展到2022年的42平方千米。赣榆先后荣获全国综合实力百强县、全国科学发展百强县等荣誉称号。

/数“说”赣榆/

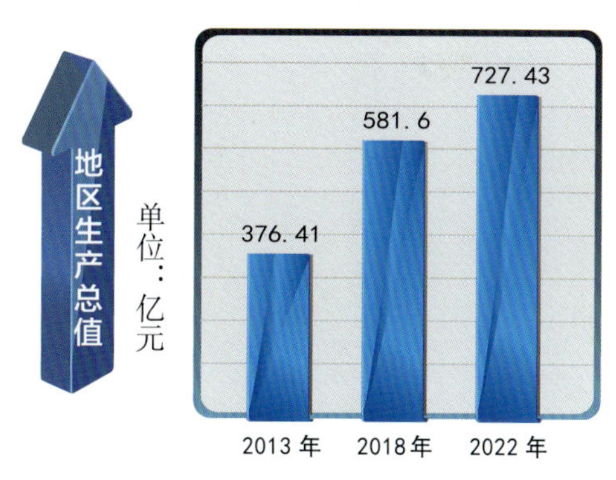

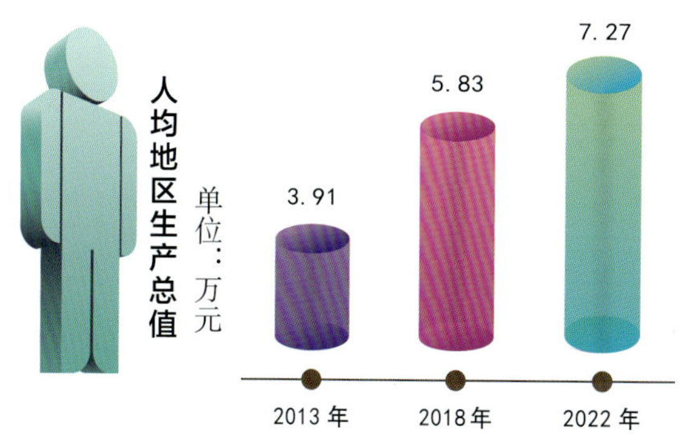

第一产业 单位：亿元

2013年	2018年	2022年
56.24	99.36	116.4

第二产业 单位：亿元

2013年	2018年	2022年
187.55	263.82	310.26

第三产业 单位：亿元

2013年	2018年	2022年
132.62	218.42	300.77

年末金融机构人民币各项存款余额

单位：亿元

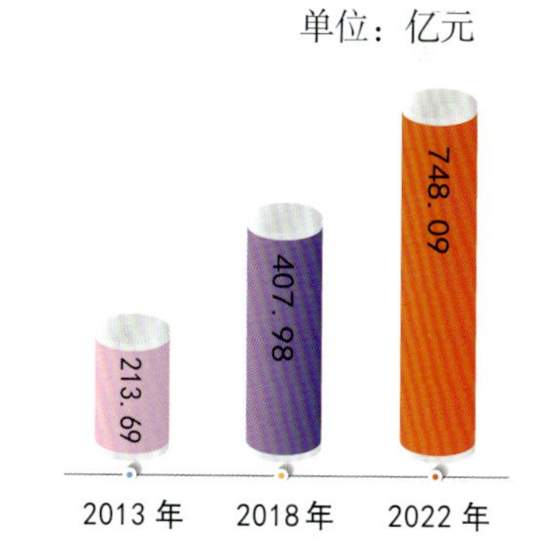

城镇居民人均可支配收入 单位：元

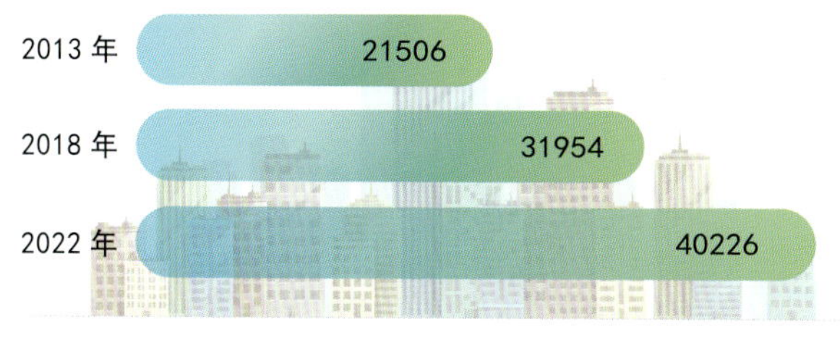

农民人均可支配收入 单位：元

2013年，农村、城市低保标准分别提高到270元、350元。
2018年，农村、城市低保标准分别提高到每人每月480元、500元。
2022年，城乡低保标准提高到每人每月650元（从2019年开始，开始实行城乡一体化，城乡标准统一）。

/ 产业赋能　经济高质量大发展 /

2013—2022年，赣榆经济社会实现高质量发展。赣榆地区生产总值连跨4个百亿级台阶，突破700亿元，园区体系焕发勃勃生机，工业应税销售收入达821亿元。

赣榆经济开发区，1993年江苏省人民政府批准设立，是一家以都市工业为主的省级复合型工贸园区。2022年，完成工业应税销售收入98.32亿元，固定资产投资35.68亿元，规上工业企业产值61.94亿元，外贸进出口额3.7亿美元。图为2022年赣榆经济开发区全景　（司　伟　摄）

赣榆海洋经济开发区，2003年1月江苏省人民政府批准设立，是全省首家以海洋产业为主的省级开发区，是连云港市唯一一家海洋经济开发区。2022年，机构搬迁至柘汪临港产业区，实现一般公共预算收入6.85亿元，工业应税销售收入559.33亿元，外贸进出口额19.12亿美元，实际利用外资及港澳台资3666万美元。图为2022年赣榆海洋经济开发区全景

（司　伟　摄）

赣榆高新技术产业开发区，2022年1月区政府批准设立，由原赣榆海洋经济开发区和海州湾新材料产业园融合而成。实现一般公共预算收入 6500万元，工业企业产值60.82亿元，工业应税销售收入71.09 亿元，外贸进出口额1.33亿美元。图为2022年赣榆高新技术产业开发区全景

（司　伟　摄）

/ 电商崛起　经济转型大提速 /

2017年，赣榆区实施电商大发展战略，区委、区政府相继出台电商大发展三年规划、产业创品牌实施方案等系列文件，以电商为“支点”撬动经济转型发展。2018年，电商交易额41.35亿元。2019年，电商交易额突破130亿元。2022年，电商交易额170亿元，快递上行量1.2亿件。赣榆区先后获批“江苏省农村电商示范县”、全国“互联网+”农产品出村进城工程试点县、全区有7个镇获评中国“淘宝镇”、12个村获评“淘宝村”称号。

2020年6月10日，位于石桥镇的京东连云港分拣中心现场　（司　伟　摄）

2021年11月6日，中国连云港（赣榆）中菲跨境电商产业园揭牌仪式　　（司　伟　摄）

2022年4月，石桥镇九里海产品电商创业园全景　　（司　伟　摄）

/ 交通运输　基础设施大突破 /

赣榆港区

2012 年 12 月 25 日，赣榆港开港通航，赣榆结束“有海无港”历史。截至 2022 年，赣榆港区完成投资过百亿元，建成 12 千米防波堤、23 千米 10 万吨级航道、4 个 15 万吨级泊位、27.4 万立方米罐区、11 千米管廊架，累计完成吞吐量 1.1 亿余吨。

2018年12月23日，赣榆港区口岸扩大开放获国务院正式批复

2015年1月29日，赣榆港10万吨级航道开航
（朱代桂　摄）

（张　杰　摄）

公路交通

2013—2022 年，赣榆公路建设大提升，公路总里程 2703.2 千米，公路密度达 1.78 千米/平方千米。其中，高速公路 92.16 千米，一级公路 151 千米，二级公路 451.45 千米，三级公路 152.79 千米，四级公路 1855.8 千米。赣榆有客运企业 6 家，客运车辆 456 辆，其中新能源公交车 249 辆，开通 18 条中长途班线、13 条城乡公交一体化班线、5 条城市公交班线及 15 个镇 18 条镇村公交班线，日发客运量近 1.2 万人次。

2013年12月30日，赣马镇镇村公交开通　　（朱代桂　摄）

2017年5月9日，赣榆区50辆CNG捷达出租车投入运营　　（区交通局　供图）

2017年9月28日，赣榆区举行新能源公交车运营仪式　　（区交通局　供图）

铁路交通

2018 年 12 月 26 日，青盐铁路自青岛北站引出，经日照、连云港至盐城北站，线路全长 428 千米，在赣榆境内设赣榆站，境内铁路长 52.5 千米。青盐铁路的开通运营，结束了赣榆区不通火车的历史。

2018年12月26日，首列动车组列车停靠在赣榆站
（区交通局　供图）

/ 城市建设　日新月异大提升 /

2013—2022年，赣榆旧城改造加快实施，万达广场、二道街文化街区改造完成。赣榆新城迅速发展，琴岛天籁“海上新城”快速崛起，徐福片区提速开发。赣榆城市建成区面积从2013年的28平方千米扩展到2022年的40.8平方千米。

滨海新城，位于赣榆城区东部，2003年启动新城规划，规划面积14平方千米。2022年，滨海新城初具规模，生态环境优美，海洋文化彰显，城市功能完善。图为2022年滨海新城全景　（张　杰　摄）

琴岛天籁片区，位于赣榆新城最东部，滨海新城的核心片区，规划面积4.97平方千米，其中陆域面积2平方千米，围填海面积2.97平方千米。2012年动工建设。2022年，秦东门广场、秦东门雕塑、人造沙滩、徐福广场、滨海特色休闲街区、陆岛交通码头、千米栈道等建设完成，呈现碧海金沙的现代海滨城市风貌。图为2022年琴岛天籁片区全景　　（司　伟　摄）

白鹭公园，位于赣榆新城东部，2021年4月开工建设，2022年12月竣工，公园占地面积1.77平方千米，总投资1.7亿元，是大型湿地公园。图为2022年白鹭公园全景　　（司　伟　摄）

和安湖湿地公园，位于赣榆新城东部，2009年开工建设，2013年创成国家AAA级景区。公园占地面积建有百合广场、游艇码头、游客中心、赣榆八景、贝壳建筑、丽山流水等景点。和安湖湿地公园有丰富的陆生和水生动植物资源，是一处天然的生态旅游胜地。图为2022年和安湖湿地公园全景（张　杰　摄）

二道街片区，2018年开工建设，总占地面积3.33万平方米，总投资4亿元，二道街片区建筑采用复古风格，重建牌坊、盐科司、许公馆、老字号商铺等。2021年2月建成。图为2022年二道街片区夜景　（司　伟　摄）

2019年9月27日，吾悦广场开业　（司　伟　摄）

2022年11月25日，万达广场开业　　（司　伟　摄）

赣榆区人民医院，2015年搬迁至新城，医院占地面积9.47万平方米，建筑面积12.6万平方米，设有33个病区，45个临床和医技科室　　（司　伟　摄）

/ 乡村振兴　共同富裕大跨越 /

2013—2022 年，赣榆大力实施乡村振兴战略，加快农村产权制度改革，培育新型农业主体，加快乡村产业园区、样板村建设。2022 年，全区区级以上农业产业化龙头企业 142 家。行政村集体经营性收入全部超 30 万元，农村居民人均可支配收入 23811 元。

厉庄镇谢湖村建成533万平方米樱桃种植示范基地，1890平方米组培中心，3600平方米智能温室大棚，2400平方米采摘体验冷棚，3.33公顷温室大樱桃示范棚，年产值2.4亿元。谢湖村入选全国乡村特色产业产值超亿元村　（司　伟　摄）

金山镇有茶园面积80万平方米。其中徐福茶厂规模最大，有固定资产1000余万元，总占地面积66.67万平方米，茶园40万平方米，带动附近300余名村民就业。2020年，徐福茶获"陆羽杯"名茶评比特等奖 （司 伟 摄）

江苏沃田集团有限公司是农业产业化国家重点龙头企业，拥有666公顷高标准蓝莓种植项目区，1万平方米的冷藏库、预冷库及冷库配套加工车间，年冷链、加工及储运能力达1万吨。2022年，实现利税4000万元，带动3000多农户种植蓝莓，年增加农民收入1.1亿元

（司 伟 摄）

2013年5月20日，罗阳花卉培育中心组培花卉种苗　　（司　伟　摄）

2014年4月21日，沙河镇有机蔬菜栽培　　（朱代桂　摄）

2017 年 11 月 20 日，金山新东方家纺企业生产高档布料 （朱代桂 摄）

2018 年 3 月 14 日，塔山镇柳编厂家生产出口柳编 （朱代桂 摄）

2021 年 6 月 6 日，沙河镇东霞制衣有限公司生产出口服装 （司 伟 摄）

2020 年 11 月 23 日，墩尚镇光伏发电项目全景　　（张　杰　摄）

/ 徐福文化　守正创新大繁荣 /

2013—2022 年，赣榆区举办四届徐福文化节庆活动，出版、编印研究徐福专著、论文集 10 余部，开展日韩徐福文化交流 20 余次、国内相关省市徐福文化交流 10 余次，举办徐福文化研讨会 9 次。

2017 年 10 月 27—29 日，赣榆区举办第十届徐福故里海洋文化节·徐福文化与健康世界主题论坛。图为日本徐福会会长田岛孝子（右）向赣榆区转赠日本前首相鸠山由纪夫为赣榆书写的书法作品　　（钱　强　摄）

2021 年 10 月 31 日，赣榆区举办第十二届徐福故里海洋文化节·徐福文化与区域发展论坛。论坛采用“线上＋线下”的会议方式，南京大学历史学院教授贺云翱、日本专家逵志保、韩国专家朴昌钟、中国农业大学教授普书贞、大连海事大学教授孙光圻、中国海事交通史研究学者方毓强等专家学者作视频主旨演讲　　（钱　强　摄）

2016年10月6—9日，韩国济州徐福文化国际交流协会在西归浦举办第十五回徐福文化学术会议。连云港徐福研究专家张良群（右一）出席会议，向韩中亲善协会会长李世基赠送《当代中日韩徐福文化交流图志》一书　　（钱　强　摄）

2019 年 4 月 29 日至 5 月 1 日，苏州徐福研究会创作弹词开篇《徐福东渡　千灯启航》在苏州皇家金煦酒店首演，连云港徐福研究会参加交流活动　（钱　强　摄）

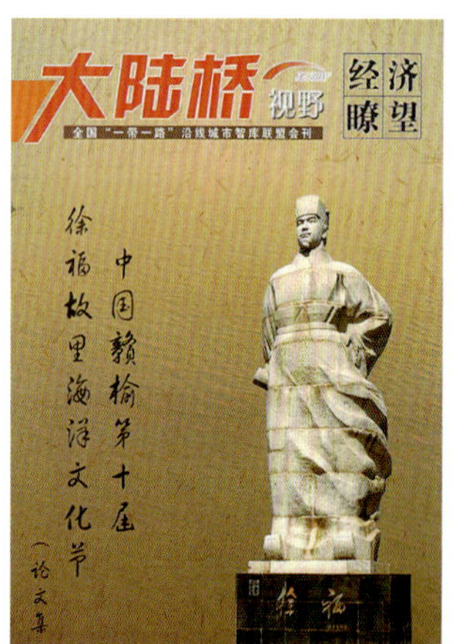

徐福研究著作、论文集　（钱　强　摄）

特 载

专 文

大事记

区情概览

中共连云港市赣榆区委员会

连云港市赣榆区人民代表大会

连云港市赣榆区人民政府

政协连云港市赣榆区委员会

连云港市赣榆区纪委监委

民主党派　工商联

群众团体

法　治

军 事

经济管理

海洋经济

连云港港赣榆港区

开放型经济

数字赣榆

交　通

农　业

工　业

商贸服务业

金融业

旅游业

房地产业

城市建设与管理

乡村振兴

生态环境保护

科学技术

教 育

文　化

卫生健康

体 育

社会生活

公共安全

镇域发展

人物　荣誉

统计资料

附　录

索　引

深入贯彻落实党的二十大精神 在新征程上全面推进中国式现代化赣榆新实践

——在区委二届五次全会上的报告

（2022年12月30日）

区委书记 吕 洁

同志们：

这次全会的主要任务是，高举习近平新时代中国特色社会主义思想伟大旗帜，深入贯彻落实党的二十大精神，认真落实中央经济工作会议和省委十四届三次全会、省委经济工作会议、市委十三届五次全会部署，回顾总结今年工作，分析研判当前形势，研究部署明年任务，以党的二十大精神为引领，团结带领全区广大干群，踔厉奋发，勇毅前行，在新时代新征程上更好地“扛起新使命、谱写新篇章”，全面推进中国式现代化赣榆新实践。

一、深刻领悟“两个确立”的决定性意义，自觉把思想和行动统一到党的二十大精神上来

党的二十大是在全党全国各族人民迈上全面建设社会主义现代化国家新征程、向第二个百年奋斗目标进军的关键时刻召开的一次十分重要的大会，为新时代新征程党和国家事业发展、实现第二个百年奋斗目标指明了前进方向、确立了行动指南。学习宣传贯彻好党的二十大精神，事关党和国家事业继往开来，事关中国特色社会主义前途命运，事关中华民族伟大复兴，是当前和今后一个时期的首要政治任务。全区上下要坚决贯彻习近平总书记“五个牢牢把握”和“全面学习、全面把握、全面落实”的重要指示，按照党中央部署要求，深入学、反复学，读原文、悟原理，持续拓展深度、延伸广度，自觉用党的二十大精神统一思想、统一意志、统一行动。要深刻认识党的二十大的主题和主要成果，更好地理解把握我们党在新征程上举什么旗、走什么路、以什么样的精神状态、朝着什么样的目标继续前进，准确把握党的二十大的“灵魂”和党和国家事业发展的“总纲”。要深刻认识新时代十年伟大变革的深远历史意义，坚定中国特色社会主义道路自信、理论自信、制度自信、文化自信，坚持道不变、志不改，坚定不移沿着习近平总书记指引的方向，把新时代中国特色社会主义不断推向前进。要深刻认识习近平新时代中国特色社会主义思想的世界观和方法论、贯穿其中的立场观点方法，牢牢把握“两个结合”和“六个必须坚持”，做到学思用贯通、知信行合一，自觉用这一当代中国马克思主义、二十一世纪马克思主义、中华文化和中国精神的时代精华武装头脑、指导实践、推动工作。要深刻认识中国式现代化的中国特色和本质要求，牢牢把握推进中国式现代化的重大原则，在新征程上全面推进中国式现代化赣榆新实践。要深刻认识党的中心任务和未来五年统筹推进“五位一体”总体布局、协调推进“四个全面”战略布局的重大部署，全面对标对表、创新思路举措，更好地扛起“争当表率、争做示范、走在前列”光荣使命，谱写“强富美高”新赣榆现代化建设新篇章。要深刻认识以党的自我革命引领社会革命的重要要求，坚决扛起全面从严治党重大政治责任，把严的基调一贯到底，确保党不变质、不变色、不变味，始终成为赣榆现代化建设的坚强领导核心。要深刻认识江山就是人民、人民就是江山的根本政治立场，更加自觉践行以人民为中心的发展思想，把为民造福作为最大政绩，扎实推进共同富裕，不断增强人民群众的获得感幸福感安全感，团结带领群众开创更加美好的未来。要深刻认识统筹发展和安全的重大原则，完整、准确、全面贯彻总体国家安全观，坚持以新安全格局保障新发展格局，增强忧患意识，树牢底线思维，下先手棋、打主动仗，牢牢守住安全稳定的底线。要深刻认识"三个务必"的谆谆教导和团结奋斗的时代要求，弘扬伟大建党精神，增强斗争精神、提高斗争本领，埋头苦干、真抓实干，依靠顽强斗争、团结奋斗打开事业发展新天地。党的二十大还对国防和军队建设、港澳台工作、外交工作等方面提出大政方针、作出工作部署，我们要认真学习领会、全面贯彻落实。

学习贯彻党的二十大精神，最重要最根本的是要深刻领悟"两个确立"的决定性意义，深刻理解其历史逻辑、理论逻辑、实践逻辑，切实增进政治认同、思想认同、理论认同、情感认同，以实际行动和实际成效拥护"两个确立"、做到"两个维护"。

我们要深刻领悟，"两个确立"是党的十八大以来发生伟大变革、取得历史性成就的决定性因素，是新时代十年最大政治成果、最重要历史经验、最客观实践结论。党的十八大以来，百年变局叠加世纪疫情，党和国家面临的形势之复杂、斗争之严峻、改革发展稳定任务之艰巨，世所罕见，史所罕见。习近平总书记在风云变幻中举旗定向、掌舵领航，在大战大考中指挥若定、运筹帷幄，在惊涛骇浪中力挽狂澜、砥柱中流，充分彰显了作为马克思主义政治家的远见卓识和雄韬伟略，不愧为党的核心、人民领袖、军队统帅，不愧为"中华号"巨轮的掌舵者、中华民族伟大复兴的领航人。这十年有涉滩之险，有爬坡之艰，有闯关之难，正是因为我们党确立了习近平同志党中央的核心、全党的核心地位，确立了习近平新时代中国特色社会主义思想的指导地位，才有力解决了影响党长期执政、国家长治久安、人民幸福安康的突出矛盾和问题，极大推动了中华民族的复兴，深刻影响了世界格局的演变和人类文明的进步。回想十年前一度存在的各种重大隐患和矛盾问题，再看今天中华大地一派国泰民安、欣欣向荣的新气象，"东升西降"与"中升美降"的趋势越发明显，"中国之治"与"西方之乱"形成鲜明对比，我们要深刻体悟到，"两个确立"是新时代十年伟大变革的决定性因素，是党的事业兴旺发达之所在，是国家长治久安之所在，是民族前途命运之所在，是人民幸福安康之所在。

我们要深刻领悟，"两个确立"对全面建设社会主义现代化国家、全面推进中华民族伟大复兴、实现党的第二个百年奋斗目标具有决定性意义，是我们应对一切不确定性的最大确定性、最大底气、最大保证。立足中华民族伟大复兴战略全局和世界百年未有之大变局，我们党擘画的全面建设社会主义现代化国家蓝图壮阔宏伟，面临的机遇和风险前所未有，需要防范化解的矛盾隐患更加错综复杂。党的百年奋斗史告诉我们，目标越是远大，风险挑战越是严峻，使命任务越是艰巨，就越需要坚强领导核心的掌舵领航。习近平同志继续当选中央委员会总书记、担任中央军委主席，充分反映了全党全军全国各族人民对习近平总书记的衷心拥护、信赖和爱戴，反映了习近平总书记在全党全军全国各族人民心中的崇高威望，反映了亿万人民紧跟习近平总书记开创更加美好未来的共同心声和坚定决心。面对前进道路上风高浪急甚至惊涛骇浪的重大考验，有经过历史检验、实践考验、斗争历练的党的核心、人民领袖、军队统帅继续掌舵领航，是党之大幸、国之大幸、军队之大幸、人民之大幸，是我们应对一切不确定性的最大确定性、最大底气、最大保证。在中华民族伟大复兴的征程上，我们必须倍加珍惜、坚定捍卫、长期坚持"两个确立"。

我们要深刻领悟，"两个确立"是走好新的赶考之路必须始终坚持的重大政治原则，也是必须全面贯彻的重大实践要求，在新时代新征程我们要用实际行动坚定捍卫"两个确立"、坚决做到"两个维护"。现在，"两个确立"已经成为全党全军全国各族人民的高度共识和共同意志，写在了新时代的伟大征程上、写在了全党全军全国各族人民心坎上。奋进新征程，我们要更加坚定地忠诚核心、信赖核心、紧跟核心、维护核心，坚决维护党中央权威和集中统一领导，学深悟透笃行习近平新时代中国特色社会主义思想，不断提高政治判断力、政治领悟力、政治执行力，胸怀"两个大局"、牢记"国之大者"，自觉在大局下思考和行动，坚决贯彻总书记重要指示和党中央决策部署，做到政治上绝对忠诚、思想上高度统一、意志上更加坚韧、行动上坚决有力，在以习近平同志为核心的党中央周围团结成"一块坚硬的钢铁"，步调一致向前进，紧跟习近平总书记走好新的赶考之路，不断夺取新的伟大胜利。

二、全面落实"疫情要防住、经济要稳住、发展要安全"重大要求，经济社会发展在承压前行中取得新成就

今年以来，区委常委会坚持以习近平新时代中国特色社会主义思想为指导，把迎接党的二十大、学习宣传贯彻党的二十大精神作为主线，坚决贯彻党中央和省市委决策部署，沉着应对各种风险挑战，高效统筹疫情防控和经济社会发展，统筹发展和安全，推动各项工作实现新突破、取得新成就。

这一年，我们精准高效抓防控、抗疫情，在应对挑战中展现新作为。高效处置区内多起局部性疫情，严格执行第九版方案、二十条措施和新十条要求，科学研判、果断决策、精准调度，从严从紧、从细从实抓好各项工作。全区疫情形势总体稳定，医疗物资储备充足，诊疗服务运转有序。百万赣榆人民坚定信心、和衷共济、同心同德，在这场与病毒的艰苦鏖战中展现出敢于斗争、敢于胜利的无畏本色。坚持全市一盘棋，先后选派多批次2058名医护人员驰援外地抗击疫情，为疫情防控大局作出赣榆贡献。

这一年，我们锚定目标抢时间、拼干劲，在勇挑大梁中实现新跨越。坚持稳字当头、稳中求进，落实落细稳经济一揽子政策，持续加大惠企纾困力度，有效提振发展信心，经济发展基本盘承压稳进。工业经济提质增效，食品行业集群态势彰显，光伏新能源产业项目加快落地，粮油加工产业破题起势，合成纤维产业攻坚方向更加明确，钢铁产业绿色发展，石化产业以重大项目引领转型发展，全年净增规上工业企业60家。现代农业稳产高效，海洋渔业实现集约化生产，粮食、水产品产量稳步提升。电商产业蓬勃发展，预计实现电商交易额170亿元，快递上行量1.2亿件。外贸进出口逆势增长，预计实现外贸进出口总额27亿美元，增幅26.94%。

这一年，我们持之以恒攻项目、育产业，在克难奋进中集聚新动能。园区载体功能持续提升，经济开发区雨污水管网等基础设施进一步完善；高新区北区完成规划环评，南区拉开惠榆新兴产业园建设框架；海洋经济开发区通过规划环评，重大项目开工建设；黄海粮油科技产业园加快建设，一批镇级工业集中区框架成型、项目落地。重大项目加快突破，华电LNG接收站项目获国家发改委核准批复、新增围填海项目获国务院审批同意，丰海高新材料丙烷综合利用、太平洋金沙电子专用材料等重大项目开工建设。安安25吉瓦光伏组件边框、横店东磁10吉瓦光伏组件等一批重大项目签约落地，重大产业项目支撑作用愈发凸显。

这一年，我们全力以赴提品质、扩规模，在完善功能中彰显新形象。加快推进城市更新，布建城市口袋公园，完成旧城改造23.35万平方米，文化西路、华中北路等一批市政道路完成改造提升。加快港口建设，赣榆港区防波堤二期工程完成A段施工，10万吨级航道南延伸段一期工程开工建设，有力支撑临港产业发展。公路体系完善提升，204国道赣榆城区段快速化改造工程具备招标条件，402省道赣榆南环段完成路基、涵洞和桥梁主体工程，233国道沙河至墩尚段养护大中修完成，245省道黑林至班庄段改造工程主体贯通，区域外环逐步成型。

这一年，我们凝心聚力治污染、护生态，在绿色发展中塑优新环境。坚持精准治污、科学治污、依法治污，全力配合保障中央生态环保督察工作，扎实做好"后半篇文章"。高标准打好三大保卫战，全区PM2.5浓度下降12%，空气优良天数比率达81.7%，国省考断面优Ⅲ比例达90%，无受污染耕地，污染地块安全利用率达100%。统筹湿地公园、海滨湿地生态功能恢复一体推进，建设34条农村生态河道，完成造林面积4650亩，违法违规用海清理成效显著。

这一年，我们坚持不懈惠民生、优治理，在共建共享中交出新答卷。坚决贯彻以人民为中心的发展思想，聚焦突出民生问题，用心用情用力解决群众"急难愁盼"，群众获得感成色更足、幸福感更可持续、安全感更有保障。把稳就业摆在更加突出位置，新增企业养老保险参保8095人，新增城镇就业7600余人。办好人民满意的教育，建成投用中小学4所，持续扩增优质教育资源供给。不断完善医疗健康体系，加快推进区突发公共卫生事件应急医院、区中医院新院区建设。扎实推进民生实事项目，不断优化"一老一小"服务，持续推进特殊困难群体救助帮扶，以实际行动践行"人民至上"理念。坚决打好安全生产"三年大灶"收官战，全区生产安全事故起数、死亡人数实现"双下降"。扎实推进"平安赣榆"建设，"信访突出问题攻坚化解年"行动成效显著，纵深推进扫黑除恶斗争，社会大局保持和谐稳定。

这一年，我们从严从实抓基础、固根本，党的领导中流砥柱作用充分彰显。以迎接党的二十大、学习宣传贯彻党的二十大精神为主线，高举思想之旗、凝聚奋进之力。严格落实管党治党政治责任，政治建设得到全面加强，意识形态阵地持续巩固，基层基础全面夯实，干部人才队伍不断建强壮大，党建引领富民兴村持续拓展，农村清产核资走深走实，做好省委巡视相关配合工作，政治巡察形成震慑，正风肃纪反腐更加深入推进。区人大依法监督，区政府狠抓落实，区政协资政建言，老干部出谋献策，工青妇等群团组织桥梁纽带作用较好发挥，爱国统一战线取得新进步。

这些成绩的取得，是习近平新时代中国特色社会主义思想科学指引的结果，是省委、省政府、市委、市政府坚强领导的结果，是全区人民团结奋斗和社会各界大力支持的结果。在此，我代表区委常委会，向全区广大党员和干部群众，向离退休老同志，向各民主党派、工商联和无党派人士、各人民团体，向驻赣部队、武警官兵和应急救援队伍，向长期关心支持赣榆建设发展的各界朋友们，表示衷心感谢！特别是向当前仍奋战在新冠疫情防控一线的医务人员、志愿者、基层工作者致以崇高敬意！

在肯定成绩的同时，也要清醒认识到存在的问题：经济质量需要加快突破，市场活力需要加快激发，产业有效投入需要加快增长，营商环境需要加快优化，公共服务需要加快完善，民生福祉改善力度需要进一步加大。对这些问题，我们将在今后的工作中，持续发力、切实解决。

三、准确把握形势任务，全面推进中国式现代化赣榆新实践

2023年是全面贯彻落实党的二十大精神开局之年，也是赣榆乘势而上、顺势赶超的"再突破"之年，机遇与挑战并存，困难与希望同在。就全国看赣榆。全国疫情防控政策优化后，人流、物流、资金流更加畅通，一系列援企惠民促消费政策持续生效，中央经济工作会议、省委经济工作会议持续释放积极信号，实体经济发展必将迎来一个崭新的春天。就赣榆看赣榆。明年是投资大年，丰海高新材料丙烷综合利用、华电LNG接收站等重大项目取得历史性突破，新增的60家规上工业企业提质增量，一批体量大、质量优的新招引项目陆续投产达效，预计完成工业投资至少150亿元。整体来看，工业产出逐季向好，房地产市场呈现恢复态势，居民消费潜力将进一步释放。就历史看赣榆。经过近几年发展，赣榆“4+11+N”园区体系基本形成，产业方向更加明确，重大基础设施项目全力突破，赣榆干部的精气神和干劲更足，为明年工作夯实基础。

明年工作的指导思想是：以习近平新时代中国特色社会主义思想为指导，全面贯彻落实党的二十大精神，认真落实中央经济工作会议和省委十四届三次全会、省委经济工作会议、市委十三届五次全会会议部署，坚持稳中求进工作总基调，完整、准确、全面贯彻新发展理念，加快服务构建新发展格局，更好统筹疫情防控和经济社会发展，更好统筹发展和安全，在着力推动高质量发展上再坚持、再奋斗、再突破，不断赋予“主导产业大爆发、城市功能大提升、基础设施大突破、山海特色大彰显、民生福祉大改善、营商环境大优化”新内涵新活力，为全面推进中国式现代化赣榆新实践开好局、起好步。

明年主要预期目标是：地区生产总值增长8%，一般公共预算收入增长9%以上，固定资产投资、工业产值、工业应税销售收入保持10%以上增长，确保经济社会发展速度快于今年、质量好于今年，各项工作优于今年。

确立这样的目标，区委综合考虑了赣榆推进高质量发展的现实情况和发展可能，也考虑到引导市场预期、提振发展信心的需要。为了实现奋斗目标，必须强化五项保障。一要全力加强财力保障。以全年综合财力不低于125亿元为目标，研究新税源，挖掘新税基，做好政策争取、矿产资源开发、土地出让等工作，为重大项目提供资金保障。二要全力加强空间保障。坚持资源盘活、土地出让“两手抓”，强化土地指标与项目配置，严格依法依规用地，确保大项目引得来、落得下。三要全力加强配套设施保障。紧盯四大园区提升污水处理能力，提档升级镇级工业集中区，先行解决水电气热等生产要素配置，为项目建设投产扫清障碍、压减周期。四要全力加强政策及环境保障。严守生态环境只能更好不能变坏的底线，加强对上争取、政策研究，补齐环保基础设施，推动经济社会高质量发展和生态环境高水平保护良性互动。五要全力加强作风保障。大力弘扬实干苦干良好作风，严格履行“首问负责制”，推动机关中层干部广泛轮岗，增强使命感、激发自驱力，全面营造尊重企业家的良好氛围，持续掀起干事创业的热潮。

做好明年工作，关键要在六个方面“再突破”。

*一是坚持产业强区，在有效投入上再突破。*牢固树立“工业立区、产业强区”理念，突出产业集群、企业集聚，增创新优势，力争全年净增规模以上工业企业60家以上。要巩固传统产业。推动镔鑫钢铁绿色转型，丰富产品品种，提高产品附加值，加快丰海高新材料丙烷综合利用项目建设，年内完成投资80亿元，力争“十四五”末石化产业产值突破500亿元。要突破新兴产业。积极顺应“双碳”政策，加大新能源产业发展力度，推进太平洋金沙电子专用材料、安安25吉瓦光伏组件边框、横店东磁10吉瓦光伏组件等项目建成投产，150万吨光伏玻璃项目开工，打通产业链条，放大集聚效应，确保明年新能源产业产值突破百亿元、后年突破200亿元。粮油产业龙头项目开工，食品行业形成产业集群，全力突破合成纤维及织造行业，为主导产业转型强化支撑。要鼓励创新创业。综合资金、风险、回报率等要素，以电商、食品、纺织、工厂化水产养殖等本土特色产业为重点，完善设施配套，制定激励政策，多措并举降低企业成本，鼓励引导本土人士创业，持续优化创新创业生态环境。

*二是完善城市功能，在美丽宜居上再突破。*坚持“做大城市、向海发展”，不断完善功能、集聚人口。推动城市更新。下大力气解决群众居住品质不高等现实问题，坚持旧城连片改造提升，启动海城片区、原海洋局周边地块、西关南路房屋征收，确保年内征收面积不低于28万平方米。积极引进优质房企，探索实施房票政策，保持房地产市场健康平稳发展。完善城市配套。提升城市功能，启动青口河南片区污水达标区建设，结合片区道路污水管网建设，实现两侧小区、城中村及单体楼纳管接污。改造完成徐福西路、海城路、镇南路等一批市政道路，畅通城市路网，提升居民出行便利度。丰富城市内涵。让城市更有品质，加快徐福片区、琴岛天籁片区开发建设，优化功能布局，完善基础配套。让城市更加繁荣，优质运营吾悦广场、万达广场等城市综合体，改造新建一批城区内市场，发展城市商贸服务业。以易达酒业搬迁为契机，打造青口、赣马连片工业集中区，发展都市工业，充分吸纳群众就业。

*三是提档基础设施，在发展能级上再突破。*以构建立体化交通体系为目标，联通畅达“港公铁”。优化公路交通供给。加快区域外环建设，启动实施233国道、245省道部分路段改造工程，245省道柘汪—黑林段路面改造项目争取通过省发改委工可批复。开工建设城区外环204国道快速化改造工程，402省道赣榆南环段年内主路通车。争取获批G25西南部出口，解决中西部镇群众高速出行难题，畅通西南交通。打造产业配套港。放大港口龙头优势，确保10万吨级航道南延伸段一期工程竣工，粮油码头下半年开工建设，15万吨级航道开展前期工作，为重大项目落地提供保障。畅达铁路交通网。完成连盐铁路赣榆港多式联运物流中心一期主体工程，加快推进兖日铁路连接线前期工作，塑造发展新优势。积极对接上海铁路局、国铁集团，推动铁路专用线黄海粮油科技产业园段开工。

*四是繁荣社会事业，在民生福祉上再突破。*牢固树立以人民为中心的发展思想，持续补齐民生短板、破解民生难题、兜牢民生底线。回应群众关切。坚持把人民赞成不赞成，高兴不高兴，满意不满意作为衡量一切工作得失的根本标准。坚持开门纳谏，畅通12345热线、书记区长信箱、电视电话问政等渠道，交办、会办、监督、反馈全流程闭环管理，确保老百姓的合理诉求得到满足。办好民生实事。就业是最大的民生，要深入实施就业优先战略，建立服务企业长效机制，精心组织线上线下招聘活动，切实解决用工难、就业难问题，确保全年新增企保人数1.5万人以上。围绕人民群众对美好生活的向往，深化健康赣榆建设，建成投用区突发公共卫生事件应急医院，加快推进区中医院迁建，满足群众就医需求。锚定“教育教学质量苏北县区第一”奋斗目标，启动海城片区、河南片区等中小学建设，推动实验小学、黄海路小学等5所城区小学集团化办学，持续擦亮赣榆教育“金字招牌”。守牢社会底线。紧扣“两个不放松”和“务必整出成效”总要求，聚焦危化品、海洋渔业、城镇燃气、交通运输等重点行业领域，持续开展“拉网式”排查整治，切实消除安全隐患和监管盲区，全面提升本质安全水平。深化“信访突出问题攻坚化解年”行动，健全矛盾全链条控增减存、多元预防化解等机制，严防群体性事件发生。积极稳妥化解政府债务风险，坚决遏制隐性债务增量。常态化开展扫黑除恶斗争，着力构建立体化智能化社会治安防控体系，严厉打击各类违法犯罪活动，维护社会安全稳定。

*五是彰显山海特色，在绿色发展上再突破。*立足“海滨风情、生态山林”特色风貌，加快形成“山海一体”公共空间格局。做强海洋经济。努力不懈围绕海洋抓效益，以国家级渔港经济区建设为引领，加快建设国家级海洋牧场、现代设施渔业集中区，提档升级苏鲁海产品综合批发市场，加快电商产业集约化、规范化、品牌化发展，力争打造“全国规模第一的海产品电商直播基地”。围绕“育养捕储运销”及深加工一体化，大力发展工厂化养殖，加快渔业由近海向深远海转型，全面提升海洋经济的整体竞争力。做美生态底色。扎实推进中央环保督察反馈问题整改，持续深入打好污染防治攻坚战，确保生态环境保护各项任务落地见效。坚持陆海统筹，规范海域使用管理，实施砂质海岸线、滨海湿地生态保护修复，全面完成入海排口整治任务。大力推进幸福河湖建设，按照总量不低于去年的标准，扎实开展河道清淤，持续开展河湖“清四乱”常态化规范化治理，着力构建地绿水清生态空间格局。做优全域旅游。加快打造旅游“目的地”，大力开展旅游景区微改造、精提升，塑造绣针河至青口河海滨大道沿线景观，依托抗日山文旅产业园、秦山岛二期综合提升等重点旅游项目，创成省级全域旅游示范区。

*六是优化营商环境，在转变作风上再突破。*坚持把优化营商环境作为作风建设工作主线，以营商环境考核进入全省前1/3为目标，一体推进政策、市场、政务、法治、人文五个环境建设。树牢“人人都是营商环境”的服务理念。坚持区领导带头，强化机关部门主要负责人第一责任，落实“一岗双责”，全面建立“横向到边、纵向到底”的责任落实体系，努力形成能抓善管、强责尽职的服务格局。打通营商环境“中梗阻”，严肃查处审批、执法、服务中推诿扯皮、故意刁难、吃拿卡要等突出问题，每季通报、形成震慑。破除岗位黏性，扎实推进机关中层干部轮岗交流，用关键岗位的“循环”，破项目建设的“血栓”，通经济发展的“动脉”。擦亮“榆快办”品牌的鲜明底色。深化“放管服”改革，持续精简审批环节，压缩办事流程，加快推进商事登记、市场主体跨区登记、企业注销“一件事”、食品经营“一证多址”等涉企业务改革，打造速度最快、环节最少、成本最低、服务最好的政务服务环境。建立重点工业项目纪委“嵌入式”督查机制，跟踪监督从立项到竣工投产全生命周期的行政许可手续办理，清除政策落实和企业服务的痛点、堵点。营造“敬商、爱商、护商”的良好氛围。尊重企业家、关心企业家、爱护企业家，定期召开重大项目推进会、重要事项会办会、工业项目“家家到”现场会，邀请企业家现场旁听、建言献策，吸纳智慧、解决困难。弘扬新时代企业家精神，广泛宣传优秀企业家先进事迹，对在产业升级、人才招引、以商引商等领域作出突出贡献的优秀企业家给予物质和精神奖励。

四、坚决扛起全面从严治党重大政治责任，为全面推进中国式现代化赣榆新实践提供坚强政治保证

事业成败，关键在党，关键在全面从严治党。全区各级党组织必须坚决贯彻落实新时代党的建设总要求，持之以恒推进全面从严治党，深入推进新时代党的建设新的伟大工程，以高质量党建引领高质量发展。

*一是站稳旗帜鲜明的政治立场。*加强政治建设既是党的建设的重要方面，又是领导班子建设的核心，同时也是保持党的纯洁性的必然要求，是党的根本性建设。要坚守政治责任。坚持不懈用习近平新时代中国特色社会主义思想凝心铸魂，把宣传贯彻落实党的二十大精神作为首要政治任务，深刻领会、深刻把握“两个确立”的决定性意义和实践要求，进一步增强“四个意识”、坚定“四个自信”、做到“两个维护”。要坚定政治方向。引导广大党员干部旗帜鲜明讲政治，坚定执行党的政治路线，严守党的政治纪律、政治规矩，不折不扣落实中央和省、市、区委决策部署，确保在任何时候都能站得住、信得过。严格落实意识形态工作责任制，坚持正确舆论导向，教育引导广大党员干部群众始终保持政治上的清醒。要坚持凝聚共识。充分发挥党委总揽全局、协调各方的核心作用，支持人大及其常委会依法履行职能，推动人大工作与时俱进、创新发展；支持政协积极协商议政，在凝聚共识上不断发力；加强党对工青妇等群团组织的领导作用，巩固和发展爱

国统一战线，扎实做好民宗、双拥、关心下一代等工作，形成同心同德、群策群力的良好氛围。

二是筑牢坚强有力的战斗堡垒。坚持大抓基层的鲜明导向，扎实推进基层党建“五聚焦五落实”深化提升行动，推动基层党组织全面进步全面过硬。要提升服务力。深化村社党群服务中心“六个规范化”建设，紧扣群众需求，对照“大门常开、场所常用、活动常办、服务常抓、群众常来”要求，丰富阵地功能，提升使用效率，打造“15分钟便民服务圈”。要提升组织力。把清产核资作为基层党建的重要抓手，以“钉钉子”精神全面推进，确保明年全面完成。将清产核资成果纳入全区农村小微权力运行监管平台智慧管理，刚性推动五项监管机制落实到位，为基层组织规范运行立规矩、树新风。要提升引领力。深入实施党建引领富民兴村“6070”计划，力争实现60%的村集体经营性收入超50万元、70%的村超38万元。开展债务化解集中攻坚行动，在锁定旧债、严控新债的基础上，加大扶持村级集体经济力度，盘活村集体闲置资产，推动村级非经营性债务化解。要提升影响力。全面加强各领域党组织建设，深化新就业群体党建影响力拓展活动，重点推进“榆”快品牌矩阵建设，引领推动货车司机、电商主播、外卖骑手、快递小哥等新群体服务发展。扩大住宅小区党的组织和党的工作覆盖面，推动符合组建条件的小区党支部应建尽建。

三是锻造能堪重任的干部队伍。树立正确选人用人导向，选拔守纪律、敢担当、善谋划、抓落实的干部，重用扎根一线、开拓创新、实绩优异、群众公认的干部，让知责、担责、尽责成为赣榆干部的主流。要始终“围绕中心、服务大局”。政治素质不过硬，就经不起风吹浪打。不论担任什么职务，不论处在什么岗位，都要围绕、服从、服务大局，坚决贯彻中央、省市区委决策部署，增强政治意识，善于从政治上看问题，善于把握政治大局，不断提高政治判断力、政治领悟力、政治执行力。要始终“扛旗夺杯、勇挑大梁”。坚决反对当“维持会长”，大力选拔想干事、能干事的干部，坚决不用“守摊子、混日子”的干部，引导广大党员干部把劲头放在抓项目、精力放在促发展上。注重在经济建设、产业发展一线识别干部，让有真才实学、能力过硬的干部有舞台、当主角。要始终“善于学习、勤于思考”。干部理念不新、业务不精，就会成为发展的阻力。广大干部要干一行专一行，研究规律、读懂政策，强化机遇意识、拼搏精神，使自己的认知和行动跟上时代发展步伐、跟上事业发展需要，争做有理论、有思路、有办法的行家里手。要始终“案无积卷、事不过夜”。把抓落实作为严肃的政治纪律，在行动上突出坚决有力，始终“使满劲、拉满弓”，对上级交办的重点任务，快执行、快落地、快见效，坚决做到有要求必有行动，有部署必有落实，有交代必有回音，切实形成“雷厉风行、说干就干”的良好氛围。

四是涵养风清气正的政治生态。坚持“严”的主基调，以更大力度一体推进“三不”机制落地见效。保障政令畅通。加大对党中央重大决策部署、中心重点工作的监督检查力度，坚决纠治在贯彻上“短半截”、推动上“慢半拍”、落实上“差半步”等形式主义、官僚主义问题，确保各项决策部署令行禁止、不打折扣。强化省委巡视反馈问题整改，坚定不移深化政治巡察，全面净化政治生态。坚决惩腐治贪。始终坚持以零容忍态度反腐惩恶，深挖彻查违反中央八项规定精神、损害营商环境、不担当不作为、侵害群众利益等问题，系统查办滥用执法司法权、贪污挪用民生资金等领域腐败，做到有腐必反、有贪必肃，查深查透、清仓见底。筑牢思想堤坝。切实加强对“一把手”监督，对管党治党责任缺失、单位违纪违法频发等问题，从严从实追究领导责任，推进各项权力规范高效运行。做实同类同级干部警示教育，推进“清白世家”馆等廉洁文化阵地建设，筑牢拒腐防变的思想堤坝，引导党员干部为民掌权、廉洁从政。

同志们，使命催人奋进、实干方显担当。让我们更加紧密地团结在以习近平同志为核心的党中央周围，高举习近平新时代中国特色社会主义思想伟大旗帜，全面贯彻党的二十大精神，凝神聚力谋发展，乘势而上再突破，在新征程上全面推进中国式现代化赣榆新实践，奋力谱写“强富美高”新赣榆现代化建设新篇章！

政府工作报告

——在赣榆区第二届人民代表大会第二次会议上

（2023年1月10日）

区长　李　莉

各位代表：

现在，我代表区人民政府向大会作工作报告，请予审议，并请区政协各位委员提出意见。

2022年工作回顾

过去的一年，面对复杂严峻的外部环境和多重超预期的困难挑战，我们坚持以习近平新时代中国特色社会主义思想为指导，以迎接党的二十大、学习宣传贯彻党的二十大精神为主线，深入落实"疫情要防住、经济要稳住、发展要安全"重大要求，坚持稳中求进工作总基调，完整、准确、全面贯彻新发展理念，坚定不移推动高质量发展，统筹疫情防控和经济社会发展，统筹发展和安全，切实担起"勇挑大梁"重大责任，较好完成了区二届人大一次会议确定的目标任务。

一年来，我们致力于产业转型求突破，经济运行平稳向好

*工业经济克难奋进。*预计实现工业投资232.2亿元、产值715.2亿元、应税销售收入863.5亿元，分别增长12.1%、2.8%、5.2%。总投资超200亿元的丰海高新材料丙烷综合利用及配套项目开工建设，总投资63.95亿元的华电LNG接收站项目取得国家发改委核准批复、新增围填海项目获国务院批准，粮油和食品加工、光伏新材料、石化及化工新材料、钢铁四大主导产业规模不断壮大，实现工业应税销售收入566亿元，占比达65.6%。新能源等战略性新兴产业加快发展，产值占比达21%。实行重大项目周调度，开展"挑大梁、争红旗"月月评竞赛活动，太平洋金沙电子专用材料等54个项目开工建设，金凌创联等22个过亿元项目竣工投产，苏海集团多式联运物流中心等3个项目入选国家政策性开发性金融工具，新增省级"专精特新"企业5家、纳税过千万元企业17家、场外市场挂牌企业9家。新海石化、镔鑫钢铁入选2022年江苏百强和制造业百强企业。

*现代农业提质增效。*农林牧渔业总产值226亿元，粮食产量52.6万吨，水产品产量45万吨。新建高标准农田7.5万亩、南北共建蔬菜供应基地3000亩，新增省级生态健康养殖示范场9家。创成秦山岛东部海域国家级海洋牧场示范区。建成投用17万平方米的紫菜产业园，入驻企业57家。成功入选国家现代农业产业园创建名单，苏鲁海产品综合批发市场获批全省唯一"省部共建"国家级农产品产地市场。

*现代服务业加快发展。*电子商务蓬勃发展，实现电商交易额170亿元，跨境电商交易额超亿元，"一带一路"中欧班列连云港（赣榆）跨境电商直播基地建成运营，创成省县域电商产业集聚区。城发智慧冷链综合体、峰叠实业电商中心开工建设，区寄递物流园建成投用，5家企业成功入驻，实现快递上行量1.2亿件。现代旅游提速提质，设立旅游发展专项资金，抗日山文旅产业园教育基地有序推进，秦山岛获批国家AAAA级旅游景区。开展"金融助力企业"等系列活动，解决中小微企业资金48.3亿元，金融机构存贷款余额分别为754.3亿元和758.6亿元。

一年来，我们致力于招大引强补短板，发展基础不断增强

*项目招引量质齐升。*围绕主导产业定位，开展精准招商、以商引商、产业链招商，成功举办北京、上海、无锡等招商推介会，总投资超100亿元的中粮油脂连云港基地、总投资超50亿元的横店东磁10吉瓦光伏组件项目签约落地，新增签约过亿元项目127个、过十亿元项目11个、过百亿元项目1个。启动布局外地驻点招商工作，成立招商分队17个，组建惠山赣榆联合招商中心。

*综合配套日趋完善。*基础支撑能级提升，"港公铁"综合集疏运体系初步形成。赣榆港区防波堤二期A段建成，10万吨级航道南延伸段开工建设，完成货物吞吐量1564万吨、集装箱3.7万标箱。204国道城区段快速化改造工程具备招标条件，402省道城市南环段完成路基桥梁主体工程，245省道黑林至班庄段改造工程主体贯通。铺设供水管网26千米、供热管网13.4千米，建成220千伏梁丘变、110千伏洪爽变。

*园区功能持续优化。*推动资源盘活，强化用地保障，项目建设空间得到拓展。经济开发区新建3万吨工业污水处理厂，核心区污水管网建成投用，集中居住项目主体完工，盘活低效用地，夯实新能源等产业发展基础。海洋经济开发区各项规划加速落地，实现供热管网全覆盖，10万吨级供水工程投入运营，化工园区创成智慧园区。高新技术产业开发

区实现融合发展，5万吨级污水处理厂、青柘线启动建设，通海污水处理厂完成改造，新增储备土地1200亩，惠榆新兴产业园入选省南北共建帮扶合作典型案例。黄海粮油科技产业园规划体系不断完善，10万吨级粮油码头深水岸线获交通运输部批复，铁路专用线完成路由拆迁、土地清障，现代粮油示范区拉开框架。镇级工业集中区水电气路等配套设施持续完善，产业集中度达53.8%。新增5个特色产业集聚区，推动海产品电商等产业集聚发展。

一年来，我们致力于改革创新出实招，内生动能持续激活

重点改革稳步推进。全面深化“放管服”改革，落实“一件事一次办”、证照分离等集成化改革措施，探索实施“一业一证”，发放行业综合许可证340张，实现“一事包办、部门联办”，建成投用“电水气讯”联合服务专厅。巩固国企改革三年行动成效，提升区属国企核心竞争力。深化农村综合改革，激发农村发展活力。开展新一轮农村清产核资，建成农村三资智慧监管平台，完成资源清查455个村，农村产权交易成交项目5101个、金额4.43亿元。

营商环境持续改善。打好政策“组合拳”，推动国务院“稳经济33条”“苏政40条”落地见效，出台助企惠民20条等一揽子政策措施，完成留抵退税超5亿元，减免企业社保费1496万元。放大“榆快办”品牌效应，建设项目审批环节减少5个，压缩时限50%。企业登记“全市通办”成效显著，开办企业0.5天办结率达99%以上，推动工业项目“拿地即开工”，新增市场主体1.74万家。

科技创新活力迸发。“智改数转”步伐加快，新建5G基站555个，镔鑫钢铁智慧生产控制中心等重点信息化项目建成投用，新增星级上云企业5家、智能制造示范车间2个。创新能力日益增强，全社会研发投入占GDP比重达1%，通过国家级高新技术企业、科技型中小企业认定32家、279家。开展产学研合作项目82个，实施省级科技计划项目22个，获省科学技术奖1项。打响“人到赣榆·如鱼得水”人才品牌，新增省级“科技副总”10人。发明专利授权135件、增长310%，创成国家知识产权强县建设试点区、“科创江苏”试点县区，“赣榆梭子蟹”入选省知识产权战略推进计划培育保护项目。

一年来，我们致力于城乡融合细治理，美丽赣榆逐步展现

城市建管更加精细。高效完成“三区三线”划定，区域功能布局持续优化。徐福片区、义塘片区城市道路、教育配套、水系景观基本成型，拓展城市发展空间3.9平方千米。完成旧城改造23.35万平方米，整治老旧小区2个，改造城市道路5条，施划停车泊位2570个，新建城市游园9个。海滨风貌不断彰显，完成海滨大道绿化方案设计和交安设施更新，建成慢行骑行系统、特色景观小品。推进海绵城市建设，实施雨污分流改造12平方千米。深化文明典范城市创建。机械化清扫率达98%，拆除违建8.4万平方米，新改建公厕16座，建成垃圾分类达标小区20个，绿色建材循环产业园开工建设。

镇村建设更富特色。全力推进沿海、西南、西北城镇组团发展。石梁河水库幸福河湖建设清水进城行动实现阶段性目标，建成生态网箱养殖、鱼鲜美食街等特色项目。完成村庄规划编制381个，建成新型社区7个，改善农房5148户。提档升级农村公路113千米，改造桥梁9座。深入开展农村人居环境整治提升五年行动，改造户厕1.2万户，创成省级特色田园乡村2个，打造“美丽移民乡村”10个。

环境改善更加明显。深入打好污染防治攻坚战，第二轮中央环保督察信访件办结率达93%。落实能耗“双控”政策，持续推进重点行业绿色化改造，开展整县屋顶分布式光伏开发试点。扎实开展工地道路扬尘、企业VOCs等专项治理行动，PM2.5浓度33微克/立方米，空气优良率达80.8%，两项指标在全省54个县市区改善幅度均居第一。投入4.2亿元开展兴庄河、青口河等入海河流治理，规范泥鳅、南美白对虾养殖，畜禽粪污综合利用率达97.36%，建成村庄生活污水处理设施39个，铺设管网35千米，国省考断面优三比例达90%。严查违规办理海域使用权证、超面积用海等行为，推动科学护海、生态养海、规范用海。动态清理固体废物，开展“三河两地”生态修复，白鹭公园建成投用。绿化造林4650亩，森林覆盖率达20.54%。

一年来，我们致力于群众需求办实事，民生福祉更加厚实

富民增收步伐加快。更加注重稳岗稳就业，新增城镇就业7600人。依托公共人力资源市场，挖掘企业用工岗位3500个，发放稳岗扩岗补助等纾困资金1467万元，开展技能培训9629人。加大金融贷款支持，发放富民创业担保贷款4.78亿元、“小微贷”5.25亿元、小额扶贫贷款9606万元，支持自主创业4000余人。健全防返贫长效机制，实施乡村振兴帮促项目14个，培育新型农民2200人。

公共服务优质均衡。实施校安工程6.5万平方米，赣榆高中经济开发区校区、义塘路中小学等学校建成投用，新招聘教师296人。严格落实“双减”政策，全面提升教育教学质量，高考本科上线人数实现全市“二十四连冠”。区中医院新院区、应急医院等项目加快推进，创成省农村区域性医疗卫生中心1个、省社区医院7个。举办大型文体活动12场，建成智慧广电镇5个，区博物馆等3家单位获省最美公共文化空间。

社会保障持续增强。全面落实社会救助、抚恤优待、残疾人补贴、大病保险等托底政策，发放困难群众救助金2.7亿元。新增企业养老保险参保人数8095人，城乡居民基础养老金提高至每人每月205元。基本医疗保险参保率达98%以上，城乡居民医保财政补助提高至每人每年640元。新建1个省级、3个市级“15分钟医保服务圈”示范点，医保服务实现镇级全覆盖。完善“一老一小”服务保障，建设区域性养老服务中心1个，新增普惠托育托位600个，创成省级示范托育机构1个。

一年来，我们致力于风险防控守底线，社会大局和谐稳定

疫情处置精准高效。坚持人民至上、生命至上，科学落实上级疫情防控要求，强化资金保障，坚决果断快速处置多轮疫情，最大程度保护人民生命安全和身体健康。完善常态化防控体制机制，因时因势优化调整防控措施，推动"防感染"向"保健康、防重症"转变，区人民医院在重症患者治疗方面发挥重要作用。加强县域医共体建设，发挥区人民医院、中医院牵头作用，全面提升分级分类诊疗能力。统筹调度药品供应，全力做好恒舟医疗、康乐药业、利丰医氧等医疗物资保供企业生产保障工作。

安全基础全面夯实。深化提升安全生产专项整治"三年大灶"，贯彻落实安全生产"十五条"硬措施，扎实开展危化品、城镇燃气、道路交通、海洋渔业等重点行业领域"百日攻坚"行动，生产安全事故起数和死亡人数实现"双下降"。提升镇村安全生产管控能力，新建森林防火基础设施47处，拆除D级危房940幢，基层消防工作站实现全覆盖。发放"安全券"433万元，扶持321家企业完成小微标准化建设，有效提升本质安全水平。

社会治理务实有力。深化平安赣榆建设，完善网格化社会治理体系，纵深推进常态化扫黑除恶工作，群众安全感满意度不断提升。开展"信访突出问题攻坚化解年"行动，重点信访件得到有效化解。全力化解政府债务，严厉打击非法金融活动，牢牢守住不发生系统性金融风险底线。落实全链条监管体系，确保食品药品安全。全省双拥模范区创建实现"九连冠"。工会、慈善、残疾人、妇女儿童、青少年、民族宗教、档案、气象、地方志、外事侨务、红十字、关心下一代、老龄、对台事务、新闻出版、科普、供销、见义勇为、优抚安置、志愿服务等工作取得新的进步。

过去的一年，我们在统筹经济社会发展的同时，持之以恒加强政府自身建设，不断提升治理效能。我们始终把政治建设摆在首位，全力推动党的二十大精神在赣榆落地生根。加强依法行政，梳理政府规范性文件103件，完善行政决策程序，落实政务公开，政府工作法治化、规范化水平进一步提升。自觉接受人大及其常委会法律监督、工作监督和政协民主监督，办理人大代表议案和建议143件、政协委员提案224件。"12345"政务热线高效运转，受理市民诉求27.16万件。深化廉政建设和风险防控，"三公"经费进一步压降，公共资源交易更加规范，重点领域和重点环节审计监督持续增强，全面树立政府良好形象。

各位代表，这些成绩的取得，是上级党委政府和区委坚强领导的结果，是区人大、区政协和社会各界监督支持的结果，是各级各部门和全区人民团结奋斗的结果。在此，我谨代表区人民政府，向全区人民，向各位人大代表、政协委员和离退休老同志，向各民主党派、工商联、人民团体和社会各界人士，向驻赣部队、武警官兵、公安干警、消防救援人员，向积极参与防疫抗疫的医护人员、社区工作者、志愿者和广大人民群众，向担当奉献、共克时艰的企业家、创业者们，向所有关心支持家乡发展的赣榆老乡，表示崇高的敬意和衷心的感谢！

在肯定成绩的同时，我们也清醒地认识到，全区经济社会发展还面临着不少压力和挑战。主要表现在：发展不平衡不充分问题仍然突出，经济恢复的基础还不牢固，财政运行压力较大；重大项目支撑不足，产业转型、新旧动能转换任务还很艰巨；资源环境约束趋紧，安全基础依然薄弱；城乡发展不均衡，乡村振兴任重道远，公共服务质量与群众对美好生活的向往还有差距；政府自身建设仍需加强，等等。对此，我们将高度重视，采取有效措施，切实加以解决。

2023年工作安排

2023年是全面贯彻落实党的二十大精神的开局之年，是奋力推进高质量发展、加快实现"后发先至"的关键之年，也是赣榆乘势而上、顺势赶超的"再突破"之年。当前，经济恢复的基础尚不牢固，严峻复杂的外部风险挑战充满不确定性，越是困难我们越要保持定力、迎难而上。当前，赣榆正处在加压奋进、提速增量、提质增效的关键阶段，在主导产业引领作用不断增强、重大项目取得积极突破、营商环境持续优化等关键因素拉动下，高质量做好今年工作，我们有基础、有信心。

今年的工作思路是：坚持以习近平新时代中国特色社会主义思想为指导，全面贯彻落实党的二十大精神，认真落实中央、省委经济工作会议和省市区委全会部署，坚持稳中求进工作总基调，完整、准确、全面贯彻新发展理念，加快服务构建新发展格局，更好统筹疫情防控和经济社会发展，更好统筹发展和安全，坚持工业立区、产业强区，突出经略海洋，在着力推动高质量发展上再奋斗，不断赋予"主导产业大爆发、城市功能大提升、基础设施大突破、山海特色大彰显、民生福祉大改善、营商环境大优化"新内涵新活力，为全面推进中国式现代化赣榆新实践开好局、起好步。

2023年主要预期目标为：地区生产总值增长8%，一般公共预算收入增长9%以上，固定资产投资、工业产值、工业应税销售收入增长10%以上，净增"四上"企业180家以上，其中，规上工业企业60家。我们将重点抓好以下七个方面工作：

一、聚焦产业强区，坚持创新驱动，全面打造现代产业高地

打造主导产业集群。坚持工业立区、产业强区，立足产业实际，推动主导产业补链强链扩链、战略性新兴产业融合集群发展。打造光伏新材料产业集群，建成投产横店东磁10吉瓦光伏组件、神舟新能源1吉瓦光伏组件扩产、安安25吉瓦光伏组件边框、太平洋金沙电子专用材料等项目，开工建设年产150万吨光伏玻璃项目，项目投产后产值突破260亿元。打造石化及化工新材料产业集群，融入全市万亿级石化产业大盘，推进“减油增化”，突破合成纤维及织造行业，加快丰海高新材料丙烷综合利用、华电LNG接收站、新江环保水处理剂等项目建设，项目投产后产值突破500亿元。打造粮油和食品加工产业集群，开工建设中粮油脂连云港基地、瑞茂通饲料蛋白项目，建成投产腾信高端食品添加剂等项目，项目投产后产值突破160亿元。打造钢铁产业集群，推动镔鑫钢铁绿色转型，丰富产品品种，提升产品附加值，1250立方米高炉投产达效，恒悦五金、泰本精工等项目建成投产，延伸钢铁精深加工产业链，项目投产后产值突破240亿元。加快技术革新、产品创新，实施技改项目20个，推动服装纺织、石材加工等传统产业规范化、高端化发展。

提升产业承载能力。围绕“4+11+N”园区布局，完善功能配套，做好“筑巢引凤”。经济开发区深化园区管理体制改革，完善规划环评，启动协鑫热电异地迁建，完成污水处理厂技改扩能，打造以出口为主导的光伏产业基地。海洋经济开发区启动化工园区扩区，积极融入全市“1+4”石化产业发展拓展区，全力推进20个重点工业项目，加快推进污水处理厂入河排口等配套设施建设，有序盘活闲置用地，推动化工集中区升格为省级化工园区，创成国家级绿色化工园区。高新技术产业开发区创新市场化合作模式，推动惠榆新兴产业园打造南北共建示范园区，实现青柘线通车，优化供热管网布局，加快城发污水处理厂建设，完善核心要素承载力，加快省级高新区创建步伐，争取获得省政府批复。黄海粮油科技产业园完成航道疏浚、陆域吹填工程，完善蒸汽管网、污水处理等要素配套，打造中国沿海知名粮油产业加工基地。镇级工业集中区围绕“四有”标准，打造青口镇、赣马镇连片工业集中区，拓展班庄镇、城西镇工业集中区发展空间，提升差异化、协同化发展水平。特色产业集聚区突出特色、凸显集聚，推动电子商务、食品加工等产业集聚发展。优化重大基础设施配套，围绕“千万标箱、东方大港”建设目标，加快赣榆港区10万吨级航道南延段一期、粮油码头建设，完成多式联运物流中心一期主体工程，开展15万吨级航道、兖日铁路连接线前期工作，推动铁路专用线黄海粮油科技产业园段开工，启动苏海3#通用泊位项目研究工作。

做强做优现代服务业。推进海鲜直播电商和现代物流业一体融合，发挥“一带一路”中欧班列连云港（赣榆）跨境电商直播基地引领作用，拓展直播电商新空间，电商交易额突破185亿元，培育跨境电商10家。海头海产品电商中心建成投用，城发智慧冷链综合体等项目加快建设，培育省级现代服务业高质量发展集聚示范区1家。落实省生产性服务业十年倍增计划，释放港口带动效应，培育一批支柱型运输、仓储企业，服务临港产业发展。大力发展现代金融业，加快上市企业培育，完善后备资源梯队建设。持续激发消费潜力，优质运营吾悦广场、万达广场等城市综合体，改造新建一批综合市场，创建夜间经济集聚示范区2家。大力发展文旅产业，推动抗日山片区整体开发，打造“一山一岛一馆一村”红色研学路线、乡村特色休闲旅游路线，新增AAAA级景区、AAA级景区各1家，创建省级全域旅游示范区。

加快发展数字经济。深入推进产业数字化、数字产业化，构建全域感知、数据融合、智慧互联的数字基础设施体系，建设5G基站200个，推进政务信息和公共数据归集共享。推动数实融合，拓展“5G+工业互联网”应用，实施“智改数转”项目10个，壮大蓄电池、光伏组件等电子信息制造业，完成新海石化生产自动控制数字化改造，新增星级上云企业5家、智能制造示范车间2个，建成省级创新中心、工程研究中心2个。逐步拓宽数字化应用领域，积极发展智慧农业、智慧物流，实现精细化生产、数字化运营、可视化管理。

全面营造创新生态。深入实施创新驱动发展战略，突出企业创新主体作用，打造“招商项目—科技型中小企业—高新技术企业”培育链，新认定国家级高新技术企业30家，加强高校科研院所“产学研”合作，实施合作项目30个以上，推动重大成果转化落地。加强知识产权创造、保护和运用，申请商标2600件，发明专利授权150件以上。坚持以产聚才、以才兴产，围绕钢铁石化、新能源等细分领域，实施“一行业领域一人才工程”，引进高层次产业人才，持续打响“人到赣榆·如鱼得水”品牌，为未来经济增长、产业发展积蓄更多优势。

二、聚焦项目为王，扩大有效投入，全面厚植跨越赶超潜力

千方百计重抓招商引资。主攻产业链招商，精准绘制产业图谱和招商地图，全力招引带动能力强的重大项目。完善招商网络体系，锁定长三角、京津冀、粤港澳等三大重点招商区域，组建专业团队，在重要节点城市设立招商站，加大与大型央企、知名外企、头部民企对接频次，精心办好各类招商推介活动，形成“签约一批、落地一批、储备一批”项目建设格局。创新招商方式，统筹项目信息管理，建立健全重大项目首谈负责、跨区镇流转和奖励激励制度。强化以商引商，借力商会协会、专业机构、亲友乡贤等各类资源，拓宽招商渠道。出台一揽子优惠政策，鼓励、吸引本土人士回乡投资兴业。新增签约过亿元项目50个、过十亿元项目10个、过百亿元项目1个，实际使用外资1亿美元。

全力以赴攻坚重点项目。高举“产业强区、项目为王”大旗，打响项目建设攻坚战，全力推动60个市级重点项目建设，实现年度投资212亿元。强化空间保障，坚持资源盘活、土地储备“两手抓”，推动土地指标与项目有效配置，确保大项目引得来、落得下。强化环境保障，加强对上争取、政策研究，持续开展园区各项区域评估工作，补齐环保基础设施，提高生态环境承载力。强化机制保障，继续开展“挑大梁、争红旗”月月评竞赛活动，完善“月通报、季观摩”机制，做到挂图作战、挂帅领战、挂牌督战，实行重大项目推进全程管理、专班服务、定期调度、联席会办制度，加快前期手续办理，及时破解重点难题，确保重大项目尽快形成实物工作量。

精准发力优化营商环境。围绕营商环境考核进入全省前1/3的目标，全面擦亮“榆快办”服务品牌。打造综合更优的政策环境，全面落实各项惠企政策，出台具有赣榆特色、含金量高的系列措施，激发市场主体活力。打造更加高效的政务环境，深化“放管服”改革，扩大“一网通办”覆盖面，推动更多项目实现“拿地即开工”“承诺即开工”。打造更加有序的市场环境，推动信用便企省级试点创建工作，健全信用联合奖惩机制，持续营造公平诚信市场氛围。打造更加透明的法治环境，有序推行“综合查一次”制度，做到“有事必应、无事不扰”，实现清单之外无检查。打造更加贴心的人文环境，畅通政企沟通渠道，主动回应企业诉求，实行事项受理、跟踪督办、结果反馈闭环管理，逐步化解招商项目历史遗留问题，深化构建亲清政商关系。

三、聚焦海洋经济，开辟新的赛道，全面增强高质量发展动能

加快建设“蓝色粮仓”。充分利用东海水产研究所赣榆实验基地等平台技术支撑作用，强化鱼类、贝类、海马等优质水产养殖开发，推广绿色健康养殖模式。科学编制养殖水域滩涂规划，加快建设现代设施渔业集中区。借鉴外地深海网箱养殖先进经验，推动传统渔业向深远海养殖、远洋捕捞转型，高标准建好秦山岛东部海域国家级海洋牧场示范区。围绕打造智慧渔港、平安渔港、绿色渔港、产业渔港、人文渔港目标，以海头、青口两个国家级中心渔港为核心，整合沿海镇和相关海域、陆域、岸线资源，争创国家级渔港经济区。提升苏鲁海产品综合批发市场能级，打造全国规模第一的海产品电商直播基地。

培育壮大海洋产业。深入落实海洋经济高质量发展三年行动计划，创建综合性海洋经济产业园。优化空间布局，以海洋经济开发区为依托，向南拓展石桥镇、海头镇、青口镇、高新区、经济开发区、秦山岛等陆海资源。明确产业方向，重点培育海洋食品、海洋生命健康、海洋新材料等三大产业。海洋食品产业依托柘汪紫菜产业园、高新区食品产业园和海福特等海洋食品企业，向精深加工转型，培育发展预制菜和附加值较高的休闲食品、功能食品。海洋生命健康产业以现有藻类加工企业为基础，利用藻类、贝类等资源优势，进一步延链拓展，重点发展海洋生物制品，惠榆新兴产业园培育发展海洋生命健康产业。海洋新材料产业依托海洋经济开发区化工园区，利用高性能聚乙烯、高端ABS改性材料等石化下游产品，重点发展耐盐耐腐蚀海工材料产业，培育引进海底通信材料、深海探测材料等前瞻性产业，打造海洋新材料产业基地。

打响滨海旅游品牌。深度整合滨海旅游资源，推动海洋旅游从观海向亲海拓展、从近海向远海延伸，加速建设从木套河口至白鹭公园的“百里蓝湾”，串联“三河两地”生态区、海州湾旅游度假区，建成投用陆岛码头，开发秦山岛等海岛精品游，丰富赶海踏浪、渔村民宿等近海游和海上垂钓等远海游。融入全市“高铁+游轮”旅游项目，积极对接开通连岛至秦山岛海上公交，培育“渔业+”海洋旅游新业态。

四、聚焦宜居宜业，优化功能品质，全面提升滨海城市内涵

有序推进城市更新。坚持规划先行，用好“三区三线”划定成果，推进多规合一，构建国土空间规划“一张图”。徐福片区、琴岛天籁片区加快开发建设，优化功能布局，完善基础配套。启动海城片区等地块房屋征收，年内征收面积不低于28万平方米。实行房票政策，丰富房屋安置多样化选择。对接全市交通规划，积极融入主城区，加快推进204国道城区段快速化改造工程，完成233国道班庄段、墩尚段提升改造，402省道城市南环段建成通车。改造城区供水管网26千米，完成河南片区等雨污分流4.5平方千米，稳步推进老旧小区改造和既有住宅加装电梯，促进新老城区协调发展、同步提升。

彰显滨海城市特色。突出海洋城市定位，统筹陆海空间，推进山海风景、文化内涵、海洋产业充分融合，加强228国道沿线空间形态改造，全面打造“金沙碧海、城岛相望”中心城区，精心装扮柘汪、海头等沿海城镇，打造韩口、小口等特色渔村，形成层次分明、近海亲海的城镇组团发展格局。坚持“渐进式、微更新”，改造徐福西路等市政道路，做精塑美城市家具、城市小品，新建街头游园、口袋公园4个，推进沙汪河沿线生态绿廊工程，新增城市绿道10千米，让城市更有品质、更有情怀、更有温度。

加强城市精细管理。推进城市智慧化管理，推广扬尘智能监测，实现智慧建筑工地全覆盖，打造智慧物业小区。完善智慧停车体系，新增停车泊位2000个，新建充电站23座。争创全国文明典范城市，持续开展市容市貌专项整治，着力解决占道经营、“脏乱差”等难题。安装路灯326套，新改建公厕12座，创建垃圾分类达标小区42个、示范镇2个，推进建筑垃圾处理PPP项目建设，完成绿色建材循环产业园主体工程，规范运营生活垃圾焚烧发电厂，全面提升垃圾处理能力。

五、聚焦强村富民，注重城乡统筹，全面谱写乡村振兴华章

融合发展现代农业。落实粮食安全责任制，坚持藏粮于地、藏粮于技，新增高标准农田3.14万亩，持续稳定生猪生产，创建省级生态健康养殖示范场5个。发展乡村特色产业，更加注重质量效益，落实产业帮扶政策，做好“土特产”文章，因地制宜调整优化产业结构布局，不断壮大蓝莓、大樱桃、茶叶等优势产业，招引冷链加工项目，发展休闲观光农业，推进农业一、二、三产融合发展。更加注重产业化、规模化、品牌化，依托“龙头企业+合作社+基地”等模式，促进农业多要素集聚、多主体参与、多业态发展，新增市级以上农业龙头企业8家、农民专业合作社7个、“两品一标”产品6个，特色农业机械

化水平达70%，创成国家现代农业产业园。

加快建设和美乡村。完善各镇控制性详细规划，编制完成40个村庄规划，实施乡村建设行动，加快公共服务设施建设，提高乡村基础设施完备度、公共服务便利度、人居环境舒适度。突出干净整洁、整镇推进，实施农村人居环境整治提升行动，开展水系连通及水美乡村建设，整治黑臭水体，深入推进农村厕所革命，健全区、镇、村三级垃圾收运处置体系。坚持典型引路、示范带动，规范农村宅基地管理，改善农房3100户，提档升级农村道路20千米，改造桥梁2座，创建省级特色田园乡村2个。大力弘扬向上向善向美的良好风尚，深入开展文明家庭、最美家庭创建活动，不断提升乡村文明。

全面拓展富民路径。坚持巩固拓展脱贫攻坚成果与乡村振兴有效衔接，积极探索富民兴村长效机制，提升乡村振兴村8个，实施移民后扶项目40个。发展壮大村集体经济，纵深推进清产核资，积极盘活闲置资产，通过土地增减挂钩、兴办企业等方式，拓宽村集体增收渠道。实施农民收入“十年倍增”计划，推广“快递+紫菜”“快递+海鲜”成功经验，推进“互联网+”农产品出村进城，新增家庭农场30家，培育高素质农民2000人，逐年提高农民收入。

六、聚焦绿色发展，提升环境质量，全面推进生态文明建设

践行绿色低碳理念。深入践行“两山”理念，坚持降碳、减污、扩绿、增长协同推进，统筹做好“双碳”“双控”，严格实行“两高”项目动态清单管理，有序推进低效能企业改造升级、淘汰退出。培育绿色低碳产业，推进钢铁、石化、建材等行业工艺革新，启动建设镔鑫钢铁二氧化碳捕集回收利用、新海石化用能设备能效提升项目，支持企业开展绿色产品、节能产品认证，推动全要素、全产业链绿色转型。持续优化能源结构，华电墩尚渔光互补项目建成并网，完成国家整县分布式光伏开发试点工作。推广绿色低碳生活，深入开展绿色机关、绿色学校、绿色社区创建，引导群众低碳消费、绿色出行。

提升生态治理水平。坚持精准治污、科学治污、依法治污，做好中央环保督察反馈问题整改，持续深入打好污染防治攻坚战，推动生态环境质量稳定向好。强化工业源、扬尘源、移动源污染管控，推进企业超低排放改造，开展工业涂装、橡胶塑料等涉VOCs行业专项整治，PM2.5年均浓度、空气优良率完成省定任务。严格落实“河长制”，开展农村河道清淤疏浚专项行动，实施青口河等重点入海河流治理，规范运行镇级污水处理厂，建设村庄生活污水处理设施35个。强化农业面源污染治理，完成水产养殖池塘标准化改造任务，压降“直播稻”种植面积，畜禽粪污资源化利用率达98%，确保国省考断面水质稳定达标。加强土壤污染风险源头防控，严格监管5家土壤污染重点单位，建成投用1.5万吨/年危险废物焚烧处置项目，实现危险废物动态清零。

加大保护修复力度。坚持山水林田湖草沙一体化保护和系统治理，优化生态空间保护，落实“三线一单”生态环境分区管控。科学推进国土绿化，完成造林1880亩，创建省级绿美村庄4个。提高湿地生态系统质量和功能，规范用海管理，创成自然资源节约集约示范区。全力推进土地开发整理复垦，形成补偿耕地良性循环机制，完成土地复垦2000亩。做好石梁河水库生态修复“后半篇文章”，展现河畅景美、水清岸绿、生态多样、人水和谐愿景。

七、聚焦民生改善，树牢底线思维，全面创造幸福美好生活

完善社会保障体系。落实落细就业优先政策，建立服务企业长效机制，精心组织线上线下招聘活动，突出抓好退役军人、高校毕业生等重点群体就业。发挥创业带动就业作用，依托食品、电商、纺织、工厂化养殖等产业，掀起本土人才自主创业热潮，新增城镇就业7500人。推进社会保险应保尽保，新增企保参保人数1.5万人以上，落实养老金待遇调整机制。基本医疗保险参保率达98%，深化医保支付方式改革，村级医保服务网络实现全覆盖。用心用情呵护好“一老一小”，完成适老化改造400户，开展老年免费健康体检服务9.8万人，新增普惠性托育机构3家、托位数500个，建成区级托育服务综合指导中心。完善分层分类社会救助体系，大力发展慈善事业，真情关爱低保、残疾人、孤寡老人、困境儿童等特殊群体，坚决兜牢基本民生保障底线。

推进社会事业惠民。办好人民满意教育，促进教育公平，擦亮“学在赣榆”品牌。实施校安工程2.4万平方米，加快选青中小学等学校建设，建成投用幼儿园4所。持续提升教育教学质量，巩固提高“双减”实施水平，创建省义务教育优质均衡发展区。赣榆高中举办百年校庆，创建省高品质示范高中建设学校。推动健康赣榆建设，加快建设区中医院新院区、妇幼保健院，建成投用区应急医院、精神病防治院病房楼。实施卫生“强基工程”三年行动计划，加强医疗基础设施建设，提升基层公共卫生服务水平，创建省级健康镇1个、健康村5个。全面落实新阶段疫情防控各项举措，科学实施“乙类乙管”，持续加强防控救治体系和应急能力建设，更好地为群众提供全方位全生命周期健康服务。丰富群众文体生活，加快建设西关路群众活动中心，建成省最美公共文化空间3个。

提升本质安全水平。全链条压紧压实安全责任，建立安全生产网格化责任清单，全面开展危化品、道路交通、海洋渔业、森林防火、城镇燃气等重点领域安全隐患大排查、大整治，实现闭环整改、动态清零。全领域夯实安全基础，加大区镇两级财政资金投入，开展工业企业安全生产风险评估、“双重”预防机制建设，配齐监管力量，补齐渔业生产、特种设备等领域短板。全体系提升应急管理能力，加强应急救援队伍建设，强化监管技术支撑，推进安全生产治理体系和治理能力现代化，创建省级安全

发展示范城市。

增强社会治理效能。坚持依法治理、共治共享，加强智慧网格建设，全面提升社会治理现代化水平。健全矛盾纠纷调处机制，深化“信访突出问题攻坚化解年”行动，争创全国信访工作示范区。优化“12345”政务热线平台，畅通群众利益诉求表达渠道。规范政府举债融资行为，加强非法集资监测预警和风险处置，确保不发生区域性系统性重大金融风险。坚决落实“四个最严”要求，持续深化“阳光食堂”“智慧药房”建设，守护群众“舌尖上的安全”。深入推进“八五”普法。建设更高水平的平安赣榆，推进扫黑除恶常态化，严厉打击各类违法犯罪，确保社会安定、百姓安宁。

加强政府自身建设

各位代表，一分部署，九分落实。站在全面建成社会主义现代化强国的新征程上，我们将牢记“三个务必”，以更高的标准、更好的状态、更实的举措，重抓落实求突破，敢于创新勇担当，努力打造人民满意的服务型政府。

铸牢政治忠诚之魂。全面学习、全面把握、全面落实党的二十大精神，进一步统一思想、统一意志、统一行动。坚持以习近平新时代中国特色社会主义思想为指导，坚决捍卫“两个确立”，增强“四个意识”，坚定“四个自信”，做到“两个维护”，始终胸怀“两个大局”，牢记“国之大者”，坚决贯彻落实中央及省市区委决策部署，以实际行动诠释对党忠诚。

恪守担当作为之要。永葆“闯”的精神、“干”的劲头、“实”的作风，勇挑大梁，敢闯敢试，争创一流。时刻保持“越是艰险越向前”的状态，敢于应对新风险新挑战，打破路径依赖，直面新问题、攻克老问题。始终树牢“功成必定有我”的心态，多做打基础利长远的实事，多办惠民生解民忧的好事。全面营造“人人担当、事事尽责”的常态，心无旁骛谋发展，扑下身子抓落实，切实以政府的“辛苦指数”提升群众的“幸福指数”。

2022年5月8日，赣榆新城全景　　（区委宣传部　供图）

弘扬务实高效之风。坚持求真务实、马上就办，推进政府工作专业化建设、机制化落实、数字化转型，切实以政府的“效率指数”提升经济社会的“发展指数”。建设数字政府，强化“互联网+”、大数据等新技术运用，打造智慧便捷、公平共享的现代政务服务体系，全面提升便民服务温度和工作落实速度。坚持出实招、办实事、求实效，更大力度惠企利民，构建制度化、常态化政企沟通渠道，把企业发展的难点作为政府服务的重点，制定更多政策措施，全面提振市场信心。

厚植依法行政之基。深入践行习近平法治思想，全面营造尊法、学法、守法、用法浓厚氛围，将政府工作全面纳入法治轨道。依法接受区人大及其常委会法律和工作监督，自觉接受区政协民主监督、社会舆论监督，高质量办好建议提案。加强依法统计，做好第五次经济普查。坚持民主集中制，加强重大决策事前论证和事后评估，提升决策的科学化、民主化、法治化水平。严格规范公正文明执法，健全政府法律顾问制度，做好行政应诉工作。深化政务公开，及时回应网络舆情和群众关切，让权力在阳光下运行。

常修廉洁从政之德。坚持全面从严治党，切实履行“一岗双责”，锲而不舍落实中央八项规定及其实施细则精神，驰而不息纠治“四风”。全面提升财政预算绩效管理水平，严控“三公”经费和一般性支出，加强审计、财会、统计监督，做到花钱必问效、无效必问责。加强政府廉政建设，强化权力集中、资金密集、资源富集领域监管，严查群众身边的小微权力腐败，打造风清气正的政府形象。

各位代表，蓝图催人奋进，实干开创未来！让我们全面贯彻落实党的二十大精神，更加紧密团结在以习近平同志为核心的党中央周围，在上级党委政府和区委的坚强领导下，坚定信心、同心同德，埋头苦干、奋勇前进，在新征程上全面推进中国式现代化赣榆新实践，奋力谱写“强富美高”新赣榆现代化建设新篇章！

新时代赣榆区经济社会发展主要成就

中共十八大以来，赣榆区高举习近平新时代中国特色社会主义思想伟大旗帜，抢抓一系列战略机遇，深入推进沿海开发，以“港口大型化、产业集群化、镇村特色化、城乡一体化、服务品牌化”为发展导向，确立“港口带动、产业强区、创新引领、融入主城、协调发展”五大战略，实现经济社会高质量发展。2022年，实现地区生产总值727.43亿元，是2012年331.36亿元的2.2倍。其中，第一产业增加值116.4亿元，是2012年50.46亿元的2.31倍；第二产业增加值310.26亿元，是2012年166.07亿元的1.87倍；第三产业增加值300.77亿元，是2012年114.83亿元的2.62倍。

综合实力跨越发展

进入新时代，赣榆区生产总值连跨4个百亿级台阶，突破700亿元；人均生产总值突破1万美元。围绕“4+10+N”园区产业定位，不断夯实发展基础，提升产业承载能力，平台功能日益增强。园区经济做大做强，经济开发区集聚要素资源，加快中心区拓展区协同发展，持续招引光伏、纺织产业链项目；海洋经济开发区完成区位调整，开展钢铁、石化产业绿色化改造，加快省级化工园区创建，拓展临港产业发展空间；黄海粮油科技产业园完善粮食物流枢纽中心功能，邀请国家粮食和物资储备局科学研究院专家规划设计，开工建设粮油码头、专用航道，提升园区核心优势和承载能力；高新技术产业开发区围绕纺织新材料、碳材料等主导产业，抢抓南北共建园区重大机遇，与无锡市惠山区交流对接，加快推进共建园区建设。10个镇级工业集中区按照有规划体系、有产业定位、有配套设施、有储备土地“四有”标准，坚持走集约化、差异化发展道路。针对石材加工、尼龙颗粒等传统产业，建设一批特色产业集聚区，统一管理、统一治污，引领行业规范发展，新建项目产业集聚度达60%以上。集疏运系统加速形成，口岸扩大开放通过国家验收，赣榆港区总体规划优化方案获部省联合批复。

主导产业持续壮大

赣榆区始终将产业项目作为发展的根基，主攻项目投入，在产业强区上开新局、求突破。新海石化、镔鑫钢铁稳居全国民营企业500强，丰海高新材料、华电LNG、中粮油脂等重大项目强势推进，2022年工业应税销售收入达863.5亿元，是2012年320.7亿元的2.69倍。10年间，引进十亿元以上项目71个、亿元以上项目811个。电子商务异军突起，2022年全区电商交易额突破170亿元，快递交易量达1.2亿件，海鲜、紫菜获国家快递服务现代农业金牌项目，海头镇苏鲁海产品综合批发市场获批全省唯一“省部共建”国家级农产品产地专业市场。

基础设施日益完善

赣榆区大力推进基础设施建设，完善功能配套，全区形成以高铁、港口、高速公路、国省干线为主框架，以县、乡道为次干线的合理交通网络，人民群众获得感、幸福感持续提升，为全区经济社会高质量发展提供有力支撑。2022年，全区公路总里程达2703.2千米，比2012年增加250.7千米。畅达交通体系，做强港口，突出港产联动，加快防波堤二期、液体散货泊位、王集水厂、管廊架延伸等工程建设，提升港产匹配度、产城融合度。推进保税物流中心、海铁联运中心等项目建设，加大货种组揽力度，提升港口综合服务能力。赣榆港区2012年开港，至2022年完成吞吐量1.1亿吨，集装箱26.5万标箱，"一体两翼"北翼港区快速崛起，为临港产业发展提供有力支撑。完善交通，城市南环402省道完成路基、桥涵工程，204国道城区段改造方案基本形成，构建"大外环"。连盐铁路、青连铁路建成通车，改写"赣榆境内无铁路"的历史，更多直达北京、上海、南京班次，融入"大交通"。

2022年，赣榆区塑造滨海城市风貌。图为8月15日城市一角

（司 伟 摄）

城市能级不断跃升

赣榆坚持"做大城市、向海发展"，"拆、改、建、管"四位一体推动人口集聚、城市发展、商贸繁荣，城市品位显著攀升，城市管理更加精细，全国文明城市首创首成。全面拉开城市框架。加快海头镇、赣马镇与城区融合发展，重点开发徐福、义塘两个新片区。统筹学校、道路、安置小区、邻里中心等设施配套，完善基础配套，拉开城市框架。徐福片区规划面积3平方千米，总投资61亿元，打造海滨风貌彰显区、优质教育集聚区、高端居住引领区、绿色生态示范区、徐福文化展示区；义塘片区规划面积2平方千米，总投资60亿元，打造优质教育示范区、生态宜居新片区。紧盯打造"江苏亲海近海第一区"目标，策应"港产城融合"区域发展战略，深度整合、全面优化城乡空间布局，突破"岛城湾"一体开发。完成秦山岛八大保护和开发利用工程，聚力推进琴岛天籁片区"2+2+2"开发建设，全新打造7平方千米新城核心区，建成黄海路东延工程，全面拉开滨海新城路网框架；布建投用汽车北站、人民医院、赣中教育集团、吾悦广场城市综合体等功能设施，配套和安湖湿地公园、市民广场、体育公园白鹭湿地公园及10多个连片住宅区等基础建设，加快实施沿海特色风貌塑造等工程，全面展现"推窗望海、城岛相望"的城市格局。突出海洋元素，推进海滨大道绣针河至白鹭公园段沿海风貌塑造。坚持多规融合、产城融合和城乡一体发展，注重留白，优化城市生产、生活、生态空间布局，全面推动海滨特色大彰显。实施228国道两侧生产用地清退工程，开展青口河沿线综合整治，建设沿河风光带，2022年新增口袋公园及游园6个、绿地面积17.4公顷。

生态建设卓有成效

赣榆区坚持生态优先、绿色发展，城乡面貌焕然一新。着力加强自然资源和生态环境保护，严格落实"三线一单"制度，统筹"山水林田湖草沙"一体化保护修复，推进生态环境保护精细化管理、强化国土空间环境管控、推进绿色发展高质量发展，着力构筑"一核一带、三廊三片"的国土空间开发保护总体格局。大力推进全域永久基本农田划定工作，"违法用地综合整治三年行动"收官，"三河两地"生态修复取得成效，水源地保护建设不断加快，近海养殖有序清退，见缝插绿植树造林，建成省级生态文明建设示范镇12个、示范村7个。着力加强重点领域污染防治，强力推进环境保护和污染防治攻坚战，城乡污水处理、固废处置、生活垃圾循环利用等公共环保设施趋于完善，化工园区整治、"两违"整治、非法码头整治、人居环境整治等取得显著成效，突出环境问题得到有效治理，生态环境质量全面提升。深化"全域整治、示范引领、万户美化"行动，健全农村生活垃圾收储运体系，推动农民住房条件改善，全域改善农村人居环境，建成省级特色田园乡村7个、市级特色田园乡村17个和261个美丽宜居乡村，海头镇、沙河镇纳入省美丽宜居小城镇试点。

改革创新扎实推进

进入新时代，赣榆区深化供给侧结构性改革，推进"放管服"改革，优化营商环境。"一枚印章管审批"实质运转，全市率先建成审批服务综合执法一体化平台，启用云昇广场政务服务中心，1193项政务服务和公共服务事项"应进必进"，完成柘汪经济发达镇行政管理体制改革、经济开发区相对集中行政许可权改革。推进国资国企改革，加快市场化运作，规范国有资产管理。推进农村综合改革，全面完成农村土地承包经营权确权颁证，农村产权"三联四通"赣榆模式和"1+15"远程视频监控系统在全省推广。创新要素加快集聚。企业创新能力不断增强。相继创成全国科技进步先进县、国家知识产权强县工程试点区、省知识产权强省建设区域示范区，万人发明专利拥有量达3.8件。创新平台加快建设，建成国家级众创空间1家、市级以上工程技术研究中心28家。创新主体持续壮大，高新技术企业达68家、科技型中小企业达250家，新海石化获省长质量奖，天富食品创成国家级专精特新“小巨人”企业。实施“海州湾英才计划”“542英才培育工程”，2017年至2022年新增省“双创人才”130名、市“双创人才”29名、科技副总48名，引进各类高端人才540名。实施乡土人才“三带”行动计划，制定出台“电商直播人才20条”，开展各类培训8000人次，培育电商直播等本土人才2000余名。兑现各类人才扶持资金5000万元。

精神文明建设务实高效

赣榆区创新打造“理”花树理论宣讲品牌，2022年开展“礼赞新时代、追梦复兴路”“马克思主义青年说”等宣讲活动500余场。“习语晨读”理论宣讲经验入选省宣传思想文化工作创新案例。按照“1+15+N”矩阵，借助新时代文明实践中心（所、站）、“党建+网格”等平台载体，实现党员冬训参训率达100%，连续7年获省冬训示范区。探索建立“网信+网格”基层社会治理新路径，完善“4+X”舆情联动协调机制，提升有害信息处置时度效。发挥500余个“网信+网格+社会”微信群矩阵作用，延伸有害信息监测触角。柘汪镇响石村建成全市首家乡村“网络护苗工作站”，舆情信息工作位于全市前列。强化中心、所、站三级统筹能力，推广使用文明实践智慧指挥云平台，建立区、镇、村三级文明实践活动月发布制度，制作“文明实践我打卡”系列短视频。组织全区70家文明单位与新时代文明实践站结成对子，派驻文明实践指导员。推出移风易俗线上接力倡议书，通过“我和文明有个‘约’定”专栏展示村规民约示范案例38个。《海州湾湿地春潮涌动、万鸟齐飞》《石梁河上清波荡库区农民笑声扬》《齐抓共管守护蓝天碧水净土》等稿件引发中央电视台、《农民日报》、人民网等主流媒体关注报道。“赣榆发布”公众号、视频号、抖音号的传播力指数位居全省前列，影响力指数综合排名位居全市第一。“七色花开”爱心读书会被认证为省级公益阅读推广活动，全市各县区唯一。新增规上文化企业14家，全区“三上”文化企业实现营业收入18.89亿元，比2021年增长51.7%。

社会事业全面进步

赣榆区坚持把为民造福作为最大政绩，城镇居民人均可支配收入2022年达40226元，是2012年19533元的2.06倍；农民人均纯收入2022年达23812元，是2012年10310元的2.31倍。2020年完成35941户、81238人建档立卡人口脱贫攻坚任务，30个省定经济薄弱村、10个市定经济薄弱村达到新“八有”标准，提前一年实现建档立卡户、经济薄弱村全部脱贫。高分创成国家卫生城市、全国文明城市，获评全国平安建设先进区。教育事业优质发展。进入新时代以来，实现新建扩建义塘路中小学、赣榆第二高中等中小学140所，创建四星级高中7所，高考成绩连年领跑全市。推进健康赣榆建设。提升突发公共卫生事件应急能力，完善重大疫情防控体制机制，完成区人民医院感染病区主体建设及区康复医院病房楼建设，启动区中医院迁建工程，创成国家级健康促进区，区人民医院晋升为三级乙等综合医院，每千人口床位数从2.98张增加到6.2张。社保体系更加完善。推动企业养老保险、失业保险等主要险种应保尽保，提高低保户、五保户等救助保障标准，做好“一老一小”关爱保护工作。大力繁荣文体事业。加强非物质文化遗产与文物保护，推进全民阅读，打造“书香赣榆”，全区综合性文化服务中心、农家书屋实现全覆盖。改善农民住房1万余户。深化平安赣榆、法治赣榆建设，健全扫黑除恶长效机制，重拳打击违法犯罪，群众安全感满意度不断提升。化解矛盾纠纷。攻坚化解信访突出问题，建立网格化矛盾纠纷排查化解机制，获评全国信访工作“三无”县区、全国信访工作示范县区。（年　编）

赣榆区打造苏北湿地生态典范

赣榆城临海而建、逐海而生，拥有720平方千米浅海域和45.71千米黄金海岸线，是江苏近海亲海第一区。进入新时代以来，赣榆区认真贯彻习近平生态文明思想，认真践行绿色发展理念，坚持保护开发并举，大力开展沿海生态环境综合整治、生态修复、幸福河湖建设等行动，滨海湿地新城生态修复项目获评“中国人居环境范例奖”，秦山岛生态保护修复案例被评为江苏省首届“最美生态修复案例”，秦山岛东部海域海洋牧场被批准为第七批国家级海洋牧场示范区。赣榆正全力打造苏北湿地生态典范。

滨海公园城市打造

赣榆滨海区域是西太平洋区域候鸟迁徙的重要中转点，滨海滩涂的富集区。赣榆区秉承亲海理念，科学开发利用城市湿地生态资源，精心构建总长10千米、占地103公顷的和安湖湿地公园。滨海湿地新城生态修复项目获评“中国人居环境范例奖”，“连云港市秦山岛生态保护修复”案例被评为江苏省首届“最美生态修复案例”。沿228国道两侧、青口河下游，清退养殖池塘133.33公顷，建设白鹭湿地公园，为鱼群鸟类提供良好的觅食和休憩场所、为游人提供水天一色的滨海湿地景观，成为海上田园门户、黄海沿线最美白鹭栖息地。赣榆区海州湾北部沿海湿地生态保护，为动植物营造出良好的生存环境。2022年秋季，数万只反嘴鹬在这里翔集，场面蔚为壮观，引来央媒省媒聚焦报道。

海洋生态保护

赣榆区把养海护海作为靠海为生的先决条件，高度重视海洋生态文明建设，重拳整治违规用海。区委、区政府主要领导挂帅担纲，全海域开展违规用海整治行动，2021年至2022年2月，拆解涉渔“三无”船舶746艘，500艘乡镇渔船全部退出生产，清理违规用海2341公顷，2022年“五一”前实现全区无一处违规用海。扎实开展“三河两地”生态修复（“三河”即青口河、朱稽河、范河调尾，“两地”为三河之间相邻地域），在域内开展渔业养殖水域清退，因势调整原有鱼塘地形地貌，做到连通自然水域，不断提高湿地自净能力和生物多样性保护水平。

2022年，赣榆区打造城市人居环境。图为9月26日滨湖栈道重新修缮延伸画面 （司 伟 摄）

海洋经济建设

赣榆区坚持绿色低碳原则，实行保护与开发两条腿走路，实现海洋经济可持续发展。通过以点连线，以线成面，构筑起更加立体的、多样性的鸟类生存湿地生态环境。2022年1月，《中华人民共和国农业农村部公告第515号》发布，由赣榆区海洋渔业技术指导站承建的“江苏省连云港秦山岛东部海域国家级海洋牧场示范区”，被批准为第七批国家级海洋牧场示范区。与此同时，赣榆区致力打造绿色高质特色产业集群，建设占地133.33公顷的设施渔业集中区，运营建筑面积21万平方米的紫菜产业园，推动渔业养殖由自然状态向设施养殖转型、向标准化规范化转型。

赣榆区以习近平生态文明思想为指导，以碳达峰碳中和为引领，以美丽赣榆建设为主抓手，围绕打造“百里蓝湾”目标，沿海渔村串点成线，滨海生态有效保护，展现城市生态特色，着力打造国内一流的滨海风光带。 （年 编）

赣榆区创建全国信访工作示范县区纪实

赣榆区委、区政府认真贯彻落实习近平总书记关于加强和改进人民信访工作的重要思想，坚持把信访工作作为检验各级领导干部是否主动作为、是否敢于担当、是否责任靠身的重要标尺，自觉当好信访考生，答好新时代群众工作考题，不断夯实基层基础，打造特色工作品牌，越级走访和重复信访连年下降。2018年至2020年连续三年被评为省信访工作先进集体，被国家信访局评为2020年度全国信访工作“三无”县区和2021年度全国信访工作示范县区。

信访责任落实

赣榆区坚持区、镇、村三级书记抓信访不动摇，创新创优工作机制，构建“主要领导亲自抓、分管领导具体抓、联席会议统筹抓”的工作格局。完善信息采集机制。用好书记、区长信箱，开展电视电话问政活动，建立“三勤三快三掌握”定期走访制度，及时收集信息，了解民情，倾听民声，确保群众诉求第一时间掌握、群众困难第一时间解决、群众矛盾第一时间化解。完善压力传导机制。区委常委会、区政府常务会议定期研究部署信访工作，出台《信访工作责任清单》，年初集中约谈15个镇党委书记、重点部门主要负责人，不定期约谈信访问题多发镇、单位分管负责人，建立信访工作“三函一单”，定期通报讲评，对信访成绩突出的给予奖励，信访问题明显的给予警示，让压力实时传导到位。完善接访包案机制。从提升包案效果入手，实行面对面接访、面对面会办、面对面督查、面对面反馈“四个面对面”工作法，实现“一个案件、一名领导、一查到底”。完善督查考核机制。发挥督查考核指挥棒作用，把信访稳定作为“挑大梁争红旗”月月评三大竞赛活动之一，用信访事项化解等指标评价各镇、重点部门信访工作成效。

化解成效提升

赣榆区把解决问题作为化解矛盾纠纷的根本，在“大事化小、小事化了”上持续用力。重抓访调对接。狠抓初信初访化解，压实首接首办责任，突出“第一时间”介入处置，“第一地点”钝化矛盾。创新建立“369+N”协调联动机制，融入调解元素，积极发挥多元解纷的疏导作用。重抓问题化解。扎实开展治理重复信访、化解信访积案专项工作和“信访突出问题攻坚化解年”行动，全方位、多角度、无死角分析研判突出信访问题。2022年，市以上交办重点信访事项均全部化解结案。重抓难题攻坚。明确攻坚重点难点，对不依法走访的，一律由区党政领导包案推动、一律由镇党委书记接访会办、一律由公安机关依法处置。重抓跟踪回访。建立信访跟踪考评和定期回访制度，科学分析研判化解成效，对研判后可能发生不依法走访的事项重点监管、密切关注。2022年共对24件重点信访事项实施跟踪督办，下发信访风险提醒函36件。

信访品牌打造

赣榆区着力打造“赣实事”信访工作品牌，将信访业务快速办理融入“榆快办”政务服务中，以信访事项真化解让群众真满意。做好网格融合加法的文章，依托网格化社会治理，科学划分463个信访工作网格，村社区党组织书记任网格长，配备一名专职网格员，建立“网格定位、功能延伸、管理精细、共治和谐”的网格化管理新模式，实现信访矛盾排查化解一体化、常态化和规范化。2022年，全区配备专职网格员522名，打通服务群众“最后一公里”，“精网微格”建设取得明显成效。做好精准分流减法的文章，大力推行信访事项繁简三次分流，依据群众反映事项精准分流办理，做到快速简办一批、窗口调解一批、会商会办一批，全区信访事项及时受理率、按期办结率、按期复核率均100%，网上信访一次性化解率94.15%，基层基础水平持续提升。做好力量整合乘法的文章，邀请人大代表、政协委员、人民监督员、律师以及当地乡贤、镇村干部、当事人亲友共同参与信访矛盾化解中的释法说理工作，汇集法律专业优势、亲情感化优势、群众代表优势，形成融合法理、公德、亲情的社会大调解格局。2022年开展信访评议听证4次，取得良好的社会效果。整合公安、信访、网监、网信、网格数据，创建“信访牵头、板块整合、专业参与”信访大数据库，实现问题发现在早、处置在小。（年　编）

1月

5日　农业农村部发布第515号公告，由赣榆区海洋渔业技术指导站承建的“江苏省连云港秦山岛东部海域国家级海洋牧场”，被批准为第七批国家级海洋牧场示范区。

△　国务院疫情防控综合督查组朱涛一行督查赣榆区进口冷冻食品集中监管仓、海福特进口冷链食品集中监管专仓防控工作。

11—13日　政协赣榆区第二届委员会第一次会议召开。大会出席委员339名。大会听取并审议通过政协赣榆区第一届委员会常务委员会工作报告、政协赣榆区第一届委员会常务委员会提案工作报告。大会选举政协第二届委员会主席、副主席、秘书长和常务委员。

12—14日　赣榆区第二届人民代表大会第一次会议召开。大会出席代表350名。大会听取并审议通过《赣榆区人民政府工作报告》等报告，选举赣榆区人大常委会主任、副主任、委员，赣榆区人民政府区长、副区长，赣榆区监察委员会主任，赣榆区人民法院院长，赣榆区人民检察院检察长；选举出席连云港市第十五届人民代表大会代表。

18日　区委召开全区领导干部警示教育大会，贯彻省市警示教育大会精神，落实上级党风廉政建设和反腐败工作要求，教育全区党员干部以案为鉴、警钟长鸣。区委书记吕洁出席会议并讲话，区长李莉主持会议。区人大常委会主任毛太乐，区政协主席李冰等区四套班子领导出席会议。

19日　市长马士光到赣榆区调研河口湿地生态系统保护工作。

△　区政府发布《关于赣榆区部分区域禁止燃放烟花爆竹的通告》，自2022年1月28日实施。

25日　市农科院与江苏沃田集团在沃田集团研发中心举行“江苏省沃田浆果产业技术研究院”“连云港市农科院沃田工作站”签约及揭牌仪式。市委副书记胡建军，市政协副主席、市农科院院长徐大勇，区委书记吕洁，沃田集团董事长徐烨出席活动。

28日　中共赣榆区第二届纪律检查委员会第二次全体会议召开，纵深推进全面从严治党，着力建设廉洁赣榆，以正风肃纪优异成绩迎接中共二十大胜利召开。

30日　区政府决定成立赣榆高新技术产业开发区管理委员会（筹），管理范围以兴庄河为界分南区、北区两部分，面积为12.36平方千米。

是月　赣榆区农村公路青塔线获评江苏省“平安放心路”样板路，吴大线获评省“美丽农村路”样板路。

2月

3日　赣榆北部城市副中心4条市政道路建设工程全面启动。

10日　省水利厅副厅长方桂林到赣榆区督查肖岭水电站安全运行工作。

△　省海洋水产研究所所长陆勤勤调研赣榆区紫菜产业发展情况。

11日　江苏省2022年新春首场紫菜交易会在赣榆紫菜交易中心举行，来自96家紫菜加工企业提供的4.73万箱紫菜入场销售。现场吸引50多家紫菜客商到场选购交易。

12日　全区奋战首季“开门红”暨“产业+”项目现场会召开。

16日　市委常委、连云港警备区司令员王先桥到赣榆区相关企业及柘汪镇开展国防潜力情况调研。

19日　赣榆经济开发区与横店集团东磁股份有限公司举行签约仪式，实施10吉瓦光伏组建项目工程，总投资超50亿元。

21日　2022年全市重大项目春季集中开工活动（赣榆区分会场），在赣榆经济开发区太平洋金沙石英半导体用硅材料项目建设现场举行。全区21个项目集中开工，计划总投资65亿元，年度投资52.4亿元，覆盖基础设施、装备制造、新材料、新能源等领域。

是月　赣榆区获评2021年全国信访工作示范县（市、区、旗）。

3月

1日　中粮油脂党委委员、副总

经理兼中粮油脂山东区党委书记、总经理李诚琨一行调研赣榆区黄海粮油科技产业园规划建设情况。

△ 全市信访工作会议暨市信访工作联席会议2022年第一次全体会议召开。会上公布赣榆区创成全国信访工作示范县区。

2日 赣榆区参与苏鲁两省联合整治超限超载行动。

4日 中国移动通信集团江苏有限公司总经理周毅一行，到海头电商产业园（海前村）调研电商发展情况。

6日 受新冠疫情影响，全区中小学、中专校和幼儿园即日起暂停线下教学。

19日 赣榆区召开新冠疫情防控工作会议，传达学习习近平总书记在3月17日召开的中共中央政治局常务委员会会议上的重要讲话精神，研究部署常态化新冠疫情防控工作。区四套班子领导、各镇各部门负责人参加会议。

4月

6日 赣榆区在严格落实新冠疫情防控措施的前提下恢复正常教学。

10日 市委副书记、统战部部长胡建军到海头镇梁沙渔港，检查赣榆区渔港新冠疫情防控外防输入工作。

11日 连云港素如建材销售有限公司在赣榆区政务服务中心企业开办窗口办理歇业手续，成为连云港市首例办理歇业备案的企业。

20日 《赣榆区制造业智能化改造和数字化转型实施方案》印发。该方案提出“通过三年的努力，全区规模以上工业企业全面实施‘智改数转’”的目标。

22日 全区互联网服务营业场所、歌舞娱乐场所、游戏游艺场所等即日起有序恢复经营，按最大承载量50%限流有序开放。

23日 和安湖路建成通车。

27日 省安全生产第七督导组到赣榆区开展安全生产督导检查。

△ 农业农村部、财政部公布2022年农业产业融合发展项目创建名单，赣榆区现代农业产业园入选2022年国家现代农业产业园创建名单（全国50家）。

是月 中央宣传部、文化和旅游部、广电总局开展第九届全国服务农民、服务基层文化建设先进集体评选表彰工作，评出全国先进县级文化馆、图书馆、乡镇（街道）综合文化站、村（社区）综合性文化服务中心64家。沙河镇文化站获评“全国先进乡镇（街道）综合文化站”。

5月

4日 赣榆区海英草志愿者中心团支部获评“全国五四红旗团支部”。

6日 市长马士光到赣榆区调研复工复产工作，市政协副主席韦怀余、赣榆区委书记吕洁、区长李莉参加活动。

△市委副书记、统战部部长胡建军带领市有关部门负责人到赣榆区调研农民群众住房条件改善工作。

11日 赣榆区科学技术协会第一次代表大会在区委党校召开。

12日 赣榆区城头镇城头村村民王乐洲赴连云港市第一人民医院捐献造血干细胞。

△全市农村基层小微权力运行监管机制现场会在赣榆区召开。市委常委、纪委书记、市监委主任林小异出席会议并讲话。

13日 连云港市省扶持壮大村集体经济发展项目现场推进会在赣榆区召开。

19日 全市招商引资暨开放型经济发展大会召开。赣榆区委书记吕洁在市主会场参加会议并作表态发言。

23日 市政协主席、党组书记王加培带队，到赣榆区对《关于高质量建设现代农业产业园带动农业农村发展的提案》进行现场督办。

26日 全市财政系统农业农村工作会议在赣榆区召开。

30日 赣榆区乡村“复兴少年宫”揭牌暨“小榆点”志愿服务队成立仪式在新时代文明实践中心举行。

31日 赣榆区中小企业服务月活动之惠企新政宣讲暨赣榆区—江苏海洋大学产学研对接会在赣榆高新区（筹）举行。

6月

2日 全区镇村志编纂文化工程推进会议召开，部署制定“十四五”期间全区镇村志编纂出版工作。

3日 石梁河水库清水进城启动仪式在库区举行。仪式现场，分别举办龙舟赛、起鱼表演、美食文化节、“连天下”精品农产品展销等活动，周边及市内外近万名群众参加。

6日 全市重点工业项目现场观摩会在赣榆召开，市长马士光出席活动并作部署。

7日 区检察院在海州湾国家级海洋牧场示范区牵头举行“祁某某等人非法捕捞水产品损害公益案”增殖放流活动暨生态修复基地启动仪式，向国家级海洋牧场增殖放流价值240万元的黄姑鱼和半滑舌鳎鱼鱼苗200万尾。

8日 省委全面依法治省委员会法治建设第五督察组到赣榆区开展全面依法治区工作督察。

9日 国家统计局江苏调查总队党组成员、副总队长栗瑞梅一行到赣榆区调研夏粮生产形势，了解夏收夏种、惠农政策落实及特色农业经营等情况。

10日 农业农村部农机化司副司长宋建武一行调研赣榆区“三夏”小麦机收工作。

△ 全区“直客通”“天天班”政策宣讲暨跨境电商培训会举行。

11日 连云港市网络文明现场会在赣榆区召开，会上启动“网络文明 e路同行”连云港市2022年网络文明建设主题活动暨“喜迎二十大 共建e文明”第十届网络文化季。

15日 省供销合作总社党组书记、理事会主任陶长生带队，到赣榆区调研考察供销合作工作。

△“青春护苏青安岗在行动”——2022年连云港市青年安全生产示范岗创建暨《中华人民共和国安全生产

法》宣讲活动启动仪式在镔鑫钢铁集团举行。

16日 赣榆区第六届“夹谷山”小学教育论坛在城头中心小学举行。

17日 赣榆区文学艺术界联合会第一次代表大会在区委党校召开。

23日 赣榆区获评第二批全国农作物病虫害绿色防控整建制推进县（区）。

24日 赣榆区举行基层消防工作站集中揭牌仪式。市消防支队支队长李明、区委书记吕洁出席仪式并共同为赣榆区基层消防工作站揭牌。

△ 赣榆区获江苏省自然资源节约集约利用进步奖。

△ “巾帼心向党 喜迎二十大”连云港市“小马扎巾帼流动课堂”专场活动在城头镇董力生故居举行。

25日 市长马士光赴赣榆区走访江苏新海石化有限公司。

30日 驻马店市政协副主席郑玉林一行到赣榆调研，调研组先后到白鹭湿地公园、琴岛天籁、创联污水处理厂和赣榆区生活垃圾焚烧发电项目、义塘路学校等实地调研。

是月 赣榆区获评2021年度全省基层党员冬训工作示范县（市、区）。这是该区连续第7年获此表彰。

7月

1日 赣榆区举行新业态新就业群体党建“榆快驿”品牌发布暨“1+5+N”服务阵地集中揭牌仪式。

4日 赣榆经济开发区与安安集团举行项目签约仪式，年产5000万套光伏组件边框项目落户赣榆经济开发区。

18日 即日起，赣榆区实行常态化新冠疫情防控，在新冠疫情防控不松懈的前提下，有序恢复正常生产生活秩序。

19日 赣榆区恢复城区公交及部分城乡公交运营。

29日 省农业农村厅副厅长孙翔一行到赣榆区调研伏季休渔期间渔业安全生产工作开展情况。

△ 省委、省政府、省军区命名江苏省第十二届双拥模范城（县、区），赣榆区被授予“江苏省双拥模范区”称号。

是月 青口河治理项目获省水利厅批复，投资达27142万元，是全区乃至连云港市获批准的中小河流治理项目投资最大、上级补助资金最多的单体水利工程。

△在江苏省第二十届运动会射箭比赛中，连云港市（赣榆实验中学）射箭队获2金1银好成绩。

8月

2日 省交通运输厅二级巡视员、机关党委书记陈萍到赣榆区调研货车司机之家建设工作。

3日 中粮油脂连云港基地项目合作框架协议签约仪式在赣榆区举行。市委副书记、代市长邢正军出席仪式并见证项目签约，中粮油脂控股有限公司党委书记、董事长、总经理徐光洪，区委书记吕洁、区长李莉等参加活动。该项目位于黄海粮油科技产业园，占地80公顷，总投资100亿元。

△ 武警战士徐祺鹏烈士悼念会暨骨灰安葬仪式在宋庄镇乡贤广场举行。徐祺鹏在执行重大任务中，突发险情，为警示和掩护战友安全身负重伤，后经抢救无效壮烈牺牲，时年22周岁。

4日 赣榆区与华电江苏能源有限公司签订合作框架协议。此次签约主要以江苏华电赣榆液化天然气接收项目一期为基础，建设特大型绿色能源供应和调节基地。

△ 水利部移民管理中心总工程师赖红兵一行到赣榆区，调研大中型水库移民后期扶持项目执行情况。

6日 连云港市城发智慧冷链物流综合体项目获批全省第一个国家政策性开发性金融工具入选项目，获批资金6000万元。该项目由赣榆城市建设发展有限公司投资建设，投资6.06亿元，占地6.67公顷。

11日 中国共产党赣榆区第二届委员会第四次全体会议在青口举行。全会总结1—7月工作，部署下一阶段发展任务，动员全区上下以实际行动迎接中共二十大胜利召开。区委书记吕洁代表区委常委会向全会报告工作并作总结讲话。

12日 全市优化生育政策促进托育发展宣传月启动仪式在赣榆区举行。

15日 区委书记吕洁主持召开全区重大项目推进会，专题研究推进太平洋石英、丰海石化、中粮油脂、华电液化天然气接收站等重点项目建设。

18日 市委书记马士光到赣榆区调研，先后来到连云港太平洋金沙石英有限公司、江苏西德电梯有限公司和江苏天眼医药科技股份有限公司，与企业负责人交流，了解项目建设推进、企业生产运营、未来发展规划等情况。

19日 省农业科学院院长、党委书记易中懿一行，在市农业科学院院长徐大勇陪同下，采取现场查看、座谈交流的方式，专题调研赣榆区海洋渔业发展，共谋双方合作发展。

22日 赣榆区慈善总会在赣榆第一中学举行“梦圆大学”捐资助学活动，25名考入大学的贫困生获得捐助。

23日 江苏广电总台、江苏新闻广播大型主题报道《行走新时代鱼米之乡》直播特别节目走进海头镇海脐村，通过现场直播，讲述海脐村立足特色资源，推动乡村产业发展，帮助村民奔向小康生活的故事。

24日 省安全生产第七督导组进驻赣榆区开展8月驻地督导，并主持召开座谈汇报会，听取赣榆区安全生产工作汇报。

25日 省政协副主席姚晓东带队到赣榆区开展送文化下乡活动。省政协委员、中国标准草书学社常务副社长纪松为全区中小学书法教师作专题报告。

△赣榆区举办2022年“梦想小屋”集中交付暨“博爱·圆梦”助学金集中发放仪式。

△ 全市首届特种设备安全监察员技能竞赛在新海石化举行。

29日 国家知识产权局网站发

布《国家知识产权局关于确定国家知识产权强县建设试点示范县和国家级知识产权强国建设试点示范园区的通知》，赣榆区入选国家知识产权强县建设试点县（市、区）。试点示范时限自2022年8月至2025年7月。

30日 市委驻赣榆区乡村振兴帮促工作队与赣榆区人民法院在城头镇签订《“乡村振兴·法治护航”战略合作协议》，并为设在城头法庭的“服务保障乡村振兴联合工作站”揭牌。

△ 《赣榆区全民科学素质行动规划实施方案（2021—2025年）》印发。该方案提出“2025年公民具备科学素质的比例力争达到15%”的奋斗目标。

是月 班庄镇抗日山村入选2022年全国红色美丽村庄建设试点。

△新建赣榆高级中学经济开发区校区、赣榆实验中学义塘路校区、赣榆实验小学义塘路校区、赣榆实验幼儿园义塘路园区、黄海路小学海城路校区投入使用。

9月

1日 赣榆城发集团女子拔河队夺得江苏省第二十届运动会职工部女子540公斤级亚军。

2日 省政协副主席周健民在连调研指导“有事好商量”协商议事工作。市政协主席王加培、区委书记吕洁参加活动。周健民一行考察赣榆区青口镇谷沙社区“有事好商量”协商议事室，现场观摩指导青口镇政协工委组织的“如何破解无物管小区管理难”协商议事会。

8日 惠山·赣榆南北结对帮扶合作第二次联席会在无锡市惠山区举行。会议通报南北结对帮扶合作进展情况，细谋合作发展事宜。无锡市政协副主席、惠山区委书记吴建元，赣榆区委书记吕洁出席会议。

9日 全区教育工作暨庆祝第38个教师节表彰大会召开。

△ 2022年赣榆区食品安全宣传周启动，各成员单位组织安排10项重点活动，15个成员单位举行主题日活动。

14日 赣榆区“五方挂钩”帮促协调会议在黑林镇大树村召开。江苏省交通控股集团党委书记、董事长蔡任杰，江苏省乡村振兴局副局长史新明，连云港市副市长高美峰，苏州市姑苏区委常委、常务副区长陆文明，南京海事法院政治部督查室副主任、二级调研员刘建东，江苏省地震局副局长徐桂明，江苏海洋大学机关党委书记韩振响，中国工商银行江苏省分行副行长吴代强，区长李莉等出席会议。会上，省交通控股集团党校和赣榆区委党校签约结对共建，举行向大树小学爱心捐赠仪式。

15日 省发展和改革委员会、省科学技术协会、盐城市人民政府承办的2022年双创活动周江苏分会场活动在盐城市启动，赣榆区被授予“科创江苏”试点区县。

△省水利厅副厅长方桂林一行到赣榆区，督查指导第12号台风“梅花”防御工作。

21日 江苏省第一张仅销售预包装食品“多证合一”营业执照在赣榆区行政审批局发放。

22日 副市长高圣华到镔鑫钢铁、高新区，调研赣榆区南北结对帮扶合作工作开展情况。

23日 连云港市2022年中国农民丰收节暨赣榆第二届生态稻虾美食文化节开幕式在城头镇稻虾文化体验园内举行。

△ 由北京新能源汽车股份有限公司党委副书记赵锦伦带队的慰问组一行，到赣马镇大毛庄村开展捐款献爱心活动，捐赠10万元帮助该村提升村庄环境。

30日 赣榆区在抗日山烈士陵园举行烈士纪念日敬献花篮仪式。区四套班子领导，区法院院长，各相关部门主要负责人及军烈属、老战士代表，社会各界人士代表、少先队员等参加敬献花篮仪式。

10月

1日 由区住建局、区教育局、区商务局主办，区融媒体中心承办的2022年赣榆金秋房展会在新城体育场开幕。

△ 赣榆区2022年“喜迎二十大 运动健体魄”马拉松赛在琴岛天籁片区举行。

2日 “2022中国连云港心海湖”游泳邀请赛在琴岛天籁片区举行。

10日 大国重器“天鲲号”进入赣榆港区，进行赣榆港区10万吨级航道二期工程疏浚作业。

11日 赣榆区新时代文明实践中心获评第二批江苏省网络文明素养实践教育基地。

16日 中国共产党第二十次全国代表大会在北京人民大会堂开幕，中共二十大代表、赣榆区柘汪镇党委副书记、棘荡村党委书记钟佰均出席开幕会。

20日 由省人大常委会秘书长、机关党组书记陈蒙蒙带队的省人大调研组一行，到赣榆区调研推进全过程人民民主、加强和改进新时代地方人大工作开展情况。

22日 江苏丰海高新材料150万吨/年丙烷综合利用项目开工仪式在赣榆海洋经济开发区举行。全国工商联副主席、山东东明石化集团党委书记、董事局主席李湘平出席仪式并致辞。市委书记马士光宣布项目开工。

△ 峰叠（江苏）实业发展企业有限责任公司易客乐极生态电商中心项目开工仪式在海头镇海前村举行。

27日 省人大常委会民宗侨委委员陈双贤一行到赣榆区黑林镇民族工业园、红石榴文化广场和大树工业集聚区，开展民族工作调研。

28日 连云港市“中餐惠侨工作实践基地”揭牌仪式在柘汪镇怡佳蓓公司举行。

△ 连云港市企业登记“全市通办”改革工作签约仪式在赣榆区举办。

是月 江苏省企业联合会发布

2022江苏百强企业榜单，赣榆区2家企业上榜。江苏省镔鑫钢铁集团有限公司、江苏新海石化有限公司分居榜单第70位、第87位。

11月

1日 “致敬奋斗者——新时代江苏重大先进典型主题影像展”在南京开展，赣榆区方敬、钟佰均、姜霜菊、赣榆税务“爱心妈妈”团队入选影像展。

2—5日 区长李莉率团赴无锡市惠山区考察交流。双方就县域经济高质量发展、产业领域动能转换、南北帮扶理念路径等方面进行充分交流。其间，赣榆代表团参加无锡·连云港南北结对帮扶合作第二次联席会议，重点推介惠榆新兴产业合作园项目，走访江南大学产业技术研究院，现场考察禾润电力科技（无锡）有限公司、云程电力科技有限公司、普天铁心股份有限公司等高科技企业。

9日 赣榆区119消防宣传月启动仪式在吾悦广场举行。

10日 赣榆区残疾人联合会第七次代表大会召开。

△ 无锡市工商联、无锡市惠山区物流行业商会对赣榆区教育系统定向捐赠仪式在塔山中学举行。

18日 《光明日报》刊载2022年全国投资潜力百强区榜单，赣榆区上榜，位列第35位。

△江苏省社会信用体系建设领导小组确定赣榆区等6个区（市）为“信用便企”试点地区。

19日 2022年江苏省“瑞世达杯”少儿陆地冰壶联赛（连云港）闭幕。联赛由江苏省体育局、省体育总会主办，省冰雪运动协会、连云港市赣榆区体育总会承办，连云港市赣榆经济开发区小学协办。全省14支队伍共计130余人参加比赛。

22日 连云港市不动产登记中心与赣榆区不动产中心两级联动，试点完成全市首例线下不动产登记“全市通办”业务。

25日 赣榆万达广场开业。

△ 中国建筑协会2020—2021年度鲁班奖颁奖暨行业技术创新大会在广西南宁召开。会上，赣榆区莒城湖水厂项目获中国建设工程质量的最高荣誉奖项“鲁班奖”。

30日 无锡市政协副主席、惠山区委书记吴建元带领惠山区考察团到赣榆区考察交流，推动惠山区与赣榆区南北结对帮扶合作。

是月 赣榆二道街文化街区入选省级旅游休闲街区培育单位。

12月

1日 “一带一路”共建国家企业到赣榆区考察跨境电商直播产业发展。

5日 秦山岛获批国家AAAA级旅游景区。

6日 市委宣讲团成员、市委副书记、统战部部长胡建军到赣榆区作中共二十大精神宣讲。

8—10日 赣榆区召开工业项目“家家到”现场观摩会。

16—17日 全省第三届初中物理实验创新评比在和安中学举行。

27日 赣榆区获评江苏省知识产权建设示范（县域），示范时限自2023年1月至2025年12月。

30日 中国共产党赣榆区第二届委员会第五次全体会议在区委党校举行。

是月 赣榆区新时代文明实践中心入选全省网络文明素养实践教育基地。

是年 2022年，赣榆区获市委、市政府、省厅以上表彰的赣榆人共计87人，其中，获国家部委及相关部门表彰的6人，获省委、省政府及相关部门表彰的81人。（年　编）

建置区划

【区位面积】 赣榆区位于江苏省东北端，苏鲁交界处，东濒黄海，西、北与山东省临沭县、莒南县、日照市接壤，南与连云港市连云区和海州区、东海县为邻。中心地理坐标：北纬34°50′、东经119°07′。土地面积1477.46平方千米，10米等深线以内海域面积720平方千米。 （年 编）

【建置沿革】 虞夏时地属东夷，殷商时地属人（夷）方，西周时为莒国、祝其国境域，战国时期先后归属齐国、越国、吴国、楚国等。秦时置赣榆县，隶属琅琊郡。西汉时，赣榆县境内分成赣榆、祝其、利城三县，分属琅琊、东海二郡。西汉元始元年（公元1年），汉平帝刘衎封大司徒马宫为扶德侯，置国于赣榆，赣榆县移治郁洲（今连云港市北云台山）。东汉建安三年（198年），曹操废赣榆县，以地归利城郡。西晋太康元年（280年），复置赣榆县，移治艾不城，不久移治郁洲，隶属东海郡。南北朝时，赣榆兴废多变。南朝宋泰始六年（470年），南朝宋侨立青、冀二州于赣榆县（郁洲）。南朝梁中大通二年（530年），置怀仁县，隶属南北二青州。东魏武定七年（549年），分置郡县，置义塘郡治义塘县，领义塘、归义、怀仁三县；置东海郡治赣榆（郁洲），后移治临海镇，领赣榆、安流、广饶、下密四县；置武陵郡治上鲜（今沙河镇城子村），领上鲜、洛要二县。隋开皇三年（583年），废武陵、义塘二郡及上鲜、洛要、义塘、归义四县，以怀仁县隶于海州。隋、唐、宋朝赣榆均称怀仁县，隶于海州。金大定七年（1167年），金改怀仁县为赣榆县。此后从元、明、清直至中华民国，均称赣榆县。1912年，民国政府废海州直隶州，赣榆县属江苏省。1934年属东海专署。1940年11月30日，赣榆县抗日民主政府成立，隶山东省滨海专署。1945年8月，赣榆县抗日民主政府进驻青口镇，自此作为县治。是年11月，赣榆县改名竹庭县。1950年10月，竹庭县复名为赣榆县，隶于山东省临沂专署。1953年1月，赣榆县由山东省划归江苏省，隶于徐州专区。1983年3月，划归连云港市管辖。2014年5月，国务院批准同意赣榆县撤县设区。2014年7月8日，赣榆区正式挂牌成立。 （万 秦）

【行政区划】 赣榆区辖15个镇，分别为青口镇、柘汪镇、石桥镇、金山镇、黑林镇、厉庄镇、海头镇、塔山镇、赣马镇、班庄镇、城头镇、城西镇、宋庄镇、沙河镇、墩尚镇；426个村、40个社区。 （年 编）

表1 2022年赣榆区行政村（社区）一览表

所属镇（场）	村（居）委会数（个）	行政村（社区）
青口镇	63	金海社区 和安湖社区 琴岛社区 繁荣社区 跃进社区 前进社区 胜利社区 黄海社区 文化社区 一沟社区 小盘社区 大朱洲社区 王楼社区 张城社区 六里桥社区 申城社区 东关社区 青下社区 中心社区 后陈社区 镇西社区 镇东社区 河南社区 新庄社区 东南社区 南街社区 狮子口社区 梁庄社区 谷沙社区 孙沙社区 杨圪社区 柴荡社区 老埃社区 东沙社区 八总社区 白庄社区 丁庄社区 王庄社区 太平社区 下口村 大朱旭村 西河村 大庄村 三新村 城官村 四沟村 陈沟村 新村 贺岗村 李城村 竹元村

续表1

所属镇（场）	村（居）委会数（个）	行政村（社区）
青口镇	63	大沟南村 二沟村 宋口村 墩后村 大盘村 里沙村 安庄村 小荒村 新康邑村 徐朱孟村 鲁王庄村 和安村
柘汪镇	24	西柘汪村 东柘汪村 秦家沙村 响石村 东林子村 中林子村 西林子村 甘县村 四湖村 盘古岭村 吴公村 田唐村 下驾沟村 陡岭村 韦岭村 大王坊村 小王坊村 马站村 东棘荡村 西棘荡村 花埃头村 侍庄村 霍家官庄村 四草城村
石桥镇	23	石桥村 龙头村 范庄村 大庄子村 芦阳村 石东村 官庄村 杨家洼村 王集村 石岭村 拱齐村 大温庄村 东温庄村 潮河口村 柳树底村 九里村 木套村 白石头村 小沙村 大沙村 韩口村 新韩口村 苏家岭村
金山镇	21	前石堰村 后石堰村 徐福村 小河埃村 河北村 赵湖村 马集前村 远庄村 西张夏村 东张夏村 红庄村 夏庄村 丁庄村 仲集前村 朱汪村 大港头村 八条路村 黄泥埃村 临马疃 佃马场村 石埠村
黑林镇	21	黑林村 大赤涧村 芦山村 吴山村 阚家岭村 石沟村 大树村 东康邑村 镇东村 兴林村 富林村 新埠地村 青河村 兴隆村 李良庄村 秦埠地村 河西村 北康邑村 南康邑村 汪子头村 吴山前村
厉庄镇	16	厉庄村 山涧村 河墩村 北林村 新坝村 赤涧一村 赤涧二村 赤涧三村 双河村 杨岭村 岭南村 谭湖村 谢湖村 东陡岭村 西陡岭村 翔凤岭村
海头镇	29	海前村 海后村 马庄村 李巷村 大兴庄村 小口村 北朱皋村 南朱皋村 匡口村 梁东沙村 海脐村 龙河村 王村 城西村 盐仓城村 胡村 龙北村 朱尹村 义合村 大岗村 龙南村 大官庄村 王朱尹村 埪上村 垒堆村 宅基村 龙王庙村 吴家村 小白石头村
塔山镇	30	土城村 墩前村 大庄村 小莒城村 大莒城村 枣行村 三坡村 徐庄村 刘岭村 大林头村 太平村 城前村 前进村 刘沟村 瞿沟村 庄留村 王留村 倪林村 小林头村 建新村 官庄村 大葛埠村 新葛埠村 姚葛埠村 草场村 徐康邑村 驻驾庄村 桑行村 店子村 陡沟村
赣马镇	37	义塘社区 城里村 卜都村 赵官河村 大毛庄村 西官庄村 柳树村 李宅村 伞庄村 藕埃村 鱼落村 邵林村 黑坡村 官河村 东官庄村 玉兰庙村 吴庄村 张元村 仲庄村 陈高巅村 东上堰村 西上堰村 新合村 东湾子村 西湾子村 司坞村 杨庄村 顾庄村 木头沟村 柏南庄村 古河套村 马厂村 半路村 邵三庄村 柳湖村 五里墅村 大高巅村
班庄镇	44	班庄村 曹顶村 上闫庄村 前闫庄村 新集村 古城村 赵班庄村 黄班庄村 三清阁村 马圩村 演马场村 抗日山村 泉子坡村 河东村 前集村 汪于村 西响石村 横山官庄村 山西村 刘洪爽村 洪爽村 南洪爽村 于洪爽村 王洪爽村 圈子洪爽村 窦洪爽村 西接驾庄村 东接驾庄村 欢墩埠村 河洼村 黄泥沟村 介沟村 石门头村 太平村 朱范村 朱孟村 东方红村 孙净埠村 董净埠村 李小湾村 东窝子村 石沟埃村 坡石桥村 马朱孟村
城头镇	43	城头村 大黄墩村 后黄墩村 王青墩村 苏青墩村 中青墩村 小海村 西刘村 东刘村 河东村 东坨沟村 西坨沟村 大沟头村 东大坊村 西大坊村 朱村店村 官路村 南杨村 王朱孟村 柏坨沟村 白石头村 黄草沟村 谢坡村 万桥村 塔林村 赵顶村 兴河村 新河村 杨门河村 玉河村 富河村 旺河村 祥河村 润河村 银河村 金河村 苘湖村 仙墩村 翠竹村 河洼村 堰水房村 大瓦沟村 曹瓦沟村

续表1

所属镇（场）	村（居）委会数（个）	行政村（社区）
城西镇	21	仙丘铺村　寺后村　高岭村　店子村　滕庄村　十里铺村　大里村　曲坊村　龙窝村　岗尚村　望仙河村　东朱堵村　西朱堵村　新合村　高庄村　马朱孟村　朱岔汪村　沙河子村　葛湖村　袁望河村　黄庄村
宋庄镇	12	三洋港村　三店村　郑庄村　范口村　柳杭村　任庄村　刘郭村　邵庄村　宋庄村　郑园村　沙口村　四新村
沙河镇	52	郑巷村　双堆村　朱圩村　大高村　团结村　解放村　城子村　新建村　友谊村　楼河村　颜庄村　联合村　刘庄村　横街村　西北村　下河口村　新庄村　八里场村　官庄村　吴村　竹元村　何元村　蒋宅村　丁巷村　陈巷村　徐屯村　大站村　赤金村　朱屯村　小站村　北朱果村　小埠村　大岭村　孟曹埠村　刘曹埠村　李曹埠村　山岭房村　张庄村　殷庄村　圩合村　新兴村　东盛村　富强村　和平村　同兴村　新合村　泰和村　西胜村　前进村　邓宅村　东单村　刘圩村
墩尚镇	29	新城村　新生村　青园村　科园村　莓园村　三兴村　灯塔村　新庄村　金桥村　武强山村　银河村　南街村　牛河村　岳韩村　西韩村　大道口村　刁疃村　王疃村　罗阳村　双槐村　新合村　朝阳村　刘湾村　河口村　岭灶村　小东关村　河疃村　南大沙村　郑庄村
沙河子园艺场	1	沙墩村

自然地理

【地形地貌】 赣榆区位于沂蒙山脉东南麓，东濒海州湾，西、北高，东、南低，地貌可分为剥蚀低山丘陵区、剥蚀陇岗洼地、山前河湖堆积平原、近代海积平原4种类型。域内有山37座，以大吴山为最高，海拔364.4米。海岸线45.71千米。　（年　编）

【气候】 2022年，赣榆区年平均气温15.1℃，较历年平均（13.9℃）偏高1.2℃，年极端最高温度37.8℃，出现在8月13日，年极端最低温度-8.8℃，出现在12月18日。年降水量1134.6毫米，较历年平均（913.5毫米）偏多221.1毫米，年降水日为79天，年暴雨日7天。年平均风速2.3米/秒，年最多风向为偏东风，陆上极大风速31.5米/秒（11级），海上秦山岛极大风速41.5米/秒（14级），出现在6月24日。年日照时数2302.3小时，较历年平均（2315.9小

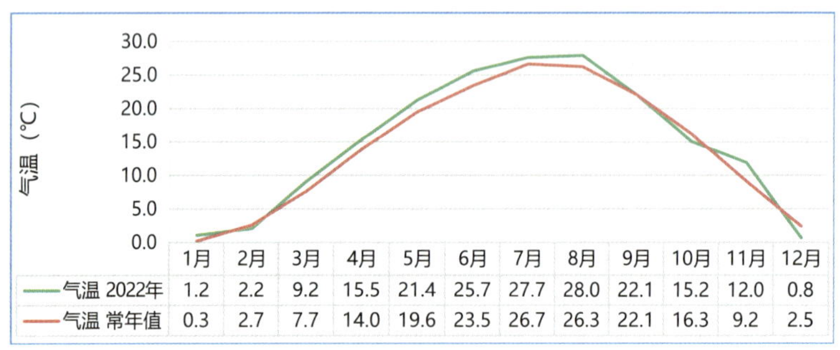

2022年赣榆区月平均气温与常年值对比示意图

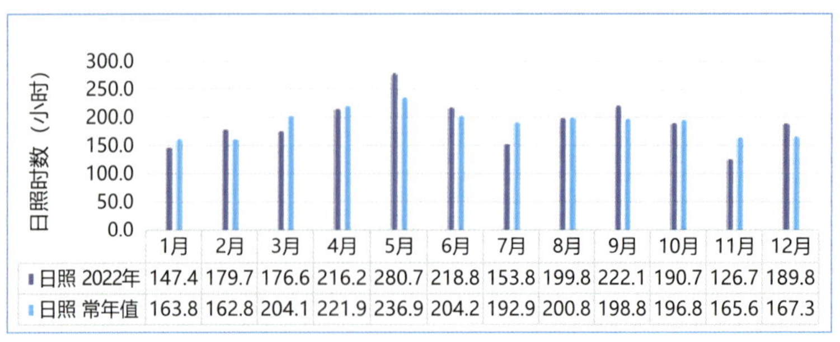

2022年赣榆区月平均日照时数与常年值对比示意图

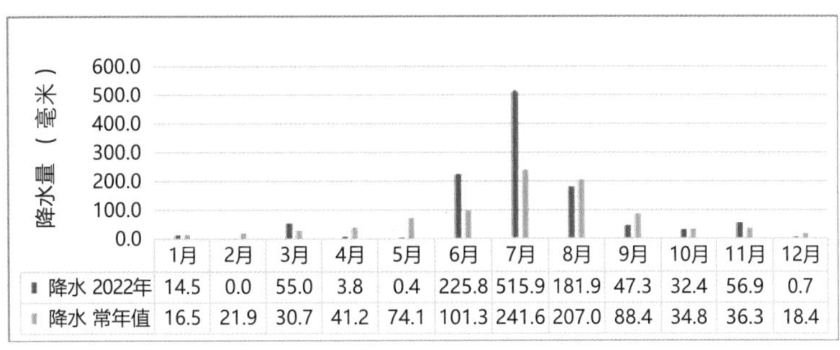

2022年赣榆区月平均降水量与常年值对比示意图

时）偏少13.6小时。（邱 航）

【水文】 赣榆区地下水主要储于第四系孔隙、基岩裂隙和风化孔隙中，地下径流方向自北、西流向东，靠降水补给，平均总储量1.85亿立方米/年，其中淡水允许开采量1.3亿立方米/年。2022年，全区水域278.97平方千米，有骨干河道16条、区级河道23条，有大型水库石梁河水库和小塔山水库、中型水库八条路水库、在册小型水库78座。（年 编）

【土壤】 赣榆区可利用土壤分为棕壤、砂姜黑土、潮土、盐土4个土类。棕壤是全区唯一地带性土壤，包括粗骨棕壤、白浆化棕壤、潮棕壤3个亚类，占可利用土壤面积42.7%。砂姜黑土包括砂姜黑土亚类、盐碱化砂姜黑土亚类，占可利用土壤面积13.15%。潮土包括棕潮土亚类、盐碱化棕潮土亚类，占可利用土壤面积38.11%。盐土包括潮盐土亚类、草甸盐土亚类，占可利用土壤面积6.04%。土壤pH酸碱度一般在6.4—7.5之间；在土壤构型上，全区大部分土壤pH值下层高于上层。

【植被】 赣榆区低山丘陵区植被包括低山残存的自然植被、山岭疏林草丛植被、低湿地草甸植被。低山残存的自然植被主要分布在低山中上部，上层是乔木，中层是灌木和藤本植物，林下有草、蕨类、真菌植物；山岭疏林草丛植被主要分布在低山中下部，多分为2个层次，上层为赤松、洋槐等乔木，下层为草丛或间作、单作农作物；低湿地草甸植被主要分布于水库、塘坝的入口处及河流的滩地，植被多为一层草本植物。平原栽培区植被包括农田人工植被、农田林网植被、河堤库坝滩地植被、洼地沟塘沼泽植被。海岸带植被包括海岸带砂生植被、滨海盐土植被。

自然资源

【土地资源】 2022年，赣榆区有耕地553.72平方千米，园地63.9平方千米，林地101.23平方千米，草地13.51平方千米，城镇村及工矿用地288.22平方千米，交通运输用地35.24平方千米，水工建筑用地17.53平方千米，水域278.97平方千米，湿地84.3平方千米，其他用地40.84平方千米。

【矿产资源】 2022年，赣榆区共发现矿产资源24种。其中，非金属矿产17种，金属矿产3种，能源及水气矿产4种。

【林木资源】 2022年，赣榆区林地、草地、湿地总面积199.04平方千米。有森林覆盖面积85.21平方千米，蓄积量54.5万立方米。树种主要有杨树、柳树、榆树、刺槐、苦楝、栎树、乌桕、朴树、银杏、栾树、梧桐、法桐、女贞、桂花、黑松、马尾松、国外松、杉类、柏类、构树、枣、核桃、柿、板栗、银杏、苹果、梨、桃、李、茶等。其中，分布最广的优势树种为杨树，面积为63.81平方千米，占林木总面积的63%，蓄积量为43.65万立方米，占总蓄积量的80%。

【野生动植物资源】 2022年，赣榆区拥有鸟类160多种、两栖动物6种、爬行动物18种、湿地水生植物112种。

【海洋资源】 赣榆区海岸线南起临洪口，北至荻水口，兴庄河口以北为沙质海岸、以南为粉砂淤泥质海岸。拥有江苏省最长的沙滩海岸线和最大的天然优质沙滩。其中，海岸线长45.71千米，滩涂面积153平方千米。拥有10米等深线以内海域面积720平方千米，7000平方千米的海州湾渔场。（陈家旭）

人口　民族　宗教

【人口】 2022年末，赣榆区常住总人口99.8万人，比2021年末减少0.61万人，其中城镇常住人口57.99万人。全年出生人口0.80万人，人口出生率6.74‰，死亡人口1.35万人，死亡率11.41‰；自然增长率为-4.67‰。年末常住人口城镇化率达58.11%，比2021年末提高0.71个百分点。

（祁春君）

【民族】 赣榆区主体民族为汉族。少数民族37个，人口1217人，约占全区总人口的0.12%。其中，回族299人，满族123人，彝族110人，蒙古族97人，壮族91人，分布在全区15个镇，呈小聚居大分散布局，居住较集中的主要有2个民族村和2个民族组，分别是黑林镇黑林三村、班庄镇欢西村、沙河镇解放村三组和沙河镇下河口村四组。

【宗教】 赣榆区有佛教、道教、伊斯兰教、天主教、基督教等宗教，以佛教、基督教为主。有佛教寺庙1处。有基督教活动场所22处，分布在沙河、墩尚、宋庄等13个镇。（年 编）

历史文化

【遗址遗存】 赣榆区境内发现文化遗址及遗存94处。其中，有抗日山烈士陵园、盐仓城遗址、青墩庙遗址省级文物保护单位3处，文峰塔等市级文物保护单位12处，茅墩圈遗址等区级文物保护单位29处，葫芦山遗址等一般不可移动文物50处。境内文化遗址分布区域广泛，类别丰富，包括古遗址、古墓葬、古建筑、古碑刻等文化遗存。抗日山烈士陵园、刘少奇旧居、大吴山战斗纪念地、"民族英雄"碑、符竹庭殉难纪念地、小沙东海战登陆纪念地、青口十八勇士战斗纪念地、朱爱周烈士墓、张涛烈士墓碑9处入选江苏省第一批革命文物名录。2022年，班庄红领巾水库入选省第二批革命文物名录。

（唐晓思）

【非物质文化遗产】 2022年，赣榆区有国家级非遗项目1个、省级项目7个、市级项目54个。

徐福传说　赣榆是徐福的故里。金山镇南一公里处有徐福村，是秦代方士、航海家徐福的故乡。赣榆境内至今留有徐福出海口、徐福造船遗址等历史遗迹。流传在赣榆的有关徐福的传说有《徐福东渡的传说》《徐福河的传说》《秦始皇与绣针女》等30多个。徐福传说融民俗、艺术和宗教为一体，体现赣榆历史文化的丰厚底蕴，具有很高的文学价值、历史价值以及社会科学研究价值。2011年5月，赣榆申报的徐福传说项目入选国务院公布的第三批国家级非物质文化遗产名录和国家级非物质文化遗产名录扩展项目名录。

柳编技艺　赣榆柳编技艺传承历史久远。2009年6月，赣榆申报的柳编技艺项目入选江苏省第二批省级非物质文化遗产名录。

苏北大鼓　地方曲种，是一种集说唱、表演、伴奏于一体的古老曲艺形式。2009年6月，赣榆申报的苏北大鼓项目入选江苏省第二批省级非物质文化遗产名录。

鼓吹乐　又称吹乌哇（唢呐），在赣榆流传近500年。2009年6月，赣榆鼓吹乐项目并入海州鼓吹乐项目，由连云港市申报，入选江苏省第二批省级非物质文化遗产名录。

传统木船制作技艺　赣榆制作木船的历史可以追溯到秦代。2011年9月，赣榆申报的传统木船制作技艺项目入选江苏省第三批省级非物质文化遗产扩展项目名录。

黑陶　2011年9月，赣榆申报的黑陶制作技艺项目入选江苏省第三批省级非物质文化遗产名录。

肘鼓子　又称拉魂腔、肘子鼓，是一种古老的演唱形式。赣榆肘鼓子至今仍保持戏曲的原始形态，被视作"民间艺术奇葩"。2016年1月，赣榆申报的肘鼓子项目入选江苏省第四批省级非物质文化遗产名录。

连云港贝雕　2016年1月，赣榆申报的连云港贝雕项目入选江苏省第四批省级非物质文化遗产名录。

【历史名人】 赣榆历史悠久，名人志士代不乏人。历代进士、举人、贡生600余人。历史名人主要有徐福、胡松年、刘守良、朱梓、许鼎霖、倪长犀等。

徐福　即徐市，字君房，秦著名方士，齐地琅琊（赣榆）人。《史记》《三国志》等史料典籍中都有徐福的相关记述。中国沿海的福建、浙江、江苏、山东等省有大量的徐福传说、遗址、遗迹。徐福文化传说在韩国、日本也很多。徐福是中国历史上有文字记载的远航海洋第一人，开创先秦帝国文明对外交流的先河，比明代郑和下西洋早1600年，比意大利哥伦布发现美洲和葡萄牙麦哲伦环球航行早1700年。

胡松年（1087—1146）　北宋赣榆人。他先后任潍州教授、校书郎兼资善堂赞读、中书舍人、右文殿修撰、工部尚书等官职。胡松年揭露权臣秦桧用人不当，直到去世也不与秦桧通书一封，表现出刚正不阿、铮铮铁骨的品格。胡松年跟随朝廷南渡后，一心想光复故土，但壮志难酬，病死在阳羡（今宜兴市），后迁葬于故里。

刘守良　明朝赣榆赣马人。正德十一年（1516年）中举，正德十六年中进士，官行人司行人、工部营缮司郎中。严嵩当政时，冒死上疏弹劾，参严嵩贪污受贿、陷害忠良等罪行。严嵩反诬刘守良"不臣"之罪，下大理寺狱，幸得同僚联名上书，获释复职。后出使也先国12年，以其外交才能赢得两国和平。回朝后，耻于与严嵩同朝，以疾告归。

朱梓（1542—1616）　明朝赣榆沙河人。他幼时习武，出师后为淮安府掾。明万历二十一年（1593年），朱梓三考升授湖广省靖州天柱守御千户所吏目。朱梓到任后惩恶扬善，天柱军民安居乐业。后朱梓考升浙江海盐知县，天柱军民闻讯上书苦留。朝廷下旨允准，升朱梓为天柱县知事。后朱梓升任道州知州，仍兼天柱县知事。朱梓在天柱15年，深得苗民拥戴，立生祠13处。万历四十四年，朱梓病殁，葬于故里，苗民百余人前来奔丧，哭数月始去，其中2人不走，终身守墓，死后葬于朱梓墓侧。

倪长犀（1631—1688）　清朝赣榆塔山人。康熙九年（1670年）中进士。他历任河南仪封、湖北谷城知县。康熙七年，郯城发生8.5级地震，倪长犀作《地震记》，留下宝贵的地震史料。曾受赣榆知县俞廷瑞之聘总纂康熙《赣榆县志》，《中国方志大辞典》称该志"采集社会现实材料，文献价值较高"。

许鼎霖（1857—1915）　清末民初赣榆人，被誉为实业界"江北名流"。他相继任职内阁中书、清政府驻秘鲁领事、安徽候补道衔、浙江洋务局总办等。许鼎霖谋求实业救国之道，根据苏北自然条件，因地制宜，发展玻璃制造、面粉、油饼和垦牧等民生事业。1915年，许鼎霖在江北赈灾，因疲劳染疾去世。

【方言】 赣榆方言属汉语北方方言区，在音韵系统上和山东省的胶东话接近，和江苏省内相邻各县反而相去较远。赣榆方言的主要特点，在于声类系统较多地保存着中古音。赣榆方言内部大致分为5个语区，即青口语区、海头语区、石桥语区、黑林语区和沙河语区。

【风俗】 赣榆民风古朴，民情淳厚，地处南北文化的接合部、融合部，深受齐鲁文化浸润，加之淮海、江南文化的影响，又由于沿海、平原、山区不同自然条件的制约，形成境域趋于一致而内地与沿海又各有特色的社会风气。西部与北部齐鲁文化区，刚健粗朴诚恳的性情较为突出；东部海滨海洋文化区，粗豪自信、敢于冒险、热情好客的特点得到彰显；南部商业文化区，因为陇海线及其以南的地域影响以及行业影响，呈现出灵活、善于经营、注重人际协调的特征。清清白白为人、干干净净做事，则是域内的共性社情。（年　编）

风景名胜

【抗日山风景区】 抗日山是全国唯一一座以"抗日"命名的山体。抗日山烈士陵园建有纪念塔、纪念亭、纪念堂、纪念碑、烈士冢和东西墓群等，被评为国家级重点烈士纪念建筑物保护单位、全国青少年爱国主义教育基地。

【琴岛天籁】 琴岛天籁位于赣榆新城东部，规划面积4.97平方千米，其中，陆域面积2平方千米，围填海面积2.97平方千米。分为东西两个片区。西区与陆域相连成一体，东区独立建设成岛。两个片区之间布置内海，东西宽度平均540米，南北长度约1180米，面积0.6平方千米，重点打造碧海金沙的特色亲水区域。

【小塔山风景区】 小塔山水库坐落在赣榆区西北部，是苏北第二大人工湖，始建于1958年,库容量3亿立方米。风景区内群山环绕，有"端木书台"等人文景观，历史底蕴深厚。

2022年5月，小塔山水库全景　（樊豹声　摄）

【和安湖湿地公园】 和安湖湿地公园位于赣榆新城东部，公园面积104公顷，是赣榆新城10公里环城水系组成部分，兼具调蓄、洗盐与景观功能。和安湖之名源于古代赣榆和安圩，有追求和谐安康之意。

【海州湾旅游度假区】 海州湾旅游度假区，位于海头镇小口村，区内自然条件优越，风景秀丽迷人，拥有江苏省最大的优质沙滩，素有"江苏北戴河"的美誉。

【秦山岛景区】 秦山岛位于赣榆新城东部海域，有"秦山古岛、黄海仙境"之称。岛上名胜古迹众多，有千年古亭、李斯碑、徐福井、天妃宫、受珠台、秦东门、棋子湾、古炮台等20余处主要景点。秦山岛景区为国家AAAA级旅游景区。

【徐福祠】 徐福祠原为徐福庙，始建于汉，是旧时士商农工祭祀徐福之地。1988年，为纪念秦代方士、东渡日本第一人——徐福，在金山镇徐福村北原庙址建徐福祠。徐福祠堂占地2400平方米，建筑面积132.62平方米，有门阙、院落和祠堂三部分，徐福文化氛围浓厚。

【泊船山风景区】 徐福泊船山风景区坐落在徐福故里赣榆区金山镇，东倚泊船山，西偎怀仁山，环拥徐福庙、徐福广场、徐福山庄、兴会寺和怀仁水库等景点，融自然景观与人文景观为一体，是全国农业旅游示范点，江苏省四星级农业旅游示范点。

【夹谷圣境景区】 夹谷圣境景区位于赣榆区西部。春秋时期，齐鲁会盟于此，孔子为司仪。主要历史名胜景点有齐鲁会盟遗址、圣人泉、老母奶奶洞、魁星阁、子孙殿等10余处；主要自然景点有芙蓉湖、紫藤谷、百草园、桃夹谷莺啼、茶园、栗林涛声、响天石鼓、孟良石；主要红色景点有实景剧演出剧场、战备洞、党性教育基地等。

【大吴山森林公园】 大吴山森林公园位于赣榆区西北部，面积7平方千米，最高峰海拔364.5米。大吴山是文化名山，原有佛道二教遗址，自然景观奇秀，素有十大奇观之美称，大吴山山前建有紫金山天文台太阳观测站。（年　编）

土特名产

【煎饼】 煎饼是赣榆地区地方土特食品和传统家常主食，因其薄如纸、脆如酥、少水分、耐贮存而久负盛名的。多用小麦糊、面粉、黄豆粉、玉米粉、地瓜粉等为原料，借助铁质鏊子草火摊制而成，工艺讲究。食用方法有：煎饼卷油条、凉粉；煎饼卷大葱、虾皮；煎饼卷干鱼等。

【赣榆粉】 赣榆粉主要包括凉粉、黄粉、薄粉和白粉。凉粉的原料是小豌豆，黄粉的原料是大豌豆，薄粉主要原料是豌豆和绿豆。白粉的做法、原料与凉粉相同，只是工艺上的区别。赣榆粉适宜与煎饼、油条搭配，食用时放入酱油、香油、辣椒、蒜泥、小腌菜等调味品即可。

【糊涂】 糊涂按品种分类，可分为豆沫糊涂、瓜干糊涂、地瓜糊涂、大米糊涂、粉末糊涂等。按口味又可分咸、淡两种。主要用料是水、杂粮面、大米和黄豆、豌豆、花生碎。

【蟹籽豆腐】 蟹籽豆腐是将彤蟹籽取出晒干后磨成细末，按比例放入鸡蛋拌匀，放平底锅中加热煨熟，凝结成类似豆腐状海鲜食品。蟹籽豆腐吃法多样，可与黄瓜、青菜、莴苣凉拌，也可以烧汤等，味道鲜美。

【柳编】 赣榆柳编工艺构思严谨、造型美观大方、纹理清晰、古朴典雅，以显工显艺为基本特征。

【石雕】 赣榆区石雕艺术可以上溯至新石器时代晚期，已发现的古代石雕有龙山文化遗物石祖，汉代画像石、石羊、石人，元代经幢石塔，明代石佛、石狮等。汉以前的石雕工艺古拙、粗放，元以后的石雕渐趋精细、流畅。中华人民共和国成立后，赣榆石雕工艺呈现质的飞跃和量的倍增。20世纪90年代初，赣榆县石材厂的圆雕石狮闻名海内外，班庄镇被连云港市政府命名为“石材之乡”。进入21世纪，班庄镇年产板材达数十万平方米，人物、动物等石材雕像近千件，远销十多个省、市，还外销日本、韩国、新加坡、欧洲等国家和地区。

【贝雕】 赣榆贝雕艺术历史悠久。从宋元至明清，螺钿镶嵌和贝贴工艺就十分流行。青口镇的规模化生产的贝雕画，经过数百年的发展，使贝雕艺术成为中国民间工艺的一朵奇葩，产品曾多次获国家、省级大奖。

【黑陶】 黑陶选用土质为大海中的被山涧巨石拦截而形成在地层中的一种特殊黏土。黑陶制坯、成胎、平雕、浮雕、压光、模光等项工艺流程全凭手工操作。烧窑选用山南向阳的含盐性较高的松木，控制温度熏闷，使黑陶制品达到黑如墨、亮如漆、硬如瓷。赣榆黑陶工艺有据可查的为清同治四年（1865年）赣榆县塔山乡郭埠村的郭维亮作坊为首代传人。 （年　编）

2022年经济社会发展

【经济建设】 2022年，赣榆区经济总量稳步增长。全年实现地区生产总值727.43亿元，按可比价计算，比2021年增长0.6%。其中，第一产业增加值116.4亿元，增长4.2%；第二产业增加值310.26亿元，下降3.2%；第三产业增加值300.77亿元，增长3.0%。第一产业增加值占地区生产总值比重为16.0%，第二产业增加值比重为42.7%，第三产业增加值比重为41.3%。全年人均地区生产总值72667元，增长0.9%。农业生产稳中有升。全年实现农林牧渔业总产值214.6亿元，按可比价计算，增长4%。其中，农业产值50.62亿元，下降0.9%；林业产值2.06亿元，与同期持平；牧业产值22.41亿元，增长14.3%；渔业产值131.70亿元，增长4.1%；农林牧渔服务业产值7.81亿元，增长8%。工业生产总体平稳。全年实现规模以上工业产值715.23亿元，增长2.8%。分轻重工业看，轻工业产值99.19亿元，增长15%；重工业产值616.03亿元，增长1%。分门类看，采矿业产值19.34亿元，下降23.7%；制造业产值689.96亿元，增长3.8%；电力、热力、燃气及水生产和供应业产值5.92亿元，增长5.2%。分经济类型看，国有企业产值0.3亿元，下降44.3%；股份制企业产值693.04亿元，增长2.5%；外资及其他经济类型企业产值21.88亿元，增长14.8%。在规模以上工业企业中，私营企业实现产值519.91亿元，增长26.1%。消费市场稳定向好。全年实现批零住餐贸易额727.04亿元，增长14%。其中，批发业销售额539.34亿元，增长19%；零售业销售额171.72亿元，增长2.8%；住宿业营业额1.27亿元，增长1%；餐饮业营业额14.71亿元，下降9.6%。全年实现社会消费品零售总额184.91亿元，增长1.9%。实现电商交易额170亿元，增长13.3%。完成外贸进出口总额27.39亿美元，增长28.8%。固定资产投资小幅增长。全年完成固定资产投资303.37亿元，增长0.5%。其中，项目投资272.32亿元，增长7.7%，房地产开发投资31.05亿元，下降36.5%。

财政收支运行平稳。全年一般公共预算收入33.49亿元，比2021年下降3.8%，扣除全部增值税留抵退税后同口径增长1%。其中，税收收入22.27亿元，下降25%，同口径下降18.7%。留抵退税政策发挥效用。一般公共预算支出91.79亿元，增长2.2%。

【政治建设】 2022年，赣榆区以习近平新时代中国特色社会主义思想为指导，贯彻落实中共二十大精神，践行新发展理念，汇聚建设“强富美高”新赣榆现代化建设合力。8月和12月，区委二届四次全会和二届五次全会先后召开，总结经验，部署任务，落实党的全面领导。1月，区第二届人民代表大会第一次会议、政协赣榆区第二届委员会第一次会议召开，选举产生新一届区人大、区政府、区政协领导机构。落实政务服务改革举措，“榆快办”品牌建设经验在全省交流。印发《中共赣榆区委全面依法治区2022年工作要点》，制订《赣榆区法治政府建设实施方案（2021—2025）》和年度工作计划，部署开展第二批省级法治政府示范创建活动。落实政治巡察，净化政治生态，加强同类同级干部警示教育，推进“清白世家”馆等廉洁文化阵地建设。

【文化建设】 2022年，《赣榆区全民科学素质行动规划实施方案（2021—2025年）》印发，《赣榆区“十四五”科技创新规划》编制完成。赣榆区入选“科创江苏”试点区县。全年有效发明专利总量535件，比2021年增长39%；新增授权发明专利154件，增长285%。赣榆实验中学义塘路校区、赣榆实验小学义塘路校区、赣中经济开发区校区等学校建成投用，选青中小学等3所学校启动建设。全区改扩建中小学、幼儿园31所，新增公办幼儿园5所。实施校安工程6.5万平方米。创建省优质园4所，省智慧校园创建率达96%。新招聘教师296人。落实“双减”政策，全面提升教育教学质量，高考本科上线人数居全市第一位。建成省级社会科学普及示范基地3个，市级社会科学普及示范基地5个。围绕“喜迎二十大”主题，举办文化惠民专场文艺演出30余场。创排快板、小品等文艺作品30余篇。现代戏曲《孟门枣花香》获连云港市第十六届文艺作品征集一等奖。建成智慧广电镇5个，3家单位获省最美公共文化空间。开展全民健身活动160余场，完成各镇体育设施“补短板”工程。1家单位获省群众体育先进单位。在2022年省运会上，赣榆区获得3金1银。设立旅游发展专项资金，秦山岛景区通过国家AAAA级旅游景区验收，赣榆二道街文化街区通过省级夜间文化和旅游消费集聚区验收，抗日山文旅产业园教育基地建设有序推进。区中医院新院区、应急医院等项目加快推进，创成省农村区域性医疗卫生中心1个、省社区医院7个。新创四级中医馆3家，实现三级中医馆全覆盖，中医阁覆盖率提升至65%。新增医养结合护理院1家。全区适龄儿童免疫规划疫苗接种率保持95%以上，建卡建证率100%。

2022年8月30日，赣榆实验中学义塘路校区、赣榆实验小学义塘路校区等学校建成投用。图为赣榆区实验小学义塘路校区鸟瞰图（朱帆帆　摄）

【社会建设】 2022年，赣榆区居民人均可支配收入32439元，比2021年增长4.6%。城镇新增就业7600人，扶持自主创业4647人。新增企业养老保险参保人数8095人，基本医疗保险参保率达98%以上，新建1个省级、3个市级“15分钟医保服务圈”示范点。基本公共卫生服务经费补助标准提高到人均93元。发放困难群众救助金2.7亿元。加强平安赣榆建设，形成网格化社会治理体系。推进新型农村社区建设，入选新型农村社区治理服务省级示范点建设单位1个。改造提升和新建社区综合服务设施项目6个。

【生态文明建设】 2022年，赣榆区$PM_{2.5}$浓度33微克/立方米，空气优良率达80.8%，比2021年提高1.8个百分点。国省考断面水质优三比例达90%，饮用水水源地水质全部达到Ⅲ类以上。推进大气治理，铸造、砖瓦、生物质锅炉、沥青、育苗等行业专项整治。改造企业储罐135个，实施“煤改电”项目35个。绿化造林3.1平方千米，森林覆盖率达20.54%。

（年　编）

综述

【基层党组织和党员】 2022年，中共赣榆区委有基层党组织2849个，其中党委51个、总支394个、支部2404个。全区有党员57575人，其中，女性党员13458人，农村党员32758人。全区党员35岁及以下12377人，占21.5%；36—45岁9386人，占16.3%；46—60岁15876人，占27.57%；61岁以上19936人，占34.63%。文化程度初中及以下19977人，占34.7%；高中、中专13605人，占23.63%；大学专科11410人，占19.82%；大学本科及以上12583人，占21.85%。

【经济运行】 2022年，区委围绕"建好江苏北大门、争做苏北第一区"目标任务，凝心聚力谋发展，攻坚克难上项目，主要经济指标稳中有进、稳中向好。实现地区生产总值727.43亿元，增长0.6%，一般公共预算收入33.49亿元，增长1%，固定资产投资303.37亿元，增长0.5%，城镇、农村居民人均可支配收入40226元、23812元，分别增长3.6%、5.9%。产业转型加快突破，工业经济克难奋进，实现工业投资232.21亿元、产值715.23亿元、应税销售收入863.5亿元，分别增加12.1%、2.8%、5.2%，总投资超200亿元的丰海高新材料丙烷综合利用及配套项目开工建设，总投资63.95亿元的华电液化天然气接收站项目取得国家发改委核准批复、新增围填海项目获国务院批准。现代农业提质增效，农林牧渔业总产值214.6亿元，粮食产量52.64万吨，水产品产量45万吨，新建高标准农田5000公顷、南北共建蔬菜供应基地200公顷，新增省级生态健康养殖示范场9家，创成秦山岛东部海域国家级海洋牧场示范区，苏鲁海产品综合批发市场获批全省唯一"省部共建"国家级农产品产地市场。提档升级园区载体，健全园区布局，深化"四有"（有产业定位、有规划环评、有配套设施、有储备土地）建设，助推园区建设高质量发展。加快完善公路体系，改造提升文化西路、华中北路等市政道路，204国道城区段快速化改造具备招标条件，402省道城市南环段完成路基、涵洞和桥梁主体工程，区域外环逐步成型。

【改革创新】 2022年，赣榆区坚持以改革攻坚为高质量发展增活力添动力，实现新的跨越。"放管服"改革纵深推进，"榆快办"+服务电商有关做法被"学习强国"学习平台报道，行政审批告知承诺制有关探索获《新华日报》刊发；生态文明体制改革取得显著成效，紫菜废水处理"绿岛"投运、湿地生态打造等经验获《中国环境报》推介；司法体制改革获得长足发展，深度打造刑事和解赣榆模式，有力维护社会稳定；党建领域改革成绩斐然，全国红色村班庄镇抗日山村试点建设全面推进，赣榆区被确定为连云港市唯一一家全国党建引领乡村治理试点工作单位。 （程治凯）

【民生福祉】 2022年，区委贯彻以人民为中心的发展思想，聚焦突出民生问题，用心用情用力解决群众"急难愁盼"问题，推动实现更高水平民生工程，把稳就业放在突出位置，新增城镇就业7600余人，持续扩增优质教育资源供给，建成投用中小学4所，加快推进城市更新，完成旧城改造23.35万平方米，完善医疗健康体系，优化"一老一小"服务，推进特殊困难群体救助帮扶，以实际行动践行"人民至上"。高标准打好三大保卫战，全区$PM_{2.5}$浓度下降10.6%，空气优良天数比率达80.8%，国省考断面优Ⅲ比例达90%，无受污染耕地，污染地块安全利用率达100%。打好安全生产收官战，全区安全事故起数、死亡人数实现"双下降"。推进"平安赣榆"建设，"信访突出问题化解攻坚年"行动成效显著，纵深推进扫黑除恶斗争。 （杨家盛）

重要会议

【中共赣榆区委二届四次全会】 8月11日，中国共产党赣榆区第二届委员会第四次全体会议在区委党校举行。区委书记吕洁代表区委常委会全会报告工作并作总结讲话。全会审议通过《中共赣榆区委第二届委会员第四次全体会议决议》。柘汪镇、沙河镇、黑林镇、区发改委、区卫健委、区应急管理局作表态发言。

【中共赣榆区委二届五次全会】 12月30日，中国共产党赣榆区第二届委员会第五次全体会议在区委党校举行。区委书记吕洁代表区委常委会作《深入贯彻落实党的二十大精神在新征程上全面推进中国式现代化赣榆新实践》的工作报告。会议审议通过《中共赣榆区委关于深入学习贯彻党的二十大精神在新征程上全面推进中国式现代化赣榆新实践的决定》《关于批准李运昌同志辞去二届区委委员职务的决定》《中共赣榆区委第二届委会员第五次全体会议决议》。经济开发区、石桥镇、城西镇、厉庄镇、区发改委作表态发言。

【区委常委会（扩大）会议】 1月8日，区委书记吕洁主持召开区委常委会（扩大）会议暨区委理论学习中心组专题学习会。会议传达学习习近平总书记重要讲话和中央重要会议文件精神以及中央农村工作会议、全市部署党的二十大代表候选人推荐人选酝酿推荐工作会议精神，听取“净美家园迎新春”村庄清洁专项行动安排、新冠疫情防控相关情况、关工委工作情况、2021年巡察工作情况和2022年巡察工作安排，研究国有资产管理、审计问题整改、村庄环境整治、新冠疫情防控、关工委、巡察以及当前和年后重点工作。

1月22日，区委书记吕洁主持召开区委常委会会议。会议审议并原则通过《高新技术产业开发区与海州湾新材料产业园一体化管理实施方案》，研究讨论部分党组织调整工作和干部调整有关事项。

1月29日，区委书记吕洁主持召开区委常委会（扩大）会议。会议传达学习上级重要指示、会议、讲话及文件精神，听取全区安全生产工作情况、“信访突出问题攻坚化解年”行动情况，研究部署春节期间有关工作，审议相关文件。

2月28日，区委书记吕洁主持召开区委常委会（扩大）会议。会议传达学习上级重要讲话会议精神，研究部署首季“开门红”、新冠疫情防控、信访稳定、安全环保等工作，审议相关文件。

3月26日，区委书记吕洁主持召开区委常委会（扩大）会议。会议传达学习习近平总书记在全国“两会”期间参加内蒙古代表团审议及看望参加政协会议的农业界社会福利和社会保障界委员时的重要讲话精神、省委书记吴政隆关于新冠疫情防控和安全生产工作的指示批示精神，听取全区新冠疫情防控能力提升及安全生产工作情况、行业性信访突出问题排查梳理情况、塑料颗粒加工产业整治工作情况、区科协系统换届工作筹备情况、人才新政有关事项情况，研究部署相关工作，并审议有关文件。

4月16日，区委书记吕洁主持召开区委常委会（扩大）会议。会议传达学习全国“两会”精神、习近平总书记关于安全生产重要指示和在中共中央政治局常务委员会会议上的重要讲话精神以及在北京冬奥会、冬残奥会总结表彰大会上的重要讲话精神，省委市委农村工作会议精神，习近平总书记对加强党内法规制度建设的重要指示和全国党内法规工作会议精神，全省党内法规工作会议精神，中央深改委第二十四次会议精神，省委深改委第二十三次会议精神，国家省安全生产相关会议精神，《信访工作条例》文件精神，听取《中共赣榆区委全面深化改革委员会2022年工作要点（讨论稿）》起草情况和2022年度全区重点工作目标任务分解方案，研究部署新冠疫情防控、安全生产、经济发展以及全年重点工作，审议有关文件。

5月9日，区委书记吕洁主持召开区委常委会（扩大）会议。会议传达学习习近平总书记在4月29日中央政治局会议上、中央政治局第三十八次集体学习时的重要讲话精神，习近平总书记及李克强总理对湖南长沙居民自建房倒塌事故作出的重要指示批示精神，省委主要领导在连调研讲话精神，全国、全省保密和密码工作相关会议、文件精神及市委主要领导批示精神，省委国安委会议、全省党委国安办主任会议精神，全国自建房安全专项整治电视电话会议精神，省市“信访突出问题攻坚化解年”行动推进会议精神，全国、省市统战工作会议精神，听取赣榆区“信访突出问题攻坚化解年”行动进展情况，研究部署新冠疫情防控、经济发展、自建房安全专项整治、信访稳定等工作。

5月17日，区委书记吕洁主持召开区委常委会会议。会议传达学习全省“三区三线”划定工作部署会会议精神，听取2021年度市考核指标反馈情况，研究审议《区委常委会成员、区政府领导班子成员2022年安全生产重点工作清单》《区委巡察工作规划（2022—2026年）》《赣榆区加快推进媒体深度融合发展工作方案》《区委统一战线工作领导小组2022年工作要点》等文件。

6月9日，区委书记吕洁主持召开区委常委会会议。会议传达学习习近平总书记在5月27日中央政治局会议上、中央政治局第三十九次集体学习时的重要讲话精神，习近平总书记致2022年六五环境日国家主场活动和致中国儿童中心成立40周年的贺信精神，习近平总书记在第11期《求是》杂志上发表的重要文章《努力建设人与自然和谐共生的现代化》精神，中央第二生态环境保护督察组督察江苏省反馈会议和省中央生态环境保护督察整改工作领导小组会议精神，听取全区防汛抗旱工作情况，研究部署中央环保督察反馈问题整改、违法用海整治、防汛抗旱、产业招商等工作，审议相关文件。

8月10日，区委书记吕洁在主持召开区委常委会（扩大）会议。会议传达学习市委十三届四次全会精神，听取近期农房改善工作推进情况、全区三区三线划定工作情况、区委二届四次全会筹备情况。

8月19日，区委书记吕洁主持召开区委常委会（扩大）会议。会议传达学习市委书记马士光调研赣榆时的讲话精神、上级债务管理相关工作要求，审议《赣榆区2022年工业项目建设竞赛活动方案（讨论稿）》，听取新冠疫情防控相关工作情况。

8月20日，区委书记吕洁主持召开区委常委会会议。会议研究审议《赣榆区村党组织书记专业化管理办法（试行）》。

9月5日，区委书记吕洁主持召开区委常委会（扩大）会议。会议传达学习中共中央政治局会议精神和省委常委会、省委理论学习中心组学习会会议精神，全省信访工作会议精神；学习《中共赣榆区委常委会议事决策规则》；听取中共二十大维稳安保工作，2022年“挑大梁争红旗”月月评竞赛活动结果，《关于当前我区意识形态领域形势的通报》，全区渔业安全生产相关情况，全区新冠疫情防控工作；审议《关于废止和宣布失效一批涉计划生育区委文件的决定》《推动党史学习教育常态化长效化实施意见》《关于筹备召开赣榆区总工会第一次代表大会的请示》《赣榆区庆祝第38个教师节活动方案》以及2022年度综合考核相关文件。

9月19日，区委书记吕洁主持召开区委常委会（扩大）会议。会议传达学习9月9日中央政治局会议精神、省委书记吴政隆在设区市市委书记座谈会上的讲话精神及省长许昆林调研连云港时的讲话精神、全国新冠疫情防控工作电视电话会议及省续会精神、十四届省委第一轮巡视集中反馈会会议精神，听取迎接省委巡视准备工作建议、全区信访和安全稳定工作情况、共青团换届筹备情况和残联换届筹备情况，审议《赣榆区关于高质量推进碳达峰碳中和工作的实施意见》，研究部署当前重点工作。

9月24日，区委书记吕洁主持召开区委常委会（扩大）会议。会议传达学习全国、全省安全生产电视电话会议精神，《中国共产党巡视工作条例》，市意识形态领域情况通报，听取全区1—8月财政预算执行情况和“挑大梁争红旗”月月评竞赛活动结果的报告。

9月29日，区委书记吕洁主持召开区委常委会（扩大）会议。会议传达学习十四届省委第二轮巡视动员部署会和连云港市第十五届人民代表大会第二次会议会议精神，全省、全市党的二十大维稳安保推进会会议精神，审议《赣榆区配合省委巡视工作方案（讨论稿）》《赣榆区应急管理综合行政执法改革实施方案（讨论稿）》，听取国有企业经营性债务管控情况，研究当前重点工作。

10月7日，区委书记吕洁主持召开区委常委会会议。会议听取省委巡视赣榆区工作情况汇报起草情况。

10月29日，区委书记吕洁主持召开区委常委会（扩大）会议。会议传达学习全市农村基层小微权力运行监管机制现场推进会会议精神，听取农房改善工作情况、1—9月“挑大梁争红旗”月月评竞赛活动结果、全区清产核资工作开展情况、产改前期工作情况、近期新冠疫情防控工作相关情况，审议《赣榆区农村住房条件改善五年行动方案》《关于成立赣榆区数字经济发展工作领导小组的通知（讨论稿）》《赣榆区数字经济发展工作领导小组工作规则（讨论稿）》《关于全面提升赣榆区数字经济发展水平的实施意见（讨论稿）》《赣榆区贯彻新时代江苏基层党建“五聚焦五落实”深化提升行动计划（2022—2026年）实施方案（讨论稿）》。

11月12日，区委书记吕洁主持召开区委常委会（扩大）会议。会议传达学习11月10日召开的中共中央政治局常务委员会会议精神、省政府稳定经济增长视频调度会议精神、全省战略性新兴产业融合集群发展专题视频会议精神、全国森林草原防灭火工作电视电话会议精神，听取全区森林草原防灭火、“四上”企业入（规模以上工业企业、资质等级建筑企业、限额以上批零住餐企业、国家重点服务业企业）库、问题楼盘化解、农村道路交通安全专项整治工作情况。审议《区政府与省信保集团战略合作协议（讨论稿）》《江苏省信用再担保集团有限公司增资扩股协议（讨论稿）》《关于认真学习宣传贯彻党的二十大精神的通知（讨论稿）》《关于做好学习贯彻党的二十大精神宣讲工作的通知》。

12月3日，区委书记吕洁主持召开区委常委会（扩大）会议。会议传达学习习近平总书记对河南安阳市凯信达商贸有限公司火灾事故作出的重要指示精神、省委十四届三次全会会议精神、全省安全生产电视电话会议精神，听取全区冬季安全生产专项整治行动、新冠疫情防控工作情况，审议《赣榆区清产核资问题清收整改指导意见（讨论稿）》《赣榆区共青团基层组织改革实施方案（讨论稿）》《赣榆区深化拓展新时代文明实践中心建设实施方案（讨论稿）》《贯彻落实党委（党组）意识形态工作责任制若干规定（讨论稿）》。

12月27日，区委书记吕洁主持召开区委常委会（扩大）会议。会议听取食品安全工作、区第二届人民代表大会第二次会议筹备、区政协二届二次会议筹备、区委二届五次全会筹备、下一年经济工作部署和《政府工作报告（讨论稿）》起草情况，审议《关于进一步落实食品安全责任加快建立健全“两个责任”工作机制的实施方案》《2022年赣榆区意识形态工作责任制落实情况报告》《关于加强和改进新时代区政协工作的实施意见》。（刘子毅）

重大决策

【高新技术产业开发区筹建】 2022年，赣榆区委决策高新技术产业开发区与海州湾新材料产业园融合发展，打造园区发展联合体，聚焦海洋特色，围绕新装备、新材料、海洋生物制品等主导产业，壮大产业规模，加快创成省级高新技术产业开发区。

【204国道快速化改造实施】 2022年，赣榆区委决策实施总投资20亿元的204国道城区段改造工程，建设10公里全程高架，缓解城区外环通行压力，提高交通安全水平。年内基本完成沿线房屋征收，取得省发展改

革委初步设计批复。

【全域清产核资】2022年，赣榆区委决策在全市率先启动清产核资工作，按照“时间服从质量、进度服从效果”的原则，推动基层产权交易“应进必进”。年内全域资产清查大头落地，刚性推动五项监管机制从有形覆盖向有效覆盖转变，不断提高农村基层治理水平。

【“三违”治理】2022年，赣榆区委决策坚持违规用海、违法用地、违章建设“三违共治”，重拳出击整治违规用海行为，完善宅基地分配及建房审批、放线、监管全链条体系，确保违法用地、违章建设“零新增”。年内实现违规用海“清零”。（区委办）

2022年8月23日，区委第一巡察组巡察苏海集团期间走访渔人码头，了解房产出租情况（傅鹤翔　摄）

巡察工作

【概况】2022年，赣榆区创新创优巡察方式方法，强化主体责任落实，不断深化政治监督，完善从反馈到整改，从移交到处置，从督查到问责的完整责任链条，健全巡察监督与纪律监督、监察监督、派驻监督协作配合机制，着力推进“巡纪联动”，提升监督质效。全年共开展2轮常规巡察，围绕优化营商环境、违法违规用海问题开展专项巡察，发现问题470个、移交线索53条，其中，立案16人、留置6人。配合省委巡视组开展工作，根据省委巡视上下联动要求，区委同步开展对厉庄镇党委及所辖谢湖、西陡岭等2个行政村的联动巡察。

【对村巡察】2022年，赣榆区在对村（社区）巡察中，探索实施“巡镇带村”巡察模式，合理确定对村巡察的轮次和数量，科学配备巡察力量，妥善安排巡察时间，按照“好、较好、一般、较差”4个类别，对村（社区）进行分类，优选问题线索集中、群众反映强烈的较差村（社区）作为重点巡察对象，集中火力巡，力保巡深巡透。充分发挥监察员办公室驻点监督优势，探索实施“巡察+监察”模式。监察员办公室梳理排查被巡察村（社区）信访稳定、“三资”管理等方面的突出问题，以及日常监督掌握的重点人、重点事、重点问题，与巡察组共同分析研判，明确监督方向。建立“监督检查全程参与”和“审查调查适时介入”两项机制，建立问题线索移交“绿色通道”，对移交线索快查快处。针对巡村发现的“三资”管理问题，监察员办公室推动镇村清产核资工作，共清查出问题6.76万个，清收拖欠承包费3804.45万元。相关经验做法在全市推广。

【巡察整改】2022年，赣榆区建立巡察整改“区委书记交办、分管区领导约谈、二次整改评估、动态回访督查”机制，并成立督查组对19家单位开展巡察整改情况督查。截至年底，反馈满一年的被巡察单位问题整改率达96%。对损害群众利益等问题，以立行立改问题移交表形式推动整改。全年反馈立行立改问题6个，全部整改到位。剖析巡察发现的共性问题和典型问题，形成专题报告5篇，推动相关单位完善干部选拔任用、集体产权交易等制度机制30余个。（韩宝国）

调研督查

【调研工作】2022年，区委针对性开展乡村振兴、意识形态、人才工作、粮食安全、营商环境、污染防治、新冠疫情防控、中共二十大精神宣传等方面专题调研工作，及时回应民生关切，并形成近10个全区政策性文件。区委办公室做好服务决策、服务落实、服务运转各项工作，全年开展专题调研4次，推动中央和省市区委决策部署落地落实。根据区委领导要求，对海洋经济发展、农村人居环境整治、城市更新等热点问题开展调研，撰写《改善人居环境建设美丽赣榆》等调研文章4篇。《用心学党史 用情办实事》一文在《江苏通讯》发表，《“小网格”撬动“大治理”因地制宜打造乡村“善治”之路》等9篇调研文章在《连云港通讯》发表。（苏文雪）

【督查工作】2022年，区委督查工作按照“围绕中心、服务大局、突出重点、抓住关键”的工作思路，围绕区委全会提出的工作要求，对区委全委会确定的目标任务完成情况、区委常委会等重要会议研究议定事项落实情况、区委领导批办交办事项落实情况，及区委区政府研究确定的重大事项、重点工程和重要工作推进实施情况进行督查，督查服务质量有效提升。围绕区委主要领导指示、批示及会议议定事项，书面交办到区分管领导、主办单位、配合单位，限时办结。开展市级、区级领导批示专项督查30余次。（胡皓文）

组织工作

【概况】2022年，赣榆区组织系统注重实干实绩，强化党建引领，出台村党组织书记专业化管理系列文件，深化"富民兴村·百村示范"工程，全面消除集体经营性收入30万元以下村。打造新业态新就业群体"榆快驿"阵地，布点130个暖心小栈。聚焦塑优生态，引才聚才更加高效，"近悦远来"的人才生态逐渐成形。

【基层党建】2022年，赣榆区深化"富民兴村·百村示范"工程，东部沿海村互联网改造渔网、中部平原镇创新实行共富联合体模式、西部山区村做大做强红色产业，实现从大到强的集群效应、从0到1的突破效应、从1到10的裂变效应。全面推行村党组织书记专业化管理，举办15期"富民兴村、百村示范"创业擂台赛，开展"强镇兴村、全域提升"书记谈行动，展示发展思路、工作成果，推动互学互鉴，激励比学赶超。超前谋划落实省委"8090"计划，联合江苏海洋大学、江苏开放大学举办学历提升班，提升村支部书记学历层次。钟佰均示范带动效应进一步彰显，20名村支部书记获评市级"三奖一补"，占全市半数以上。入选全国党建引领乡村治理试点，围绕发挥镇、村党组织领导作用，推行"网格化管理、数字化赋能、精细化服务"重点攻坚，提升党建引领乡村治理水平。中组部调研组对赣榆区基层党建工作给予高度肯定。依托三大党建示范带，组建产业联盟、联合党委，开展"强村带弱村、共奔致富路"活动，推动先富带后富、走向共同富。为164个村集体项目发放富民兴村贷7800万元，推动25块村集体经营性建设用地挂牌成交，形成上下贯通、落地落小的政策体系。全面消除集体经营性收入30万元以下村，全区超100万元村达115个，增长7.48%，50%以上村超50万元，3个村超1000万元。压实责任成常态、成长效。书记带头学习宣传贯彻中共二十大精神，带动党委（党组）书记宣讲90余场次，用好"渔港""云端"等"六个课堂"，让中共二十大精神家喻户晓。常委会研究基层党建工作12次，牵头"双领"创新项目4个，带动区直党（工）委书记认领项目57个，形成以上率下责任体系。开展城乡基层党组织建设专项整顿，"一村一策"整顿转化软弱涣散党组织27个。全市率先开展新一轮清产核资，清收拖欠承包费2784万元，"智慧监管"等经验在全市推广。

2022年12月17日，全区学习贯彻党的二十大精神专题调研成果交流会召开（区融媒体中心　供图）

【机关党建】2022年，赣榆区举办"喜迎二十大，基层党课行"微党课大赛、机关党务干部"学习二十大，奋楫新征程"培训班、中共二十大精神机关干部专场报告会，动员2300余名机关党员参与新冠疫情防控"双报到、双服务"活动，推进区级机关基层党组织完成换届选举工作。开展"学思践悟二十大品牌赋能当先锋"活动，评选赣榆中专党委"五彩赋能出彩人生"等10个品牌为"优秀党建品牌"，5家单位为党建品牌争创先进单位，评定五星级党组织13家、四星级党组织22家。区委区级机关工委《抓实四个"红"扬帆海州湾》入围中国浦东干部学院、人民网·中国共产党新闻网、中国组织人事报社联合举办的第六届基层党建创新典型案例。

【新经济组织、新社会组织、新就业群体党建】2022年，赣榆区出台《新业态新就业群体党建工作专班联席会议制度（试行）》《"新"心相连·"榆"快服务赣榆区加强新业态新就业群体党建工作10条措施（试行）》，成立交通运输、外卖送餐等10家行业党委，打造"榆快驿"党群服务矩阵，承办全市新业态新就业群体暖心驿站建设现场观摩推进会，区深化货车司机群体党建试点工作专班获省交通运输行业党委通报表扬。组织开展新业态新就业群体党组织和党员学习宣传贯彻中共二十大精神"学说做"活动100余场次，举办全区非公企业党务工作者暨新业态新就业群体党建业务骨干培训班1期，观澜尚城"红星物业"项目被命名为第二批党建引领物业管理服务工作省级示范点，连云港康乐药业有

2022年7月1日，区委组织部、机关工委举行机关星级党组织授牌仪式（邵春祥 摄）

限公司、江苏三旗流体设备有限公司、江苏西德电梯有限公司3家企业被命名为首批全市非公有制企业党建带工建“三创争两提升”活动市级示范单位。

【互联网企业党建】 2022年，赣榆区有互联网企业15家，其中，成立党支部3家。区委组织部承办全市网络文化节暨网络文明现场会，组织互联网企业赴榆快驿·货车司机之家开展“网络安全主题巴士”宣传活动，赴海陵湖开展自媒体乡村振兴行活动。开展“党的二十大精神宣讲走进互联网行业群体”活动，指导海头、石桥镇推进互联网党建工作。

【干部队伍建设】 2022年，赣榆区树牢用人导向、激励担当作为，开展“产业+”项目观摩现场会，组织“挑大梁、争红旗”月月评竞赛，同台竞技、现场打分，倒逼干部拼项目、抢进度，华电液化天然气、丰海高新材料等一批重大项目开工建设。全市唯一试点全省基层公务员队伍建设联系点建设，深化“三分三考三实”平时考核机制，以考核结果支撑职务职级“撑竿跳”，为81名扎根一线、务实作为干部晋升职级。激励干部担当作为，形成典型案例26个。全面推行干部用后释明制度，讲清楚“岗位缺什么人、干部凭什么上、组织为什么选”，提升选人透明度、组织部门公信度。坚持提醒在先、防范前置，紧盯关键人、关键事，印发“一把手”任前“百事通”，变“事后通知”为“事前告知”。启动全区中层干部交流轮岗，坚持“内外循环”，畅通交流渠道，优化队伍结构，激发干部活力。

【“喜迎二十大，基层党课行”微党课选拔赛】 2022年9月27日，赣榆区举办强国复兴有我“喜迎二十大，基层党课行”微党课大赛选拔赛，全区机关企事业单位的12名选手参加决赛。选手们紧扣区委重大决策和中心工作，结合自身工作生活实际，讲身边人、说身边事，用翔实鲜活的案例、图文并茂的PPT，以小见大、深入浅出，追忆中国共产党带领人民不懈奋斗的光辉历史，追溯革命先烈在赣榆的战斗故事，讲述身边共产党员的先进事迹，突出展现赣榆时代发展成果及党员干部积极向上、敢于担当的风采形象，给大家展示一场有观点、有故事、有感情的党课盛宴。经过评选，评出一等奖2个，二等奖4个，三等奖6个。

链接：

赣榆区领导干部结构分析

截至2022年底，赣榆区四套班子成员29名（含乡村振兴、挂职4人），其中，区委班子13人，政府班子9人（党政交叉2人），人大班子5人，政协班子6人；女干部4人，非党干部5人；45岁及以下7人，46—50岁

2022年9月27日，在区委党校举办强国复兴有我“喜迎二十大 基层党课行”微党课大赛决赛（张汉堂 摄）

8人，50岁以上14人，平均年龄49.7岁；研究生学历13人，大学学历15人，大专学历1人。

区管干部共798人，平均年龄45.5岁，其中，正科175人，副科582人，股级班子成员41人；女干部148人；党外干部16人；少数民族（蒙古族）1人；30岁及以下14人，31—35岁59人，36—40岁131人，41—45岁137人，46—50岁254人，51岁及以上203人；研究生学历109人，大学学历653人，大专学历34人，中专及以下学历2人。

“85后”正科职12人，其中，乡镇7人，机关、园区5人；全日制研究生学历3人，全日制大学学历7人，全日制大专学历2人。“90后”科级干部共30人，其中，正科2人，副科28人；乡镇23人，机关7人；全日制大学及以上学历29人。“95后”副科级干部共4人，乡镇2人，机关2人，均为全日制大学学历。

【干部监督管理】 2022年，赣榆区探索干部任前“百事通”制度，相关做法被中组部、省部网站推介；组织开展全区科级以下干部交流轮岗专项行动，对481名干部进行轮岗交流；开展股级干部信息库更新完善工作，对接72个镇和部门，对2500余名股级干部信息进行逐人逐项完善校对；对7名党政正职进行任期经济责任审计（其中，“三责联审”4名、“自然资源资产任中审计”1人）；对62名新提拔任用领导干部进行任前廉政法规和法律知识测试；结合二届区委第二、三、四轮巡察，对13家单位开展选人用人专项检查。

【“榆快”服务体系建设】 2022年，赣榆区建成党群服务阵地体系，建设130个暖心小栈，探索“公益+商业”模式，承办全市暖心驿站建设现场观摩推进会。整合条线资源，构建“中心有专班、行业有党委、节点有小组”组织架构，推出货车司机“五式五化”服务，打造“榆快”行、“榆快”送等系列服务品牌。

【人才工作】 2022年，赣榆区锚定“人才工作先行区”建设目标，构建人才引、育、留、用“全链条”，为全区经济社会发展提供坚强的人才保障。突出党管人才，人才工作体系逐步健全。首次召开区委人才工作会议，升格组建区委人才工作领导小组，成立区人才发展中心，制定出台“人到赣榆·如鱼得水”区级人才政策，推出27项系统化、集成式扶持举措，实现人才“全生命周期”服务。聚焦产才融合，人才集聚效应初步彰显。围绕钢铁石化、新能源等主导产业，先后举办“人到赣榆·如鱼得水”创新创业大赛北京站活动、“凤还巢”暑期大学生社会实践活动，打造“榆青驿”青年人才驿站，全年引进本科及以上毕业生530人，入选省“双创人才”3人、市“双创人才”6人，总数位居全市前列。聚焦改革创新，人才工作效能逐步提升。将市场化思维融入人才工作，与创投机构“飞马旅”合作建设赣榆区（上海）人才离岸孵化基地，获评全市“一星级”优秀基地。在全市率先设立人才发展有限公司，牵头成立“榆菁汇”人才服务联合体，构建权责清晰、上下联动、横向互通的人才服务“一盘棋”工作格局，提升全区人才工作核心竞争力。

【干部选拔任用】 2022年，赣榆区实施“榆菁锐”年轻干部培养选拔专项行动，组建13个“成长特训营”，378名年轻干部下项目建设一线，58名第一书记投身乡村振兴现场。开展年轻干部专项遴选，提拔重用、压担锻炼。任用“85后”正科5人、“95后”副科4人。

【公务员管理】 2022年，赣榆区新录用公务员120人，接收省委选调生7人、军转干4人、公安警校生20人、特招公务员1人，组织8家区直机关部门开展转任13名工作人员。承接落实全市“十四五”时期公务员队伍建设规划，形成《全区公务员队伍分析研判报告》。抓住省委组织部公务员平时考核联系点契机，推进区行政审批局优化完善“三分三考三实”机制。赣榆区获批省委组织部基层公务员队伍建设联系点，全市唯一、全省仅15家。9月，省委组织部赴赣榆区开展专题调研，充分肯定赣榆区基层公务员队伍建设联系点的经验做法。常态化、流程化、规范化开展公务员登记、转正、年度考核、奖励申报等工作。统筹做好工资福利审批、规范津补贴工作，落实好公务员关心关爱政策。 （夏彩玲）

链接：

“三分三考三实”机制激发政务服务队伍活力

作为省委组织部公务员平时考核联系点，连云港市赣榆区行政审批局着眼破解平时考核同质化、印象化、形式化问题，将平时考核与职能分工、评价路径、实绩运用深度融合，在全市率先开发“三分三考三实”平时考核系统，建立“三分三考三实”考核机制，深层次激发了政务服务队伍干事创业强劲活力，有效提升便民利企服务效能。

以“考什么”为基准，坚持“三分”定人员，解决“同质化”问题。立足全局岗位分工职责，将考核对象分为后勤科室、服务窗口、派驻单位3类，个性化制定考评内容。考核标准围绕“三个坚持”，即坚持把政治标准摆上首位、坚持服务质效放在重点、坚持群众满意作为关键，科学规范设置考核指标。根据不同考核对象的特点和职责，统筹德、能、勤、绩、廉“五个维度”，构建“共性+个性+满意度”“正向+反向”的考核指标体系，细化综合考核工作加扣分办法，将各类表彰、经验亮点和创先争优列入考核加分项目。其中，共性指标紧扣政治标准占30%权重，个性指标紧扣岗位职责占40%权重，满意度指标紧扣群众评价占30%权重。截至目前，赣榆区行政审批局已初步实现“3个100%”，即应评人员参与度100%、考核工作精准度100%、考评结果完备度100%，实现考核指标精细化、人员职责明确化、具体内容科学化。

以“怎么考”为核心，探索“三考”明路径，解决“印象化”问题。依托区域治理现代化指挥云平台，开发紧贴特色、流程清晰、简便易行、注重实效的“三分三考三实”平时考核系统，综合运用“自考亮分、督考评分、技考增分”等方式，提升考核效率。

以“怎么用”为关键，开展“三实”比业绩，解决“形式化”问题。推行“实绩”可视，以局党组、科室、个人不同维度完善实绩内容，建立“日周月”宣传机制，提炼工作亮点，树立创新创优、勤于工作导向。

（区行政审批局）

2022年3月1日，赣榆区举行“榆见文明”新时代文明实践品牌发布暨学雷锋志愿服务月活动启动仪式　（区委宣传部　供）

宣传工作

【概况】 2022年，赣榆区坚持和加强党对宣传思想工作的全面领导，推动宣传思想工作再上新台阶。赣榆区获评省党员冬训示范区，区新时代文明实践中心入选省文明素养实践教育基地，区“网信+网格”双网融合治理模式在全市率先破题。

【思想理论建设】 2022年，赣榆区组织全区5万余名党员开展冬训，实现参训率100%，连续7年获评省冬训示范县区。《“习语晨读”让理论宣讲有声有色》入选江苏宣传思想文化工作创新案例。

【意识形态工作】 2022年，赣榆区制定出台区意识形态工作责任制若干规定，组织开展意识形态安全宣传教育活动、意识形态领域风险排查和整治专项行动。将意识形态工作纳入区委巡察内容，对13个镇和单位开展3轮常态化专项检查。

【对外宣传】 2022年，赣榆区强化对外宣传工作，在中央电视台、《人民日报》《光明日报》等央媒刊播稿件85篇（条），在《新华日报》《江苏新时空》等省媒刊发稿件400余篇（条）。“赣榆发布”媒体矩阵传播力、影响力指数位居全省前列、全市第一，《海州湾畔迎接2022年的第一缕阳光》等短视频作品阅读量超百万人次。

【“学习强国”学习平台宣传推广】 2022年，赣榆区组织学习强国“学习达人”挑战赛，定期通报平台学习使用情况，参与度保持在90%左右。全市县区唯一一家学习强国号——赣榆融媒号，发布各类稿件900余条，被全国学习平台选用转发50余条，将赣榆亮点推向全国。

【“理”花树理论宣讲品牌创建】 2022年，赣榆区创新打造“理”花树理论宣讲品牌，组建理论宣讲队伍，开展“礼赞新时代、追梦复兴路”“马克思主义青年说”等宣讲活动500余场。组织学习贯彻中共二十大精神区委宣讲团，开展集中宣讲100余场次。征集理论宣讲微视频35个，通过多种媒介全面刊播，覆盖全区百万群众。“理”花树理论宣讲品牌获评“全市优秀理论宣讲品牌”，区理论宣讲示范中心被评为“全市优秀理论宣讲阵地”。

表2　2022年主流媒体报道赣榆区新闻稿件一览表

媒体名称	标题	刊播时间
《人民日报》	赣榆区青口镇琴岛天籁湿地美景	2022年1月25日
	农田装上智慧大脑村民乐享智慧生活（聚焦赣榆石桥农村电商产业）	2022年2月18日
	5月30日，江苏连云港一家新能源企业的生产车间里，工人正在生产一批出口欧美的太阳能光伏电池组件	2022年6月2日
	游客在江苏省连云港市赣榆区海州湾水上乐园戏水	2022年7月27日

续表2

媒体名称	标题	刊播时间
《人民日报》	10月10日，“天鲲号”在参加江苏连云港港赣榆港区10万吨级航道二期工程疏浚作业途中。“天鲲号”是由中国自主设计建造的亚洲最大自航绞吸挖泥船	2022年10月15日
中央电视台	[中国三农报道]江苏：渔网接上互联网渔民变主播	2022年1月7日
	央视正大综艺聚焦秦山岛	2022年1月9日
	关注海鲜电商产业	2022年1月15日
	江苏连云港老人不小心提前下车铁警帮助找到家人	2022年1月28日
	江苏连云港数万只反嘴鹬湿地栖息觅食扮靓春日	2022年2月27日
	《大美中国·春天系列》打卡赣榆沿海湿地万鸟齐飞美景	2022年3月17日
	优化疫情防控举措筑牢群防群控防线	2022年3月22日
	世界冠军李园园创业记	2022年3月24日
	让亿万人民共享互联网发展成果（聚焦海头镇海鲜市场）	2022年3月27日
	聚焦宋庄镇美味沙光鱼汤	2022年4月6日
	聚焦海头镇海鲜直播	2022年4月7日
	聚焦赣榆办税服务	2022年4月15日
	江苏雨后墒情好农户抢栽水稻赶夏种	2022年6月25日
	江苏连云港：伏季休渔期即将结束渔民备捕忙	2022年8月1日
	[第一时间]东海迎来“小开渔”江苏连云港：上百艘渔船趁涨潮直奔海上渔场	2022年8月2日
	关注开渔季江苏连云港：“第一网”上岸开捕归来蟹满舱	2022年8月3日
	收获季看市场江苏连云港：夏日海鲜正上市价格实惠受欢迎	2022年8月5日
	江苏连云港废旧渔网回收利用铺就乡村振兴路	2022年9月24日
	江苏连云港平流雾美如画	2022年10月21日
	重型自航绞吸船“天鲲号”完成全部设备调试	2022年10月23日
	新闻观察：秋收正当时绘就好“丰”景	2022年10月23日
	江苏连云港：海鲜大量上市电商促销售	2022年11月12日
	江苏连云港：电商促销各类海鲜受青睐	2022年11月10日
《光明日报》	大学期末考，怎样考出学习实效	2022年1月11日
	“萌虎”	2022年1月19日
	百虎贺春	2022年1月21日
	江苏连云港主动压缩紫菜养殖规模	2022年2月19日
	江苏连云港：“一企一策”助发展	2022年10月31日
《农民日报》	石梁河上清波荡　库区农民笑声扬	2022年3月18日
《新华日报》	连云港各乡镇利用春节假期谋发展（聚焦柘汪镇人才工作）	2022年2月7日
	大年初一，不少游客来到连云港市赣榆区塔山湖滑雪场，在冰雪世界中度过春节假期	2022年2月3日

续表2

媒体名称	标题	刊播时间
《新华日报》	连云港市赣榆实验幼儿园金海岸分园的孩子们参加猜灯谜活动	2022年2月16日
	赣榆：数字经济赋能紫菜产业	2022年2月25日
	连云港市赣榆区多家医疗用品企业开足马力，生产口罩、防护服等抗疫物资，助力新冠肺炎疫情防控	2022年3月21日
	昨日起，连云港市有序恢复市域范围内城市客运及道路客运运营。图为赣榆区公交工作人员对乘客进行体温检测和健康码、行程卡查验	2022年4月1日
	全省五级人大代表履职“卫”民在“疫”线（关注柘汪镇人大代表解菜农之困，实现供需有效对接）	2022年4月12日
	28日，在连云港市赣榆区青口中心渔港，一名主播在码头直播销售海产品	2022年4月29日
	逐浪扬帆，连云港奋楫“后发先至”（聚焦赣榆沿海湿地生态环境保护）	2022年5月13日
	赣榆外贸进出口逆势飘红	2022年6月5日
	一步一个脚印贫困村蝶变为“最美乡村”	2022年7月18日
	昨日是中秋节，人们共赏明月，欢庆团圆。图为在连云港市赣榆区，一轮明月高挂在天空与城市灯火交相辉映，美不胜收	2022年9月11日
	17日，连云港市黄海路小学举行纪念“九一八”主题活动，通过签名、主题班会等形式，让学生牢记历史、振兴中华	2022年9月18日

（庞　群）

统战工作

【多党合作】 2022年，赣榆区委统战部贯彻《中国共产党政治协商工作条例》，发挥中国特色社会主义参政党作用。在全市率先完成“益心为公”公益保护志愿者推荐工作，为13名民主党派成员发放聘书，推荐2名民主党派成员成为区监委特约监察员。支持协助各民主党派加强自身建设，推进党派工作规范化、制度化。

【侨务工作】 2022年，赣榆区有归侨5人、侨眷202人。制定出台《连云港市赣榆区侨联改革实施方案》，实现基层侨联组织全覆盖。推进侨务进“三区”工作，继续加强沿海镇“侨之家”阵地建设，不断完善为侨公共服务体系。8月，注册成立“赣榆区榆侨同行志愿者队伍”，在册志愿人员100余人。9月，全市侨务工作现场会在赣榆召开。10月，连云港市“中餐繁荣工作实践基地”揭牌仪式在赣榆区柘汪镇怡佳蓓公司举办。侨企镔鑫钢铁集团总裁陈禹获“江苏省归侨侨眷先进个人”称号。

【台湾事务】 2022年，赣榆区有台胞60人、台属185人。全面加强与台属之间的联系、联谊，开展“端午粽飘香，两岸同安康”包粽子、慰问活动，举办台属“看家乡、话发展”座

2022年，区委统战部组织开展侨法宣传进社区活动　（单　丹　摄）

谈会。做好在建台资项目连云港爱仕沃玛环保新材料有限公司服务工作，做好对台招商。

【非公有制经济领域统战工作】 2022年，区委统战部紧扣“两个健康”工作主题，服务引导民营经济领域统战新作为。指导区工商联与赣榆农商行等金融机构签署战略合作协议，为5371家企业授信19.13亿元。增强民营经济人士的思想政治共识，与区工商联联合推动民营经济理想信念教育基地建设，引导民营企业家开展光彩事业活动。

【新的社会阶层人士统战工作】 2022年，赣榆区开展“凝聚新力量、筑梦新时代”主题教育，推动新的社会阶层人士统战工作创新发展。区新的社会阶层人士联谊会勇担社会责任，组织会员捐赠45000元善款和物资，助力新冠疫情防控工作。开展“红色义诊践初心，服务民生护健康”新联会进社区义诊活动，举办“凝聚新力量，筑梦新时代——赣榆区新联会法治进校园宣讲会”，在2022年度江苏省新的社会阶层人士献礼党的二十大“苏新·非遗·传承”作品展中，赣榆区选送作品《绣党旗》获“苏新·传承奖”。

【党外代表人士队伍建设】 2022年，赣榆区完善无党派人士重点人物库建设，完成首批14名省级无党派人士身份推荐及51名省级无党派人士储备工作。加强对区无党派知识分子联谊会成员的思想动态分析研判，对无党派人士进行规范管理。

（单　丹）

机构编制工作

【机构职能调整】 2022年，赣榆区推进海洋经济开发区管理机构在柘汪镇实体化运行，做好公章、法人证书、账户等相关物品材料移交，实现与高新区的彻底剥离；收回柘汪镇14个行政编制，用于高新区人员在青口镇、海头镇列编，保障高新区筹建人员长期稳定工作；成立区高新技术企业发展服务中心，委托高新区管委会（筹）代管，核定事业编制16名，明确其服务企业发展职责，健全企业服务体系。区委编办牵头区级部门行政权力清单动态调整工作，坚持线下清单调整与政务服务一张网清单更新同步进行，强化与区司法局、区行政审批局的互动协调，对权力清单动态管理情况进行跟踪评价，督促部门按程序调整清单，共对21个部门的287项行政权力事项进行调整。

【部门单位“三定”规定落实】 2022年，区委编办制定并印发区档案馆、区人民医院、区中医院、区机关事务服务中心等多家单位“三定”（定职能、定机构、定编制）规定，优化调整内设机构23个，新设置内设机构30个、医院业务科室71个，核增科长职数30名、医院业务科室负责人职数129名。通过优化主要职能、细化内部分工、量化编制职数，切实解决一人多劳、分工不均等问题。

【编制资源优化】 2022年，赣榆区强化重点领域机构设置，设立区高新技术企业发展服务中心、区人大常委会办公室老干部服务中心、区人才发展中心、区新时代文明实践服务中心、区急救站5家事业单位，共计核定编制28人。强化热点领域编制配置，核增区网格化服务管理中心、区公务用车服务中心编制，共计核增编制6人；在区产业发展服务中心增挂区粮食和物资储备服务中心牌子，在区人才服务中心增挂区人事考试中心牌子，分别核增编制2人。核减弱化领域编制，核减区机关事务服务中心自收自支事业编制37人，通过编制置换等方式向重点领域倾斜。强化招聘名额供给，为教育部门提供350个名额用于招聘新教师，进一步优化教师的专业结构和年龄结构等。强化学前教育机构设置，设立赣榆经济开发区幼儿园等17所幼儿园，方便幼儿就近入园，推动学前教育均衡、优质发展。下达年度基础教育统筹编制73个，共涉及初中8所、高中5所。强化基层消防监管工作，分别核增各镇全额拨款事业编制1个，核增区应急管理服务中心全额拨款事业编制8个，共计23人，专项用于招录消防专员，推动构建覆盖全区的消防监管及救援力量体系，筑牢消防“防火墙”。深化镇级事业单位改革，区委编办先后赴柘汪、海头、黑林等镇开展调研，聚焦理顺职责关系、整合事业单位、完善用人用编制度、健全统一协调指挥机制等方面，梳理并建立问题台账；通过多层面座谈交流、多方面征求意见，找准问题症结，提出破解思路，形成整改清单。柘汪镇完成事业单位整合工作，人员整合、机构融合程度进一步提升；海头镇入选全省基层“三整合”改革先进单位。

【区综合指挥中心编制调控】 2022年，区委编办组织6家区级执法部门入驻区指挥中心，逐步完善指挥调度体系和运行制度体系建设，通过人事调整确立中心领导班子，中心实战、实用、实效水平不断提升。上线“疫情防控”模块，汇集各类新冠疫情态势、社会防控、防新冠疫情物资、应急管理等数据，形成新冠疫情趋势分析，为研究部署新冠疫情防控工作提供参考。

【事业单位登记管理】 2022年，赣榆区完成405家事业单位年度报告审核、公示工作。4月26日，推进包括事业单位设立、变更、注销登记等行政许可事项进驻区政务服务中心，进驻运行，实行一个“窗口”集中受理，打造“高效智能、阳光便民”最优窗口。按照《事业单位登记管理暂行条例》和《实施细则》的相关规定，共办理事业单位设立登记14家，变更登记50项，注销登记9家。按3%的比例随机抽取12家事业单位，采取书面审查、实地核查、网络监测相结合的方式，进行事业单位法人公示信息“双随机、一公开”（随机抽取检查对象，随机选派执法检查人员，抽查情况及查处结果及时向社会公开）抽查。

【机关绩效管理】2022年，区委编办组织开展2022年度区级机关单位高质量发展绩效评价考核工作，聚焦市对区高质量发展考核，注重过程监测，推进省、市、区各项决策部署的衔接和贯彻落实，调整和优化考核指标，新增服务基层情况（基层满意度），调整改革任务推进落实情况、履行安全生产监管职责情况、优化营商环境任务清单完成情况、创新创优项目评审4个指标的分数及加减分项的设置，营商环境优化和服务基层导向更加明确，按照“项目申报、线上评审、统计核分”的流程组织开展区级机关单位创新创优项目评审工作，以考核推动工作，实现争先进位。

【综合执法改革】2022年，区委编办开展赋权事项实施情况专项评估，实地走访查看15个镇执法局，从赋权事项的专业程度、承接能力、监管情况、实施效果等方面进行逐项评价、对比评估，形成评估报告和评估意见，并按程序报上级部门调整，力求精准定位、科学合理。严格基层综合执法队伍管理，强化镇执法局一线执法人员、法制审核员配备，规范执法资质审核，落实执法人员持证上岗制度，提升执法能力；推动综合执法配套建设，制定行政执法队伍建设标准、明晰执法管理责任，规范执法行为。推进应急管理综合执法改革，整合成立区应急管理综合行政执法大队，新制定“三定”规定，聚焦整合执法职能、锁定人员编制、促进力量下沉，构建权责统一执法职责体系，提升全区应急管理现代化水平。完成行政复议体制改革，将分散在市场监管、公安等部门的行政复议职责全部集中到司法局统一行使，同时优化司法局内设机构，不断完善调解、仲裁、裁决、复议、诉讼有机衔接的纠纷解决机制。修订纪委监委“三定”方案，推动完善纪检监察制度体系建设。调整优化区委组织部内设机构，为做好基层党建工作提供体制机制保障。

【信用等级评价】2022年，区委编办联合法院、公安、财政、人社等9家监管部门，按照主管部门自评、监管单位评价、初定等级、反馈征询、异议申请、结果公示的工作流程，对全区267家参评单位开展2021年度信用等级评价工作。（魏　旻）

老干部工作

【概况】2022年，赣榆区有离休老干部103人，其中，抗日战争时期18人，解放战争时期85人；易地安置的2人。离休干部平均年龄96.1岁，年龄最大的102岁，年龄最小的88岁。纳入老干部局服务管理的原县四套班子退休干部25人。

【离退休干部党建】2022年，赣榆区加强离退休干部政治建设。在全区离退休干部党支部中开展以“迎接二十大，学习二十大，当好新征程银发先锋”为主题的党日活动。组织专题研讨会，把学习贯彻习近平新时代中国特色社会主义思想作为首要任务。组织离退休干部代表召开“建言二十大”专题座谈会，汇聚老干部智慧和力量，为中共二十大的胜利召开营造良好氛围。组织离退休干部走进青口镇金海社区、区教师发展中心，调研离退休干部党建工作，听取基层意见建议，推进离退休干部党建更好地融入基层党建大格局。6月19日，组织开展“六好”离退休干部党支部示范创建活动。

【离退休干部待遇落实】2022年，区委老干部局在春节、夏季和中秋期间，组织开展走访慰问离休干部及遗属活动。走访慰问离休干部134人，原县处级干部26人，遗属18人。巩固“三有一落实”工作。畅通离休干部看病就医绿色通道，做好家庭医生签约、考核及培训工作，不断提高医疗服务质量。加强老干部学习阵地建设。在区委老干部局三楼会议室，打造区委老干部局“离退休党员干部之家”，推进共享式离退休干部党建活动阵地建设，为区级机关单位离退休干部党支部开展政治学习、组织生活、党员教育等活动提供交流平台。11月6日，赣榆区委老干部局组织离休和副处级以上退休干部开展健康体检活动。

【离退休干部社会活动】2022年，赣榆区在全区广大离退休干部中围绕中共二十大开展系列主题活动。5月25日，开展“我看中国特色社会主义新时代”调研活动，到班庄镇新时代文明实践所，听取老同志谈出对中国特色社会主义新时代发展变化的真实看法、真切感受、真心认同，凝聚传递正能量，唱响时代主旋律。6月8日，在全区离退休干部中开展以“喜迎二十大　奋进新征程”为主

2022年7月1日，赣榆区举办离退休干部书画摄影展　（仲伟永　摄）

题的书画展活动。11月2日，响应《中共中央关于认真学习宣传贯彻党的二十大精神的决定》，举办原县处级老干部学习二十大报告专题培训会，引导老干部把思想和行动、智慧和力量凝聚统一到学习宣传贯彻中共二十大精神上来。

（崔恩辅　刘　阳）

党校工作

【概况】 2022年，赣榆区委党校贯彻落实习近平总书记关于党校办学治校系列重要指示精神，创新工作举措，发掘利用好赣榆红色资源，实施教学品牌、校园优化、校企合作直通车三大工程。9月，创成省级教育教学培训基地，是全市第一家与省级机关达成合作共建协议的县区级党校。加强党校领导班子建设，经区委组织部批准，增设5名专职校委会委员，在全市县区级党校首个实现校委会治校实体化运行。出台《中共连云港市赣榆区委党校 连云港市赣榆区行政学校制度汇编》，形成一整套涵盖党的建设、教学科研、学员管理、行政后勤等各个环节的制度体系。全年投入160万元，实施校园道路广场改造工程，实现道路黑色化；与苏海集团合作，投入300万元，实施校园外墙面改造工程；投入5万元，重新改造南栅栏围墙，补栽绿化；投入10万元对校园进行红色氛围提升改造，以党的奋斗历史为主线，将红色雕塑、宣传栏、指示牌等实体元素引入校园，打造具有党校特色的红色学府。区委党校获评全区基层党员冬训先进单位、全区宣传思想文化工作先进集体和推进高质量发展突出贡献奖。

【专题党课】 2022年，区委党校充分发挥党校思想理论建设阵地作用，紧扣习近平新时代中国特色社会主义思想，围绕中共二十大系列报告内容，理论大课与实景党课同步发力，不断丰富课程体系，提高党史在培训总课时中的比重，推动党史学习教育常态化长效化。精心打造《中国式现代化的基本内涵与实现路径》《中共党史中反腐败斗争的经验及启示》《准确把握"国之大者"的基本内涵和时代要求》等7节理论大课；打造"一山一岛一馆一村"党性教育课程体系，新开发《大吴山战斗》《守卫秦山岛》《人民的勤务员》3节实景党课。

【主题宣讲】 2022年，区委党校选派8名骨干教师担任区委宣讲团成员，围绕"新思想必讲，中央和省、市、区委部署必送"原则，定制党课清单，以喜闻乐见、寓教于乐的方式，进机关、进社区、进企业宣讲近60场次，新时代文明宣讲20场、中共十九届六中全会精神宣讲30余场，中共二十大精神宣讲10场，受众1万余人次。依托区"理"花树理论宣讲平台，参与录制《塔山湖的精神密码》《符竹庭精神永放光芒》宣讲视频。

【党员干部培训】 2022年，区委党校立足干部教育培训主责主业，打造教育培训新高地，形成"一山一岛一馆一村"红色研学路线。设计干部培训课程体系宣传册，创立8大特色培训品牌，编排1—7天特色教学课程，量身定制各类"培训套餐"。区委党校全年共开展主体班次培训6期、委托办班46期，其中区外办班28期，共计培训6000余人次；实景教学班次26期，受众4000余人次。

【课程开发】 2022年，区委党校新开发《新征程新使命新部署——二十大精神导学》《党的二十大精神解读》《全面建设社会主义现代化国家的行动纲领》《新时代新征程的政治宣言和行动纲领》《中国共产党的哲学底蕴——实践论、矛盾论解读》《感悟百年党史再创时代辉煌——新民主主义革命时期的"四大重要考验"》《马克思主义哲学原理》《〈费尔巴哈论〉导读》等理论课程，《世界社会主义发展"四次飞跃"的历程与启示》获评市委党校优质课；创新情景式教学方式，编排2部情景剧《赣榆战役》《小沙东海战》；编写《赣榆红色研学路线实景党课汇编》等2本教材。

【教育科研】 2022年，区委党校立项《发挥统一战线优势助力民营经济发展——赣榆区民营经济统战工作路径探析》等2项省级课题、《乡村振兴背景下更好发展农村电商的重要性研究》等5项市级课题、《海洋牧场发展的价值链提升——以赣榆区为例》等3项校级课题；《赣榆区党建示

2022年9月23日，区委党校教师在秦山岛为连云港防汛机动抢险队培训班授课

（王　凯　摄）

范带引领地区发展新航标研究》等3项课题获市委宣传部优秀课题表彰；参与区政府办课题《积极抢抓沿海发展机遇谱写沿海高质量发展赣榆篇章》、区人大课题《关于加强和规范乡镇人大主席团在人代会闭会期间职能建设的研究》等。完成征文3篇，在《连云港日报》发表文章1篇。组织教师参加理论研讨会、主题征文等活动，有8篇论文入选全市党校系统学习《习近平谈治国理政》第四卷理论研讨会征文，入选论文数量居县区党校之首；9项课题获全市党校系统“学习贯彻党的二十大精神”专项课题立项，立项数量居县区党校之首。

【合作办学】 2022年，区委党校创建“校企合作”新模式，与中共江苏交通控股有限公司委员会党校签订战略合作协议，在课题共同开发、干部教育培训、特色党建品牌建设等领域开展深度交流合作，并在党校挂牌现场教学点，为获批省委党校现场教学点以来党性培训教育在校企合作上取得的又一新突破；与灌云党校签订干部教育培训合作协议书；为全区退役军人开展适应性教育，区退役军人适应性培训基地在党校挂牌；与区委统战部合作办学，挂牌设立连云港市赣榆区社会主义学校。（张宁璐）

2022年4月16日，赣榆区史志办召开《赣榆党史故事100讲》微视频审片会 （万 秦 摄）

党史工作

【概况】 2022年，赣榆区党史地方志工作办公室（以下简称区史志办）抓好党史学习教育，挖掘地方党史资源，多维度宣传党史知识。系列党史微视频故事《赣榆党史故事100讲》获全国党史和文献部门优秀科研成果新媒体作品类三等奖。区史志办获评全省党史部门先进集体。

【党史编研】 2022年，区史志办编印《赣榆革命遗址遗迹和纪念设施概览》《赣榆百年大事（1921—2021）》等。挖掘赣榆党史资源，整合社会收藏力量，整理征集文物资料，承担抗日山布展大纲撰写、修改等任务，推动抗日山纪念馆提档升级。

【党史宣传】 2022年，区史志办联合区关工委、区文明办、团区委、区教育局等单位，开展百讲红色故事进校园活动，推动宣讲普及化、课题系统化、讲师专业化、方式多样化，在青少年中厚植爱国主义情怀。持续高质量拍摄系列党史微视频故事《赣榆党史故事100讲》，全年制播14集，累计制播59集，讲好讲活党的故事、革命的故事、英雄的故事。在“交汇点”移动新闻客户端开辟专栏，对全区范围内新中国成立前老党员进行专题采访，聚焦全民学党史，共发布相关文章67篇。

【《赣榆党史故事100讲》获全国优秀科研成果奖】 2022年，全国党史和文献部门优秀科研成果评选结果公布，该奖项每五年一届，此次评选范围是2016—2020年出版或发表的研究成果，赣榆区史志办拍摄的系列党史微视频故事《赣榆党史故事100讲》获“2016—2020年全国党史和文献部门优秀科研成果新媒体作品类三等奖”，是江苏省县区级唯一获奖单位。 （陈一晴）

综述

【人大代表构成】2022年，区第二届人民代表大会有代表360人。其中，中共党员236人，占65.6%；民主党派3人，占0.8%；女性132人，占36.7%。

【组织机构】2022年，区第二届人民代表大会下设法制委员会、财政经济委员会、社会建设委员会3个专门委员会；常务委员会下设监察和司法委员会、财政经济委员会、环境资源城乡建设委员会、社会建设和教科文卫委员会、农业经济委员会、人事代表联络委员会6个工作委员会。

【人大理论研究】2022年，区人大加强调查研究和成果转化，形成调研成果和调研报告31篇。《以连云港市区为例谈加强市县人大对任命人员履职监督问题》等2篇理论文章被《市人大系统优秀调研成果文集》收录，《依法强化对人大任命人员履职监督研究》在省优秀调研成果评比中获优秀奖。在市级以上媒体发表文章92篇。《人民日报》刊发区人大代表参与涉诉矛盾纠纷化解的经验做法。

【人事任免】1月6日，区一届人大常委会第四十二次会议任命赵国伟、吴萍、刘治远、吕成兵为区人民检察院检察员。

1月14日，区第二届人民代表大会举行第一次会议。会议选举毛太乐为区第二届人民代表大会常务委员会主任，汪晓峰、李启文、徐健、李康为副主任，选举委员36人。选举李莉为区人民政府区长，郭鹏、高站、周霞、徐蓓、邵胤、谢斌、顾绍波为副区长。选举姜自成为区监察委员会主任。选举杜兴淼为区人民法院院长，肖楠为区人民检察院检察长。选举区出席连云港市第十五届人民代表大会代表73人。

4月13日，区第二届人大常委会第一次会议任命吴军为区政府办公室主任、张文岳为区发展和改革委员会主任、居潘娣为区教育局局长、潘阳为区科学技术局局长、黄家友为区工业和信息化局局长、谢斌为区公安局局长、范勇为区民政局局长、刘顺航为区司法局局长、谢春娟为区财政局局长、胡勇为区人力资源和社会保障局局长、李政为区自然资源和规划局局长、唐金芝为区住房和城乡建设局局长、董琦为区城市管理局局长、陈靖为区交通运输局局长、李超凡为区水利局局长、于健为区农业农村局局长、王萍为区商务局局长、赵敏涛为区文体广电和旅游局局长、董自芳为区卫生健康委员会主任、王维昊为区退役军人事务局局长、张波为区应急管理局局长、李军为区审计局局长、贺慧为区行政审批局局长、陈昌江为区市场监督管理局局长、王卫东为区统计局局长、张宜梅为区医疗保障局局长、杨锐为区信访局局长。任命乔志新、孙振鎏、李祥、杨飞、高停停、孙成志、韩佳为区人民法院审判员；免去林飞燕的区人民法院民一庭副庭长、审判员职务，岳仁龙、曹书源的区人民法院审判员职务。

8月25日，区第二届人大常委会第四次会议任命徐维干为区人大常委会办公室主任、刘顺林为区人大常委会农业经济委员会主任、李硕为区人大常委会社会建设和教科文卫委员会副主任；免去郑典萍的区人大常委会办公室主任、汤岳峰的区人大常委会监察和司法委员会主任、徐维干的区人大常委会农业经济委员会主任职务。决定任命王聪益为区发展和改革委员会主任、宓守峰为区民政局局长、范勇为区卫生健康委员会主任、王卫东为区工业和信息化局局长；决定免去张文岳的区发展和改革委员会主任、黄家友的区工业和信息化局局长、范勇的区民政局局长、董自芳的区卫生健康委员会主任、王卫东的区统计局局长职务。免去卞光耀的区监察委员会委员职务。

9月20日，区第二届人大常委会第五次会议接受黄家友辞去连云港市第十五届人民代表大会代表职务，补选邢正军为连云港市第十五届人民代表大会代表。

10月27日，区第二届人大常委会第六次会议任命杜其松为区人民政府副区长（挂职）、杨国忠为区人民政府副区长（挂职，3年）、曹晓飞为区人民政府副区长（挂职，省委驻区乡村振兴工作队队长，2年）。任命徐修涛、李明、冯晔、陆帆为区人民法院审判委员会委员，张怡鹏为区人民法院刑事审判庭庭长，李怀胜为区人民法院道路交通事故审判庭副庭长，马俊峰为区人民法院道路交通事故审判庭副庭长、审判员（挂职，1年），郭忠辉为区人民法院民事审判第一庭副庭长，王井吉、魏亚为区人民法院审判员；免去韦庆涛的区人民法院刑事审判庭庭长职务，免去周明东、孟勇、杨健的区人民法院审判员职务，免去彭璐的区人民法院人民陪审员职务。

12月27日，区第二届人大常委会第八次会议接受陆瑞萍、王统扬辞去连云港市第十五届人民代表大会代表职务，补选李青春、王萍为连云港市第十五届人民代表大会代表。

12月30日，区第二届人大常委会第九次会议任命封波为区人民政府副区长；决定免去郭鹏、高站、张洪起的区人民政府副区长职务。

（董　玉）

重要会议

【区第二届人民代表大会第一次会议】 1月12—14日召开，应到代表360名，实到代表350名。扶贫、挂职的区领导，不是代表的区委、区政府工作部门主要负责人，群团组织、区直属企事业单位主要负责人，垂直单位主要负责人，全体政协委员列席会议。会议听取并审议通过《赣榆区人民政府工作报告》；听取并审查《2021年赣榆区人民政府民生实事项目实施情况和2022年民生实事候选项目情况的报告》；审查、批准《赣榆区2021年国民经济社会发展计划执行情况和2022年国民经济社会发展计划草案的报告》，批准区2022年国民经济社会发展计划；审查、批准《赣榆区2021年财政预算执行情况和2022年财政预算草案的报告》，批准2022年区本级财政预算；听取并审议通过《赣榆区人大常委会工作报告》；听取并审议通过《赣榆区人民法院工作报告》；听取并审议通过《赣榆区人民检察院工作报告》；选举区人大常委会主任、副主任、委员，区人民政府区长、副区长，区监察委员会主任，区人民法院院长，区人民检察院检察长；选举出席连云港市第十五届人民代表大会代表；通过区第二届人民代表大会法制委员会、财政经济委员会、社会建设委员会组成人员；票决2022年区人民政府民生实事项目。

【区人大常委会会议】 区一届人大常委会第四十二次会议　1月6日召开，会议表决相关人事任免事项；讨论通过关于召开区第二届人民代表大会第一次会议的决定；讨论通过区第二届人民代表大会第一次会议议程（草案）、日程（草案）；讨论通过区第二届人民代表大会第一次会议主席团、秘书长建议名单；讨论通过区第二届人民代表大会第一次会议列席人员、特邀人员建议名单；讨论通过区第二届人民代表大会第一次会议国民经济社会发展计划和财政预算审查委员会组成人员建议名单；听取区选举委员会关于区镇两级人大换届选举工作情况的汇报；听取区人大常委会代表资格审查委员会关于区第二届人民代表大会代表资格的审查报告；讨论通过关于表彰优秀区人大代表的决定；讨论通过区政府关于2021年财政预算调整草案的报告；听取和审议区人民代表大会常务委员会工作报告（征求意见稿）；听取和审议区政府关于区一届人大五次会议以来代表提出的建议、意见办理情况的报告。

区二届人大常委会第一次会议　4月13日召开，会议表决相关人事任免事项；讨论通过关于全面推进法治化营商环境建设的决定；听取和审议区政府关于2021年度环境状况和环保目标完成情况的报告。

区二届人大常委会第二次会议　5月27日召开，会议听取和审议区监委关于优化营商环境专项治理工作情况的报告；听取和审议区政府关于2021年度国有资产管理的综合报告及经营性国有资产管理的专项报告，对国有资产管理情况开展专题询问。

区二届人大常委会第三次会议　8月4日召开，会议讨论通过关于接受相关人员辞职的决定；听取和审议区政府关于2022年上半年国民经济及社会发展计划执行情况的报告；听取和审议区政府关于2021年区级财政决算报告、审查批准决算报告；听取和审议区政府关于2022年上半年财政预算执行情况的报告；听取区政府关于2021年预算执行情况和其他财政收支审计查出问题情况的报告；听取和审议区政府关于全区职业教育发展情况的报告；听取和审议区人民检察院关于全区检察机关民事虚假诉讼监督工作情况的报告；听取区政府关于2022年度人大代表票决民生实事项目建设情况的报告。

区二届人大常委会第四次会议　8月25日召开，会议表决相关人事任免事项；听取民生实事监督长关于民生实事项目监督工作开展情况汇报。

区二届人大常委会第五次会议　9月20日召开，会议讨论通过关于接受相关人员辞去连云港市第十五届人民代表大会代表职务的决定；补选市人大代表；听取和审议区人民法院关于深化“两个一站式”建设妥善化解矛盾情况的报告；听取和审议区政府关于全区高标准农田建设情况的报告。

区二届人大常委会第六次会议　10月27日召开，会议讨论通过关于任命区第二届人民代表大会常务委员会代表资格审查委员会组成人员的决定；表决相关人事任免事项；听取和审议区政府关于医保基金使用监管情况的报告；书面审议关于2022年规范性文件备案审查工作情况的报告；听取和审议区政府关于法治化营商环境建设情况的报告并开展专题询问。

区二届人大常委会第七次会议　11月29日召开，会议开展政府工作部门履职评议；开展法官、检察官履职评议；听取和审议区政府关于城市道路改造提升情况的报告；听取和审议相关部门审计查出问题整改情况的报告，并开展满意度测评；审议通过区人大常委会代表资格审查委员会关于个别代表资格终止的报告；讨论通过关于接受相关人员辞去区第二届人民代表大会代表职务的决定。

区二届人大常委会第八次会议　12月27日召开，会议讨论通过关于接受相关人员辞去连云港市第十五届人民代表大会代表职务的决定；补选市人大代表。

区二届人大常委会第九次会议　12月30日召开，会议表决相关人事任免事项；讨论通过关于召开区第二届人民代表大会第二次会议的决定；讨论通过区第二届人民代表大会第二次会议议程（草案）、日程（草案）；讨论通过区第二届人民代表大会第二次会议主席团、秘书长建议名单；讨论通过区第二届人民代表大会第二次会议列席人员、特邀人员建议名单；讨论通过区第二届人民代表大会第二次会议国民经济社会发展计划和财政预算审查委员会组成人员建议名单；审议通过区人大常委会代表资格审查委员会关于代表变动情况和补选代表资格的审查报告；讨论通过关于表彰优秀区人大代表的决定；听取和审议区政府关于2022年财政预算调整草案的报告；书面审议区人民代表大会常务委员会工作报告（征求意见稿）；书面审议区政府关于区二届人大一次会议以来代表提出的议案、建议办理情况的报告；书面审议《区人民政府工作报告》（征求意见稿）。（董　玉）

2022年7月21日，区人大常委会主任会议参会人员视察重点项目实施情况　（董　玉　摄）

人大监督

【经济高质量发展监督】　2022年，区人大常委会听取和审议区政府关于2021年度国有资产管理的综合报告及经营性国有资产管理的专项报告并对国有资产管理情况开展专题询问；听取和审议区政府关于2022年上半年国民经济及社会发展计划执行情况的报告；听取和审议区政府关于全区高标准农田建设情况的报告；听取和审议相关部门审计查出问题整改情况的报告，并开展满意度测评；开展政府工作部门依法履职评议工作；专题调研规范南美白对虾产业发展情况、现代农业产业园建设情况。

【落实积极财政政策监督】　2022年，区人大常委会听取和审议区政府关于2021年区级财政决算报告，审查批准决算报告；听取和审议区政府关于2022年上半年财政预算执行情况的报告；听取和审议区政府关于2021年预算执行情况和其他财政收支审计查出问题的情况报告；专题视察建设第二高中财政投入资金使用情况；专题调研非税收入征管情况。

【生态文明建设监督】　2022年，区人大常委会听取和审议区政府关于2021年度环境状况和环保目标完成情况的报告。专题视察石梁河水库幸福河湖建设清水进城行动情况；专题调研赣榆海滨生态修复情况。

【社会建设和民生改善监督】　2022年，区人大常委会听取和审议区政府关于全区职业教育发展情况的报告；听取和审议区政府关于2022年度民生实事办理情况的报告；听取和审议区政府关于医保基金使用监管情况的报告；听取和审议区政府关于城市道路改造提升情况的报告。专题视察204国道赣榆城区段快速化改造议案的办理情况、残疾人托养服务工作情况、食品小作坊集中区建设情况；专题调研赣榆海洋经济开发区发展情况、城区义务教育施教区设置情况、妇幼健康服务工作情况、人防工程建设使用情况。

【法制建设监督】　2022年，区人大常委会听取区监委关于优化营商环境专项治理工作情况的报告；听取和审议区人民检察院关于全区检察机关民事虚假诉讼监督工作情况的报告；听取和审议区人民法院关于深化

“两个一站式”建设妥善化解矛盾情况的报告；听取和审议区政府关于法治化营商环境情况的报告并开展专题询问；开展法官、检察官依法履职评议工作；专题调研行政复议应诉工作情况、公安机关开展队伍教育整顿情况；对《中华人民共和国产品质量法》《中华人民共和国环境保护法》《中华人民共和国科学技术进步法》《中华人民共和国种子法》等相关法律法规贯彻实施情况开展执法检查。

【区人大常委会首创民生实事监督长制】 2022年，区人大常委会制定《关于对2022年度区民生实事项目开展专项监督的工作方案》，选派30名委员担任票决民生实事项目监督长，通过“听、看、查、访”四步工作法，对民生实事项目落实情况开展全过程监督，联动代表、群众500多人次，发现、会办问题134件，助力民生实事落实落地见成效。此创新做法在《人民与权力》刊发，获评全省市县人大十大新闻。（董　玉）

表3　**2022年赣榆区人大常委会开展执法检查、专题询问、视察调研一览表**

月份 \ 议题	常委会会议议题	专题视察议题	专题调研议题	执法检查议题
3月	听取和审议区政府关于2021年度环境状况和环保目标完成情况的报告	—	非税收入征管情况	—
4月	—	204国道赣榆城区段快速化改造议案的办理情况	1. 行政复议应诉工作情况 2. 江苏赣榆海洋经济开发区发展情况 3. 城区义务教育施教区设置情况	—
5月	1. 听取区监委关于优化营商环境专项治理工作情况的报告 2. 听取和审议区政府关于全区职业教育发展情况的报告 3. 听取和审议区政府关于2021年度国有资产管理的综合报告及经营性国有资产管理的专项报告，对国有资产管理情况开展专题询问	石梁河水库幸福河湖建设清水进城行动情况	—	检查《中华人民共和国产品质量法》实施情况
6月	—	建设第二高中财政投入资金使用情况	1. 公安机关开展队伍教育整顿情况 2. 妇幼健康服务工作情况	—

续表3

议题 月份	常委会会议议题	专题视察议题	专题调研议题	执法检查议题
7月	1. 听取和审议区人民检察院关于全区检察机关民事虚假诉讼监督工作情况的报告 2. 听取和审议区政府关于2021年区级财政决算报告，审查批准决算报告 3. 听取和审议区政府关于2022年上半年财政预算执行情况的报告 4. 听取和审议区政府关于2022年上半年国民经济及社会发展计划执行情况的报告 5. 听取和审议区政府关于2021年预算执行情况和其他财政收支审计查出问题的情况报告	残疾人托养服务工作情况	规范南美白对虾产业发展情况	检查《中华人民共和国环境保护法》实施情况
8月	—	食品小作坊集中区建设情况	1. 赣榆海滨生态修复情况 2. 现代农业产业园建设情况	—
9月	1. 听取和审议区政府关于全区高标准农田建设情况的报告 2. 听取和审议区人民法院关于深化“两个一站式”建设妥善化解矛盾情况的报告 3. 听取和审议区政府关于2022年度民生实事办理情况的报告	—	—	—
10月	1. 听取和审议区政府关于医保基金使用监管情况的报告 2. 听取和审议区政府关于法治化营商环境情况的报告，开展专题询问	—	人防工程建设使用情况	检查《中华人民共和国科学技术进步法》实施情况
11月	1. 开展法官、检察官依法履职评议工作 2. 开展政府工作部门依法履职评议工作 3. 听取和审议相关部门审计查出问题整改情况的报告，并开展满意度测评 4. 听取和审议区政府关于城市道路改造提升情况的报告	—	—	检查《中华人民共和国种子法》实施情况

（董　玉）

议案建议

【概况】 2022年，代表提出的1件议案、142件建议全部按时办理，其中，重点建议15件。代表建议解决的57件，占40%；纳入计划和议事日程解决落实的82件，占58%；因条件不具备暂时难以解决并留作参考的3件，占2%。代表反馈满意（基本满意）率100%。

【关于加快推进204国道赣榆城区段快速化改造工程的议案】 2022年，204国道赣榆城区段道路拥堵严重、道路交通事故时有发生、影响赣榆城区发展等问题越来越严重，区人大代表建议区政府实施204国道赣榆城区段快速化改造，并争取国家和省市支持，争取纳入省重点建设项目。区政府要尽快做好项目规划、设计、用地手续、拆迁等前期工作，力争早日正式开工建设。区交通、住建、规划、水利及沿线各镇要加强沟通协调，解决处理建设中的困难和问题。区政府建立项目指挥部推进机制，加强对上争取和工作协调，将各项工作层层分解、层层压实，加快项目推进。204国道赣榆城区段工程项目起于204国道与青盐铁路赣榆站规划道路交叉口北侧，止于在建402省道，路线全长9.91千米，工程总投资约36.9亿元。区委、区政府和沿线3镇分别成立项目拆迁指挥部，两级指挥部协同推进，保证房屋搬迁工作快速推进。项目完成投资约5亿元，全线共涉及房屋搬迁171户，完成170户；项目手续按时推进，2月项目许工取得省发展改革委批复，8月初步设计取得省发改委批复，11月用地取得省政府批复，重大行政决策程序全部完成；招投标采取EPC发包模式，设一个标段。8月25日，招标计划信息挂网，招标方案确定，招标文件于8月底通过专家审查，招标限价报区财政局审查。

【关于农村居家养老"离家不离村"模式探索的建议】 2022年，农村多数家庭因受住房条件限制，只能集居在一起，三代甚至四代同堂现象较为普遍，代际矛盾突出，缓解家庭矛盾缺乏独立的空间。区人大代表建议规划建设符合镇情村情的综合居家养老服务中心，创新打造集中居住、居家上门、机构养老、医疗康复服务"四位一体"的为老服务综合体，让农村老年人养老"离家不离村、村中享天伦"。区政府将老年人集中居住区建设纳入新农村发展规划，并配套建设养老服务用房及附属配套设施，提供养、护、助多功能养老服务，建成25处老年人集中居住区，形成"城区成片、沿海成线、逐步辐射"的发展态势。

【关于加强农村土地经营权流转管理的建议】 2022年，赣榆区农村土地经营权流转管理存在流转合同不规范，造成申报惠农补贴困难，引发因惠农补贴归属问题的争议、矛盾。个别经营主体擅自挖塘、挖沟、养殖、栽树等改变土地用途现象，引发诸多矛盾。个别经营主体擅自建看护房、硬化土地、擅自收取费用建坟等破坏土地现状现象。区人大代表建议区政府及相关部门出台农村土地经营权流转管理具体办法，并明确监管部门、管理权责，加强农村土地经营权流转管理。区政府督促各镇按照《江苏省农村土地经营权流转合同（样本）》进一步规范土地经营权流转程序，规范土地流转市场化运作，规范手续审批，保障农户利益。

【关于创建赣榆农产品公用品牌的建议】 2022年，赣榆区的农业产业不断向园区化迈进，形成海头海鲜、塔山猕猴桃、城头稻虾米等特色农产品。特色农产品的销售主要以电商为渠道，而其他农产品流通较差。主要原因有部分农产品没有相应的食品许可和绿色食品认证、农产品质量良莠不齐、品牌效应程度不够、没有充分挖掘本地消费者资源等。区人大代表建议摸排整合全区各类农产品资源，进行分类和整合；创建赣榆农产品公用品牌，制定使用品牌的相关规则和条件，筛选优质农产品使用公用品牌。在创建农产品公用品牌基础上，通过国有平台设立销售平台、电商平台、线下组合配送平台。区政府推动"一镇一品一店"品牌发展模式，重点推进海福特（海产品）质量安全标准项目试点、"果香黑林"农业标准化示范区项目及赣榆紫菜、牡蛎养殖、黄桃生产标准化试点等项目；引导农产品种植加工企业申报"连天下"公共品牌；指导举办"紫菜丰收节""直播网红大赛"等特色节庆活动，发挥全区电商在快手、

2022年9月1日，区人大常委会开展议案"204国道赣榆城区段快速化改造"督办活动 （董　玉　摄）

抖音等平台优势，全方位宣传赣榆的产业、品牌、产品；组织紫菜协会完成中国农业品牌目录申报工作。

【关于加大管道燃气安全监管的建议】 2022年，赣榆城区及乡镇越来越多的村（社区）实施“煤改气”工程，已铺设燃气管道的村（社区），在设计、施工、验收等阶段，存在监管盲区，存在安全隐患。区人大代表建议明确住建、市场、乡镇、村（社区）在燃气管道施工中各方责任，督促有关部门对已铺设燃气管网进行管理（审查设计图纸、管线分布、管线埋深、管线材料、警示标示、施工资质等），整改安全隐患，确保居民用气安全。赣榆区落实《赣榆区城镇燃气发展规划（2020—2035年）》要求，确保燃气建设“科学规划、合理布局”；将城镇燃气工程纳入现有的建设工程质量安全监管体系，配套燃气设施工程与主体工程同步设计、同步施工、同步竣工验收；加大对燃气具及配件等产品质量、燃气价格、搭车收费的监管力度，确保“稳质保量、惠利于民”；加大安全宣传力度，利用多种形式向燃气用户宣传安全用气常识，提升安全意识。

【关于提升住宅小区物业服务管理水平的建议】 2022年，赣榆区大部分的小区物业管理水平较低，业主维权困难。老旧小区基础设施难以满足业主需求，缺少电动汽车充电桩、快递柜、分类垃圾箱等。物业公司的服务局限于清扫垃圾等方面，不能及时处理停水、停电等日常问题。区人大代表建议区政府加大对物业公司的监管力度，提高准入门槛，工作人员持证上岗；鼓励小区成立业主委员会，为业主提供维权通道；加强老旧小区基础设施建设，满足业主需求。区政府建立部门联席会商机制，对物业收费、停车难、违建等实行会办制度，多部门各司其职，联合执法进小区。开展联合大检查1次、专项检查12次；建立约谈制度，通过“赣榆发布”等官方平台发布2期物业服务“红黑榜”，奖优罚劣，约谈项目经理23人次，化解信访55件，调离辞退项目经理5人；建立业主微信群，群内反映问题后，各小区第一时间响应、第一时间落实、第一时间反馈，有效解决业主诉求。

【关于实施农村地区“赣榆家校通明工程”的建议】 2022年，区农村地区校园周边路段存在照明设施不足的问题。区人大代表建议区政府加大投入，实施农村地区“家校通明工程”，保障乡村孩子来校返家路上安全。区政府按照美丽乡村建设工作要求，实施LED路灯节能智能化改造等工程，为群众创造更安全便利的出行环境，各镇高度重视，与相关部门、施工单位对接，沟通解决各环节中遇到的问题，推进部分农村道路照明环境改善。

【关于补充乡村音体美教师的建议】

2022年，赣榆区乡镇学校在专业教师的配置上出现失调，音体美教师紧缺，无法满足学生成长的需求。区人大代表建议进一步增加音、体、美教师的招聘的比例；在音、体、美教师的分配上向乡镇学校倾斜；政府相关部门鼓励退役军人、退役运动员或拥有相关能力的人才到乡镇学校工作，到校辅助时间不低于一个学期，并给予相应的酬劳；政府相关部门应加强音体美兼职教师的培训，促进其专业成长。区教育局不断加强师资队伍建设，统筹做好农村学校学科教师配备和调剂工作，全区乡村学校音、体、美等学科教师基本配备到位，调整教师编制时优先向农村地区学校倾斜，新招聘教师全部充实到农村中小学，优先保障农村学校教育、教学工作需要，利用暑期培训、学校“青蓝课程”等形式，加强对兼职音、体、美教师的培训。

【关于加强小塔山水库水源地上游环境综合整治的建议】 2022年，小塔山水库作为赣榆城区及沿线村庄、乡镇的主要饮用水源，水质为国家三级达标饮用水，水库营养状态为中等，饮用水的品质需再提高，区人大代表建议加强对上游水源地的生活污水、工业污染物排放综合整治，提高小塔山水库饮用水的品质。塔山镇、黑林镇加大水库上游环境综合整治力度，优化农业种植品种结构，清理取缔上游违建和畜禽养殖，实施宋岭整村搬迁，强化农业污染源治理。实施水系连通工程。山前、单店等12个村，完成2.36万棵树木清障，完成12千米的河道清淤工程，刷坡12千米、护坡1千米，建成拦水坝5座。规划设计青口河整治工程。对塔山湖上游青口河段进行整体设计，开挖生态沟渠、种植环保作物、修建沿河道路及两岸生态景观区建设，基本完成两岸清障工作。实施村庄污水改造提升工程，优先为环塔山水库9个村配备一体化污水处理设施，同时配套管网建设，实现周边村管网全覆盖。

【关于加强镇、村生活污水处理设施运行的建议】 2022年，赣榆区镇、村污水处理设施覆盖率达到80%以上，但“重建设轻运维”仍是治理工作中最大的问题。区人大代表建议上级部门及区级财政加大镇、村生活污水处理设施运行的资金投入，制定和出台有关激励政策，扶持和发展污水处理产业。指导构建多方筹措资金机制，将镇、村污水处理设施运行经费纳入区级财政预算，确保污水处理设施长期稳定达标运行。创新运营方式。建议组织力量研究乡镇、村污水处理厂运营方式，评估选择适合本区的运营模式进行推广。建议落实污水处理设施日常维护专（兼）管员，明确其管理范围、职责，或按运维专业化要求，委托第三方运行管理。各相关部门定期对设施日常维护人员进行技术培训。建立健全污水处理设施日常维护管理制度，尽量减少可变因素，将管理固化到体制内。完善污水处理设施台账资料，对纳管情况、排污管网建设以及设施运行情况，应当记录并保存完备。建议把镇、村生活污水处理设施运行维护管理工作纳入高质量发展考核。要强化考核措施，定期对设施运行情况进行监督检查，及时发现和解决存在的问题，建立督查通报制度，对工作成效突出的单位和个人给予表彰奖励，确保镇、村生活污水处理设施正常运行。6月，区开始执行城区与镇级统一水价，并全面开征镇级污水处理费，用以保障污水处理运维费用，镇级污水处理厂全部交由区城发集团统一管理，区住建局聘请第三方专家对全区污水处理厂进行尾水水质检测和安全生产检查，加强监管。

表4　**2022年赣榆区人大代表议案、重点建议一览表**

序号	代表姓名	议案或建议事项
1	刘人兵等30余人	关于加快推进204国道赣榆城区段快速化改造工程的议案
2	张言逢 李大和	关于加大管道燃气安全监管的建议
3	孙育红 万利芹 王云兰	关于加强中小学心理健康教育的建议
4	潘长城	关于加大对“执行难”案件的处理力度的建议
5	吕从亮	关于提高农村土地利用效率的建议
6	仲崇庆	关于加强赣榆区电子商务食品安全监管的建议
7	于　雪	关于农村居家养老“离家不离村”模式探索的建议
8	陈　飞	关于提升住宅小区物业服务管理水平的建议
9	柏红梅	关于加强农村土地经营权流转管理的建议
10	刘永英 李　梅 孙成东	关于加强小塔山水库水源地上游环境综合整治的建议
11	李华宁	关于创建赣榆农产品公用品牌的建议
12	盛翠玲	关于改善乡镇卫生院基础设施建设的建议
13	谭　丽	关于缓解村民看病转诊难的建议
14	苏贵平	关于实施农村地区“家校通明工程”的建议
15	陈庆梅	关于补充乡村音体美教师的建议
16	王亚妮	关于加强镇、村生活污水处理设施运行的建议

（董　玉）

代表工作

【代表联系群众制度】 2022年，区人大督促各镇开展好每月一次的固定接待日、每年两次的人大代表“赶大集”和“深化走进联　画好同心圆”接待选民等活动。落实常委会联系代表、代表联系群众的“双联”制度。在各镇至少建成规范化“一家两站”（一个人大代表之家、2个人大代表联络站）的基础上，改造提升区人大代表服务中心，新建7个代表教育实践基地、2个专业代表工作站、5个特色代表工作室。开展“聚力五个一　携手抗击新冠疫情”活动，团结动员全区人大系统党员干部、各级人大代表把履职担当写在抗击新冠疫情一线。在全区人大代表中开展“聚力四大行动，加快建设苏北第一区”活动。全区组织开展人大代表“赶大集”接待选民活动29场次，接待选民1500余人次。“走基层、进家站、联选民”集中活动，参与代表1429人次，接待选民2506人次，梳理、交办群众反映的意见建议768件。

【代表履职保障】 2022年，区人大修订完善《关于区镇两级人大代表辞职的暂行规定》《关于区人大代表学习培训的规定》等代表履职管理相关制度8项，制定《区人大代表小组活动规则》。组织15名镇人大主席在市委党校参加“线上”全省乡镇（街道）人大负责同志培训班。组织98名区人大代表在区委党校参加为期

2022年8月16日，区人大常委会举行人大代表教育基地、特色站室授牌暨代表代言首发式（董　玉　摄）

一天半的履职能力提升培训班。起草印发《赣榆区人大代表履职管理暂行办法》《赣榆区人大代表履职积分评价办法》。充分发挥各行业区人大代表的优势和作用，在区二届人大代表中建立专业代表小组。起草印发《关于进一步深化“区人大常委会同代表联系、代表同人民群众联系”工作的意见》。利用“人大代表履职管理系统”联通代表手机App，对代表履职情况实行积分管理，积分情况反馈至代表本人并在一定范围内公示。根据积分情况评选出年度优秀人大代表45名。推行代表履职承诺、履职手册、履职报告“三公开”，组织开展“家家到”履职评价检查活动。

（董　玉）

专门委员会与工作委员会

【区人大专门委员会】 区人大法制委员会　2022年，区人大法制委员会（以下简称法制委）设主任委员1名，副主任委员1名，委员5名。法制委先后对区政府法治化营商环境工作情况、区监委优化营商环境专项治理工作、区人民法院“两个一站式”建设工作、区人民检察院民事虚假诉讼监督工作、区公安局队伍教育整顿工作、区司法局行政复议应诉工作等开展专题调研和现场视察，提出可行性意见和建议。对区政府印发的《连云港市区城镇生活垃圾处理费征收管理办法》进行备案审查。配合市人大做好《连云港石化产业基地高质量发展条例（草案）》《连云港市河长制工作条例（草案）》立法修改调研，开展对区法院刘勇、熊传明、张成增、张莹4名员额法官和区检察院刘颢、张江波，王丽华、刘治远4名员额检察官的履职情况评议。参加区人民法院信访听证会2次、案件庭审活动6次、执行活动1次，区人民检察院检察宣传活动2次、出庭公诉1次，进一步促进法检两院司法公开、公正。

区人大财政经济委员会　2022年，区人大财政经济委员会（以下简称财经委）设主任委员1名，副主任委员1名，委员5名。初步审查计划、预算、决算、预算调整、审计及审计查出问题整改等方面的报告和协助常委会审议政府专项工作7项，对5个部门开展审计查出问题整改满意度测评，组织开展经济社会发展重点工作视察调研8次，执法检查1项，形成和提交有关审查审议报告、视察调研报告、审议意见等重要文稿11份。开展对区政府关于2021年度国有资产管理的综合报告及经营性国有资产管理的专项报告专题询问，通过国资的专题询问确保国有资产安全完整，实现国有资产保值增值。

区人大社会建设委员会　2022年，区人大社会建设委员会设主任委员1名，副主任委员1名，委员5名。区人大社会建设委员会对职业教育发展情况、医保基金使用监管情况、城区义务教育施教区设置情况、残疾人托养服务、妇幼健康服务等11项工作开展专题调研和现场视察。依法对科学技术进步法、家庭教育“一法一条例”实施情况开展执法检查。协助常委会接待省人大常委会民宗侨委等调研组2批次。撰写《关于我区职业教育发展情况的调研报告》《关于我区医保基金使用监管情况的调研报告》。

【区人大常委会工作委员会】 区人大常委会监察和司法委员会　2022年，监察和司法委员会（以下简称监司委）设主任1名，副主任1名。监司委配合上级人大做好《连云港石化产业基地高质量发展条例（草案）》立法草案修改、《连云港市河长制工作条例（草案）》立法调研。监司委与区政府办公室和区司法局沟通联系，对区政府印发的《连云港市区城镇生活垃圾处理费征收管理办法》进行备案审查，并将结果及时反馈给区政府办公室。做好来电来访法律咨询工作，全年接待来电咨询16个，其中，法律咨询12个，来信来人访4人次。对涉及涉法涉诉来访咨询及时告知到相关部门去办理，有关信访件及时转交到相关单位并跟踪督促。

区人大常委会财政经济委员会　2022年，财政经济委员会（以下简称财经委）设主任1名，副主任1名。财经委初步审查计划、预算、决算、预算调整、审计及审计查出问题整改等方面的报告和协助常委会审议政府专项工作7项，对5个部门开展审计查出问题整改满意度测评，组织开展经济社会发展重点工作视察调研8次，执法检查1项，形成和提交有关审查审议报告、视察调研报告、审议意见等重要文稿11份。

区人大常委会环境资源城乡建设委员会　2022年，环境资源城乡建设委员会（以下简称环城委）设主任1名，副主任1名。环城委开展2021年度环境状况和环保目标完成情况调研、城区道路改造提升工作专题调研，形成调研报告，提交人大常委会会议审议。做好《中华人民共和国环境保护法》执法检查准备工作、沿海湿地保护工作专题调研前期准备工作、204国道赣榆城区段快速化改造议案督办等各项工作。开展国有资产管理工作专题调研、民生实事项目监督联络、进企业联代表解难题话发展活动、区人大常委会任命人员履职评议工作、检察官履职评议工作、督促各镇做好政府环境报告等工作。

区人大常委会社会建设和教科文卫委员会　2022年，社会建设和教科文卫委员会（以下简称社科委）设主任1名，副主任1名。社科委围绕社会热点问题，开展监督活动，听取和审议区政府关于区职业教育发展情况的报告。听取和审议区政府关于医保基金使用监管情况的报告。赴赣榆仁和护理院、青城名邸残疾人之家、国药兴康居家托养平台，专题视察全区残疾人托养服务工作情况，发现残疾人补贴救助制度仍需强化落实，托养体系建设经费缺口尚难保障，残疾人就业仍有诸多困境。赴班庄中心卫生院、城西中心卫生院、区妇幼保健医院、区人民医院调研妇幼健康服务工作情况，发现妇幼健康队伍建设不够健全，基层人才缺乏，服务能力有待提升。专题调研义务教育施教区设置情况，发现主城区中小学教育均衡差别大，大校额、大班额问题亟需解决。开展《中华人民共和国科学技术进步法》实施执法检查，发现科技创新引领发展的支撑力不足，企业自主创新意识不强，自主创新能力有待提升。财政科技投入不足，政策引导性不强。

区人大常委会农业经济委员会　2022年，农业经济委员会（以下简称农经委）设主任1名，副主任1名。农经委对全区高标准农田建设情况进行视察和调研，针对农田建设管理队伍需要加强、项目设计规划需要优化、项目建设用地需要整合、项目建后管护需要改进等问题，提出加强队伍建设、强化规划设计、加大资金投入、夯实管护责任、重视建后使用等审议意见。对石梁河水库幸福河湖建设情况开展专题视察，针对截污治污工程运行管理、规范化网箱养殖渔船、特色民宿建设缓慢、土地流转后规模化种植品种未定、手续办理受阻、后续工程建设资金落实等方面存在的问题，提出加快风貌提升工程、健全污水管网运行体系、规范库区养殖用船、加快特色民宿建设、统筹谋划积极争取、多措并举筹集资金等建议。对全区规范南美白对虾产业发展情况开展专题调研，针对规范整治难度较大、部门联动配合不够、尾水治理推广较慢、生态改造难度较大、养殖主体素质不高等问题，提出加强政策法规宣传、加强部门联动配合、转变升级养殖模式、加快产业生态改造、培育壮大龙头企业等建议。对全区现代农业产业园建设情况进行专题调研。针对园区运行管理力量较弱、园区农业设施建设用地受限、园区科技研发能力不强、园区特色品牌创建缺乏等问题，提出提升园区建设领导机构、出台园区优惠政策、建立多元化投资机制、强化园区品牌建设、做大做强龙头企业、加快产业融合发展等建议。对全区贯彻《中华人民共和国种子法》《江苏省种子条例》实施情况开展执法检查。针对宣传有待深入、监管有待加强等问题，提出加大宣传深度、加强监管精度、加强保障力度等建议。

区人大常委会人事代表联络委员会　2022年，人事代表联络委员会（以下简称人代委）设主任1名，副主任2名。人代委修订完善《关于区镇两级人大代表辞职的暂行规定》《关于区人大代表学习培训的规定》等代表履职管理相关制度8项，制定《区人大代表小组活动规则》制度1项。起草印发《赣榆区人大代表履职管理暂行办法》（赣人发〔2022〕12号）、《赣榆区人大代表履职积分评价办法》（赣人发〔2022〕13号）。在区二届人大代表中建立专业代表小组。起草印发《关于进一步深化“区人大常委会同代表联系、代表同人民群众联系”工作的意见》（赣人办发〔2022〕8号）。推行代表履职承诺、履职手册、履职报告“三公开”，组织开展“家家到”履职评价检查活动。新建7个代表教育实践基地、2个专业代表工作站、5个特色代表工作室。起草印发《关于做好区人大常委会督办2022年代表议案建议工作的通知》（赣人发〔2022〕20号），依托“赣榆区人大代表履职服务平台”的议案建议管理系统，143件代表建议均得到有效办理。配合监司委对拟任人员开展任前考法52人次。常委会依法任免国家机关工作人员68人次。指导各镇开好一年两次人代会、四次主席团会。组织开展镇人大代表家站建设现场督导。（董　玉）

综述

【经济发展】 2022年，赣榆区政府坚持以习近平新时代中国特色社会主义思想为指导，以迎接中共二十大、学习宣传贯彻中共二十大精神为主线，落实“疫情要防住、经济要稳住、发展要安全”重大要求，坚持稳中求进工作总基调，完整、准确、全面贯彻新发展理念，坚定不移推动高质量发展，统筹新冠疫情防控和经济社会发展，统筹发展和安全，切实担起“勇挑大梁”重大责任。2022年，完成地区生产总值727.43亿元，比2021年增长0.6%；完成一般公共预算收入33.49亿元，扣除全部增值税留抵退税后同口径比2021年增长1%；外贸进出口27.39亿美元，增长28.8%；城镇居民人均可支配收入40226元，增长3.6%；农村居民人均可支配收入23812元，增长5.9%。完成社会消费品零售总额184.91亿元，增长1.9%。完成全社会固定资产投资总额303.37亿元，增长0.5%。存贷款余额分别达748.09亿元、748.59亿元，增长10.7%、18.4%。

【工业经济】 2022年，赣榆区实现工业投资232.22亿元，比2021年增长12.1%；工业应税销售收入863.5亿元，比2021年增长5.2%。粮油和食品加工、光伏新材料、石化及化工新材料、钢铁四大主导产业规模不断壮大，实现工业应税销售收入529亿元，占比达62.2%。金凌创联针状焦项目、前卫PVC软管项目等22个项目建成投产，太平洋金沙电子专用材料、安安组件铝边框加快推进。华电液化天然气接收站项目获国家发改委核准批复，二期项目合作框架协议签约，丰海石化丙烷综合利用项目配套工程开工建设。新增规上工业企业72家，总数达295家，实现规上工业产值715.2亿元，增长2.8%。新认定星级上云企业5家、新认定省级专精特新中小企业5家，复核通过2家。

【现代农业】 2022年，赣榆区实现农业总产值214.6亿元，粮食产量52.64万吨，水产产量45.3万吨。新建高标准农田5000公顷、南北共建蔬菜供应基地200公顷，新增牧原养殖等省级生态健康养殖示范场9家。创成秦山岛东部海域国家级海洋牧场示范区。建成投用17万平方米的紫菜产业园。入选国家现代农业产业园创建名单，入驻企业53家。苏鲁海产品批发市场获批全省唯一“省部共建”国家级农产品产地市场。石梁河水库幸福河湖建设清水进城行动实现阶段性目标，创成省级特色田园乡村2个，打造“美丽移民乡村”10个。

【现代服务业】 2022年，赣榆区电子商务迅速发展，全年实现电商交易额170亿元，比2021年增长13.3%，快递上行量1.2亿件。赣榆海产品电商产业集聚区被评为第二批江苏省县域电商产业集聚区，连云港邦润商贸有限公司、江苏笨农生态农业有限公司获评2021年度连云港十佳电商企业。培育新增跨境电商主体16家，引入蓝宝星球、友航物流等综合跨境物流企业，跨境电商交易额超亿元，中菲科技、勤拓实业获评市级跨境电商产业园（孵化基地），协助企业分别在菲律宾、泰国、越南、印度尼西亚4个东南亚国家设立海外仓，重点解决小微跨境主体拼柜难、资金短缺以及海外仓储压力等主要困难。全域旅游深入推进，启动抗日山片区整体规划开发，秦山岛景区创成国家AAAA级旅游景区。

【项目招引】 2022年，赣榆区围绕主导产业定位，开展精准招商、以商引商、产业链招商，成功举办北京、上海、无锡等招商推介会。出台《赣榆区常态化驻点招商工作方案》《2022年赣榆区招商引资考核办法》，启动布局外地驻点招商工作，成立招商分队17个，组建惠山赣榆联合招商中心。全区新增签约过亿元项目127个、过十亿元项目11个、过百亿元项目1个。总投资超100亿元的中粮油脂连云港基地、总投资超50亿元的横店东磁10吉瓦光伏组件项目签约落地，总投资超153亿元的丰海高新材料丙烷综合利用及配套项目开工建设，总投资63.95亿元的华电

2022年10月27日，赣榆区举行“承诺即开工”模式首批项目颁证仪式
（闫笑笑　摄）

液化天然气接收站项目取得国家发改委核准批复、新增围填海项目获国务院批准。

【园区建设】 2022年，赣榆区政府以园区建设拓展项目发展空间，进一步完善赣榆经济开发区、赣榆海洋经济开发区、赣榆高新技术产业开发区、惠榆新兴产业园等重点园区产业配套设施。赣榆经济开发区新建3万吨工业污水处理厂。海洋经济开发区10万吨供水工程投入运营。高新技术产业开发区建设5万吨污水处理厂。黄海粮油科技产业园10万吨级粮油码头深水岸线获交通运输部批复。镇级工业集中区产业集中度达53.8%。

【营商环境】 2022年，赣榆区打好政策“组合拳”，推动国务院“稳经济33条”“苏政40条”落地见效，出台助企惠民20条等一揽子政策措施，制定《“优化营商环境攻坚年”专项行动实施方案》等文件，明确86项任务，发布116条惠企政策，确保红利直达市场主体。完成留抵退税超5亿元，减免企业社保费1496万元，办理普惠小微企业贷款延期还本付息超48亿元，放大“榆快办”品牌效应，建设项目审批环节减少5个、压缩时限50%。建成电水气讯专厅，实施二手房“带押过户”登记，落实“交房（地）即发证”，推进35项“一件事”改革，试行“承诺即开工”模式，完成“拿地即开工”项目5个。企业登记“全市通办”成效显著，开办企业0.5天办结率达98.5%，推动工业项目“拿地即开工”，新增市场主体1.74万家。 （李　森）

重要会议

【区二届政府第1次常务会议】 1月26日，区长李莉主持召开区二届政府第1次常务会议，传达学习贯彻省十三届人大五次会议、政协十二届五次会议、全省发展和改革工作会议、全省财政工作视频会议、全市财政工作会议精神，学习《医疗保障基金使用监督管理条例》《关于更加有效发挥统计监督职能作用的意见》，听取《关于调整节能审查职能的通知》制定、新冠疫情防控、政府工作报告及民生实事任务分解、“12345”热线受理国务院“互联网+”督查工单办理等相关情况汇报，审议《全区交办消防安全隐患突出问题集中攻坚行动工作方案》《关于进一步加强赣榆区基层消防工作的实施意见》《关于进一步加强各镇食品安全建设的实施方案》，并形成相应决议。

【区二届政府第2次常务会议】 3月30日，区长李莉主持召开区二届政府第2次常务会议，传达学习李克强总理《2022年政府工作报告》、市十五届人大一次会议、市政协十四届一次会议精神；学习《中华人民共和国固体废物污染环境防治法》《中华人民共和国噪声污染防治法》，听取迎接中央环保督察准备、一季度生态环境质量、新城一中大气站点、国考断面“对标进位”、乡村振兴投资基金、242省道东侧土地划转等相关情况汇报，审议《赣榆区“十四五”产业发展规划》《赣榆区“十四五”科技创新规划》《赣榆区“十四五”农业农村现代化规划》《赣榆区“十四五”民政事业（含养老服务）规划》《赣榆区“十四五”水利发展规划》《赣榆区“十四五”综合交通运输体系发展规划》《赣榆区“十四五”安全生产规划》《赣榆区“十四五”应急管理体系和能力建设规划》《赣榆区“十四五”综合防灾减灾规划》《赣榆区“十四五”社会消防事业发展规划》《关于深化提升安全生产专项整治三年行动的实施方案》《赣榆区2022年度安全生产巡查督导工作实施方案》《赣榆区制造业智能化改造和数字化转型实施方案》《第二届赣榆区质量奖评审报告》《连云港市赣榆区知识产权优势企业认定程序规定》《连云港市赣榆区知识产权优势镇（园区）认定程序规定》《赣榆区农村寄递物流体系建设实施方案》，会议还研究相关人事任免情况，并形成相应决议。

【区二届政府第3次常务会议】 5月23日，区长李莉主持召开区二届政府第3次常务会议，传达学习贯彻省委主要领导在连调研讲话、全国自建房安全专项整治电视电话会议精神，听取夏季秸秆综禁及垃圾禁烧、自建房安全专项整治、伏季休渔、区消防救援大队专项记功表彰等相关情况汇报，审议《赣榆区助企惠民20条政策》《关于进一步强化粮食安全工作的意见》《城乡区域供水价格制定方案》《赣榆区土地储备统筹管理工作方案》《关于做好2022年全面推进乡村振兴重点工作的实施意见》《204国道赣榆城区段工程实施方案》《关于支持多渠道灵活就业若干措施》《赣榆区城镇生活垃圾处理费征收管理办法》，并形成相应决议。

【区二届政府第4次常务会议】 6月10日，区长李莉主持召开区二届政府第4次常务会议，学习《重大行政决策程序暂行条例》，传达贯彻中央第二生态环境保护督察组督察江苏省反馈会议、省中央生态环境保护督察整改工作领导小组会议、省“三区三线”划定工作部署会议精神，听取赣榆区贯彻落实中央生态环境保护督察反馈问题整改方案、“三区三线”划定、信访突出问题攻坚化解年行动推进、夏收夏种、青少年科技创新区长奖表彰等相关情况汇报，审议《关于高质量推进“十四五”农村厕所革命的实施意见》《连云港市赣榆区高标准农田建设规划（2021—2030年）》《赣榆区计划生育协会改革实施方案》《赣榆区小塔山水库管理和保护规划》《赣榆区八条路水库管理和保护规划》《赣榆区政府投资非营利性工程建设项目集中建设实施细则》，会议还研究政务处分、人事任免等相关问题，并形成相应决议。

【区二届政府第5次常务会议】 7月7日，区长李莉主持召开区二届政府第5次常务会议，学习《中华人民共和国地方各级人民代表大会和地方各级人民政府组织法》《关于进一步加强统计工作的意见》《关于推进以县城为重要载体的城镇化建设的意见》《关于推动县域经济高质量发展的实施意见（2022—2025年）》《粮食流通管理条例》，听取全区迎峰度夏能源保供、“菜篮子”工程及创建国家农产品质量安全市等相关情况汇报，审议《赣榆区法治政府建设实施方案（2021—2025年）》《2022年全区安全生产工作要点》《赣榆区安全生产各专业委员会组成及人员调整方案》《赣榆区自建房安全专项整治暨百日行动工作方案》《赣榆区中小微企业应急转贷资金管理办法》《赣榆区2021年区级决算草案》，并形成相应决议。

【区二届政府第6次常务会议】 8月3日，常务副区长郭鹏在区行政中心926会议室主持召开区二届政府第6次常务会议，审议《连云港市赣榆区人民政府华电江苏能源有限公司深化战略合作框架协议》《连云港市赣榆区人民政府中粮油脂控股有限公司合作框架协议》，并形成相应决议。

【区二届政府第7次常务会议】 8月31日，区长李莉主持召开区二届政府第7次常务会议，传达学习贯彻省委工作会议、市委十三届四次全会、市委主要领导调研赣榆讲话、全市经济形势分析会精神，学习《关于更加有效发挥统计监督职能作用的实施方案》《信访工作条例》，传达省安全生产第七督导组督导赣榆工作要求，听取《关于贯彻落实国家标准化发展纲要的实施意见》落实、重点行业领域安全生产百日攻坚行动、助企纾困政策落实、全区信访工作、石桥镇和黑林镇特色产业集聚区认定、政府债务管理及典型案例通报等相关情况汇报，审议《关于加强和完善全区应急救援联动体系的实施方案》《区应急管理委员会成立及组成人员方案》《赣榆区妇女发展规划（2021—2025年）》《赣榆区儿童发展规划（2021—2025年）》《连云港市赣榆区全民科学素质行动规划实施方案（2021—2025年）》《关于进一步加强塑料污染治理的实施意见》《赣榆区发改委国有粮食企业改革实施方案》《支持制造业智能化改造和数字化转型的具体措施》等文件，并形成相应决议。

【区二届政府第8次常务会议】 9月24日，区长李莉主持召开区二届政府第8次常务会议，传达学习省长许昆林在连调研讲话精神，贯彻落实上级推进数字经济发展相关会议文件、气象高质量发展工作会议精神，听取全区数字经济发展、新冠疫情防控、安全生产、林长制和森林防火、自建房以及城镇燃气领域安全生产百日攻坚行动、“一老一小”、政府债务管理及风险管控等相关情况汇报，学习《气象高质量发展纲要（2022—2035年）》，审议《赣榆区农村住房条件改善五年行动方案》《赣榆区关于省攻坚办汛期水质提升驻点帮扶反馈意见整改方案》《连云港市市区加油加气站布局规划（2018—2025）赣榆区局部调整方案》《赣榆区应急管理综合行政执法改革实施方案》《赣榆区水资源刚性约束“四水四定”试点实施方案（2022—2025）》《惠榆新兴产业合作园合作共建协议》

2022年7月21日，区政府领导赴汇联铝业调研（区融媒体中心　供图）

《惠榆新兴产业合作园高质量发展合作协议》，研究青口镇特色产业集聚区认定、城头镇特色产业集聚区申请四至范围调整相关事项，并形成相应决议。

【区二届政府第9次常务会议】 10月28日，区长李莉主持召开区二届政府第9次常务会议，传达学习贯彻党的二十大和二十届一中全会精神，举办“贯彻江苏省行政程序条例，建设法治政府”专题讲座，听取全区追赃挽损、规范性文件清理等工作情况汇报，审议《赣榆区行政许可事项清单（2022年版）》《赣榆区重大项目建设审批“一件事”改革实施方案》《连云港市赣榆区创建国家农产品质量安全市工作方案》《赣榆区生活垃圾飞灰应急填埋场项目特许经营实施方案》《关于连云港赣榆工业投资有限公司入股江苏省信用再担保集团有限公司方案》《赣榆区政府购买民办义务教育学校学位实施方案》，研究人事任免相关事项，并形成相应决议。

【区二届政府第10次常务会议】 12月9日，区长李莉主持召开区二届政府第10次常务会议，传达学习省委十四届三次全会、全省安全生产电视电话会议精神，听取冬季安全生产专项治理行动、新冠疫情防控、冬春火灾防控、食品安全、数字经济、违法用地、2021年区管企业负责人经营业绩考核与薪酬管理等情况汇报，审议《关于明确“食品三小”安全监管责任的实施意见》《赣榆区气象灾害应急预案》《赣榆区推进数字基础设施强基专项行动工作方案》《赣榆区关于加快推进政务服务标准化规范化便利化打造“15分钟政务服务圈”的实施方案》《连云港市赣榆区家庭农场经营者基本养老保险补贴办法》《连云港市赣榆区人民政府中电建路桥集团有限公司中国电建集团华东勘测设计研究院有限公司战略合作协议》等相关事项，并形成相应决议。

民生实事工程

【城乡建设工程】 2022年，赣榆区完成“三区三线”划定，区域功能布局持续优化。徐福片区、义塘片区城市道路、教育配套、水系景观基本成型，拓展城市发展空间3.9平方千米。完成房屋征收改造项目11个，征收面积83万平方米，启动河南片区12平方千米市政道路雨污分流改造施工，改造提升文化西路、华中北路等多条市政道路，启动徐福路、怀仁路“一纵一横”市政主干道改造前期工作，改造新建口袋公园9个、绿地面积6000平方米，形成城市公园绿地10分钟服务圈。推进海绵城市建设，实施雨污分流改造12平方千米。全力推进沿海、西南、西北城镇组团发展。海滨风貌不断彰显，完成海滨大道绿化方案设计和交通安全设施更新，建成慢行骑行系统、特色景观小品。

【生态治理工程】 2022年，赣榆区持续打好污染防治攻坚战，第二轮中央环保督察信访件办结率93%。全区$PM_{2.5}$浓度为33微克/立方米，比2021年下降10.6%；空气优良天数比率80.8%，比2021年提升1.6个百分点，两项指标改善幅度在全省54个市、县、区均居第一。在7个国考断面中，6个断面水质达到三类，优三类比例为85.7%，比2021年持平；在10个省考断面中，9个断面水质达到三类，优三类比例为90%，比2021年提升10个百分点，国省考断面均达到年度考核目标要求。8个近岸海域考核点位达标率87.5%。全区危险废物实现“零库存”，危险废物网上动态申报率连续多年达100%。投资2830万元的赣榆区朱稽河一体化6000吨/天污水处理站建成投用；总投资4亿元白鹭公园建成投用。

【枢纽工程】 2022年，赣榆区交通重点项目完成投资约10亿元。204国道赣榆城区段快速路改造工程完成投资约5亿元，获省发展改革委初步设计批复，EPC招标预公告结束，完成省政府用地批复。402省道赣榆南环段工程完成投资2.8亿元，完成怀仁路以西段路面水稳基层、沥青下面层施工，基本完成路基、桥梁主体工程。245省道黑林至班庄段路面改造工程完成投资5000万元，完成一级路段、桥梁工程。投资2250万元，完成233国道沙河至墩尚段路面养护大中修项目。投资4600万元，完成204国道、228国道赣榆段中央分隔带护栏提升工程。投资1600万元，完成石梁河库区周边国省干线公路路域环境提升改造工程。农村公路提档升级完成投资2.045亿元，建设农村公路113.3千米，危桥改造10座，实施农村公路安防工程320千米。

【社会保障工程】 2022年，赣榆区基本养老保险参保人数达43.24万人，工伤保险、失业保险参保人数分别达8.45万人、5.01万人。各类社保基金收入25.05亿元，支出21.51亿元，当期结余3.74亿元，基金运行总体平稳。城乡居民基础养老金提高至每人每月231.47元，增长12.24%。企业退休人员月平均工资增长108.42元。城乡低保标准提高到每人每月650元，特困对象基本生活保障标准提高到每人每月845元，孤儿基本生活保障标准提高到每人每月1745元，监护人监护缺失儿童保障标准提高到每人每月1396元，无力监护儿童保障标准提高到每人每月1047元，重残重病儿童保障标准为每人每月872.5元。发放临时救助资金109.19万元、困境儿童生活补助金1157.58万元、尊老金2023.01万元、残疾人“两项补贴”资金5212.32万元。新建1个儿童关爱之家。

【社会事业工程】 2022年，赣榆区新建公办幼儿园3所，赣榆高中开发区校区、义塘路中小学等5所学校建成投用，选青中小学等4所学校加快建设，赣榆高中、赣榆一中高标准通过四星级复审，赣榆中专入选省优秀中等职业学校建设单位，高考本科上线人数实现全市“二十四连冠”，义务教育学校课后服务整体质量综合排名全省第三。区中医院新院区、应急医院等项目加快推进，区精神病防治院病房楼建成，创成省农村区域性医疗卫生中心1个、省社区医院7个。全面落实托底政策，发放困难群众救助金2.7亿元。新增企业养老保险参保8095人，城乡居民基础养老金提高至每人每月205元。基本医疗保险参保率达98%以上，城乡居民医保财政补助提高至每人每年640元。建设区域性养老服务中心1个，新增普惠托育托位600个，创成省级示范托育机构1个。

【民生实事项目清单落实】 2022年，区政府制定《2022年民生实事项目清单》，经区第二届人民代表大会第一次会议表决通过。全年从加大教育工程投入、完善公共卫生服务功能、优化城市功能配套、改善群众居住条件、实施环境治理工程、完善农村基础设施、提升社会治理水平、强化就业创业扶持、丰富群众精神文化生活、构建全方位社会保障等10个方面30件具体事项，开展民生实事项目建设。

加大教育工程投入　新建徐福片区选青中小学、赣榆高级中学综合楼，建成投用义塘路中小学、赣榆第二高中。新改建城西镇、柘汪镇小学2所，赣马镇、柘汪镇中心幼儿园2所，小区配套幼儿园6所。改善3所高中食宿条件，城南高中创成四星级高中。

完善公共卫生服务功能　迁建区中医院，规划建设区妇幼保健院，投用区突发公共卫生事件应急医院。新建海头中心卫生院、官河卫生院门诊病房综合楼。新增省级农村区域性医疗卫生中心1个。免费提供一站式婚检服务、先天性心脏病和“两癌”筛查，为适龄儿童接种免疫规划疫苗20万剂。新增1个“15分钟医保服务圈”省级示范点，医保转外就医“绿色通道”病种数量增加至40个。

优化城市功能配套　新改建西关南路等4条市政道路，拓宽228国道与黄海东路等3个平面交叉口车道，建成滨河路沙汪河桥。新建公共充电站6座，升级改造垃圾中转站12座，新改建公厕16座。更新改造城区供水管网28千米，铺设供热管网29千米。

改善群众居住条件　完成棚户区改造20万平方米，建设安置房18.6万平方米。改造南农信花园老旧小区3.4万平方米，改善农民住房2210户。整治提升沙汪河沿线景观带，新改建城市小游园5个，建设美丽宜居小城镇2个。

2022年12月15日，位于徐福未来城的选青中小学项目主体工程封顶（樊继元　摄）

实施环境治理　新建垃圾焚烧飞灰填埋场1处。赣榆污水处理厂二期投入运行。实施海城路、河南片区雨污分流改造15平方千米。实施班庄、黑林等30个水库移民村庄环境综合整治，治理兴庄河排入沟河21条。

完善农村基础设施　建设朱孟、琴岛110千伏变电站2座，怀仁—赣榆110千伏线路5条，新建及改造配农网线路100千米。提档升级农村公路40千米，改造危桥4座。建设204国道公交站台27个，增加镇村公交发车班次8个。新增厉庄、石桥、城头等镇高标准农田5000公顷。

提升社会治理水平　新建沙河人民法庭，启用矛盾纠纷调处化解中心，化解非诉矛盾纠纷2万件，为1100名困难群众提供法律援助。设置城区安防监控点位200个，苏鲁边境监控点位70个；新建噪声监测站7个，配套监测子站2个。建成食品小作坊集中区2个，完成食品安全监督抽检4500批次。

强化就业创业扶持　升级改造五星级劳动力市场，打造便民高效、集中规范的公共就业服务平台。开展政府补贴性培训6000人次，新增城镇就业人数7200人，推动灵活就业人员参加企业职工养老保险8000人。发放富民创业担保贷款7000万元，提供下岗职工扶持贷款300万元，帮助就业困难人员再就业2400人。

丰富群众精神文化生活　建设西关路体育公园和沿河沿路体育设施，维修更换健身路径54套、篮球场5片、足球场1片。提档升级图书馆、博物馆、文化馆等公共文化场所，举行文艺演出、群众性体育赛事50场次以上。新建广播电视发射塔1座，建设智慧广电镇5个，送电影下乡5000场次，送戏下乡80场次以上。

构建全方位社会保障　赣榆区启动2个区域性养老服务中心建设，购买居家养老上门服务，实施适老化改造400户。改造100个困境儿童“梦想小屋”，新建1个儿童关爱之家，实施困境儿童医保托底保障。新

增2家普惠托育服务试点机构，建成1家婴幼儿照护服务指导中心。为500名残疾人提供居家托养服务，向1.2万名困难残疾人发放生活和护理补贴。（李 森）

政务服务

【行政审批服务】2022年，赣榆区试点推行"承诺即开工"，围绕项目报建全过程，审批环节、申报材料、办理时限均压减50%以上，跑出项目建设"加速度"。深化"一件事一次办"改革。制定印发《赣榆区2022年深化"一件事"暨"一业一证"改革实施方案》，重点推进开零售药店等12件"一件事"，通过梳理办事指南、优化流程、制定实施方案、建立联席会议制度等，实现线上线下融合办理。印发《关于加快推进"一件事一次办"打造政务服务升级版的实施意见》，跟踪推进重大项目建设、人才服务等28件"一件事一次办"改革工作。

【"放管服"改革】2022年，赣榆区纵深推进"放管服"改革，实行行政许可事项清单化管理，梳理认领区级行政许可事项281项，明确主管部门、许可范围、实施机关等要素，建立健全重大项目帮代办制度，开展帮代办员培训工作，建立重大项目"点对点"服务库，对项目"充分调研、提前介入、主动提醒、逐个建档、全程跟踪"；探索推行"一业一证"改革，整合各部门许可证为《行业综合许可证》，创新"一证准营"新模式；推进企业登记"全市通办"，制定《连云港市赣榆区企业登记"全市通办"工作细则》。率先推行通办全市范围企业设立、变更、注销等75项登记业务，做到"跨区域批、同标准审、一次性办"，打通企业办事"最后一公里"。

【"榆快办"服务品牌建设】2022年，区行政审批局紧扣全区"放管服"中心工作，推动"一门、一窗、一网、一次"改革，着力展现"阳光政务，智简审批"形象。同步打造"榆快办+"党建品牌，打造"一站一墙一品牌"党建阵地，在审批窗口一线建设过硬党支部，强化"党员+业务骨干+专职帮代办员"的"榆快办+"服务团队配置，提升政务服务便利度。《擦亮"榆快办"决胜"攻坚年"》在全省发展和改革工作会议上作经验交流。

【政务公开】2022年，赣榆区落实国家、省、市政务公开工作的各项决策部署，践行《中华人民共和国政府信息公开条例》，规范调整网站相关栏目。回应社会关切，持续加强平台建设，以公开抓服务、强规范、促落实。围绕新冠疫情防控、助企纾困、食品药品监管、稳岗就业、养老服务、义务教育、涉农补贴、公共文化服务、社会救助等重点民生领域，修订更新政府信息公开指南及26个重点领域事项清单。充分利用政府网站、抖音、微信公众号等新媒体和报纸、电视、广播等传统媒体，公开各类"十四五"规划及其解读。全年邀请人大代表、政协委员、社会团体、新闻媒体和群众代表等列席区政府常务会议、专题会议8次。围绕政府工作报告、民生实事等分解落实重点工作责任清单，要求各单位定期公布落实情况。通过全区政府网站、政务新媒体发布包含新冠疫情防控在内的各类信息10542条。将政府信息公开申请办理工作列入全区政务公开培训范围，加强对各单位政府信息公开申请办理的业务指导，全区共收到政府信息公开申请158件。建立健全信息发布审查制度，坚持分级分类审核、先审后发，明确审核主体、审核流程，在区政府门户网站政务公开专栏集中统一对外公开并动态更新现行有效制发的规章和规范性文件，在区档案馆等地方设置信息查阅点，方便群众线下查阅，推进服务公开。加强规范性文件发布管理，及时删除失效、废止文件，严格落实信息公开保密审查制度。建立健全政务新媒体清单管理机制，关停整合一批用户关注度低、更新不及时、无力运营的新媒体账号，实现从数量向优质高效转变。赣榆人社、赣榆市场监管、赣榆教育发布等政务新媒体发布信息4857条。

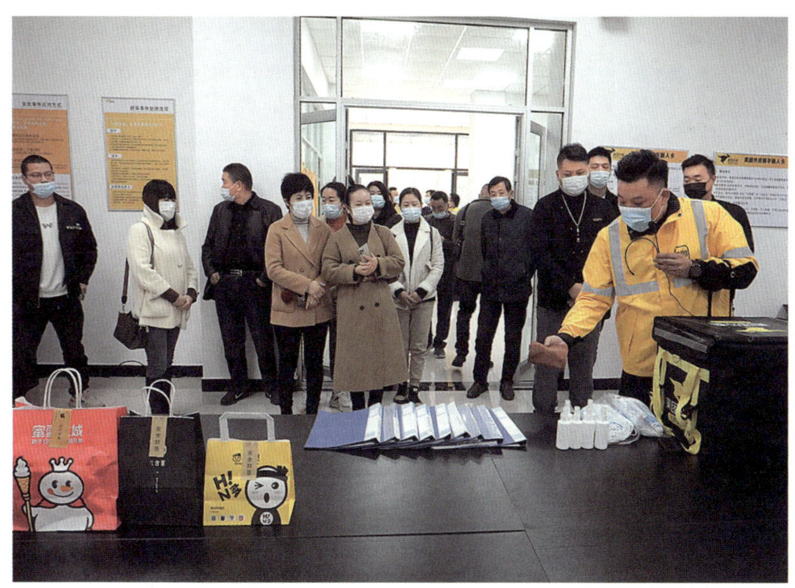

2022年11月20日政府开放日，区人大代表、区政协委员和群众到美团外卖相关商家调研（李厥岩 摄）

【政务信息】2022年，区政府办把信息工作作为领导决策的"情报部"，把握趋势的"晴雨表"，加大与省市政府办公厅（室）沟通对接，了解上级政策在赣榆区贯彻落实的新情况、新问题、新进展，力争报送的信息有价值、有深度、有新意，在展现全区各项工作的同时，为上级领导决策提供第一手资料。2022年全年上报省市各类信息1500余篇，约稿71篇，被国务院办公厅采用19篇，被省政府办公厅采用33篇。

【政府网站】 2022年，赣榆区政府网站独立用户访问总量10.03万个，总访问量429.5万次。发布信息总量4574条，其中，概况类信息更新20条，政务动态信息更新量2406条，信息公开目录信息更新量2148条。专栏专题维护数量6个，新开设专栏3个。解读信息发布16条，回应公众关注热点或重大舆情数量21次。政务服务事项932项；办件量19.4万件，其中，自然人办件量3.8万件，法人办件量15.4万件。收到留言871条，办结861条。征集调查7期，收到意见13条，公布调查结果6期。在线访谈7期。

【"12345"政务热线】 2022年，"12345"政务热线受理群众诉求27.16万件，按时办结率100%，回访满意率95.57%。上报省"热线百科"政务信息157条，更新热点问题、业务政策、办事指南等知识库内容2225余条，企业和群众咨询类诉求直接答复率达98%以上。开展42次专项督查，拍摄"榆您同行"民生专栏节目11期，发现解决问题136件。研判"12345"热线大数据，分析上报《"12345"热线日报》254期、《"12345"热线专报》4期、《"12345"热线平台诉求情况》268期、《"12345"热线月报》12期、承办市领导签批件16件，区领导签批件199件。

2022年7月11日，"12345"政务热线平台工作场景

（区融媒体中心　供图）

【公共资源云交易】 2022年，赣榆区强化交易"不见面"效能，推进公共资源交易服务标准化试点项目，依托"一网三平台"持续推进"远程异地评标""不见面开标"等电子交易模式，完成区内矿业权网上挂牌"第一单"。共完成交易项目511个，不见面开标509个，不见面率达99.6%，估算金额48.1亿元，成交金额42.06亿元，节约资金6.04亿元，节约率12.55%。

【全省首张仅销售预包装食品备案"多证合一"营业执照发放】 9月21日，全省首张仅销售预包装食品备案"多证合一"营业执照在赣榆发放，连云港紫度文化传媒有限公司获此份执照，率先享受政策红利。

（李　森）

2022年9月21日，连云港市赣榆区行政审批局发放全省第一张仅销售预包装食品"多证合一"营业执照

（闫笑笑　摄）

人力资源管理

【事业单位人事综合管理】 2022年，赣榆区全面落实区以下事业单位管理岗位职员等级晋升制度，办理管理岗位职员等级晋升备案手续77人。深入推进镇属事业单位岗位设置管理工作，镇属事业单位、乡镇学校及卫生院全面实行"定向设岗、定向评价、定向使用"三定向管理，核准27家单位岗位设置方案，核定岗位

4419个。办理事业人员岗位变更及聘用备案3410人次。有序开展职称评定工作，区人社局获评市职称评定先进单位。

【人才招聘】2022年，区人社局贯彻“人到赣榆·如鱼得水”人才新政，参与举办校园招聘会11场，引进应届本科毕业生350人。以第四届技能状元大赛为抓手，促进技能人才培育贯穿全年，全区新增技能人才1379人，其中，高技能人才600人。新增数字技能人才437人。

【表彰奖励管理】2022年，赣榆区开展事业单位及人员年度定期奖励工作，嘉奖事业人员2882人，获批记功人员175人。

链接：

关于表彰第三届跨区职业技能大赛优秀选手和先进单位的决定（节选）

赣榆区、东海县成功举办了第三届跨区职业技能大赛。现对第三届跨区职业技能大赛优秀选手和先进单位予以表彰奖励。一、对获得竞赛各职业（工种）一等奖的左兰志等10名选手，由连云港市人力资源和社会保障局授予“连云港市技术能手”荣誉称号，颁发荣誉证书和奖金10000元。二、对获得竞赛各职业（工种）二等奖的张竹厚等20名选手，由连云港市人力资源和社会保障局授予“连云港市技能标兵”荣誉称号，颁发荣誉证书和奖金6000元。三、对获得竞赛各职业（工种）三等奖的杨忠秋等30名选手，由赣榆区人力资源和社会保障局、东海县人力资源和社会保障局分别授予“赣榆区技术能手”“东海县技术能手”荣誉称号，颁发荣誉证书和奖金4000元。四、对参加各职业（工种）竞赛理论和操作技能均合格且无相应高级工职业资格证书的选手，按属地申报相应的高级工职业资格（特殊职业除外）。五、对江苏省镔鑫钢铁集团有限公司等26家单位授予“优秀组织奖”。

（2022年10月20日，赣榆区人社局发布）

【高层次人才服务】2022年，赣榆区落实落细高层次人才服务政策，优化高层次人才发展环境。发放企业新引进人才综合补贴39人，补贴总额54.53万元；发放高层次人才生活补贴100人，补贴总额133.2万元。

【人事考试】2022年，赣榆区在区人才服务中心增挂人事考试中心牌子，安全规范组织人事考试16场，服务考生近万人次。制定事业单位公开招聘方案8个，发布招聘岗位528个，招聘事业编制人员468人。审核批准临时用工计划896人，公开招聘临时用工547人，规范全区机关和国有企事业单位临时用工行为。

【工资福利和退休管理】2022年，赣榆区事业单位工作人员、机关工人基本工资标准及离休干部基本离休费标准人均增资300元/月，发放退休养老金72017万元。按照绩效工资基准线的10%增核特殊教育学校教师绩效工资总量，进一步提升特殊教育质量，夯实江苏省融合教育示范区创建基础；探索事业单位奖励性绩效工资分配办法，会同财政等部门探索创新分配办法，量化分配机制，变年终一次性分配为灵活分配，实行优绩优酬。（李　森）

信访工作

【概况】2022年，赣榆区全面学习宣传贯彻《信访工作条例》，开展“信访突出问题攻坚化解年”行动，加强源头预防和前端化解，切实维护群众合法权益和社会大局稳定，在年度信访工作考核中，再次被中央信访联席办、国家信访局评为全国信访工作示范区。青口镇、柘汪镇、石桥镇、城西镇、城头镇被评为2022年度全市信访工作示范乡镇。

【信访制度改革创新】2022年，赣榆区建立重要信访事项直接呈报制度，对突发群体性事件、网上集中重复信访，区信访工作联席办直接呈报区条线分管领导批示处理，突出“第一时间”介入处置、“第一地点”钝化矛盾，细化首办“第一责任”，在解决群众合理诉求上下功夫。2022年，呈报22件突出问题隐患，全年到区集访下降15%。

2022年5月18日，区信访局在黄海社区开展《信访工作条例》宣传活动（樊世林　摄）

【信访矛盾化解】2022年，赣榆区开展“信访突出问题攻坚化解年”行动。建立“周排查、月交办、季通报”机制，坚持书记签批交办，并纳入区委区政府“挑大梁、争红旗”月评竞赛活动，强力攻坚化解。中央信访联席办第一批交办重复信访事项完成率100%，省局审核结案率为98.76%；第二批交办重复信访事项结案率为100%。省信访联席办交办重点攻坚信访事项，化解率为100%；市信访联席办交办重复信访事项，化解率100%。

【信访工作基层基础建设】2022年，赣榆区推进信访标准化建设，信访事项办理标准化达标率100%。开展信访工作示范县区和乡镇创建工作，深化网上信访和接访场所“人民满意窗口”建设，信访事项及时受理率、按期办结率、群众满意率达到95%以上。青口镇、海头镇人民来访接待中心被省政府信访局评为“人民满意窗口”建设质量提升工程先进单位。

（李　森）

区直机关事务管理

【概况】2022年，赣榆区机关事务管理工作坚持高质量发展导向，加快推进职能优化、管理内置、服务外购、统分结合工作，完善以国有资产、办公用房、公务用车、公共机构节能、餐饮服务、综合事务等为支撑的标准体系，推行机关事务标准化建设；常态化开展机关事务管理运行成本统计、分析、评价，运用机关内控规范及信息化系统，实现机关运行成本全过程、全要素管理；发挥公共机构节约能源资源牵头抓总职能，深化合同能源管理市场化模式，推动公共机构率先进行绿色低碳转型，强化保卫、餐饮服务、综合管理等工作全面协调可持续发展。

【办公用房管理】2022年，赣榆区印发《关于进一步加强不动产出租出借行为的通知》，根据《赣榆区行政事业单位不动产出租出借实施方案》相关要求规范出租出借流程，新冠疫情防控期间减免中小企业6个月租金。开展区党政机关办公用房权属摸底，完善审批14家党政机关办公用房出租出借事项，统一办公用房权属登记。

【公务用车管理】2022年，赣榆区制定公务用车年度更新计划，审核并批复党政机关及事业单位更新车辆31辆，其中，更新的新能源车辆占比达35.5%。规范公务用车涂装，喷涂事业单位196辆、国有企业220辆。196辆事业单位公务用车纳入连云港市公务用车综合管理平台，220辆国有企业公务用车纳入国有企业公务用车管理平台，296辆党政机关车辆定位设备升级，实现对党政机关、企事业公务用车系统信息化管理全覆盖。

【公共机构节能】2022年，赣榆区行政中心完成节能灯及空调改造，比2021年电能减少约44万千瓦时，水费减少约2.7万元。开展公共机构分布式光伏系统建设，完成安装1.3万平方米，提高可再生资源消费比重。组织开展全国节能宣传周活动，普及节约能源资源和生态文明理念。完成2家省级节能示范单位复核；完成3家节约型机关创建，区本级党政机关节约型机关创建完成率100%。

【公共机构垃圾分类】2022年，区机关事务服务中心探索有利于推进垃圾分类的新方法，广泛宣传，积极落实，创建垃圾分类示范单位1家并完成市级检查。开展反餐饮浪费和粮食节约减损检查工作并收集各单位食堂及自查检查表，进一步规范厨余垃圾分类收集处置及浪费情况。将生活垃圾分类融入日常生活中，提高垃圾分类投放率。（李　森）

政协连云港市赣榆区委员会

综述

【政协委员构成】 2022年，政协赣榆区第二届委员会共有委员351人。其中，男性226人，女性125人；本科及以上学历255人，专科学历52人，高中及以下学历44人。设置20个政协委员界别。其中，中共界别18人，民革民盟界别7人，民进民建界别9人，农工党、致公党和九三学社界别13人，无党派界别9人，工商联界别34人，共青团界别15人，妇联界别15人，工会界别16人，社会福利和社会保障界别20人，农业农村界别26人，经济界别24人，文体界别14人，科技界别15人，科协界别13人，教育界别30人，医卫界别20人，民族宗教与侨台界别10人，新的社会阶层人士界别22人，特邀界别21人。

【政协资料编纂】 2022年，区政协编纂完成《赣榆区“有事好商量”专题协商议事月典型案例选编》，发挥案例示范引领作用，促进互学互鉴，推动协商议事常态长效。完成《文史资料第二十辑》组稿工作。（董培玲）

重要会议

【区政协第二届委员会第一次会议】 2022年1月11—13日，政协赣榆区第二届委员会第一次会议在赣榆文化艺术中心举行。会议期间，委员们听取并讨论区委书记吕洁代表区委所做的讲话，讨论区长李莉在区人大二届一次会议上所作的《政府工作报告》和其他报告，审议通过《政协赣榆区第一届委员会常务委员会工作报告》《政协赣榆区第一届委员会常务委员会提案工作报告》和有关决议。大会选举出政协二届主席1名（李冰）、副主席5名（张自强、王继连、李安、张文岳、韦庆东）、秘书长1名（韦典余）和常务委员49名。

2022年1月11—13日，政协赣榆区第二届委员会第一次会议召开

（区融媒体中心　供图）

【区政协常委会会议】 1月5日，区政协召开一届二十三次常委会会议。区政协主席刘洪卫，副主席张自强、李康、王继连参加会议，区委常委、常务副区长郭鹏应邀参加。会上协商讨论《政府工作报告》（征求意见稿）；审议讨论《区政协一届常委会工作报告》（征求意见稿）和《区政协一届常委会提案工作情况报告》（征求意见稿）；协商通过区政协二届政协委员、审议通过区政协二届一次会议有关事项。

4月19日，区政协召开二届一次常委会会议。区政协主席李冰主持会议并讲话，副主席张自强、王继连、李安、张文岳，秘书长韦典余出席会议。部分驻赣榆区市政协委员、各镇政协工委主任、各界别召集人列席会议。会议传达学习习近平总书记在全国两会期间重要讲话精神和全国、省、市政协会议精神，听取和审议有关人事事项，审议通过《政协赣榆区委员会2022年协商计划》和《区政协2022年主席会议常委会议议题安排》。会议期间，还对与会委员进行履职培训。

5月29日，区政协召开二届二次常委会会议，政协主席李冰主持并讲话，副主席张自强、王继连、李安、张文岳，秘书长韦典余参加。会议主要研究委员调整事宜。

6月15日，区政协召开二届三次常委会会议暨“持续提升园区承载力，增强产业链招商力度”协商议政会。区政协主席李冰主持会议并讲话，区政协副主席张自强、王继连、李安、张文岳、韦庆东，秘书长韦典余出席会议。

7月27日，区政协召开二届四次常委会会议，区政协主席李冰，副主席张自强、王继连、李安、张文岳、韦庆东，秘书长韦典余出席会议。各界别召集人、各镇政协工委主任、部分驻赣榆区市政协委员列席会议。会议集中学习《中国共产党政治协商工作条例》、中共中央政治局第四十次集体学习会议精神，审议通过《政协赣榆区委员会协商工作规则（草案）》《政协赣榆区委员会常务委员提交年度履职报告工作办法（草案）》《政协赣榆区委员会常务委员会关于授权主席会议对违纪违法政协委员做出处理的决定（草案）》。会议还协商决定委员调整事宜。

11月7日，区政协召开二届五次常委会会议暨“科学规划和加快发展设施渔业集中区建设”协商议政会。区政协主席李冰主持会议并讲话，区政协副主席张自强、王继连、李安、张文岳、韦庆东，秘书长韦典余出席会议。

12月30日，区政协召开二届六次常委会会议，会议采用线下与线上相结合方式。区政协主席李冰主持会议，区政府副区长、公安局局长谢斌出席会议，区政协副主席张自强、李安、张文岳、韦庆东参加会议。会议协商讨论《政府工作报告》（征求意见稿）；审议通过《区政协常委会工作报告》（征求意见稿）和《区政协常委会提案工作情况报告》（征求意见稿）；审议通过区政协二届二次会议有关事项（议程和日程、大会执行主席、秘书处组成人员、会议决定等草案）；协商确定委员调整事宜。

【区政协主席会议】 1月4日，区政协召开一届四十一次主席会议专题研究区政协二届一次会议有关事宜，政协主席刘洪卫，副主席张自强、李康、王继连参加会议，各委室主任列席会议。

2月11日，区政协主席李冰主持召开区政协二届一次主席会议，会上学习习近平总书记重要讲话精神；研究主席会议成员工作分工；研究讨论区政协党组党史学习教育专题民主生活会方案；讨论通过《政协赣榆区委员会2022年工作要点》《区委、区政府领导领办重点提案（2022年）》和《区政协领导督办重点提案（2022年）》。区政协副主席张自强、王继连、李安、张文岳、韦庆东，秘书长韦典余，各委室主任、副主任参加会议。

4月14日，区政协主席李冰主持召开区政协二届二次主席会议，协商通过区政协二届一次常委会会议相关事宜。区政协副主席张自强、王继连、李安、张文岳、韦庆东，秘书长韦典余参加会议，各委室主任、副主任列席会议。

5月29日，区政协召开二届三次主席会议，研究委员调整事宜和区政协二届二次常委会会议有关事宜，区政协主席李冰，副主席张自强、王继连、李安、张文岳，秘书长韦典余参加。

6月10日，区政协召开二届四次主席会议，会议分两个阶段进行，第一阶段，审议通过区政协二届三次常委会会议有关事项；第二阶段，专题视察石梁河水库“幸福河湖建设清水进城”行动，区政协主席李冰，副主席张自强、王继连、李安、张文岳、韦庆东，秘书长韦典余参加。

7月22日，区政协召开二届五次主席会议，审议通过《政协赣榆区委员会协商工作规则（审议稿）》《政协赣榆委员会常务委员提交年度履职报告工作办法（审议稿）》《政协赣榆区委员会常务委员会关于授权主席会议对违纪违法政协委员做出处理的决定（审议稿）》，通过部分委员和民革民盟界别召集人调整事宜，协商确定区政协二届四次常委会会议相关事宜，区政协主席李冰，副主席张自强、王继连、李安、张文岳、韦庆东，秘书长韦典余参加会议。

9月20日，区政协召开二届六次主席会议，会议分两个阶段进行：第一阶段，通过部分委员和民族宗教与侨台界别召集人调整事宜。第二阶段，专题视察“散乱污”企业大排查、大整治工作。视察组一行先后到新城一中大气国控点、新海石化专家楼建筑工地、老海边搅拌站、徐福片区建设工地、兴庄河国考断面、海州湾船舶修造公司、金凌创联新材料公司等。区政协主席、副主席张自强、王继连、李安、张文岳、韦庆东，秘书长韦典余参加。

11月30日，区政协召开二届七次主席会议，组织部分政协委员和相关部门负责人开展“稳增长、上项目，促规模企业提升”专项视察活动。区政协主席李冰，副主席张自强、王继连、李安、张文岳、韦庆东，秘书长韦典余参加活动。区领导邵胤、顾绍波参加相关现场活动。会议还协商确定二届五次常委会会议相关事宜。

12月30日，区政协召开二届八次主席会议，会议审议通过《区政协二届委员会常委会工作报告》（征求意见稿）、《区政协二届委员会常委会提案工作情况报告》（征求意见稿）、区政协二届二次会议相关事项，会议还研究表彰事项。区政协主席、主席李冰，副主席张自强、王继连、李安、张文岳、韦庆东，秘书长韦典余参加会议，各委室主任、副主任列席会议。

（董培玲）

民主监督

【公开听证活动】 2022年，区政协安排多名政协委员参加区相关公开听证活动。3月3日，李江、仲法维2位委员参加区教育局学区划分听证会。5月7日推荐刘成艳、李萌曦、万延相3位委员为区人民检察院听证员。

【开放日活动】 2022年，区政协安排政协委员参加政府开放日活动3次。10月29日，张征昌、香花、张秀娟委员参加市场监管局政府开放日活动。11月2日，刘成艳、王明芝、张琪苓委员参加区人社局政府开放日活动。11月4日，李星、范普、王艺晓委员参加区行政审批局政府开放日活动。

【专题民主监督】 2022年，区政协强化民主监督。6月17日上午，区政协组织委员就全区安全生产情况开展民主监督，委员们先后视察青口渔港、金田新材料、巨卓智能家居、前卫新材料等企业生产现场。8月19日，区政协副主席王继连带领区政协经科委及区政协部分委员就赣榆区食品药品安全监管情况开展民主监督。视察组一行先后来到老百姓大药房（吾悦广场店）、青口镇亲子坊孕婴用品商店、连云港家得福有限公司嘉汇城生活购物中心进行视察并召开座谈会。 （董培玲）

视察与调研

【概况】 2022年，区政协组织18次专项调研视察活动，主要涉及营商环境、道路交通、安全生产、海洋渔业经济、医疗卫生等事项，形成调研报告18篇，其中，10篇报送区委、区政府，为区委、区政府决策提供参考意见。

【高效生态设施海水养殖情况调研】

1月19日，区政协主席李冰带领农业和农村委相关政协委员调研全区高效生态设施海水养殖情况。调研组一行实地考察海头镇循环水生态养殖示范项目、赣榆水产苗种繁育和现代化养殖示范中心、青口镇蓝湾现代渔业产业园并召开座谈会听取农发公司及海头镇相关工作情况汇报。形成《关于科学规划和加快发展渔业设施集中区建设的调研报告》，提出加快推进海头镇渔业设施示范集中区建设、探索海水利用及循环水养殖使用方法、探索尾水集中处理达标排放方法、降低养殖设施建设及养殖热能消耗成本、引进培育新品种，提升养殖质效、加大力度对上争取资金、加大普法执法力度、加大水产品用药管控，提升产品质量等调研建议。

【工业园区提档升级专项调研】 5月25日，区政协开展工业园区提档升级专项调研活动，调研组一行先后来到前卫新材料、德友精工二期、黄海粮油科技产业园进行调研。形成《关于全区工业园区提档升级建设情况的调研报告》，提出坚持产业定位，建强特色专业园区；精准产业招商，拓展延伸产业主；激活土地要素，释放拓展发展空间；完善配套功能，提升园区承载能力；提升服务功能，持续优化营商环境；打响人才品牌，引才引智用人留人等调研建议。

【优化营商环境专项视察】 9月20日，区政协召开优化营商环境专项视察活动。视察组一行先后来到政务服务大厅，“12345”政务公共服务中心，区域治理指挥中心等，并围绕优化营商环境工作进行座谈。形成《关于优化营商环境专项视察报告》，提出深耕厚“第一窗口”，打造惠企纾困新示范；升级重大项目“绿色通道”，优化“预审帮办”服务；全面提档“12345”热线平台，放大“一企来”总客服作用；分级分类靶向推进指标，确保年度考核指标持续向好等视察建议。

【文化旅游资源开发利用专题调研】

11月4日，区政协开展文化旅游资源开发利用专题调研。调研组一行先后视察秦山岛栈桥、丝路小镇，并召开座谈会。形成《关于“突出赣榆旅游特色 做优旅游产业”的调研报告》。提出加强产业研究，科学制定总体规划；强化资金保障，确保文旅产业持续发展；顺势美丽乡村，大力振兴乡村旅游；加深文旅融合，打造赣榆旅游品牌；加快完善公共服务配套；创新营销手段，全方位对外宣传推介等建议。

【推进农村人居环境整治专题视察】

9月20日，区政协开展大力推进农村人居环境整治专题视察活动。视察组一行先后来到宋庄镇沙口村、赣马镇黑坡村、金山镇西张夏村、海头

2022年9月2日，省政协视察组在谷沙社区现场听取青口镇议事协商工作汇报 （区融媒体中心 供图）

镇大官庄村、青口镇大盘村等。形成《推进农村人居环境整治打造生态美丽宜居乡村》的调研报告，提出针对当前农村主要污染源，加大力度优先整治，统一进行规划改造；以城乡接合部、环境敏感区、主要交通干线沿线以及河流河道等区域为重点，开展垃圾清理、清运、清除工作，彻底整治积存垃圾、工业污染等现象；加强生活污水源头减量和尾水回收利用，以房前屋后、河塘沟渠、主要河流为重点，清淤疏浚，配套管网、建设污水处理厂，采取综合措施恢复水生态，逐步消除农村黑臭水体；按照低成本、低能耗、易维护、高效率的要求，科学推进农村户用无害化卫生厕所建设和改造等建议。

【石梁河水库“幸福河湖建设清水进城”行动视察】 6月10日，区政协专题视察石梁河水库“幸福河湖建设清水进城”行动，先后视察了湖景大道、凤凰水岸、亲子乐园和渔人码头。提出加快提升入口形象，推进G25出口至湖景大道两侧风貌；加快提升村庄形象，深入推进垃圾清理整治、厕所粪污治理，黑臭水体整治等；加快提升河岸形象，推进水库周边墓地生态化改造，配合支持市交通集团对沿河岸边的美化绿化，打造绿漾花海等建议。

【深化健康赣榆建设专题视察】 11月1日，区政协组织委员就深化健康赣榆建设进行专题视察。视察组一行先后视察柘汪镇响石健身广场、石桥卫生院中医馆、海头新建卫生院、区人民医院等。通过此次专题视察，了解掌握赣榆区自2018年全面启动健康城市建设三年行动计划以来取得的成绩：赣榆区在2019年通过江苏省健康促进区验收，2020年全市获评全国健康城市建设样板市，2021年高分通过国家卫生城市复审。赣榆区推进建设健康环境，构建健康社会，提供健康服务，培育健康人群，普及健康文化，以全民健康助推“强富美高”新赣榆建设。（董培玲）

协商议政

【“增强产业链招商力度”协商议政会】 6月15日，区政协召开二届三次常委会议暨“持续提升园区承载力，增强产业链招商力度”协商议政会。区政协主席李冰主持会议并讲话，区政协副主席张自强、王继连、李安、张文岳、韦庆东，秘书长韦典余出席会议。各界别召集人、部分区政协委员列席会议。区政府副区长、赣榆高新区党工委书记顾绍波，区工信局、自然资源局、行政审批局、商务局等部门相关负责同志应邀出席会议。会上，区政府副区长、赣榆高新区党工委书记顾绍波通报全区“持续提升园区承载力、增强产业链招商力度”情况，调研组委员们围绕会议主题进行协商发言，从“完善配套功能，提升园区承载力”“依托优势资源打造产业链”“加大对人才引进的激励力度”等方面提出具体意见建议，区委组织部、区工信局、自然资源局、行政审批局、商务局等部门相关负责人现场回应委员发言。

【“设施渔业集中区建设”协商议政会】 11月7日，区政协召开二届五次常委会暨“科学规划和加快发展设施渔业集中区建设”协商议政会。区政协主席李冰主持会议并讲话，区政协副主席张自强、王继连、李安、张文岳、韦庆东，秘书长韦典余出席会议。各界别召集人、部分区政协委员列席会议。区委常委、副区长曹晓飞及区农业农村局、区生态环境局、区农发集团、海头镇政府主要负责人应邀出席会议。会议分两个阶段进行：第一阶段现场观摩海头设施渔业集中区，第二阶段召开协商议政会议。会上，农发集团通报赣榆区“科学规划和加快发展设施渔业集中区建设”相关情况，委员们围绕会议主题进行协商发言，提出意见建议，区农业农村局、区生态环境局、区农发集团、海头镇政府相关负责人现场回应委员发言，曹晓飞对相关情况做系统回应。

【“有事好商量”协商议事】 2022年，赣榆区政协出台《关于鼓动励政协委员密切联系群众切实提升委员履职能力》的通知，实施“双联系双报到”工作机制，即主席会议成员带分管委室联系镇政协工委和界别，界别联系基层；委员分别向界别和镇政协工委报到。出台下发《关于开展“有事好商量”协商议事活动和“我为群众办实事”实践活动的通知》，组织政协委员开展协商议事活动。全区政协各协商议事室共组织协商议事会300多场次，参加委员1000余人次。各协商议事室全年至少开展2场协商议事活动，提出意见建议500多条，推动协商议事成果转化100多个，形

2022年2月9日，区政协调研柘汪镇协商议事工作（区融媒体中心 供图）

成优秀协商议事案例50多件。《创新“双联系双报到”工作机制，促进委员广泛参与基层治理》被市政协评为优秀创新案例。青口镇《如何破解无物管小区管理难》协商议事活动，该案例被省政协典型案例汇编采用。《青口河上游水环境综合整治》等5篇案例被市政协汇编采用。统筹推进“有事好商量”协商议事室、委员工作室、社情民意信息联系点、委员读书室“四位一体”建设。青口镇谷沙社区协商议事室、石桥镇协商议事室被评为2022年度市十佳“金牌协商议事室”。（董培玲）

提案与社情民意

【概况】 2022年，赣榆区政协委员共提出提案287件，经审查立案224件，转为社情民意51件，不立案且未转为社情民意12件。立案的224件提案中，经济建设方面的117件，占52.2%；科教文卫体方面的51件，占22.8%；政法、统战、组织人事、社会保障及其他方面的56件，占25%。涉及承办单位55个、协办单位45个。提案办理答复率100%，满意率99.5%。2022年，赣榆区组织委员进村居访企业，倾听民声民意，全年围绕新冠疫情防控、防汛抗旱、安全生产等领域，提交社情民意213篇，其中，48篇被省、市政协采用。

【关于促进民营企业健康发展的建议】 2022年，赣榆区民营企业还存在产业层级不高、创新能力与动力不足、融资难、融资贵、政策支持力度不够等问题。建议进一步转变政府职能，不断优化提升为企服务；加大政策扶持力度，助力企业做大做强；加大金融扶持力度，缓解发展资金压力；推进企业品牌创建，提升企业市场影响力。区发改等部门安排部署助企纾困工作，编制《助企惠民20条政策》，通过设立“区级产业高质量发展专项引导资金2000万元”“5000万元区级中小微企业应急转贷资金”等措施，帮助中小企业享受政策红利。

【关于加快推进海洋牧场示范区建设的建议】 2022年，赣榆区作为江苏省渔业经济大区，近海渔场7000平方千米。近年来，受人为过度捕捞、环境污染、海洋工程建设等原因，海州湾渔场资源持续衰退。建议参考连云港海州湾海洋牧场我国首批国家级海洋牧场示范区经验，科学规划和建设赣榆区现代化海洋牧场，促进渔区经济稳步、可持续、健康发展；采取多种方式和渠道，扩大公众参与，进一步提升渔民开发海洋、保护环境、保护资源的意识。全面落实强渔惠渔政策，提高渔民生活水平；加强渔民培训和就业扶持，着力保障和改善全体渔民民生，将现代化海洋牧场建设与乡村振兴战略相结合，让现代海洋牧场建设发展成果切实惠及全体渔民。区农业农村等部门加快推进海洋牧场示范区申报建设工作，规划适宜海洋牧场区域100平方公里。2022年获批第七批国家级海洋牧场示范区，中央财政资金扶持2000万元。

【关于加快黄海粮油科技产业园建设的建议】 2022年，黄海粮油科技产业园作为赣榆区园区中新兴园区，以大宗粮油精深加工为主导产业，配套中转物流、保税仓储、金融贸易等功能，规划面积约8.8平方千米，布局港口作业区、粮油生产区、多式联运仓储物流区、综合配套区等。如何加快黄海粮油科技产业园综合配套区相关基础设施建设，争取签约项目早落地、早开工等工作成为关乎社会民生的重点问题。建议各相关单位密切配合，多部门联动，进一步从优机制、谋布局、强推进等方面推进黄海粮油科技产业园建设。在规划体系方面。建议2022年4月完成副中心规划专家论证。黄海粮油科技产业园污水处理厂及配套管网排污口问题，建议区生态环境局帮助协调市生态局尽快批复，2022年3月完成。关于黄海粮油产业园赣榆港区铁路专用线工程二期，建议区自然资源和规划局帮助协调将该项目纳入区重点项目库，以单独选址项目办理用地手续，2022年4月完成。产业招商定位方面。建议区招商局、石桥镇加大招商引资力度，争取落户粮油加工产业大项目。配套基础设施方面。建议粮油产业配套基础设施建设项目中：2022年12月供水管网铺设完毕，并进行通水调试；2022年12月污水处理厂及配套管网开工建设；2023年9月赣榆港区10万吨级航道南延伸段一期工程通航；2023年4月皮带输送机项目开工建设，铁路专用线工程具备开工条件；2023年6月连盐铁路赣榆港多式联运物流中心完成工程通用堆场建设，根据粮油产业发展需求，适时启动筒仓、平仓等建设。2023年12月赣榆港区粮油码头工程试通航。石桥镇等单位加快园区建设，10万吨级粮油码头深水岸线取得交通运输部批复。10万吨级航道南延段一期及86.87公顷陆域吹填开工，推进铁路专用线，多式联运物流中心开工建设，80公顷综合配套区、“三横一纵”道路及管网工程在施工建设中。投资百亿元的中粮油脂连云港基地项目已签约，推动在谈的中储粮、北大荒等一批龙头项目。

【关于市级层面制定出台激励赣榆区直播电商产业发展相关扶持政策的建议】 2022年，赣榆区网络商户7000余户，其中，直播带货主播2000余人。但赣榆电商企业的持续发展，存在电商人才储备不足和政府政策扶持力度不够的问题。建议市级税务部门在加强税收监管的同时，能够采取减免、先征后奖等方式，加大对纳税电商企业的扶持力度，鼓励扶持纳税网红、企业做大做强。赣榆作为市辖区，建议市相关部门电商扶持发展政策中，将赣榆纳入市级层面执行，享受同海州区、连云区同样的待遇。针对电商人才紧缺，特别是专业性、高层次人才这块，建议市里统筹市域范围内的大中院校增开电商人才培训班或增设电商相关专业，解决电商人才特别是直播电商人才短缺的现象，助力全市电商产业更好更快发展。（董培玲）

表5　　2022年赣榆区委、区政府领导领办重点提案一览表

序号	领办领导	案由	承办单位	提案者
1	吕　洁	关于推动全区海水高效生态设施养殖项目建设的建议	区农业农村局、相关镇	莫玉霞
2	李　莉	关于加快黄海粮油科技产业园建设的建议	石桥镇、金东方公司	刘洪明
3	郭　鹏	关于加大区财政对科技创新支持的建议	区财政局、科技局	王　超
4	高　站	关于推进城区低洼易涝片区改造的建议	区住建局、青口镇	许明利
5	张　锐	关于推进石梁河水库幸福河湖建设工程的建议	区水利局、班庄镇	谢春岐
6	周　霞	关于加快赣榆区职业教育高质量发展的建议	区教育局	王　慈
7	徐　蓓	关于优化营商环境，强化以商引商、专业招商、产业链招商的建议	区商务局	薛祥儒
8	邵　胤	关于加快光伏发电项目建设的建议	区工信局	庄惠祥
9	谢　斌	关于加强常态化扫黑除恶斗争专项工作建议	区公安局	徐国君
10	顾绍波	关于加强“四有”镇级工业集中区建设的建议	区工信局、相关镇	朱梦雪

（董培玲）

表6　　2022年赣榆区政协领导督办重点提案一览表

序号	领办领导	案由	承办单位	提案者
1	李　冰	关于推动全区海水高效生态设施养殖项目建设的建议	区农业农村局、相关镇	莫玉霞
2	李　冰	关于加快黄海粮油科技产业园建设的建议	石桥镇、金东方公司	刘洪明
3	张自强	关于推进石梁河水库幸福河湖建设工程的建议	区水利局、班庄镇	谢春岐
4	张自强	关于加大区财政对科技创新支持的建议	区财政局、科技局	王　超
5	王继连	关于优化营商环境，强化以商引商、专业招商、产业链招商的建议	区商务局	薛祥儒
6	王继连	关于加快赣榆区职业教育高质发展的建议	区教育局	王　慈
7	李　安	关于推进城区低洼易涝片区改造的建议	区住建局、青口镇	许明利
8	李　安	关于加强常态化扫黑除恶斗争专项工作建议	区公安局	徐国君
9	张文岳	关于加强“四有”镇级工业集中区建设的建议	区工信局、相关镇	朱梦雪
10	韦庆东	关于加快光伏发电项目建设的建议	区工信局	庄惠祥

（童培玲）

委员工作

【委员培训】 2022年，区政协做好培训工作，增强政协委员履职能力。5月18—20日，区政协组织主席会议组成人员、政协常委、各界别召集人、镇政协工委主任、机关全体人员参加全省市县政协主席培训班视频会。5月30日，区政协组织收听收看全省市县政协主席培训班视频会，主席李冰、副主席张自强、王继连、李安、张文岳、韦庆东，秘书长韦典余，机关各委室主任、副主任参加。全年开办协商议事活动专题培训班2期。

6月底，组织班庄镇朱范村第一书记孙玲玲参加在无锡举办的全省“有事好商量”协商议事工作培训班。闫伦菊、刘洪明、全传富3人被市政协评为全市优秀召集人。

【“书香政协”委员读书活动】 2022年，区政协开展“书香政协·榆阅筑梦”委员读书活动。区政协党组推荐和赠送《习近平谈治国理政》、中共党史类、政协文史类等书籍，组建21个读书群，挂牌8家界别“委员读书驿站”和15个镇“委员读书室”，联手打造区图书馆、柘汪立学书房2个“政协书房”。组织开展“送文化下乡助学读书分享会”等线上、线下活动110场次，举办“庆祝国庆节　喜迎二十大”委员读书成果展示会。

（董培玲）

政协专门委员会

【区政协提案委】 2022年，区政协提案委设主任1名，副主任1名，委员9名。5月，全区人大建议与政协提案交办会议召开，将立案的224件提案分别交付26家单位办理。8月，制定出台《提案质量和提案办理质量评价办法》开展提案质量和提案办理质量双评活动。区政协提案委以各界别为单元，组织委员对承办单位进行提案办理质量百分制评价，区政府办组织各承办单位对委员提案质量进行百分制评价。

【区政协学习文史委】 2022年，区政协学习文史委设主任1名，副主任1名，委员8名。区政协学习文史委走访黑林镇及其11个村，55户家庭；走访班庄和黑林两镇的委员企业，共12家；组织开展“委员牵手走进老区 助学成才——赣榆区政协委员山乡助学活动”，筹措资金3万元、行李箱15个，对黑林镇2022年刚考入大学15名家庭困难新生进行了捐助。开展“书香政协·榆阅筑梦”委员读书活动。承办4项提案督办，组织参加3次调研、协商议事活动。进驻5个镇、6家区级部门开展安全生产巡查督导。完成《文史资料第二十辑》组稿工作。

【区政协经科委】 2022年，区政协经科委设主任1名，副主任1名，委员8名。区政协经科委围绕《持续提升园区承载力　增强产业链招商力度》协商议政会专题开展调研，调研报告得到区委书记批示；围绕“全力以赴稳增长铆足干劲上项目”专题开展调研。就加强全区食品药品安全监管工作开展民主监督；就全区优化营商环境进行专项视察。

【区政协社会事业委】 2022年，区政协社会事业委设主任1名，副主任1名，委员8名。区政协社会事业委就“多层次养老服务体系建设”“安全生产情况”“城市改造与提升和重大基础设施建设”“城乡困难家庭子女教育帮扶机制”等议题组织委员视察调研并撰写调研报告；推进联系界别及乡镇开展“有事好商量”协商议事工作；组织联系界别及乡镇撰写社情民意，全年共组织上报社情民意18篇。

【区政协农业和农村委】 2022年，区政协农业和农村委设主任1名，副主任1名，委员9名。区政协农业和农村委共开展专题视察3次、民主监督活动1次。筹备召开常委会专题协商议政会1次。围绕协商议事，共举办协商议事活动专题培训班2次，推动各协商议事室开展协商议事会议300多场次。提出意见建议500多条，推动协商议事成果转化100多个，形成优秀协商议事案例50多件。

（董培玲）

综述

【营商环境优化】 2022年，赣榆区抓好区委全会和纪委全会上明确的重点任务，以高质量监督保障高质量发展，把重拳出击优化营商环境贯穿巡察监督办案全过程，重点关注涉企审批、执法、服务中的不作为、慢作为、乱作为典型问题，立案查处106人，自办18件留置案件，均与营商环境相关。监督推动政务服务“一站式”应进必进、建设工程审批事项专区“一窗式”办理等重点问题整改落地。

【清产核资】 2022年，赣榆区在全市率先开展新一轮清产核资，共清查出问题6.76万条，占全市总量的83.7%；15个镇整体由清查转入清收，清收拖欠承包费3804.45万元，占全市总量的75.3%。赣榆区相关工作策略、方法路径、智慧监管等经验做法在全市推广。

【纪检监察体制改革】 2022年，赣榆区推行“五项监管机制”（工作联系机制、指导会商机制、服务协调机制、监督报备机制和评价激励机制），深入推动清产核资工作，探索形成可复制、可推广、可借鉴的赣榆经验，为基层治理、乡村振兴打下基础。加速信息化建设运用，坚持“逢案必查、逢案必用”，推动现代信息技术与监督、办案融合。完善巡纪联动统筹衔接机制，健全巡察监督与纪律监督、监察监督、派驻监督协作配合机制，实现“四个监督”有效衔接。

2022年4月2日，区四套班子等领导调研赣马镇清产核资工作

（乔　杨　摄）

【纪检监察队伍建设】 2022年，赣榆区纪检监察机关按照规范化、法治化、正规化要求，从严从实加强自身建设，自觉接受并配合市委对区纪委监委机关首次常规巡察。以业务骨干提质、年轻干部提能、法律素养提升为方向，按季度排定主题，邀请专家授课，全员轮训500余人次；组织开展“担当释忠诚奋斗谱青春”主题党日、办案实务讲堂、青年干部谈业务等活动，注重以战代训，在实干实战中培养干部、锻炼干部；有计划地引导年轻干部结合业务工作和实体工作到一线调查研究，着力提高做思想政治工作、案件调查突破和系统研究思考的能力。　（乔　杨）

重要会议

【中共赣榆区二届纪委二次全会】 1月28日，中国共产党赣榆区第二届纪律检查委员会第二次全体会议召开，会议学习贯彻习近平新时代中国特色社会主义思想，全面贯彻落实中共十九大和十九届历次全会精神，按照中央纪委六次全会、省市纪委二次全会和区委二次全会部署要求，总结

2022年1月28日，中国共产党赣榆区第二届纪律检查委员会第二次全体会议在区委党校召开（乔 杨 摄）

2021年全区纪检监察工作，研究部署2022年重点任务，全面贯彻落实习近平总书记重要讲话和中央、省、市纪委全会精神，纵深推进全面从严治党。在第一阶段会议上，区委书记吕洁出席并讲话；区委副书记、区长李莉，区人大常委会主任毛太乐，区政协主席李冰等区四套班子领导出席；区委常委、区纪委书记、区监委主任姜自成主持会议。会议第二阶段，区纪委常委会传达中央纪委六次全会和省、市纪委二次全会精神，姜自成代表区纪委常委会作工作报告，会议审议通过中共赣榆区纪委二届二次全会工作报告、决议。

【区纪委常委会、区监委会议】2月19日，区委常委、区纪委书记、区监委主任姜自成主持召开区纪委常委会、区监委会议，研究有关人员调整工作，听取信访积案攻坚化解年工作方案汇报，并对重点工作进行部署。

6月18日，区委常委、区纪委书记、区监委主任姜自成主持召开区纪委常委会、区监委会议，研究有关立案、案件审理、留置案件减轻处罚建议、信访积案化解、信访举报办结、智慧纪委监委建设大额支出、2021年度优秀公务员评选等事项，对重点工作进行部署。（乔 杨）

党风廉政建设

【党风廉政警示教育】2022年，赣榆区拍摄警示教育片《不容损害的营商环境》，推动全区61家单位组织观看。制作李某某，韩某、陈某某忏悔视频，推动案发单位开展“一案五促”专题教育。拍摄年轻干部警示教育视频《失控的青春》。分领域在农业农村系统、涉海领域、市场监管系统拍摄警示教育片，完成农业农村系统警示教育片《监管失守的代价》。开展“山海廉韵清风赣榆”纪法知识网上测试，全区84家单位，4.5万人次答题。对新任领导干部开展集体廉政谈话。开展“喜迎二十大 清廉润家风”领导干部家属廉政教育活动。

【党风廉政文化建设】2022年，区纪委监委拍摄“清白世家”董志毅廉政微视频，在中央纪委国家监委网站播出。对黑林镇刘少奇旧居广场进行廉政文化方案设计，会同抗日山文旅产业园增加抗日山廉洁教育内容。开展前期清白世家馆的相关资料筹备工作。与区文联协作，在全市开展“山海廉韵·清风赣榆”廉洁故事征集评选活动，征集稿件53篇。参加全市纪检监察系统“爱‘连’说·山海情”喜迎中共二十大主题演讲比赛，并获一等奖。9月，在全区各单位开展“廉洁文化月”活动，助力廉政文化建设。

【全区领导干部警示教育大会】1月18日上午，区委召开全区领导干部警示教育大会，贯彻省市警示教育大会精神，落实上级党风廉政建设和反腐败工作要求，集体观看警示教育片《不容损害的营商环境》，教育全区党员干部以案为鉴、警钟长鸣。区四套班子领导出席会议。（乔 杨）

监督执纪

【概况】2022年，赣榆区纪委监委做实做细政治监督，推动党中央大政方针和上级部署要求在赣榆落地见效。聚焦发展大局抓监督，突出抓好重点任务，以监督保障发展。聚焦重点领域抓惩腐，抓住查办案件核心业务，稳住“数量”盘子、突出“质效”为先，紧盯重点领域，实现系统突破，推动“三不”（不敢腐、不能腐、不想腐）有机融合、一体贯通。聚焦民忧民怨抓整治，始终站稳人民立场，抓实积案化解、专项整治、正风肃纪3项重点，开展一系列务实行动。

【党风政风监督】2022年，赣榆区推进纠“四风”、树新风，查处违反中央八项规定精神问题70件104人，给予党纪政务处分101人，通报曝光典型案例15批次49件74人。紧盯“老三难”问题，排查重点单位62名公职人员，查处违规收受礼品礼金问题22件。查处形式主义、官僚主义问题27件50人，其中，党纪政务处分47人，诫勉谈话3人，通报曝光典型案例6批次15件33人。查处群众身边不正之风和腐败问题136件，处理198人，其中，给予党纪政务处分188人，通报曝光典型案例11批次45件50人。协助区委制定2022年度全面从严治党责任清单，明确25类72项责任内容，通过清单化明责、项目化推进方式，督促各级党组织特别是“一把手”严格落实“一岗双责”，切实担负起全面从严治党主体责任。全年开展问责54件69人，处理党组织8个，党纪政务处分55人。其中，党内问责21件22人，给予党纪处分17人；监察问责33件47人，给予政务处分38人。

【信访监督】 2022年，赣榆区纪委监委压紧压实信访工作责任，下大力气减存量、控增量、提质量，受理信访举报339件，办结214件，到期办结率78.1%，信访总量比2021年下降55.2%，降幅列全市第一。梳理127件积案，实行委领导包案化解，明确专班，一案一策，逐案过堂，集中攻坚，积案办结99件，化解85件，办结件化解率85.9%。抓好检举举报平台建设应用工作，做到统一受理、准确录入、快速办理，上级转送件签收率、去向明确率均为100%，补录率99.5%。年内为10名受到不实举报的党员干部澄清正名，处置诬告陷害1件。

【派驻监督】 2022年，赣榆区派驻工作坚持“一组一主题”，精准选定群众反映集中的水库资源违规发包、医疗器械违规采购、住宅专项维修资金监管等11个“小切口”开展整治，立案23人，推动建章立制19条。探索民生智慧监督，筛查养老保险、城乡低保、残疾人“两补”等信息，比对线索296条，立案24人，为503名残疾人、27名困难老人追回漏发的补贴补助。

【“线上+线下”双向监督推动村级“微权力”阳光运行】 2022年，赣榆区纪委监委将“互联网+”大数据技术运用于基层监督，瞄准村级小微权力规范运行。线下，建立“三图一表一库一清单”清查工作法、资金“一报告一清单”清查工作法、清收整改“两表一意见”工作法。清查出不规范承包合同等各类问题6.76万个，占全市总量的83.7%，清查出不良债权、无效债务2.47亿元，“包包账”273个，涉及159个村8817.35万元。15个镇整体由清查转入清收，重新规范各类合同7472份；追缴拖欠承包费3084.15万元，占全市总量的75.3%。线上，建成赣榆区农村小微权力智慧监管平台，开发完成三资监管、工程监管、涉权监督、阳光公开、智慧决策5个子系统，形成“1+5”智慧监管体系。此项目获全市“揭榜挂帅”十佳项目奖，《中国纪检监察报》、中央纪委国家监委网站、《新华日报》、清廉江苏网站、《连云港日报》等媒体相继报道。

【大数据运用现场推进会暨三季度重点指标调度会】 10月24日，区委常委、区纪委书记、区监委主任姜自成主持召开区纪委监委大数据运用现场推进会暨三季度重点指标调度会。会议组织观看小微权力模块、财政资金监管比对模块、有关案例的演示，听取《赣榆区大数据查询使用管理办法》《2022—2023年大数据应用实施意见》、各综合科室重点工作完成情况等工作汇报，对推进智慧纪委监委大数据运用工作提出要求，对重点指标完成工作进行部署安排。

（乔　杨）

职务犯罪预防与查办

【违纪违法案件查处】 2022年，全区立案670件，自办案件占比87.6%。排查2017年以来138件未结线索，逐件查深查透。坚持实事求是、依规依纪依法，运用“四种形态”批评教育帮助和处理1539人次，分别占比58%、35.4%、2.1%、4.5%。围绕上级纪委部署的“六个严肃查处”和区委中心工作，共留置22人，比2021年增长22.2%，移诉21人，比2021年增长23.5%，自办留置案件占比从2020年30.8%提高至81.8%。在国企平台、市场监管、农业农村、涉海4个领域实现“系统查、查系统”，其中，区属国企平台以苏海集团原董事长为突破口，留置公职人员4人、融资中介1人、工程老板3人，追赃挽损7000余万元。

【职务犯罪整改与预防】 2022年，区纪委监委针对案件暴露出的深层次问题，制发纪检监察建议9份，推动案发单位堵塞漏洞。剖析窝串案暴露出的领域性、系统性问题，督促自然资源局、苏海集团等单位开展专项整治。坚持教育引导和文化引领相结合，协助区委召开警示教育大会，分领域做好专题警示教育。组织清廉润家风等系列活动，创作《“清白世家”董志毅》等系列作品，推动廉洁文化建设深入开展。

【“1+1+N”组团办案】 2022年，赣榆区纪委监委紧扣市纪委“揭榜挂帅”工作部署，实施“1+1+N”［每个领域组建1个办案组团，由1名常委（委员）抓总、1个案件室牵头、N个派驻组协同］组团办案模式，推动重点领域案件实现系统性突破。在4个重点领域实现系统窝案串案破题，共立案54件、采取留置措施22人，自办留置案件占比从2020年的30.8%提高至2022年的81.8%，实现近5年全市有影响力自办案件零突破。通过出台《赣榆区纪委监委“1+1+N”组团办案工作机制》等制度文件，推动组团办案规范化，形成“室组”联动长效监督办案机制。该项目获全市“揭榜挂帅”十佳项目奖。

（乔　杨）

民革连云港市委会赣榆区支部

【概况】2022年，民革连云港市委会赣榆区支部（以下简称民革赣榆支部）有党员15人，其中，在职党员11人、离岗党员4人，有高级以上职称的5人，有中级以上职称的2人；硕士研究生学历2人，本科学历11人。支部委员会由主任委员1人、副主任委员3人、宣传委员1人、社会服务委员1人。

【思想建设】2022年，民革赣榆支部以习近平新时代中国特色社会主义思想为指导，落实市委会"矢志不渝跟党走，携手奋进新时代"政治交接主题教育部署，制定实施支部主题教育学习计划，将学习中共二十大精神贯穿主题教育全过程，加强支部自身建设。参加民革市委及赣榆区委统战部组织的学习培训和座谈会、支部组织全体党员开展线上和线下学习活动各1次、与江苏海洋大学支部联合开展学习活动1次。

【组织建设】2022年，民革赣榆支部做好高层次人才和新党员的发展工作，新发展党员1人。筹集资金，因地制宜，加强阵地建设。升级改造支部"党员活动之家"，放置图书近千本。

【参政议政】2022年，民革赣榆支部采取集中学习和个人自学相结合形式，让党员进一步熟悉掌握民革历史、章程等基本理论知识，了解当前的政治经济形势和现阶段的工作任务，增强参政议政能力。围绕中共赣榆区委中心工作，为推动赣榆区经济社会发展和民生问题撰写《改进赣榆区办理健康证服务窗口的建议》《关于进一步优化营商环境助推民营经济快速发展》等提案、社情民意8篇。

【社会服务】2022年，民革赣榆支部党员参与各自单位新冠疫情防控志愿工作，到一线开展志愿服务活动，做好对口帮扶脱贫工作，开展"我为帮扶下一单"购买特色农产品活动，携带米、面、油等生活物资到塔山镇慰问困难家庭8户，并与其中两名困境儿童签订长期帮扶契约。参与厉庄镇谭湖村孤儿三姊妹爱心帮扶工作。（杨　娟）

民盟连云港市委会赣榆区总支

【概况】2022年，民盟连云港市委会赣榆区总支（以下简称民盟赣榆总支）有综合一支部、综合二支部2个基层支部，有盟员23人。担任所在单位中层及以上职务的12人，其中，副科级及以上干部3人。本科以上学历22人，其中，研究生学历4人，博士学位1人。盟员中有市人大代表2人、区政协常委2人、区政协委员7人。民盟赣榆总支被市委统战部和民盟市委评为先进集体，盟员左兰志被民盟江苏省委员会评为组织建设工作先进个人，3人被民盟市委评为盟务工作先进个人。

【思想建设】2022年，民盟赣榆总支加强思想建设，在制订工作计划、开展盟务活动等方面，向区委统战部汇报并征求意见，盟员常态化向所在单位党组织汇报思想，提出建议。举办学习会、专题讲座、盟员读书会等活动，提高盟员学习成效，支部推荐盟员参加民盟省委、市委组织的各类学习活动，提高盟员主动履职意识。组织盟员清明赴抗日山、黑林大树村刘少奇纪念室等缅怀革命先烈，开展党史教育、统一战线教育。

【组织建设】2022年，民盟赣榆总支坚持人才强盟战略，常态化组织盟员到市内外交流学习盟务工作，参加区委统战部组织的党史教育，借鉴先进经验，推进组织建设，增强基层盟组织的吸引力和凝聚力，提高全体盟员的综合素质。年内发展盟员2人。

【参政议政】2022年，民盟赣榆总支不断加强自身建设，定期组织骨干盟员参加参政议政专项学习，提高参政议政和民主监督的能力，唐金芝、赵德龙两位市人大代表出席连云港市第十五届人民代表大会第三次会议，提交建议2份。7位区政协委员出席赣榆区政协二届一次会议，提交提案7份。盟员莫玉霞提交的《关于推动全区海水高效生态设施养殖项目建设的建议》被评为赣榆区政协二届一次会议优秀提案。盟员左兰志的《关于降低我区中小学生近视发病率的建议》受到区教育局重视，区教育局推出实施教室照明改造工程等5项举措，降低全区青少年近视发病率。盟员中2人被评为2022年度优秀政协委员。盟员左兰志被区优化营商环境工作领导小组聘为区优化营商环境攻坚年专项行动特约监督员。8月21日，民盟赣榆总支组织盟员赴石桥镇开展黄桃产业发展调研；6月19日，组织盟员赴区救助管理站开展流浪乞讨人员救助管理工作专项调研；4月13日，组织盟员赴赣榆区民营企业钜泰混凝土公司、韩德饲料公司等开展优化营商环境专题调研。

【社会服务】 2022年，民盟赣榆总支参加社区服务，组织盟员开展非遗知识进校园、义务植树等活动，拓宽服务渠道。助力南苑明珠小区300多户居民解决交房十年不通燃气的问题，获评民盟省委优秀创新案例二等奖。（左志兰）

民建连云港市委会赣榆区支部

【概况】 2022年，民建连云港市委会赣榆区支部（以下简称民建赣榆支部）班子由主任委员1人和副主任委员2人组成。有会员12人，其中，研究生学历3人，本科学历9人。

【思想建设】 2022年，民建赣榆支部在民主党派之家召开政治交接主题教育推进会，集中学习习近平总书记在省部级主要领导干部“学习习近平总书记重要讲话精神，迎接党的二十大”专题研讨班上的重要讲话精神、中共连云港市委十三届四次全会精神及民建江苏省第十次代表大会精神。在中共二十大开幕当天，组织会员实时收听收看大会直播，会后召开专题会议进行学习，用科学的理论武装头脑，加强对多党合作制度的认识。支部会员通过组织座谈交流会、撰写学习心得、参加各类主题教育活动，进一步领悟中共二十大精神。

2022年5月7日，民建赣榆支部举行换届选举工作

（民建连云港市委会 供图）

【组织建设】 2022年，民建赣榆支部按照支部年度工作计划，组织学习《民建中央关于进一步加强基层组织建设的意见》，深刻认识加强基层组织建设的重要意义，明确加强基层组织建设的目标。5月7日，民建赣榆支部在区委统战部民主党派之家举行支部换届选举工作，增选赣榆支部副主委1人。发展新会员1人。

【参政议政】 2022年，民建赣榆支部针对赣榆区国有企业发展现状、乡镇工业集中区和赣榆区教育“双减”政策落实情况，组织开展专项调研活动，形成《关于“双减”政策落实促教育教学质量提升的调研报告》《关于发展乡镇工业集中区的调研报告》等调研成果。民建赣榆支部聚焦社情民意，就中小学教育、市政道路交通、物管小区规范化管理、农民工讨薪、政府投资项目使用社会中介机构进行竣工结算审计的规范问题等关系民生的实事，提出10余项建议。

【社会服务】 2022年春节，民建赣榆支部在黑林、塔山等镇开展春节“温情民建、筑梦未来”走访慰问活动，给贫困学生家庭送去节日祝福。9月开学季，民建赣榆支部联合移动公司赣榆分公司和其他爱心企业开展爱心助学活动，其中，9月1日在徐山中学举办的爱心助学活动中，28名贫困学生获赠电脑和宽带，区政协主席李冰和民建市委会主委朱振亚等相关领导出席活动。民建市委、民建省委公众媒体对此予以宣传报道。（王郑龙）

民进连云港市委会赣榆区支部

【概况】 2022年，民进连云港市委赣榆区支部（以下简称民进赣榆支部）发展到会员31人，因工作关系转移5人，实有会员26人，分布在教育、文化、医卫、经济、法律等领域。会员中市政协委员2人，区人大代表2人，区政协委员4人（常委1人）；省特级教师3人，正高级职称2人，副高级职称4人；博士、硕士研究生2人；科级干部3人。支部获民进连云港市委“喜迎二十大　奋进新征程”知识竞赛三等奖。

【思想建设】 2022年，民进赣榆支部围绕民进连云港市委及赣榆区统战部工作部署，开展各项主题学习教育活动。围绕“喜迎二十大 奋进新征程”主题教育活动，组织支部会员收看中共二十大会议，集中学习中共二十大报告，支部会员就报告中科教兴国、人才培养、文化自信、意识形态、依法治国等内容进行交流，结合本职工作，提出各自见解。围绕民进连云港市委及赣榆区委统战部中心工作开展主题教育活动，增强支部全体会员履行参政议政党职能的使命感和责任感。

【组织建设】2022年，民进赣榆支部加强会员队伍建设，新发展会员4名，分别来自教育、电信服务等行业。支部组织新会员培训，加强会员在参政议政、社情民意等方面的学习，通过读书会、社会服务等活动，提升支部会员素质。

【参政议政】2022年，民进赣榆支部组织会员参加民进连云港市委组织的社情民意等会议。支部会员陆继芹撰写的《学生学业评价模式亟需改革》的社情民意信息被民进江苏省委采用。担任人大代表和政协委员的会员履职尽责，建言献策，提交市政协提案2个，区政协提案4个。

【社会服务】2022年，民进赣榆支部开展多项社会服务活动。5月17日，赣榆区黑林镇民进会员赴民进连云港市委会机关走访交流。8月30日，民进赣榆支部开展“同心·彩虹桥”活动，对监狱服刑人员、社区矫正对象、司法行政强制隔离戒毒人员、安置帮教和后续照管对象等特殊人群的未成年子女提供精准帮助和服务，着力帮助解决辖区内特殊人群未成年子女家庭困难和失学、辍学等问题，实现“零失学”目标。9月8日，民进赣榆支部开展“迎中秋送温暖”关爱残疾老人活动，到厉庄镇翔凤岭村，慰问残疾老人。参与民进市委组织开展的“喜迎二十大　爱心暖校园”暨庆祝第38个教师节活动。（李婷婷）

农工党连云港市委会赣榆区总支

【概况】2022年，农工党连云港市委会赣榆区总支部委员会（以下简称农工党赣榆总支部）共有党员26名。党员中有区人大代表1人，市政协委员2人，区政协委员6人，其中，区人大常委会副主任1人，区政协副主席1人。

【思想建设】2022年，农工党赣榆总支部坚持以习近平新时代中国特色社会主义思想为指导，把学习宣传贯彻中共二十大精神作为首要政治任务。为迎接中共二十大召开，总支开展“喜迎中共二十大，矢志不渝跟党走”红色主题教育活动，带领党员走进赣榆区黑林镇大树村，参观刘少奇同志旧居；组织党员学习农工党党史。牢牢把握“合作共奋进、携手创未来”的思想根基。

【组织建设】2022年，农工党赣榆总支部发挥“农工之家”的作用，推进组织建设。以“农工之家”为阵地，集中开展“不忘合作初心，继续携手前进”主题教育活动；组织读书活动；召开党员组织生活会，围绕年度工作计划、代表建议和政协提案进行交流。

【参政议政】2022年，农工党赣榆总支部围绕中共赣榆区委、区政府中心工作和人民群众普遍关心的问题，发挥界别优势，就加强基层医疗卫生人才队伍建设、提高基层医疗服务水平，加快老旧小区生活配套设施改善、市民休闲健身场所建设等方面建言献策。参与赣榆区检察院组织的“益心为公”等活动。在反映社情民意、协调社会关系、维护社会稳定等方面发挥作用。

【社会服务】2022年,农工党赣榆总支部全体党员坚守抗击新冠疫情第一线，听从指挥、服从安排，到社区疫苗接种点、边远乡镇卫生院担任疫苗接种医疗保障工作；全体党员主动为新冠疫情防控捐款8600元。主委苏仕春参与对贵州省大方县的扶贫工作，先后两次捐款4万元。（王宗山）

致公党连云港市委会赣榆区支部

【概况】2022年，致公党连云港市委会赣榆区支部(以下简称致公党赣榆支部)有党员14名，其中，高级以上职称的3人，中级以上职称的8人，硕士研究生学历2人，本科学历13人。支部委员会有主任委员1人、副主任委员2人、委员1人。

【组织建设】2022年，致公党赣榆支部履行参政党职能，做好高层次人才和新党员的发展工作，支部新发展党员2名，分别来自国企平台和乡镇基层。党员王刚、李艳分别获优秀政协委员、优秀人大代表称号。

【思想建设】2022年，致公党赣榆支部加强思想建设，参加区委统战部组织的中共二十大精神学习教育、党外人士座谈等活动，组织党员集中学习中共二十大精神、《中国共产党政治协商工作条例》，开展“凝聚最强‘向心力’　画好最大‘同心圆’”教育培训，开展谈心得、说体会活动。

【参政议政】2022年，致公党赣榆支部有党员中有1名党员担任市人大代表、1名党员担任区人大代表，主委张自强担任区政协副主席、3名党员担任区政协委员。在市、区人大会议上提交建议2件，在区政协会议上提交提案3件。

【社会服务】2022年，致公党赣榆支部多渠道、多形式开展调研和社会服务。春节前夕，支部主委张自强带领支部党员赴社区慰问看望孤寡老人、贫困家庭，送上慰问金和过年物资。新冠疫情防控期间，赣榆支部党员在做好自身防护的同时，主动参与志愿服务，捐献防新冠疫情物资。副主委郑晓东向区红十字会捐款2万元；党员王刚联合区政协委员，慰问防新冠疫情卡点，捐献防新冠疫情慰问物资。（范昊迪）

九三学社连云港市委会赣榆区支社

【概况】2022年，九三学社连云港市委会赣榆区支社（以下简称九三学社赣榆支社）有社员18名，平均年龄49岁，其中，高级职称11人，占比61%。侯宏亮被评为九三学社江苏省委2022年度组织工作先进个人。3位社员被评为九三学社连云港市委2022年度优秀社员。

【思想建设】2022年，九三学社赣榆支社组织支社17名社员收听收看中国共产党第二十次全国代表大会，会后组织社员讨论并上报二十大报告学习感悟。7月，组织部分社员赴爱国主义 教育基地——邓小平公园开展“矢志不渝跟党走、携手奋进新时代”政治交接主题教育活动。参加区委统战部迎“七一”座谈会及统战部各类培训活动。

【组织建设】2022年1月23日，九三学社赣榆支社在九三社员之家召开年度工作会议，赣榆支社全体社员参加。会上，主委侯宏亮传达九三学社连云港市第九次代表大会精神，并领学《同心奋斗，砥砺前行，为连云港新时代后发先至贡献不竭力量》的工作报告和社市委监督委员会工作报告，副主委张维亮传达赣榆区政协二届一次会议精神，副主委刘成艳通报2021年度支社活动开展情况、经费使用情况，各委社员围绕2022年度支社活动进行交流发言。

【参政议政】2022年，九三学社赣榆支社中有市人大代表1人、市政协委员1人、区政协委员4人。市政协委员王译在政协连云港市第十四届委员会第二次会议提交《关于有序推进民办义务教育学校稳定高质发展的建议》等提案2件，区政协委员张维亮、李加龙在政协连云港市赣榆区二届二次会议上提交《关于加强赣榆区紧密型医联体建设的建议》《关于解决夏收和秋收粮食集中晾晒的建议》《关于加强赣榆高铁站出站口交通秩序整治的建议》3件提案。副主委张维亮撰写的《加强农村留守青少年学生心理素质课程的调研报告》入选九三学社连云港市委会调研课题。农工党致公党和九三学社界别被区政协评为2022年度优秀界别。

【社会服务】2022年，九三学社赣榆支社全体社员立足本职岗位，履职尽责，投身新冠疫情防控。主委侯宏亮先后在G228卡口和赣榆高铁站任点位长，社员中4位医护工作人员赴连云区、开发区以及赣榆区各镇支援新冠疫情防控工作。3月16日，3位社员分别到228国道卡口、青口镇六里桥社区、城西镇大曲坊村等新冠疫情防控点慰问一线工作人员，捐款2万元及价值8000余元的方便面、面包等爱心物资。5月26日，刘成艳、张维亮被聘为首批“益心为公”公益保护志愿者，出席赣榆区检察院、赣榆区委统战部联合举行的“益心为公”公益保护志愿者聘任仪式暨第一次交流会议。8月20日，九三学社开发区支社赴赣榆支社开展交流调研，并捐助困难学生。（刘成艳）

连云港市赣榆区工商业联合会

【概况】2022年，赣榆区工商联所属商协会总数34家。其中，镇（园区）商会15家，有会员1040家，其中，企业会员844家。区属行业商会（协会）19家，有会员1412家，其中，企业会员974家。区工商联现有会员4112家，其中，企业会员2880家，个人会员1200余人。2022年，区工商联获省“工商联与检察机关沟通联系机制建设示范单位”称号，区移动电商协会获“江苏省工商联系统商会组织先进集体”称号。

【参政议政】2022年，区工商联组织开展“民营企业安全生产”“优化营商环境，促进民营经济发展政策落地”“民营企业法律维权情况”“全区返乡人员创业情况”等专题调研活动。组织民营经济代表人士参加政府开放日、经济发展座谈会等系列政企交流活动；走访会员企业、商协会，收集问题和建议近百条。赵赞立《关于做大做强新海石化等龙头型基地型补链型项目的建议》、刘希胜《关于公检法机关对非公企业进行法律风险预警的建议》获优秀提案表彰。

【民营经济人士培训教育】2022年，区工商联组织民营经济人士和会员学习党的二十大精神，开展习近平新时代中国特色社会主义思想进机关、进商会、进民企活动。组织5名民营企业家赴南通张謇企业家学院培训。全年共组织民营经济人士理想信念教育4场260人次。

【民营经济法律服务】2022年，区工商联推进“万所联万会”法律服务工作，加强民营企业法律维权服务中心等平台建设。联合司法局、总工会、人社局开展系列涉法宣传服务活动，开展合规培训与监管，促进商协会与律所结对共建。与区检察院联系，进行涉案企业合规第三方监督评估工作，预防企业违法犯罪。搭建交流学习平台，与区检察院、税务局、司法局等部门联合开展合规经营、财税风险管控、送法律进民企等培训3场次。与区司法局联合召开全区法律服务民营经济高质量发展工作会议。与区法院合作，利用“百名法官”讲师团平台送法“进商会进企进园区”，对工商联61名常委企业家进行专题授课，提高抵御风险能力。与区人民法院联合制定《民营经济领域商事纠纷多元化解工作实施细则》，对15个镇商会、19个商协会的34名会

长特邀调解员进行业务培训。

【民营经济调查研究】 2022年，区工商联分4个专题对全区112家民营企业、商（协）会会员进行调研，撰写调查报告6篇，组织政协提案3件，对新冠疫情防控期间全区民营经济的健康发展提供指导性意见。

【民营经济会员企业党建】 2022年，赣榆区基层组织商会30家，成立党支部26家，其中，15家镇级商会实现会建、党建全覆盖。新海石化、镔鑫特钢党建工作经验在全区民营企业中推广。向省委统战部、省工商联推送红色大树村为全省民营经济人士理想信念教育基地。

【民营经济服务】 2022年，区工商搭建合规服务平台，与检察院等8家部门联合成立赣榆区企业合规监管委员会及办公室，出台系列规范性文件，规范企业运作，推进锦达建设工程有限公司等涉案企业合规建设。搭建宣传服务平台，充分发挥新闻媒体、微信公众号等宣传平台作用，发布上级关于支持民营企业发展的政策措施，弘扬企业勇担社会责任的精神。与连云港电视台公共频道合作，开展“奋进新时代”民营企业家风采展播2场次，先后报道“小泥鳅掀起‘致富浪’ 拓宽乡村振兴大道”的传刚水产养殖董事长侯传刚、“渔码头创业风生水起 海州湾打造龙头基地”的恺骐食品总经理的仲崇庆创业事迹。助力优化营商环境，组织开展2次民营经济营商环境评价，进行问卷调查，与企业家面对面沟通交流，听取意见建议，协助解决企业困难，指导企业准确填报，客观公正评价全区营商环境情况，完成调查任务，填报率达100%。助力企业复工复产，免收区工商联全体“执常委”企业全部年度会费，减轻企业负担，此项优惠政策收录在《赣榆区助企惠民20条政策》。成立区总商会人民调解委员会，推进民营经济领域纠纷多元化解机制建设。搭建银企对接平台，组织南京银行赣榆区支行与返乡创业商会开展“保复工促复产·金融关爱月”送金融服务。与赣榆农商行签署战略合作协议，为全区商协会提供60亿元预授信额度，助力经济发展。

【社会服务】 2022年，区工商联开展新时代文明实践志愿服务活动、文明城市创建志愿服务活动，到第21网格所包路段开展创文工作。参与“机关干部助力常态化新冠疫情防控”专项行动等系列志愿服务活动，全联机关党员干部主动深入社区、隔离点等参与新冠疫情防控工作。助力新冠疫情防控工作，第一时间通过公众号、微信群向各商会、协会组织和广大民营企业发出倡议，动员和引导商会及民营企业家履行社会责任，开展“商会民企勇担当爱心施援抗疫情”活动，镔鑫钢铁、新海石化等区民营企业家捐赠抗击新冠疫情资金和物资价值600余万元。

【商会建设】 2022年，赣榆区强化商会规范化建设，修订完善商协会注册等相关制度，完善登记注册和年检等相关程序。组织8家商协会进行年检，年内注销“僵尸型”协会1家。推荐区移动电商协会申报并获评2021—2022年度全国“四好”商会，推荐区家庭服务业协会申报并获评2021—2022年度江苏省“四好”商会。区工商联坚持先申请后评估入会原则，严格管理会员，为推进统战工作向商会组织有效覆盖奠定基础。镔鑫钢铁、新海石化2家民营企业在“2022江苏民营企业200强”中分别位列第53、69位，在“2022江苏民营企业制造业100强”中分别位列第39、49位。

【扶贫帮困慈善活动】 2022年，赣榆区组织民营企业家开展“万企兴万村”行动，引导民营企业家开展扶贫帮困活动。开展春节走访慰问贫困户活动，区副食品行业协会等8家商协会慰问贫困户130余人次。开展“关爱青少年·爱心助学行”等公益活动3场次，沙河镇商会为困难学子捐助价值2万元的爱心轮椅和助学金，班庄水泥等会长单位为困难学生捐赠助学金5万元。开展由区慈善总会发起的“红日冉冉助学”项目，组织民营企业筹资帮助家境困难高中生、大学新生圆求学梦，新海石化捐助善款7万余元。赣榆区工商联与惠山区工商联签订南北合作框架协议，无锡市工商联为塔山中心幼儿园课程游戏化项目捐赠资金10万元，惠山区物流行业商会为塔山中学新建理化生实验室项目捐赠项目资金10万元。 （李　强）

8月31日，全市基层商会建设现场观摩推进会在赣榆区召开，与会人员观摩沙河镇商会、移动电商协会，学习借鉴赣榆区基层商会组织建设经验做法

群众团体

连云港市赣榆区总工会

【概况】 2022年，赣榆区共有独立基层工会1398家，会员总数11.4万人。区总工会履行维权服务基本职责，深化工会改革和建设，夯实团结奋斗的共同思想基础，发挥联系职工群众的桥梁纽带作用。区总工会获全市工会重点项目评比“优秀单位”，全市基层工会规范化建设和产改工作现场观摩会在赣榆区召开，区移动电商协会服务职工项目获评全国工会联系引导社会组织优秀项目，1例劳动法律监督案例入选《全省工会劳动法律监督工作情况白皮书》，下口村船员工会职工法律援助站获全省“三化”（数字化、网络化、智能化）建设先进站点。

【职工思想政治引领】 2022年，区总工会开展“中国梦·劳动美——永远跟党走、奋进新征程”主题教育活动。建立“双进”讲师团，组织开展35场“送思想·送理论·送党史”宣教活动。开展6场“劳模大讲堂”活动。举办“喜迎二十大”职工书法、演讲大赛。举办全区工会干部专题培训班2期140人次。发挥“职工驿站”功能，开展各类培训800课时以上，服务职工5000余人次。实施全区党建带工建“智慧党建”工程。开展全区首届“五一劳动奖”和“工人先锋号”评选活动。落实上级关于意识形态工作的有关规定和精神，开展2期工会意识形态工作骨干培训。利用区总工会微信公众号、“连工惠”、工会各级网站等进行常态化宣传报道。探索“互联网+”工会宣传模式，发挥“一网一微一端”新媒体平台等阵地作用，主动融入“江苏工会服务一张网”建设。对职工思想动态尤其是新生代职工精神需求开展有针对性调研，征集职工思想政治工作案例活动。区总工会获全市工会劳动领域维护政治安全工作评价优秀等次。

2022年10月16日，区总工会组织党员干部收看中共二十大开幕会实况

（区总工会　供图）

【基层工会组织建设】 2022年，赣榆区坚持党建带工建，全年新建非公企业、小微企业工会50家，引导快递行业、保安行业、护工护理行业、电商协会等新业态组织建立工会。建设18个基层工会“职工之家”示范点。全年实现新增会员实名制录入2500余人，新吸纳“连工惠”职工注册5000人，江苏工会网上评议注册会员4.6万人。

【职工先进典型选树表彰】 2022年，赣榆区推荐获评省级五一劳动奖状1个、工人先锋号1个。市级五一劳动奖状5个、五一劳动奖章7人、工人先锋号6个。组织开展全区五一劳动奖和工人先锋号评选表彰活动，表彰命名区级五一劳动奖状10个、五一劳动奖章29人、工人先锋号15

个。春节期间慰问劳模、五一劳动奖章获得者51人，帮扶特殊困难省、市级劳模19人。

【职工权益维护】 2022年，区总工会督促指导企业规范签订集体合同、工资专项集体合同、劳动安全与女职工特殊保护专项集体合同。全区规上企业工资协商率达92%以上。配合开展清理拖欠农民工工资专项行动，参与化解劳动争议案件10个。开展“工资集体协商星级评定和质效评价”行动，评定10家星级企业，选树2家企业工资集体协商示范点，征集5个集体协商优秀案例，区总工会获全市集体协商优秀案例一等奖和全市优秀职工代表提案。开展“尊法守法·携手筑梦”活动，新建2家职工法律援助站。开展4场法律援助活动。落实劳动安全目标责任状，开展《中华人民共和国工会法》等法治宣传活动5场。开展职工心理健康促进活动3场。开展2期基层工会干部和职工代表教育培训。打造2家市级示范性劳模创新工作室。评选一批市级职工科技创新成果和先进操作法。配合梳理安全风险隐患，指导、督导企业做好安全防护新冠疫情防控工作。新建5家集女职工权益维护、关爱为一体的“康乃馨”服务站点。新建“户外劳动者服务站点”2家。

【职工群众文化建设】 2022年，区总工会开展“永远跟党走、喜迎二十大”主题活动，举办“榆声向党——喜迎二十大”职工演讲大赛和职工书法大赛。举办“十万职工心向党”系列活动27项。开展3次“劳模大讲堂”活动。利用工会干部培训班、文化“四送”等活动，宣传安全生产和环保知识。

【和谐劳动关系创建】 2022年，区总工会开展全市优秀职工代表提案征集活动，申报4个优秀提案，江苏新海石化公司获评“全国双爱双评先进企业”。2家企业获全省厂务公开民主管理工作先进单位，2家单位分获全市职工代表大会规范化建设星级创建三星级企业与二星级企业。2人获全市优秀职工代表提案。

【工会普惠服务】 2022年，区总工会开展工会送温暖活动，“六一”期间，资助困难学生、企业贫困职工未成年子女资金4.4万元。夏季“三送”（送清凉、送安全、送法律）活动为一线职工送去慰问品20余万元。实施“秋送助学·书海圆梦”行动，为6名大学生每人发放2000元助学金。开展单亲困难女职工微心愿“圆梦行动”，为10名单亲困难女职工全部实现“微心愿”。为下岗职工提供300万元创业扶持贷款。完成8500名职工互助互济会员入会。组织3批次150名一线职工疗休养。调解1件拖欠船员工资案例，追讨工资1.4万元。

【职工劳动技能竞赛】 2022年，区总工会围绕全区重大战略、重大工程、重大项目，在新产业、新业态、新组织中创新开展竞赛活动，开展以“产业性技能竞赛”为核心的劳动和技能竞赛，引领“名师高徒”传承匠心、传授技艺。组织开展岗位练兵、技能比武、职工职业技能培训900人次。组织600家企业开展“安康杯”竞赛活动，组织竞赛项目45个，参赛产业工人达1万人次以上。

【产业工人队伍建设】 2022年，区总工会围绕职工需求和社会需求，为职工技能素质提升搭建平台，建立3家产教融合型企业，4家创业示范基地，落实职工创业就业贷款1200万元。大力实施“工匠”产业人才培训计划，培训产业工人5000余人，实现新技术革新和项目改造768项，获自主知识产权466项，发明专利412个。以“五一劳动奖”“工人先锋号”创建活动为载体，新创建15个劳模创新工作室，培树30个“工人先锋号”，推动劳模创新工作室提质增效。把技能人才、优秀技术工人作为推荐荣誉表彰的重要群体，增加一线岗位、技能人才评先评优比例，全区一线产业工人获市级以上奖励36人，占相关表彰奖励的62%；12名优秀一线产业工人被推选为“两代表一委员”。 （穆　彪）

共青团连云港市赣榆区委员会

【概况】 2022年，赣榆区有各级团组织2946个，团员34995人，区级机关团组织全部完成换届工作。召开共青团连云港市赣榆区第二次代表大会，选举产生共青团连云港市赣榆区第二届委员会。继续实施“梦想改造+”计划，完成“梦想小屋”改造100间。出台《赣榆区共青团基层组织改革实施方案》，建成并运营首家青年人才驿站“榆青驿”。赣榆海英草志愿者中心团支部获评“全国五四红旗团支部”，连云港新海湾码头有限公司机修队副队长万子铭获江苏省“青年五四奖章”，4家单位和个人被评为“江苏省五四红旗团委”和“江苏优秀共青团干部”。

【青少年思想引领】 2022年，团区委坚持用习近平新时代中国特色社会主义思想武装青少年，开展“学习二十大、永远跟党走、奋进新征程”主题教育实践活动，全区2946个基层团支部全部开展党的青年运动史和建团100周年大会精神专题学习教育。“青年大学习”网上主题团课参学人员突破318万人次，参学量全市第一。“青年讲师团”“红领巾巡讲团”等品牌育人功能有效发挥，全年开展宣讲245场次，覆盖青少年超3.5万人次。依托“青春赣榆”微信公众平台集中展示全区优秀青年集体及个人的先进事迹，聚拢粉丝突破19万人，综合影响力长期稳居全市前列。开展“百幅作品庆百年”“百名青年话振兴”等庆祝中国共产主义青年团成立100周年“十个百”系列活动；开展“青春礼赞新时代、青年追梦复兴路”宣讲进支部活动；组织收听、收看庆祝建团100周年大会，召开全区学习贯彻习近平总书记在庆祝建团100周年大会上的重要讲话精神座谈会，在全区青年中掀起学习宣传贯彻习近平总书记重要讲话精神热潮。

【基层团组织建设】2022年，团区委分领域制定年度团员发展计划，全年发展团员2720名。重点抓好中学领域团员发展工作，下发团员发展规范工作指引，定期通报进度，集中开展团员规范性发展互查互学活动。严格开展团员先进性评价，支部覆盖率和团员参与率均达100%。落实“三会两制一课”机制，实施团支部工作清单制度，定期开展基层团组织规范化建设，“对标定级”覆盖率达100%。推动非公企业团建提质增效，深化新兴领域团建，扩大对网络主播、快递员等新兴青年群体的组织覆盖，推进“两新”组织团建，扫除团建“空白点”。完成区本级和区级机关团组织换届工作，选优配强团干部队伍。举办全区基层团干部培训班、少先队辅导员技能大赛、“魅力团支书、活力团支部”推介、微团课大赛、鼓号队风采展示大赛等活动，激发团队组织建设活力，调动团队干部积极性。选树先进典型，推荐先进团组织和团员青年参与省市评先评优，4家单位和个人被评为“江苏省五四红旗团委”和“江苏优秀共青团干部”，14名团员团干获连云港市“两红两优”表彰，13家团组织被授予连云港市五四红旗团组织称号。在共青团赣榆区委一届七次全体（扩大）会议上，评选表彰“赣榆区五四红旗团委”8个、“赣榆区五四红旗团支部”14个、“赣榆区优秀共青团员”44名、“赣榆区优秀共青团干部”27名。

【青年先进典型选树培育】2022年，团区委发挥先进典型示范引领作用，以“魅力团支书、活力团支部”“我们身边的好青年”评选等工作为抓手，推选出以“全国优秀共青团干部”吕从西、“江苏青年五四奖章”获得者万子铭为代表的一批优秀青年，激发全区青年比学赶超、创先争优的激情。评选出赣榆区“青年文明号”10个，“青年突击队”6个，“青年安全生产示范岗”4个，“青年岗位能手”8人。

【新社会组织团建】2022年，团区委推进“两新”领域组织团建，新建社会领域团组织150家，新建“两新”领域团组织120家，发展社会领域团员70名，社会领域团组织密度位居全市前列。

【智慧团建】2022年，全区2946个基层团支部开展教育实践专题学习率达100%；清理整顿软弱涣散团组织126个；“学社衔接”率实现动态100%；推荐47名共青团员向党组织靠拢，智慧团建系统内经推优程序入党3人。

【青少年权益保护】2022年，赣榆区青年工作联席会议召开第三次全体会议，开展“法治公开课”覆盖全区各中小学。开展“绿书签”等护苗保护宣传20余场次。团区委常态化开展六大领域自护教育活动，印发《青少年安全自护温馨提示》，为全区青少年解难事、办实事。与区相关部门联合开展志愿服务、法治教育、安全自护等活动10余场次。

【青年人才服务】2022年，团区委加强青年就业帮扶，开展“凤还巢”——“青春榆行”大学生寒暑期社会实践活动，发动全区机关企事业单位、镇村社区及社会组织，募集优质岗位300余个，完善在外高校学子与家乡联系的制度化渠道；组织开展“青年学子看家乡”、赣榆籍在外青年学子座谈交流会，引导在外大学生“零距离”感受家乡经济社会发展变化，吸引更多优秀人才回乡就业；建成并运营“榆青驿”青年人才驿站，缓解求职青年的阶段性住房难题，配套开展岗位推介、创业指导等服务，打造青年来赣榆就业创业的“暖心第一站”。团区委吸纳全区114名青年加入乡村振兴青年人才库，仲启强、李加朋2人获首届“江苏省乡村振兴青年先锋”称号。

【青年志愿服务】2022年，团区委组织海英草志愿服务中心开展“七彩志愿社区行”“阳光行动”等26个常态化志愿服务项目，设立68个志愿服务站，服务时长超过2300小时。其中，3人、2组织、1项目获市级志愿者条线表彰。

【“青年之家”建设】2022年，赣榆区有“青年之家”31家。其中，区机关16家，乡镇15家。“青年之家”每月发布4场活动，主要内容为“2022读书学习季”“青年读书会”学习沙龙、“青年分享吧”主题宣讲、“青年实践团”志愿服务。“青年讲师团”成员走进青年之家，开展主题宣讲、学习沙龙活动，团员和青年通过原文阅读、座谈交流等方式，围绕学习书目，结合工作实际，分享个人的理解感悟和学习心得。

【少先队工作】2022年，团区委举办少先队辅导员技能比赛及各类培训展示活动7场次，提升辅导员专业化水平。区级以上优秀少先队员320人，优秀少先队辅导员126人，优秀少先队集体55个，获评省“红领巾奖章”集体四星章5个。

【青年创业服务】2022年，团区委引导高校学生以志愿服务的方式到基层助力乡村振兴、建功成才，22名应届毕业大学生到赣榆区参加“大学生志愿服务乡村振兴计划”。强化银团共建合力，团区委、赣榆农商行为区青年商会授信额度10亿元，搭建起服务青年创业的桥梁，助力乡村振兴青年先行。实施“一线有我　号队出列”行动。联合区发改委、区应急管理局联合开展赣榆区“号队岗手”创建，营造全区青年在经济建设战场创新创业，在重大项目、安全生产等重要领域主动担当的良好氛围。

【困境青少年关爱帮扶】2022年，团区委开展希望工程“圆梦行动”，募集爱心资金16万元，帮助32名贫困学生圆梦大学。对辖区16户特殊人群困难家庭的32名子女进行助学

2022年10月26日，中国共产主义共青团连云港市赣榆区第二次代表大会召开　（李　翔　摄）

帮扶，为未成年人的健康成长保驾护航。依托各镇青年之家、青年学习社等青少年服务阵地开设“爱心暑托班”16个，招生320名。开展课业辅导、素质提升、安全守护、心理疏导等关爱服务活动，其中3家暑托班被列为省级示范“暑托班”。依托青少年之家建立“留守儿童关爱基地”，定期开设“护苗成长小课堂”。开展“助幼行动，爱不孤独”活动，组织孤儿阅读活动3次，覆盖孤儿100余人。在“青春赣榆”微信公众平台开设12355专栏，为青少年提供线上心理疏导、困难帮扶等服务。

【“梦想小屋”建设】2022年，全区“改造100个困境儿童‘梦想小屋’”被列入赣榆区级民生实事。团区委在全区摸排、走访调查的基础上确定100名困境儿童为受助对象，并结合困境儿童家庭背景、儿童个人的期盼和“三面改造、六物到位”的建设标准，确定“梦想小屋”个性化设计方案，实行“一户一策”“按需改造”，帮助“困境儿童”改善生活学习环境。5月，赣榆区100间“梦想小屋”全部交付使用。该项工作被人民网、“学习强国”平台、《现代快报》等媒体报道。

2022年9月4日，赣榆区开展“山海恋歌　榆你执手”青年人才“幸福成长营”活动　（陈桂梅　摄）

【共青团赣榆区第二次代表大会】10月26日，共青团赣榆区第二次代表大会召开。大会审议通过《共青团连云港市赣榆区第二次代表大会选举办法》，选举产生共青团连云港市赣榆区第二届委员会委员28人、候补委员12人、赣榆区出席市第十八次团代会代表35人。团区委书记张艺馨代表共青团连云港市赣榆区第一届委员会向大会作《高举团旗跟党走踔厉奋发建新功谱写“强富美高”新赣榆现代化建设的青春新篇章》的报告。会议审议通过《共青团连云港市赣榆区第一届委员会工作报告》。　（张　童　李　翔）

连云港市赣榆区妇女联合会

【概况】2022年，赣榆区有镇级妇联组织15家，村（社区）妇联组织458家。推进机关妇联组织标准化建设，成立机关妇联组织7家。提升妇联组织建设率、覆盖率，成立新领域新业态新阶层新群体妇联组织5家。区妇联做好引领、服务和联系妇女的各项工作，以全面保障妇女儿童合法权益、推进家庭教育工作落实落地等方面为重点，在做好新冠疫情防控的同时，持续优化妇儿发展环境，奋力推进全区妇女工作高质量发展。通过送培训、送体检单、免费理发等一系列暖心服务，提升妇女群体归属感和认同感。赣榆区政府出台“十四五”妇女儿童发展规划，中共赣榆党校将男女平等基本国策宣传教育纳入主体班次。区妇联获“江苏省妇女儿童慈善先进典型”优秀组织奖、“99公益·网络募资”优秀组织工作奖。获市妇联实施的“为她聚爱助她前行”农村低收入“两癌”患病妇女救助项目先进集体。“融媒体传声新人扬新风”工作获评省优秀妇联融媒体工作案例。推选表彰市三八红旗手8人，市三八红旗集体4个。推选出省级家庭典型5户。推选省、市级巾帼文明岗7个，省、市级巾帼建功标兵8人。

【妇女思想政治引领】 2022年，区妇联在广大妇女群众中开展“小马扎巾帼流动课堂”“巾帼大学习今天我来读”“好家庭故事汇”“我奋斗家国美”等系列思想政治引领活动。连云港市“小马扎巾帼流动课堂”启动仪式在赣榆区董力生故居举行，省妇联党组成员、副主席席玉峰参加活动。成功申报市级“小马扎巾帼流动课堂”示范点董力生故居为“连云港市妇女爱国主义教育基地”。

【基层妇联组织建设】 2022年，赣榆区完成镇级妇联组织换届工作，女网格员全部纳入村级妇联执委。开展“基层妇联干部领头雁计划”培训，针对区、镇、村三级妇联干部、妇联执委开展“课堂+实践”“走出去+沉下去”能力培训。推动“妇女微家”制度化、规范化建设，建成“妇女党建示范微家”5家。通过送培训、送体检单等一系列暖心服务，提升新领域新业态新阶层新群体妇联组织建设率、覆盖率。创新开展“榆她同心”党建惠民项目，推动实事惠民利民。

【妇女发展创业】 2022年，赣榆区依托区内各类培训机构开展家政、巾帼电商直播、养老护理等培训，培训500余人。推进“云招聘”，开展线上“春风行动暨就业援助月”活动，为57家企业发布各类岗位信息1260个，让大批女性“足不出户”实现就业。3月4日，区妇联联合区人社局在吾悦广场举办大型现场招聘会，共吸引到场企业140余家，提供岗位近2000个，到场求职者3000多人，当场达成初步签约意向269人。成立赣榆区巾帼电商联盟。

【妇女儿童关爱帮扶】 2022年，区四套班子领导开展“六一”慰问活动，分别走进赣榆区部分小学和幼儿园，为孩子们送去慰问金、玩具等共计9万余元。全区持续开展农村妇女“两癌”筛查及农村低收入贫困妇女救助工作，为54名农村低收入妇女提供救助金54万元，为全区305名单亲特困母亲提供援助金30.5万元。区妇联组织开展“9·9公益捐”活动，募集资金23万余元，全部捐入省妇女儿童福利基金会账户。开展“恒爱行动”，组织爱心人士编织毛衣、围巾等100余件。为201名农村低收入“两癌”患病妇女免费购买江苏医惠保。开展“把爱带回家——关爱儿童暖冬行”活动，为130余名困境儿童送上价值8万余元爱心物资。为150余名贫困学生申请30余万元助学金。开展海生草公益课堂项目，为150名困境儿童提供贝粘、沙画等艺术培训。开展“缤纷冬日”“七彩夏日”、困境留守儿童微心愿圆梦等活动，惠及儿童1000余人次。

2022年6月24日，连云港市“小马扎巾帼流动课堂”在赣榆区董力生故居举行启动仪式　（陈桂梅　摄）

【家庭文明建设】 2022年，赣榆区开展“三全”社区家庭教育支持行动。运用好社区家长学校、家庭教育指导服务站等阵地，发展壮大家庭教育指导师队伍，开展多样化家庭教育指导服务活动。利用“2·22”“5·20”“七夕”结婚登记高峰，面向新婚家庭宣扬新时代婚姻观、家庭观。开展“山海恋歌榆你执手”青年人才成长活动，引导青年朋友树立积极向上的婚恋观、价值观。发挥165户省、市、区级各类先进典型家庭作用，开展“传承好家风、好家训”系列活动21场。区妇联与区纪委联合举办“喜迎二十大　清廉润家风”领导干部家属廉政教育活动，引导党员干部建设好家庭、涵养好家教、传承好家风。挖掘“最美家庭”“书香家庭”“健康家庭”等示范典型，田红艳家庭、李瑶潇家庭获评省最美家庭，李淑娟家庭获评省五好家庭，闫寒家庭获评省绿色家庭，莫延安家庭获评省书香家庭。

【妇女儿童合法权益维护】 2022年，赣榆区妇联聚焦妇女儿童权益保障，广泛开展普法宣传活动，引导全社会形成尊重妇女、儿童优先的文明风尚，引导广大妇女学法、守法、用法。结合“三八”维权周、“国家安全日”“宪法日”等重要宣传节点，开展各类普法宣传活动，推进平安家庭创建工作；组织妇联干部开展党员学宪法、学党章、考法律、学党内法规等活动。区妇联与区法院等部门联合召开维护妇女儿童合法权益座谈会，组织妇女代表多次参与案件旁听，以案学法、以案释法。举办区镇妇联干部《中华人民共和国民法典》相关知识培训，提升妇女维权工作实干能力。 （陈桂梅）

连云港市赣榆区科学技术协会

【概况】 2022年，赣榆区科学技术协会坚持“四服务一加强”（为科技工作者服务、为创新驱动发展服务、为提高全民科学素质服务、为党和政府科学决策服务、加强自身建设）职责定位，聚力实施“创新助力、汇才培智、素质提升、赋能强基”四大行动，突出“基层基础、创新驱动、科普品牌”三大重点。区科协有代表134名、委员41名、常委22名。全区15个镇建立镇党委组织委员兼任科协主席，“四长”（医院院长、学校校长、农技站站长、科技型企业家）任兼职副主席的组织架构，现有镇级科协班子成员124名。健全完善村（社区）科协组织，实现服务网络的全覆盖。建有市级学会1个，区级学会36个，企业科协27家，会员达6000多人。赣榆区被授予“科创江苏”试点区县。区科协获评中科协全国科普日活动优秀组织单位，被省科协认定为2022年度县级科协创新发展能力提升计划优秀单位和“4+1”（“4”即医院院长、学校校长、农技站站长、科技型企业家，“1”即加强自身建设）工作质效评估优秀等次，全年获省级以上荣誉13项。

【科技人才培养】 2022年，区科协组织推荐10名优秀科技工作者参加“最美港城人”优秀科技工作者评选，推荐西德电梯王帅为第九届江苏省青年科学家年会执委会成员。组织区老年科协成功申报服务社会贡献奖。推荐科技工作者参加省科协举办的“强国复兴有我”主题征文暨演讲大赛活动，获征文大赛一等奖1篇、二等奖1篇、三等奖24篇，演讲大赛三等奖4名。开展“全国科技工作者日”系列活动，到基层一线慰问刘巍、卢华伟等优秀科技工作者代表，通过《赣榆报》、赣榆发布、赣榆电视台等媒体发布《致全区广大科技工作者的一封信》，在《赣榆报》开设《赣榆区科协第一次代表大会代表风采》专栏10期，集中展示区科协一大代表在科技创新创优、服务高质发展中的风采。

【全民科学素质提升】 2022年，赣榆区将全民科学素质提升工作融入党委政府中心工作，调整充实区全民科学素质工作领导小组，成员单位扩大到26家，区政府召开全民科学素质工作会议，印发《赣榆区全民科学素质行动规划实施方案（2021—2025年）》，明确“十四五”期间全民科学素质工作的主要目标、重点任务和2035年远景目标。区政府先后召开会议5次，以政府办名义制发文件7个，政府领导研究或听取工作汇报6次，出席会议或活动5次。组织开展“迎新春·庆新春”全民科学素质科普知识有奖竞答活动，近10万人次参加答题。组织参加国家、省、市各类科学素质大赛共4场次，获集体荣誉3项、个人荣誉5项。

2022年5月20日，赣榆区第一届“科普之春”科普月活动启动仪式举行 （陈召银 摄）

【科普资源共建共享】 2022年，赣榆区推动科普要素向农村、社区、学校、场馆、新时代文明实践所（站）嵌入，增强科普阵地辐射作用。全年共创成国家、省、市级科普阵地10个，海州湾海洋乐园被命名为2021—2025年第一批全国科普教育基地，2个科普示范基地（连云港赣榆同兴农机合作社和连云港赣榆佳信水产开发有限公司高效水产养殖）、1个科普教育基地（赣榆区宋庄镇新时代文明实践所）和1个科普示范社区（青口镇谷沙社区）等4个项目获“基层科普行动计划”奖补，青口镇杨圪社区获评市科普示范社区，在石桥镇新时代文明实践所设置社区科普馆，常年免费对外开放。区科协与区应急管理局等单位联合开展防灾减灾应急科普活动，向群众宣传各类安全知识和自救互救技能。深入科普示范社区开展破除陈规陋习，推进基层移风易俗等活动。

【青少年科技创新】 2022年，区科协与区教育局联合实施“十百千助双减”（十家科普基地行、百名科技专家进校园、科普资源服务千名中小学生）行动，整合阵地、队伍、服务三方资源，助力“双减”工作落地见效。全区“十百千助双减”行动试点单位23个，打破校际、校地壁垒，全区开展校际、校地间实景教学、场馆体验、科学小实验互动体验、外出参观学习等活动120余场次。优化科技辅导员队伍，推荐科技领域精英骨干56名，开展科技辅导员专题培训200人次，开展“百名科技专家（科技志愿者）进校园”活动50余场次。组织参加省青少年科技创新大赛、创意编程大赛、全国青年科普创新实验暨作品大赛等活动，组织参加市青少年科技创新、市青少年机器人竞赛暨创意编程等大赛，推动科普资源服务千名中小学生。罗阳中心小学学生陆心苗获第九届市青少年科技创新市长奖，陆振岭工作室、徐锋工作室被评为市青少年科技教育名师工作室，赣榆一中被评为市级科学教育综合示范学校。

【科普惠农】 2022年，赣榆区持续拓展“双百工程”，石桥镇百味果家庭农场、连云港市龙腾农业开发有限公司科普示范基地、连云港赣榆冯顶农机专业合作社官河蔬菜科普示范基地、连云港统亮农机专业合作社科普示范基地4家基地被认定为“双百工程”示范基地，推广新技术、新品种4个。邀请省植保站专家于淦军等指导绿色防控关键技术，组织专家教授乡村行4场次。在城头镇、海头镇、区委党校等举办高素质农民培训班9期，培训2000人次。提升农技协建设水平，鼓励农技协与专业合作社、家庭农场等主体的双向融合发展。组织全区文化科技卫生“三下乡”集中服务活动，通过设置科普展板、发放科普书籍、展示科普展品等多种途径传播科学理念、宣传科学知识。

【科普活动】 2022年，赣榆区启动首届“科普之春”科普月活动，开展科技下乡、科普资源巡展进基层等活动近100项，扩大优质科普资源的覆盖面和融合度，26家成员单位参与。区科协获评第34届省科普宣传周优秀组织单位。开展“全国科普日”暨“科普大集”活动，针对青少年、农民、产业工人等5类重点人群，开展科普展示、咨询、讲座等系列活动200余次，参与人数10余万人次。开展“科普大篷车”进校园、进乡村、进企业、进基地系列活动9次。组织5名学生参加市首届“小小科普讲解员”大赛，获一等奖1名（全市共2名）、二等奖3名（全市共5名）、三等奖1名。

【第四届赣榆区青少年科技创新区长奖表彰】 2022年，赣榆区经学校申报、区长奖奖励委员会办公室初审、区长奖评审委员会评审、“区长奖”入围人选公示、区长奖奖励委员会综合审定，并经区政府第4次常务会议审议通过，决定授予卢致丞等6名学生“第四届赣榆区青少年科技创新区长奖”，对获“区长奖”提名奖的闫珂等12名学生、“区长奖”入围奖的王萱等15名学生、“耕耘奖”的丁香丽等28名教师、“摇篮奖”的马站中心小学等5所学校予以表彰。

【“科创江苏”试点工作】 2022年，赣榆区被确定为“科创江苏”试点区县。引入省级学会、高校等科技创新资源，推进学会与企业精准对接，搭建产、学、研平台。区政府牵头召开推进会议3次，对企业技术需求、会企对接、部门助企等工作进行部署安排，推进重点工作落地见效。引荐21家省级学会对接新海石化、神舟新能源等7家企业，提供技术支持。举办第九届江苏省青年科学家年会蓝莓产业发展分论坛，推动经济科技深度融合。赣榆区“科创江苏”试点工作被评为2022年度全市科协系统十大亮点工作之一。 （陈　丽）

连云港市赣榆区文学艺术界联合会

【概况】 2022年，赣榆区有文学艺术界协会10个，分别为区作家协会、区戏剧曲艺家协会、区音乐舞蹈家协会、区美术家协会、区民间文艺家协会、区摄影家协会、区书法家协会、区文艺评论家协会、区文化促进会、区诗词楹联协会。各协会在加强自身建设的基础上，完成换届选举工作。各协会全年发展会员226人，会员完成注册志愿者300人。全年获批市级会员9人、省级会员19人、国家级会员1人。赣榆区文联开展文艺进基层活动，开展“喜迎二十大”系列采风创作活动、中华文化大家谈活动等50余场，召开区文联第一次代表大会，出版《赣榆文艺》4期。

表7　2022年赣榆区文学艺术界协会会员情况一览表　单位：人

序号	协会名称	区级会员	市级会员	省级会员	国家级会员	会员总数
1	区作家协会	31	113	26	2	172
2	区戏剧曲艺家协会	24	8	5	0	37
3	区音乐舞蹈家协会	164	60	6	0	230
4	区美术家协会	39	60	17	4	120
5	区民间文艺家协会	2	2	2	6	12
6	区摄影家协会	22	58	23	7	110

续表7

序号	协会名称	区级会员	市级会员	省级会员	国家级会员	会员总数
7	区书法家协会	23	54	34	5	116
8	区文艺评论家协会	93	7	0	0	100
9	区文化促进会	167	19	0	0	186
10	区诗词楹联协会	0	30	12	2	44

（年　编）

【文艺活动】 2022年，区文联与区总工会、城发集团、厉庄镇、宋庄镇等单位共同举办书画、摄影艺术展30余场，参展作品2000余幅；与区委宣传部联合举办江苏省“新时代颂”美术摄影联展赣榆区作品展，参展作品200余幅；与市评论家协会联办首届“徐福酒”杯全国文艺作品征集大奖赛；与区纪委监委联合举办“山海廉韵清风赣榆”廉洁故事评选活动。实施“三百六进”（百位名家艺术展、百堂文学艺术讲座、百场文化采风演出、进社区、进农村、进机关、进乡镇、进学校、进军营）工程，“文艺百花”志愿服务队进社区、乡村、企业、校园。春节期间，区文联组织开展“送戏下乡”文艺演出7场；书法家协会会员深入社区、军营义务写春联活动12场，在区教师发展中心开展公益书法、篆刻培训班27期，参加培训学员600多人次。摄影家协会、音乐舞蹈家协会在新城图书馆报告厅义务举办公益摄影、音乐主题培训班12期，参学人数700多人次。美术家协会举办“名师大讲堂”活动6期，参学人数200多人次。

【区文学艺术界联合会第一次代表大会】 6月17日，区文学艺术界联合会第一次代表大会在区委党校召开。大会传达学习全国第十一次文代会、第十次作代会精神，听取并审议通过《赣榆区文学艺术界联合会上届委员会工作报告》，修改并审议通过《赣榆区文学艺术界联合会章程》，选举产生文联新一届委员会主席、副主席、委员。谢春岐当选主席。

（徐　浩）

连云港市赣榆区残疾人联合会

【概况】 2022年，全区健全镇村残疾人组织，区委主持召开全区各级残联换届工作会议，9月底前458个村（社区）残协完成换届任务，10月中下旬15个镇残联召开代表大会。全区有持残疾人证各类残疾人21696人，其中，视力残疾1319人，听力残疾1539人，言语残疾40人，肢体残疾12187人，智力残疾3082人。青城名邸残疾人之家被省残联、省全民阅读办评为省级“书香残疾人之家”，聋人运动员王一帆在省第十一届残疾人运动会上获跳远金牌。

【康复服务】 2022年，赣榆区实现0—14周岁残疾儿童康复救助全覆盖，落实残疾儿童免费基本康复训练救助587名，其中，0—6岁残疾儿童487名，7—14岁残疾儿童100名。为197名孤独症残疾儿童实施免费基本康复救助。完成贫困精神残疾人免费服药救助702人，免费住院救助10人。按照辅具适配常态化服务流程，依托智慧残联信息平台，为517名有需求的残疾人网上申请适配辅具771件。全区有康复需求的持证残疾人全部实施签约家庭医生，建立健康档案，全年有需求残疾人签约服务率100%。

【就业培训服务】 2022年，全区完成就业年龄段残疾人技能培训286人次，依托区移动电商协会举办赣榆首届残疾人移动电商培训，培训人数35人。完成实名制新增残疾人就业2479人，其中，新增按比例51人，新增集中就业6人。区残联与区税务局联合开展按比例安排残疾人就业年审工作，完成按比例安排残疾人就业年审机关、企事业单位59家，安置残疾人113人。区残联、区人社局、区税务局等单位联合在赣榆吾悦广场和嘉会城广场举办2场残疾人就业招聘会。区残联为全区19家盲人按摩机构发放稳岗就业补贴3.8万元，为7家盲人按摩机构发放创业补贴2.8万元。全区全面落实残疾儿童学前教育补贴、残疾学生高中阶段及高等教育阶段教育补贴、大学生一次性奖励补贴及贫困残疾人家庭子女教育补贴政策，为222人发放教育补贴30.88万元。

【社会保障】 2022年，赣榆区通过政府购买服务方式，全年完成重度残疾人居家托养服务550人，重度残疾人寄宿制托养服务80人，残疾人日间照料托养服务410人。推进青口镇、金山镇和海头镇小口村残疾人之家拆迁重建工作，重点打造青口镇残疾人之家助餐服务、青城名邸残疾人之家托养就业、墩尚镇残疾人之家泥鳅产业园活动等亮点项目。区残联配合民政部门落实残疾人“两项补贴”发放和“单人保”政策，将一、二级重度残疾人全部纳入护理补贴范围，全区有3818名残疾人享受低保内生活补贴，4184名残疾人享受低保外生活补贴，1114名残疾人享受一户多残以老养残补贴，4222名残疾人享受护理补贴。落实“单人保”

政策残疾人632名。为全区4499名符合条件的低保家庭和参加托养服务的残疾人购买商业保险。区残联配合人社部门为4980名重度残疾人落实代缴养老保险费政策。

【文体活动】 2022年助残日期间，区残联、区慈善总会和江苏有线赣榆分公司在班庄镇前闫庄村联合开展“爱心广电、慈善助残”活动启动仪式，为2000户困难残疾人家庭给予有线电视节目收视补贴，在全省率先开设江苏有线赣榆频道“残疾人之家”栏目。开展以“欢乐行走、扶贫助困”为主题的心智障碍者“助残日”健步走及联欢活动。开展文化进家庭“五个一”活动。联合区图书馆、区盲人协会、海英草志愿者中心及青城名邸残疾人之家分别开展以“读书迎盛会，一起向未来”为主题的残疾人读书活动。开展“奋进新征程 喜迎二十大”残疾人文化周观影活动。做好省残运会运动员选拔推荐，组织20名残疾人参加市级选拔活动，其中，有6名残疾人参加省十一届残疾人运动会。在市残联网站发布宣传稿件25篇，省残联网站发布宣传稿件14篇。

【关爱服务】 2022年，区孤残救助协会、区海英草志愿者中心、区义工协会、彩虹桥互助中心等助残社会组织开展各类助残活动。各残疾人专门协会充分发挥联系各类别残疾人优势，区盲人协会在新冠疫情防控期间联系义工协会，为城区多位单身被困家中的盲友送去急需的生活用品，解决盲友的燃眉之急。区聋人协会开展端午节包粽子、走访慰问困难聋人公益活动，区精神残疾人亲友协会组织精神康复专家走访重性精神病患者家庭。区肢残人协会开展脊髓损伤者训练营活动。

【权益维护】 2022年，区残联做好来电、来信、来访处置接待及上级交办的信访件办理工作，全年受理“12345”热线87件，残疾人信访件办结率100%，残疾人满意率100%。区专项排查整治工作领导小组组织开展特殊困难群体专项排查整治工作，对全区严重精神障碍患者持有残疾人证情况梳理排查，并为有需求人员做好残疾评定。

【残疾人证管理】 2022年，区残联与区卫健委联合发《关于进一步规范残疾评定和残疾人证管理的实施办法》，坚持问题导向，规范程序，规范残疾评定，维护残疾人合法权益。开展集中评残，全年新办理残疾人证731份。按上级统一部署，区残联与区派驻第五纪检监察组联合对168名公职人员持残疾人证进行清理审核。开展严重精神障碍患者持残疾人证梳理排查，组织对其中158名未持精神残疾人证患者进行残疾评定。为33名不便出户残疾人开展入户评残。区残联全面完成年度持证残疾人状况调查工作，做好残疾人证系统基础信息更新。制定出台《残疾人证办理便利化服务实施办法（暂行）》。

【“彩虹桥”志愿服务】 2022年，赣榆区彩虹桥心智障碍者家庭互助中心采取“互助服务+社会支持”的运作模式，为心智障碍儿童提供日间照料、为家长们提供技能培训、心理疏导、社会支持等服务。150余名志愿者常态化参加中心志愿服务，建成赣榆烟草“彩虹桥”新时代文明实践点、法院“守护天使”新时代文明实践点、江苏海洋大学志愿服务实践基地、赣榆特教学校送教上门等志愿服务点。互助中心惠及全区300多个家庭，有100多个家庭常态参与活动，资助残疾儿童50余名。3月3日，互助中心负责人秦民、仲婷婷夫妇荣登2月“江苏好人榜”。3月4日，“彩虹桥”心智障碍儿童互助照料志愿服务项目在第六届江苏志愿服务展示交流会上，被省委宣传部、省文明办、省民政厅、共青团江苏省委评为“铜奖项目”。

【区残联第七次代表大会暨七届主席团一次会议】 11月10日，赣榆区残联第七次代表大会召开，会议应到代表125人，实到代表116人。区委书记吕洁出席会议并讲话，市残联党组成员、四级调研员耿军到会祝贺，区人大常委会主任毛太乐、区委副书记臧国徽、副区长周霞等出席会议。区残联理事长李家华代表区残联第六届主席团向大会作题为“凝心改善生活品质，聚力增进民生福祉，合力开启赣榆残疾人事业高质量发展新征程”的工作报告。会议选举产生第七届残联主席团成员33人和出席市联代表大会代表19人。举行区残联第七届主席团第一次会议，聘请臧国徽为主席团名誉主席，选举周霞为区残联第七届主席团主席，选举徐宾等

2022年11月10日，区残联第七次代表大会在区委党校召开

（姚绍庄　摄）

12人为副主席，推举区残联执行理事会理事长，通过副理事长、理事名单，通过区各残疾人专门协会主席、副主席名单，通过市残联第七届主席团委员推荐名单。

（涂英剑　丁　昊　秦　民）

连云港市赣榆区红十字会

【概况】2022年，赣榆区红十字会开展“新冠疫情”“5·8人道公益日”“9·9公益日”等募捐筹资活动，组织实施博爱救助工程，推进省“百万救护培训”“博爱光明行”“救在身边”等项目，推动造血干细胞捐献、无偿献血等工作，推进组织建设、募捐筹资、人道救助、备灾救灾、应急救护、生命重建等各项工作。在青口镇柴荡、安庄，沙河镇丁巷、楼河4个社区（村）建设红十字博爱家园。成立中共赣榆区红十字会党组，郭瑜任党组书记，李培远、姜海欧任党组成员。区红十字会机关党支部召开党员大会和新一届党支部委员会第一次全体会议。

2022年3月17日，江苏镔鑫钢铁集团有限公司向赣榆区红十字会捐款300万元　（李培远　摄）

【募捐筹资】2022年，区红十字会接收社会各界捐赠款物1040.12万元。其中，捐款874万元，捐物价值166.12万元。做好新冠疫情防控募捐活动，接收社会各界新冠疫情捐赠款物400.53万元，拨付新冠疫情捐赠款物399.63万元。3月17日，江苏省镔鑫钢铁集团有限公司向赣榆区红十字会捐款300万元，支持赣榆新冠疫情防控。在“5·8博爱周”期间，发起“赣榆区救在身边·拯救折翼天使”项目活动，救助白血病儿童。网上筹集爱心捐款2.39万元。“9·9公益日”期间，网上募捐以及争取省市红会资金6.63万元，全部拨付厉庄卫生院实施“博爱光明行”项目，为78名贫困白内障患者进行手术治疗；区红十字会与区妇联联合开展“关爱女性远离两癌”线上募捐活动，收到捐款5042元。

【人道救助】2022年，区红十字会开展助学、助医、助困、助老、助孤等服务民生活动，全年拨付救助款物580.62万元。其中，救助款414.5万元，救助物资166.12万元。救助赣榆区12名贫困大学新生每人5000元，共计6万元。开展送文化下乡助学活动，救助黑林镇5名贫困大学新生每人2000元，共计1万元。救助赣榆区45名事实孤儿每人1000元，共计4.5万元。全区无偿献血4589人次，献血量163.68万毫升。为全区8名白血病儿童向中国红十字基金会申报小天使基金救助，7名白血病儿童获救助款共计23万元。成功捐献造血干细胞1例。5月18日，城头镇城头村居民王乐洲在连云港市第一人民医院为一名生命垂危的10岁白血病女孩成功捐献造血干细胞混悬液247毫升。

【救护培训】2022年，全区完成普及性救护培训10020人，培训救护员1315人，初级救护员512人，CPR+AED培训602人。

（李培远　吴茂芳）

法治

政法委与综治

【社会治安防控体系建设】2022年，赣榆区委政法委推进社会治安防控体系建设。加强技术支撑，汇聚监控资源，推进智能感知网建设，辖区沿鲁边界发案比2021年下降32%。设置吾悦广场、苏果超市、河滨广场、嘉汇城广场移动警务站，落实“1、3、5分钟”（核心区域1分钟内、重点区域3分钟内、其他区域5分钟内到达现场）快速反应机制，开展巡特警正规化建设。通过立体巡防抓获犯罪嫌疑人430余人，可防性案件下降50%以上。聚焦实战化职能体系定位，开展重点单位整治攻坚，走访检查寄递企业及网点13家、中小学120家、幼儿园128家，排查发现安全隐患36处。推进公共安全监管攻坚，查处各类交通违法行为为45.9万余起，道路交通事故数、死亡人数比2021年均下降22%，未发生有影响的道路交通安全事故。严打非法经营成品油违法犯罪，查处非法加油站点（车）72个，查获非法油品174.9吨。

【扫黑除恶】2022年，赣榆区共破获“九类案由”案件52起，抓获犯罪嫌疑人103人；破获涉及四大行业领域犯罪团伙10个，抓获嫌疑人171人；受理审查起诉“九类案由”案件47件130人，其中提起公诉25件86人；审结“九类案由”案件32件74人。接各级涉黑涉恶线索24件，其中，全国9件、市级4件全部办结。

【网格管理】2022年，赣榆区以建设红色党建、橙色平安、蓝色水域、绿色服务“四色网格”为载体，通过壮大党员先锋队、网格专业队、志愿服务队、平安巡防队“四支队伍”，推动社会治理力量向网格集聚，构建“榆”快巡、“榆”快报、“榆”快调、“榆”快办“四个‘榆’快”新机制。印发《关于强化党建引领创优社会治理建设和安榆格的实施意见》，按照“1名网格长+1名专职网格员+N名微网格志愿者”体系，补充招录专职网格员76人，细化微网格9297个，配备微网格志愿者9297人、选配“楼栋长”“十户长”3937人，打造“三级六员”网格队伍。全年排查重点场所2.1万余处，发现安全隐患16万余处，上报事件42万余条，推动网格内问题隐患及时发现、邻里矛盾纠纷及时化解、群众诉求及时响应。启用区社会矛盾多元调处中心，优化调整矛盾纠纷调处工作队伍，打造“集中受理、集中审理、集中决定”解纷综合体，提供“一站式”服务，化解各类矛盾纠纷1.2万余件。

【政法队伍教育整顿】2022年，赣榆区持续巩固深化政法队伍教育整顿成果，推动全面从严管党治警常态

2022年，赣榆区落实快速反应处置要求，最大限度把警力和装备前置到街头路面。图为5月6日特警在赣榆高速路口出警画面　（苗润刚　摄）

2022年5月12日，墩尚镇网格员在居民小区开展群众安全感满意度宣传
（张俊川 摄）

化、制度化，区政法各单位全年组织集体学习120余次，开展《中国共产党政法工作条例》专题学习5次，政治轮训13次1840人次，专题辅导3次，研讨交流5次，观看红色专题电影4次。推进全面从严治党，细化党风廉政建设"两个责任"清单，严格落实"一岗双责"，层层签订责任状，常态化开展政治忠诚剖析和政治督察，开展谈心谈话1200余人次，推动全警知敬畏、明底线、受警醒。强化顽瘴痼疾整治，提升执法司法规范化水平。全年报告违反干预"三个规定"相关信息102条，召开警示教育大会9次，警示教育活动32次。持续把建章立制作为治本之策，全年出台法治建设、深化改革、法律监督、严格执法、服务群众等方面规章制度106项。采取自下而上的政法英模培树模式，强化日常典型积累，提升榜样实效，涌现出"全国模范人民调解员"卢干景、"全国未成年人思想道德建设工作先进工作者"杨红萍等一批政法英模。（熊燕明）

表8 2022年赣榆区司法"十大典型案例"一览表

序号	案例名称	报送单位
1	张某虚假诉讼案	区法院
2	张某等54人特大跨境电信网络诈骗案	区法院
3	江苏善俊清洁能源科技有限公司破产重整转清算案	区法院
4	张某某、宫某某、冯某某、焦某、石某诈骗案	区检察院
5	于某、宋某等5人非法制造、买卖、运输、储存危险物质案	区检察院
6	连云港市赣榆区人民检察院诉李某等人非法采矿刑事附带民事公益诉讼案	区检察院
7	胡某等人涉嫌组织考试作弊犯罪	区公安局
8	赣榆区"7·17"非法捕捞水产品案	区公安局
9	陈某等人涉嫌侵犯公民个人信息犯罪	区公安局
10	李某某亲属与连云港市赣榆区某镇卫生院医疗损害赔偿纠纷案	区司法局

（熊燕明）

法治政府建设

【依法行政】 2022年，区委全面依法治区委员会会议召开，印发《中共赣榆区委全面依法治区委员会2022年工作要点》，部署2022年法治建设重点工作。贯彻落实法治建设"一规划两方案"，制订《赣榆区法治政府建设实施方案（2021—2025年）》和年度工作计划，推进法治赣榆、法治政府、法治社会一体化建设。成立赣榆区法治政府建设示范创建领导小组，部署开展第二批省级法治政府建设示范创建活动。落实政府法律顾问制度，选聘区政府法律顾问19人，全年共组织区政府法律顾问集体会商或征求意见4次，审核各类政府文件、合同等法律性事务192件，提出参考意见160余条。

【行政执法规范化建设】 2022年，赣榆区召开区委全面依法治区委员会执法协调小组会议，部署开展全区基层综合执法规范化建设专项行动。在全区开展政府购买服务协议专项清理，排查政府购买服务协议21件，不存在表述有歧义、不规范的服务协议，全区各镇综合执法无第三方外包行为。组织区赋权部门和各镇对综合行政执法赋权事项实施专项评估。

严格行政执法人员资格审查和业务培训，全年开展行政执法培训3批500余人次，组织行政执法人员资格考试900人次。完成全区行政执法人员执法证件换发工作，换发执法证件1147件。

【行政执法监督】 2022年，赣榆区推动职能划转，发挥执法监督专家库作用，采取专班评查、集中评查、专案评查等多种形式，对社会影响大、群众反映强烈、处理难度大的信访案件，组织开展评查评议。全区开展21件案件集中评查1次、专案评查1次，未发现存在执法错误的案件。开展年度执法司法典型案例和优秀案例评选活动，评选出十大典型案例。按照“应救尽救”的原则，对因刑事案件造成被害人及其家属生活困难的，给予国家司法救助进行一次性补助。全年，审核司法救助案件104件116人，救助金额179.56万元。

【行政争议化解】 2022年，赣榆区健全重大矛盾纠纷化解工作机制，出台《重大矛盾纠纷专家（法律、医学）咨询制度》，统筹开展矛盾纠纷多元化解工作。以信息化手段提升调解质效，多举措推广“苏解纷”应用程序，全区注册人数达6.03万个，注册量保持全市第一。全年通过非诉讼方式化解矛盾纠纷4.37万起,协议赔偿或补偿金额1.75亿。

【行政复议】 2022年，区司法局代表区政府新收行政复议申请270件，比2021年增长193.48%；立案办理204件，比2021年增长145.78%；结案202件，比2021年增长197.06%；直接纠错21件（确认违法18件，撤销3件），纠错率10.4%。

【行政应诉】 2022年，赣榆区落实行政负责人出庭应诉制度，区政府负责人出庭11件次，区级部门和镇负责人出庭65件次，行政机关负责人出庭应诉率保持100%。1件案件获评2022年度全省行政应诉案卷评查优秀案卷。

【合法性审查】 2022年，区司法局严把法制审核关，全年共审查区级规范性文件2件，备案2件；审查区政府重大行政决策5件、区级重大行政合同14件、其他涉法事务63件。加强规范性文件管理，开展规范性文件全面清理工作，全年共梳理各类政策文件103件，其中，确定保留的区政府规范性文件56件，修改4件，废止43件。强化重大行政决策管理，制定2022年区政府重大行政决策事项目录（草案），完成204国道赣榆城区段改造项目合法性审查。

（王　凯）

2022年9月1日，客商就长达1年的纠纷在行政复议程序中实质化解，向区司法局送来锦旗表达谢意　　（区融媒体中心 供图）

公安

【概况】 2022年，全区公安机关推进战新冠疫情、防风险、保安全、护稳定、促发展各项措施。全年有26个集体、56人受到上级表彰，4人立个人二等功，涌现出“全省优秀公安基层单位”区看守所、“全省优秀人民警察”胥珍珍、“全省优秀交通安全宣讲员”周小江等一批模范集体、先进典型。深化“放管服”改革，实现户政、交管、出入境等26项高频业务“一窗综办”，区级公安即办件事项占比提升至70%，审批服务事项时限压缩度达60%。

【户政管理】 参见233页【户政管理】条目。

【社会治安管理】 2022年，区公安局围绕中共二十大、冬奥会、各级“两会”、国家公祭活动等重大安保任务，落实重点目标守护、社会面巡防等措施，快速稳妥处置“7·9”“10·5”突发新冠疫情，未发生有影响的政治事件、未发生有影响的群体性事件。组织“打盗车反诈骗”“昆仑2022”、侵害妇女儿童权益问题专项排查整治、电诈综合治理等专项行动。

【交通安全管理】 参见251页【交通安全管理】条目。

【刑事犯罪案件侦查】 2022年，区公安局推进合成侦查机制建设，严厉打击严重暴力犯罪、有组织犯罪和多发性侵财犯罪活动，不断加强刑侦队伍专业化、信息化、规范化建设，全面提升刑侦打击犯罪的能力水平，全年破获恶势力犯罪团伙1个，侦破“2·6”张某故意杀人案、

2022年1月10日，区公安局举行升警旗仪式，庆祝第二个中国人民警察节 （宋舒雅 摄）

“1989·8·11”刘某超抢劫杀人案、“8·11”重大电信诈骗案、“11·22”城西珠宝店被盗案等一批大要案件，抓获犯罪嫌疑人1495人，公诉犯罪嫌疑人834人，抓获网上逃犯237人。将辖区“发案高、损失大、影响坏”的电信网络诈骗犯罪作为工作突破口，实体化运行反诈中心，技术反制、宣传防范、预警拦截有力有序，全年立电信网络诈骗案件1338件，比2021年下降15.2%；破电信网络诈骗案件522件，比2021年上升93.3%，全区公诉电信网络诈骗犯罪嫌疑人820人。

【经济犯罪案件侦查】 2022年，赣榆区应对新常态下经济犯罪的新挑战，严密防范化解重大经济金融风险，依法打击经济犯罪活动，维护公平市场经济秩序。立案侦查各类经济犯罪案件31件，破案27件，抓获各类犯罪嫌疑人89人，挽回各类经济损失2.86亿元。持续开展境外追逃工作，将防范打击非法集资、传销等涉众型经济犯罪作为工作重点，办结非法集资存量案件2件；破获传销案件2件，抓获犯罪嫌疑人2人；侦破非法经营假烟案2件重点案件；侦破“骗取出口退税案件”技战法被公安部经侦局列装推广，实现部局技战法推广零的突破；扎实开展涉众型经济犯罪防范宣传活动，在春节、“5·15经侦宣传日”等重要时间节点，运用微信、抖音等线上融媒体方式开展防范经济犯罪宣传，制作发布微动漫1个，向群众普及经济犯罪防范知识。

【水上治安管理】 2022年，按照长江大保护和服务长江经济带高质量发展总体战略部署，赣榆区公安局、水利局会同各镇对全区18条河流、72座水库进行常态化巡查，走访群众263人次、单位5家，推进水域安全整治，办理非法捕捞水产品刑事案件3起，抓获违法嫌疑人9人，办理涉渔行政案件35件，未发现非法采沙、非法排污等违法行为。区公安局组织各派出所对全区涵闸、水库、取水口等涉水要素信息进行全面采集，并录入电脑系统，做到涉水要素信息底数清、情况明。在夏汛期间，区公安局配合水利部门做好防汛期间河道违建清障工作。

【监所管理】 2022年，区公安局通过开展管理教育，规范日常行为，依法保障被监管人员合法权益。收集研判各类线索，提高协助破案质态，协破案件工作位列全市第一。加强风险防范，监所连续22年无安全事故。开展政法队伍教育整顿工作，提高队伍防微杜渐能力。连续17年民警队伍无违法违纪，区看守所连续4年被公安部评为“一级看守所”，被省公安厅评为“全省优秀公安基层单位”。

【重点单位安全保卫】 2022年，赣榆区有市、区两级200家治安保卫重点单位，区公安局按照有关国家行业标准和相关的管理规定，依法依规加强安全监督管理，落实校园安全责任，加强治安管控，设置护学岗，提高师生安全感，筑牢校园安全防护墙；分行业、分类别监督指导党政机关、中小学、幼儿园、医院、银行、电力企业、水厂、加油站等重点单位的人防、物防、技防建设，落实安全措施，切实加强水电油气等关系国计民生的重点单位、重点要害部位、重要基础设施的平稳运行。

【警务督察】 2022年，区公安局以“大数据+网上督察”三年行动计划为目标，探索“数据前置、关口前移、全程监督”的工作思路，做到早发现、早介入、早处置，发挥督察部门抓督导、抓推进、抓落实、抓问责的职能作用，消除潜在风险隐患。警务督察审计大队“校车驾驶人督察技战法”在全国公安机关“大数据+网上督察”三年行动技战法比武竞赛中获评优胜技战法，受到省公安厅通报表扬。

【网络安全治理】 2022年，区公安局采取网络安全自查、技术远程检测、现场督导检查相结合的方式推进网络安全大检查，重点加强对水、电、气等关系国计民生网络安全检查，对区政务云入驻的全区69家单位、270个信息系统、入驻区政府网站群的63家区直党政机关网站进行专业技术攻击渗透检查。全年开展网站国际联网备案55家、等保备案12家，完成处置省厅通报的存在安全隐患的11家单位网站。在全区网吧系统开机画面部署反电诈宣传图片。在第八个“全民国家安全教育日”，开展网络安全进校园、进企业、进社区活动。在全民国家安全教育日期间，举办广场宣传6场、宣传进社区4场、宣传进企业2场、宣传进校园2场，举办专题讲座3场（次）、发放宣传资料2000余份、解答群众咨询200余次。

【危爆物品管控】 2022年，赣榆区共有治安部门管控的危爆物品单位35家，区公安局治安大队以危爆物品“不打响、不炸响、不流失”为工作目标，加强安全监管，督促各项治安防范措施落实到位，消除安全隐患。全年共组织安全大检查85家次，整改隐患120处，无安全事故或案件发生。

【110接处警】 2022年，区公安局共接警28.91万件，有效警情7.96万件，违法犯罪警情1.36万件，交通警情2.76万件，群众求助9700件，火灾事故345件，举报投诉5943件，纠纷2.18万件，其他警情237件。通过快速指令、迅速反应，共找回走失人员387人，现场抓获违法犯罪嫌疑人29人，阻止煤气泄漏事件3件，处置精神障碍患者肇事肇祸152件，处置落水危险事件28件，现场调处可能引发严重后果的重大矛盾纠纷6件。

【禁毒工作】 2022年，赣榆区公安局以开展苏安行动、夏季治安整治“百日行动”“禁种铲毒”、易制毒化学品专项整治等行动为主线，坚持常态化打击涉毒违法犯罪行为，以禁毒预防教育为载体，坚持“巩固、完善、发展、创新”的工作思路，加强和创新禁毒管理工作，全面夯实禁毒工作基础。全年共破获涉毒刑事案件17起，共抓获犯罪嫌疑人21人，查处吸毒人员38人。在禁种铲毒专项行动中，全区共铲除罂粟种植点350处，铲除罂粟4738株，收缴罂粟种子993克，批评教育229人。赣榆分局选址筹建禁毒教育基地和禁毒文化广场，打造禁毒文化宣传阵地。赣榆区各镇党委履行禁毒职能，选址挂牌成立社区戒毒社区康复办公室，推进禁毒各项工作，全区形成打击、防范、管理并举的禁毒工作体系。

【“政务+警务”融合服务】 2022年，区公安局树立“靠前一步，主动作为”理念，在“便民利企促发展”上出实招，在苏北地区首创“政务+警务”融合发展服务模式。全面梳理出入境、户政、车驾管等高频公安政务服务事项186项，其中区级77项、镇级59项、村级50项，进一步厘清各级公安综合服务窗口办事职责，推动全区公安政务服务事项标准化建设进程。全年接待办事群众1.86万人次，办件1.58万件。推进派出所“综窗”建设，投入140余万元采购“综窗”助手一体机、云桌面等设备共计24套。在沙河镇、青口镇、柘汪镇便民服务中心试点打造公安服务专区4个，试点建成“警快办”综窗。其他镇级专区序时全面启动，推动实现警务服务镇级全覆盖、“一站式”，全面实现户政、出入境、车驾管三类业务33项子业务全流程办理。面向非涉密事项，配套制定“警快办”帮代办清单，匠心打造“片区民警+辅警+网格员+镇村帮代办员”帮代办服务网络，实现公安政务服务向镇便民服务中心的延伸拓展。联合区行政审批局发挥双向监督作用，将“首问负责”“一次告知”“限时办结”等一系列好的行为准则纳入全区各级公安综合服务窗口管理规范，同时引入政务服务“好差评”系统，生成制作窗口“好差评”二维码，企业群众可即时对“窗口服务”质量进行扫码评价。率先引进线上云应答人工智能与客服等交互技术，随时随地精准解答户政、交管、出入境等高频咨询问题，提升服务响应速度和质量。码上直达，服务快享，创新性利用公安二维码门牌采集终端，将各级政务服务咨询电话、联系地址、办事指南、帮代办员姓名、联系方式等内容链接，实现群众用手机扫一下门口的门牌二维码，便可以咨询相关业务、查找办理相关事项的一次性告知清单等内容，实现服务咨询直达快享。

【出入境与往来港澳台管理】 2022年，区公安局受理公民出境与往来港澳台证件申请1968人次，其中护照申请1377人次，内地居民往来港澳通行证申请581人次，大陆居民往来台湾通行证10人次，开通绿色通道为紧急出境人员办理护照3人次。阻止法定不准出境人员办理证件6人次，劝阻涉诈前科人员办理出国境证件10人次。依法将涉嫌赴境外从事电信诈骗、跨境赌博对象报列为法定不准出境人员，列控法定不准出境人员1463人，其中公安部下发涉诈嫌疑人员688人。更新国家登记备案人员信息146条。

【海防管理】 2022年，赣榆区调整区海防委员会领导班子，区委书记吕洁担任区海防委主任，区长李莉担任常务副主任。海防工作纳入区委常委会重要议事日程，常抓常议涉海工作。加强海上常态化巡航，加强突发事件演练，加大重点海域综合管理力度，维护海上安全稳定，建强“民警+辅警+义警”沿海治安管控队伍，持续提升海上执行任务能力。将海防基础设施建设与解决渔业生产困难有机融合，建成海防执勤道路34条、桥梁3座、码头1座。建成海防监控站10个、涉海电子围栏4路、监控86个。严防新冠疫情输入，检查人员2000余人次、交通工具900余辆次。推动“护航正义联盟”“蓝海义警”等群防群治队伍建设，依托海上“五联”（联席会议、联动干预、联勤执法、联合宣教、联盟管理）机制，走访沿海地区1万余户群众、200家企事业单位，化解矛盾纠纷260余起，帮扶困难群众200余人。打击涉海犯罪，查处涉海刑事、治安案件45起、抓获犯罪嫌疑人56人。

【见义勇为表彰】 2022年，赣榆区贯彻落实《江苏省奖励和保护见义勇为人员条例》，做好完善见义勇为工作机制、表彰奖励、社会宣传、权益保护和基层基础等方面工作。1月，区见义勇为基金会被连云港市见义勇为基金会评为全市见义勇为工作先进单位。区公安机关共确认见义勇为人员10人，发放奖金3.7万元，其中，见义勇为人员与犯罪分子作斗争4件、提供线索协助警方破获案件4件、救人2件。开展“喜迎二十大、忠诚保平安”见义勇为人员表彰奖励活动，赣榆区有2人被省见义勇为基金会表彰。1月10日，结合庆祝中国人民警察节开展见义勇为宣传活动，共发放宣传单500余份。在“平安赣榆”微信公众号、抖音号发布见义勇为宣传信息6条。发布《关于奖励预防和救助未成年人安全事故等见义勇为行为的通告》，对预防和救助未成年人安全事故的见义勇为行为进行奖励。（宋舒雅）

检察

【概况】 2022年，赣榆区检察院立足检察监督职能，做好刑事检察、民事检察、行政检察、公益诉讼检察，推进检察工作创新发展。坚持创新创优检察队伍管理机制，建立“成长成才成名”青年干警培育机制，打造“检察初心、怀仁至善”党建品牌，推进党建和业务深度融合。落实总体国家安全观，依法从严从重惩治危害国家安全、涉恐、涉邪教、“黄赌毒”等犯罪，批准逮捕16人，审查起诉78人。参与案例实训、岗位练兵等多元化培训2000余人次，与苏南基层院开展结对共建，互派干部挂职交流，11人次在省级以上业务竞赛、评比中获得标兵、能手称号。主动接受社会监督，邀请省、市、区人大代表、政协委员视察检察工作、观摩司法活动343人次；开展公开听证95场次；向社会公开法律文书1454份，接待律师243人次；公布案件信息173条，通过“两微一端”、检察门户网站对外发送微博、微信1606条。区检察院获全国检察宣传先进单位、江苏省文明单位、全省检察机关信息工作先进单位、全市政法宣传工作先进集体等荣誉称号。

【刑事案件检察】 2022年，区检察院常态化开展扫黑除恶，办理审查批捕九类涉黑恶案件18件43人，提前介入一起高利放贷、软暴力讨债的4人恶势力犯罪案件。审查起诉危险驾驶、交通肇事等妨害公共安全犯罪335人。审查起诉故意杀人、抢劫、强奸等严重暴力犯罪60人。区检察院贯彻“少捕慎诉慎押”理念，对犯罪情节轻微且无社会危险性的，初犯、偶犯，依法不诉188人。适用认罪认罚从宽制度，认罪认罚适用率上升至88.16%。强化诉前引导和审前过滤，全年诉前羁押率为16.2%，办理刑事侦查监督案件151件。办理速裁案件230件，速裁案件适用率为43%，速裁、简易程序适用率为80.14%，有效提升办案质效。加强刑事审判监督，检察长列席审判委员会会议3次。受理监委移送案件16件18人，提起公诉16件16人。

【民事案件检察】 2022年，区检察院办理各类民事监督案件74件。监督纠正虚假诉讼案件6件，涉案金额1500余万元。办理一起涉及破产民企的民间借贷纠纷案件，查明其中存在1100余万元的虚假债务，发出再审检察建议予以监督。对诉讼能力偏弱的老年人诉请支付赡养费、残疾人维权、农民工讨薪等案件，依法支持起诉80件，追索劳动报酬132.57万元。

【经济案件检察】 2022年，区检察院防范化解金融风险，严惩非法吸收公众存款、集资诈骗、传销等涉众型经济犯罪6件8人，涉案金额4451万元，追赃挽损814万元。与银行、公安、法院制定《反洗钱工作合作备忘录》，建立反洗钱工作联动机制，从快办理洗钱案件3件。依法严厉打击逃税骗税犯罪，对1起税额超3400万元的“循环出口”骗取退税案件11名被告人提起公诉。与区税务局建立涉税协作机制，凝聚合力维护国家税收征管秩序。

【行政案件检察】 2022年，区检察院办理行政检察监督案件46件，提出检察建议42件。围绕生态环境、国土资源、社会保障等重点领域办理案件10件，发出检察建议10件，全部得到采纳。推进行政争议实质性化解，成功化解、调处3起婚姻登记行政纠纷，促使存在长达18年的无效婚姻登记被撤销。在监督个案基础上制发检察建议，与民政部门建立协作机制，共推辖区错误婚姻登记去“存量”。在全市范围内首次与区法院会签《关于加强行政审判与行政检

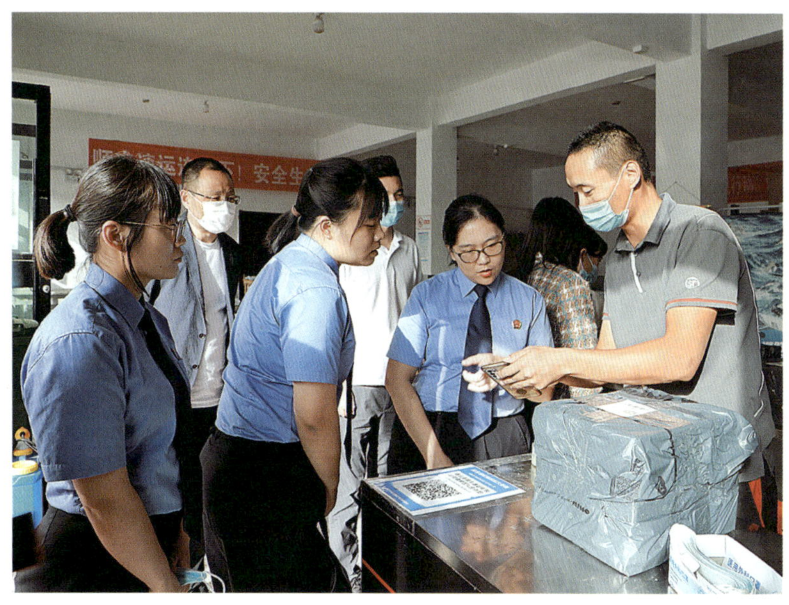

2022年9月20日，区检察院干警走访海头电商产业园，开展专项海鲜寄递检查活动 （董潇文 摄）

2022年11月18日，赣榆区各民主党派代表参加区检察院“益心为公”检察云平台工作座谈会（区检察院　供图）

察协作配合的意见》。

【公益诉讼案件检察】 2022年，区检察院立案办理案件85件。通过排查发现骗取医保资金案件50余起，推动规范医保基金支出，追回医保资金50余万元。发现企业非法取用地下水情况，督促职能部门追缴。学校隔壁的养鸡场拆除行政公益诉讼案入选省院《检察官的决定》摄制及两会展播。督促整治高层住宅“飞线充电”等消防安全隐患行政公益诉讼案入选正义网“千案展示”。区检察院、区应急管理局、区市场监管局等6家单位建立协作机制，聘请行政机关业务骨干兼任检察官助理，联合区委统战部聘任“益心为公”公益保护志愿者，对接自然资源部门共建“检源行”生态保护联动机制，加强“检校共建”日常联动，推动构建协同化、社会化体系。向乡镇政府制发提醒函，推动社区、公安、民政等多部门形成合力，将流浪人员妥善安置、纳入封闭社区管理。跟进开展医疗废弃物处置、“消”字号产品、监管场所防新冠疫情等专项检察。

【未成年人案件检察】 2022年，区检察院严惩侵害未成年人犯罪，提起公诉38人。区检察院会同区民政、教育、妇联、卫健委等部门持续推进强制报告、入职查询等制度，推动密切接触未成年人行业入职查询3000余人次。开展医疗卫生领域和宾馆服务业强制报告排查专项行动，发现并移交侵害未成年人犯罪线索10件。批准逮捕侵害未成年人犯罪嫌疑人28人，起诉侵害未成年人犯罪19人。完善“一站式”保护体系，提前介入性侵未成年人案件19件19人，提供司法救助24人，发放救助金28.6万元。支持提起变更抚养权起诉3件3人。区检察院与区妇联制定《家庭教育指导实施细则》，开办“家长法治教育课堂”6场。发出《督促监护令》12件、《家庭教育指导令》5件。19名检察人员被区教育局聘任为法治副校长，举办法治讲座36次，覆盖学生7万余名。

【执行检察监督】 2022年，区检察院开展职务犯罪财产刑执行专项监督，监督执行19人，执行到位352.74万元。开展判实刑未交付执行专项检察活动，监督收监2名犯罪人员，防范“纸面服刑”。在跨市交叉巡回检察中查办狱警徇私舞弊减刑犯罪1件1人。

【检察服务】 2022年，区检察院坚持以法治稳企业保就业。对企业负责人涉经营类犯罪依法不捕1人、不诉14人，提出适用缓刑建议3人。在办理夏某等24人虚开增值税专用发票案中，对涉案10家民营企业集中作出不起诉决定。针对辖区一家民营企业异地涉税案件，通过跨省司法

2022年6月24日，在区检察院“红萍”工作室，省市妇联调研观摩未成年人权益保护工作（董潇文　摄）

联动，促成当地检察院开展羁押必要性审查，变更3名企业高管人员的强制措施。打击侵犯企业权益犯罪，审查起诉25人，为企业挽回损失68万元。区检察院、区工商联、区税务局等8家单位共建第三方监督评估机制，共同推进企业合规，成功办理全市首个跨区域企业合规案件，使“带病企业”实现“司法康复”。

【矛盾纠纷化解】 2022年，区检察院立足刑事和解职能，坚持和发展新时代“枫桥经验”，促成刑事和解51件145人，和解金额795万余元，刑事和解率100%。开展“司法救助助力巩固拓展脱贫攻坚成果助推乡村振兴”专项活动，加大对农村地区残疾人、妇女、未成年人等被害人的救助力度，为68人发放救助金85.8万元。受理群众来信、来访211件次，7日内回复率和3个月内办理过程或结果答复率均为100%。

【苏鲁边界检务合作】 2022年，区检察院联合区自然资源和规划局、班庄镇政府、山东省临沭县检察院开展省际边界检察公益生态修复工作，修复因非法采矿造成的巨型“天坑”。

（林 娣）

法院

【概况】 2022年，区法院受理案件1.58万件（含旧存2198件），结案1.41万件。在全市法院年度综合考评中实现“三连冠”。

【刑事案件审判】 2022年，区法院审结刑事案件708件951人，审结抢劫、故意伤害等暴力犯罪案件72件89人，审结盗窃、诈骗等多发性侵财犯罪案件137件214人。坚决惩治腐败，审结职务犯罪案件20件21人。严厉打击“杀猪盘”“兼职刷单”等电信网络诈骗犯罪，从严从快审结相关案件7件60人，维护群众“钱袋子”安全。审结涉645名被害人的蒙古国“10·30”大型跨国电信诈骗案，54名被告人被判处刑罚，14名被告人被判处十年以上有期徒刑。审结醉驾、飙车炸街等交通违法犯罪案件343件367人。严厉打击危害食品药品安全犯罪，对销售有毒有害“补品”的林某判处有期徒刑，发出从业禁止令，并处3倍公益赔偿金，维护群众“舌尖上”的安全。

【民事案件审判】 2022年，区法院审结教育医疗、养老育幼等民生案件898件。以“根治欠薪”保障“劳有所得”，办结相关案件1270件，为农民工追回欠薪695万元。城头法庭运用“四快”机制化解23名农民工集体讨薪案，受到社会广泛好评。以司法救助保障“弱有所扶”，为“执行不能”案件购买救助保险，为困难当事人缓减免交诉讼费近20万元，发放司法救助金94.8万元。注重关爱空巢老人，审结七旬母亲起诉子女赡养纠纷案，以法之名督促子女“常回家看看”。注重关心关爱未成年人，审结涉少案件249件，向家暴的父母发出家庭教育指导令，警示棍棒教育不可为。坚持寓教于审，深耕“圆梦平台”帮教品牌，让失足少年重归正途。实施“法治护航”工程，开展模拟法庭、送法进校园活动17场次。少年家事庭庭长李明获评全国法院“少年法庭工作先进个人”。

【商事案件审判】 2022年，区法院审结商事案件5559件，解决争议标的额12.8亿元。加大对重点项目、重点工程司法支持力度，推动涉嘉会城78家商铺查封纠纷妥善化解，为万达广场开业扫清障碍。支持行政机关依法行政，执结非诉执行案60件，到位标的额173.86万元。受理破产案件208件，结案177件，妥善安置职工136人，化解不良债权16.25亿元。审结星辰新材料、鹏程化工等危化企业破产案件，释放闲置土地46.7公顷，处置危化物料7000余吨。运用重整、和解方式帮助绿祥源饮品有限公司等多家企业获得重生。善俊清洁能源公司破产清算案入选全省法院破产审判典型案例。

【涉企案件审判】 2022年，区法院审结各类涉企案件3276件，调撤率39.47%。妥善化解股权转让等与公司有关纠纷，促进公司规范治理、依法经营。开展涉企案件专项执行工作，实现企业债权9.93亿元。引导193件涉企案件以分期履行等方式达成执行和解，最大限度减少对企业生产经营的影响。创新企业信用治理，

2022年3月4日，海头法庭工作人员在海头中心渔港码头的渔船上调解涉渔买卖合同纠纷

（李家信 摄）

综合运用教育督促、指导帮扶等措施，促进212家企业修复信用，恢复正常经营。

【案件执行】 2022年，区法院受理执行案件6680件，其中新收5791件、旧存889件、执结5942件，结收案比107.56%，实际执结1423件，执行到位金额13.94亿元。其中，首执案件4788件，执行完毕率23.2%，平均用时96.5天。开展民生案件专项执行，执结相关案件1485件，到位标的额6712万元，获评全区政法系统"为民办实事"优秀项目。在实现对银行存款、股票证券、支付宝、微信网络冻结、解冻的基础上，推动完善不动产的网络查封和解封工作，线上财产查询1320件次，查封房产1420处，扣押车辆235台，网拍变现5525.87万元。严厉惩戒失信行为，将3452名被执行人纳入失信名单，对4944人次限制高消费，公开被执行人6093人次；线下利用城区电子显示屏、各镇、村（社区）公示栏公布失信被执行人信息66条，司法拘留50余人次。

【民事诉讼改革】 2022年，区法院适用小额诉讼、简易程序审结案件7544件。把握普通程序独任制适用标准，独任制审判适用率达59.32%。法定正常审限内结案率等效率指标位居全省法院前列。优化民事速裁团队建设，完善"诉调对接+分层过滤"工作机制，推进1004件民商事案件在前端快速处理，平均审理天数19天，优化"一法庭一特色"建设，"渔家法庭""法润乡风"将司法服务送到渔船码头、田间地头，获评全市政法系统为民办实事项目。

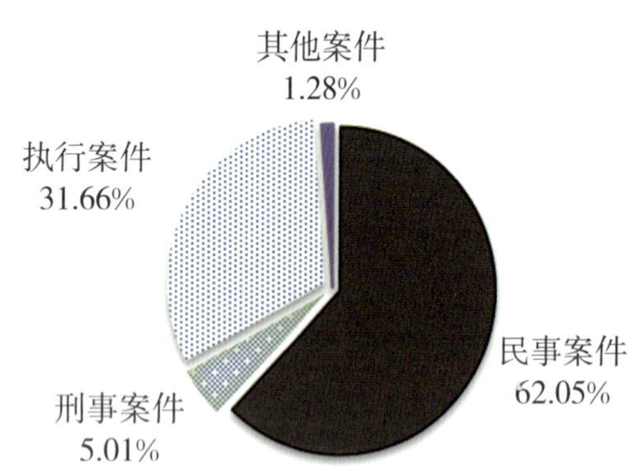

2022年赣榆区法院审执结案构成图

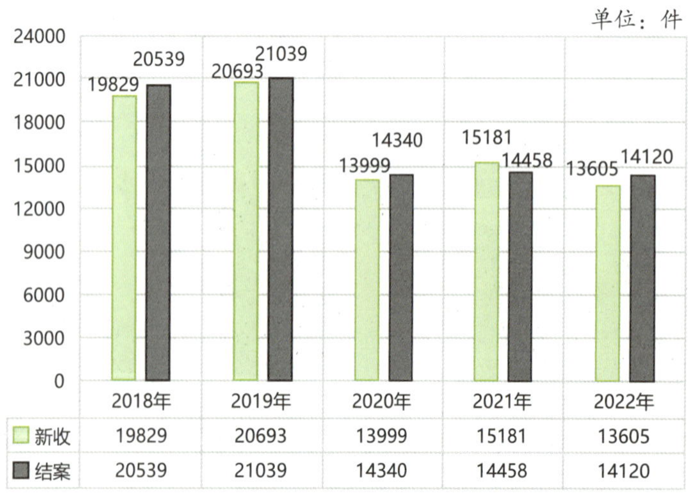

	2018年	2019年	2020年	2021年	2022年
新收	19829	20693	13999	15181	13605
结案	20539	21039	14340	14458	14120

2018—2022年赣榆区法院新收、结案变化情况图

【审判管理】 2022年，区法院审管办坚持"公正与效率"司法主线，强化院庭长审判监督管理职责，完善院长、分管院领导、部门负责人、审管办"四位一体"审判管理体系。实行"月通报、周提醒"工作制度，动态跟踪各项审判质效指标，调整指标弱项，开展办案竞赛。

【诉源治理】 2022年，区法院推进诉与非诉对接机制建设，全院诉前分流案件9173件，诉前分流率113.04%，调解结案9340件，调解成功5553件，诉前调解成功率59.45%。

【人民法庭建设】 2022年，区法院审理涉农业合作社、生态农业等纠纷105件，为现代农业产业园等提供法律咨询、风险评估。在电商产业园设审务工作站，开辟涉电商案件绿色通道，服务电商产业发展。参与"清产核资"专项行动，定期为镇村干部开展法律培训，就合同拟定等提供法律咨询，审结相关案件81件，助力村集体清收土地、追缴承包费。开展"法官进网格"活动，联合基层开展纠纷排查化解、新冠疫情防控等200余场次。选取婚约财产、邻里纠纷等案件，进入基层开展巡回审判。成立法治宣讲团，开设"赣法微课堂"，针对农村多发纠纷，开展线上、线下普法宣传58场次。

【多元解纷和诉讼服务体系建设】 2022年，区法院在登记立案、多元解纷、分调裁审、涉诉信访化解及优化法治化营商环境等重点目标任务上全面发力，积极践行司法为民宗旨，持续放大省级"多元解纷和诉讼服务"示范法院品牌效应，各项工作有力有序有效推进，各项质效指标均位于全市法院前列。加大案件调解力度，4405件案件以调解、撤诉方式结案，民商事案件调撤率53.06%。在江苏微解纷平台新增25名调解员，持续擦亮人大代表参与涉诉纠纷化解等特色品牌，加大人民调解、行业调解力度，诉前成功化解纠纷5620件。健全家事纠纷“三员”调解等机制，注重情感修复、亲情弥合，审结婚姻家事案件2018件，调撤率保持在70%以上。通过“集中调解+示范审判”的方式，妥善化解百名业主诉逾期交房等一批群体性案件。坚持用农村方式化解农村纠纷，引入“包工头”“船老大”等“乡土专家”，高效化解“乡土纠纷”，避免专业鉴定费时费力，相关做法被写入省法院工作报告。（李家信）

司法行政

【概况】2022年，赣榆区司法局组织实施全面依法治区和司法行政工作，获评全国组织宣传人民调解工作先进集体、全省司法行政为民先进集体、全省司法行政系统高质量发展争先进位奖、全省推进行政复议体制改革表现突出单位。区公共法律服务中心获评全省公共法律服务工作成绩突出集体，区法律援助中心海上通海水域人身损害赔偿纠纷提供法律援助入选“全省法律援助十大优秀案件”，多元矛盾纠纷化解工作和法律援助工作分别在全省会议作经验交流，法治建设工作得到省委依法治省委员会督察组的肯定。全区法治建设满意度调查在省级测评和市级测评中均位居全市县区前列。

【公共法律服务】2022年，赣榆区以区公共法律服务中心为龙头，依托15个镇级公共法律服务中心（站点），探索打造“一站式受理、全流程服务”综合平台，助推公共法律服务普惠便民。优化一村一法律顾问，实施“挂牌服务”，全年进村（社区）开展法律服务1945人次，参与调解各类矛盾纠纷58件。坚持“法律明白人”队伍“建、管、用”和农村学法用法示范户培育一体推进，全年共培育“法律明白人”2742人，组织“法律明白人”参与法治宣传活动近百次。加强基层法律服务所“五项规范化”建设，新增5名基层法律服务人员，充实基层法律服务所力量；促进基层法律服务所规范执业，开展集中检查20余次，案卷评查1次，共评查卷宗1092本，其中优秀卷宗577本、良好卷宗262本、基本合格卷宗150本、不合格卷宗103本，合格率90.5%。

2022年10月8日，区司法局工作人员到连云港宝迪汽车配件制造有限公司开展法律服务活动（徐 曼 摄）

【法律援助】2022年，赣榆区坚持“应援尽援、应援优援、应援速援”，扎实开展“法援惠民生拓展工程”，新建法律援助站点9个。打造“榆快援”法律援助品牌，开通农民工法律援助“绿色通道”，降低法律援助门槛，简化审批程序，全年共受理法律援助案件1198件，其中，民事案件998件、刑事案件200件，万人比达到11.93。放大赣榆区法律援助涉海涉渔“渔家驿站”特色项目效应，各站点举办“法援惠民生”专题讲座6场次，解答来访咨询近1200人次，办理涉渔援助资助案件29件，相关经验做法在全省法律援助工作暨司法行政惠民实事推进会上交流。开展法律援助值班律师法律帮助、认罪认罚工作，开展法律帮助600余件次。

【社区矫正】2022年，赣榆区开展社矫安帮安全隐患排查整治及提质专项行动，严格执行社区矫正监管规定。全年社区矫正对象零脱漏管、零再犯罪。聚力“数字法治、智慧司法”建设，成功打造1000余平方米全功能智慧矫正中心，提升社区矫正工作规范化、精细化和智能化水平。以打造省级智慧矫正中心为抓手，规范矫正档案、调查评估，严格刑罚执行、强化教育矫正、落实适应性帮扶、坚持行为规范教育，防止和减少社区矫正对象脱管和重新违法犯罪。抓好安置帮教工作，加强闭环管理，严格落实必接必送制度，加强对有较大风险的刑满释放人员的筛查和管理工作。利用节假日等节点走访安置帮教对象200余人次，帮助特殊人群困难家庭解决困难。全区有在册社区矫正对象697人，安置帮教对象3272人，后续照管对象55人。

【司法鉴定】2022年，赣榆区深化司法行政系统“放管服”改革，优化减证便民服务，受理各类鉴定案件480余件。区人民医院司法鉴定所公示鉴定流程、鉴定收费制度、告知书、廉洁执业制度。对材料齐全的鉴定事项，一般15个工作日内办结，出具鉴定意见书；对重大、复杂疑难的鉴定事项，及时沟通讨论。对老、弱、病、残等弱势群体当事人因困难不能到鉴定所申请办理的，鉴定人员预约上门服务。为低保户生活等经济困难的社会弱势群体办理法律援助鉴定7例，减免鉴定费用6000元。

【人民调解】 2022年，区司法局将行政复议全与人民调解、劳动仲裁等纠纷解决机制相衔接，减少人民群众在维护自身权益上的成本、障碍和困难。全年人民调解组织成功调处矛盾纠纷2.94万起，调解成功率98%。通过调解和解方式促使申请人撤回终止行政复议案件67件，实质化解率达33.17%。发挥全国先进（模范）调委会和品牌调解室功能作用，优秀调解员卢干景登上《人民调解》杂志封面，调解事迹被专题报道。

【戒毒管理】 2022年，区司法局贯彻落实江苏省《后续照管工作规范》，全区在册后续照管对象53人，培育在册戒毒典型52人，照管率100%，操守保持率100%。赣榆区工作站配备专职工作人员3名，设有心理辅导室、律师值班室、禁毒宣传室等功能室；服务站实现乡镇全覆盖，司法所均配有专职社工。

【公证服务】 2022年，赣榆公证处办证5239件，其中，涉外及港澳台公证1173件，中国内地民事公证3685件，中国内地经济证371件。

【法治宣传教育】 2022年，赣榆区强化“谁执法谁普法”责任制，全年对45家单位实施履职评议，压实压牢普法责任。深化法治宣传教育，聚焦机关工作人员、青少年、农民工等重点人群，开展“百万党员学宪法学党章考法律活动”“农民工学法活动周”“法润赣榆·春风行动”、送法进校园等法治宣传教育，全年开展送法活动160余次，发放宣传材料2万余份。创新法治文化建设，提档升级区法治文化公园、区检察院普法中心、区公安局宋口戒毒站、墩尚镇法治文化广场、中林子村法治文化公园5家省级法治文化示范点。全区设立7个立法民意征集点，开展“立法民意征集进企业”“立法民意进园区”活动，引导群众参与立法计划进行意见征询、草案意见征求等工作。

【“援法议事”制度落实】 2022年，赣榆区发挥法治在乡村治理中的引领和保障作用，将“援法议事”全覆盖指标纳入各镇党的建设考核范围，开展“援法议事”专题培训，打造“援法议事”特色阵地，35个村（社区）获评市级以上援法议事示范村（社区）。

【民主法治示范村（社区）创建与管理】 2022年，赣榆区推进省级民主法治示范村（社区）创建和动态管理工作，对不符合创建标准的34个村（社区）提请撤、注销，新申报省级民主法治示范村（社区）25个。

（王　凯）

仲裁

【概况】 2022年，连云港仲裁委员会赣榆分会宣传推广仲裁法律制度，与企业代表、商会进行座谈6次，邀请相关人员实地参观仲裁分会39人次，提高仲裁事务知晓率、仲裁条款约定率，减少纠纷进入诉讼渠道，节约司法成本。加强仲裁员业务及综合能力培训，强化服务意识，杜绝“门难进，脸难看，办案慢”的现象。

（王　凯）

【劳动仲裁】 2022年，赣榆区完善横向到基层、纵向到企业的预防调解工作架构，在企业内成立劳动争议预防调解组织，实现从源头上预防和减少劳动争议。全年立案处理劳动争议案件352件，审结342件，仲裁结案率为97.16%，高于省控90%的目标。推广“互联网+”调解新模式，通过调解专家平台办结案件150件，调解成功124件，调解平台调解成功率为82.67%。

（杜婷婷）

【商事仲裁】 2022年，全区受理商事仲裁纠纷案件36件，涉案标的8890.01万元。36件中，调解结案7件，调撤结案4件，裁决结案3件，中止案件18件。

（王　凯）

连云港市赣榆区人民武装部

【概况】 2022年，连云港市赣榆区人民武装部（以下简称区人武部）以习近平新时代中国特色社会主义思想、习近平强军思想为指导，坚持党管武装，按照连云港警备区党委和赣榆区委的部署要求，抓帮带、强班子、严制度，抓好基干民兵预建党组织，督导海上民兵党组织建设试点，探索总结海上民兵党组织“编、建、管、用”建设试点任务，相关做法被省军区转发。召开区委常委议军会，区委、区政府、区人武部联合印发《推进赣榆国防动员与后备力量建设实施办法》，立起向战为战、援战备战导向。强化国防动员系统人才支撑，结合区镇换届，专项研究考察专武干部，扎实推进专武干部人才库建设。2022年，1名镇武装部长转任副镇长，补充专武干事3人，选拔9名优秀干部进入专武干部人才库。

【思想政治建设】 2022年，区人武部围绕学习贯彻中共二十大精神主线，落实党委中心组学习制度，组织开展收看中共二十大直播等活动。开展“忠诚维护核心，矢志奋斗强军”“三心两争”（思想安心、工作尽心、守纪人心、争创一流、争当先进）“知责于心、担责于身、履责于行”教育活动，组织党员过集体政治生日，官兵坚决维护“两个确立”。加强全区国防教育。8月，区人武部协同海警某部举办烈士徐祺鹏回乡安葬仪式；联合区教育局、赣榆高级中学举办“强国复兴有我，传承信仰之光”抗日山宣誓仪式。9月，组织“擎起家乡战旗　接过勇士战刀”欢送新兵大会，“学习强国”学习平台、新华网、《中国民兵》《国防时报》等媒体进行报道。

【战备工作】 2022年，区人武部修订和完善战备方案，在连云港警备区统一部署下，按照“编配合理、精确具体、实在管用”的要求，修订本级方案预案，指导基层武装部完成各类方案预案修订和完善。持续推进海上民兵作用发挥，动员民兵参加黄东海方向实战化联合海空警巡行动。全年海上报情229条，有效报情180条，陆上报情190条。加强国防动员研究，参加连云港警备区“连动—2022”演练，全面检验民兵任务分队“抢、修、供、保”能力，提升基干民兵履行应急应战使命能力。

【军事训练】 2022年，区人武部参与省军区集中训练，组织自训自学，夯实区人武部机关现役军官和文职

2022年6月10日，赣榆区人民武装部组织应急分队民兵开展刺杀操训练（宋治纬　摄）

人员的军事素质能力。加强民兵集中训练，组织3批次民兵开展集中轮训备勤，全年完成海上民兵、应急队伍、其他专业队伍训练任务，共49天，组训人数全市最高；落实参训民兵实弹射击考核。组织4名民兵教练班长参加警备区组织的民兵教练员集训。6月，组织28名海上民兵参加全省海上民兵骨干集训。7月，2名教练员代表连云港市参加全省民兵“四会”教练员比武。

【后勤保障】2022年，区人武部党委集体研究确定年度经费预算，坚持把每一分钱花在民兵训练等重点工作上。开展资产可视化“两年攻坚行动”，将2010年至2020年10年间固定资产再次进行逐一清理、盘点并打码贴签。持续推进民兵训练基地改造工作，修整完善淋浴房、宿舍、跑道等，建成一次性满足200余人“吃、住、训”一体的民兵训练基地。严格按照仓库和炮库管理制度，对7间仓库存放物资进行分类整理，落实每月清点排查，库房管理正规有序。7月承办全省海上民兵骨干集训。制定伙食保障方案，细化食堂各项规章管理细则，集训期间，3次保障200名训练人员同时用餐。全年完成5次民兵训练、役前训练后勤保障，提升民兵训练后勤保障水平。

【征兵工作】2022年，征兵工作突出大学生征集、廉洁征兵“两个重点”，对接教育部门调取高校录取赣榆籍学生信息，采取逐人逐户方式开展面对面精准宣传。制定《赣榆区择优定兵暂行办法》，坚持质量定兵和积分定兵，严格落实“体格检查、政治考核、走访调查、审批定兵”四个环节，严密组织役前训练。完成全年征兵工作，实现年度零退兵目标。主动探索役前教育训练方法，经验做法在全市推广。（陈晓善）

武警连云港支队赣榆中队

【概况】2022年，武警连云港支队赣榆中队（以下简称武警赣榆中队）以中共二十大精神为指导，贯彻落实习近平强军思想，立足中队实际，注重建队育人，强化练兵备战。中队战士在支队“强军故事会”、预提指挥警士比武、总队炊事员集训中取得优异成绩。全年中队发展2名警士党员和1名义务兵党员，1名战士荣立三等功。中队全年完成担负赣榆区看守所武装看守和赣榆区城区武装巡逻等各项任务。

2022年9月17日，赣榆区人民武装部举行“擎起家乡战旗 接过勇士战刀”欢送新兵大会（宋治纬 摄）

【思想政治建设】2022年，武警赣榆中队紧跟时代前沿、紧贴形势任务、紧扣思想脉搏，开展思想政治教育，着力培育“四有”（有灵魂、有本事、有血性、有品德）新时代革命军人。开展“忠诚维护核心，矢志奋斗强军”主题教育，组织学习讨论，教唱革命歌曲，活用方式方法，培塑身边典型。9月，中队党支部进行改选，新的支部一班人明确党建思路，把握自身定位，发挥党支部战斗堡垒作用和党员先锋模范作用，搞好骨干培训。全队官兵扭住“听党指挥、能打胜仗、作风优良”的强军目标，紧随改革强军步伐，投身于多样化军事任务实践，完成年度各项任务。

【军事训练】2022年，武警赣榆中队按照《军事训练与考核大纲》，落实军事训练“八落实”，坚持支部每月议训，每周分析训练形势。发挥教练员“酵母”作用，加强教练员队伍建设，每周进行教练员备课交流与总结，常态化检查教学质量。突出警官警士训练，带动中队提高整体训练水平。严格奖惩制度，坚持从难、从严训练，全面抓好新大纲研究学习，严格落实体能训练和夜训要求。落实月军事体育竞赛制度，开展“五小练兵”“军事竞赛”等活动，激发官兵训练热情，营造“比学赶帮超”训练氛围，增强官兵基础体能，强固本领，提升遂行多样化军事任务的能力。

【执勤战备】2022年，武警赣榆中队聚焦执勤战备工作，紧盯减员增效后的勤务安全，注重常态执勤。树立“危险就在身边，战斗随时打响”的意识，按照“两个不经、一个保持”（不经临战训练、不经调整补充即能投入战斗，常态化保持应急战备水平）检验标准，修订完善战备方案，落实以车代库制度，坚持每天随机拉动应急小组，不定时拉动战备值班力量，确保部队时刻保持“箭在弦上，引而待发”的高度戒备状态。严格执勤检查与监督，强抓哨兵履职和培训，落实应急小组管控，坚持常态化方案演练，提高部队临危处置反应能力。党员干部带头站“高温哨”“节日哨”，开展向哨位“送清凉”“送温暖”活动。（武警赣榆中队）

人民防空

【概况】 2022年，赣榆区完成人防专项规划项目11个；人防易地建设项目共10个，征收人防易地建设费538.9万元，做到应收尽收。

【组织指挥体系】 2022年，赣榆区组织参与全省人防机动指挥所暨五大防护区联演联训活动。演练着眼实战、以训促战、严格标准、密切协同，完成机动指挥所开设、4G图传、卫星通信、短波通信、无人机操作、队列训练等科目训练，检验“北斗+5G”通信系统与省人防办建立联通，组织无人机航拍训练、实操及理论培训，完成各项训练任务。通过集中拉动训练，完善训练制度，规范训练内容，提升操作技能，锤炼训练作风，开阔视野，全面提高人防机动指挥所实战化通信保障能力。年底前，覆盖镇区的防空警报网络建设工作全面完成。对全区23台（2021年新增7台，其中新城区4台、人防重点镇3台）人防警报器开展全面巡检，主要检查通信、扬声器、供电是否正常，是否有机械损毁等情况。实现城区规划区、人防重点镇防空警报鸣响全覆盖，警报鸣响率达到100%。

【人防专业队伍建设】 2022年，赣榆区推进专业队整组工作。在区人武部指导下，区人防办成立整组工作领导小组，分析整组重点和难点，根据任务要求，全区人防专业队整组人数为335人，分为7个基本专业队，4个新型专业队。按照人防专业队编成要求，着眼专群结合、防消兼备、精干多能目标，调整人数16人，推进人防专业队伍全面转型升级。

【人防宣传】 2022年“‘5·12’全国防灾减灾日”，赣榆区人防办公室到石桥镇东温庄小学、东温庄党群服务中心开展防空知识宣传，发放防空知识手册560余份，工作人员现场讲解警报信号、空袭疏散和防灾减灾自救方法等内容，提升师生的防灾减灾技能。到胜利社区开展人防法规和人防知识的宣传，提高人民群众的应急避险能力。结合“9·18”防空警报试鸣活动，组织开展人防宣传活动，在吾悦广场共摆放展板26块，发放图文并茂的宣传材料600多份，通过现场咨询提问等方式，讲解人民防空基本知识和技能、人员疏散等相关知识。开展防空防灾疏散演练活动，组织100余名居民在区人防办工作人员和社区疏散引导员的带领下，迅速有序地疏散到附近防空地下室，取得预期效果。（夏国瑞）

双拥共建

【拥军优属】 2022年，赣榆区组织双拥文艺演出5场。开展征集“赞颂新时代、喜迎二十大”书画摄影展览活动，8幅书画、摄影作品被送往南京参加评选。8月1日建军节，党政军领导干部走访慰问驻军单位，现场解决困难，送上节日祝福。持续开展“模范退役军人”“最美退役军人”“最美拥军人物”等先进典型学习宣传活动。贯彻落实《关于加强新时代拥军支前工作的意见》，主动支持部队遂行多样化军事任务，落实军地互办实事“双清单”制度，帮助协调解决军用土地置换、营区设施建设、随军家属安置、军人子女入学等实际问题，为部队备战打仗提供有力支持。区人武部、区退役军人事务局联合开展“走边防看亲人”和“情系边海防”活动，重点走访慰问困难边海防官兵家庭。激发企业家拥军协会热情、汇聚力量资源，春节、中秋集中开展4次集体走访活动，看望退役生活困难老战士30人次。帮助1名困难军人家属申请江苏省扬子退役军人关爱基金，获得2万元补助。为所有新入伍人员家庭悬挂光荣牌。开展送立功喜报活动，为5名二等功、90余名三等功荣立者家庭登门送喜。建立“拥军有约”百店连锁服务同盟，为军人军属、退役军人和优抚对象提供全方位、综合性的优质优先优惠服务。落实军人子女教育优待政策，有12名军人子女进入区内学校就读。

【拥政爱民】 2022年，区人武部支持乡村振兴，投入20万元帮扶黑林镇镇东村、石沟村文化设施建设。区

2022年9月24日，赣榆区召开符合政府安排工作条件退役士兵公开选岗会（庄浩壬 摄）

2022年9月7日，赣榆区人民武装部、区退役军人事务局联合开展送立功喜报活动　（宋治纬　摄）

人武部干部职工与17名贫困学生结成“帮扶对子”，资助贫困学子就学。驻赣部队“视人民为父母，把驻地当故乡”，在完成战备、训练、执勤等任务的同时，支援地方经济建设、参与应急处突、守护社会安全稳定，走进校园开展国防教育活动13次。

【赣榆区创成全省双拥模范区】2022年，赣榆区优化双拥工作，推进江苏省双拥模范区创建。8月，在江苏省委、省政府、省军区召开的全省第十二届双拥模范城（县、区）命名暨双拥模范单位和先进个人表彰大会上，赣榆区人武部获“江苏省双拥模范单位”，赣榆区连续九年获评“江苏省双拥模范区”。

（陈晓善　庄浩壬）

链接：

赣榆区：让双拥光荣传统焕发盎然生机

赣榆，一片红色沃土。曾有多位无产阶级革命家在此战斗过，九次蝉联省级“双拥模范区”，“双拥”的光荣传统在赣榆历久弥新，焕发出盎然生机。

赣榆落实军地互办实事“双清单”，全力支持军队改革和军队建设。全区公共交通、旅游景点等都推出军人军属和退役军人的优待政策。为立功受奖官兵们送喜报，为烈属、军属、退役军人等家庭悬挂光荣牌。阳光安置，安置率始终保持100%。用心解决子女优待，协调解决军人子女就近入学问题。

赣榆连续提高优抚对象抚恤补助标准，平均年增幅超15%，实现城乡标准一体化，并将年满60周岁的烈士子女、农村籍退役士兵纳入物价补贴范围，优抚对象医疗保障实现全覆盖。各退役军人服务站为伤、残、病退役军人、烈军属等群体上门办理登记服务，把党和政府的关怀送到退役军人、家属身边。

赣榆在全省率先成立县区级民营企业拥军协会。每年，拥军协会会员都会在各自的企业里优先安排优抚对象和优抚对象家属就业，帮助200多人次上岗，投入拥军资金近200万元。成立“拥军有约”百店连锁服务同盟，100多家拥军商户入驻。

驻赣部队“视人民为父母，把驻地当故乡”，积极支援地方经济建设、参与应急处突、守护社会安全稳定，为赣榆的改革、发展、稳定和国防军队建设发挥了优势作用。

新时代拥军路上，赣榆区以联结抗日山和小推车等红色文化资源为纽带，密切军政军民关系，持续深化双拥共建，充分调动广大军民同心同德，用心用情为军人军属排忧解难，加快社会化拥军步伐，以更高标准、更新理念、更实举措推动双拥工作再上新台阶。　（区退役军人事务局）

宏观经济调控

【概况】2022年，赣榆区经济运行稳中有进。实现地区生产总值727.43亿元，比2021年增长0.6%。其中，第一产业增加值116.4亿元，增长4.2%，第二产业增加值310.26亿元，下降3.2%，第三产业增加值300.77亿元，增长3.0%。三次产业增加值比例由2021年的15.27∶43.62∶41.11演变为16.00∶42.65∶41.35；全部投资303.37亿元，增长0.5%；一般公共预算收入33.49亿元，同口径增长1%；社会消费品零售总额184.9亿美元，增长1.9%；外贸进出口27.39亿美元，增长28.8%；工业应税销售收入863.5亿元，增长5.2%；规上工业产值737.79亿元，增长2.8%；净增规上工业企业63家；城乡居民人均可支配收入分别实现40225.5元、23811.9元，增长3.6%、5.9%。

【发展计划编制】2022年，赣榆区发展和改革委员会（以下简称区发改委）围绕“建成苏北第一区”目标追求，组织编制完成2022年国民经济和社会发展计划，由区二届人大一次会议审议通过。该计划提出2023年经济社会发展的主要预期目标是：地区生产总值增长8%，一般公共预算收入增长9%以上，固定资产投资增长10%以上，净增“四上”企业180家以上，全体居民人均可支配收入增长8%。制定《2022年全区国民经济和社会发展计划任务分解表》，重点做好提升产业能级、完善基础设施、统筹城乡融合、改善环境质量、深化改革创新、推进民生改善等方面工作。

【重大项目推进】2022年，赣榆区聚焦74个市级重点项目，定期调度，开展“挑大梁、争红旗”月月评竞赛活动，获全市招商引资和重点项目建设第二名。62个市级重点产业项目中，45个新建项目完成投资98.5亿元，17个续建项目完成投资40.1亿元。竣工产业项目23个，完成年度投资42.9亿元。总投资153.7亿元的丰海高新材料丙烷综合利用及配套项目开工建设，总投资64亿元的华电LNG接收站附属东围堤段开工建设。太平洋电子专用材料、安安光伏组件边框、整区屋顶分布式光伏发电等项目加快推进，金凌创联石墨材料针状焦、前卫PVC软管、昱龙钢铝框模板等重大项目建成投产。

【固定资产投资】2022年，赣榆区固定资产投资完成303.37亿元，增长0.5%。做好中央预算内投资、地方政府专项债、国家政策性开发性金融工具项目争取工作，利用政策性资金支持，保障基础设施项目资金需求。全年争取老旧小区改造中央预算内资金280万元、地方政府专项债券2.2亿元；城发智慧冷链物流、主城区供水管网更新改造、连盐铁路多式联运物流中心3个项目列入国家政策性开发性金融工具，获批1.56亿元，全市县区范围争取额度最高，其中，城发冷链物流作为全省首笔项目资金落地。（周文超）

【项目审批】2022年，全区审批、核准和备案投资项目683个。其中，审批政府投资项目118个，比2021年减少30个，投资估算44.22亿元，增加7.36亿元，增长19.97%。核准、备案企业投资项目565个，立项投资752.38亿元。核准企业投资项目8个，立项投资21.5亿元，减少1.15亿元，下降5.08%。备案企业投资项目557个，增加43个，立项投资730.88亿元，增加41.49亿元，增长6.02%。（闫笑笑）

【21个项目参加全市重大项目春季集中开工】2月21日，2022年全市重大项目春季集中开工活动（赣榆区分会场），在赣榆经济开发区太平洋金沙石英半导体用硅材料项目建设现场举行，全区有21个项目参加全市重大项目春季集中开工，计划总投资65亿元，年度投资52.4亿元，覆盖基础设施、装备制造、新材料、新能源等领域。其中，产业项目19个、民生工程项目1个、基础设施项目1个。（徐　诚）

自然资源管理

【概况】2022年，赣榆区落实新发展理念，加强自然资源管理。建立健全区、镇、村三级“河长制”“湖长制”“林长制”等管理机制，层层压实自然资源管理职责。强化自然资源保护宣传，悬挂宣传横幅165条，发放宣传单33000余份，通过“村村响”广播进行自然资源保护宣传。举办“周末大讲堂”9期，对全区自然资源系统进行授课。对用地、用海、矿山开采等实行动态监管。建成湿地保护小区7个，推进生物多样性保护。加强执法监察，及时查处自然资源违法案件。

【建设用地审批】2022年，赣榆区批准建设用地285.75公顷。其中，批准交通运输用地41.45公顷，占总批准量的14.51%；工矿仓储用地97.64公顷，占总批准量的34.17%；住宅用地69.11公顷，占总批准量的24.19%；其他用地77.55公顷，占总批准量的27.13%。

【工业用地管理】2022年，赣榆区推进工业用地提质，区委、区政府明确“已供地项目要加快动工，已建设项目要加快投产，已签约项目要加快供地”的工作要求，加强工业用地管理。全区实施部门联动，落实问题清单化、清单责任化、责任目标化。全年出让工业用地51宗，面积107.78公顷，出让金总额34351万元。

【自然资源确权登记】2022年，赣榆区开展自然资源统一确权登记工作，启动对吴山森林公园等6个自然保护地和范河等12条河流进行自然资源统一确权登记工作。按照《不动产登记数据库标准》等技术规范要求，对全区15个镇和区农业技术发展中心（沙河子园艺场）6558宗集体所有土地确权登记成果进行更新汇交。依据第三次国土调查情况，形成全区18.1万个图斑的“三调”成果和数据汇总，向社会发布《连云港市赣榆区第三次国土调查主要数据公报》。

【不动产登记】2022年，赣榆区办理各项不动产登记5.21万件（不含农房发证），其中窗口办件3.61万件、14家银行网点网上办件1.6万件。发放不动产证书1.97万件，不动产证明1.94万件。提供不动产查询服务51.16万次，其中人工查询18.3万次、自助查询（含共享查询）32.86万次。法院查解封2201件。

【测绘和地理信息管理】2022年，赣榆区推进“多测合一”平台建设，在建设项目审批全流程，将同一审批阶段的多个测绘业务，整合为一个测绘事项，由项目业主按照审批阶段，一次委托给相应资质测绘服务机构，开展测绘活动，测绘成果供相关主管部门审批使用。推进“实景三维”模型建设，完成中心城区30平方千米航飞工作，进行模型生产数据整理。完成沿海重点片区60平方千米实景三维平台开发，划定实景三维数据范围，开展功能测试。实施中心城区和镇区共60平方千米1∶1000比例尺地形图更新测绘。统筹共享利用“三维实景”及镇区DOM制作的航拍基础数据资源，生产制作相应区域的地形图。更新融合“天地图·赣榆”，完成绿地、水系和居民地附属设施等线图层的处理。办理测绘地理信息成果电子数据日常使用审批37件。开展测绘法宣传日暨国家版图意识宣传周活动，通过现场宣传、悬挂宣传条幅、张贴宣传海报等，提升社会公众的国家版图意识。（陈家旭）

【自然资源执法监察】2022年，赣榆区提高自然资源执法效能，处罚自然资源违法案件14宗，收缴罚款693.01万元。强化日常执法，抓早抓小，全年执法巡查1000余次，阻止萌芽状态违法行为10余件。强化遥感监测、卫片执法，在全区部署30套“云里听”矿山防盗监测系统。发挥属地执法优势，赋予镇级部分行政处罚权，建立健全执法监管机制。赣榆区被省自然资源厅评为土地执法先进区。（刘苏蒙）

国有资产监督管理

【概况】2022年，赣榆区国资办履行国有资产监管职责，提升国资监管水平，健全现代会计制度，切实保障国有资产保值增值。由区国资办履行监管职能的国有企业资产总额为690.33亿元，比2021年增长4%；负债总额426.8亿元，比2021年下降3.8%；所有者权益263.52亿元，比2021年增长15.5%；营业收入17.4亿元，比2021年增长39.7%；利润总额5.29亿元，比2021年增长726.6%。

【国有企业改革】2022年，赣榆区按照国有企业改革三年行动方案全面推进国企改革工作。根据主责主业对国企进行重组，区属国有企业由5家整合为3家；基本完成经营性资产统一监管工作，对全区17家行政事业单位开办的161家企业清理整合，其中注销企业116家、划转至区属国企45家；实现董事会应建尽建，区属国企实现董事会外大于内；建立董事会向经理层授权的管理制度；在各级重要子企业全面推行经理层契约化和任期制管理；建立和实施以劳动合同管理为关键、以岗位管理为基础的市场化用工制度，推行员工公开招聘、管理人员竞争上岗、末等调整和不胜任退出制度。

【国有企业经营】2022年，区国资办履行国有资产监管职责，提升国资监管水平，健全现代会计制度，切实保证国有资产保值增值。截至年底，区属国企资产总额690.33亿元，比2021年增长7.18%；负债总额426.8亿元，比2021年减少2.4%；所有者权益263.53亿元，比2021年增长15.96%；营业收入17.4亿元，比2021年减少15.04%；利润总额5.29亿元，比2021年增加553.09%。（李　莉）

财政

【概况】2022年，赣榆区财政部门发挥财政职能作用，提供财政保障，做好稳定经济、推动发展、保障民生、深化改革、规范管理、防范风险等各项工作。全区一般公共预算收入33.49亿元，一般公共预算支出91.79亿元。

【财政收入】2022年，赣榆区一般公共预算收入33.49亿元，比2021年下降3.8%，同口径增长1%；政府性基金预算收入53.13亿元；国有资本经营预算收入0.2亿元；社会保险基金预算收入14.22亿元。经济开发区一般公共预算收入2.02亿元。加强财税协作，全面掌握重点税源企业生产经营和纳税情况，加强收入预测分析和研判，合理把握组织收入的力度和节奏。提高国有企业经营效益，扩大国企税收贡献。规范土地出让金收支管理，加大土地出让金入库力度。加强政府性资源统筹管理，强化部门和单位收入统筹力度，清理、盘活各类存量资金1.54亿元，增强财政保障能力。完成外来建筑业代征税款5696万元。

【财政支出】2022年，赣榆区一般公共预算支出91.79亿元，比2021年增长2.2%；政府性基金预算支出41.19亿元；国有资本经营预算支出由一般公共预算保障；社会保险基金预算支出12.65亿元。经济开发区一般公共预算支出1.48亿元。

【直达资金管理】2022年，赣榆区将24项转移支付纳入直达范围，基本实现民生补助资金全覆盖。对收到的直达资金指标第一时间进行分配下达。根据资金管理办法并结合实际，紧扣直达资金使用范围，统筹区级财力，按照“保基本民生、保工资、保运转”的原则，分配和安排使用中央直达资金。按照“谁使用，谁负责”的原则，压实相关预算单位的“第一责任”，督促单位在确保资金使用安全、规范的基础上，加快直达资金支出进度，确保直达资金发挥第一时间直达基层惠企利民的作用。依托直达资金监控系统，开展动态监控，实现从资金分配源头到支付使用末端全链条、全过程跟踪，确保数据及时反映、预警及时提醒，促进常态化管理机制有效发挥作用。

【非税收入管理】2022年，赣榆区非税收入入库64.55亿元。其中，一般公共预算收入口径非税收入入库11.22亿元，政府性基金预算收入入库53.13亿元，国有资本经营预算收入入库0.2亿元。严格票据管理，启动票据电子化改革，全区350家行政事业单位实现系统自动监管。严把票据发放、核销关，严把计算机管理系统监控关，强化“以票管收”。

【助企纾困】2022年，赣榆区贯彻落实制度性、结构性减税降费政策，增值税留抵退税5.15亿元，重点支持中小微企业、个体工商户和困难行业企业。精准帮扶企业克服经营困难，落实推进房屋租金减免政策，对承租国有企业和行政事业单位房屋的服务业小微企业和个体工商户减免6个月租金，减免228户628万元。发挥专项资金引领撬动作用，拨付产业高质量发展专项引导资金1679万元，重点支持产业项目建设、企业做大做强及企业平台建设，推动产业转型升级。用好3000万元土地储备应急资金池，支持各镇、园区产业载体建设的土地储备和土地流转，加快产业项目落户。发挥5000万元区级中小微企业应急转贷资金作用，扶持中小微企业发展。持续推动企业创新能力提升，拨付科技创新专项资金855万元，用于企业科技创新奖励和高新技术企业培育。联合申报科技创新项目22个，争取资金超500万元。落实人才新政，设立2000万元区级人才发展专项资金，支持建设上海人才离岸孵化基地，发放高层次人才综合补贴、生活补贴208万元，带动人才队伍整体量质提升。

【“三农”投入】2022年，赣榆区统筹资金1.37亿元，支持高标准农田、种业基地等项目建设。统筹1300万元，支持粮油轮作试点及粮食绿色高质高效示范。发放耕地地力保护补贴、实际种粮一次性补贴等惠农补贴1.53亿元，提升粮食综合生产能力。统筹5000万元，支持创建国家现代农业产业园及第七批国家级海洋牧场示范区建设。统筹2969万元，支持攻坚农村“厕所革命”，推进农村面源污染治理。开展秸秆综合利用及绿色种养循环农业试点。统筹5597万元，实施富民兴村帮促项目，支持红色村庄创建。发放小额扶贫贷款9606万元，惠及1822户。

【基本民生保障投入】2022年，赣榆区支持深化社会救助体制改革，落实孤儿、20世纪60年代初精减退职老职工、部分优抚对象等人员抚恤和生活补助费、部分残疾军人护理费标准的动态调整机制，安排资金2.7亿元，保障困难群众及重点优抚对象补助资金按时发放到位。安排6200万元，完善重特大疾病医疗保险和救助制度，做好罕见病用药资金保障。安排1500万元，继续支持城镇老旧小区改造。安排60万元，发放城镇保障性住房租金补贴。安排3800万元，支持苏北农房改善项目。投入15.18亿元，支持原县医院周边地块、河南片区等旧城改造项目。

【公共服务投入】2022年，区财政局安排资金3.60亿元，精准支持新冠疫情处置，统筹做好新冠疫情防控、基本医疗和基本公共卫生服务。安排2.8亿元，落实城乡居民基本医疗保险筹资政策和提高基本医疗保障水平。坚持财政资金优先保障教育，着力改善办学条件，促进教育优质均衡发展，教育投入占财政支出比例达到30%以上。投入3.9亿元，支持义塘路校区、赣中经济开发区校区、海城路校区建成投用，支持选青中小学开工建设，推进实施校舍安全工程、教育现代化装备升级工程、高中食宿改善工程和教室视觉环境达标工程等。坚持发展文化体育旅游事业。筹措资金1.67亿元，助力秦山岛景区、二道街文化街区、抗日山基础设施提升，为赣榆全域旅游建设提速提质。多功能运动场实现镇级全覆盖，健身路径遍布全区421个行政村。支持构筑15分钟全民阅读圈，建好小镇书房、有声图书馆。保障社会和谐稳定。安排专项资金2200万元，推进平安赣榆建设和网格化社会治理体系完善，支持扫黑除恶工作常态化开展。

【交通城建投入】 2022年，赣榆区投入资金1.14亿元，支持402省道城市南环段和204国道城区段快速化改造工程。投入1.06亿元，支持农村公路、桥梁等基础设施建设及养护。投入1.21亿元，提升改造国省干线养护，完成233国道及普通国省干线公路日常维修保养及应急处置施工。投入1.2亿元，改造城市道路5条、新建城市游园9个。投入1.1亿元，实施雨污分流改造12平方千米。

【生态建设投入】 2022年，赣榆区争取上级资金4943万元，推进海州湾海头段“美丽海湾”、新海石化VOCs治理等环保项目建设。统筹资金1.07亿元，打好污染防治攻坚战，支持污染防治、生态修复、环保设施建设。统筹4.20亿元，支持入海河流治理、移民项目建设、石梁河水库幸福河湖建设等水利项目建设，人居环境及生产条件持续改善。

【“财政+金融”协同发力】 2022年，赣榆区增加普惠金融发展风险补偿基金2000万元，发放“小微贷”“富民创业贷”5.82亿元，比2021年增加4.82亿元，支持个人创业和小微企业扩大就业，解决各类市场主体融资难、融资贵问题。稳住农业保险“基本盘”，实施三大粮食作物完全成本保险，提高农业保险风险保障水平，完成政策性农业保险保费收入6911万元，赔付5183万元。规范运用PPP模式，促进投资领域提质增效。生活垃圾焚烧发电PPP项目投入运营，支付政府补贴1240万元。建筑垃圾处理PPP项目完成入库及招标。

【预算绩效管理】 2022年，赣榆区健全绩效管理体系，区级部门单位全部纳入预算管理一体化系统，实现部门预算与绩效目标同步编制，绩效监控和绩效评价有序实施。编制项目绩效目标1432个、部门整体绩效目标227个，区级预算单位覆盖率100%。加强专项资金绩效管理，建立健全分配有效、注重绩效的长效管理机制。

2022年6月24日，区财政局举办全区财政系统财政专业知识技能大赛。图为总决赛现场 （邱冬妹 摄）

【资金监管】 2022年，赣榆区强化政府投资项目预算评审，优化政府投资项目招标前预算评审工作流程，提高评审工作质效。完成政府投资项目评审63个，送审金额48.93亿元，核减2.93亿元，推动项目预算编制的规范化，提高财政资金使用效益。开展涉粮资金、新冠疫情防控资金、直达资金等重点专项资金监督检查，规范专项资金使用。对全区55个部门单位组织开展地方预决算公开情况线上检查，打造“阳光财政”。

【政府债务管理】 2022年，赣榆区全面做好防范化解债务风险工作，完成隐性债务年度化解任务。加强政府债务分析研判，加快存量债务化解，严控债务增量，提高偿债能力，切实做到“心中有数、化解有策、兜底有方、应对有效”。规范管理、使用专项债券资金，发挥债券资金拉动投资作用。政府性债务率稳步下降，债务风险继续保持在绿色空间。坚持平台公司经营性债务总量、资产负债率“双管控”，经营性债务可防可控，压降融资平台公司15家。

【财会制度建设】 2022年，赣榆区制定《赣榆区基层财政预算资金支出业务规范手册》《赣榆区镇级财政与资产管理局内部控制管理手册》，开展标准化财政所创建试点，提升乡镇财政综合管理和服务水平。

【非税电子票据全面上线】 2月中旬，赣榆区贯彻“互联网+”政务服务要求，全面上线非税收入电子票据，构建统一规范、科学的财政票据和非税收入收缴电子一体化管理体系，实现所有非税收入执收单位、代收银行、财政部门电子信息互通共享，提升收缴管理效能。单位执收效率提升，简化到财政部门提前申领并保管大量纸质票据的工作，缴费后有关缴费信息及电子票据可自行下载、保存、打印，规避票据遗失损毁等风险。

（李　莉）

表9　**2021、2022年赣榆区财政收入统计表**　单位：万元

项目	2022年	2021年	增减额	增减率（%）
税收收入	222731	296823	-74092	-25.0
税收占比%	66.5	85.3	-18.8	
国内增值税（50%）	95906	119059	-23153	-19.4
企业所得税（40%）	36199	50506	-14307	-28.3
个人所得税（40%）	6774	6110	664	10.9
资源税	509	410	99	24.1
城市维护建设税	12249	14067	-1818	-12.9
房产税	10571	6750	3821	56.6
印花税	5569	5443	126	2.3
城镇土地使用税	11567	10384	1183	11.4
土地增值税	15384	28031	-12647	-45.1
车船税	5986	5446	540	9.9
耕地占用税	3402	1372	2030	148.0
契税	17285	47520	-30235	-63.6
环境保护税	1330	1365	-35	-2.6
其他税收收入	—	360	-360	-100.0
非税收入	112172	51247	60925	118.9
专项收入	29459	18371	11088	60.4
行政事业性收费收入	44004	18087	25917	143.3
罚没收入	11481	8182	3299	40.3
国有资本经营收入	—	—	—	—
国有资源（资产）有偿使用收入	27209	6421	20788	323.8
捐赠收入	19	186	-167	-89.8
其他收入	—	—	—	—
一般公共预算收入	334903	348070	-13167	-3.8

税务

【概况】 2022年，赣榆区制订《赣榆区完善税费协同共治体系实施意见》，推进“精确执法、精细服务、精准监管、精诚共治”的税务执法方式变革，构建“党政主导、税务主责、部门合作、司法保障、社会协同、公众参与”的税费协同共治体系，明确相关部门税务共管共治任务。

【税费收入】 2022年，赣榆区组织税费收入109.99亿元，比2021年增长12.4%。其中，税收收入58.76亿元，下降14.1%；非税收入51.23亿元，增长73.7%。

【税收征管】 2022年，区税务局对标中办国办《关于进一步深化税收征管改革的意见》工作要求，把深化征管改革动态评估列为年度重点工作，7大类65项评估指标全部按照一档落实。强化欠税管理，全年清理欠

2022年6月16日，区税务系统工作人员在海福特海洋科技有限公司海产品生产车间开展调研活动　　（高正寰　摄）

税1.13亿元。持续推进加油站专项整治，加油站（点）补缴税款及滞纳金120万元，4户加油站（点）被立案稽查。加强电商（网络主播）等群体管理，电商类补缴税款及滞纳金650万元。深化税费协同共治，推进残保金、水土保持补偿费等非税收入征管平稳运行，城镇垃圾处理费、土地出让金等4项非税收入划转落地，征收城镇垃圾处理费119万元、土地出让等4项非税收入19.2亿元，社保非税收占收入总额近5成。

【减税降费】2022年，区税务局坚持“快退、狠打、严查、外督、长宣”五措并举，建立健全党委领导专班运行、横向沟通协调等6项机制，按照应享愿享尽享原则，持续推动优惠政策精准落地，全年落实新增减税降费及退税缓税缓费10.47亿元，其中，增值税留抵退税5.16亿元，新增减税降费2.57亿元，制造业中小微企业缓缴税费及阶段性缓缴企业社会保险费2.74亿元。特色做法在中央电视台《新闻直播间》栏目报道，省税务局简报2次刊发。

【纳税服务】2022年，区税务局聚焦区委区政府“优化营商环境攻坚年”行动要求，制定《关于进一步提升税收营商环境的实施意见》，创新推出线上办、邮寄办、微信办、自助办4项服务举措，非接触式办税比例91.69%。构建以电子税务局为主体，以江苏税务App、个人所得税App及微信、支付宝“江苏税务社保缴纳”小程序等为辅助线上办税矩阵，税务政务服务“好差评”满意率99.4%。加强“12366”“12345”热线“穿透式”分析，解决全区一批楼盘不能开具发票的问题。优化出口退税工作机制，实行出口退税容缺办理，正常企业平均退税时间压缩到3个工作日以内。推行“发票免费邮寄到家”活动，为纳税人免费邮寄发票2849户次，减轻企业购票成本。开展“走流程优服务”“春雨润苗”专项活动，制作税费政策“明白卡”，设立“办不成事”反映专用通道，加快实现办税缴费“一次成”。构建诚信纳税优质环境，完成全区20185户纳税人信用评价，A、B级纳税人占比连续4年增长。深化“税银互动”，为200余户纳税人争取贷款8000余万元。

【税务“云窗口”平台上线】2022年，赣榆区税务局在江苏税务App智能导税模块上线“云窗口”平台。该平台集连线、咨询、受理、办理、回访等多项功能为一体，让纳税人享受远程非接触式服务。“云窗口”平台采用实名办税模式，通过实名认证纳税人办理涉税事项，从根本上确保办税事项安全性。业务申请环节，纳税人拍照上传必报资料，系统线上受理审核，期间征纳双方可无限次交互传递资料。申请业务审核通过后，“云窗口”服务专员一对一远程办理，通过平台推送缴纳税款的二维码给纳税人进行缴款，推送税务文书、纳税申报表给纳税人签收反馈，系统自动存档征纳双方办理信息。

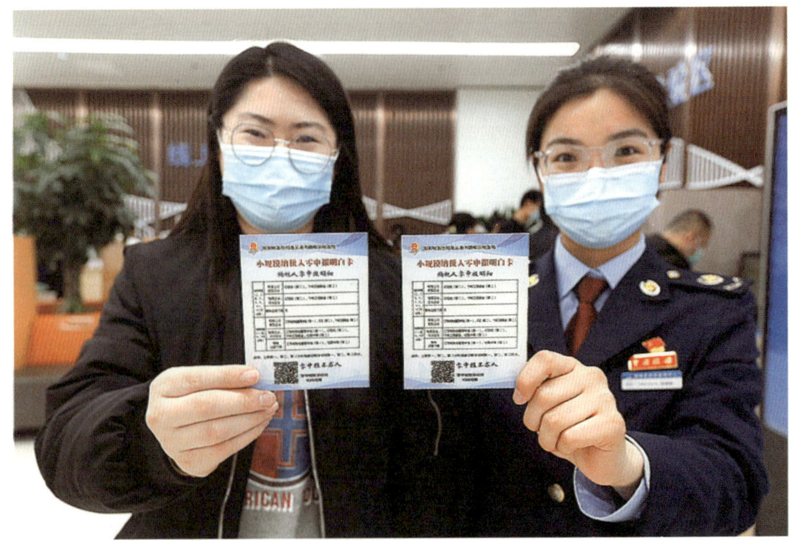

2022年4月11日，赣榆区税务工作人员在办税服务厅为纳税人颁发《税费政策明白卡》　　（高正寰　摄）

表10　　2021、2022年赣榆区税收收入分行业情况统计表　　单位：万元

项目	2022年	2021年	增减率（%）
农、林、牧、渔业	533	1527	-65.1
采矿业	171	101	68.2
制造业	319008	322355	-1.0
电力、热力、燃气及水生产和供应业	5118	8041	-36.4
建筑业	58595	68242	-14.1
批发和零售业	43375	32044	35.4
交通运输、仓储和邮政业	6324	9025	-29.9
住宿和餐饮业	358	444	-19.4
信息传输、软件和信息技术服务业	1967	1260	56.2
金融业	35635	30399	17.2
房地产业	86193	172233	-50.0
租赁和商务服务业	9815	8445	16.2
科学研究和技术服务业	3316	4206	-21.2
水利、环境和公共设施管理业	659	456	44.5
居民服务、修理和其他服务业	1686	1980	-14.9
教育	381	39	886.9
卫生和社会工作	832	681	22.3
文化、体育和娱乐业	84	1	8506.3
公共管理、社会保障和社会组织	422	1472	-71.4
其他	13313	21200	-37.2
合计	587785	684152	-14.1

（杨传庆）

金融监管

【概况】 2022年，赣榆区把握稳健货币政策“精准有力”调控要求，细化落实稳增长各项金融政策，实现信贷投放质的有效提升和量的合理增长，推动经济运行加快好转。推进两项直达实体政策工具接续转换，推动普惠小微贷款支持工具落地见效。全年发放普惠小微贷款支持工具激励资金2971万元，赣榆区激励资金规模位居全市各县区第一，撬动地方法人金融机构普惠小微企业贷款余额净增15.7亿元，增长37.2%。落实普惠小微贷款阶段性减息工作，为11391户小微企业返还贷款利息1232万元。发挥再贷款资金导向作用，续作支农再贷款2200万元，指导地方法人金融机构为涉农经营主体提供低成本融资支持。

【金融行业监督管理】 2022年，赣榆区银行业、保险业、证券业从业机构监管工作统筹推进。制订《赣榆区金融工作议事协调机制》，强化金融信息共享和沟通功能、风险预警和应对功能、解决争端和分歧功能。修订完善《赣榆区再贷款业务操作规程》等管理办法，从制度上规范再贷款的受理、调查、发放、贷后管理、收回整个业务流程。人民银行赣榆支行持续强化跨周期和逆周期调节力度，保持各项融资总量合理较快增长。通过召开行长联席会、调研走访等形式要求各金融机构通过多种方式增加对经济社会发展的资金投入，不断提高金融业对于稳增长的贡献度。按月汇总14家寿险公司、17家财险公

2022年2月28日，区金融办在吾悦广场组织开展防范非法集资春节宣传活动（张　可　摄）

司经营情况，监督保险资金管理与运用。全年组织保险宣传活动3次，开展保险业务专项检查1次，规范保险市场竞争秩序。通过政策宣传、信用评级、业务检查、风险提示等多种方式，督促全区金融机构合法合规经营，杜绝非法金融活动。

【金融风险防控】 2022年，赣榆区地方金融从业机构监管工作统筹推进，重大金融风险有效防范化解，金融支持地方经济高质量发展水平持续提升。高标准创建省级金融生态县（区），获评省级金融生态达标县（区）。赣榆区银行信贷资产质量保持较高水平，全区银行机构不良贷款余额4.82亿元，比年初增加0.49亿元，不良贷款率为0.63%，比年初下降0.01个百分点。印发《赣榆区债券领域风险防范处置专项工作机制方案》，推动金融领域风险防范工作重心前移和管理方法前置。开展涉嫌非法集资风险集中排查，对申请成立由地方金融监管的小贷公司、融资担保公司等地方金融组织以及在企业名称和营业范围中使用涉金融等敏感字样的市场主体，严格落实事先审批机制，对申请主体进行严格穿透审查，从严把好企业注册入口关，严控增量风险。定期对纳入地方金融监管范畴的地方金融组织开展现场检查。开展《防范和处置非法集资条例》宣传解读，推动《条例》全面落地。利用春节期间及“打击非法集资6·15宣传日”等主要时点，开展防范非法集资广场宣传活动。通过电视、广播、网站、微信、横幅、宣传板、电子显示屏等各种形式和媒介开展全方位宣传，联动造势。活动期间，共发放宣传材料1万余份，张贴宣传画报300余张，营造良好宣传氛围。（张　可　曹家龙）

【外汇管理】 2022年，赣榆区贸易收付汇26.05亿美元，比2021年增长60.51%。其中，进口货物付汇18.34亿美元，比2021年增长79.45%；出口货物收汇7.71亿美元，增长28.28%。外商投资企业资本金流入0.37亿美元，比2021年减少53.51%。人民银行赣榆支行理顺工作机制，修订完善外汇业务管理办法。梳理更新各项外汇业务办理流程，通过政务服务网、银行网点等渠道向市场主体公布。明确区域外汇业务申请条件、办理途径、业务流程、咨询电话和办理方式，提高区域市场主体对外汇业务网上办理的知晓率，办理行政许可25件。引导银行定期对区域涉外企业经营情况和金融服务需求进行摸排调研。推进贸易便利化进程，创建省贸易便利化优质企业2家。加强对区域银行业务人员外汇政策和业务培训，让银行成为区域外汇政策传导和外汇业务转办的主渠道。查处外汇违规行为，对辖区内非法结汇行为开展外汇调查，收缴罚没款38万元。（曹家龙）

【赣榆区3个项目入选国家政策性开发性金融工具】 6月29日，国务院常务会议确定政策性开发性金融工具支持重大项目建设的举措。连云港市首批共5个项目被列入国家政策性开发性金融工具项目，其中，赣榆区占2个。赣榆区入选的2个项目分别是连云港市城发智慧冷链物流项目和赣榆主城区供水管网更新改造项目。城发智慧冷链物流项目是全省第一个入选项目，获批资金6000万元。9月14日，黄海粮油产业园多式联运物流中心项目被列入国家政策性开发性金融工具投放项目。上述3个项目合计获批1.56亿元。

【全市首单“带押过户”登记在赣榆区办理】 2022年，建设银行赣榆支行与赣榆区不动产登记中心合作，对于同一房产上的抵押注销、转移登记及新抵押设立实施“三合一”登记业务，实现原抵押注销登记和新抵押登记的“无缝连接”，有效防范交易风险，“锁定”真正的买方，防止“一房多卖”，简化二手房交易流程，降低交易成本，缩短交易周期，确保银行抵押权的落实。9月21日，市民陈某和董某在建行赣榆支行工作人员带领下，以“带押过户”的方式，在区不动产登记中心服务窗口办理二手房转移登记，成为连云港市首例不动产登记“带押过户”业务受益者。（张　可）

审计

【概况】 2022年，赣榆区完成审计项目15个，审计发现问题95个，查出管理不规范资金28.2亿元，提出审计建议36条，推动被审计单位建立健全规章制度26项。向区委区政府提交审计专题报告11篇，移送违法违纪案件线索4件、涉案4人。审计发现问题全部整改到位。审计信息被采用388篇，其中，被中国审计报、中国审计、审计署网站等省级以上媒体采用60篇。年内有13项工作得到区委、区政府和上级审计机关表彰。先后获评2019—2021年江苏省审计机关"五个强审"先进单位，省文明单位，2022年度全市审计系统综合考核第一等次，全市审计信息宣传工作先进集体。

【预算执行审计】 2022年，区审计局依托局大数据分析平台，以财政同级审为主线，采集52家一级预算单位财务电子数据，通过财政和财务大数据同步审计方式，对预算编制及执行、政府采购、非税汇缴、资金支付等数据进行综合分析比对，进行现场核实，查出管理不规范金额27.06亿元，发现非金额计量问题3个，提出审计建议3条。在区本级部门预算执行审计中，推行融合式、"1+N"（年度全面审计+季度主题审计）等审计组织方式，将预算执行审计与经济责任审计、专项资金审计有机结合。实施3家单位领导干部经济责任同步审计，融合实施优化营商环境政策落实情况、公务用车改革政策措施贯彻落实情况、粮食安全保障政策落实情况3个事项专题审计，查出管理不规范金额3050.91万元，发现非金额计量问题11个，报送审计专报3篇，提出审计建议5条，移送处理事项2件。

【经济责任审计】 2022年，区审计局对7名领导干部开展经济责任审计。上缴财政31.83万元，查出管理不规范金额7167.11万元，发现非金额问题20个，提出审计建议16条，移送处理事项2件。

【投资项目审计】 2022年，区审计局对金海路（G204—银滩路）改造提升工程和徐福路片区选青中小学校区工程开展预算执行审计。重点审计履行基本建设程序、招标投标及合同管理、项目实施管理、资金管理使用及财务核算等方面，对重要事项进行延伸和追溯。对区相关单位负责的2020—2022年度园林绿化项目及园林绿化养护资金（截至2022年8月底）的建设管理使用情况进行审计调查。重点对园林绿化项目建设管理情况、园林绿化养护资金管理使用绩效情况进行审计，对重要事项进行必要的延伸和追溯。全面客观地反映投资审计中发现的问题，及时提出审计建议，并对审计建议落实情况实施跟踪检查，促进相关单位加强项目管理，提高资金使用效益。

2022年5月30日，区审计人员到区药品配置中心调研医保特药管理制度改革情况（郑超朔　摄）

【民生审计】 2022年，区审计局对赣榆区2019年至2022年6月养老服务体系建设政策措施落实情况进行专项审计调查。对区12个政府部门在社区居家、机构养老服务、医养结合、困难老年人兜底保障，以及养老服务市场优化等方面政策落实、建设成效、组织管理情况进行检查。查出管理不规范金额360.29万元，报送审计专报2篇，促进被审计单位出台规章制度3项。

【资源环境审计】 2022年，区审计局围绕促进生态文明建设，推进自然资源审计。重点审计2019年至2021年度塔山镇水、大气、土地等自然资源和相关生态环境保护情况。进行审理的同时，针对发现问题，征求专家意见，形成集体审定意见。对1名领导干部开展自然资源资产离任审计。（杜　观）

统计

【概况】 2022年，赣榆区执行省、市统计年报专业会议精神，安排布置2021年报和2022年定报工作，完成规模以上工业企业、限额以上贸易企业、资质内建筑业、房地产企业，重点服务业企业年报及农业、投资、劳资、综合等专业数据的搜集上报、查询、评估以及每月完成各专业定期报表任务。开展交通能源统计、服务业景气状况、企业创新等各项调查工作，完成服务业"新经济"和相关派生产业单位认定工作。完成2022年赣榆区统计用行政区划和城乡划分代码编制工作。

2022年6月30日，区统计局到城头镇开展入库退库企业项目检查

（祁春君 摄）

【统计服务】 2022年，赣榆区统计局做好名录库更新和维护工作，协助工业、服务业、批零住餐业、房地产、建筑业、投资专业的月度入库退库工作，做好入库法人单位的材料更正和信息审核、季度名录库改错工作。全年修改在库单位强制性错误、准强制性错误、核实性错误5800余条；对归属赣榆区的国家工商临时库单位开展转库，共补全更正临时库企业7700余家；与区政府办、区发改委、区工信局、区商务局等部门进行数据交互、数据共享和反馈，确保数据时效性；为相关单位分析社会经济运行状况、作出正确工作决断提供数据支撑。做好地区生产总值核算工作，学习研究GDP统一核算改革精神，按照核算方案，修订原有数据质量评估办法，执行“先上报审核，后公布使用”的原则，对各镇生产总值核算实行报审制度，控制数据质量。撰写季度地区生产总值浅析7篇，撰写地区生产总值、高质量考核指标的统计分析19篇。区统计局编辑《统计月报》，发布统计公报告，服务经济社会发展；根据2021年度统计指标体系的变动因素，对《赣榆区统计年鉴》数据布局进行调整，修正之前不合理年报资料，去掉分镇产值表，新增工资、资产、产值等区五十强名单，完善能源年鉴资料。赣榆调查队每月编发《赣榆调查资料》，撰写信息分析319篇，其中，国家统计局内网、《中国信息报》采用19篇。信息上报数、采用数保持全省第一方阵。

【统计基层基础建设】 2022年，赣榆区委办、区政协办印发《赣榆区统计工作委员会工作职责》，成立赣榆区统计工作委员会，明确区政府主要领导为主任。区统计局督促指导各镇（园区）相关部门成立机构，人员到位，待遇到位。全区15个镇（园区）全部在镇经发局设立统计办。区统计局向上争取规范化建设资金，制定奖补规范化资金使用方案，确保专款专用。发放省、市、局奖补资金30.1万元，其中省级22万元、市级8.1万元。省补资金主要奖补7个镇，用于改善镇村统计办公条件。市资金8.1万元，用于前期申报的27个村，每村奖补3000元。聘强聘优“三情观察员”（农情、民情、企情观察员）队伍，选聘“三情观察员”48人。开展住户调查、农产量调查等业务培训10场，培训230余人次。完善调查业务台账，建立辅调员绩效考核制度，对辅调员日常报表及时性和准确性压实责任。开展“双十佳”评优活动，调动辅调员工作积极性。

【统计监督】 2022年5月23—30日、6月29日至7月5日、8月15—8月25日，区统计局统计执法检查组对全区15个镇（园区）的98家企业开展统计执法检查。采取资料送检和现场核查相结合方式，工业、批零住餐、投资、建筑业等领域。印发《国家统计局赣榆调查队贯彻落实〈监督意见〉任务分工》，压实责任到人。加大执法检查力度，市县联动成立联合执法检查组，8月4日抽选3家企业开展统计执法监督检查。区统计局、国调队联合下发《关于开展农村统计调查数据基础工作质量检查的通知》，就农村统计调查基层基础、基础台账建设情况等进行自查与抽查，规范工作规程，确保调查数据质量。落实月审季审制度和电话回访制度，强化对重要指标的审核。

【调查统计】 2022年，赣榆区完成城乡住户一体化调查、劳动力调查、农民工监测、农作物面积遥感测量、粮食测产、主要畜禽监测、农产品生产价格、农产品中间消耗、工业品价格、新设立小微企业、采购经理调查等常规性的调查工作。城乡住户一体化调查，采取“入户指导+电话核查+微信培训”的形式推进常规调查有序开展。完成新一轮大样本轮换，组织召开推进会2次，强化基础规范，落实开户阶段全覆盖陪访，试记账阶段开展多轮到点入户记账培训。注重畜禽调查工作管理，推进畜牧业调查电子化记账，完成App软件试用和数据填报工作。定期通报劳动力调查数据质量，建立三环审核机制，从严做好审核把关，增加陪访督导频次，确保数据真实可靠。继续采用无人机、PDA等先进信息技术开展农作物面积遥感调查。

【统计普法】 2022年，赣榆区以新一轮住户调查大样本轮换为契机，通过召开座谈会、广场宣传等形式在班庄镇窦洪爽村开展“统计开放日”普法宣传活动，发放统计法律法规宣传折页180余份，提升群众知晓率和支持率。以法治宣传月活动为契机，在金山镇红庄村开展“学习统计法，送法进农家”主题宣讲暨专题调研活动。坚持把普法宣传渗透到调查工作全过程，以“业务指导+普法”形式，深入调查一线，开展送法上门活动，发放宣传册页480余份。

【第五次全国经济普查工作】 2022年，区统计局成立赣榆区第五次全国经济普查（以下简称五经普）筹备领导小组，启动普查筹备。开展两轮全区基本单位名录库维护整顿工作，补全更正临时库企业4900余家，按照上级推送的注（吊）销企业名单，进行库内注吊销单位剔除工作。抓好“五经普”队伍建设，选拔业务骨干，做好人员选聘，为“五经普”储备人才。编制“五经普”专项经费预算，争取财政支持，确保足额经费开展普查工作。（祁春君　秦小曼）

价格监督管理

【概况】 2022年，赣榆区社会供需基本保持平衡，居民消费价格指数（CPI）涨幅在市控标准以内，主要商品价格和服务收费调控目标任务完成。

【价格调控】 2022年，赣榆区价格调控联席会议办公室制订印发《赣榆区2022年价格调控目标责任制实施方案》，明确各成员单位价格调控责任，确保生产、储备、流通、监管等环节各项调控措施落到实处。全年价格总水平稳定在合理区间。

【价格监测】 2022年，赣榆区强化市场价格监测，通过区融媒体中心发布价格监测信息。开展生猪鸡蛋、主产地粮、成品粮、农资、特色农产品等多个行业12项常规价格监测，完成价格监测报表695份、监测数据8016条、各类监测分析报告16篇。

【价格收费管理】 2022年，区发改委按照《江苏省定价目录》承接省价格部门授权的价费项目，会同区交通局临时调整春节假期出租汽车起步价；会同区财政局、区自然资源和规划局、区住建局明确红线外电力接入工程政企共担相关事项；会同区教育局转发《关于2022年春季中小学收费有关事项的通知》，开展全区教育收费专项检查；调整优化赣榆区城区居民用天然气阶段价格，明确城乡区域供水价格。全年完成各类价格认定案件368件，涉及金额7335万元。（周文超）

市场监督管理

【概况】 2022年，赣榆区有市场主体17579户，其中，个体工商户13529户，企业3991户（含法人企业3721户、分公司137户，个人独资企业133户），农民专业合作社58户、农民专业合作联社1户。区市场监管工作聚焦安全生产、新冠疫情防控、营商环境、质量提升，解决群众关心、社会关切、上级关注的突出问题，提升市场监管效能。区市场监督管理局获评江苏省文明单位，被连云港市市场监管局授予“2021年度法治能力提升先进单位”，被区政协第一届委员会授予2021年度政协工作提案先进承办单位；2022年全区高质量发展综合考核中获“第一等次”“争先进位奖”“重大项目（事项）推进奖”。

【商事制度改革】 2022年，区市场监管局推行个体登记网上自主申报，落实网上办、邮寄办、预约办，采取延期评审、远程监控评审、承诺换证、延期换证等措施，方便群众办事。注销登记、市场主体后置审批经营范围登记、市场主体住所登记、移动式压力容器4项证明事项实行“告知承诺制”，个体工商户注销由5个工作日缩短到1个工作日，全年注销3885户。在8个乡镇成立“小个专”党建工作指导站，突出党建引领，帮助企业解难纾困。

【产品质量监管】 2022年，区市场监管局制订出台质量强区评价指标体系，按照《连云港市党委质量督查工作考核方案》要求开展地区自评并接受市党委质量督察。向区人大报告贯彻落实《中华人民共和国产品质量法》总体情况。完成第二届并组织第三届区政府质量奖评选，神舟新能源有限公司和江苏中京电缆科技有限公司被授予年度赣榆区质量奖；天富食品配料有限公司、江苏海福特海洋科技股份有限公司被授予第二届赣榆区质量管理优秀奖。江苏金茂源生物化工有限责任公司、连云港神舟新能源有限公司被认定为AA级质量信用企业。组织2家企业申报连云港市市长质量奖，5家企业申报2022年“江苏精品”。组织24家企业相关产品参与全省消费品合格率统计调查，合格率100%。开展燃气具及配件产品质量安全专项整治行动，依法查处未经3C认证生产、销售的燃气器具和生产、销售不符合国家强制性标准的燃气具及配件经营行为。检查生产、销售企业265家，立案48件。开展成品油市场质量监管和“百日攻坚”行动，开展危险化学品、危化品包装容器、钢材、水泥、电线电缆、电动自行车充电器和电池等重点工业产品质量安全排查，开展消防产品质量安全专项整治，监督抽查消防器材产品5批次。开展全区农村道路交通安全专项整治，对电动自行车生产销售企业进行拉网式排查。

【标准化建设】 2022年，区市场监管局持续深化标准化引领战略，组织申报1个国家级标准化项目试点、2个省级试点、3个市级试点项目。3个市级试点项目获批，获批数量居全市首位。特色葡萄种植标准化试点通过市级验收，连云港金公果业有限公司《优质果品全程设施生产标准化试点》通过省级评审验收并被评为省级优秀试点。联合区农业农村局申报并获批2个连云港市农业地方标准。指导172家企业网上申请注册、续展商品条码。

【计量管理】 2022年，区市场监管局加强民生领域计量专项监督，开展眼镜配制场所计量专项监督检查、电子计价秤、燃油加油机、定量包装商品净含量、涉农领域、医疗卫生机构计量专项检查及诚信计量自我承诺行动。开展商品过度包装计量专项检查，打击、制止过度包装行为。开展能效标识、水效标识检查，配合省、市市场监督管理局开展对重点用能单位能源计量审查。开展涉粮计量器具的监督检查。开展水泥、水泥制品生产企业货物装载源头计量行为监管。组织区计量技术机构人员开展“计量服务企业行”行动，发挥计量在“稳企强链”服务中小企业创新发展中的技术支撑和保障作用。

【认证认可监管】 2022年，区市场监管局配合市市场监管局对检验检测机构开展双随机监督检查，检查赣榆环境检测站、江苏经纬环境集团有限公司、连云港赣榆伟达机动车检测有限公司、连云港市乾通汽车检测有限公司，对检查出的问题进行整改。对连云港天昊安全设备检测服务有限公司、连云港正运汽车综合性能检测有限公司开展专项检查，对其中1家机构立案并移交公安部门查处。对2家体系认证获证企业开展证后检查。组织开展家用燃气灶具、电动自行车、农机产品CCC认证专项监督检查。组织开展“有机产品认证宣传周”“绿色产品认证宣传周”“服务体系认证体验周”系列宣传活动。

【网络交易监管】 2022年，区市场监管局发挥网络监管服务职能，宣传贯彻《中华人民共和国电子商务法》等法律法规，开展各类法律法规宣传和培训。打击各类网络交易违法行为，重点打击侵权假冒、虚假宣传、虚假违法广告、网络传销、刷单炒信等违法行为。加强广告监测，处置网上广告案件线索29条，处置“12315”“12345”热线转办的广告投诉案件62件。

【检验检测】 2022年，区市场监管局强化检验检测业务建设。接收委托样品检验检测1219批次，完成样品检验1190份，为企业培训检验员50人次。查询档案21232份。开展“双节”期间超市计量专项监督检查，抽查大米、炒货、乳制品、小食品等四类定量包装商品，抽检7家超市24批次。对全区130家加油站（含加油点）在用的960台件加油机进行检定，受检率和合格率100%。为化工、食品等140家企业检定压力表2800余台（件）；对江苏新海石化、镔鑫特钢等9家年耗5000吨标煤以上企业在用的能源计量器具进行检定，为全区120余家企业检定各类衡器1200余台（件）。对辖区内83家企业实验室在用820台件计量器具进行检定。对全区24家乡镇卫生院、230家村级卫生室的1553台（件）医用计量器具开展“两免费”检定，为5家集贸市场检定电子秤1127台（件）。为全区160家企业2200台件计量器具进行检定。新建多参数监护仪、呼吸机、注射泵输液泵三项医疗计量标准，10月通过计量标准考核。序时完成7个项目内部质控，完成中国检科院测试评价中心组织的《饮料中山梨酸和苯甲酸的测定》和2022年长三角地区检验检测机构《水中阴离子含量测定》的能力验证以及省市场监管局组织的《大米粉中镉含量测定》《白酒中甜蜜素测定》《饮料中咖啡因测定》《地板中甲醛释放量测定》4个项目的能力验证。

2022年3月3日，区市场监管局执法人员到超市检查物资供应及食品安全情况（李厥岩　摄）

【市场行政执法】 2022年，区市场监管局出台轻微违法案件审核规定，对适用普通程序处理的轻微违法案件实行各分局互审，规范办案程序，确保行政处罚于法有据，行政执法公开、公正、公平。以开展“暖阳”“农资打假专项执法行动”“雳剑2022”等专项行动为突破口，开展产品质量安全检查、食品安全检查、联合开展面向未成年人无底线营销食品专项治理行动、“打假保优”专项执法、药品医疗器械经营和使用环节及化妆品经营环节检查、特种设备安全检查、开展打击不正当竞争行为专项执法等专项执法，开展涉企违规收费专项整治、教育收费专项检查、2022年秋粮收购监督检查、行业协会商会乱收费专项清理整治、规范物业服务收费、房地产市场价格、水电气暖等价格行为监管等专项检查。全年立案646件，初审一般程序行政处罚案件230件，组织35次案件集体讨论会议，审议疑难案件101件，下达行政处罚决定书481件，向人民法院申请强制执行案件6件，查处食盐违法案件2件。组织对历年来340件积压案件进行分类处置、逐一立卷归档。

【消费者权益保护】 2022年，区市场监管局着力完善“12315”“12345”等举报投诉平台建设，调整10个分局投诉举报工作联系人员，举办投诉举报专题培训2次。创建省级先进示范单位3家，全市首批消费维权服务示范站4家。受理处置各类投诉举报15862件，其中，通过赣榆区“12345”平台受理9641件，通过全国“12315”平台受理6221件，办结1.52万件，办结率95.66%。全年受理处置的投诉举报中，反映的问题主要体现在以下方面：食品问题6102件，占比38.47%；质量问题2850件，占比17.97%；广告问题1108件，占比6.99%；价格收费、退费问题882件，占比5.56%；侵害消费者权益问题667件，占比4.21%；售后服务问题668件，占比4.21%；不正当竞争问题441件，占比2.78%；合同问题435件，占比2.74%；证照管理问题369件，占比2.33%；物业管理服务等问题350件，占比2.21%；安全问题（含特种设备安全）232件，占比1.46%；工作作风服务态度问题224件，占比1.41%；新冠疫情防控问题220件，占比1.39%；计量问题161件，占比1.01%；知识产权问题50件，占比0.32%；药品医疗器械化妆品问题49件，占比0.31%；认证认可标准化问题35件，占比0.22%；市场管理问题32件，占比0.2%；环境污染问题30件，占比0.19%；其他问题947件，占比5.97%。（李厥岩）

知识产权管理

【概况】 2022年，赣榆区落实《连云港市赣榆区国家知识产权强县建设试点县（区）工作方案（2022—2025）》，围绕产业项目推进实施，被国家知识产权局确定为国家知识产权强县建设试点县，被江苏省知识产权局认定为江苏省知识产权建设示范（县域）。区市场监督管理局被省知识产权局授予“江苏省知识产权系统全员学法活动学法优胜单位”。推荐江苏省镔鑫钢铁集团有限公司申报并被国家知识产权局确定为2022年度国家知识产权优势企业。组织连云港步升机械有限公司等6家公司申报专利申请精准管理名单；组织连云港勤拓实业有限公司、江苏苏果超市有限公司赣榆分公司申报2022年度省“正版正货”承诺企业并获批；组织江苏苏果超市有限公司赣榆分公司申报2022年度连云港市“正版正货”示范街区创建项目并获批。通过帮扶指导，赣榆区柘汪镇人民政府、连云港市赣榆高新技术产业开发区管理委员会（筹）被省知识产权局确定为赣榆区知识产权优势镇（园区），连云港神舟新能源有限公司被确定为赣榆区知识产权优势企业。

【专利产出】 2022年，赣榆区申请发明专利229件，授权发明专利154件，有效发明专利535件，万人有效发明专利达5.33件。

【商标注册】 2022年，赣榆区成功申请注册商标2627件，其中，食品类商标795件，海产品类商标135件，服务类商标377件，其他类商标共1320件。

【地理标志】 2022年，赣榆区政府承担的“地理标志—赣榆梭子蟹”项目被江苏省知识产权局批准为省商标品牌培育和保护项目。区政府履行梭子蟹商标品牌培育和保护职责，采用大数据区块链技术实现产品追溯管理，规范电商直播，加强地理标志产品宣传推广，组织“进码头，进景区，进平台，出国门”活动，开展“赶海节”“开捕第一网”“尝鲜季”等活动，推动地理标志与文旅等关联产业融合发展，强化地理标志维权保护，构建各部门协同工作格局。

【知识产权保护】 2022年，赣榆区查处商标侵权案件25件；专利侵权案件5件；完成商标侵权纠纷调解10件。

【知识产权服务】 2022年，赣榆区依托成立的区知识产权人民调解委员会、知识产权仲裁调解中心、知识产权维权援助中心，推进知识产权纠纷人民调解、仲裁调解、行业调解、维权援助服务等机构建设和纠纷调解工作，实现知识产权纠纷诉前调解全覆盖。

2022年4月26日，区市场监管局组织“银企对接会”，启动并推进知识产权质押融资工作（李厥岩 摄）

【知识产权质押融资】 2022年，区市场监管局组织“银企对接会”，联合银行业金融机构走访科创型、成长型企业，现场了解企业融资需求，启动并推进知识产权质押融资工作。并通过电话、微信、市场监管公众号、电子邮件等多种形式指导企业高效办理动产抵押登记，加强与金融机构的沟通联系，为企业扩大融资渠道，降低金融成本，有效帮助解决中小企业融资难题，全年完成知识产权质押融资12项，融资8.41亿元。

【知识产权激励政策出台】 2022年，区政府制订印发《连云港市赣榆区知识产权优势企业认定程序规定》《连云港市赣榆区知识产权优势镇（园区）认定程序规定》《关于促进知识产权高质量发展若干政策措施》。在促进知识产权高质量创造上，区政府鼓励高质量专利创造，推进实施商标战略，鼓励培育地理标志商标（产品）。在促进知识产权高效益运用上，加强知识产权综合能力建设，实施创新主体“贯彻《企业知识产权管理规范》国家标准”工程，开展知识产权强企行动，促进知识产权与金融资源有效融合。在促进知识产权高标准保护上，完善维权援助工作机制，提升知识产权保护意识。在促进知识产权高水平服务上，提升知识产权服务机构能力，加强知识产权宣传，加快知识产权人才培养。

【赣榆区获评国家知识产权强县建设试点县】 8月29日，国家知识产权局公布首批国家知识产权强县建设试点县名单，赣榆区入选。赣榆区树立“保护知识产权，就是保护创新”的发展理念，实施知识产权强区战略，将知识产权工作融入经济社会发展全局之中，为经济高质量发展、国家创新型城市建设提供有力支撑。截至8月底，全区有效专利总量为3557件，有效发明专利480件，PCT国际专利申请26件，万人有效发明专利拥有量达4.7件；拥有驰名商标1件，地理标志证明商标6件，地理标志保护产品3件，马德里国际商标注册7件，有效商标注册量3.5万件。

（李厥岩）

信用体系建设

【概况】 2022年，区市场监管局在全区牵头推进信用领域突出问题专项治理工作，按照全省高质量发展考核指标要求和全市信用领域突出问题专项治理工作科学部署，在市场监管、企业信用监管和修复、广告网络监测等方面开展工作，提升全区信用建设水平。

【“双随机、一公开”监管】 2022年，赣榆区采取随机抽取检查对象、随机选派执法检查人员、抽查情况及查处结果及时向社会公开（即“双随机、一公开”）的方式，加强信用监督管理。区市场监管局牵头全区33个部门制订区级部门工作计划，建立监管联席会议制度，各部门协同开展“双随机、一公开”监管，按要求对全区开展联合双随机检查，对进度缓慢的部门通过函告的方式进行督导。全区随机抽查市场主体6379家，其中跨部门联合抽查5574家，“双随机、一公开”跨部门联合监管覆盖率达100%。执法监管信息公开率达标，33个部门在市场监管信息平台归集数据达90%以上，覆盖率100%，处罚信息公示率100%。企业年报率96.9%。

【信用信息公示】 2022年，赣榆区加大信用信息公示力度，1996家企业和农村专业合作社被列入经营异常名录，对483家长期未年报企业在微信公众号予以公告、吊销，对223家符合移出异常名录的企业进行移除。推进“互联网+”监管，认领事项167项，认领率100%，录入监管数据近10万条。重点清理整治群众反映强烈、社会危害性大的医疗美容突出问题。（李厥岩）

海洋经济

综述

【海洋经济打造】 2022年，赣榆区以海洋功能区划为依据，确定海洋资源利用和保护方向及重点，探索基于生态系统保护的海域综合利用管理新模式；推进海域使用权市场化运作，提高海域资源利用效率，利用东海水产研究所赣榆实验基地等平台技术支撑作用，强化鱼类、贝类、海马等优质水产养殖开发，探索推广绿色健康养殖模式。围绕打造智慧渔港、平安渔港、绿色渔港、产业渔港、人文渔港目标，以海头、青口两个国家级中心渔港为核心，整合沿海镇和相关海域、陆域、岸线资源。培育壮大海洋产业，优化空间布局，以海洋经济开发区为依托，拓展石桥镇、海头镇、青口镇、高新区、经济开发区、秦山岛等陆海资源。明确产业方向，重点培育海洋食品、海洋生命健康、海洋新材料三大产业。整合滨海旅游资源，推动海洋旅游从观海向亲海拓展、从近海向远海延伸。建设“美丽海湾”，保护7.2万公顷浅海域和45.71千米海岸线的生态安全和生物安全。全年实现渔业产值131.7亿元，比2021年增长4.1%。

【特色产业体系建设】 2022年，赣榆区以建设现代沿海特色产业体系为目标，发挥赣榆海洋资源特点，培育出江苏海福特海洋科技股份有限公司等一批模式新、质态优的现代涉海企业，打造海洋经济新的增长极。以连云港永泰塑业有限公司为代表的海洋可再生能源利用业、海水淡化与综合利用业等海洋新兴产业快速发展。打造绿色高质特色产业集群，建设占地123.33公顷的设施渔业集中区，运营建筑面积21公顷的紫菜产业园，推动渔业养殖由自然状态向设施养殖转型、向标准化规范化转型。秦山岛国家级海洋牧场示范区获批。

2022年9月16日，青口中心渔港捕捞船出航　（司　伟　摄）

【海洋科技载体】 2022年，赣榆区主要海洋科技企业有连云港赣榆蓝湾海洋科技有限公司、江苏海福特海洋科技股份有限公司、连云港富安海洋产业技术研发服务有限公司等，另建有海洋科技馆。赣榆蓝湾海洋科技有限公司，位于青口镇，主要经营海产品养殖技术的研发、成果转化服务，海珍品养殖企业的创办、合作咨询服务，高涂养殖园区、产业集聚区的规划、指导服务，以及生鲜水产品、饲料销售。海福特海洋科技股份有限公司，位于柘汪镇，主要经营渔业技术开发、推广、服务及食品加工等，该公司智能制造车间2022年获评连云港市智能制造示范车间，公司产值2.31亿元，税收182.42万元，应税销售收入2.06亿元。连云港市富安海洋产业技术研发服务有限公司，位于海头镇，主要经营海产品加工技术、加工机械研究开发；技术咨询服务等，2022年研制新型全自动紫菜初加工机组取得重大进展。江苏赣榆海洋科技馆，位于赣榆高新区，2021年通过验收，场馆布展面积约4500平方米，分三层布展，以展示海洋科技为主，集科普教育、观赏娱乐、电子商务运营于一体，体现赣榆人知海、用海、爱海的特征。（年 编）

海洋产业

【海洋捕捞业】 2022年，赣榆区有5个沿海镇；国家中心渔港2个（青口渔港、海头渔港），二级渔港2个（韩口渔港、响石渔港）；在册渔船1374艘，其中，捕捞船1214艘、渔运船132艘、养殖船28艘。全年海洋捕捞产量9.8万吨，产值41.17亿元，主要捕获物有马鲛鱼、梭子蟹、对虾、小黄鱼、鲳鱼等品种。

【海水养殖业】 2022年，赣榆区海水养殖面积2.4万公顷，海水养殖产量27.3万吨。海水池塘养殖1106.67公顷，主要养殖中国对虾、梭子蟹、缢蛏等品种。海上养殖牡蛎、贻贝和紫菜3个品种，其中，牡蛎养殖面积6666.67公顷，产量7.22万吨。（辛 华）

【紫菜产业】 2022年，赣榆区引导养殖户自行缩减养殖面积、降低养殖密度、优化养殖技术、提升产品质量。开展全海域违法违规用海清理整治专项行动，清理违规养殖约2000公顷，进行科学养殖紫菜。柘汪紫菜产业园全面运行，该园为全省首个紫菜加工全行业电气化覆盖示范区。紫菜产业园继2021年9月启动企业入驻活动之后，2022年4月再次启动紫菜一次加工企业入驻活动，签约入驻53家紫菜加工企业，启用66栋厂房132台套紫菜加工设备。紫菜产业园实施淡、海水集中供水。由园区配套的废水处理中心实现废水收集、达标排放。废水处理中心设计处理水量为海水废水1万吨/天，淡水废水2万吨/天，废水处理中心委托连云港琪瑞环保科技有限公司运行维护。园区推进“供电+能效服务”，在园区推广热泵技术替代原有的燃煤锅炉，建成紫菜全电烘干生产线130条，用电负荷达到3.5万千瓦，电能替代用电负荷增加1.4万千瓦，减少二氧化碳排放4万吨，每张紫菜热源生产成本仅0.82分／张，赣榆紫菜产业步入全电气化生产的时代，实现产业提档升级。电加热设备加温稳定，车间湿度适宜，干紫菜的片张平整、有光泽，等级上有所提升。契合赣榆区紫菜市场企业复工复产、扩大经营、延伸产业链条的现实需求，赣榆区行政管理部门深化“放管服”改革，实施紫菜产业“一照多址”备案，在同一张营业执照登记一个住所和多个经营场所，突破“一家企业只能登记一个住所、一张营业执照只能记载一条地址”的限制，省略企业扩大经营时产生的新办营业执照、税务登记、公章刻制、银行开户、做账报税、企业年报等程序。（朱建霖）

2022年10月19日，柘汪紫菜产业园生产场景 （司 伟 摄）

链接：

赣榆新春首场紫菜交易市场热

2月11日上午，江苏省2022年新春首场紫菜交易会在连云港市赣榆紫菜交易中心举行，来自96家紫菜加工企业提供的47266箱、共计2.26亿多张干紫菜入场销售，现场吸引50多家紫菜客商到场选购交易。

记者在赣榆紫菜交易中心看到，占地面积约1万平方米全国最大的条斑紫菜交易大厅内摆齐一排排紫菜箱。连云港市津禾紫菜有限公司董事长徐大宝表示：“前两次交易我公司总共进场1600箱左右，前两期已经成交了八九百箱。今天第三期，现在暂时的预计要好于上期，上两次。”

据了解，赣榆区条斑紫菜产业起步于20世纪90年代初，历经中日合作、省内联合、自主发展等阶段。在经过近30年的发展，已形成集育苗、养殖、加工、销售为一体的全产业链发展模式，成为当地极具潜力的特色产业和增量最快的富民产业。近年来，赣榆区委、区政府紧抓紫菜产业发展机遇，坚持走“打造产业链条，壮大产业规模”的特色路子，新建了全国屈指可数的大型紫菜交易中心，以紫菜深加工来带动当地村民致富。截至2021年底，该区紫菜产业年总产值突破50亿元。其中，育苗企业120余家。种植海域19万亩；初加工企业158家拥有机组352台套；精深加工企业99家计340条生产线；紫菜电商200余家，销售额超12亿元，紫菜产业实现经济效益、社会效益、生态效益和政策效益的四丰收。自2018年赣榆紫菜交易中心启动交易至今，干紫菜销售额超10亿元，带动本地区每年12亿元的干紫菜贸易活动。

（中国江苏网2022年2月12日）

【海洋食品加工业】2022年，赣榆区注重一二三产融合发展，通过捕捞养殖、食品加工、电商快递形成完整的海洋食品产业链。完善产业链中间环节，做大做强做精海洋食品加工业。全区食品加工业65家，全年食品产量约85万吨。尝试研制开发海福特的“金汤海鲜面”、渔乐春的“海苔馅饼”、海娃食品的“低嘌呤虾皮”、奥赛福的“低温油炸虾皮”、恺骐的“风味扇贝”等预包装食品或预制菜。海福特30万吨/年海洋食品加工项目，推动企业布局预制菜赛道，安装完成海福特鱿鱼系列预制菜生产线，根据市场行情进行小规模生产，实现销售额100万元，其海鲜面、海鲜水饺等预制菜产品启动开发。

（辛　华）

【船舶修造业】2022年，赣榆区有船舶修造厂5家，沿青口河和龙王河设厂。其中，青口镇2家：连云港市鹏达船舶修造厂、赣榆区青口镇盛港造船厂；海头镇3家：江苏海州湾渔业有限公司、连云港市鑫港船舶修造厂、连云港市赣榆区东源船舶修造厂。2022年实现工业产值1.1亿元。东源船舶修造厂是苏北地区一家规模船舶修造企业，占地面积约4.7公顷。企业拥有固定资产5000余万元，具有船长68米以下各类船舶的建造资质及年修造600余艘船舶的能力，是江苏省标准船型建造定点船厂之一，获农业农村部颁发农牧渔业丰收奖一等奖，为江苏海洋大学徐福文化研究中心楼船研究基地。2022年实现产值2800万元。（王瑜涵）

【海产品电子商务】2022年，赣榆区海产品电商销售主要产品包括海鲜生鲜、海洋食品、休闲零食等，其中，海苔、扇贝、鱿鱼、比目鱼等产品销量全国排名第一。抖音生鲜店铺榜5家网红店铺中赣榆有4家上榜，其中，“喜哥喜嫂”排名第一，恺骐食品旗下“海头湾”品牌位居抖音生鲜品牌榜第二。实施峰叠实业（海头）生态电商中心项目。实施九里海产品电商产业集聚区建设，总规划面积21.4公顷，年内拆迁回收土地16公顷，规划新建冷链物流区、特色商业区、海产品交易区等功能区。海产品电商产业的快速发展，带动养殖、捕捞、存储、加工、包装和快递物流等相关产业形成链式发展模式。

（辛　华）

链接：

“直播＋电商”的新业态乘风破“浪”（节选）

初春的夜晚，春寒料峭。晚上9点钟，在连云港市赣榆区海头镇海前电商产业园的直播间内，主播们繁忙的工作才刚刚开始，秒杀抢购的直播声不绝于耳；12点左右，该镇苏鲁海产品市场内仍然是车来车往、人头攒动，手持直播架的主播们边走边播，吸引着众多粉丝通过平台购买海产品。在这个以海鲜出名的海边小镇，随着直播行业的兴起，渔民们出海入“云”，乘风破“浪”，通过快手、抖音、淘宝等电商平台将来自全球的海鲜送到全国各地“粉丝”的手中。

近几年来，赣榆区依托海洋渔业资源，牢牢把握“直播+电商”的新业态机遇，通过政策引导、技术培训和园区建设，鼓励群众大力发展电商等新经济，将“小海鲜”插上电商的“翅膀”。

在拥有“海鲜电商直播第一镇”美誉的海头镇，记者了解到，2020年以来，该镇已拥有日活跃直播账号近万个，高峰期日均发货量20余万件，全镇年销售额达到65亿元，蝉联了三年的“中国淘宝镇”。顺丰全国第一家冷链物流中心已开工建设，电商中心项目进一步完备，相应的电商步行街、冷库相继配套完工，苏鲁市场、贝类市场、设施渔业产业园，为主播们提供了更多丰富的海鲜产品。

电商产业的快速发展，让当地渔民们腰包逐渐鼓起来，本地鲜美的大黄鱼、南美对虾、白蛤不仅在国内有超高人气，也通过冷链远销日韩等国。在主动走出去的同时，网红主播们还向全球市场发出“邀请函”，来自全球的海鲜制品成为主播们“休渔期”必备的货品，澳龙、珍宝蟹、石斑鱼、鳕鱼等，每年有超过40万斤进口海鲜经过海头镇网红的直播平台，端上国人的餐桌。

（《江苏经济报》2022年2月22日）

2022年8月26日，石桥镇九里海产品电商创业园内，新入驻的电商网红在直播基地直播带货（区融媒体中心　供图）

赣榆渔港经济区

【概况】2022年，赣榆区响应国家渔港经济区建设号召，规划“一轴一带两核两区”的总体空间布局，以海头中心渔港为核心，围绕“智慧渔港”“平安渔港”“绿色渔港”“人文渔港”“产业渔港”五大渔港建设目标，推进渔港经济区建设。10月8日，赣榆区成立赣榆渔港经济区建设领导小组。11月25日，区政府发布《关于印发连云港市赣榆渔港经济区建设规划（2022—2030年）的通知》。

【建设规划】 2022年，赣榆区制订渔港经济区建设规划（2022—2030年）。赣榆渔港经济区计划总投资13.3亿元，其中，争取中央资金2亿元，省级财政资金0.34亿元，社会配套资金10.96亿元。通过码头面修复、封闭港区建设、渔港岸线绿化、渔港道路改造等配套工程，将龙王河两岸渔业岸线连通，对渔港环境进行综合整治，升级中心渔港基础设施，完善渔港配套设施，构建渔港综合管理信息化平台，提高渔港综合管理水平和防灾减灾能力。赣榆渔港经济区以海头国家级中心渔港为核心，串联青口国家级中心渔港、柘汪二级渔港、韩口二级渔港，以及区内其他渔港，范围涵盖全区沿海各镇。

【建设项目】 2022年，赣榆渔港经济区建设项目包括：智慧渔港管理平台建设，渔港环境整治及污染治理，基础设施提升改造及整治维护，城发智慧冷链物流综合体建设、海后村海产品电商服务中心建设，易客乐极生态电商中心建设。其中，基础设施提升改造及整治维护项目，拟投资2.5亿元，开掘港口航道60万立方米，码头面修复7万平方米，岸线绿化及道路改造2.6万平方米，建海头渔港综合管理中心2000平方米、海产品交易大厅1万平方米、渔需物资仓库5000平方米、闭港设施1座、船坞升降桥3座。

【赣榆区首家生态电商服务中心项目封顶】 11月3日，赣榆渔港经济区海头核心区海后电商中心项目举行封顶仪式。该电商中心总投资1.5亿元，占地2.67公顷，总建筑面积3万平方米，是全区首家集研发、直播、销售、仓储配发于一体的生态电商中心，将为海头镇乃至全区、全市电商集聚、网红孵化、产品交易提供更高平台。

2022年10月22日，峰叠（江苏）实业项目开工仪式 （司 伟 摄）

【峰叠（江苏）实业易客乐极生态电商中心开工】 10月22日，峰叠（江苏）实业发展企业有限责任公司易客乐极生态电商中心项目开工仪式在海头镇海前村举行。易客乐极生态电商中心项目总投资3亿元，规划占地5.33公顷，建筑面积6.63万平方米，集功能直播间、5G远程跨场景直播、产品研发、质量品控、产品深加工标准商品化车间、低温处置、分拣打包、冷冻仓储、集约化快递配发于一体。 （张学谦）

秦山岛国家级海洋牧场示范区

【概况】 江苏省连云港秦山岛东部海域国家级海洋牧场示范区位于赣榆区海州湾近海海域（秦山岛东北部），北纬34°54′51.280″，东经119°24′19.110″，距离陆地直线距离约20千米，水深11.2~12.8米，示范区用海面积358.63公顷。示范区建设地点所处海域环境良好，分布有多种底栖经济鱼类、贝类等经济动植物。该示范区类型为养护型海洋牧场，以扩大生态效益、改善海洋资源为目标，旨在改善赣榆海州湾生态环境，恢复海域受损的渔业资源现状，拓展和有效配置渔业发展空间，优化海洋渔业产业布局，加快渔业转方式、调结构。2022年1月，秦山岛东部海域国家级海洋牧场示范区，获批农业农村部第七批国家级海洋牧场示范区，为本批次名单中江苏省唯一。

【增殖放流与鱼礁建设】 赣榆区根据海州湾海域水质、沉积物、地质、生物资源等情况，建设增殖放流孵化基地，因地制宜选划鱼礁投放区域和礁型，形成以方形礁、三角礁、十字礁和塔形石块礁为主的“保护+增殖”型鱼礁组合构建模式，人工鱼礁建设用海面积29.24公顷。2022年6月，增殖放流价值240万元的黄姑鱼和半滑舌鳎鱼鱼苗200万尾，维护生物多样性，保护海洋生态。12月，大连市现代海洋牧场研究院中标编制江苏省连云港秦山岛东部海域国家级海洋牧场示范区人工鱼礁建设项目实施方案。

【海藻场建设】 海藻场是指沿岸潮间带下区和潮下带浅水区大型底栖海藻繁茂丛生的场所，为沿岸海域渔业资源养护、海域富营养化和生态环境改善的重要载体。2022年，赣榆区在海洋牧场示范区内试验吊养海带、紫菜、江蓠等藻类，带动周边形成以紫菜养殖为主、贝藻混养为辅的大规模海藻场。 （辛 华）

江苏省赣榆海洋经济开发区

参见第124页【江苏省赣榆海洋经济开发区】条目。

连云港港赣榆港区

综述

【赣榆港区规模效益】 赣榆港区是江苏沿海开发的前沿阵地、连云港港"一体两翼"港口发展战略的重要北翼，自2012年开港运营后，立足于产业港定位，完成投资过百亿元，建成约12千米防波堤、23千米10万吨级航道、4个15万吨级泊位、27.4万立方米罐区、11千米管廊架，形成超万亩陆域，完成吞吐量超1.1亿吨，港区发展能级和综合服务水平持续提升。2022年，赣榆港区码头吞吐量完成1564.42万吨。

【港区规划】 "十四五"期间，赣榆港区完善"港公铁"重大集疏运体系，以新增7个生产性泊位、综合能力突破6000万吨为目标，将赣榆港区建成江苏沿海地区港产城一体化协同发展的特色港区。计划在2023年围绕"千万标箱、东方大港"建设目标，加快赣榆港区10万吨级航道南延段一期、粮油码头建设，完成多式联运物流中心一期主体工程，开展15万吨级航道、兖日铁路连接线前期工作，推动铁路专用线黄海粮油科技产业园段开工，启动苏海3号通用泊位项目研究工作。 （侍静静）

港区建设

【概况】 赣榆港区自2010年8月19日一期（起步）工程启动建设，截至2022年12月31日，累计吞吐量破亿吨。连云港金东方港口投资有限公司先后投资建成11.55千米防波堤、20千米10万吨级航道及延伸段、11千米管廊架、5万吨金东方净水厂、100公顷物流堆场、形成613.33公顷陆域，口岸联检中心建成投用，赣榆临港综合物流园获批省级示范物流园区，港口综合集疏运体系日益完善。赣榆港区防波堤二期工程，年内完成A段施工。赣榆港区10万吨级航道南延伸段一期工程超进度完成年度目标，疏浚520万立方米并在赣榆港区三突堤吹填形成达标高陆域33.33公顷。赣榆港区粮油码头工程环评报告通过专家评审，用海报告报批稿上报区资源局待批复。赣榆港区铁路专用线二期工程工可报告通过上海铁路局集团组织的技术审查预审。多式联运物流中心完成前期手续并开工建设。

【码头建设】 赣榆港区投用的15万吨级起步工程1—3号通用泊位及201号液化泊位，设计吞吐能力1868万吨/年，2022年吞吐量1564.42万吨。在建的25万吨级4—6号散货泊位基本完工，设计吞吐能力2300万吨/年。在建的5万吨级6号液化烃泊位，设计年通过能力240万吨。拟建的10万吨级粮油码头，设计年通过能力500万吨，完成项目备案及使用港口岸线审批，开展环评、用海

2022年8月9日，赣榆港区集装箱码头 （区融媒体中心 供图）

手续报批。

【连盐铁路赣榆港多式联运物流中心项目开工建设】 该项目位于石桥镇，占地16.38公顷，计划总投资5.12亿元，主要建设3个平仓、10个粮食筒仓、零担库及一幢4层综合办公楼等。主要依托赣榆铁路专用线、黄海粮油科技产业园中粮油脂及瑞茂通等项目，配合黄海粮油科技产业园建设，开展多式联运、保税监管、仓储配送、展示交易、信息平台等多种物流服务，为粮食、木材等货物出口和加工创造有利条件。项目于2022年11月开工建设。

【管廊皮带机工程实施】 赣榆港区11千米的码头石油管廊2019年建成。2022年，16千米的超长距离越野带式输送系统工程（江苏段）开工建设，年运输能力2000万吨。6.5千米的散粮长廊带式输送系统工程年内开展工可研究，设计年运量400万吨。

【赣榆港区10万吨级航道南延伸段一期工程获批省级"示范工程"】 12月28日，连云港港赣榆港区10万吨级航道南延伸段一期工程获批2022年度江苏省公路水运工程平安工地建设省级"示范工程"。该项工程是在赣榆港区10万吨级进出港主航道基础上向西进行延伸，航道全长3135米，通航宽度190米，工程总疏浚量676.6万立方米。连云港港赣榆港区10万吨级航道南延伸段一期工程是贯彻落实交通运输部"十四五"规划的重点水运建设工程项目，主要功能是为完善赣榆港区公共基础设施提供保障，为黄海粮油科技产业园建设打开海上新通道。 （侍静静）

2022年11月，亚洲最大自航绞吸船"天鲲号"参与建设赣榆港区10万吨级航道延伸段工程 （区融媒体中心 供图）

链接：

"天鲲号"正式投入连云港港赣榆港区10万吨级航道建设

10月21日，亚洲最大重型自航绞吸船"天鲲号"完成全部设备调试及工前准备工作，投入连云港港赣榆港区10万吨级航道南延伸段一期工程建设。

"天鲲号"是我国自主设计建造的目前亚洲最大、最先进，也是目前世界上智能化水平最高的重型自航绞吸船。"天鲲号"全长140米，宽27.8米，总装机功率2.5万千瓦，设计小时挖泥量6000立方米，最大挖深35米，一小时可以将一个标准足球场挖深一米。"天鲲号"绞刀功率6600千瓦，可以开挖单侧抗压强度50兆帕内岩石，泥泵输送功率1.7万千瓦，远程输送能力达1.5万米，为世界之最。

连云港港赣榆港区10万吨级航道南延伸段一期工程是在赣榆港区10万吨级进出港主航道基础上向西进行延伸，航道全长3135米，通航宽度190米，工程总疏浚量676.6万立方米。施工过程中，"天鲲号"将克服施工海域土质复杂、疏浚土远程输送难、管线磨损大、工期紧等诸多困难影响，再次展现其作为大国重器"挖掘能力强、输送距离远、环保作业精、智能化水平高"的硬核功能。

（澎湃新闻网2022年10月21日）

临港产业园区

【江苏省赣榆海洋经济开发区】 江苏省赣榆海洋经济区于2003年经省政府批准设立。2020年10月，其核心区区位调整至柘汪临港产业区。2022年，该开发区总规划面积20.8平方千米，入驻企业40余家，其中，规上工业企业24家，包括江苏省新海石化有限公司、江苏省镔鑫钢铁集团有限公司两家江苏百强和制造业百强企业。园区形成石化新材料、钢铁及装备制造两大主导产业，海洋食品精深加工、塑料循环经济两大特色产业。园区建有220千伏和110千伏变电站各一座；工业用水供水能力15万吨/日，并建有2处约600万立方米的储备水源；建有集中供热中心，一期具备90吨/小时的蒸汽供应能力，二期3×130吨/小时锅炉（两用一备）在建；建有2万吨/日的生活污水处理厂，1万吨/日工业污水废水处理厂，并配套16千米的污水管网，废水处理标准达到一级A类标准。总投资超200亿元的丰海高新材料丙烷综合利用项目开工，总投资63.95亿元的华电液化天然气接收站获国家发改委核准批复；爱仕沃玛纺丝等12个项目开工建设，镔钢智慧生产控制中心等7个项目完成主体工程施工；渤海宏铄危废处置等项目投产达效，紫菜产业园实现"满铺运营"。新海石化、镔鑫钢铁等24家规上企业加大科技创新力度，全年研发经费投入达9.7亿元。制定2022—2024年高新技术企业培育三年行动计划，牵头做好连云港润知、起点等知识产权服务机构对高新技术企业、科技型中小企业的

2022年2月23日，临港产业区鸟瞰图　　（司　伟　摄）

培育力度。全年新认定省科技型中小企业27家，高企培育库在库企业19家，高新技术企业5家。园区内拥有研发机构8个，其中，省级工程技术研究中心2个，市级工程技术研究中心3个；拥有研发人员309人，其中，博士11人，硕士17人；期末有效发明专利100件，被有效实施29件。开发区围绕重点发展的化工新材料、钢铁及装备制造、海洋食品精深加工和塑料循环经济，招引上下游配套企业，打造产业基地，新圣锦半导体材料等12个亿元以上项目签约。完成一般公共预算收入6.85亿元，工业应税销售收入559.33亿元，外贸进出口额19.12亿美元，实际利用外资及港澳台资3666万美元。（周冬晓）

【黄海粮油科技产业园】 2022年，园区规划面积9.08平方千米，布局港口作业区、粮油生产区、多式联运仓储物流区、综合配套区等。园区位于国家“四横、八纵”粮食物流通道中的沿海线路和沿陇海线路的交会枢纽处。“前港中仓后厂”是园区核心优势，前港规划建设10万吨级航道、10万吨级粮油专用码头（可同时停靠1艘10万吨级船和1艘3.5万吨级船，或同时停靠2艘7万吨级船），并配套公共中转筒仓，后厂布局53.33公顷的多式联运物流中心（一期16.4公顷），通过4800米铁路专用线、6500米自动化皮带输送机无缝串联起码头、中转区、厂区、铁路货运站，构筑起行业领先的粮食作业系统，实现粮油封闭运输、快速集散。园区道路、水电气、环保等配套设施，进入高起点、高标准规划建设阶段。园区北部规划80公顷综合配套区，该区域作为赣榆北部城市副中心的核心区，以生活居住、商业服务功能为主导，可容纳2万人。2022年，黄海粮油科技产业园河道综合整治工程完成清淤施工；综合配套区基础设施一期工程基本完成路基施工；污水处理厂及配套管网、蒸汽管网、散粮皮带机、生产加工区基础设施工程推进手续报批，10万吨级航道开工建设，粮油码头工程取得项目立项备案、交通运输部及省交通运输厅岸线使用批复，完成铁路专用线路由拆迁，多式联运物流中心启动建设。签约投资百亿元的中粮油脂连云港基地项目和总投资30亿元的瑞茂通饲料蛋白项目，储备中储粮、北大荒等一批重点在谈项目。中粮油脂连云港基地项目是园区标杆项目，占地80公顷，由粮油码头项目、油脂加工项目组成。（侍静静）

链接：

赣榆获得全省首个新增围填海项目

2022年10月，江苏华电赣榆液化天然气接收站项目用海获得国务院审批同意，批准用海总面积61.4公顷，其中，新增填海造地35.18公顷。该项目是自然资源部成立以来全省首个获得国务院批准的新增围填海项目，是江苏省抓好重大项目用海政策落地实施，充分发挥自然资源要素支撑保障作用的标志性成果。

江苏华电赣榆液化天然气接收站项目位于连云港赣榆港区，是江苏省积极响应国家构建清洁低碳、安全高效能源体系要求，重点推进的国家天然气基础设施互联互通重点工程。项目一期工程最大接收能力610万吨/年，总投资约64亿元。项目建成投产后，可发挥供气调峰作用，为全省及长三角地区提供低碳高效的清洁能源，优化区域能源结构，推进节能减排，促进生态文明建设。

（凤凰网2022年10月15日）

2022年，连云港海关驻赣榆办事处工作人员指导企业农产品出口

（张 艳 摄）

临港物流

【港口物流】 2022年，赣榆港区码头货物吞吐量完成1564.42万吨，比2021年减少306.76万吨，下降16.39%；集装箱完成3.73万标箱，比2021年减少6698标箱，下降15.23%。主要货种有红土镍矿、铁矿砂、煤炭、钢材、液化原料。

【赣榆临港综合物流园】 赣榆临港综合物流园位于赣榆港区后方，紧邻沿海高速、连盐铁路，总面积121.6公顷，核心区面积78.28公顷。园区重点发展大宗物资物流、保税物流、木材加工物流、冷链物流、供应链金融等，打造服务苏北鲁南地区的海陆联运枢纽。赣榆港吞吐能力的逐年递增和黄海粮油科技产业园的崛起，对临港物流产业配套服务需求越来越大。为提升服务能级，赣榆临港综合物流园及时进行升级改造，突破传统物流模式，成功打造"三中心一平台"服务体系，初步形成"一站式通关+线上线下+智慧物流"的现代物流大格局。2021年12月17日，赣榆临港综合物流园被认定为市级现代服务业高质量发展集聚示范区。至2022年底，园区共入驻物流企业300余家，千万级以上规模企业40余家，全年营业成交额突破18亿元。

（侍静静）

海关监管

【概况】 连云港海关驻赣榆办事处（以下简称海关赣榆办事处）是2019年1月23日获批准设立的副处级海关办事机构。主要承担赣榆辖区的进出口货物报关、税款征收、进出口货物查验放行、海关监管场所管理、进出境运输工具监管及法检商品重量鉴定等工作。设有青口和柘汪两个办公点，是南京关区最北端的海关办事机构。2022年，有关员30人，其中，党员25名。

【进出境查验监管】 海关赣榆办事处实行24小时预约查验及全天候查验通关服务。2022年，海关赣榆办事处共监管进出口货运量1112.6万吨；签发各类证书3440份；开展查验及检验检疫进出口货物3892批、货值40.1亿美元。完成食品农产品有毒有害物质和疫病风险监测样品104个；开展出口食品农产品企业日常监管21次。

【进出境运输工具监管】 2022年，海关赣榆办事处监管进出境国际航行船舶404艘次，其中，入港船舶202艘次，出港船舶202艘次；征收船舶吨税1280.6万元。

（海关赣榆办事处）

海事管理

【概况】 赣榆海事处于2004年从地方海事处划转至连云港海事局，2013年8月进驻赣榆口岸联检中心。2022年，拥有正式职工15人，协管员14人，其中，党员9人。

【海事政务服务】 2022年，赣榆海事处落实上级"一网通办""互联网+政务服务"要求，实施"好差评"制度，开通"海事处长接待日""海事站点开放日"活动，解答群众问题。全年接收船舶压载水、供油和垃圾处理等报告1508次，办理港内安全作业报备23次、船舶试航备案18次、危险货物审批248次、征收油污基金97万元，实现政务办理便民化、"零待时"、"零差错"。

【商渔共治联合机制】 2022年，赣榆海事处以商渔共治2022专项行动、船舶出海管理百日行动为契机，健全联合执法机制，加强海事处与区农业农村局、水利局、渔港监督局等部门的协作配合。联合开展商渔船防碰撞进渔村、进渔船船员课堂活

2022年3月25日，海事执法人员对赣榆港202泊位开展极端天气船舶安全巡查（李相国 摄）

动、商渔船船长面对面活动，常态化开展商渔共治海上巡航执法行动，加强商渔共治综合治理。全年开展渔民安全教育近200人次、联合执法14次、驱逐近100艘渔船、扣押处理9艘，清除碍航网具1800余米。

【海事安全监管执法】 2022年，赣榆海事处落实水上交通安全专项整治三年行动、船舶出海管理百日行动、船舶载重线和货物装载专项检查、"三无"（无船名船号、无船舶证书、无船籍港）船舶专项整治等多项专项整治工作，细化措施，明确职责，落实到人，将各专项整治活动统筹安排，分别建立工作方案、工作台账和工作记录。强化辖区风险和隐患排查，制定问题隐患和制度措施"两个清单"，全年开展船舶安检48艘次，现场监督60艘次，发现并改正缺陷和问题200余项，滞留船舶3艘次，追究船检责任3次。推动"三无"船舶拆解2艘。强化水上巡航与危险品船舶护航，开展护航50余艘次。对涉海工作人员实施摸底式排查，严打"三无"船只，摸排涉海人员7000余人、涉海船舶1300余艘、闸口码头28处、"三无"船舶20余艘。

【新造船舶安全监管】 2022年，赣榆海事处辖区船厂新造船舶数量比2021年陡增，受新冠疫情影响新建船舶进度受阻。海事处组织执法人员开展船舶吨位复核工作，全年共开展船舶吨位复核25艘次，为受新冠疫情影响的企业纾困解难，助力企业复工复产。全流程跟踪辖区新造船舶下水、试航报备等重要节点，走访船厂10余次，宣传贯彻安全生产理念，提醒企业落实安全生产主体责任制，介绍新船建造、下水、试航报备要求，并对新船锚泊期间以及开航前进行安全提醒，推动新造船舶规范落实。

【施工船舶管理】 2022年，赣榆港区4—6号泊位码头建造工程进入关键期、连云港港赣榆港区10万吨级航道南延伸段工程、防波堤延伸段建造工程等多个工程项目相继开工，施工船舶数量激增。赣榆海事处针对施工船舶制定专项方案，开展水工核查16艘次，确保船舶合规参与施工。走访水上施工项目部开展安全座谈10余次，以水上突击检查，打击内河船参与海上施工，严处施工船舶不报告等违法行为，清退不合规船舶，推动"三无"船舶拆解工作。开展专项巡航51艘次、实施船舶安检18艘次、现场监督44艘次，查处纠正违法施工船舶8艘次，罚款100余万元。通过多种举措，赣榆港区施工船舶和水域安全形势稳定，港区建设进度序时推进。

【远程船舶防污染监管】 2022年，赣榆海事处借助海事信息化手段，在连云港地区首次开展国际航行船舶远程防污染监管，探索出"一查二核三调查"的非接触式船舶防污染新举措。"一查"即检查船舶污染物处置记录，"二核"即对不满足排放标准的异常记录进行核实确认，"三调查"即启动调查程序。在执法人员与行政相对人不见面接触的基础上完成调查、取证、送达等执法全流程。全年共开展国际航行船舶远程检查102艘次，发现违法排污船舶17艘次，违法船舶占比16.6%。（李相国）

招商引资

【概况】2022年，赣榆区围绕主导产业定位，开展精准招商、以商引商、产业链招商，举办北京、上海、无锡等招商推介会。全区共招引超亿元项目139个，引进内、外资总规模604.23亿元，其中完成注册外资实际到账3886万美元。新增签约过亿元项目127个，过十亿元项目11个，过百亿元项目1个。粮油和食品加工、光伏新材料、石化及化工新材料、钢铁四大主导产业规模不断壮大，总投资超100亿元的中粮油脂连云港基地、总投资超50亿元的横店东磁10吉瓦光伏组件项目签约落地，总投资超153亿元的丰海高新材料丙烷综合利用及配套项目开工建设，总投资63.95亿元的华电液化天然气接收站项目取得国家发改委核准批复、新增围填海项目获国务院批准。启动布局外地驻点招商工作，成立招商分队17个，组建惠山赣榆联合招商中心。

【招商活动】2022年，赣榆区围绕主导产业密集开展精准招商。8月3日，中粮油脂连云港基地项目的签约，赣榆区现代化粮油加工产业发展实现零的突破。继中粮油脂连云港基地签约之后，瑞茂通等一批项目持续跟进。太平洋金沙石英材料、安安组件等项目签约并开工，库尔兹新能源、中建材凯盛等项目加快推进。赣榆高新技术产业区印染环评获批，赣榆经济开发区织造产业园启动布局，华祥高纤、莱赛尔短纤维等项目达成落户意向。围绕重点地区开展务实招商。出台《赣榆区常态化驻点招商工作方案》，全区组建17个招商小分队，根据产业定位及主攻方向，锁定2—3个既定行业门类富集的重点区域，常态化开展驻点招商、小分队招商。针对新材料、粮油加工、光伏新能源、装备制造等主攻产业，各镇（园区）赴湖州、潍坊、北京、苏州、池州等地，走访华祥高纤、润佳新材料、中粮集团、千里马橡胶用布等企业。借助连云港与无锡南北共建契机，紧盯长三角地区产业转移，在无锡市惠山区设立区级联合招商中心，在高新区与惠山经济开发区实施南北园区共建的基础上，以惠山为支点，辐射半径达苏州、南通、湖州、嘉兴等长三角地区。围绕年度目标完善工作机制，出台《2022年赣榆区招商引资考核办法》，建立项目督查通报机制，每月召开招商引资推进会，通报项目情况、解决推进问题。区商务局与区发改委“开工一批、投产一批”有效衔接，推动项目滚动发展。组织开展工业流动竞赛，扩大签约项目库储备。区四套班子领导与挂钩联系镇共同外出招商、推进项目建设。发动广大干部群众积极提供项目信息，鼓励部门引荐、各镇（园区）互荐，实现项目跨区域流转。

2022年2月19日，赣榆经济开发区与横店集团东磁股份有限公司举行光伏组件项目签约仪式（张文栋　摄）

【"4+10+N" 招商平台建设】2022年，赣榆区围绕"4+10+N"园区（4个工业园区+10个镇工业集中区+N个产业集聚区）布局，完善功能配套，做好"筑巢引凤"。经济开发区深化园区管理体制改革，完善规划环评，启动协鑫热电异地迁建，完成污水处理厂技改扩能，打造以出口为主导的光伏产业基地。海洋经济开发区启动化工园区扩区，积极融入全市"1+4"石化产业发展拓展区，推进20个重点工业项目，加快推进污水处理厂入河排口等配套设施建设，有序盘活闲置用地，推动化工集中区升格为省级化工园区，创成国家级绿色化工园区。高新技术产业开发区创新市场化合作模式，推动惠榆新兴产业园打造南北共建示范园区，实现青柘线通车，优化供热管网布局，加快城发污水处理厂建设，完善核心要素承载力，加快省级高新区创建步伐。黄海粮油科技产业园完成航道疏浚、陆域吹填工程，完善蒸汽管网、污水处理等要素配套，打造中国沿海知名粮油产业加工基地。镇级工业集中区围绕"四有"（有规划体系、有产业定位、有配套设施、有储备土地）标准，建成金山镇、墩尚镇、沙河镇、塔山镇、厉庄镇、石桥镇6个一类工业区，城西镇、城头镇、班庄镇、赣马镇4个二类工业区。打造青口镇、赣马镇连片工业集中区，拓展班庄镇、城西镇工业集中区发展空间，提升差异化、协同化发展水平。特色产业集聚区突出特色、凸显集聚，推动电子商务、食品加工等产业集聚发展。优化重大基础设施配套，围绕"千万标箱、东方大港"建设目标，加快赣榆港区10万吨级航道南延段一期、粮油码头建设，完成多式联运物流中心一期主体工程，开展15万吨级航道、兖日铁路连接线前期工作，推动铁路专用线黄海粮油科技产业园段开工，启动苏海3#通用泊位项目研究工作。

（区招商服务中心）

对外及港澳台贸易

【概况】2022年，赣榆区实现进出口总额27.39亿美元，比2021年增长28.8%。其中，出口完成6.95亿美元，比2021年增长11.2%；进口完成20.11亿美元，比2021年增长36.1%。重点外贸企业有江苏新海石化有限公司、连云港神舟新能源有限公司、连云港中汇矿业有限公司、江苏润海油品销售有限公司、江苏佰益海洋科技有限公司、江苏金茂源生物化工有限责任公司、江苏甬怡紧固件有限公司、连云港天天海藻工业有限公司、连云港华富工艺品有限公司、连云港福垒德实业发展有限公司。新增对外贸易经营者备案登记主体近40家。赣榆高新技术产业开发区新型材料和柘汪镇水产品外贸基地获批市级外贸转型升级基地。

【企业服务】2022年，赣榆区"一企一策"贴身服务，加强调研走访，高位推动政策落地，精准辅导企业出口退税，做好企业复工支持，协调解决防新冠疫情、用工、物流不畅等难题。开展"天天班"专题调研，围绕"天天班"、供应链基金、跨境保险等方面，邀请专家对全区重点外贸企业开展培训。组织100余家外贸企业参加省、市两级RCEP协定宣讲。为神舟新能源申报省级内外贸一体化示范企业。搭建政银企沟通平台，落实"苏贸贷"惠企政策。

【小微企业出口信用保险】2022年，赣榆区用好省出口信用保险政策，加大对中小微企业支持力度。组织出口300万美元以下小微出口外贸企业免费参加中信保政策性出海保险业务，年内享受免费参保企业近30家。

（谢飞翔）

2022年6月，沙河镇外贸企业塑料流水线作业现场　（司　伟　摄）

表11　2022年赣榆区外贸企业出口信用保险参保单位一览表

序号	企业名称	保单类型
1	连云港神舟新能源有限公司	自费保单
2	连云港东泰食品配料有限公司	自费保单

续表11

序号	企业名称	保单类型
3	连云港兴怡紧固件有限公司	小微保单
4	连云港神仙紫菜有限公司	小微保单
5	连云港百鲜屋食品有限公司	小微保单
6	连云港东源食品有限公司	小微保单
7	连云港塔山湖草柳工艺品有限公司	小微保单
8	江苏文峰木业有限公司	小微保单
9	连云港金康医药科技有限公司	小微保单
10	连云港航美浮球制造有限公司	小微保单
11	连云港海太尔防护用品有限公司	小微保单
12	连云港伟达海藻助剂有限公司	小微保单
13	连云港海腾仪表有限公司	小微保单
14	连云港久米食品有限公司	小微保单
15	江苏德诺塑料制品有限公司	小微保单
16	连云港丰运海藻有限公司	小微保单
17	连云港花王农业科技有限公司	小微保单
18	连云港卓奈实业有限公司	小微保单
19	江苏爱得声乐器有限公司	小微保单
20	连云港汇道特种玻璃有限公司	小微保单
21	连云港吴福茶叶有限公司	小微保单
22	连云港禾荣防护用品有限公司	小微保单
23	连云港缔瑶纱线科技有限公司	小微保单
24	连云港凯华纺织科技有限公司	小微保单
25	江苏瑞皓食品有限公司	小微保单
26	连云港市昌隆包装新材料有限公司	小微保单
27	连云港新龙恒生物科技有限公司	小微保单

对外及港澳台经济技术合作

【概况】 截至2022年底，赣榆区设立对外及港澳台经济合作企业13家、办事处1个（航天光伏日本支社办事处）。这些企业分布在印度尼西亚、马来西亚、老挝、韩国、阿拉伯联合酋长国、澳大利亚等国家和中国香港地区，涉及农林牧渔、商务服务、批发零售、食品制造、通用设备制造、电气机械和器材制造、房地产等行业。

【外派劳务规模】 2022年，赣榆区外派劳务人员545人，参与中国土木工程集团有限公司、中国冶金科工集团有限公司、中国城市建设控股集团有限公司等在建的铁路、学校、体育馆等项目。其中，对外及港澳台输出劳务人员新增83人。

【外派劳务服务】 2022年，区商务局配合税务部门保质保量完成走出去企业综合治税工作。摸清全区在外及港澳台人员底数，及时发布风险预警，提高在外及港澳台公民个人安全意识，在非洲、日本、新加坡等务工人员无一人因暴乱、新冠疫情或突发自然灾害受到人身财产安全伤害。

【技术进口】 2022年，江苏天眼医药科技股份有限公司投资28.12万美元，引进韩国POPCT型号的软性亲水接触镜技术资料和工艺技术。

（谢飞翔）

跨境电商

【概况】 2022年，赣榆区抢抓“直播+电商”和外贸新业态创新发展重要机遇，融入共建“一带一路”大格局，通过出台一系列扶持政策举措，推动跨境电商和直播电商双向发展。建成市级跨境电商产业园、电商物流产业园、抖音（连云港）生鲜电商直播基地等，引入综合跨境物流企业5家，东南亚地区超7万平方米海外仓建成投入使用。赣榆港区依托“一带一路”倡议，突出物流发展，深挖生产潜力，加大集装箱、红土镍矿、木材、煤炭、钢材等重点品种的揽货力度。位于石桥镇的中欧班列连云港（赣榆）跨境电商直播基地建成投入使用，以跨境电商新业态赋能江苏开放型经济发展。12月1日，由德国、荷兰、俄罗斯、哈萨克斯坦等部分“一带一路”共建国家和地区企业组成的考察团一行先后到赣榆区中欧班列连云港（赣榆）跨境电商直播基地、渔乐春海苔有限公司，考察跨境电商直播产业发展，共同探讨跨境电商直播合作模式。

【跨境电商培育】 2022年，赣榆区组织企业通过广交会、进博会、跨交会、“江苏优品・畅行全球”等线上线下专业展会，拓展销售渠道。甬怡紧固件成功应对欧盟反倾销，成为全国唯一一家以最低税率22.1%出口欧盟的企业。引导跨境电商集聚发展，成立“榆快驿・赣榆区跨境电商海鲜电商之家”，加快跨境电商产业园（孵化基地）建设，与“一带一路”国家和地区开展电商贸易往来，全年交易额达1.24亿元。中菲科技和勤拓实业成功获批市级跨境电商产业园（孵化基地），勤拓实业获评市级跨境电商示范企业。新增培育江苏朗道新能源有限公司、江苏多宝渔网络科技有限公司、连云港蚨群实业等16家跨境电商企业。

【中菲跨境电商产业园】 中菲跨境电商产业园位于赣榆海洋经济开发区（柘汪镇）内，由中菲科技产业园有限公司负责园区建设运营。产业园一期规划面积5000平方米，二期8000~10000平方米。主要包括：开放式办公区域、独立办公区域、会议展示区域、运营孵化区域、产品展示区、功能支持区等。仓储面积规划8000~10000平方米，包括保税仓储、冷藏冷冻仓储、普通仓储等。产业园主要为入驻跨境电商企业提供商务办公、展示体验、信息交流、物流配送、口岸通关等一条龙服务，计划用3—5年时间孵化50家优质跨境电商企业，利用电商连通“一带一路”。中菲跨境电商产业园集跨境电商企业入驻、跨境电商孵化、跨境电商运营、进出口贸易企业入驻、中菲人才交流服务、产品展示及销售供应链、跨境电商保税仓、海外仓等服务为一体，利用菲律宾、泰国等东南亚海外仓，为跨境电商企业提供一站式服务。截至2022年底，产业园有12家入驻企业，出口商品类目包括食品、服装、鞋帽、家居用品等。2022年，产业园共举办政策宣讲会4期，资源协调对接会2场，跨境电商孵化培训班5期，培训人数达150余人。培训以SHOPEE、LAZADA平台实操为例，对跨境电商平台全流程进行详细讲解，帮助传统外贸企业转型升级跨境电商业务，开拓国际市场，帮助企业出口转内销，鼓励外贸企业与大型电商平台合作，拓展国内市场销售渠道，畅通国内国际双循环，分享跨境电商发展经验，持续加深与“一带一路”国家和中东欧16国以及东南亚、东盟国家的联系，推动4—6个国家在产业园落户，强化政策沟通和标准对接，促进数字互联互通，携手高质量共建“一带一路”。（朱建霖）

【“一带一路”中欧班列连云港（赣榆）跨境电商直播基地】 2022年11月，“一带一路”中欧班列连云港（赣榆）跨境电商直播基地投入使用，建有俄罗斯馆、东南亚馆、中亚馆等多个国家馆。依托连云港直播电商的积聚效应和物流成本优势，通过中欧班列进口“一带一路”共建国家优质商品和出口江苏优势商品，推动进出口商品通过抖音（TIKTOK）等国内外平台以电商直播形式销售，促进江苏中欧班列+跨境电商+海外仓融合。

（谢飞翔）

开发园区

【江苏省赣榆经济开发区】 江苏省赣榆经济开发区是1993年经省政府批准设立的省级开发园区，管辖面积57.5平方千米，规划面积18.9平方千米、建成区10.15平方千米、核心区2平方千米。2022年，赣榆经济开发区紧盯光伏新能源主导产业，坚持产业重构、空间再造、配套升级，完成一般公共预算收入4.6亿元，比2021年增长26.5%。落实区委“四有”要求，新能源、装备制造主导产业产值占比提升至59.22%，其中，光伏新能源产业链初步形成。完成园区控规，核心区、拓展区规划环评送审。投资4亿元新建日处理3万吨工业污水的处理厂、投资3000万元配套8千米污水管网工程、投资1.9亿元新建紫荆苑二期工程等项目快速推进。清退非主导产业、低效企业9家，新储备土地43.22公顷，园区承载能力提升。全年新落地开工工业项目11个，总投资100.42亿元，其中，光伏产业项目6个。总投资10.52亿元的太平洋金沙年产6万吨电子专用材料项目，在建。总投资2亿元的安安新能源光伏组件边框项目，实现当年签约、开工、投产、上规、扩产；新扩产投资30亿元，年产5000万套光伏组件边框项目在建。库尔兹新能源总投资2亿元。新建年产6000只石英管、9万只石英舟加工生产线项目，资产使用手续在办。总投资1.3亿元的神舟新能源光伏组件技改项目，与区城发集团合作，改造后产能达2.5吉瓦，完成投产。总投资1.12亿元的荣发新能源日产150吨光伏玻璃项目，可配套1.1吉瓦光伏组件，11月19日点火。百盛机电投资1亿元新上100兆瓦光伏组件项目，建成投产。太平洋石英等重点产业项目实现拿地即开工，为区内荣发新能源等新开工项目采取容缺审批的方式，保障企业有序推进。

【江苏省赣榆海洋经济开发区】 参见第124页【江苏省赣榆海洋经济开发区】条目。

【连云港市赣榆高新技术产业开发区（筹）】 连云港市赣榆高新技术产业开发区（筹）（以下简称为赣榆高新区）于2021年3月在原江苏省赣榆海洋经济开发区基础上设立（江苏省赣榆海洋经济开发区核心区北移柘汪镇）。2022年1月，区政府批准，由原赣榆高新技术产业开发区和海州湾新材料产业园融合筹建新的赣榆高新区，是区委、区政府重点打造的园区发展联合体。园区位于赣榆新城区东北部，紧邻主城区，总面积12.36平方千米。形成装备制造、新材料、海洋科技、高端纺织材料四大主导产业。2022年底，园区共有企业150家，其中，西德电梯、中碳能源、金田新材、宝迪汽配、德友精工等规模以上工业企业37家，金茂源、润美新材料等高新技术企业16家。园区拥有全国最大的条斑紫菜交易中心，干紫菜年交易额超10亿元。赣榆高新区以省级高新区创建、打造江苏海洋特色发展集聚区为目标，编制园区规划，确立以海洋生物制品为特色、新材料和新装备制造为主导的“一特双新”产业发展方向，依托产业发展基础和资源禀赋条件，布局通用零部件、高端纺织材料、化工新材料、碳材料四大功能产业园。2022年，园区新引进投资22.5亿元的金真智能化设备项目、投资2亿元的鼎观食品添加剂项目、投资1.2亿元的吉亚预氧丝碳纤维项目、投资3亿元的华电屋顶光伏合作开发项目、投资1亿元的鑫锐豪新材料等项目15个。搭建企业科技服务平台，强化企业创新主体作用，推动汇联铝业、尚源船艇等企业建设研发中心，以科技创新带动产业升级；实施高新技术企业后备培育工程，全程跟踪服务天眼医药、经纬环境、脱普仪表、科旭网络等7家企业申报国家级高新技术；深耕高校院所，促成金田新材、尚源船艇、新集冷藏等企业与江苏海洋大学、中国海洋大学等高校院所开展产学研合作。截至2022年底，园区拥有国家级研发培训基地1个、省级工程技术研究中心2家、省级企业技术中心1家、市级企业技术中心3家、市级工程技术研发中心4家、省级研究生工作站4个，研发人员200余人。西德电梯2项产品入选省级重点推广应用的新技术新产品目录。

【黄海粮油科技产业园】 参见第125页【黄海粮油科技产业园】条目。

【惠榆新兴产业合作园】 2022年，连云港市赣榆区、无锡市惠山区按照“对标重点、赶超重点”的定位，以产业共兴为目标，按照市场化合作原则，着力推进惠榆新兴产业合作园建设。两区于9月8日签署共建协议，产业共建工作启动。园区采取封闭管理、市场化运作的管理模式，双方分别指定下属平台公司作为合作双方，签署合作协议并合资成立江苏惠榆投资开发有限公司，负责园区的开发建设、投资运营和招商引资。惠榆新兴产业合作园选址位于兴庄河南堤路和青柘线附近，规划面积5.1平方千米，按照“一园四区”进行空间布局，分为合作示范区、升级提优区、联动发展区和人才社区，以合作示范区为合作共建主阵地，计划一期面积84.2公顷。重点围绕新能源、高端装备及生命健康三大主导产业，以高新区装备制造、新材料、海洋科技、高端纺织四大主导产业，承接惠山经开区产业转移，推进两地产业、资金、人才联动发展。（年　编）

数字基础设施建设

【概况】 2022年，赣榆区贯彻落实习近平总书记关于数字经济的重要论述和省市部署要求，围绕新时代数字赣榆建设，以“数字经济强区”建设为引领，强化数据赋能，夯实数字设施，着力培育壮大数字产业，加快推动全要素数字化转型。强化组织体系建设，制定印发《关于成立赣榆区数字经济发展工作领导小组的通知》《赣榆区数字经济发展领导小组办公室成员名单》《赣榆区数字经济发展工作领导小组工作规则》《赣榆区数字经济发展工作领导小组办公室工作规则》《赣榆区推进数字基础设施强基专项行动工作方案》等文件，序时推进各项任务。

【5G网络建设】 2022年，赣榆区融入全市城域网、接入网和终端IPv6改造。加快推进5G网络覆盖，全年完成5G网络布局310个。推进数字有源配电网建设，优化配网规划，实现故障跳闸实时推送、配变运行工况实时监测，投运全自愈配电线路110条，提升区域供电可靠性。中国电信赣榆分公司依托“5G+云网融合”优势，推进5G建设，强化协同布局，增强云网能力，筑牢区域数字经济发展底座。全年新建基站236个，实现5G网络广覆盖。中国移动赣榆分公司推进700M-5G网络专项工程，扩大移动5G覆盖范围、深度覆盖能力，实现秦山岛、近海渔业区、航道、锚地等5G信号覆盖。中国联通赣榆分公司完成40余个信息化建设项目，为“智慧城市”建设提供支撑。

（王海波　李瑶潇　郑舒文）

【“双千兆”网络建设】 2022年，赣榆区打造精品千兆网络，电信新增10GEPON-OLT-PON端口32个、10G-XGPON端口1888个，对农村偏远区域、新建厂区等进行网络补盲，实现全区电信千兆网络全覆盖，满足全区用户千兆宽带接入需求。

（王海波）

【政务云项目建设】 2022年，电信赣榆分公司承建市政务云项目，将赣榆电信建设的数据机房作为政务云的一节点，紧贴市政务办的统一全市一朵云、一张网的架构理念，通过与电子政务外网紧密结合，为本地区单位上云提供便捷服务，助力推进相关项目快速实施。政务云突出优质服务，以云网融合为核心，融入电信自有能力云堤安全服务和天翼云备份服务，为上云单位提供一揽子的安全服务方案。（可　凡）

数字政府

【智慧城市治理体系建设】 2022年，赣榆区结合金海路改造提升，在工程中融入智慧城市设计，增加智慧路灯、智慧斑马线等科技元素，新增金海路智慧交通系统。新建城市地下智慧管网信息管理GIS系统，建立地下管线综合数据库。将绿色建筑和建筑产业现代化相结合，推进智慧工地建设信息化、智能化、常态化全覆盖。拟建区级运管服平台，搭建系统架构，共享网络运行环境，共建城市运行管理数据体系，共享区“12345”热线受理数据，开发指挥协调系统，整合深化行业应用，建设城市运行监测系统，开发综合评价系统。搭建全区整合全网视频资源、提供全行业视频共享和支撑服务的公共安全视频联网共享平台，发挥视频监控网在打击犯罪、治安防范、社会管理、服务民生等方面的作用。优化“翼安居”平台建设，与智慧消防、智慧社区结合，形成“物联网+通信+软件”三位一体、云网融合的整体解决方案，推动智慧社区建设。

（张爱文　可　凡）

【“互联网+”政务服务】 2022年，赣榆区成立区数字政府建设工作领导小组，落实省市数字政府工作部署。推进电子政务外网覆盖区、镇、村三级，接入电子政务外网线路700余条；推进市监、水利、林业、药监、生态环境、统计、卫健、人社、交通、自然资源、应急管理11个部门专网整合归并电子政务外网，政务服务事项实现100%线上办理。推进政务服务“网上办”，更新优化“我的连云港”App县区板块，集成“住在赣榆”“行在赣榆”等12项场景服务模块，创新6项特色应用，链接13项市级热点服务，全面实现区、镇、村三级地图服务功能。推进电子证照“苏服码”应用工作，实现电子证照免提交。加强政府网站维护管理，按月、季度开展政府网站普查16次，对发现的问题及时反馈相关部门督促整改。“互联网+”监管平台监管事项认领率97.15%，含行政检查的监管事项覆盖率88.53%，监管数据报送总量14.03万条。认领江苏政务服务平台事项库事项1015项，推动申请、受理、审查、决定、制证等环节全流程在线办理，政务服务事项可网办率100%，“网上看、指尖办”服务成为常态。　（闫笑笑）

【数字人才队伍建设】 2022年，赣榆区梳理企业技术需求，分析相关企业数字应用型创新内容，对接高校院所相关人才和技术，建立校企合作机制。连云港鲜达锦峰物流科技有限公司胡春义申报的“物流大数据平台项目”入选“市花果山英才计划”。结合年度应届高校毕业生引进计划，提高数字经济所需相关专业人才引进比例。承接市级人才新政，召开区委人才工作会议，升级“人到赣榆·如鱼得水”区级人才政策，预算2000万元区级人才发展专项资金，数字人才引才补贴标准在全市县区范围内最高。引进数字人才23人。与北京万方软件有限公司签订人才大数据情报服务平台信息服务协议，建成人才大数据信息服务平台。　（闫笑笑）

数字社会

【智慧交通建设】 2022年，赣榆区实施赣榆区道路抓拍系统项目、区交通局移动执法终端设备采购项目，实现路网运行管理“可视、可测、可控、可服务”的目标，提升交通管理效率和突发事件应急处理能力。投资320万元，完成402省道赣榆西段“科技兴安”示范路创建工作。利用数字应用，规范道路运输市场秩序。强化“互联网+”监管，督促企业构建安全监管网络。核查新增网约车88辆，利用互联网技术方便群众出行需求。全区许可5家网约车公司，办理163件网约车许可业务。　（刘裕贤）

【智慧警务建设】 2022年，区公安局建设智能感知点位2799路，完成“智慧档案”工程、智能感知实战应用平台、数字化禁毒教育基地、智慧执法办案管理中心建设，“未来派出所”和吾悦广场警务工作站建设有序推进。组建“榆英”数据战队。推进智慧版技防城建设，建成702台高清摄像机、25台高空球机、67台结构化球机、3台360度全景球机、394台结构化枪机、208台环保卡口以及电子围栏设备16套，优化全域视频监控网建设。建好数据感知网、视频感知网、移动感知网“三网”，实现公共数据资源关联、共享。打造闭环式防控网络。在环苏鲁沿线重要路口、环主城区电子防线和重要治安节点、重点要害部位部署300余路人脸识别系统，具备人脸抓拍功能智能化比率达到95%。在火车站、汽车站、高速公路出入口等重点部位安装人脸识别相机、电子围栏和Wi-Fi嗅探设备，确保进出全区关键卡口能够形成闭环式防控网络。打造进攻型巡防体系。新增6辆移动卡口车、33辆铁骑、2台无人机，更新一线基层所队警车12辆，采购大型运输车、装备车、指挥车各1辆，并配套建设特种车辆停车库，严格落实“1、3、5分钟”快反处置要求，最大限度把警力和装备前置到街头路面。打造合成侦查新模式。在建成DNA实验室的基础上，开展男性Y-STR数据和常染色体数据检验入库、电子数据勘察取证实验室建设和技侦4G设备扩容改造；建立“图、技、网、刑”等侦查部门实体化运行的合成作战中心，综合运用警务大平台、视云实战平台、大数据情报平台、云捕、云觅等资源，主攻重大疑难案件，破获各类刑事案件1629件。打造“数字化”档案库。推进库藏档案数字化、增量档案电子化、档案管理智能化、档案利用网络化，共扫描82156卷9861件388.52万页，数据挂接2055.6GB，实现电子档案资料的网上借阅申请、审批，即时查看和全文阅读。　（宋舒雅）

【智慧医疗建设】 2022年，赣榆区推进全民健康信息平台建设，实现二级以上医疗机构覆盖率100%，乡镇卫生院覆盖率100%，一级以上医疗机构覆盖率100%，村卫生室覆盖率94.4%。完善便民服务平台建设工作，依托健康连云港服务号、我的连云港App、电子健康卡等程序聚合，开放多方位健康管理功能，让群众可

2022年6月7日，区审计人员运用大数据对医保基金数据进行分析

（王江波　摄）

2022年8月16日，区法院工作人员进行网上调解 （李家信 摄）

以查询历次就诊的处方、门诊住院记录、体检报告等，引导居民健康自我管理。区人民医院建立互联网诊疗服务平台，精准对接和满足居民多样化的健康需求，提供线上预约挂号、线上问诊，在线缴费、药品配送、电子票据、查看报告等整体互联网解决方案，为患者提供线上线下“一站式”惠民服务。 （张 程）

【智慧法院建设】 2022年，区法院优化24小时自助诉讼服务终端建设，升级网上诉讼服务平台，网上、跨域立案11187件次，向当事人发送办案流程信息20万余条，裁判文书上网4680份，庭审直播5104场次，依托“两微一站”自媒体发布信息1500余条。信息有效公开率位居全省前列。实现“一网通办”。依托“连云港法院诉讼服务”平台，集成提供来访预约、在线咨询等20余项服务。设立互联网法庭17个，上线智能云柜、中间库，诉讼文书全面实现电子即时送达，让司法更智能、诉讼更便利。新冠疫情防控期间，智慧法院“大显身手”，无接触式诉讼服务广泛应用，在线开庭、调解1284场次。 （李家信）

【智慧教育建设】 2022年，赣榆区中小学“校校通”千兆光纤接入达100%，优质资源“班班通”达100%，网络学习空间“人人通”达99.6%。以“物联网”技术为基础，建设覆盖学校日常运行各个环节的高速有线、无线网络及各种智能信息终端，建立电子身份及统一认证系统，构建覆盖课堂教学、教师教研、学生学习、教学管理和评价、家校沟通、学校安全管理一体化、智能化的智慧校园，省智慧校园创建率达90%以上。深化“三通两平台建设”，按照“标准、开放、协作、共建、共享”的要求和“平台+资源+服务”的模式，依托“连云港智慧教育云平台”，动态建设区级教学资源中心，实现优质数字教学资源全覆盖。建成集优质教育资源共享、教育科研网络化、信息管理规范化、决策分析大数据化的综合服务型教育云平台，实现优质数字资源共建共享。加大省“名师空中课堂”“云海在线”推广应用力度，“云海在线”师生活跃用户不低于85%，建有云海在线“学校微课”主要学科系列视频资源的学校数不低于60%。加强网络名师工作室建设，建成网络教研共同体，开展信息化教学活动，鼓励教师大胆利用“人工智能+教育创新”教学模式，推动形成“课堂用、经常用、普遍用”的信息化教学新常态。 （仲济胜）

【智慧安监建设】 2022年，区应急管理局依托江苏省危险化学品重大危险源风险监测预警系统、江苏省工业风险报告系统、非煤矿山预警监测系统、赣榆森林防火遥感监测预警与应急指挥综合平台等平台，立足“全灾种”“大应急”，促进数字技术与应急管理业务深度融合，推进应急管理治理体系和治理能力现代化。做好“一网通调”。2022年10月完成应急指挥中心标准化规范化建设，15个乡镇均对接云视讯会商系统。 （苏晓笛）

【新媒体建设】 2022年，赣榆区加强传播手段和话语方式的创新，拓展“媒体+”功能，发挥政务新媒体的作用，赣榆发布App注册量突破34.7万人，下载量突破22.5万人，微信公众号粉丝量达11.6万人。赣榆发布App共计发布各类信息3200余条，赣榆发布公众号发布各类信息1400余条，发布扫黑除恶、优化营商环境、新冠疫情防控、交通安全、厉行节约、国家安全等公益宣传7000条次，回复网友留言2.1万条（次）。发布短视频350余条，其中，原创类136条，短视频《赣榆民间爱心救援队驰援河南》获2021年度连云港市新闻奖提名奖。 （顾 倩）

【数字乡村建设】 2022年，赣榆区建成农村三资智慧监管平台，完成455个村资源清查，农村产权交易成交项目4854个、金额4.29亿元。8家农业企业参加二级节点标识解析应用培训会议。推进农产品生产、加工、储运、销售全产业链数字技术应用，实施“互联网+”农产品出村进城工程，打造农产品网络品牌，实现“连天下”品牌授权企业农产品追溯率100%。实施农林牧渔生产经营数字化改造项目，拓展农机作业、农情监测、乡村治理、科技服务赋能等领域数字化应用场景。加快建设集数字化产业、数字化治理和数字化民生于一体的数字乡村管理服务平台。开展高标准农田上图入库工作，对2011年以来所建的高标准农田项目进行上图入库，新增高标准农田5000公顷。 （苏常团）

2022年，智慧柘汪管理平台工作现场　　（区融媒体中心　供）

【智慧工地建设】 2022年，赣榆区适应美丽宜居城市建设要求，注重实效，投入154万元搭建运行连云港市首家智慧工地集成管理平台，助推项目建设提质增效。平台分为安全模块、劳务模块、数字工地、BIM技术应用、VR安全教育、塔吊监测。通过大屏、WEB端、移动端可进行数据的查看和应用，帮助项目实现数字化、在线化、智能化，为项目施工安全、顺利交付保驾护航。围绕终端平台，配建安全隐患排查、人员信息动态管理、扬尘视频监控、塔吊现场监测、现场临边防护5大系统，形成"1+5"数字监管体系，将人工智能、传感技术、终端智能等技术应用到机械操作、人员进出等监督管理上，减少各种违规操作和不文明施工，实现对工地全方位、无死角的监督。通过平台进行数据分析建模，构建数据驱动、软硬一体的智慧工地，达到生产提效、质安可控、成本节约的目的。赣榆城区17个房地产项目利用云计算、大数据和物联网等数字科技，全部建设完成标准化智慧工地，3个政府投资项目创新建设"升级版"智慧工地，20个在建工程实现智慧工地全覆盖。　（夏国瑞）

链接：

"机器人"赋能智慧城建（节选）

在城区一些新建小区的混凝土浇筑现场，一个粉色的机器"巨人"有节奏地挥舞长臂，有条不紊地将混凝土缓缓倾注到指定位置。这个机器"巨人"叫作"智能随动式布料机"，高12米，主要用于施工现场的混凝土浇筑，可由1名布料员操控吊管即可完成全部的混凝土布料作业，不仅操作轻松，更省人工，颠覆了传统沉重、移动困难的作业方式。

推进智慧工地过程中，赣榆区鼓励建筑企业积极探索建造技术和管理手段创新，全面激发建筑施工企业科技创新动力和智能建造活力。碧桂园棠樾、云顶苑等建筑施工项目大胆引进"机器人"施工系统，通过运行预先编制的程序或人工智能技术制定的原则纲领进行运动，协助建筑工人完成建筑施工工序。该项目先期窨井混凝土布料智能施工技术系统，利用测量"机器人"完成实测实量作业，自动化生成报表；利用地面整平"机器人"，协同智能随动式布料机全自动整平施工混凝土地面，大大提升了工作效率和精度；还利用建筑清扫"机器人"，解决建筑施工楼面小石块及灰尘清扫难题，有效地提高施工效率和施工质量、保障工作人员安全及降低工程建筑成本。

（《赣榆报》2022年7月29日）

数字产业

【概况】 2022年，赣榆区在通信、广播电视传输、电子商务等领域发展数字产业，促进相关领域服务水平与数字产业发展共生互赢。全区信息传输软件和信息技术服务业固定资产投资9.01亿元，比2021年增长278.9%；营业收入1.76亿元，比2021年增长254.3%；净服务收入1.14亿元，比2021年增长3122%，营业利润139.8万元，比2021年增长126.9%。全区电子信息制造业规模企业5家，重点企业有连云港国安电子科技有限公司、江苏中京电缆科技有限公司等。企业主要分布在沙河镇、高新技术产业开发区（筹）等。2022年实现产值7.7亿元，占全区规模工业产值的1.1%。

【赣榆区中通江浙沪呼叫服务中心】 该中心位于石桥镇，总投资2500万元，建筑总面积4000平方米。2022年，该中心运用大数据、云平台，为客户处理查件、客诉、问题件、接线等业务服务。服务业务量超百万的10余家大型网点，平均日处理量超50万单。

【连云港国安电子科技有限公司】 该公司位于沙河镇，由上海格兆电器有限公司投资，2018年7月注册，项目投资0.52亿元，占地1.47公顷，于2019年11月正式开工，总建筑面积8082平方米。公司主要生产电流互感器、智能漏电断路控制模块，年产各类互感器、智能控制模块线路板、电源开关模块8000万只，主要客户为上海松下、罗格朗电气、德力西等知名低压电气成套企业。公司于2021年全面投产，同年进入规上企业。2022年，该企业成为高新技术企业，有授权发明专利2项，实现产值2632万元。　（年　编）

产业数字化转型

【农村信息化示范基地建设】 2022年，赣榆区以农村信息化示范基地建设推动全区农业数字化转型，创建市级生产型数字农业农村基地3家，分别是连云港市赣榆区摩天岭果蔬种植家庭农场、江苏冠红禽业有限公司、连云港市赣榆区黄海水产养殖场。赣榆区摩天岭果蔬种植家庭农场，位于沙河镇朱屯村，创办于2014年，有12公顷葡萄基地及采摘观光园，年产葡萄300多吨，为连云港市重点农业龙头企业、省级示范家庭农场。江苏冠红禽业有限公司，位于金山镇夏庄村，建于2019年，是一家集饲料加工、种鹑养殖、基础孵化、蛋鹌鹑养殖、鹌鹑屠宰、粪污资源化利用于一体自动化鹌鹑养殖企业，有12栋标准化鹌鹑养殖舍及附属设备设施，存栏蛋用鹌鹑100万羽。连云港市赣榆区黄海水产养殖场，位于赣榆区墩尚镇刘口村，建于1992年，经营淡水动物养殖、销售；配合饲料销售，为苏北最大渔业养殖尾水处理基地。

【企业“智改数转”】 2022年，出台《赣榆区制造业智能化改造和数字化转型实施方案》，明确3年内实施“智改数转”项目90个，建设1个智能制造示范工厂、1个工业互联网标杆工厂、6个智能制造示范车间，培育1个重点工业互联网平台，引导20家中小企业星级上云，全区重点园区、工业集中区实现5G网络全覆盖，企业实现高品质宽带全覆盖。开展110家规上企业智改数转专家诊断服务，引导江苏省新海石化有限公司、江苏省镔鑫钢铁集团有限公司、江苏西德电梯有限公司、连云港市永旺玻璃制品有限公司等重点企业实施智改数转项目。江苏省镔鑫钢铁集团有限公司智能制造项目，是全国首个基于原厂升级改造的统一全流程数字化项目，12月上线试运行。连云港市云海电源有限公司智能改造等重点信息化项目，年内建成投用。江苏西德电梯有限公司集聚智能制造核心技术优势，提升和打造公司品牌价值，被推荐申报连云港市2022年市长质量奖。

【信息化工业化融合发展】 2022年，赣榆区贯彻落实《江苏省制造智能化改造和数字化转型三年行动计划（2022—2024年）》，加快制造业生产方式和企业形态变革，促进制造业高质量发展，组织65家企业开展“两化”融合自评估，自诊断；培育推荐江苏新海石化有限公司、江苏省镔鑫钢铁集团有限公司参与“两化”融合管理体系贯标示范企业创建。开展星级上云政策宣传活动，年新增三星级上云企业13家。新增智能制造示范车间5个、省级专精特新企业5家。 （王俞涵）

通信与广播电视传输

【中国电信股份有限公司赣榆分公司】 2022年，中国电信股份有限公司赣榆分公司（以下简称中国电信赣榆分公司）开展“我为群众办实事”等实践活动，推动企业高质量发展，全年电信业务总量2.56亿元。至2022年底，天翼用户31.55万户，其中，5G用户占比55%，宽带用户达19.29万户，智慧家庭用户突破8.96万户；5G+智慧应用、云业务等新兴业务全面发展，ICT+“云大物”总收入比2021年增长超2949万元。年内，中国电信赣榆分公司实施云网融合建设，推进5G商用和云网算力建设，构建区局大数据中心，赋能工业互联网、融媒体、智慧城市、智慧教育和智慧政务等千行百业。以客户为中心，开展故障“双压降”和满意度“双提升”活动，打造服务能力更强、专业化程度更高的装维工程师队伍。落实电信集团公司“云改数转”战略要求，为赣榆区信息化发展赋智赋能，主要项目涉及数字政府、智慧城市、交通能源、工业互联网等领域。其中，天翼云业务持续发展，采用云网融合方式，保证云网安全；承建赣榆区道路抓拍系统等项目，助力交通安全管理。实施赣榆区公安局智能感知二期项目、完成赣榆十大民生实事之一的赣榆公安补盲项目，打造公共安全技防系统“多模型、泛应用、可持续”的建设应用工作格局。

（王海波）

2022年5月17日，中国移动赣榆分公司开展暖心服务老年人活动

（区融媒体中心 供图）

【中国移动通信集团江苏有限公司赣榆分公司】 2022年，中国移动通信集团江苏有限公司赣榆分公司（以下简称中国移动赣榆分公司）推进数智化转型，助力地方经济发展。全年业务收入超5亿元，移动用户超63万户，家庭宽带用户超21万户，物联网用户数64万户，手机与宽带用户数全区第一。中国移动赣榆分公司参与智慧城市建设，推进云计算、大数据、智慧校园、智慧港口、智慧农业、智慧医疗、智慧养老、平安乡村等特色项目。常态化开展“一老一小”微关爱、“断卡”及预防通信诈骗宣传教育。（李瑶潇）

【中国联合网络通信有限公司赣榆分公司】 2022年，中国联合网络通信有限公司赣榆分公司围绕赣榆在新型智慧城市、数字政府和工业信息化等方面的发展需求，完成40余个信息化建设项目，广泛涵盖政务服务、企事业单位、文化教育、民生服务、规上企业等多个领域和行业。全区联通手机用户15万户，宽带用户1.5万户，全年主营收入6500万元。全年完成35个行政村的平台部署，实现农村5G和千兆网络覆盖。开展挂村帮扶、文明结对共建工作，全年项目扶贫金额达10万元。

（郑舒文）

2022年10月16日，江苏有线赣榆分公司保障中共二十大开幕会实况安全播出（王璐 摄）

【江苏省广电有线信息网络股份有限公司赣榆分公司】 2022年，江苏省广电有线信息网络股份有限公司赣榆分公司（以下简称江苏有线赣榆分公司）加快融创转型步伐，全面融入广电网络行业数字化转型发展，实现广电5G开网放号，开启“新5G、新宽带、新电视”融合发展新格局。全区广电5G用户7600户，有线电视用户13.8万户（其中，低保9375户），城区2.12万户、农村11.68万户。6月14日，江苏有线赣榆分公司办理首张中国广电5G号卡。积极贯彻落实乡村振兴战略，7月26日，召开赣榆区智慧广电乡村工程建设推进会。完成墩尚镇、宋庄镇、赣马镇、金山镇、海头镇5个智慧广电乡村工程建设通过验收，为全区9744户农村低保户收看有线电视给予补贴，智慧广电乡村工程、低保户看电视两项省政府民生实事任务全部达标。5月13日，江苏有线赣榆分公司联合赣榆区慈善总会、赣榆区残疾人联合会启动“爱心广电 慈善助残”活动。9月20日，赣榆“残疾人之家”智慧广电服务平台正式上线。完成党的二十大安全播出和安全生产任务，实现全年安全播出无事故。江苏有线赣榆分公司获省广电有线信息网络股份有限公司县级公司综合考核第一等次，获评省公司先进基层党组织。（张丽）

综述

【交通网络建设】2022年，赣榆区统筹抓好新冠疫情防控和交通网络完善，港口建设稳步推进，防波堤二期工程完成A段施工，10万吨级航道南延伸段一期工程实施。204国道城区段快速路改造工程已完成用地审批，青柘线启动建设，402省道赣榆南环段完成部分路基、桥梁主体工程，245省道黑林至班庄段路面改造完成主体工程，233国道沙河至墩尚段完成路面养护。提档升级农村公路113.3千米，改造桥梁10座，实施农村公路安防工程320千米。争创省级农村物流达标县，开通5条交邮融合城乡公交示范线路。

【交通企业】2022年，赣榆区有客运企业6家，其中，经营客运站场及中长途班线的公司2家、出租企业2家、城市公交企业1家、镇村公交企业1家。5辆车以上的货运企业169家，其中，危货企业10家，危货运输车辆549辆（牵引、挂车分开统计），以运输矿物性建筑材料和零星散装货物为主。有驾校13家，均为三级以上资质；教练车494辆，教练员656名；驾校区域分布为：4家位于城区，其他9家位于海头、沙河、金山、墩尚、塔山等镇；全部实行“先培后付”模式，基本满足全区机动车驾驶员培训便民需要，年培训能力达2.5万人。有机动车综合性能检测站2家，M站5家，机动车维修企业289家。其中，一类、二类汽车维修企业36家，三类专项维修业户253家。二类以上维修企业使用维修“电子档案”，增强管理信息化。连云港新海湾码头运输公司靠泊赣榆港区船只675艘。停靠赣榆站高铁53趟。

（刘裕贤）

公路

【概况】截至2022年底，赣榆区公路通车总里程2703.2千米，比2021年底增长17.32千米；公路密度达1.78千米/平方千米，比2021年底增长0.1千米/平方千米。其中，高速公路92.16千米，与2021年持平；国道118.07千米，与2021年持平；省道107.75千米，与2021年持平；区道430.49千米，比2021年减少43千米；镇道760.32千米，比2021年增加24.86千米；村道1194.41千米，比2021年增加35.45千米。

【公路建设】2022年，赣榆区实施农村公路提档升级工程，完成投资2.045亿元，建设农村公路113.3千米，危桥改造10座，实施农村公路安防工程320千米。245省道黑林至

2022年9月，402省道赣榆南环段沭北运河大桥开始试架梁

（吴从飞　摄）

班庄段路面改造工程完成投资5000万元，完成一级路段、桥梁工程。投资2250万元，完成233国道沙河至墩尚段路面养护大中修项目。投资4600万元，完成204国道、228国道赣榆段中央分隔带护栏完善提升工程。投资1600万元，完成石梁河库区周边国省干线公路路域环境提升改造工程。投资1500万元，完成204国道17路公交站台改造项目。投资1355万元，完成老青罗线宋庄镇区段（汪庄—柳行）改造工程。

【204国道赣榆城区段改造工程】 该工程起于赣榆火车站站北路，止于赣榆南环规划402省道，路线长度约10千米，拟采用全线高架方案，“主六辅六”断面，工程总造价约38亿元，计划2026年建成通车，2022年完成工程前期可行性研究报告批复、初步设计批复和用地批复，完成EPC招标准备工作，具备招标条件。

【402省道赣榆南环段（228国道至204国道）工程】 该工程起于228国道，向西跨越沭北运河后，利用现状振兴路南侧走廊向西，在现状振兴路与204国道交叉处接入204国道，路线长8.3千米，一级公路标准，设计车速为80千米/小时，一般公路段路基宽为25.5米，总投资约5.35亿元，计划2023年建成通车。2022年，完成投资1.8亿元，完成怀仁路以西段路面水稳基层、沥青下面层施工，基本完成路基、桥梁主体工程。

【公路运输】 2022年，赣榆区有客运车辆456辆。其中，中长途班车38辆，县内包车4辆，出租车140辆，公交车249辆，镇村公交车25辆。开通18条中长途班线、13条城乡公交一体化班线、5条城市公交班线及15个镇18条镇村公交班线。客运量1.07万人次，比2021年下降96.9%；客运周转量427.42万人公里，比2021年下降75.7%。城市公交客运量539万人次，比2021年下降43.6%；城市出租车客运量169万人次，比2021年下降44.4%。全区有货运车辆17582辆、总吨位27.42万吨，比2021年分别增加1843辆、2.93万吨；货运量3085万吨，比2021年增长22.6%。（刘裕贤）

铁路

【概况】 2013年底，国家铁路局和江苏省政府在连云港启动连盐铁路开工仪式，连盐铁路（和青连铁路合并为青盐铁路）建设拉开帷幕。2018年12月26日，赣榆站通车，结束“赣榆区无铁路交通”的历史。青盐铁路赣榆段南起新沭河，北至绣针河，贯穿境内，运营里程52.5千米，货运支线6.15千米，设客运站1个（赣榆站）、货运站2个（赣榆北站、柘汪站）。2022年，赣榆站乘客总量为39.58万人次。

【铁路建设】 赣榆港区铁路专用线一期工程，长约4.79千米，拟接轨青盐铁路赣榆北线柘汪站，2022年与安徽上铁签订委托代建框架协议。铁路专用线二期工程，长约5千米，拟接轨青盐线赣榆北站，2022年开展前期工作。

【铁路运输】 青盐铁路赣榆段，2018年客运开始运营，货运暂未开通。铁路客运，赣榆站图定50趟旅客列车，周一至周四开行48趟，周五至周日，开行52趟；高峰线（法定节假日开行54趟），图定终到4趟，始发4趟，高峰期共计开行54趟旅客列车。日运行53个车次（不含赣榆站未停靠的车次），常态化时期，平均每天出站、进站乘客分别约1000人次、2700人次；高峰期每天出站、进站乘客分别约5800人次、6800人次。高峰期人流量每日达6000人次，淡季日人流量2000人次。受新冠疫情影响，2022年赣榆站乘客总量为39.58万人次，比2021年减少9.75万人次，下降19.76%，低于徐州车务段33.83%的总降幅；运输收入约5067.84万元，比2021年减少约1149.75万元，下降14.49%，低于徐州车务段30.35%的总降幅；在徐州车务段12家车站乘客降幅、运输收入降幅保持较低水平，仅次于东海站、新沂南站和邳州东站。（刘裕贤）

航道

【概况】 2022年，赣榆港区实施“港公铁”综合集输运体系建设。防波堤二期工程完成A段施工，10万吨级航道南延伸段一期工程快速推进。粮油码头工程取得环评、用海批复，铁路专用线二期工程项目可行性研究报告审查流程、货运开通加快推进，多式联运物流中心开工建设。临海高等级公路、沈海高速赣榆港互通、疏港路、外环路、日照大道、前沿配套区道路、疏港二通道（海堤—G228段）等建成通车；4.2千米的疏港道路一期工程开工。

【航道建设】 2022年，赣榆港区10万吨级航道南延伸段一期工程开工建设，拟建航道长3.14千米，通航宽度190米，设计底高程-13.3米，成功创建2022年省级平安工地“示范工程”。拟建15万吨级航道一期工程，航道总长36.8千米，通航宽度295米，设计底高程-17.4米。年内完成国家发改委备案登记，完成预算可行性研究，开展工程可行性研究及倾倒区选划工作。（侍静静）

【港航运输】 2022年，赣榆区航运营业收入3.71亿元，比2021年下降12.5%；净服务收入3.69亿元，比2021年下降12.6%；营业利润5048.4万元，比2021年下降29.1亿元。连云港新海湾码头有限公司在赣榆港区靠泊运输船只675艘，全年完成吞吐量1564.42万吨。（吴从飞）

交通行业管理

【路政管理】 2022年，赣榆区交通运输局加强路政日常巡查工作，持续开展路域环境路政执法成效评价和农村道路交通安全专项整治工作，推动路政执法和路域环境治理工作长效管理，清理非标、实物招幌406块；清除公路摊点418个；清除违法堆积5905.5平方米/174处；拆除违法建筑487.9平方米/32处；封闭公路道口638.1米/88处。

【公路养护】 2022年，赣榆区国省干线铣刨老路面3503.01立方米；SUP-13沥青砼修补1415.6立方米；SUP-25沥青砼修补2807.89立方米；安装更换百米牌291个；维修更换百米桩1278根；维修更换公里碑121个；开槽灌缝74.8千米；新增安装花池护桩167根；新增安装路肩护桩189根；裂缝帖处置缝隙5882.9米；农村公路完成路面灌缝121千米，铣刨老路面207.54立方米，修补坑塘308.79立方米，安装更换护栏956米、标志牌218个、警示桩396根，施划标线46平方米。确保桥面无垃圾、沉积灰，及时维修桥面铺装、桥梁栏杆、防眩板，每周集中开展伸缩缝清理一次，做到防撞墙无广告，保持桥涵排水畅通。

【交通运输证件审核】 2022年，赣榆区许可普通货物运输业户849户，年审业户8936件；配发车辆道路运输证6381件，年审道路运输证1.36万件；配发教练车道路运输证12件，注销教练车道路运输证8件。办理市民交通普通卡（本地卡）1.85万张、一卡通（互通卡）1.4万张、整合卡1.3万张、学生卡1580张、老年优惠卡（本地卡）1.83万张、老龄卡（本地卡）2.01万张、优抚卡（本地卡）1392张、爱心卡（本地卡）3298张，各类卡共计9.02万张。

【法治交通建设】 2022年，区交通局利用“12·4”宪法宣传日、单位执法公示网对法律、法规、规章进行宣传，共展出宣传展板12块，悬挂横幅、竖幅16条，散发宣传材料300余份，现场接受群众咨询300多人次。开展多部门联合监督检查和重点检查10次。全年办理交通行政处罚3825件，其中，非法超限运输非现场处罚1335件、道路运输违章处罚2490件；办理行政许可849件。不定期抽查执法文书200多份，整改清理保留行政许可20项、行政服务24项、行政处罚191项、行政强制11项、行政确认1项、行政裁决1项。依托“互联网+”监管系统，加强监管信息归集共享，将行政检查、行政处罚等信息进行关联整合。在江苏省市场监管平台上传各类监管信息2195条，其中，监管行为数据1470条、“双随机、一公开”数据111条、监管对象111家（其中，跨部门联合执法90条）；在“互联网+”监管平台上传监管数据2099条，其中，检查数据1132条、处罚数据967条。提升监管精准化、智能化水平。在连云港市行政许可和行政处罚信用信息双公示系统上传行政许可信息849条、行政处罚信息1002条。

2022年6月14日，区交通运输行业党委开展“喜迎二十大 永远跟党走”庆“七一”“榆”快行关爱货车司机主题党日活动 （刘裕贤 摄）

【赣榆区成立全市首家交通运输行业党委】 4月11日，在区交通局举行赣榆区交通运输行业党委揭牌仪式。该党委为全市首家交通运输行业党委。全区货车及网约车司机等从业人员达1.68万人，其中，党员700多人。 （王贺凡）

【货车司机群体党建品牌打造】 2022年，赣榆区紧扣“‘榆’快服务、乐享其行”主题，突出“货车司机聚集在哪、党建工作就推进到哪”服务理念，持续深化货车司机群体党建试点工作，实现“货运企业+片区网格化”功能型党支部全覆盖、区镇两级党群服务阵地全覆盖、货车司机诉求办理反馈制度化、助企纾困和凝聚服务常态化。为全市新业态新就业群体暖心驿站建设现场会提供观摩学习现场，被《新华网》《新华日报》《党的生活》等媒体宣传推介。区深化货车司机群体党建试点工作专班获评全省先进集体，14个诉求办理案例入选《连云港市诉求办理实例》，并在全省货车司机诉求收集办理工作现场交流会上交流。“榆快驿·货车司机之家”获全市首家“交钥匙工程”示范单位，“五式五化”“榆”快服务工作法获全省货车司机群体党建工作优秀案例。3家货运单位和2名司机获评全省货运行业“三评两选”（评比表扬一批优秀党员货车司机、最美货车司机、先进货车司机党支部，遴选一批表现突出的货车司机先锋车队、可学习可推广的货车司机和群体党建工作优秀案例）先进典型，获奖类型和数量居全市各县区首位。

（刘裕贤）

农　业

综述

【产业发展】 2022年，赣榆区粮食播种面积7.29万公顷，粮食总产量52.64万吨；新增高标准农田治理面积5000公顷；特色农业机械化水平65.02%，农作物耕种收综合机械化水平86.66%；全年蔬菜播种面积1.26万公顷，总产量53.18万吨；生猪年末存栏数19.14万头，全年出栏数38.35万头；家禽年末存栏数248.45万只，全年出栏数403.19万只；草食家畜饲养量20.82万头，实现肉、蛋总产量6.35万吨、2.39万吨；水产品产量45.3万吨，其中海洋捕捞产量9.8万吨，海水养殖产量27.3万吨，淡水养殖产量8.2万吨，淡水捕捞产量0.1万吨，渔业产值131.7亿元。江苏省连云港秦山岛东部海域国家级海洋牧场被农业农村部批准为第七批国家级海洋牧场示范区，连云港市赣榆区国家现代农业产业园入围国家现代农业产业园创建公示名单，赣榆区获评全国农作物病虫害绿色防控整建制推进县，苏鲁海产品批发市场被农业农村部批准为“省部共建”国家级农产品产地专业市场。

（王超穆）

【农业结构】 2022年，赣榆区耕地面积5.64万公顷（国土三调数据），其中，水田2.79万公顷，水浇地2.24万公顷，旱地6105.02公顷。粮食作物主要有小麦、水稻、玉米、大豆、甘薯等，油料作物以花生为主，零星种植油菜。园地面积6410.79公顷，其中，果园5440.03公顷，茶园215.57公顷，其他园地755.19公顷。

（苏昭柏）

【高标准农田建设】 2022年，赣榆区按时完成2021年度高标准农田建设项目（财政补助），序时推进2022年度高标准农田建设项目（财政补助）。年度高标准农田建设项目治理面积2093.33公顷，项目总投资9720万元。涉及柘汪镇、班庄镇、城头镇、沙河镇、石桥镇5个镇的6个项目，以及200公顷高效节水灌溉建设任务。（莫玉霞）

【“互联网+”农业】 2022年，赣榆区网络商户7000余户，其中直播带货主播2000余人。涉农电商交易额160亿元，快递上行量9764万件。电商销售主要产品包括海鲜生鲜、海洋深加工产品、休闲零食、特色水果蔬菜等农副产品，其中，海苔、扇贝、鱿鱼、比目鱼等产品销量全国排名第一。电商产业的快速发展，带动养殖、捕捞、存储、加工、包装和快递物流等相关产业形成链式发展模式，涉农电商从业者达6万多人。全区新增淘宝镇2家：青口镇、石桥镇，新增淘宝村1家：海头镇南朱皋村。全区有7个淘宝镇、12个淘宝村。

（苏常团）

2022年7月6日，黑林镇电商助农直播　（司　伟　摄）

【农业保险】 2022年，赣榆区农业保险共计投保24个险种，其中，政策性险种20个，商业险种4个，承保小麦3.21万公顷，参保率94.27%；水稻2.62万公顷，参保率94.17%；玉米6700公顷，参保率85.9%。保险7048.08万元，其中，政策性农业保险保费6822.2万元。理赔5134.44万元，受惠农户5.83万户。

（熊正芳）

【农业气象服务】 2022年，区气象局围绕重要农事季节和重大活动，开展气象决策服务，注重预测预报的精细化和准确度。制作编发13个种类气象决策服务产品150余份，发送决策服务短信近9万条。建立区四套班子领导气象信息每天定期发布机制，在区智慧政务网定期发布每旬天气趋势预测报告，为党委、政府决策提供科学依据。“赣榆气象”公共微博和公众微信拓宽气象预报预警服务传播渠道。建立气象信息员数据库及时更新长效机制，通过区政府智慧政务平台，连续9年每年定期重新登记整理气象预警信息员信息，2022年达8239人。开展酸雨、土壤墒情监测等服务，围绕设施农业和特色养殖开展生态农业气象服务，制作相关服务产品，指导农户科学生产。

【赣榆区入选国家现代农业产业园创建名单】 2022年，赣榆区现代农业产业园（以下简称产业园）获批创建国家现代农业产业园（《农业农村部办公厅财政部办公厅关于公布2022年农业产业融合发展项目创建名单的通知》）。产业园位于“北纬35°优质水果种植黄金线”上，北与山东接壤，东到204国道，南至青抗线，涉及塔山镇、黑林镇、厉庄镇、金山镇、石桥镇等5个镇58个村和1个国有林场，规划区域面积2.15万公顷，产业园以蓝莓、猕猴桃为主导产业，规划产业发展面积5333.33公顷。2022年，蓝莓种植面积1966.67公顷，年产量2.55万吨。猕猴桃种植面积1246.67公顷，年产量2.21万吨。产业园实现总产值60.02亿元，园区农民人均可支配收入3.17万元，比全区平均水平高30.6%。（李　军）

表12　**2022年赣榆区在建农业重大项目一览表**

序号	项目名称	所属领域	项目属性	建设起止年限	建设单位	建设规模或主要建设内容
1	海后村海产品电商服务中心项目	绿色发展	新形态乡村产业	2022年1月至2022年12月	连云港聚蓬阁水产批发市场有限公司	占地面积约2067公顷，总建筑面积约3万平方米，共8栋电商业务楼，其中，1—5号楼主体四层、6—8号楼主体三层，并配套道路、绿化、照明及雨污水管道等基础设施
2	连云港城发智慧冷链综合体项目	绿色发展	新形态乡村产业	2022年3月至2023年12月	连云港市赣榆城市建设发展有限公司	总建筑面积8.5万平方米，项目分两期建设。一期主要建设多层冷藏库、单层立体库，试验中心配套用房等；二期主要建设多层冷藏库，交易、结算、消费体验中心等，配套建设市政管网及门卫室、广场、停车场、绿化景观等
3	冠力食品年产5万吨鱿鱼产品	绿色发展	农产品精深加工	2022年2月至2023年12月	烟台越洋食品有限公司	总投资1亿元，盘活老工业用地3.33公顷，新改扩建厂房1.2万平方米，建成年产5万吨单冻鱿鱼筒、鱿鱼花、鱿鱼圈等鱿鱼系列产品
4	年存储10万吨水果冷藏库	绿色发展	新形态乡村产业	2022年2月至2022年12月	黑林镇人民政府	占地面积4公顷，建设储存冷库和智慧分拣中心面积8000平方米。配套建设冷库，消毒设施，保鲜设备、变压器等基础设施
5	赣马镇稻虾综合种养项目	绿色发展	其他	2022年1月至2022年11月	连云港柳树河农业技术有限公司	用地规模约80公顷。主要工程包括：环沟开挖、进排水系统、田地（现有沟渠）整理、进地田便桥的修建、配套道路等建设。进水使用dn200PVC管道，碟阀控制，出水口套60目长型筛网，防虾逃逸，排水使用dn200纹进水口套60目长型筛网

续表12

序号	项目名称	所属领域	项目属性	建设起止年限	建设单位	建设规模或主要建设内容
6	鸿蛭蚂蟥养殖项目	绿色发展	新形态乡村产业	2022年2月至2022年12月	连云港鸿蛭种养殖农民专业合作社	占地面积20公顷。主要建设30个现代化钢架养殖大棚及150个养殖池。购买自动卷膜器，养殖池配备增氧机。建设泵站1座，渠道850米，水泥路8400平方米。配置变压器1台
7	江苏柏香园	绿色发展	农产品精深加工	2022年1月至2023年12月	江苏柏香园有限公司	建筑面积7000平方米，设备采购、安装，调试投产
8	石梁河水库网箱养殖帮扶项目	绿色发展	无	2021年10月至2022年12月	赣榆区农发集团	规划水面354公顷，规划布置养殖网箱1万余只，供7个淡水养殖合作社500余户养殖使用。投资6523万元，完成养殖网箱布设工作
9	G228沿线水产养殖整治工程	绿色发展	无	2021年4月至2023年12月	区农业农村局、沿海各镇、苏海集团	完成G228东侧宋庄、青口、海头镇海水养殖池塘生态化、景观化提升改造，建设白鹭湿地公园
10	现代设施渔业集中区项目	绿色发展	无	2021年1月至2022年12月	赣榆农发公司	项目用地规模约133.33公顷，一期占地约66.67公顷，建设约20万平方米的海水工厂化车间
11	新建食品加工生产线项目	稳产保供	农产品精深加工	2022年3月至2022年12月	连云港金之源食品有限公司	占地约1.3公顷，总投资5000万元，建设厂房5940平方米、办公楼面积1176平方米
12	连云港赣榆牧原养殖有限公司赣榆2场（畜禽粪污处理及绿色循环种养）	稳产保供	其他	2022年1月至2022年12月	连云港赣榆牧原养殖有限公司	畜禽粪污处理及绿色循环种养
13	连云港市赣榆区海州湾现代海洋牧场示范工程项目	稳产保供	无	2021年3月至2022年12月	连云港市赣榆区水产科学研究所	投放人工鱼礁3.3万空立方米；建设一座25米×30米的海洋牧场多功能综合平台；建设海洋牧场鱼类增殖放流驯化系统（含30米×30米网箱一套）。项目总投资3678万元（原投资3108万元，追加570万元），全部为财政资金
14	云香连食用油脂项目	产业融合	农产品精深加工	2022年4月至2023年12月	连云港市云香连食品有限公司	占地约3公顷，总建筑面积2.1万平方米，购置各类设备226台套，年产4万吨食用油脂
15	城头镇稻虾核心区建设项目	产业融合	新形态乡村产业	2022年1月至2022年12月	城头镇人民政府	流转土地66.67公顷，建设稻虾混养塘20个，游客集散中心、稻虾美食区、信息化中心建设项目

续表12

序号	项目名称	所属领域	项目属性	建设起止年限	建设单位	建设规模或主要建设内容
16	顺丰冷链物流园	产业融合	新形态乡村产业	2021年10月至2023年12月	连云港丰泰物联科技有限公司	占地2013公顷，建筑面积2.18万平方米，主要建设冷藏冷冻中心、打包中心、发货中心、客服中心、仓库，建成集中转、网点、冷藏、打包、代发货为一体的处理中心，满足每天20万件快件中转
17	柘汪镇西棘荡循环经济产业园建设	产业融合	新形态乡村产业	2022年2月至2022年12月	柘汪镇西棘荡村	占地13.33公顷，整合原有的废旧渔网回收散乱户200户，整合后可实现每年回收废旧渔网缆绳30万吨，年产尼龙颗粒8万吨、聚乙烯颗粒7万吨、聚丙烯颗粒5万吨，年产值达30亿元，带动村民300人创业就业
18	峰叠实业生态电商产业园	产业融合	新形态乡村产业	2022年1月至2023年12月	峰叠（江苏）实业发展有限公司	计划投资3亿元，规划占地5.33公顷，集功能直播间5G远程跨场景直播产品研发、质量品控、产品深加工标准商品化车间、低温处置、分拣打包、冷冻仓储、集约化快递物流配发于一体，为全网主播提供线上一站式云仓代发
19	连云港市赣榆柘汪紫菜产业园项目	产业融合	无	2021年1月至2022年12月	连云港金叶科技产业发展有限公司	总建筑面积约27万平方米，该项目分两期建设完成，其中，一期建筑面积约为14万平方米，主要建设初次加工车间、交易中心、库房、速冻间、速冻库、冷库、动力中心、污水处理等；二期建设建筑面积约为13万平方米，主要建设加工区、库房、冷库等
20	高标准农田建设	要害工程	其他	2022年1月至2022年12月	赣榆区农业农村局	治理面积5000公顷，高效节水灌溉面积466.67公顷。项目总投资1.35亿元
21	养殖尾水治理项目	要害工程	其他	2022年1月至2022年12月	连云港柳树河农业技术有限公司	治理养殖尾水面积30公顷（及村庄污水），养殖区排水毛沟清淤4265米，尾水收集总渠清淤960米，十二支排水沟清淤950米，配套硬化梯形砼排水（达标后）沟270米，三池两坝进化设施建设2.03公顷，配套新建混凝土道路1530米工程

表13　**2022年赣榆区新增市级以上农民合作社示范社一览表**

序号	农民合作社名称	成员总数（人）	成员出资总额（万元）	主要产业	所属镇
1	连云港鑫农稻虾种养农民专业合作社	11	20	水稻种植、小龙虾养殖	赣马镇
2	连云港赣榆笃硕农作物种植专业合作社	21	20	农作物种植、农作物销售	赣马镇
3	连云港春和高新农业蔬菜专业合作社	17	160	高新蔬菜育苗、蔬菜种植、包装、销售	城西镇

续表13

序号	农民合作社名称	成员总数（人）	成员出资总额（万元）	主要产业	所属镇
4	连云港赣榆金福生猪养殖专业合作社	15	308	生猪养殖、生猪销售	金山镇
5	连云港和红农作物种植专业合作社	11	50	农作物种植、农作物销售	墩尚镇
6	连云港正德水产养殖专业合作社	18	300	水产养殖、水产销售	青口镇
7	连云港沃丰黄桃种植专业合作社	16	200	黄桃种植、黄桃销售	厉庄镇
8	连云港市青林水果种植土地股份专业合作社	35	847.8	水果种植、水果销售	黑林镇
9	连云港兴霞果蔬种植专业合作社	22	100	果蔬种植、果蔬销售	班庄镇
10	连云港赣榆名鑫果蔬种植专业合作社	19	400	果蔬、林木种植、果蔬、林木销售	城头镇
11	连云港古栗堂农业种植专业合作社	13	600	农作物种植、林木、果树、蔬菜种植	海头镇
12	连云港赣榆恒利生猪养殖专业合作社	19	286.8	生猪养殖、生猪销售	柘汪镇
13	连云港江恒农作物种植专业合作社	25	300	农作物、蔬菜、水果、林木、花卉种植、农作物、蔬菜、水果、林木、花卉销售	沙河镇
14	连云港赣榆来宏养猪专业合作社	17	100	生猪养殖、销售	塔山镇

种植业

【粮食种植】 2022年，赣榆区粮食播种面积共7.29万公顷，单产7219.35千克／公顷，总产52.64万吨。粮食播种面积比2021年增加200公顷、增长0.27%，总产增加156吨、增长0.03%。夏粮播种面积为3.58万公顷，总产20.7万吨，分别增加33.33公顷、279吨，增长0.1%、0.13%。秋粮播种面积3.71万公顷，总产31.94万吨，比2021年面积增加173.33公顷，总产降低123吨。其中，水稻播种面积为2.79万公顷，总产25.83万吨，面积增加13.33公顷，总产降低252吨；玉米播种面积为7800公顷，总产5.28万吨，面积持平

2022年11月17日，墩尚镇刘湾村水稻收割场景　（董自强　摄）

于2021年，总产降低239吨；薯类播种面积700公顷，总产5670吨。

【油料种植】 赣榆区是花生生产大县（区），播种面积连续6年稳定在9333公顷以上。2022年，全区花生播种面积9726.67公顷，单产5090.1千克／公顷，总产4.95万吨，分别比2021年增加185.13公顷、125.1千克／公顷、2135吨，增长1.9%、2.5%、4.5%。大豆播种面积7400公顷，总产2514吨，分别增加160公顷、496吨，增长27.59%、24.58%。

【蔬菜种植】 2022年，赣榆区蔬菜播种面积1.26万公顷，总产53.18万吨。2022年在沙河镇建立万亩蔬菜保供基地，建立无锡蔬菜外延基地200公顷，其中，海头镇133.33公顷，墩尚镇66.67公顷。示范推广蔬菜新品种128个，示范推广蔬菜新技术8项，新模式5项。

【种植业结构调整】 2022年，赣榆区试验示范推广粮食作物新品种、新技术、新产品等30余个（项）；加大优质专用小麦、优质食味水稻等新品种推广应用，优质食味稻米占比52%。强化直播稻风险管控，提升稻作现代化水平，防范化解水稻生产风险，切实保障粮食生产安全。推进大豆和油料产能提升工程，落实大豆玉米带状复合种植600公顷。推进万亩“菜篮子”工程绿色蔬菜保供基地建设，加大绿色蔬菜保供基地建设。

（苏昭柏）

【测土配方施肥】 2022年，赣榆区主要农作物测土配方施肥技术推广面积9.17万公顷次，配方肥应用面积3.54万公顷，推广配方肥0.955万吨（折纯），农户按方施肥面积5.64万公顷，主要农作物测土配方施肥技术覆盖率达90.73%，2022年农业化肥使用量4.77亿吨，比2021年消减298吨，消减率为0.62%。 （樊继刚）

【农作物病虫害综合防控】 2022年，赣榆区开展全国农作物病虫害“绿色防控示范县”创建工作，位列农业农村部公布的第二批“全国农作物病虫害绿色防控整建制推进县”名单，为全市首家。整合各级项目资金，在黑林、厉庄、金山等镇，建设7个省级绿色防控示范区，同时建设市、区级绿色防控示范片（方）11个，全区主要农作物病虫害绿色防控覆盖率达56.01%。区农业农村局结合赣榆特色水果、粮油、蔬菜等产业布局，因地制宜，开展试验示范、集成总结，推广应用8项技术先进、防控效果好的集成技术，在特色水果及蔬菜上主要示范应用“清园控害+理化诱控+科学用药”绿色防控技术模式，在粮油作物上主要示范应用“种子处理+生态调控+理化诱控+科学用药”绿色防控技术模式。打造“三大产业集群”：西北部打造以谢湖大樱桃和石桥黄桃等为代表的特色水果基地；中部打造以宋庄、海头优质稻麦生产为主的优质粮油基地；东南部打造以沙河镇雅仕农场为核心的绿色蔬菜生产基地。 （卢 红）

2022年5月7日，城西镇麦田无人机喷洒农药清除病虫害

（康文洋 摄）

特色果业

【概况】 赣榆区特色水果产业，主要分布于赣榆区北部丘陵山区，包括黑林、厉庄、金山、石桥、班庄、塔山、柘汪、城头等镇，水果品种主要有蓝莓、桃、苹果、猕猴桃、大樱桃、板栗、梨、山楂、火龙果等。赣马镇黑坡村黄金梨种植成为当地农业支柱产业。“谢湖大樱桃”“石桥黄桃”为国家地理标志农产品水果品种。2022年，全区各类水果种植总面积达8340公顷，其中，蓝莓总面积2133.33公顷，黄桃种植面积2400公顷，其他桃类种植面积466.67公顷，猕猴桃种植面积1246.67公顷，大樱桃种植面积1020公顷，苹果种植面积533.33公顷，梨种植面积300公顷，板栗种植面积240公顷。

【赣榆特色水果产业园创建】 以石桥黄桃、厉庄大樱桃、黑林蓝莓、塔山猕猴桃为主导产业的赣榆特色水果产业园2018年11月经省农业农村厅、财政厅批准创建省级现代农业产业示范园，2022年通过省级考评认定，并成功申请创建2022年度国家现代农业产业园。该园区位于赣榆区西北部，规划区域面积为215万公顷，其中，耕地资源面积1.03万公顷。北与山东接壤，东到204国道，南至九王线、242省道、青抗线，西与山东相连，具体涵盖黑林镇、厉庄镇、金山镇、石桥镇、塔山镇5个镇58个村、1个国有林场，涉及人口13.74万人。园区以蓝莓、猕猴桃、大樱桃、黄桃四大水果为主导产业，种植面积达5560公顷，依托主导产业，产业园建设成为全区农村一二三产业融合发展先导区、乡村产业振兴引领区、农业现代化样板区。

【谢湖大樱桃种植】 厉庄镇谢湖村是赣榆区省级现代农业产业示范园大樱桃产业规模化种植基地，2022年，全村大樱桃从业户260户，面积超533公顷，辐射带动周边镇村大樱桃种植面积超1020公顷，年总产值达1.4亿元。依托赣榆区省级现代农业产业示范园建设，该村提升大樱桃产业科技支撑、绿色发展、三产融合和联农带农能力，建成占地30公顷大樱桃组培育苗中心、玻璃育苗智能温室、种植遮雨示范棚和日光温室种植示范园，投入生产运营，组培中心年产各类优质樱桃种苗1000万株，实现村集体增收200万元，带动50户农户户均年增收4万元。

【赣马黄金梨种植】 赣马黄金梨产地为位于赣马镇北部的黑坡村。该村村民从2003年开始种植黄金梨，积累较丰富的种植经验，同时由于区位优势良好和市场销售渠道广阔，黄金梨种植成为全村的主导产业。2022年，黄金梨种植户329户，从业人员856人，建有黄金梨基地80公顷，全年黄金梨产量750吨，产值450万元。

【石桥黄桃种植】 2022年，石桥镇黄桃种植1666.67公顷，形成“一园四区”发展格局，即盛世桃园和西区、中区、北区、南区4个产区，产量8万吨，产值1.5亿元，成为全国镇域种植面积最大的镇。石桥镇成立“赣榆区黄桃协会”，石桥村、王集村、大庄村、拱齐村等成立“水果种植土地股份专业合作社”，农户以土地入股形式集体经营。

【沃田蓝莓庄园】 沃田蓝莓庄园位于黑林镇，园区处于北纬35°优质水果种植纬度线上，毗邻国家一级饮用水水源小塔山水库，核心区面积400公顷，由国家级农业产业化龙头企业江苏沃田集团股份有限公司经营，是赣榆区国家现代农业产业园蓝莓产业规模化、标准化主要种植基地。沃田集团依托蓝莓庄园，形成集蓝莓种苗繁育、鲜果种植、深加工产品生产及销售于一体的优质产业链，是国内蓝莓苗木、鲜果、冻果、果干、浓缩汁、冻干粉、花青素等产品的主要供应商。2022年，沃田加工中心处理蓝莓冻果2万吨，采用低温膜过滤压榨工艺，生产1.5万吨NFC果汁；采用三效低温快速浓缩技术，生产2500吨6倍浓缩蓝莓汁；采用低温冷冻干燥技术，生产1000吨蓝莓冻干粉，完整保留蓝莓固有的营养成分和生物活性；与哈工大食品科学与遗传工程研究院合作，采用超声波逆流萃取技术提取欧标25% ~90%蓝莓花青素。至2022年底，该集团带动黑林镇发展蓝莓种植总面积达1966.67公顷。 （李 军）

2022年4月12日，江苏沃田集团深加工车间生产场景

（孟楠楠 摄）

畜牧业

【概况】 2022年，赣榆区生猪年末存栏数19.14万头，全年出栏数38.35万头，其中，能繁母猪存栏1.33万头，位于市规保有量绿色合理区间；家禽年末存栏248.45万只，全年出栏403.19万只；草食家畜饲养量20.82万头；实现肉、蛋总产量6.35万吨、2.39万吨。

【生态健康养殖】 2022年，赣榆区落实生猪逆周期调控政策，获批国家级生猪产能调控基地1家、省级生猪产能调控基地4家；培育省级特色产业典型1家，创建省级畜禽生态健康养殖示范场9个，推广应用生态健康养殖技术181家。

【动物防疫】 2022年，赣榆区开展春、夏、秋三大集中免疫行动，全区重大动物疫病群体免疫密度达到90%以上，应免畜禽免疫密度达到100%，免疫抗体合格率保持在70%以上，未发生重大动物疫情。开展非洲猪瘟等重大动物疫病“三灭四消”（灭蚊、灭蝇、灭鼠，日常消毒、重要时点消毒、突击消毒、应急消毒）行动，排查生猪养殖场2.43万场次、洗消场点数8564个次，消毒药用量10.57吨，洗消面积454.21万平方米。

【动物疫病监测】 2022年，赣榆区推广无纸化检疫出证系统的应用，生猪产地检疫出证数1514份，检疫生猪10.21万头；肉牛产地检疫出证数237份，检疫肉牛2168头；家禽产地检疫出证数3391份，检疫家禽31.13万羽，未发生检疫不良事件。

【动物卫生监督】 2022年，赣榆区规范进入江苏省动物备案管理，检查消毒畜禽运输车辆3182车次、活畜12.3万头，运输环节“瘦肉精”抽检样品3695份，采集牛、羊毛送省检测66批次，检查车次及活畜数量均居全省前列。落实病死动物无害化处理“五不准一处理”规定，收集并无害化处理病死猪1.92万头，无害化处理率100%。实施动物防疫社会化服务发展规范年活动，高标准通过市级验收，获绿标企业6家。赣榆区畜牧兽医站获2022年连云港市动物防疫技能竞赛优秀组织奖，1人获省级动物疫病防治员技能大比武优胜奖。

【科技推广】 2022年，赣榆区完成国家第三次畜禽遗传资源普查，覆盖15个镇、463个行政村（社区）。完成课题项目4个，主导品种6个、主推技术3项，培育示范户700个，示范户先进实用技术入户率和到位率达到100%；展示徐海鸡品种和3项配套技术，起草发布企业标准2个；完善种公猪站设施、设备条件，引进经过性能测定的优质种公猪10头。

（苏常明）

水产业

【概况】 2022年，赣榆区水产养殖面积3.05万公顷。水产品产量45.3万吨，其中，海洋捕捞产量9.8万吨，海水养殖产量27.3万吨，淡水养殖产量8.2万吨，淡水捕捞产量0.1万吨。渔业一产产值133.31亿元。

【淡水养殖】 2022年，全区淡水养殖面积5000公顷，淡水养殖产量8.2万吨，特种水产养殖面积2700公顷，产量2.02万吨。

【稻渔综合养殖】 2022年，赣榆区稻渔综合养殖面积213.33公顷，水稻与小龙虾综合养殖，平均每公顷产小龙虾1500千克，平均每公顷产优质稻米7875千克。

【水生生物资源养护】 2022年，赣

2022年8月28日，石梁河水库网箱养殖场景　（张学谦　摄）

榆区举行14次放流活动，放流品种有中国对虾、三疣梭子蟹、褐牙鲆、半滑舌鳎、黑鲷、黄姑鱼，放流3.14亿尾，投入社会资金884万元。

（辛　华）

林业

【绿化造林】 2022年，赣榆区完成造林面积309.98公顷。其中，新增成片造林14.18公顷，更新造林68.47公顷，退护林修复227.33公顷；新建完善农田林网2333.33公顷；四旁植树41万株；开展森林抚育600公顷。

【花卉苗木栽培】 2022年，全区培育花卉苗木6240公顷，其中，造林苗2840公顷，风景绿化苗3400公顷。树种有泡桐、法桐、柳树、杨树、落羽杉、榉树、麻栎、乌桕、黑松、蓝莓、猕猴桃、桃、茶叶、海棠、女贞、紫叶李、樱花、栾树、紫薇、红枫、冬青、红叶石楠等。苗木产量3606.3万株；产值15.68亿元。

（陈子晗）

【林下经济】 2022年，赣榆区利用林地资源，发展林下种植、林下养殖、林产品采集加工等林下经济，初步形成林农、林禽、林茶等林下经济发展模式。建有江苏沃田股份有限公司、连云港金公果业有限公司、江苏中鹏科技有限公司3家省级林下经济示范基地。年内建立绿色种养循环试点面积10万亩，实施林下经济生态养殖项目12个，实现设施农业园区无缝对接，腐熟粪肥和沼液就地就近循环利用，年加工处理畜禽粪便60万吨，增加劳动岗位6万多个。

（年　编）

茶业

【概况】 赣榆茶园主要分布在金山、班庄及黑林、厉庄、石桥、柘汪等西、北部丘陵山区镇，栽培品种主要有宜兴小叶种、鸠坑、福鼎大白、黄金芽、福云六号等，其中，宜兴群体种13.33公顷、鸠坑80公顷，主要分布金山、班庄、黑林等镇；福鼎大白44公顷，主要分布柘汪、石桥及黑林镇；黄金芽5.67公顷，主要分布石桥镇。2022年，茶叶种植面积为800公顷，由于春季降雨量极少，茶园受灾严重，产量320吨，实现产值6530万元。

【茶叶栽培】 2022年，赣榆区各产茶地均按茶叶无公害操作规程进行管理，全面推广茶叶无公害标准化生产、平衡施肥、茶园覆草技术、农药安全合理使用、名优茶综合开发等新技术，实现茶树无公害栽培。

【茶叶加工】 2022年，全区共有工商注册企业（合作社）16个，注册商标10个，其中，规模茶叶企业4家。位于金山镇的徐福茶厂基地面积233.33公顷，从业人员达2000余人。通过引进先进的茶叶加工设备和生产技术等，逐步发展成为拥有固定资产600余万元的现代化有机茶厂，年产茶叶150吨。茶厂还建有省乡土人才大师工作室、市劳动模范工作室、"非遗"传承教室等。"徐福"牌有机绿茶，具有"外形肥嫩、翠绿多毫、香味持久、汤色明亮、叶片肥厚、耐冲泡"等特点，产品远销北京、山东鲁南、青岛及东北等地。2022年，全区产茶156吨。

【茶叶品牌】 赣榆区注重提升茶叶品质，打造茶叶品牌，涌现出金山的"徐福"茶、班庄的"夹谷春""榆山毛峰"茶、厉庄的"凯碧"茶等一批知名品牌。"夹谷春"茶1991年获市绿茶评比第一名；1992年获省青年科技成果博览会银奖；1996年获农业部茶叶质量监督检验测试中心颁发的"传统绿茶中的优质茶"证书；2000年"夹谷春"特级芽茶和"夹谷春"一级芽茶，在第二届国际名茶评比会上，分别获国际名茶银奖和优质奖；2001年"夹谷春"茶获市东大杯名特茶金奖，同年"夹谷春"被连云港市工商局认定为"市知名商标"。"榆山毛峰"茶、"徐福"茶分获2001年江苏省第九届"陆羽杯"特等奖、一等奖。2002年第二届国际茶叶博览会"觉农杯"名优茶评比中，"徐福"茶获优质奖。2009年徐福茶场的"松针"茶、夹谷春茶场的"夹谷春"茶获市首届"花果山杯"特等奖，连云港市夹山宜朵种植专业合作社选送的"夹雾春"茶被评为一等奖。2020年"徐福"茶获陆羽杯名茶评比特等奖。2022年，全区工商注册企业16家，注册商标10个，规模茶业企业4家。（陈子晗）

种业

【概况】 2022年，赣榆区拥有省级农业种质资源保护单位2个，新增省级农业种质资源保护单位1个，拥有省特色优势种苗中心（企业）4家。全年检查种子经营门店360个次。

【种业管理】 2022年，赣榆区扦取种子样品332份，共83个品种，抽检样品三项指标合格率100%；完成种子备案单903份；培训种子经销户350人次；发放有关种子宣传材料3000余份。农业种质资源普查共查到10个畜种、水产养殖对象26个，新发现畜种1个、水产养殖对象2个。江苏沃田集团股份有限公司申报省级农作物种质资源保护单位并获批。

【渔业良种补贴】 2022年，全区有4家渔业省级良种繁育场，7家市级渔业良种场，获省级亲本更新补助资金80万元。（刘　敏　谭彩玲）

【徐海鸡遗传资源保护】 2022年，赣榆区财政投入150万元，实施地方畜禽品种徐海鸡资源抢救性保护，地友实业有限公司建成徐海鸡标准化养殖基地。落实种鸡饲养管理、生产生长性能测定、疫病防治及十三世代配种方案等工作内容4项，十二世代制种核心群保持44个家系（44只公鸡、440只母鸡）。（苏常明）

农田水利

【概况】 2022年，赣榆区加强水利工程运行管理与维护，实现管理的科学化、规范化、标准化。全区投入维修养护资金537万元、省政府债券资金860万元、市级水利发展补助资金70万元，开展各类工程维修养护，消除运行管理安全隐患。赣榆区在全市率先开展河库管理保护规划编制工作，2座大中型水库、78座小水库及12条骨干河道管理保护规划分别于8月、12月获市政府及区政府批复。全区组织开展青口河节制闸、朱堵桥闸、官庄河新闸3座中型水闸安全鉴定。完成万桥1号水库除险加固竣工验收，万桥2号、红领巾水库消险处理。省水利厅公布2020年度水库移民扶持资金绩效评价结果，赣榆区获"优"等次，居全省第二，为苏北唯一。

【水利基本建设】 2022年，赣榆区实施水利基本建设工程4个。2020年灾后应急治理新沭河险工处理工程（赣榆区境内），于2021年4月16日开工，2022年实施中。赣榆区兴庄河治理工程，总投资1.40亿元，河道清淤疏浚21.21千米；堤防加固13.86千米；河坡防护3.4千米；防汛道路13.44千米；新建、拆建、改建堰闸11座；新建、拆建穿堤涵洞21座；拆建、改建桥梁5座；赔建泵站1座；拆除桥梁2座、渡槽2座、拦水堰4座。该工程于2021年12月8日开工，2022年12月30日完工。赣榆区青龙大沟兴庄南、北节制闸新建工程，总投资2292.58万元，新建青龙大沟兴庄南、北节制闸。该工

2022年7月5日，整修一新的兴庄河道路（张庆波　摄）

程于2022年4月30日开工，2022年11月30日工程完工，12月28日通过单位工程暨合同工程完工验收。赣榆区青口河治理工程，总投资2.71亿元，疏浚河道、整理滩地22.48千米，堤防加固3.82千米，岸坡防护15.85千米，建设沥青混凝土防汛道路27.59千米，拆（新）建、加固建筑物34座。该工程于2022年12月9日开工。

【农田水利维修养护项目工程】赣榆区第二批省级水利发展资金农田水利维修养护项目工程总投资88.34万元，其中，省级专项补助资金80万元，区级配套资金8.34万元。维修养护水闸6座、泵站2座、涵洞1座，维修渠道435.2米。该项目于2022年9月1日开工，9月30日完工。

【农村河道疏浚治理】2022年，赣榆区2022—2023年冬春季农村河道清淤整治专项行动由区水利局牵头，15个镇和水利部门共同实施，完成疏浚农村河道46条，长度97.58千米，完成土方95.7万立方米，总投资1361.5万元。其中，各镇完成30条，长度44.87千米；水利部门完成16条，长度52.71千米。

【农村生态河道建设】2022年，赣榆区建成农村生态河道17条70.55千米，其中，县级河道2条19.5千米，乡级河道15条51.05千米；新增生态河道覆盖率为7.58%。截至年底，赣榆区建成农村生态河道45条，总长度261.04千米，生态河道覆盖率为28.04%。

【水库管理】2022年，赣榆区把小塔山水库、八条路水库以及78座小水库纳入管理保护规划。开展小塔山水库创建“江苏省精细化管理一级工程”；八条路、五一、狼窝、演马厂、万桥1号、孟良、吴公、石门沟、楼山、小山子、二龙山、八一等12座小水库创建“江苏省精细化二级工程”；朱堵二级、三级翻水站创建“江苏省精细化管理二级工程”。（张庆波）

农业产业化

【概况】2022年，赣榆区立足山、川、海等生态资源，按照“东部沿海高效渔业、中部平原优质粮油、西南城郊设施蔬果、西北丘陵特色林果”发展布局，聚焦重点园区、重点基地和重点项目，培育农业产业化龙头企业和新型农业经营主体。打造现代化融合发展服务中心，依托城区服务要素集聚的突出优势，将产业发展和城市功能有机结合，重点开发乡村电子商务、休闲旅游、科研孵化、技术应用推广、农产品加工物流和外向型农业等服务产业。

【东部沿海高效渔业发展区建设】2022年，赣榆区发展以特种水产品为主体的高效设施渔业，以及工厂化特种水产品养殖、工厂化优良品种研发繁育产业和海上网箱养殖产业，重点建设青口港渔港经济区、国家级海洋牧场、渔业现代化养殖集中区和海洋经济创新示范园区（大型综合性水产品进出口加工基地、紫菜加工产业园）、海州湾现代渔业加工集中区、苏北水产品批发市场、苏鲁海产品综合批发市场等。

【中部平原优质粮油发展区建设】2022年，赣榆区建设中部平原高标准农田，集中建设发展优质绿色粮食基地，加快推进机械化、集约化水平较高的规模连片项目，建设黄海粮油科技产业园，推进种业、育苗、烘干、仓储等全产业链配套。实行“循环农业+复合种养”的高效农业模式，结合优势产业发展集循环农业、创意农业、农事体验于一体的田园综合体。

【西南城郊设施蔬果发展区建设】2022年，赣榆区发展城郊商品蔬菜瓜果产业，提升蔬菜瓜果生产设施水平，促进蔬菜瓜果新模式、新技术、新品种的引进与推广，建立精细商品蔬菜瓜果基地、特色蔬菜瓜果商品基地、商品蔬菜瓜果基地，提升万亩永久性“菜篮子”工程基地建设水平，建设出口蔬菜瓜果科技示范园。

【西北丘陵特色林果发展区建设】2022年，赣榆区利用丘陵岗地，推进特色林果产业项目，引进名优品种，更新种植技术，发展休闲农业，挖掘乡村旅游资源，建设集休闲、度假、加工、销售、保健、教育、文化、观光为一体的山地特色农业区，建设特色水产加工产业园、冷链物流与电商产业园。（王超穆）

【农产品质量建设】2022年，区农业农村局印制《赣榆区农产品质量安全承诺书》《赣榆区农产品质量安

2022年7月9日，城头镇稻虾文化体验园夜景（邵俊城 摄）

全告知书》1.5万余份，印制GB2763-2021标准1600余份，开展《中华人民共和国农产品质量安全法》新修订版宣传活动，举办全区监（协）管员和规模主体内检员培训。

【农产品品牌培育】2022年，赣榆区种植业绿色食品面积3052.7公顷，涵盖猕猴桃、蓝莓、大樱桃、茶叶等特色果茶产品和面粉、大米等产品。养殖产品类“休闲小海鱼”绿色食品1个，石梁河水库、塔山水库、八条路水库的鲢鳙鱼均被认证为有机农产品。有效期内省级绿色优质农产品基地34个，面积4.01万公顷。

（王光起）

【家庭农场建设】2022年，赣榆区纳入家庭农场名录3459家，在市场部门注册543家，其中，省级22家、市级22家。全年家庭农场经营收入26.33亿元，吸纳就业8.6万余人，经营土地总面积3.04万公顷，流转期限大多数在3年以上。区农业农村局出台《关于推进全区家庭农场健康发展的实施意见》《家庭农场财务管理制度》《示范家庭农场认定管理办法》，利用镇村会议宣传130余次，发放家庭农场政策问答资料3000多份，入户走访345户，发送手机短信2500多条。全区15名镇级专职辅导员对接服务家庭农场，负责家庭农场政策宣传、登记流程咨询、登记代办、“随手记”辅导、申报代理等。全区有426名村级信息员，收集群众的流转信息、经营农场的意愿，及时跟踪服务。打造家庭农场合作示范区，截至年底，示范区内有家庭农场123家、合作社61个，龙头企业12家。主营粮油、果蔬、休闲农业等类型，带动农户5000余户。全年举办培训班9期，培训1316人次。打造区域品牌，金沙滩、庐阳春、金泰亚、绿青种植场、永光、双峪山果蔬6个家庭农场成功申请9个绿色食品标志，涵盖茶叶、葡萄、苹果、黄桃、草莓等品种。5个家庭农场的黄金梨、蓝莓、猕猴桃3个品种进入绿色食品标志报批程序。

【果业企业培育】2022年，赣榆区水果产业坚持政策引导、市场主导的发展路线，实现规模化、标准化、产业化生产，建立国家级、省级、市级等不同规模的水果产业现代农业产业经营体系，与地方农户、家庭农场、农民专业合作社发展建立利益联结机制。果业企业有江苏沃田集团股份有限公司1家农业产业化国家重点龙头企业，连云港金公果业有限公司、连云港海湾现代农业发展有限公司2家省级重点龙头企业，连云港利翔农业开发有限公司、连云港市赣榆大樱桃农业旅游开发有限公司等11家市级重点龙头企业。（李　军）

【13家企业获批省、市级农业龙头企业】2022年，赣榆区新增省、市级农业龙头企业13家，分别是江苏炭耕农业科技有限公司、连云港金昕昊农业开发有限公司、连云港博翔农业开发有限公司、连云港金盛源泥鳅养殖有限公司、连云港庆港农业开发有限公司、连云港胶之润生物科技有限公司、连云港市大田种禽繁育有限公司、连云港海德益食品有限公司、连云港勤拓实业有限公司、连云港明润农业科技有限公司、连云港瑞西海洋食品有限公司、连云港秋满仓农业开发有限公司、连云港圣誉园农业开发有限公司。（区农业农村局）

农业机械化

【概况】2022年，赣榆区创建省农业生产全程全面机械化示范县。农机装备向大功率、高性能、一体化方向发展，全区农机总动力达112万千瓦。农作物耕、种、收机械化水平86.66%，特色农业机械化水平65.02%。

【农机装备结构调整】2022年，赣榆区大中型拖拉机保有量2333台，小型拖拉机1415台。拖拉机配套农机具17927台。联合收割机1871台，其中，玉米收割机285台。水稻插秧机1326台，其中，乘坐式477台。秸秆粉碎还田机1383台。粮食烘干机236台。

【农机购置补贴】2022年，赣榆区重点强化购置补贴实施中各个环节的监督，加强补贴机具实地核查，进村入户进行查验。全年使用资金3814.64万元，受益户数1189户，新增机具台数3461台，其中，大中型拖拉机435台，联合收割机556台，乘坐式插秧机135台；实施还田面积3.66万公顷，总兑付省级补助资金1372.5万元，实施生态犁耕深翻2000公顷，兑付省级补助资金120万元；助推全区农机装备结构改善和水平的提高。

【农机作业】2022年，赣榆区小麦机播3.58万公顷，机收3.58万公顷；水稻机械插秧2.17万公顷，机收2.79万公顷；玉米机播7660公顷，机收7223公顷；机械化秸秆还田3.66万公顷；农机生态犁耕深翻2000公顷。

【农机技术培训】2022年，赣榆区举办大豆玉米带状复合种植技术、淡水鱼养殖机械化、秋粮机收减损技术、智能化农机装备发展、拖拉机常见故障分析和日常维护保养技术、农机安全生产等培训班20个，培训人员1000余人次，包括农机职业技能培训384人，农机科技入户培训240人。农技装备成果《池塘高效生态养殖装备技术集成与应用》获全国农牧渔业丰收奖一等奖。

【农机安全监管】2022年，赣榆区开展农机安全生产大检查、隐患排查专项整治，全年没有发生重、特大农机事故。新入户拖拉机279台、联合收割机274台，参加安全技术检验拖拉机1049台、联合收割机804台，新办拖拉机、联合收割机驾驶证140人，签订安全生产责任状1853份，农机报废更新9台，免费发放跨区作业证601张，办理农机政策保险300余台。（彭中斌）

工业

综述

【产业发展】 2022年，赣榆区围绕“高质发展、后发先至”主题主线，实现工业税收32.4亿元，比2021年下降1.9%；295家规模企业实现工业产值737.79亿元，比2021年增长2.8%；全区实现应税销售收入863.5亿元，比2021年增长5.2%。分轻重工业看，轻工业产值99.19亿元，增长1.5%；重工业产值616.03亿元，增长1%。分门类看，采矿业产值19.34亿元，下降23.7%；制造业产值689.96亿元，增长3.8%；电力、热力、燃气及水生产和供应业产值5.92亿元，增长5.2%。分经济类型看，国有企业产值0.3亿元，下降44.3%；股份制企业产值693.04亿元，增长2.5%；外资及其他经济类型企业产值21.88亿元，增长14.8%。在规模以上工业企业中，私营企业实现产值519.91亿元，增长26.1%。粮油和食品加工、光伏新材料、石化及化工新材料、钢铁四大主导产业规模不断壮大，实现工业应税销售收入566亿元，占比达65.6%。新海石化实现应税销售收入260.1亿元，位列江苏民营企业制造业100强第49位；镔鑫钢铁实现应税销售收入214亿元，位居全国民营企业500强第355位。

【工业投资】 2022年，赣榆区完成规模以上工业投资232.22亿元，比2021年增长12.1%，高于全部投资11.6个百分点。其中，工业技改投资完成27.3亿元，下降37.7%；制造投资完成219.13亿元，增长9.6%，高于全部投资9.1个百分点。全年实施重点跟踪关注项目90个，其中，新开工项目66个、续建结转项目24个、技改项目16个；实施亿元以上重点工业项目70个。重点实施总投资13.6亿元的镔鑫钢铁PC钢棒及型钢生产线项目、总投资3.3亿元的太平洋金沙石英半导体用硅材料项目、总投资2亿元的天眼视力医药角膜接触镜及护理液项目。金凌创联石墨材料针状焦、镔钰再生资源综合利用、荣豫鑫电极糊等一批重点项目投产达效。

【工业集中区建设】 2022年，赣榆区调整优化四大园区，按照有规划体系、有产业定位、有配套设施、有储备土地“四有”标准，规划建设10个镇级工业集中区。其中，一类工业集中区（总体规划面积不低于66.67公顷）6个，分别由金山镇、墩尚镇、沙河镇、塔山镇、厉庄镇、石桥镇建设；二类工业集中区（总体规划面积不低于40公顷）4个，分别由城西镇、城头镇、班庄镇、赣马镇建设。各工业集中区聚焦定位1—2个主导产业，

2022年4月21日，墩尚镇工业集中区全景　　（谷　雨　摄）

基本形成装备制造、纺织服装、包装加工、农副食品加工、新材料、医辅器材等18个主导产业集群。各工业集中区基础设施基本齐备，2022年重点完善区内辅助道路路网，道路绿化亮化，雨污水管网铺设，污水处理提质改造。墩尚镇、金山镇、石桥镇、厉庄镇工业集中区入选全市“十佳乡镇工业集中区”。

【重大项目推进】2022年，赣榆区坚持“工业立区、产业强区”，保持产业发展定力，以重大项目引领产业转型升级，61个省市重点项目完成年度投资计划的84.5%，其中，总投资203亿元的丰海高新材料丙烷综合利用主体项目完成路基施工、场地平整，附属库区油罐完成中交，液态烃洞库项目取得核准；总投资100亿元的中粮油脂项目附属粮油码头完成全部专项审批及初步设计编制，配套铁路专用线已取得上海铁路局可研技术审查意见；总投资64亿元的华电液化天然气接收站项目码头工程开工建设，附属防波堤改造工程东围堤段完工；总投资50亿元的横店东磁10吉瓦光伏组件项目一期进行生产设备调试；总投资16.13亿元的江苏华电276兆瓦渔光互补光伏发电项目正在桩基施工；总投资10.52亿元的太平洋金沙电子专用材料项目进行设备安装调试，重大项目的支撑作用更加彰显。

【科技型中小企业培育】2022年，赣榆区新增连云港市金信包装有限公司、连云港康乐药业有限公司2家省级企业技术中心，江苏中京电缆科技有限公司、江苏旭润机电科技有限公司、江苏润美新材料有限公司、江苏诚泰车辆有限公司4家市级企业技术中心。新增市级创新型中小企业55家，新增江苏西德电梯有限公司、连云港市永旺玻璃制品有限公司、连云港永泰塑业有限公司、江苏金茂源生物化工有限责任公司、江苏润美新材料有限公司5家省级专精特新中小企业。

2022年7月5日，区工信局调研金山镇工业企业人才情况（谷 雨 摄）

【企业服务】2022年，赣榆区开展企业人才培训工作，提升企业管理人才素质。年内先后组织60余家企业参加“英才名匠”系列培训班、中高级职业经理人资质培训班、电商直播营销培训班、企业财税统筹管理培训班等活动，有效提升企业家综合素质、增强企业战略管理能力和开拓创新能力。做好2022年度国家级海外引才工作。通过召开中小企业融资产品宣介路演活动、“专精特新”企业对接北交所专题培训活动、“专精特新”企业直接融资能力提升专题活动、“专精特新”小巨人企业投贷联动活动等，为40余家中小企业解决融资需求。

【全市重点工业项目现场观摩会在赣榆区召开】6月7日，连云港市政府在赣榆区举行全市重点工业项目现场观摩会，与会人员在赣榆区实地参观通用零部件产业园、碳材料产业园、金属压铸产业园，观摩金凌创联石墨针状焦项目、德友精工二期项目、前卫PVC软管项目。市长马士光、副市长张家炯、市政协副主席韦怀余出席活动。（王俞涵）

粮油和食品加工业

【概况】2022年，赣榆区农副食品加工业规模企业达40家，重点企业有江苏海福特海洋科技股份有限公司、连云港神仙紫菜有限公司等。企业主要分布在各镇、园区。2022年实现产值33.8亿元，占全区规模工业产值的4.7%。

【紫菜一次加工企业转型升级】2022年，赣榆区依托柘汪紫菜产业园，组织紫菜一次加工企业入驻，发挥该园全电气化以及淡、海水集中供水的优势，推进企业转型升级。2月11日，区政府召开专题推进会，部署紫菜一次加工企业转型升级工作。全年有53家紫菜加工企业实现提档升级。

【重点企业】江苏海福特海洋科技股份有限公司 位于赣榆海洋经济开发区，由客商贺松投资，成立于2016年5月，注册资金5000万元，是一家以海产品精深加工为主的外向型合资企业，也是江苏省唯一一家通过卫生注册的干制调味海产品加工出口企业。该公司占地面积25公顷，主要建设4万吨即食干制调味海产品自动化生产线、年产6万吨即食鲜制调味海产品自动化生产线、年产10万吨海洋罐头产品自动化生产线以及年产10万吨冷冻海产品自动化生产线。产品主要出口欧美、日本、韩国、俄罗斯、乌克兰等国家和地区。该公司干制调味海产品加工项目一期建成投产。2022年，员工1000余人，实现产值2.3亿元，带动周边群众就业500余人。（王文帮）

石化产业

【概况】2022年，赣榆区石化产业规模企业2家，分别是江苏新海石化

2022年5月11日，江苏新海石化有限公司工人生产场景（司 伟 摄）

有限公司和江苏世友炭材有限公司，企业主要分布在赣榆海洋经济开发区和赣榆高新技术产业开发区。全年实现规模工业产值266.8亿元，占全区规模工业产值的37.3%。

【柘汪临港产业区化工园区】 该园区基础配套设施完善，公共管廊、污水处理、集中供热、危废处置、消防救援等保障要素齐全。园区重点打造炼化转型升级、高端化工新材料、专用化学品、原料多元化烯烃四大产业集群。投入20亿元，实施新建工业污水处理厂、危化品停车场、危废处置设施、封闭化管理、智慧平台等47项基础配套工程，改扩建园区内部道路10.5千米，疏浚整治河道6条，新建污水管廊架4千米、污水管线28千米，搬迁卫生防护距离范围内敏感目标77户。经省应急管理厅认定，园区安全风险等级为C级。2022年，该园区创成国家级智慧化工园区。

【重点企业】 江苏新海石化有限公司 位于赣榆海洋经济开发区。公司2007年由山东东明石化集团有限公司和北京万海石化集团有限公司投资设立，注册资本6.5亿元，资产规模120亿元，占地面积100公顷。企业可年产500万吨原油、300万吨重油，主要产品有液化石油气、汽油、柴油、丙烯、硫黄、石油焦等。企业先后获全国五一劳动奖状、获评全国石油和化学工业先进集体、国家首批绿色工厂示范企业、首批中国绿色新标杆品牌企业、中国民营石油和化工优秀创新企业、AAA级资信企业、省地标型企业、省信息化与工业化融合示范企业、省模范劳动关系和谐企业、江苏省企业文化建设先进单位、省管理创新示范企业等称号。2022年，有员工1300余人，实现工业产值266.6亿元，列江苏民营企业200强第69位；列江苏民营企业制造业100强第49位。（王瑜涵）

钢铁产业

【概况】 2022年，赣榆区钢铁产业规模企业24家，重点企业有江苏省镔鑫钢铁集团有限公司、江苏甬怡紧固件有限公司等。企业主要分布在海洋经济开发区、高新技术产业开发区、石桥镇等。2022年实现规模工业产值151.9亿元，占全区规模工业产值的21.2%。

【"镔钢二氧化碳校企联合研究中心"成立】 2月23日，江苏省镔鑫钢铁集团有限公司（以下简称镔钢集团）举行"二氧化碳校企联合研究中心"成立揭牌仪式。该研究中心由镔钢集团与北京科技大学合作创办，旨在推动"产学研"融合发展，研究二氧化碳在炼钢流程的资源化利用，围绕低碳路线的规划开展工作，推动低碳冶金技术研发和落地转化，助力企业转型升级，提升技术创新能力，实现绿色健康发展。

【重点企业】 江苏省镔鑫钢铁集团有限公司 位于海洋经济开发区，

2022年4月14日，镔鑫钢铁工人检查产品信息（司 伟 摄）

由福建经纬集团投资，总投资65亿元，占地面积200公顷，产品涵盖碳素钢、合金钢、模具钢、高档齿轮钢、高档轴承钢等各类高附加值特钢材料，可年产400万吨钢材、500万吨铁水、600万吨钢。企业先后获中国钢铁协会会员单位、省冶金行业协会第一届理事会常务理事单位、省百亿规模企业、省民营科技企业、省管理创新优秀企业、省高新技术（后备）企业、省企业技术中心、省优秀侨资企业、省安全生产标准化工作先进单位、市文明单位、AA级重合同守信用企业、市信用管理规范企业、市优秀民营企业、市双千双百推进奖等称号。2022年，员工5316人，技术人员910人，其中研发人员239人。实现产值151.4亿元，位列中国民营企业500强第355位。（王俞涵）

生物医药产业

【概况】 2022年，赣榆区生物医药产业规模企业有10家，重点企业有江苏金茂源生物化工有限责任公司、连云港康乐药业有限公司等，企业主要分布在高新技术产业开发区、经济开发区等。2022年实现规模工业产值18.1亿元，占全区规模工业产值的2.5%。

【酒精装置节能升级改造项目】 2022年，江苏金茂源生物化工有限责任公司实施酒精装置节能升级改造项目。项目建设性质为技改，行业类别属于C1511酒精制造，总投资2790万元，其中环保投资100万元。该项目对10万吨/年酒精生产线中的一套5万吨/年两塔蒸馏系统（粗馏塔+精馏塔）塔板升级改造为节能型浮阀塔板，拆除一套5万吨/年两塔蒸馏系统。新建5万吨/年酒精生产线（5万吨/年蒸煮、糖化系统，5万吨/年发酵系统，5万吨/年三塔蒸馏系统），产生酒精全部用作厂区醋酸乙酯、乙醛生产线原料。

【重点企业】 江苏金茂源生物化工有限责任公司 位于赣榆高新技术产业开发区，占地面积133.33公顷，2006年7月投产。主要从事正丁醇、丙酮、乙酸乙酯、乙酸丁酯等生产销售。2022年，该公司有员工400人，实现产值13.1亿元。

连云港康乐药业有限公司 位于赣榆经济开发区，由浙江康乐药业股份有限公司投资，占地面积8公顷，主要从事原料药对乙酰氨基酚的生产，年产量1.2万吨。2022年，该公司有员工200人，实现产值5亿元。（王俞涵）

光伏能源产业

【概况】 2022年，赣榆区新能源产业规模企业7家，重点企业有连云港神舟新能源有限公司、连云港协鑫生物质发电有限公司等。企业主要分布在赣榆经济开发区。2022年实现规模工业产值24.2亿元，占全区规模工业产值的3.4%。

【江苏华电赣榆液化天然气项目】 8月4日，赣榆区与华电江苏能源有限公司签订合作框架协议。此次签约是以江苏华电赣榆液化天然气项目一期工程为基础，依托赣榆区丰富的港口、岸线、航道等优质资源，在能源相关领域深化合作。9月21日，国家天然气基础设施互联互通重点工程——江苏华电赣榆液化天然气接收站项目码头工程护岸实现合龙。该项目是自然资源部成立后江苏省首个获得国务院批准的新增围填海项目，位于赣榆港区北防波堤延长段内侧，由码头工程、接收站工程、输气管道工程三部分组成。项目设计规模300万吨/年，最大接卸能力610万吨/年，建设3台22万立方米液化天然气储罐及辅助设施，配套建设1座最大可停靠21.7万立方米液化天然气船泊位和24.7千米外输管道，总投资64亿元。配套建设25千米外输管道，在青宁输气管道柘汪分输清管站接入国家干线管网，纳入“全国一张网”运营调度。

【渔光互补光伏发电项目】 2022年，华电江苏能源有限公司276兆瓦渔光互补光伏发电项目、横店集团东磁有限公司800兆瓦渔光互补光伏发电项目接连落户赣榆墩尚，两个项目总投资分别为16亿元、36.8亿元。渔光互补光伏发电项目利用墩尚镇养殖水面连片的资源优势，并通过提升装备制造水平，节约光伏发电组件从生产到投入使用的成本，将水产养殖与光伏发电相结合，形成“水上发电、水下养殖”的模式，推动光伏产

2022年5月30日，位于赣榆经济开发区的神舟新能源有限公司生产出口国外的太阳能光伏电池组件（耿玉和 摄）

业集群式、链条式发展。

【重点企业】 连云港神舟新能源有限公司　位于赣榆经济开发区，由上海航天汽车机电股份有限公司投资，占地面积11.73公顷，企业主要从事太阳能光伏电池片及组件的研发、太阳能光伏电池片及组件的生产销售。2022年，该公司有员工1453人，实现产值24.1亿元。（王俞涵）

新材料产业

【概况】 2022年，赣榆区新材料产业规模企业5家，重点企业有江苏广晟健发再生资源有限公司、江苏润美新材料有限公司、连云港市金田高新材料有限公司等。企业主要分布在赣榆高新技术产业开发区。2022年实现产值10亿元，占全区规模工业产值的1.4%。

【太平洋金沙石英半导体用硅材料项目开工】 2月21日，全市重大项目春季集中开工仪式举行，太平洋金沙石英半导体用硅材料项目在赣榆分会场宣布开工。太平洋金沙石英半导体用硅材料项目位于赣榆经济开发区，由连云港太平洋金沙石英有限公司投资建设。该项目计划总投资额3.37亿元，项目建成达产后，年可实现销售收入3亿元，缴纳税金4900万元，新增就业岗位500余个。

【丰海高新材料丙烷综合利用项目开工】 10月22日，丰海高新材料丙烷综合利用项目开工仪式在赣榆区举行。丰海高新材料丙烷综合利用项目主要包括150万吨/年丙烷综合利用项目、液态烃地下洞库、仓储罐区及管道、智能仓库等共计12个项目，年产烯烃、聚烯烃资源150万吨以上，推动新海石化由“炼油”向“化工”转型，增补烯烃产业链。

【重点企业】 江苏广晟健发再生资源有限公司　位于赣榆高新技术产业开发区，占地面积2.5公顷，2012年8月投产，主要从事稀土废料回收加工，稀土氧化物营销及高性能永磁材料生产与销售。2022年，有员工470人，实现产值5.2亿元。

江苏润美新材料有限公司　位于赣榆高新技术产业开发区，总投资5亿元，占地面积6.33公顷，2019年投产。2022年实现产值2.2亿元。

连云港市金田高新材料有限公司　位于赣榆高新技术产业开发区，于2017年2月20日注册成立，注册资本为8000万元，主要经营高性能膜材料、高分子材料及塑料制品。2022年实现产值2.2亿元。（王俞涵）

服装玩具行业

【概况】 2022年，赣榆区服装玩具行业规模企业40家，主要分布在各镇、园区。重点企业有江苏东霞纺织有限公司、连云港新东方家纺有限公司等。2022年实现产值14亿元，占全区规模工业产值的2%。

【黑林镇服装纺织项目招标】 2022年，赣榆区规划建设黑林镇服装纺织特色产业集聚区。规划区域位于黑林镇镇域中部，东至大树路，南至242省道以北，北侧贴近大树村，西抵旦头河以东，集聚区规划用地总面积13.4公顷。12月，对该集聚区内年加工800万件服装项目公开招标，规划建设厂房4.87万平方米，概算投资8600万元。

【重点企业】 江苏东霞纺织有限公司　位于赣榆经济开发区，由客商徐明根投资，占地面积10公顷，2016年建成投产，主要从事服装加工。2022年，有员工850人，实现产值3亿元。

江苏润石轻纺集团有限公司　位于石桥镇，前身为2004年成立的永盛玩具厂，后经整合于2018年成立集团公司。注册资本1亿元，占地6.4公顷，建筑面积4.6万平方米，该公司是一家自面料纺织至成品生产为一体的专业化玩具制造商，主营产品为毛绒玩具、电子玩具、轻纺制品等，销售公司主要设在上海及香港等地，产品均以润石轻纺名义出口，年出口各种布绒、毛绒玩具近500万只，外贸出口额2000万~3000万美元。企业有4条生产线，其中，毛绒玩具生产线3条（2条自动化流水线）、电动玩具生产线1条，主要原材料为自产白坯布，配套辅料外购。企业配有研发实验中心，拥有KM02015自动组装机等设备500余台套。2022年，有员工4000余人，实现产值2.4亿元。（王俞涵）

木材家具产业

【概况】 2022年，赣榆区木材家具规模企业8家，重点企业有连云港业事板业有限公司、连云港冠创家具有限公司等。企业主要分布在青口镇、赣榆经济开发区、黑林镇等。2022年实现产值2.2亿元，占全区规模工业产值的0.3%。

【重点企业】 连云港业事板业有限公司　位于青口镇，是江苏业事集团成员企业之一，公司专业生产中密度纤维板，拥有一条上海扳机厂制造的中密度板生产线，年产量为10万立方米。产品畅销国内市场，出口中东地区，印度、韩国、英国等国家和地区。2022年实现产值1.7亿元。

（王俞涵）

商贸服务业

综述

【商贸服务业规模效益】 2022年，赣榆区实现批零住餐贸易额727.04亿元，比2021年增长14%。其中，批发业销售额539.33亿元，增长19%；零售业销售额171.73亿元，增长2.8%；住宿业营业额1.27亿元，增长1%；餐饮业营业额14.71亿元，下降9.6%。全年限额以上单位商品零售额中，基本生活类消费稳步提升，中西药品类、服装鞋帽针纺织品类分别增长51.6%、42.9%；升级类消费需求持续释放，化妆品类、通信器材类、家用电器和音像器材类分别增长75.7%、51.2%、20%；出行类消费需求旺盛，石油及制品类增长45.2%。全年实现社会消费品零售总额184.91亿元，增长1.9%。全区新增规上服务业企业34家，净增18家。全年70家规上服务业企业实现营业收入28.7亿元，比2021年增长18.9%，高于全市16.9个百分点。其中，29家规上交通运输和仓储业企业实现营业收入11.4亿元，比2021年增长8.9%，高于全市12.9个百分点；41家规上交通运输和仓储业以外的其他服务业企业实现营业收入17.3亿元，比2021年增长26.7%，高于全市19.9个百分点。

【夜间经济品牌建设】 2022年，赣榆区按照街区布局、业态结构、区域影响、环境要求、经营时间等标准，实施夜间经济品牌建设，创建江苏省第三批省级夜间文化和旅游消费集聚区1个，连云港市首批夜间经济集聚示范区（示范点）2个。（年　编）

【苏鲁海产品综合批发市场成为“省部共建”国家级农产品产地专业市场】 2022年，苏鲁海产品综合批发市场被批准为“省部共建”国家级农产品产地专业市场，系全省唯一一家。苏鲁海产品综合批发市场位于海头镇，计划总投资4亿元，打造全国水产品物流集散中心、价格形成中心、产业信息中心、品牌培育中心、科技交流中心和会展贸易中心，构建“线上经济+数字产业+国际贸易+文化创意”新型业态与传统交易市场相融合的全国水产品产业核心生态圈，带动江苏海洋渔业转型升级和海洋经济高质量发展。（谢飞翔）

商贸流通

【商业综合体】 2022年，赣榆区新开业商业综合体为赣榆万达广场，前身是嘉会城广场，位于赣榆区黄海路与华中路交叉口，拥有潮流服饰、时尚精品、儿童零售、娱乐体验、餐饮美食五大业态，共引进90多家知名品牌，

2022年2月15日，赣榆区二道街文化旅游街区夜景　（司　伟　摄）

云集家得福超市、万达影城、一号机长、加菲队长等十大主力店，还引入周大厨、刘一手重庆火锅、小菜园等高人气餐饮品牌。11月25日开业。

赣榆区吾悦广场 项目总建筑面积85万平方米，商业建筑面积12万平方米。2019年9月27日开业，年客流1200万人次，年销售额约4.5亿元，带动5500以上人员就业。项目地处赣榆新城区与老城区交界处。吾悦广场业态规划大型生活超市、男女服装、珠宝妆品、娱乐、运动、儿童服装、儿童乐园、早教、生活配套、健身馆、餐饮、影院等业态。引进188家品牌商家入驻，其中，127家品牌首进赣榆，54家品牌首进连云港，拥有星轶影城、苏果超市、孩子王、屈臣氏等12大主力店，其中，有全区最大电玩城“天空之城”，全区最大儿童游乐场“多奇妙”，全区最大母婴集合店“孩子王”，全区唯一巨幕影厅星轶影城、全区唯一带星空泳池健身房（玻璃穹顶带6泳道星空泳池），有负一层8000平方米的大型连锁超市、京东电器等超大主力店。2022年，吾悦广场专业运营48场营销活动，会员基础20余万人，获评连云港市首批夜间经济集聚示范区（示范点）。

赣榆二道街文化商业街区 位于华中路西侧、西关路东侧、青口河北岸，牌坊街南侧，占地面积3.33公顷，将赣榆当地文化资源、非遗特色小吃、传统工艺与街区现代商业、传统文化无缝衔接。2022年获评江苏省第三批省级夜间文化和旅游消费集聚区，连云港市首批夜间经济集聚示范区（示范点）。

【连锁经营】 连云港家得福商贸有限公司是连云港市本土民营企业，主要经营“家得福”品牌的直营连锁超市，2020年3月进驻赣榆区嘉会城，旗下的赣榆区连锁店分布赣马、海头、石桥等镇。江苏苏果超市有限公司赣榆分公司成立于2011年9月，2022年在赣榆有2家购物广场，12家便利店。赣榆天惠超市总公司在全区15个镇建成2000平方米以上的镇级中心示范店7家，发展村级连锁加盟店185家。客隆、永联、华联等连锁便利店分布诸多居民小区。

【老字号品牌】 2022年，赣榆区有连云港市老字号品牌2个，分别为赣榆徐福茶厂、赣榆夹谷春茶场。徐福茶厂位于金山镇，夹谷春茶场位于班庄镇。

【石油贸易】 2022年，中石化赣榆公司组织服务提升百日竞赛和安全提升行动大检查，全年实现销售收入66860万元，纳税292万元。连云港中油石油销售有限公司赣榆区域在营加油站9家，全年实现油品经营总量2.31万吨。（谢飞翔）

【盐业经营】 2022年，连云港市赣榆盐业有限公司共销售各类盐产品19990吨，比2021年增长70%，其中，小包装食盐销售1860吨。全年实现销售收入4329万元，比2021年增长86%，其中，主营收入1100万元，非盐收入3200万元。2022年赣榆盐业公司新增省级政府食盐储备库，储备小包装食盐800吨，大包装食盐400吨。（周文超）

2022年11月2日，徐福茶厂企业标牌（李家君 摄）

【镇村集市】 赣榆区镇村集市点87处，每处集市间隔5天逢一次集，以农历计时，集市分为一六集、二七集、三八集、四九集、五十集。一六集即农历每月的初一、初六、十一、十六、二十一、二十六逢集，其他逢集时间以此类推。（谢飞翔）

表14 **2022年赣榆区镇村逢集一览表**

地域	一六集	二七集	三八集	四九集	五十集
青口周边	青口镇二沟村	青口镇竹园村	赣马镇城里村、青口镇一沟村	青口镇白庄社区、青口镇四沟村、青口镇大庄村	赣马镇马厂村
赣榆西部	班庄镇汪于村、城西镇驻地、欢墩、门河曹瓦沟村，塔山镇土城村、驻驾庄	城头镇东坨沟、黑林镇吴山村、厉庄镇谢湖村、门河、塔山镇官庄	班庄镇接驾庄村、新集村、佃马场村，城头镇王青墩、大黄墩，城西镇寺后村、黑林镇富林村、厉庄镇赤涧村、塔山镇刘沟村	班庄镇窦洪村、东进村、石门头村，城头镇驻地、厉庄镇厉庄街、塔山镇庄留村	城头镇朱村店、城西镇沙河子村、黑林镇驻地、班庄镇太平村

续表14

地域	一六集	二七集	三八集	四九集	五十集
赣榆沿海	石桥镇九里村	海头镇兴庄村、宋庄镇柳杭村	海头镇海后村、宋庄镇大庙村	石桥镇白石头村	海头镇李巷村、石桥镇韩口村、宋庄镇汪庄村、柘汪镇驻地
赣榆南部	墩尚镇墩尚街	墩尚镇金桥村、河口村，沙河镇殷庄、刘曹埠村	墩尚镇大沙村，沙河镇大岭大站村、陈巷村	墩尚镇东关村，沙河镇刘圩村、邵庄村、坡里村、徐屯村	墩尚镇罗阳村，沙河镇舍庄村、沙河镇驻地
赣榆北部	金山镇朱汪村、海头镇胡村、石桥镇大庄村、柘汪镇草城村	赣马镇仲官河村，金山镇西张夏村、石埠村，海头镇龙河村、石桥镇驻地、柘汪镇马站村	金山镇驻地、赵湖村，海头镇垒堆村、石桥镇东拱齐村、柘汪镇下驾沟村	金山镇小河埃村，海头镇龙庙村、官庄村，柘汪镇仲湖村	赣马镇黑坡村、大伞庄村，海头镇王村、石桥镇王集村

供销合作

【概况】 2022年，赣榆区供销合作总社（以下简称区供销总社）新建为农服务综合体2个，升级改造薄弱基层社2个，新发展农民专业合作社2个，完成现代农业社会化托管服务面积3200公顷。被评为全省供销合作社信息宣传先进单位，获全市供销合作社系统综合业绩争先创优考评一等奖第一名。

【供销社项目体系建设】 2022年，区供销总社投资近100万元建设“厉庄谢湖村大樱桃供销产业示范基地”项目，先后建成供销综合服务中心及大樱桃电商展示厅，配备办公和电商直播等设备，开展大樱桃、蓝莓等特色农产品直播带货。投资近100万元，改造升级塔山、石桥2个薄弱基层供销社，完善和提高基层供销社的组织、经营和服务功能。组织上报马站、金山、大岭农产品批发市场冷链物流3个省级农产品供应链体系建设项目，区级农贸市场、柘汪商贸中心、城南物流配送中心等6个县域商业建设项目。

【供销服务网络拓展】 2022年，区供销总社依托赣榆天惠超市总公司，加强连锁超市放心食品、安全食品的监管和溯源力度，为农民提供货真价实的商品。开展天惠超市连锁配送业务，构建区级配送、镇级直营、村级连锁的日用品销售配送网络。新冠疫情防控期间，墩尚供销社华联超市采购滞销蔬菜10吨，挽回菜农经济损失6万余元。以供销石油公司为抓手，发挥大岭、墩尚、班庄、厉庄、官河5个加油站的资源优势，打造供销社经济新的增长点。

【农业社会化服务】 2022年，区供销总社落实《赣榆区农药零差率统一配供和废弃包装物统一回收处理试点工作方案》精神，开展农药零差率统一配供和废弃包装物统一回收处理试点工作。建成建筑面积约300平方米的仓储设施一栋。举办2022年度区供销总社“电商云课堂”技能培训班，培训人次100多人。组织农产品企业，参加在南京市举办的

2022年，赣榆区供销合作社根据春耕、夏管、秋种等重要农资需求节点保障农资供应。图为农资企业为农户配送农资　　　　（徐向阳　摄）

"2022长三角供销合作社名优农产品展销会"，着力推介赣榆区特色农产品、海产品，搭建产品购销平台。

【供销社清产核资】2022年，区供销总社落实清产核资实施方案，采取加强组织领导、加大舆论宣传、加快推进措施，开展供销社清产核资工作。对清产核资过程中发现的侵占集体资产、拖欠土地、房屋转让款等行为，通过上门追缴、诉诸法律等手段，进行处理。全年全系统收回资产7处，房屋32间，土地1.07公顷，追缴欠款48.5万元。投入维修资金100多万元，对塔山、石桥供销社进行升级改造，对官河供销社、赣马供销社马厂综合门市、城南日用品配送中心大仓等老旧资产进行修缮。对闲置多年的土地、房屋进行公开招租。新冠疫情防控期间，区供销总社对社有资产对外承租的商场、门面房进行减免租金3个月100多万元。（王建生）

2022年8月14日，区烟草专卖局开展防范和打击海上涉烟走私宣传（莫延安 摄）

粮油购销储备

【概况】2022年，赣榆区发改委履行粮油储备、粮食收购、粮食销售和应急保供等职责，落实粮食安全责任制，保证粮油供应安全，推进粮食产业化经营。全区国有粮食购销企业为连云港榆粮粮食有限公司（14个基层粮库、1个军粮供应站和1个粮油检测中心）和赣榆区储备粮管理有限公司。年内完成国有粮食企业改革，省、市涉粮巡视巡查82项整改任务全部完成。

【粮食购销】2022年，区发改委争取贷款支持，采取自主收购、合作经营、代收代储等方式，开展粮食市场化经营，完成自营粮食收购量9.15万吨，杜绝农民"卖粮难"现象。

【粮油储备】2022年，区发改委编制修订《赣榆区县级政府储备粮轮换管理办法》，加强县级储备粮管理，充实成品粮油储备，完善粮食应急供应网络体系建设。加强现代储粮技术运用，提高储粮科技含量，确保储粮安全。开展粮储行业安全生产三年专项整治行动，强化库存安全监督检查。

【产销合作】2022年，区发改委根据全区粮食品种、区域布局，充分利用连云港粮食交易市场平台，扩大辐射范围，更好地服务粮食产销合作。按照市场需求，指导企业与种粮大户、农业合作社等新型经营主体签订规范的订单生产收购合同，以订单引导生产，调整粮食品种结构，提高粮食标准化水平，实现以需定产、以销定购。（周文超）

烟草专卖

【概况】2022年，赣榆区烟草专卖局统筹推进改革、发展、稳定各项工作。全年实现税利2.80亿元，比2021年增长10.35%；单箱销售额3.74万元，比2021年增长6.95%；税利比2021年增长、单箱销售额比2021年增长在连云港市四县区居第一位；查获各类涉烟违法案件335起，查获卷烟445.53万支，案值469.97万元。赣榆"4·16"非法经营卷烟案件获评江苏省烟草专卖局2021年度行政执法十大典型案例。

【"幼苗"健康环境营造】2022年，赣榆区根据连云港市烟草专卖局新修订的《烟草制品零售点合理布局规定》，对辖区303所中小学、幼儿园校园周边许可证进行全面排查，落实"一校一档"，清理校园周边零售点13处。电子烟实现常态监管，审批发放17个许可证。

【"烟商贷"业务】2022年，区烟草专卖局与银行联手开展"烟商贷"业务，帮助零售户解决经营资金困难，共计发放烟商贷款3000余万元。

【社会服务】2022年，区烟草专卖局完成8个吸烟亭、260余个吸烟柱建设安装，做到全区重点区域全覆盖。优选1户党员零售户为"金叶·服务驿站"试点客户，配备必要物品，保障硬件配置，为环卫工人、出租车司机、快递小哥提供手机充电、微波炉加热等免费服务。区烟草专卖局蝉联"江苏省文明单位"称号，赣榆烟草"彩虹桥"心智障碍儿童互助志愿服务项目被省烟草专卖局（公司）推选为"最佳志愿服务项目"。（莫延安）

电子商务

【电商直播销售】 2022年，全区有网络商户7000余户，电商从业者6万多人，其中，带货主播3000余人，快递揽收点200余个，电商交易额为170亿元，快递上行量达1.2亿件。是年第三届连云港518网络购物季活动，组织全区电商网红进行直播带货，赣榆7人获评“连云港市十大直播带货达人”，并包揽前3名。

【电子商务产业园区建设】 2022年，中菲跨境电商产业园入驻企业12家。围绕海头镇、石桥镇两个连片镇打造的赣榆海产品电商集聚区，被评为第二批江苏省县域电商产业集聚区。在建成赣榆区电商物流产业园、抖音（连云港）生鲜电商直播基地、京东（赣榆）分拣中心、宝鲜乐冷链仓储项目等配套设施的基础上，启动峰叠实业电商服务中心、海后村海产品电商服务中心、城发冷链、九里海产品电商创业园项目建设，形成生产供应、直播带货、仓储物流的闭环行业链条，同快手、抖音、淘宝等直播售货平台达成合作，通过培养规范化主播为电商发展提供内生动力。

2022年5月21日，省民营企业云聘直播大会赣榆区分会场直播现场

（邵世新 摄）

【电子商务示范创建】 2022年，赣榆电商物流产业园创成江苏省电子商务示范基地；青口镇、石桥镇获评中国“淘宝镇”，海头镇南朱皋村获评中国“淘宝村”，全区中国“淘宝镇”7个，中国“淘宝村”12个。新华社全网播放介绍海头电商发展“不眠网红镇”的专题片，播放量超4亿次。年内，中央电视台《新闻直播间》《人民日报》《江苏经济报》等相继报道赣榆电商产业发展过程中新亮点和新成绩。

【电商人才培育】 2022年，区政府举办“天天班”政策宣讲暨跨境电商培训活动等有关电商发展的专题培训20余场，提升基层干部群众对数字经济认识和发展电商能力。

【电商产业链建设】 2022年，赣榆区探索形成“主播分散、配套集中”的最优发展模式。围绕“基地—货源—配套”产业链条，坚持“外引内培”双擎驱动，聚焦电商上下游关键节点，采取政府主导、政策牵引、市场化运营的机制，提升电商产业综合竞争力，实现“一站式”闭环产业链发展。

【全市直播营销培训在赣榆区举办】 6月6日，区工信局和市中小企业服务联盟联合举办“中小企业服务月”之电商直播营销培训活动。“百度营销中国行”特约讲师刘笑旭作电商直播营销培训专题讲座，涵盖主流电商营销方式、主流平台引流攻略、电子商务法律、“互联网思维”下营销商机价值等内容。

（于雪 贾兴阳 张南宁）

2022年5月3日，海头镇海鲜电商经营户进行直播销售（王 涛 摄）

【“直客通”“天天班”政策宣讲暨跨境电商培训会】 6月10日，全区“直客通”“天天班”政策宣讲暨跨境

电商培训会举行。连云港港口业务专家围绕“直客通”“天天班”政策、码头LPCT业务进行宣讲；中非跨境电商产业园、勤拓跨境电商孵化基地负责人围绕出海孵化、供应链基金、跨境保险等进行宣讲，并结合成功案例，就跨境运营、海外仓优势等相关内容进行分析。（许 璘）

物流业

【赣榆城发海头冷链物流园项目】投资规模6.06亿元，占地6.63公顷，总建筑面积10.78万平方米。项目分两期建设，一期建筑面积6.11万平方米，主要建设多层冷藏库、单层立体库，试验中心配套用房等。二期建筑面积4.67万平方米，主要建设多层冷藏库，交易、结算、消费体验中心等，配套建设市政管网及门卫室、广场、停车场、绿化景观等。2022年，2栋电商中心主体封顶，3栋冷库及网格化销售基地主体在建。

【赣榆区寄递物流园】园区位于赣榆高新技术产业开发区（筹），投资规模5亿元，占地10.27公顷，建筑总面积13万平方米。2022年，建成4栋3层标准化厂房，1栋2层标准化厂房，1栋5层综合楼，整个项目具备生产、办公、生活等配套功能。其中，4栋标准化厂房用于快递企业租赁，韵达、极兔、申通、顺丰、邮政公司5家企业入驻，并全面投入运行。

（李润波）

【赣榆临港综合物流园】参见第126页【赣榆临港综合物流园】条目。

【港口物流】参见第126页【港口物流】条目。

快递业

【概况】截至2022年底，赣榆区有登记在册邮政快递企业11家，末端快递网点268个，符合条件小区智能快件箱覆盖率超90%，从业人数1280人。全年处理快递包裹数量1.72亿件，比2021年增长2.38%。其中，出港件数量为1.175亿件，比2021年增长8.29%；进港件数量5450万件，比2021年下降8.6%。业务收入9.04亿元，比2021年增长8.31%。新冠疫情防控期间，全方位实施进出港快递件消杀。

【快递进村】2022年，《赣榆区农村寄递物流体系建设实施方案》印发，方案明确未来三年的建设方向和措施，划分各镇、各相关单位的工作职责。赣榆邮政管理局与建设银行赣榆支公司沟通，签订农村快递网点合作的框架协议，在村级快递网点引入金融业务。

【交邮融合】2022年，赣榆区探索客运站和邮政公司共建共享共赢合作路径，打造公交车代运快件示范线路，开通3路、13路、12路B、14路和3061路共5条线路，极兔、申通、圆通、邮政公司等企业进驻金山、宋庄、罗阳客运站，站点功能的融合和丰富为快递企业的壮大提供契机。

【快递电商协调发展】2022年，赣榆区依托快递企业服务质效优势，招引电商入驻。顺丰、京东招徕外地电商在赣榆区设仓发货，日均发货单量超3万件；邮政赣榆分公司招徕区外电商3家，日均发货单量3万~4万件。9月，邮政赣榆分公司打造4条冷链寄递专线，拓展海鲜寄递市场。

【快递员队伍建设】2022年，中国共产党连云港市赣榆区快递行业委员会成立，以党建工作引领快递员队伍建设。建成“榆快驿 赣榆区快递小哥之家”和3个快递暖心小栈，为邮快从业人员等新业态群体提供休闲、阅读、提供应急工具等服务。赣榆邮政管理局与区人社局协调快递从业人员单独购买工伤保险事宜，赣榆区快递从业人员成为全区第一批单独购买工伤保险的新业态新就业群体。打造快递小哥法律服务站，免费为快递小哥提供法律咨询服务。

（李润波）

邮政服务业

【概况】2022年，赣榆区实现邮政业务总量9.1亿元，比2021年增长8.94%。全区有邮政局所24处，邮路总长度4230千米，农村投递路线长度2784千米。

【邮政普遍服务】2022年，中国邮政集团有限公司连云港市赣榆区分公司（以下简称邮政赣榆分公司）履行社会责任，开展邮件安全保障、扫黄打非检查活动。印发《2022年度赣榆区平安寄递实施方案》，落实寄递收寄验视、实名收寄、过机安检“三项制度”。与基层单位签订扫黄打非责任书107份，按月开展扫黄打非知识学习，重大政治活动期间开展检查，年内未发生非法出版物通过邮政渠道寄递。视频监控设备全天24小时运转，无死角，监控资料保存时间不少于30天，其中，营业场所交寄、接收、验视、安检、提取邮件区域保存时间不低于90天。构建线下区、镇、村三级物流体系，绿色邮政建设全面达标。全年收寄包裹0.95万件，比2021年下降58%；函件2.37万件，比2021年下降32%；汇票0.04万张，与2021年持平；特快专递2.45万件，比2021年增长1.7%。订销报纸767.69万份，比2021年增长0.9%；订销杂志23.07万份，比2021年下降4.6%。集邮业务完成销售邮票12.76万枚，比2021年下降7%。

【惠农业务】2022年，邮政赣榆分公司巩固并发展农村市场，依托三级物流体系构建模式，融入区域商业体系三年规划，打造惠农生态圈，扩大重点客群服务广度，规模发展重点业务，推广邮银协同模式。全年调查走访农业合作社125个，发展农村邮生活会员1.06万人，新增惠农金融客户4000人，发展惠农贷款客户160人，惠农贷款净增2748万元，拉动农产品交易额557万元，实现农产品寄递收入1419万元，打造中邮综合服务示范社2个。（杨雨雨）

商务服务业

【概况】 2022年，赣榆区有广告业商家1612户，经营音像广告、墙体广告、标牌广告等。提供会计服务52户，提供人力资源服务53户。

（李厥岩）

【会计服务】 2022年，赣榆区举办会计人员业务培训，覆盖全区行政事业单位、国有企业，培训人员600余人次。区财政局审核发放代理记账许可证，新批9家代理记账机构，开展代理记账行业违法违规行为专项整治，促进代理记账行业有序发展。

（邱冬妹）

【律师服务】 2022年，赣榆区有律师事务所8个，比2021年增加1个；律师人员76人，比2021年增加7人；新增公职律师管理办公室26家。有8名律师担任市律师协会副会长、副监事长、理事、监事，有3名律师担任区人大代表、区政协委员。全年民事案件诉讼代理2712件，刑事诉讼辩护及代理318件，经济案件诉讼代理415件，非诉讼法律事务代理20件，解答法律咨询3650人次，代写法律事务文书402件。

【公证服务】 2022年，全区共办理各类公证5239件，比2021年增长约为9%，为70岁以上老年人减免公证费用2万余元，新冠疫情防控期间，为在异乡、旅居异国人员，办理远程视频公证400余件。严把公证质量关，在2022年市协会组织的2次公证卷宗质量检查中，均得到好评。

（王　凯）

居民服务业

【概况】 2022年，赣榆区有家政服务业商家814户，美容美发业商家53户，婚庆服务业商家378户。新建1个区域性养老服务中心，新增600个普惠托育托位，创成1家省级示范托育机构。

【住宿餐饮业】 2022年，赣榆全区新增餐饮店111户，注册资金24861万元，从业人数162人。全区企业新增住宿业27户，注册资金8420万元，从业人数52人。全区个体户新增餐饮店1499户，注册资金1.77亿元，从业人数2784人。全区个体户新增住宿业15户，注册资金1061万元，从业人数36人。

（谢飞翔）

【养老服务业】 2022年，赣榆区开展养老机构等级评定，全区养老服务机构共15家，达到三级养老机构标准的2家，一级养老机构标准的3家。制定居家上门服务、适老化改造、基本养老服务指导目录清单、空巢独居老年人探访关爱等系列政策文件，养老服务体系政策保障有效增强。为3.5万名80周岁以上老人及特困、低保家庭中失能、半失能老人提供居家上门服务，为1256名空巢独居老人提供每周至少一次探望照料，改造城头、班庄、塔山、黑林、金山5个镇420户困难老人家庭适老设施，改扩建墩尚镇农村区域性养老服务中心，组织养老护理员培训182人，提升养老服务能力建设。

（郑文静）

【殡葬服务业】 2022年，全区火化率100%；殡葬惠民人数66人，减免补助金额6.944万元。全区经营殡葬服务业商家17户。

（郑文静）

【托儿服务业】 2022年，全区共有托育机构47家、托位数2812个，其中，年内新增普惠托育托位600个。区妇幼保健院成立的婴幼儿照护服务发展指导中心，获评省级示范托育机构。8月，连云港市优化生育政策、促进托育发展宣传月启动仪式在赣榆区举行。

（郑文静）

【家政服务业】 2022年，赣榆区家政服务业协会、好苏嫂家政培训中心、佳琪家政服务公司、移动电商协会、海头电商协会、心连心婚介、海英草志愿者中心、孤残救助协会等12家新业态新就业群体成立妇联组织。赣榆区家政服务业工会联合会成立，锦程家政学校等7家培训机构323名家政服务员加入工会组织。家政服务从业人员多数从事月嫂、育婴师、养老护理、婴幼儿护理、保洁等工作，其中，月嫂和养老护理员月收入达万元以上。区家庭服务业协会利用在上海、杭州等沿海城市的关系网络，开展“订单式”培训，每月至少举办一期月嫂和家庭护理员培训班，在新冠疫情防控期间进行网上直播教学，全年输送近500名月嫂异地就业。

（年　编）

金融业

综述

【金融机构】 2022年，赣榆区有各类金融机构52家，其中，银行业机构15家、保险公司31家、证券公司1家、小额贷款公司4家、融资性担保公司1家。

【政银企合作】 2022年，赣榆区建立常态化政银企合作机制，通过金融工作座谈会、政银企对接会、行长联席会等，研究推动金融工作。强化银企信息互通，对全区企业融资需求情况进行排查，编制《企业融资需求情况汇编》，向区内金融机构进行集中推介，引导金融机构针对企业需求加强对接服务，加快授信和放款进度，截至年底，通过集中推介解决企业融资需求6.82亿元。

【金融环境优化】 2022年，区金融办推进综合金融服务平台建设，组织企业有效对接金融产品、征信服务、扶持政策等信息。引导金融机构针对赣榆区区位优势和产业特点，创新优质金融产品，提供特色金融服务。引导企业接入金融服务平台，解决企业信息不对称、融资渠道不畅通、增信担保机制不健全、金融服务不充分等难题，提高中小企业融资可得性。全区新增3810家企业接入综合金融服务平台，平台全年提供授信116.11亿元。

【金融服务】 2022年，赣榆区印发《关于加强金融支持疫情防控助企纾困促进经济社会发展的通知》，结合地区实际，贯彻落实中央、省、市各级金融支持助企纾困政策。开展重点项目和重点企业融资需求对接。实施名单制管理，推动金融机构逐一对接全区70个重点项目和676个A级纳税企业的融资需求。组织相关金融机构赴四大工业园区开展政银企合作对接，对江苏省镔鑫钢铁集团有限公司、中碳能源（江苏）有限公司等重点企业开展点对点融资服务。组织辖内金融机构开展助企纾困大走访活动。活动期间，举行银企对接活动33场次，银企对接活动惠及企业209户，大走访活动覆盖企业16206户，其中，小微企业1436户，个体工商户14901户。扩大富民创业担保贷款业务规模，人民银行赣榆支行联合区财政局、区人社局提请区政府整合设立区普惠金融发展风险补偿基金，基金规模由年初的2000万元增加到4200万元，全年发放富民创业担保贷款4.83亿元，惠及各类创业主体3935户，金额和户数比2021年增长3.8倍和4.5倍。

（曹家龙）

【资本市场建设】 2022年，全区有平顺食品、福多面粉、天马粮油、宝迪汽配、大鹏粮油等9家企业在江苏省股

2022年4月24日，区政府召开企业上市挂牌工作座谈会（张　可　摄）

权交易中心挂牌，场外挂牌企业总数达到70家。加强企业上市挂牌政策宣传，编印《企业上市挂牌奖励扶持政策汇编》，开展企业上市挂牌后备企业排查，建立上市挂牌后备企业动态调整机制，引导优质证券公司加强与后备企业对接交流，梳理上市挂牌企业融资需求，开展上市挂牌后备企业银行融资对接活动。组织江苏润美新材料有限公司、百仑生物科技（江苏）有限公司等重点上市后备企业制定年度推进计划，开展专题培训。

表15　　2022年赣榆区新增场外挂牌企业名单一览表

序号	企业名称	挂牌时间	挂牌地点
1	连云港平顺食品有限公司	2022.04	江苏省股权交易中心
3	连云港福多面粉有限公司	2022.05	江苏省股权交易中心
3	连云港赣榆天马粮油有限公司	2022.07	江苏省股权交易中心
4	连云港金盛源泥鳅养殖有限公司	2022.09	江苏省股权交易中心
5	连云港宝迪汽车配件制造有限公司	2022.09	江苏省股权交易中心
6	连云港赣榆大鹏粮油有限公司	2022.09	江苏省股权交易中心
7	江苏冠红禽业有限公司	2022.09	江苏省股权交易中心
8	连云港老丹刃食品有限公司	2022.09	江苏省股权交易中心
9	连云港市金信包装有限公司	2022.09	江苏省股权交易中心

银行业

【概况】 2022年，赣榆区有银行15家，分别是中国农业发展银行连云港市赣榆区支行、中国工商银行股份有限公司连云港分行赣榆支行、中国农业银行股份有限公司连云港分行赣榆支行、中国银行股份有限公司连云港分行赣榆支行、中国建设银行股份有限公司连云港分行赣榆支行、交通银行股份有限公司连云港分行赣榆支行、江苏赣榆农村商业银行股份有限公司、江苏银行股份有限公司连云港分行赣榆支行、中国邮政储蓄银行股份有限公司连云港市分行赣榆支行、苏州银行股份有限公司赣榆支行、江苏江南农村商业银行股份有限公司赣榆支行、江苏赣榆通商村镇银行、连云港东方农村商业银行股份有限公司赣榆片区、南京银行股份有限公司连云港分行赣榆支行、华夏银行股份有限公司连云港分行赣榆支行。截至2022年底，全区本外币存款余额751.16亿元，比年初增加72.08亿元，增长10.61%；本外币贷款余额766.52亿元，比年初增加115.2亿元，增长17.69%。

【中国农业发展银行连云港市赣榆区支行】 截至2022年底，农发银行赣榆支行存款余额10.34亿元。贷款余额76.19亿元，比年初增加6.24亿元。其中，中长期项目贷款73.11亿元，比年初增加5.3亿元；粮食购销储贷款2.48亿元，短期流动资金贷款0.4亿元。全年投放贷款16.51亿元，其中，粮食购销储贷款4.03亿元、流动资金贷款5000万元、中长期项目贷款11.98亿元。发放县储贷款2笔，金额合计3922.2万元，形成小麦库存1.27万吨；发放轮换贷款2笔，金额5653万元；发放粮食收购贷款26笔，金额合计3.07亿元，形成小麦库存3.37万吨、中晚籼稻0.85万吨、粳稻2.69万吨、玉米1.88万吨。赣榆支行发挥政策性银行补短板、惠民生作用，支持地方民生项目，获批中长期项目2个，金额合计14.7亿元，当年发放4.42亿元。贯彻“疫情要防住、经济要稳住、发展要安全”的要求，率先投放全省系统内首单农发基础设施基金6000万元，用于支持连云港市城发智慧冷链物流综合体项目建设，并通过投贷联动的方式，对项目建设提供4.7亿元固定资产贷款，助力实现扩投资、带就业、促消费的综合效应。截至年末，发放农发基础设施基金1.56亿元，保障赣榆区地方重点项目建设资本金需求。沿着特色产业链、供应链拓展信贷链，服务乡村振兴，发放贷款6000万元支持农民创业孵化器项目建设，为海头、厉庄、班庄等地农民返乡就业增收创造条件。投放2.16亿元支持金叶公司紫菜初加工项目建设，带动上万名农民创业就业。　（李　璐）

【中国工商银行股份有限公司连云港分行赣榆支行】 截至2022年底，工商银行赣榆支行实现拨备前利润1亿元。利用创业贷、e抵快贷、e税快贷、经营快贷等线下线上产品，加大对全区中小企业信贷支持力度。年末，全行各项贷款余额32.06亿元，比年初增加3.11亿元。其中，个人贷款余额14.11亿元，比年初净增2.36亿元；公司贷款余额17.95亿元，比年初增加0.74亿元；普惠贷款余额2.6亿元，比年初增加1.01万元。当年投放实体经济贷款8.16亿元，投放小微企业信用贷款2.27亿元。个人住房贷款余额13.21亿元，全年贷款投放3.52亿元，比年初增长2.06亿元。全行各项存款余额42.69亿元，比年初增加9.72亿元。储蓄存款余额26.93亿元，比年初增加3.43亿元。对公存款余额15.49亿元，比年初增加6.47亿元。其中，公司存款11.73亿元，比年初增加7.03亿元；机构存款3.76亿元，比年初减少0.53亿元。做好不良资产管控和压降工作，不良贷款519万元，比年初减少75万元，剪刀差317万元，比年初增加167万元，贷款质量保持稳定。赣榆支行安排相关人员参与到大堂和智能服务区服务工作中，提高业务办理效率。针对老弱病残客户，安排上门开展金融服务。在区中等专业学校、赣榆区黄海路小学、时代广场、奥邦商圈等区域开展金融宣传活动9次。利用网点厅堂阵地，摆放宣传海报和折页，厅堂滚动显示屏、微信朋友圈、微信群、微博等途径方式开展金融宣传，发放宣传折页1000余份，线上点击率1万余次，受到教育群众4000余人。（刘　薇）

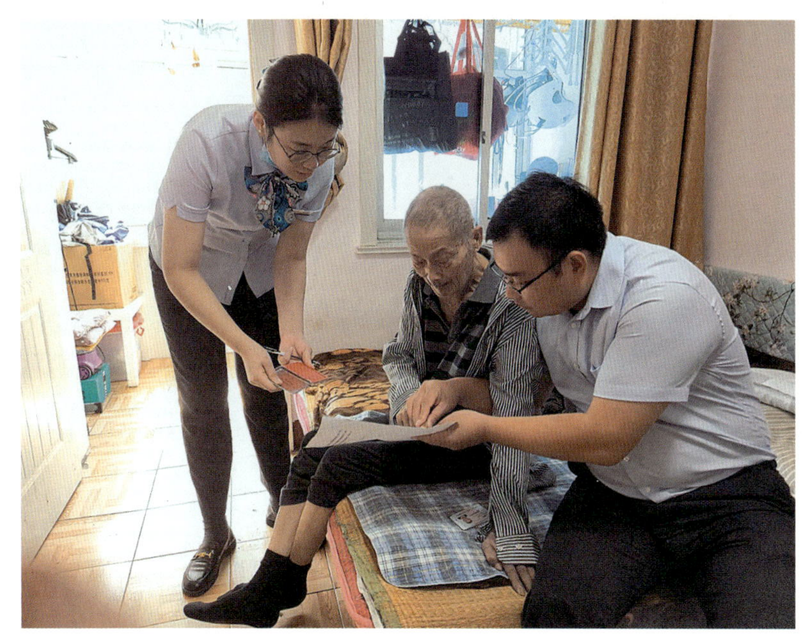

2022年7月10日，中国农业银行赣榆支行工作人员上门为老年客户办理业务（卢　妮　摄）

【中国农业银行股份有限公司连云港分行赣榆支行】 截至2022年底，农行赣榆支行人民币各项贷款余额62.85亿元，比年初增加10.85亿元。其中，个人贷款44.98亿元，比年初增加3.52亿元；法人贷款余额17.86亿元，比年初增加7.33亿元。本外币各项存款余额102.41亿元，比年初增加16.63亿元。其中，个人存款余额65.02亿元，比年初增加10.1亿元；本外币对公存款余额37.39亿元，比年初增加6.53亿元。实现中间业务收入0.45亿元；实现拨备后利润2.11亿元；实现营业收入3.08亿元。全行处置不良贷款本金1774万元，风险管控指标保持全市第一，被评为省行信贷“三化三优”（制度化、规范化、信息化，发展优、质量优、结构优）单位。连续8年被评为总行级运营基础管理“先进单位”。持续开展“我为群众办实事活动”，为行动不便老人上门办理业务，全年提供上门适老金融服务86次。主动走企业、进乡村，宣传普惠金融优惠政策，了解企业、农户资金需求，全年投放普惠贷款4.82亿元。（农行赣榆支公司）

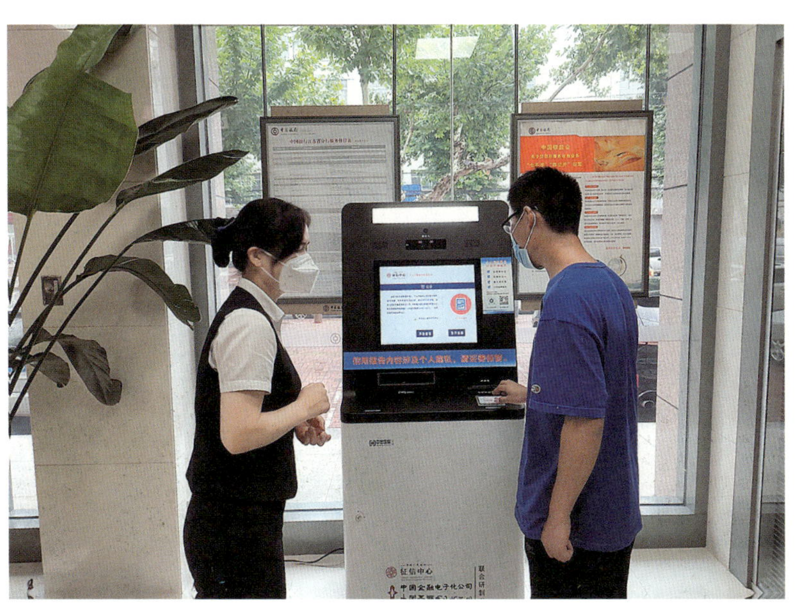

2022年7月，中国银行赣榆支行在营业厅投放个人信用报告自助查询机（王　燕　摄）

【中国银行股份有限公司连云港分行赣榆支行】 截至2022年底，中国银行赣榆支行人民币日均存款余额76.76亿元，比年初增加7.49亿元，增长10.82%；人民币贷款余额86.27亿元，增长21.61%，较2019年翻一番；全年办理国际结算量4.03亿元。参与“富民兴村、岗村结对”，与经济薄弱村城头镇谢坡村结对文明共建。支持新海石化、镔鑫钢铁等区域内重点企业，发挥国有大行的资源优势，提供全方位、全周期服务，与企业发展共成长。围绕产业集群、行业龙头等类别，项目化、清单化拓展普惠业务。做好助企纾困，新冠疫情防控期间，针对困难贷款户按政策延期还款时间。立足城投企业关切点，把握县域重点客户融资需求，加强附属公司联动，提升承销业务发债规模。加强政府、社保源头沟通，深化与住建、公积金行业合作，提升公检法、医疗、教育等客群服务能力。加强网点渠道建设，新设第一家中行乡镇银行——海头支行。建立和完善风险管理体系，注重整个行业前景分析预测，提高对客户潜在风险识别能力和预警水平；做好贷前调查、抵押担保、贷后检查工作，保证银行新增贷款的保值、增值。（王　燕）

【中国建设银行股份有限公司连云港分行赣榆支行】 截至2022年底，建行连云港赣榆支行各项贷款余额（含信用卡透支）62.57亿元，比年初增加8.22亿元。其中，个人类贷款（含信用卡透支）余额38.35亿元，比年初增加3.75亿元；纯公司类贷款余额24.22亿元，比年初增加4.47亿元。不良贷款额1604万元，比年初下降188万元，不良贷款率0.28%，比年初下降0.07%。一般性存款时点余额为48.23亿元，其中，对公存款余额22.14亿元，个人存款余额26.09亿元。一般性存款日均余额49.98亿元，其中，对公存款日均余额26.12亿元，个人存款日均余额为23.86亿元。主营业务收入2.09亿元，比2021年增速7.85%；拨备前利润1.74亿元，比2021年增长7.33%。提升风险管理意识，强化贷前调查及贷后管理措施，信贷资产质量较好。加强个贷资产质量管理，坚持业务拓展与风险防范并重。开展渠道营运日常巡查工作，及时发现和改进网点服务以及业务制度、系统和流程中的不足；推进柜外客户服务评价工作，助推柜面服务质效提升；开展金融知识宣教工作，加强金融消费者权益保护服务工作。走进商户、批发市场、乡村、社区，多渠道开展货币反假、防范非法集资、存款保险、反洗钱、防范电信网络诈骗等金融知识宣传。走访城区周边家电、美食、水果、超市、蛋糕店等商户，推广营销“建行生活”商户业务，共计营销商户109户，上架100户，引导客户注册“建行生活”App1.33万人，实现交易金额40万元以上。（周安琪）

【交通银行股份有限公司连云港分行赣榆支行】 截至2022年底，交通银行赣榆支行各项存款余额10.39亿元，比年初增加6650万元。其中，对公存款余额6.34亿元，对私存款余额4.05亿元。各项贷款余额15.13亿元，比年初增加1.7亿元。其中，对公实质性贷款余额8.5亿元，比年初增加4485万元；小企业贷款余额1.84亿元，比年初增加6680万元；个人贷款余额4.57亿元，比年初增加1.09亿元。完成华电集团在赣榆的项目授信审批57.2亿元，投放6500万元；为赣榆区全部3个基础设施基金项目授信批复9.9亿元，投放3.1亿元；为新海石化发放融资租赁3亿元并办理信用证福费廷。推进普惠业务，实现连云港分行首笔“小微贷”800万元、首笔“兴农E贷”200万元、首个普惠项目制“海鲜E贷”落地。加快个贷转型，在发展房贷同时，推出“VIP惠民贷”“汽车场景贷”等非房消费贷产品。（祁冬波）

【江苏赣榆农村商业银行股份有限公司】 截至2022年底，赣榆农商银行各项存款余额达253.26亿元，比年初增加22.8亿元，增长9.89%，占全区存款市场份额的34.64%。各项贷款余额177.48亿元，比年初增加16.71亿元，增长10.4%，占全区贷款市场份额的24.98%。存贷款市场份额均位居全区同业首位。2012年在山东莒南发起设立村镇银行，2022年下辖7家网点，员工84人，存款余额10.6亿元，贷款余额9.19亿元。赣榆农商银行开展“精准走访稳主体优化服务保实体”等专项活动，突出走访对接，对“百行进万企”、个体工商户、近三年未续贷客户等群体进行走访、回访，满足客户金融需求。推出“微企易贷”“小微贷”“赣榆好e贷”等众多特色产品，为信贷客户提供金融服务体验。助力社会治理，打造“智慧物业”“智慧医疗”“e驾金”、儿童体验馆等12个应用场景，涵盖教育、医疗、政务、亲子、养老等多个领域。丰富手机银行金融服务功能，推进智慧场景建设。将“福城驿站”品牌与特色场景结合，建设“福城驿站+党建”“福城驿站+医保”等6类特色服务点，截至年末，全区427个行政村建设农村普惠金融服务点450个，服务点行政村覆盖率达100%。在全区设立41个社会保障卡“即时

2022年10月25日，区城发集团党委与赣榆农商行党委举行党组织结对共建签约仪式（樊继元　摄）

制卡”业务服务网点，配置42台发卡机，发放社保卡105.92万张，覆盖全区87%的人口，开通社保卡粮食补贴、农村低保、轮作休耕等46项代发业务，惠及赣榆区30.5万农户。对特殊客户群体开展“上门金融服务”“一对一”特色化服务400余次。组织移动宣传车500余辆（次）普及金融知识。（区农商行办公室）

【江苏银行股份有限公司连云港分行赣榆支行】 截至2022年底，江苏银行赣榆支行各项存款余额37.23亿元，比年初增加3亿元。其中，储蓄存款6.7亿元，比年初增加2.17亿元；单位存款30.53亿元，比年初增加0.83亿元。各项贷款余额33.62亿元。其中，公司贷款22.83亿元，比年初增加0.7亿元；零售贷款10.79亿元，比年初增加500万元。类信贷余额6.5亿元。支行服务实体经济、民营企业，投放落地连云港万新置业有限公司1.2亿元房地产开发贷、连云港创联农业发展有限公司9500万元基本建设项目贷、连云港市万辉置业有限公司5000万元房地产开发贷款、江苏海之渔现代渔业发展有限公司2.5亿元基本建设项目贷款。新增审批通过连云港市万辉置业有限公司2.8亿元房地产开发贷款、连云港和安城市开发有限公司13.7亿元基本建设项目贷款、连云港瑞驰投资集团有限公司1.5亿元基本建设项目贷款、连云港赣榆民生水务有限公司1.05亿元基本建设项目贷款、连云港金东方港口投资集团有限公司2亿元理财直融、江苏苏海投资集团有限公司6亿元中票。民营企业授信余额10.88亿元。创新“三农”金融模式，以“新农贷”“苏农担-分险贷”“惠捷贷”等涉农产品为抓手，拓展涉农贷款。截至年底，涉农贷款审批通过21户，金额4135万元；在收集材料3户，金额300万元；e融类产品中，税e融审批通过用户41户，总金额2760万元。支行以员工八小时内外行为排查和日常业务合规性检查两个方面为抓手做好风险管控工作。严肃信贷纪律，做好贷前管理，对停产企业做好风险管控预案。加强监管力度，在常规检查按日通报整改的基础上，按旬监测重要风险点，按月总结治理成效，督促整改规范。（王善超）

【中国邮政储蓄银行股份有限公司连云港市分行赣榆支行】 截至2022年底，邮储银行赣榆支行各项贷款余额53.16亿元，比年初增加9亿元。信用户1.49万户，其中，A级信用户7151户；信用村430个；线上信用户贷款净增6051.73万元。发放第一笔房地产开发贷4亿元，营销建联房屋一手房监管资金账户；江苏华电500MW屋顶分布式光伏发电项目授信批复10亿元，放款0.66亿元；赣榆LNG项目授信批复44亿元。各项存款时点余额21.2亿元，年日均余额22.24亿元，比年初增加0.62亿元，其中，个人存款时点余额15.62亿元，年日均余额15.15亿元；公司存款时点余额5.58亿元，年日均余额7.09亿元。个人不良贷款余额2822.37万元，信贷总体不良率0.62%。其中，经营贷不良金额1322.83万元，比年初下降18.02万元，不良率0.77%，比年初下降0.28%；消费贷款不良金额1499.54万元，不良率0.52%。

（詹宁宁）

【苏州银行股份有限公司赣榆支行】 截至2022年底，苏州银行赣榆支行存款余额6.13亿元。其中，对公存款余额4.06亿元，个人存款金额2.07亿元。贷款余额11.76亿元，比年初增加1.15亿元，增长9.78%。其中，公司类贷款余额7.52亿元，个人贷款余额4.24亿元。普惠金融类贷款余额2.94亿元，比年初增加0.75亿元，增长34.25%；普惠金融类贷款户数228户，比年初增加52户。加快知识产权融资业务推动，加大对制造业、科创、民营实体的支持力度，截至年底，支行知识产权质押类贷款余额1950万元，占比公司类贷款余额2.6%。三代社保卡制卡320张，完成区域发卡任务。（马莹）

【江苏江南农村商业银行股份有限公司赣榆支行】 截至2022年底，江南农村商业银行赣榆支行资产总额62.57亿元，比年初增加6.54亿元，增长为11.67%；负债总额62.47亿元，比年初增加6.54亿元，增长11.7%。各项贷款余额63.89亿元，比年初增加6.9亿元，增长12.1%；其中，按揭贷款余额48.24亿元，比年初增加3.12亿元，增长为6.9%，贷款户数7825户，比年初增加430

2022年10月2日，邮储银行赣榆支行在营业大厅举办“小小银行家”活动（詹宁宁 摄）

户，增长5.8%，当年投放8.65亿元、1038户；个人经营性贷款余额5.21亿元，比年初增加1.44亿元，增长为38.14%，贷款户数501户，比年初增加72户，增长16.78%。各项存款余额18.74亿元，比年初增加0.56亿元，增长为3.1%。其中，储蓄存款4.49亿元，比年初增加1.19亿元。各项存款日均19.08亿元，比年初增加2.26亿元，增长13.47%。其中，对公存款日均15.12亿元，比年初增长1.62亿元；储蓄存款日均3.95亿元，比年初增加0.64亿元。加强风险前瞻管理，开展重点领域风险整治，推动"内控合规管理建设年"活动，完善内控合规长效机制。支行推进普惠金融，推广周转易、农担贷、快抵贷、信易融、"一起富"小额信用贷等一系列便捷融资的特色产品。

（方　瑜）

【江苏赣榆通商村镇银行】 2022年，赣榆通商村镇银行储蓄存款增长66.38%，在存款余额占比由年初的31.1%上升为49.66%。完善"阳光小贷"系列产品，创新"新市民贷"贷款，支持普惠小微客户，实行差异化金融服务，主要支持年经营规模50万元以下小微客户，贷款实际增长率达19.42%。推进合规文化建设，完善内控制度，突出关键岗位监督，深化异常行为排查，强化反洗钱管理，实现全年生产安全无事故。加大存款保险及金融消费者权益保护工作力度，金融服务零投诉。（张军文）

【连云港东方农村商业银行股份有限公司赣榆片区】 2022年，东方农商银行赣榆片区各项存款余额13.19亿元，比年初增加2.43亿元，增长22.6%。其中，对公存款5.61亿元，比年初增加1.13亿元，增长25.2%；储蓄存款7.58亿元，比年初增加1.3亿元，增长20.7%。各项贷款总额16.55亿元，比年初增加4.39亿元。其中，普惠型贷款7138户、11.9亿元，比年初增加960户、2.68亿元；公司贷款4.5亿元，比年初增加11户、1.7亿元。将阳光信贷模式从农户推广至更广群体，打造"线下走访授信+线上自助用信"普适模型；结合"百行进万企""万企联万村、共走振兴路"等活动，推出新产品"商易贷"，提高小微客户服务面；打造"渔船贷""水产养殖贷""电商贷"。对赣榆城区及主要乡镇街道所有商户全面走访营销。以阳光商E贷与收单业务为突破口，实现POS机、网银、手机银行、ETC、结算业务综合营销。

（王成林）

【南京银行股份有限公司连云港分行赣榆支行】 截至2022年底，南京银行连云港赣榆支行存款余额为31.11亿元，其中，公司类存款余额25.4亿元、个人储蓄存款余额5.71亿元；贷款余额34.72亿元，其中，公司类贷款余额29.92亿元、个人贷款余额4.8亿元。资产质量稳定，保持"无欠息，无逾期，无不良，无案件"。通过投行直融业务、项目贷款，持续加大对区内苏海集团、金东方公司、城发集团等主力平台企业和政府重点建设项目资金支持。落实普惠金融政策，支持小微实体经济发展，加大科技类、制造业企业贷款投入，支持产业转型升级，深挖绿色金融潜能，助力低碳发展。针对不同目标群体，因"行（行业）"施策、因"户"施策，为地方实体企业提供精准金融服务。推广"小微贷""苏农贷""出口快贷""鑫转贷""鑫科保""鑫农保"等系列产品，为小微企业融资提供更多便利。提高经营管理水平和风险防范能力，保障支行安全稳健运行。

（殷丹妮）

【华夏银行连云港分行赣榆支行】

截至2022年底，华夏银行赣榆支行各项存款余额11.86亿元，全行日均存款10.08亿元，各项贷款余额18.38亿元，实现拨备前利润0.17亿元。坚持服务地方经济社会高质量发展，支持实体经济和重大项目建设，获批授信客户3户，授信2.5亿元；加大小微企业支持力度，发放小微企业贷款16户、金额1.25亿元。

（华行赣榆支行）

保险业　证券业

【中国人寿保险股份有限公司赣榆支公司】 截至2022年底，中国人寿保险赣榆支公司完成总保费收入6.62亿元，完成寿险首年保费7458.12万元，其中，10年期及以上首年期交2842.93万元。个险渠道完成首年期交5135.69万元，其中，长险首年标保1818.6万元，总保费全市贡献度20.9%。团险渠道达成大短险3396.7万元。银保渠道完成期交保费1620万，其中，5年期保费855万，全市网点期交保费贡献度达14.3%。工行、农行、中行、建行、江苏银行、邮储银行、南京银行、交通银行8行共29个网点全部实现合作。全年办理保全业务1.47万件，接待客户总数2万人次。客服电话会办单2102件，新单回访8678件，App回访抽检2078件。全年处理寿险赔案9151件，赔付金额3368.12万元。全年承办赣榆区城乡居民大病医保，参保保费1.08亿元。赔付城镇职工大病保险金额577.08万元，赔付城镇职工大额医疗补助金额1198.48万元，赔付城乡居民大病保险金额8118.54万元。与区退役军人事务局联合开展"拥军保"项目。与区老龄委联合推广实施"老年险"，全年承保全区1312名适龄老年人。与区卫健委组织推进"女性安康保险"，全年承保1530人。持续推进学生保险工作，全年承保学生6.48万人。（寿保赣榆支公司）

【中国人民财产保险股份有限公司赣榆支公司】 2022年，人保财险赣榆支公司深化业务转型，实现保费收入2.12亿元，增长4.2%，赔额1.4亿元。年纳税额超过1800万元。围绕农业生产实际需求，深入调研市场、客户，因地制宜，依托政策性农业保险，发挥增信、融资功能，推广农业保险贷、险资支农等融资项目，破解实体企业融资难题。助力精准脱贫，联合市分公司对班庄镇董净村扶贫捐助7万元，对全区1542个农户家庭进行救助扶持。与赣榆交警大队合作，在沙河镇、城头镇、班庄镇、墩尚镇“警保联动”交管服务站，提档升级推进“两站两员”（乡镇交通安全管理站、农村交通安全劝导站，交通安全管理员，交通安全劝导员）建设，实现快速查勘、快速定损、快速赔付，升级车险理赔服务。发挥警、保双方的职能优势，完善联动工作机制，共同推动警保合作服务网络延伸，实现农村交通安全工作覆盖率和农村地区机动车保险投保率“双提升”，交通事故伤亡率和保险事故率“双下降”的目标。（单长福）

【中国人民人寿保险股份有限公司赣榆支公司】 2022年，人保寿险赣榆支公司总保费收入5163.75万元，其中，首年保费收入2143.63万元、续年保费收入3020.12万元，首年件均保费1677.59元，新单件数1.18万件。满期给付887.51万元、746件，死伤医疗给付114.52万元、53件，赔款支出14.41万元、86件。与工行、农行、中行、建行、邮储银行、江苏银行、南京银行、江南银行、华夏银行共计9家银行30个网点合作，委托代理保险业务。（王珍妮）

【中国太平洋人寿保险股份有限公司赣榆支公司】 2022年，太保寿险赣榆支公司实现保费收入5790万元，共赔付赔案810件，赔款838万元。完善太易赔、太慧保，在减少流程、节约时间的同时，拓宽销售人员的服务范围。（邵明豪）

2022年1月19日，中国人民人寿保险股份有限公司赣榆支公司与苏海集团签订战略合作协议（王珍妮 摄）

【中国太平洋财产保险股份有限公司赣榆支公司】 2022年，太保产险赣榆支公司实现保费收入6483万元，比2021年增加1455万元，市场份额占比11.86%，增长15.2%，综合赔付率67.4%（其中，已决赔款3397万元，未决赔款2200万元），综合保单成本93.67%。加强运用CRM、码上保、晶算师等新型互联网销售，使客户能够利用手机App实现自主投保，居家就能完成保险购买。运用E理赔系统，使客户在出险时能够与公司理赔平台实况同步互动，完成理赔全部过程。家财险实现保费收入15万元，承保赣榆3个乡镇，覆盖人数28万人，覆盖农村老百姓自建住房2.1万户，承担自然灾害导致风险保障总金额12亿元。全年上缴税收915万元，比2021年增长17.31%。（庄琳婕）

【紫金财产保险股份有限公司连云港市赣榆支公司】 2022年，紫金保险赣榆支公司实现非农保费收入1314万元，农险保费收入1616万元，其中，车险增速32.46%、财产意外险增速136.39%。各渠道均超序时达成2022年公司任务指标，获评紫金保险“2022年优秀县域机构”。（紫金保险赣榆支公司）

【南京证券赣榆营业部】 2022年，南京证券赣榆营业部利用互联网平台，为客户提供线上线下便捷服务。举办防范非法集资远离金融诈骗投资者教育进社区、进校园活动，防范非法证券期货宣传月活动，反洗钱投资者教育活动，“3·15”投资者保护主题教育活动。（王玉莹）

旅游业

综述

【旅游产业规划】 2022年，赣榆区坚持高标准、高起点、高品位制定旅游产业规划，完成《赣榆区全域旅游规划》《赣榆区"十四五"旅游发展规划》初稿。"十四五"期间，全区打造"一心三核三带五片区"旅游发展格局。"一心"指一个旅游综合服务中心，即赣榆旅游综合服务中心；"三核"指三大旅游驱动核，即秦山岛旅游区、夹谷山旅游区、天女湖旅游度假区；"三带"指三条旅游发展带，即滨海休闲度假带、青口河产业发展带、龙王河产业发展带。"五片区"指五大旅游发展区，即东部滨海片区、城郊休闲片区、历史文化片区、西部山水片区、乡村田园片区。规划到"十四五"末，全区新增旅游企业100家，直接拉动就业1000余人，间接拉动就业5000余人，占当年服务业新增就业人数的比重30%以上；旅游业增加值115亿元，赣榆区旅游业增加值占服务业增加值的比重超过30%。

【旅游业规模效益】 2022年，赣榆区旅游业受新冠疫情影响，规模效益有所下滑。全年游客接待总量212.11万人次，比2021年下降7.8%；旅游综合收入29.97亿元，下降1.46%。

2022年10月5日，秦山岛全景　　（张言华　摄）

【旅游品牌创建】 2022年，赣榆区旅游业以建设"江苏旅游强区"和"海滨、生态、人文旅游名区"为目标，顺应旅游经济新常态，打造精品工程，加快旅游设施建设步伐，推动旅游产业转型升级。12月，秦山岛获评为国家AAAA级景区。　（周　娜）

旅游资源

【概况】 2022年，赣榆区有国家A级以上旅游景区9家，其中，AAAA级景区1家、AAA级景区6家、AA级景区2家；省星级乡村旅游区12家，其中，四星级5家、三星级5家、二星级2家；市级乡村旅游重点村1家。

【抗日山风景区】 抗日山原名马鞍山，位于连云港市赣榆区西部苏、鲁两省交界处，素有"中国抗日第一山"之美誉。抗日山烈士陵园标志性建筑——抗日烈士纪念塔始建于1941年7月，于1942年7月落成。1941—1944年间，八路军115师教导2旅，以及滨海军区的广大军民曾4次兴工为死难烈士树碑建塔，抗日山由此而得名。抗日山风景区占地133公顷，有大小景点20余处，主体景观抗日山烈士陵园占地24公顷，依山而建，分为8个坡段363级台

阶，由抗日烈士纪念塔、纪念堂、纪念碑、符竹庭将军陵寝、小沙东海战烈士冢、碑廊、国防园、盆景园、集会广场、马鞍石、景观亭、神龟泉等景点组成。景区先后被命名为“全国重点烈士纪念建筑物保护单位”“全国青少年教育基地”“全国爱国主义教育示范基地”“国家AAA级景区”“国家国防教育示范基地”等，被国家旅游局列入全国十二大红色旅游景区之一的“苏鲁皖红色旅游景区”，纳入全国30条“红色旅游精品线路”，成为苏北鲁南地区重要的红色旅游胜地。2022年，接待社会各界参观6.7万人次。定级文物40件，其中，二级文物1件，三级文物39件；其他文物549件。

2022年4月25日，金山镇徐福泊船山景区　（区史志办　供图）

【秦山岛景区】 秦山因山形似一把古琴，又名琴山，面积0.98平方千米，由东、中、西三峰组成，东峰为主峰，高55.9米，西峰高36.6米。相传秦山历代为赣榆所辖，其本名神山。传说王母娘娘曾建通天塔于其上，故此地的百姓又叫它“奶奶山”。据史书记载，秦始皇借道游水，出巡琅琊等6郡，曾两次登临此山，勒石纪事，遂更名为秦山。公元前219年，秦始皇派方士徐福带领三千童男童女，从秦山出发东渡扶桑，寻求长生不老之药，开创中日交流的历史先河。秦山岛四周海域盛产100余种海洋产品，岛上有两块高十余米的“大将军石”“二将军石”，相传是秦始皇所立，为秦东门；岛上还有棋子湾、受珠台、李斯碑、奶奶庙、碧霞宫等历史遗迹。在岛的西南面有海积石英卵石“神路”，呈“S”形，长8.8千米。传说秦始皇当年游历至此，见秦山距陆地太远，便挥动马鞭，驱赶巨石，铺垫成路，渔夫们因此称其为“神路”，“鞭石成路”的故事至今还广为流传。

2022年3月4日，夹谷圣境景区尼山分秀景点　（班庄镇　供图）

【夹谷圣境景区】 夹谷圣境景区位于苏鲁、赣榆临沭两地交界处，由夹谷山、葫芦山、双山等10余座山峰组成，总面积20平方千米。主要历史名胜景点有齐鲁会盟遗址、圣人殿、老母奶奶洞、魁星阁、沂蒙知青村、兵营、长卿庐、尼山分秀、望海楼等。主要自然景点有芙蓉湖、紫藤谷、百草园、桃花涧、夹谷莺啼、茶园春晓、栗林涛声、响石天鼓、孟良石等。景区内有军事体验游乐园，有滑雪体验、空中水上漂流、影视特技实景演出《枪声就是命令》、洞内体验《夜袭夹谷关》等多类体验参与项目。

【徐福泊船山景区】 徐福泊船山景区坐落在赣榆区金山镇，地处苏鲁交界，东临海州湾，西依大吴山，北邻山东省，南望赣榆城。自然资源丰富，文化底蕴深厚，融自然景观与人文景观为一体，集山、水、林、果、茶生态旅游于一体。景区的东部是泊船山，主峰高92.9米，面积1.49平方千米。泊船山又名龟山、石缆山。清《嘉庆直隶州海州志》载：泊船山，旧有石如船，山腰有石龟二，俗有以龟名山者。山之东北有白石二道，迤逦而下，俗名石缆山。每到春暖花开季节，山花烂漫，与两道白石起伏掩映，远远望去，好像一条五彩缆绳，系于船头。登临山顶，坐在石船上，令人有乘船荡漾于银海之感，自明代起，就有“泊船锦缆”之说，“泊船锦缆”为赣榆老八景之一。清代贡生吴恩隆著有《泊船山记》，其中写道：“其上有大石，长丈余，状类船；每于烟雨迷离之际，望若扬帆，几疑有人将乘槎赴银汉间也。旁接白石二道，少东则北，忽断忽联。时当野花历乱，随石之高下，起伏掩映，如千尺锦缆，牵画船绵亘四五里，双结卢山之麓，故其山亦名石缆山。”

【连云港海州湾海洋乐园】 连云港海州湾海洋乐园总占地面积4万平方米，建筑面积1.2万平方米，位于被誉为“江苏北戴河”的海州湾旅游度假区内，是集科普教育、观光旅游、主题游乐为一体的大型海洋主题公园。2019年全新扩建6000平方米萌宠乐园，园内有海豹、海狮等大型海洋哺乳动物，海龟、鲨鱼、魔鬼鱼、水母、珊瑚等上百个品种的海洋生物，小浣熊、羊驼、龙猫等陆生生物，鸵鸟、孔雀等鸟纲类动物。

【和安湖湿地公园】 和安湖湿地公园位于赣榆新城东部，公园面积104公顷，是赣榆新城10千米环城水系组成部分，兼具调蓄、景观功能。和安湖之名源于古代赣榆县青口和安圩两个地名，蕴含当代赣榆追求和谐安康之意。

【青口生态公园】 青口生态公园是赣榆第一个综合性公园，公园位于赣榆区城西部，西邻204国道，北连青口河，总占地面积22.5公顷，绿化覆盖率73.6%，全园按功能区分为历史文化区、综合服务区、山林景观区、生态湿地区、娱乐区。公园以“绿色、健康、休闲”为主题，利用原有地貌资源优势，因势就形，因形造景。园内厅堂楼阁、小桥流水、树木花卉相映生辉，依照自然，运用各种景观要素形式，经过艺术布局，使山石、水体、建筑和其他植物和谐统一。公园集休闲、观赏、娱乐、健身于一体，体现生态园林特色。（周　娜）

2022年6月5日，抗日山全景（李佃好　摄）

旅游开发

【抗日山片区整体开发】 2022年，赣榆区打通抗日山和夹谷山之间的12.5千米的交通主轴线，翻新抗日山南门1千米迎宾大道，黑化东门1千米道路，打造南门至停车场1.76千米彩虹路，网格化抗日山片区146.67公顷内部道路，新修园区内部道路18.6千米。在抗日山东门和南门之间，拆迁各类建筑3.97万平方米。选址打造教育基地，叠加中国抗日第一山、中组部红色村、全国劳动教育示范区三重优势，年内完成拆迁、交净地，总用地面积16.27公顷，其中，建设用地5.33公顷。新建南门游客中心，改建、新建6个国家AAAAA级景区标准卫生间，新做标识标牌系统，打造抗日民族统一战线陈列室。投入300余万元，修复抗日山老石拱门，以及历史文物140余件，实施革命烈士纪念馆改陈布展工程。投资500余万元改建滨海军区小院，增设滨海军区大礼堂、滨海军区枪械所、八路军115师教导2旅军火库、滨海军区参议会场等设施。（方　欣）

【海州湾片区开发规划】 2022年，赣榆区完成海州湾片区开发规划方案设计初稿，并完成方案调整。方案主要内容是：建设海州湾度假区酒店（海巢）、游客中心、海洋生活美学馆、龙腾广场（龙王塔）、美食小镇、海之环、槐林露营基地、停车场、嗨沙滩、儿童游乐场、零售商铺、入口门户雕塑等配套设施。

【秦山岛获批国家AAAA级旅游景区】 2022年，赣榆区完成秦山岛山体滑坡治理、岛屿绿化一期、夜景照明一期、游客中心装饰装修、景区停车场、标识标牌采购及安装、岛屿智慧旅游系统、装配式厕所采购及安装、秦山岛栈桥修复等工程建设，完成秦山岛整岛顶层规划设计招标工作。12月5日，秦山岛景区通过国家AAAA级旅游景区验收。（周　娜）

旅游业态

【概况】 赣榆区拥有全省最长的优质沙滩海岸11.6千米（北起马庄河

2022年7月21日，塔山镇计斤门夜景图　　（区融媒体中心　供图）

河口，南至兴庄河河口），境内山区、平原、沿海各占1/3，环境优美，风光独特，旅游资源十分丰富。东有被誉为“江苏的北戴河”海州湾旅游度假区和被誉为浪漫之岛、祈福之岛的秦山岛，南有葡萄采摘基地、石梁河水库，西有唯一以“抗日”命名的抗日山和孔子相鲁会齐侯重大历史事件遗址夹谷山，北有东渡日本第一人徐福出生地徐福村，中有大樱桃之乡谢湖有机茶果观光基地、塔山水库等美丽宜人风光。“观黄海风光，探秦山神路，访徐福故里，游红色胜地”，成为越来越多的旅游者的选择。

【乡村旅游】 2022年，赣榆区优化旅游空间布局，发展绿色乡村游。生态采摘游、民俗体验游、海鲜美食游、康体养生游等旅游新兴业态异军突起，拉动赣榆乡村旅游快速发展。国家农业公园、田园综合体、特色小镇、田园乡村等一批重点旅游项目规划完成。黑林镇大树红色村、城头镇稻虾混养基地、小芦山乡村旅游重点村等一批新项目进入实施阶段。乡村旅游区实现免费Wi-Fi基本覆盖。串联佳农生态农场、谢湖大樱桃基地、塔山金公果业、大鹏葡萄等乡村旅游点，推出赣榆绿色采摘一日游旅游线路，吸引大批游客观光采摘。2022年，全区乡村游游客接待量超60万人次。

【红色旅游】 2022年，赣榆区依托丰富的旅游资源优势，大力发展红色旅游。抗日山风景区被列入“全国红色旅游精品线路”，并被国家13部委评为“全国百家红色旅游经典景区”。刘少奇旧居、人民支前纪念馆、小沙东海战纪念地、赣榆战役纪念地、抗日民族英雄纪念碑、十八勇士纪念地、中共赣榆县第一届委员会旧址、符竹庭殉难处、朱爱周殉难处等，成为赣榆红色旅游的重要组成部分。串联抗日山爱国主义教育、秦山岛国防教育、董力生纪念馆、大树村革命传统教育等现场教学点，推出赣榆红色研学两日游旅游线路。

【滨海旅游】 赣榆区黄金海岸线上有全省最长的优质沙滩海岸，依此而建的具有一定规模和影响力的景区（点）有海州湾旅游度假区、海州湾海洋乐园、琴岛天籁旅游区等。秦山岛景区创成国家AAAA级旅游景区、海洋乐园创成国家AAA级旅游景区、海州湾度假区创成市级旅游度假区。2022年，赣榆海洋旅游产业初具规模，活动丰富。海州湾水上乐园举办水上音乐节系列活动；联合各景区、特色饭店开展徐福故里海洋文化节美食节活动，吸引大批游客前来观光游览、品尝美食。串联海州湾旅游度假区、海州湾海洋乐园、水上乐园及秦山岛景区等沿海景区（点），推出赣榆蓝色滨海一日游旅游线路。

【渔村体验自驾游】 2022年，赣榆区依托228国道，串联琴岛天籁、秦山岛景区、海州湾景区、海洋乐园、小沙东海战纪念雕塑，注重滨海观光、海鲜美食体验，打造赣榆自驾游东线。依托401省道、267省道，串联石桥生态园、徐福泊船山景区、佳农生态农场、沃田蓝莓基地，注重采摘、农家乐体验，打造赣榆自驾游北线。依托245省道、黑班线，串联黑林大树村、抗日山风景区、石梁河片

2022年7月27日，众多游客在海州湾水上乐园游玩　　（吴树业　摄）

区，注重红色研学、游览观光体验，打造赣榆自驾游西线。依托402省道、青欢线，串联夹谷圣境景区、田福农庄、大鹏葡萄园、青口潜园，注重农事、民宿体验，打造赣榆自驾游南线。全区形成集游山、品海、采摘、研学、农事体验于一体的赣榆自驾游环线，实现景区内外交通无缝对接。（周 娜）

旅游节庆活动

【概况】 2022年，赣榆区开拓旅游市场。3月下旬，赣榆区文体广旅局组织旅游行业单位参加江苏省文化和旅游厅“水韵江苏·有你会更美”文旅消费推广季活动，配合江苏省文化和旅游厅拍摄“水韵江苏”系列宣传片。5月中旬，参加连云港市文广旅局组织的5·19连云港西游文化嘉年华暨中国旅游日主题活动启动仪式，宣传推介赣榆旅游商品。9月底，拍摄《初见赣榆》宣传片，组织旅游企业参加第四届大运河博览会，通过现场推介及发放旅游宣传资料进行宣传，扩大赣榆旅游的知名度和影响力。

【连云港市2022中国农民丰收节暨赣榆区第二届稻虾美食文化节】 9月23日，连云港市2022年中国农民丰收节暨赣榆第二届生态稻虾美食文化节开幕式在城头镇稻虾文化体验园内举行。节庆主题是“庆丰收、迎盛会”。开场歌舞《欢庆丰收年》拉开丰收节演出序幕，演出共分为《丰收·农稳粮安》《丰收·业兴村美》和《丰收·逐梦共富》3个篇章，展示当地乡村振兴成果，展现新时代农人形象。丰收节期间进行“辉煌十年·丰收发布”，对连云港新时代“三农”工作进行总结，公布连云港市乡村振兴先进个人、2022年省级示范家庭农场、2021年全国乡村特色产业十亿元镇和亿元村，第二批全国乡村治理示范村、第十一批全国“一村一品”示范村、全国农村创业园区（基地）。

【赣马镇第十届黄金梨采摘节】 9月3日，赣马镇第十届黄金梨采摘节在黑坡村举行。活动通过玩趣味游戏、品农家美食、赏文艺演出等形式，多角度、全方位展示清纯秀美的梨园风光，吸引不少本地游客前来观光打卡。黄金梨产业是赣马镇黑坡村的支柱产业之一，通过举办黄金梨采摘节，采用线上线下同步推进的方法，拓宽黄金梨的销售渠道，全村黄金梨销售增加收入20余万元。（周 娜）

旅游服务与管理

【旅游公共服务建设】 2022年，赣榆区有银树叶级绿色旅游饭店2家；星级酒店2家，其中，四星级1家，三星级1家；旅行社2家；省级夜间文化和旅游消费集聚区1家。赣榆区增加当地景区景点、游客服务中心等旅游公共场所旅游厕所布点，完善基础设施配套。年内完成2座旅游厕所的新建或改建，并投入使用。区文体广旅局开展旅游厕所百度地图位置申报操作培训，对2022年旅游厕所进行百度地图定位。优化赣榆区旅游交通标识系统，满足游客自驾游的需求，各景区与区公路站加强沟通，进行实地勘查、定位，投入56.3万元，设置12块旅游标示牌，分别在242省道设置3块，204国道设置6块，327国道设置1块，区内道路设置2块。等级景区基本实现公共区域无线通信全覆盖。

【旅游行业管理】 2022年，赣榆区成立区旅游市场综合监管办公室，对旅游景区（点）、旅游市场检查28余次。开展旅行社“不合理低价游”、广告发布、旅游合同等重点领域监管和整治15次，开展旅游市场专项整治5次。开展导游（领队）执业大检查，严查“黑导”。重点查处导游（领队）向游客强售套票、兜售旅游产品、擅自安排另付费用旅游项目、未经旅行社委派私自承揽导游业务、未取得导游证从事导游业务等问题。导游（领队）执业检查期间，联合区市场监管、物价等部门开展检查12次，共出动检查人员40人次，检查导游（领队）20人次。对检查中未佩戴带导游证（领队证）、私自承揽或者以其他任何方式直接承揽导游业务进行导游活动等行为，及时进行查处，并责令改正。开展旅行社责任保险和质保金专项检查，严查漏保、脱保。重点检查各旅行社责任保险购买合同和保单。对全区旅行社的质保金进行清理核查，按规定及时清退旅行社及分社质保金。共开展旅行社责任保险、质保金检查6家次。加大对“不合理低价游”的打击力度。联合物价部门，严厉查处网络平台发布涉嫌“不合理低价产品”“不合理低价游”产品供应商、参与“不合理低价游”的旅行社等问题。开展“一日游”旅游市场秩序综合整治行动。检查人员重点整治“一日游”旅行社违法违规经营、“黑导”“黑车”违法违规行为、旅游购物场所违法违规行为等问题。共检查3个“一日游”团，对存在的违规行为，检查人员现场进行教育并责令改正。

【旅游安全管理】 2022年，赣榆区开展景区（点）安全风险隐患再排查再整治。区文体广电和旅游局推进旅游行业落实安全生产主体责任，实行底数、隐患建档建册，责任到人，落实旅游行业安全生产网格化措施。强化日常管理，实行行业单位日常巡查，将各点位安全隐患分配到网格每一级。加强安全生产常态化管控，对存在隐患较大的点位，联合相关部门依法依规采取强硬手段予以关停。截至年底，区文体广电和旅游局组织检查人员40余人次，检查点位80余家次，检查一般隐患24条，全部予以整改。

【旅游维权】 2022年，全区接到旅游求助工单13个，涉及门票退费、景区管理、服务态度、旅游维权等方面。求助工单均在90分钟内回复并办结，服务评价均为满意。（周 娜）

房地产业

房地产开发

【经营性地产交易】 2022年，赣榆区编制年度土地储备计划。挂牌成交经营性用地12宗，面积48.29公顷，成交价款27.38亿元。集体经营性建设用地入市挂牌成交地块53宗，面积105.01公顷，成交价款3.31亿元。申报城乡建设用地增减挂钩复垦项目23个，项目区建设规模61.43公顷。（陈家旭）

【房地产开发投资】 2022年，赣榆区房地产开发投资完成31.05亿元，比2021年增长11.7%。其中，建筑工程完成投资21.53亿元，下降1.1%；安装工程完成投资1.16亿元，下降30.7%；设备工器具购置完成投资0.45亿元，增长9.4%；其他费用完成投资7.91亿元，增长101.2%。

【项目建设】 2022年，赣榆区房产在建项目有九璋赋小区、万象琴岛壹号院、合樾兰亭、天樾府云顶苑、和悦府、时代天荟、观澜金海湾、滨河阳光、21世纪国际花园、桃李书院等49个，在建项目建筑总面积59.76万平方米。年内，青城名邸、泰润城、明珠书香苑、信榆富贵世家、金海剑桥星城、万象琴岛壹号院、恒安文博苑、新贵都小区、康宁住宅小区A区、印象邻里、金桂园、国旅蓝岸、御林壹号、学府雅苑、印象邻里15个项目竣工验收交付。

【新建小区】 2022年，全区新增小区6个，分别是书香门第小区、福城状元府小区、未来时光花园小区、易居学府小区、香樟花园小区、水岸庭院小区。书香门第小区，位于青口镇华中路东侧、文化路南侧，总建筑面积146327.6平方米，绿地率30%，建设12栋住宅，1栋2层商业，共756户。福城状元府小区，位于青口镇义塘路东侧、沙汪河北侧，总建筑面积69981.98平方米，绿地率35%，建设6栋住宅，1栋2层裙楼，共441户。未来时光花园小区，位于青口镇义塘路东侧、徐福路南侧，总建筑面积83342.39平方米，绿地率35%，建设10栋住宅，共523户。易居学府小区，位于青口镇怀仁路西侧、狮王路东侧，总建筑面积46498.09平方米，绿地率35.01%，建7栋住宅，共380户。香樟花园小区，位于墩尚镇罗阳村地西侧，204国道东侧，银杏路南侧，总建筑面积51832.15平方米，绿地率30%，建设37栋住宅，1栋3层物业用房，36栋四层住宅，共140户。水岸庭院小区，位于墩尚镇罗阳村地西侧，204国道东侧，银杏路南北侧，总建筑面积83494.1平方米，绿地率32%，共建设45栋住宅，2栋3层物业用房，43栋4层住宅，198户。（李　森）

房地产市场

【商品房供销】 2022年，赣榆区批准预售商品房7557套、59.76万平方米，面积比2021年下降74.94%；其中，住房3514套、47.44万平方米，面积下降75.29%。全年销售商品房7935套、70.23万平方米，面积下降58.48%；其中，住房4378套、57.4万平方米，面积下降62.64%。

【商品住宅成交价】 2022年，赣榆区商品房成交均价7332元/平方米，比2021年下降7.9%；其中，商品住房成交均价7790元/平方米，比2021年下降4.48%。

【商品房市场去化周期】 2022年，赣榆区商品房去化周期为35个月，商品住房去化周期为20个月。其中，城区商品住房去化周期为15个月，乡镇商品住房去化周期为41个月。（夏国瑞）

表16　　2022年赣榆区房地产住宅指标统计表

房产类别	2022年销售房			库存房	
项目	面积（万平方米）	套数（套）	价格（元/平方米）	面积（万平方米）	套数（套）
指标	57.4	4378	7790	97.52	7133
同比比例（%）	-62.64	-61.83	-4.48	-7.78	-9.36

【赣榆金秋房展会】 10月1-3日，赣榆区举办金秋房展会。房展会由区住建局、区教育局、区商务局主办，区融媒体中心承办，以“书香赣榆 宜居福地”为主题，采取“线上直播+线下访谈”的方式，实现线上与线下同步互动。设置赣榆新城体育场主会场和琴岛天籁群众体育活动分会场。苏海听涛苑、万象琴岛壹号院等13家房企20个楼盘参展。房展会期间，市民到访量6000余人次，意向客户776人，销售商品房并签订购房合同8套，建筑面积约1000平方米。

（闫广升）

2022年10月1日，赣榆区金秋房展会开幕，众多市民前来了解房市情况

（区融媒体中心　供图）

房地产市场监管

【概况】 2022年，赣榆区规范商品房预售许可管理，出台《赣榆区房地产市场调控“一城一策”工作实施方案》，改进和优化商品房预售许可管理流程，规范商品房预售合同备案管理，加强商品房预售资金监管及预销售行为监管，完善房地产市场监管机制。对出现违反相关法律、政策要求，扰乱房地产市场秩序的行为依法严肃查处，予以公开曝光。区房管处联合区市场监督管理局对4家房地产开发企业、19家房地产经纪（分支）机构的执业行为进行双随机检查，及时发现问题并责令整改。

【商品房销售监管】 2022年，赣榆区共发放商品房预（销）售许可证43件，批准商品房预售面积59.76万平方米。全年设立商品房预售资金监管账户38个，解除终止商品房预售资金监管账户25个，缴存商品房预售监管资金95.98亿元，申请核拨资金76.45亿元，监管资金余额42.01亿元，商品房预售资金监管率达100%；商品房销售网上备案率、公示率、预售资金监管率、售楼人员持证上岗率100%。

【房地产租赁管理】 2022年，区房管处严格落实《城市房屋租赁管理办法》，向群众派发租赁房屋安全宣传单，宣传相关法律法规，扩大租赁房屋的工作影响力，维护房地产市场秩序，保障房屋租赁当事人合法权益；配合公安部门，建立部门联动机制、市场整治联合执法，加强排查、注重实效，坚决杜绝房屋租赁安全隐患，狠抓租赁房屋安全管理，优化房屋租赁安全环境。全年受理租赁许可91件。

【房地产中介管理】 2022年，赣榆区备案房地产经纪机构49家，年内新增备案经纪机构6家。区住房和城乡建设局对房地产中介企业实行备案制度，对有资质的中介企业及通过市住房和城乡建设局审核备案合格的中介机构，实行网上公示及办证大厅窗口公示制度，允许进入赣榆区房地产市场开展业务，备案率100%。

【房地产市场秩序整顿规范】 2022年，区住建局组建规范房地产市场秩序整治工作专班，检查68个项目售楼部、71个在建项目工地，对未取得《商品房预售许可证明》违规收取预售款行为的1家企业依法整治。

【房屋测绘】 2022年，赣榆区测绘队共完成私房户测绘106户，建筑面积2万平方米，配图236份，企业厂房测绘24家，建筑面积20万平方米的测绘工作。配合第三方测绘中介公司，全年完成桃李书院、恒安嘉园、云顶苑、棠樾小区等16个开发项目56万平方米楼盘的商品房预测成果，以及观澜幸福里、万象琴岛壹号院、明珠书香苑、金桂园、万象办公大楼等20个项目80万平方米的商品房实测成果。（夏国瑞）

【房地产税收】 2022年，区税务局加强房地产业税收监管，联合多部门推进综合治税，运用自然资源、住建、财政等部门第三方信息，有针对性地开展房地产业风险管理深度分析，在企业所得税评估、土地增值税清算等方面取得突出成效，有效缓解房地产业税收下滑对组织收入造成的减收压力。全年征收房地产税8.62亿元，比2021年减收8.6亿元，下降50%，占全区税收收入的比重为14.7%，比2021年下降10.5个百分点。

（杨传庆）

【房地产金融】 2022年末，全区房地产贷款余额284.9亿元，比年初新增加12.5亿元，增长4.59%，比年初少增30.7亿元。其中，房地产开发贷款余额40.6亿元，比年初减少0.17亿元，比2021年少增4.77亿元；购房贷款余额244.2亿元，比年初增加12.7亿元，比年初少增25.9亿元；证券化房地产贷款余额3.33亿元，比年初减少0.86亿元。委托贷款项下住房公积金贷款余额19.1亿元，比年初增加1.54亿元，增长8.77%。

（曹家龙）

物业管理

【概况】 2022年，赣榆区有物业服务企业43家，在管物管小区105个（城区93个，乡镇12个），住宅管理总建筑面积1031.64万平方米，总占地面积约655.68万平方米，住户6.71万户。物业行业从业人员1400余人，其中，取得物业项目经理资格证书210人，持有上岗证专业从业人员500余人，新建商品住宅全部实施专业化物业管理。9个小区实行物业二级收费标准，占比8.5%；65个小区实行三级收费标准，占比61.3%；25个小区实行四级收费标准，占比23.6%；7个小区实行五级收费标准，占比6.6%。各镇负责组织开展本辖区物业管理工作，区住建局负责全区物业管理的监管和行业指导。涉及物业管理14项行政处罚权及相应的行政强制措施权，于2021年12月赋权予各镇。城区各物管小区共成立小区业委会24个、物管会12个。

2022年5月27日，观澜尚城小区一角　　（区住建局　供图）

【智慧物业管理】 2022年，赣榆区聚焦94个物业小区，探索智慧物业建设模式，统筹江苏农村商业银行与海天连城、琴岛壹号院等小区物业服务企业推进智慧物业建设，依托吾悦和府、碧桂园豪园等优质物业服务企业客户端平台，打造智慧物管小区，改善群众生产生活环境。

【物业承接查验备案】 2022年，区住建局出台《全区物业承接查验及备案管理工作（试行）的通知》，规范物业服务行业市场秩序，加强前期物业管理活动的指导和监督，维护业主合法权益。全年完成物业承接查验备案26件。

【物业服务综合测评】 2022年，区住建局推行物业服务管理项目红黑榜制度，对全区94个物管小区进行3轮综合考核、1次专项联合检查，借助“赣榆发布”“红榆伞”等微信公众号发布物业“红黑榜”，公示“黑榜”小区4个。通过红榜激励先进、黑榜警醒落后，对管理水平较低、考评处于末位的物业服务企业进行约谈、提醒，推行优胜劣汰，净化行业环境。6月，召开赣榆区物管小区物业服务品质及安全生产工作联合督查检查工作部署会，联合区消防大队、区公安局、区城管局、区市监局等部门，在40个物管小区开展督查检查活动，检查涉及小区物业服务品质、电梯、消防、违章搭建、物业收费、公共能耗费、公共收益等方面，对各小区存在的相关问题进行跟进整改。

【物业维修资金管理】 2022年，赣榆区规范物业维修资金的管理和使用。归集物业维修资金3908.14万元，核准使用物业维修资金315.75万元。

【物业管理优秀项目】 2022年，新世纪花园、中央鸿府、海天连城等小区的物管获“市级示范物业管理项目”称号，观澜尚城小区获“党建引领物业管理服务工作省级示范点”荣誉称号。（王　萌）

城市建设与管理

综述

【城市建设推进】 2022年，赣榆区完成“三区三线”划定，区域功能布局持续优化。徐福片区、义塘片区城市道路、教育配套、水系景观基本成型，拓展城市发展空间3.9平方千米。文化东路、华中北路、东关北路改造建成通车。完成旧城改造23.35万平方米，整治老旧小区2个，改造城市道路5条。以“脉动金海路”为主题，完成金海路沿线97栋建筑外立面改造。

【城市管理优化】 2022年，赣榆区开展市容环境联合整治，拆除违建8.4万平方米。完善道路清扫保洁机制，机械清扫率达95%。城区生活垃圾日产日清，无害化处理率达100%。推进垃圾分类终端建设，建成垃圾分类达标小区20个。施划停车泊位2570个。新建、改建公厕16座。实施渣土运输全线监控。新建城市便民服务岗亭1个。

【新型城镇化】 2022年，赣榆区围绕提升市民生活品质的目标，提速城市改造更新，优化城市空间形态，配套完善城市功能，提升城市品位，打造独具特色、功能完善、韧性智慧的滨海美丽宜居城市。科学开发利用城市湿地生态资源，构建170万平方米的白鹭公园，高标准提升总长45千米的海滨景观大道，串联海州湾旅游度假区、“三河两地”生态区，打造国内一流的“蓝湾百里”滨海特色风光带，并精心设计、综合开发整治青口河、沙汪河、青龙河、朱稽河等水体景观，塑造“河海之间、绿脉相连、四河贯城、一湖镶嵌”滨海湿地新城。开发建设占地3平方千米的琴岛天籁片区，加快实施陆岛码头、秦山岛生态保护工程，厚植发展底色，激发绿色动能，全面彰显“金沙碧海、城岛相望”的滨海生态湿地城市特质。改善提升城区道路，改造提升文化西路、华中北路、东关北路工程，完成西关南路前期工作；按照“成片、沿线、多节点”的思路，创新城市更新投融资机制，完成原县医院周边地块和河南片区征收项目。分配经济适用住房190户、廉租住房290户，发放廉租住房租赁补贴资金210户。完成南农信花园提升改造，加装老旧小区电梯2部。 （夏国瑞）

2022年5月16日，赣榆城区黄海路全景 （区融媒体中心 供图）

【城市建设投资】 2022年，赣榆区投资5.5亿元建设徐福片区选青中小学工程；投资3.67亿元建设徐福片区榆城路、滨河路、临河路等海绵城市道路、绿化及配套工程；投资6.06亿元建设城发智慧冷链物流综合体项目；投资4.03亿元建设城发污水处理厂项目；投资10亿元建设青口河以南片区市政污水管网完善工程；投资1.2亿元建设云昇广场装饰装修项目。 （刘芳兵）

城市规划

【国土空间总体规划推进】 2022年，赣榆区国土空间总体规划初步成果通过省自然资源厅空间规划局预审查，编制完成预支空间规模指标落地上图方案，7月15日获省自然资源厅批复，完成“三区三线”划定成果并经自然资源部批准实施。

【专项规划】 2022年，赣榆区按照国土空间专项规划编制清单确定的30个专项规划，推进国土空间专项规划编制工作，各专项规划成果纳入国土空间总体规划。

【控制性详细规划】 2022年7月13日，赣榆区中心城区控制性详细规划实施。该规划范围包括中心城区新城片区、中心城区城南片区、赣榆经济开发区和中心城区老城片区。中心城区新城片区规划范围北至兴庄河，南至青口河，西邻怀仁路，东到黄海沿线；功能定位为“综合配套、海滨旅游、科教文化、高新产业”的产教城融合型滨海新城；总用地面积约为23.3平方千米，规划形成“一核、两轴、六片”的布局结构。中心城区城南片区规划范围包含青口河片区和高铁新城片区两部分；青口河片区功能定位为产城融合宜居片区，高铁新城片区功能定位为高铁门户形象片区；总用地面积为8.68平方千米，规划形成“一轴一带，六片区四节点”的布局结构。赣榆经济开发区规划范围北至青口河，南至朱稽河南，西邻G204、华中路，东到宋庄辖区界线。功能定位为江苏沿海水韵魅力生态型园区，苏北地区产业升级创新型园区，赣榆先进制造产业高质承载区；总用地面积约为18.9平方千米，规划形成“一轴、一带、三核、三心、三区”的布局结构。中心城区老城片区规划范围北至242省道，南至青口河，西至祝其路，东至怀仁北路；功能定位为“连云港市的商业副中心，承载赣榆区的居住、商业、休闲功能的生活性服务中心”；总用地面积约为14.14平方千米，规划形成“一核、两廊、两轴、四心、六组团”的布局结构。

【规划管理】 2022年，区自然资源和规划局审批核发城区的滨河苑及西关路幼儿园、21世纪国际花园等39个项目规划设计方案，乡镇的海头镇中心卫生院、海头镇海后村海产品电商服务中心等83个项目规划设计方案。按照上位规划，出具城区金海路社区服务中心、选青中小学等29份规划设计条件及红线图，乡镇134份地块红线图及47份规划设计条件。配合农房办完善农民集中居住11个项目的用地规划手续等。审批尚都天璞供电路由、徐福片区供暖路由等14份管线路由规划意见，厉庄镇、墩尚镇的燃气路由等7份管线路由规划意见，保障市政工程的落实。（张庆红）

城市更新

【海绵城市建设】 2022年，赣榆区推进海绵城市建设。实施青口河以南片区市政污水管网完善工程，范围北起青口河，南至朱稽河，西起G204，东至通榆河，面积约12平方千米，对片区内14条主要道路进行雨污分流改造，共新建污水管网约30千米按照海绵城市建设标准，精心编制公园规划和优化道路断面设计，通过布设慢行道，公园游园等建设连接贯通新老城区，配建慢行健身步道22.4千米。建成青口生态公园、河滨公园、市民广场等大型综合公园，均衡布建23个口袋公园，让居民出行“300米见绿赏景、500米入园健行锻炼”。

【海滨风貌塑造】 2022年，赣榆区依托渔村、渔港、城镇、海岛、优质沙滩、防护林、湿地等海滨资源，一线串珠，通过系统化的规划引导、风貌控制，塑造江苏最美的海滨特色城镇带。海滨大道（绣针河—白鹭公园）整体设计，完成沿线苗木修剪、死亡倒伏树木处理、绿化补植等工作。白鹭公园完成水系整理、土方换填、部分绿化栽植。陆岛码头、海州湾砂质岸线修复、观景阳台打造、青口渔港（三河两地）一期工程基本完工。韩口渔村风情塑造完成部分农房改善、渔人码头、韩口河整治、风情一条街等。徐福片区榆海廊道完成水域清淤、软基换填、微地形整理及部分苗木栽植。（冯晓善）

【房屋征收】 2022年，赣榆区以改善群众住房条件为出发点和落脚点，主要完成原县医院周边地块和河南片区征收项目。原县医院周边地块项目位于华中路以东、健康路以西、

2022年11月21日，陆岛交通码头全景　　（区融媒体中心　供图）

黄海路以北，文化路以南。征收土地面积7.2万平方米，征收建筑面积7.37万平方米。补偿总金额为6.39亿元，征收户数396户。河南片区项目位于华中路以东、镇海路以北、东关路以西、青口河以南。征收土地面积14.2万平方米，征收建筑面积9.42万平方米。补偿总金额7.18亿元，征收户数699户。（张　芳）

【老旧小区改造】2022年，赣榆区实施并完成改造工作涉及2个老旧小区，改造面积3.67万平方米，惠及户数286户。坚持“市级指导、区级主抓、部门协调”的原则，由区政府统筹，区住建局安排专班负责推进，协同供水、供电等9家管线单位共同参与建设，按照省《关于全面推进城镇老旧小区改造工作的实施意见》等文件要求，采取“具体情况、具体分析”的办法，本着“应改则改”的原则，结合小区实际和居民强烈需求的基础上，反复勘查现场，充分论证方案，科学规划设计。通过将楼体内外墙粉刷约2.32万平方米、更换雨水管1200米、翻新散水116平方米；道路重新铺设沥青5300平方米、原检查井维修改造23座，新建雨水沟与市政管网连接300米，移动、电信、广电等弱电管线入地改造；新增电动汽车充电车位21个、电动自行车充电车棚1处；停车位线、消防回车场地警示线共1223.4米；增加休闲小广场、景观小品等设施，提档升级小区各项功能设施。（居世东）

链接：

老旧小区加装电梯便民惠民

日前，在农资小区三号楼一单元居民楼施工现场，随着吊车吊装指挥员一声令下，4吨多重、12米高的电梯钢管外架，被25吨大吊车轻松吊起，然后稳稳地安装在6米高的电梯钢管基台上。至此，该楼单元12户居民加装总高18米的电梯钢管外架成功吊装完成，春节前即可投入使用。

老旧小区最需要改什么、怎么改，小区的居民最有发言权。在加装电梯工程中，连云港华界公司与西德电梯公司联合办公，组织施工人员逐户上门做工作，以单元为单位，充分听取群众意见，多次组织“小板凳”会议，在小区中设置征求意见栏，鼓励群众积极参与到小区改造中来。农资小区加装电梯工程项目负责人穆经理介绍，对需要改造的老旧小区，深入每户做工作，力争每部电梯施工2个月左右完工，确保加装电梯改造真正做到想居民所想，急居民所急。

目前，我区住宅加装电梯已完成2部，正在施工2部，正在公示2部，另6部正在进行前期工作。

（赣榆区融媒体中心2022年11月25日发布）

2022年3月7日，赣榆汽车客运站全景　（区交通局　供图）

【徐福片区开发】2022年，徐福未来城按照“海风徐来、宜居福地”的定位，实施十大工程，实现“两年成景”的阶段性目标。琴岛天籁片区完成心海湖东部沙滩回填及景观绿化工程建设，成为市民外出游玩、举办各类活动的重要场所。建设徐福片区选青中小学工程，项目总建筑面积7.77万平方米，工程在建；完成徐福片区榆城路、滨河路、临河路等海绵城市道路、绿化及配套工程，具备通车条件。

【公共配套设施建设】2022年，赣榆区序时推进公共配套设施建设。新建城市游园9个。铺设供水管网26千米、供热管网13.4千米，建成220千伏梁丘变、110千伏洪爽变。建设城发污水处理厂项目，占地约4.53公顷，建设内容包括常规改良A2O处理工程、深度处理工程、污泥处理工程，扩建污水处理能力为3万吨/日；建设青口河以南片区市政污水管网完善工程，建设污水管网29.9千米，其中配套一体化泵站1座（2万吨/日）及配电房及其附属构筑物、电气等。全面排查更新公厕内硬件设施，按照500米内不低于一个的标准规范设置公厕导向牌。新建金海路公厕1座，11月底竣工投用；改建西关南路、同济医院等公厕15座。新城污水处理厂获2022年度中国市政工程协会市政工程最高质量水平评价奖；新城污水处理厂获2022年度江苏省市政工程协会市政工程最高质量水平评价奖。（夏国瑞）

城市公共交通

【城市公交】2022年，赣榆区有新能源公交车249辆，节能环保车辆占比100%。城区内公交车77辆，其中，新能源公交车占比100%。全年公共交通客运量539万人次，公共交通出行分担率6.4%。

2022年6月6日，青口河水环境整治现场 （张庆波 摄）

【出租汽车】 2022年，赣榆区有汽车企业2家，营运车辆总数140辆，其中，客运出租50辆，金发出租90辆。全区有出租汽车从业人员162人，载客车次总数168.1万次，全年行驶总里程1027.07万千米，年客运量169万人次。 （刘裕贤）

【公共电动自行车】 2022年，赣榆城区投放公共电动自行车2600余辆。日常运营根据网格化管理进行街面车辆合规摆放，设立南至宁海西路、北至徐福路、东至义塘路、西至和安湖为网格1，时代街以南、黄海路以东、文化路以北、义塘路以西为网格2，吾悦街以南、金海路以东、嘉汇城以北、黄海路以西为网格3。合规专员落实网格化管理制度和岗位责任制度，每个网格配置4名运行维护人员，组织全员参与街道路口等重点地区的巡逻检查，整齐摆放车辆，对违规骑行行为进行劝导教育。

（张爱文）

城市水利

【水环境整治】 2022年，赣榆区下发《关于开展全区河库清漂专项行动的通知》，全面摸清和清理整治河库管理范围内漂浮物、岸线垃圾等突出问题，开展城区常态水面漂浮物整治，清理河道漂浮物150吨，拦网、迷魂阵近70处。加大河道保洁力度，每条河道保洁员不少于3人，保洁在岗时间10小时，及时清理河道及其支流水面和岸边漂浮物。落实保洁检查制度，区水利局安排专人每天沿线检查，每月总结考核，巩固城区水环境整治成果。

【兴庄河水环境专项治理】 2022年，区水利局编制并印发《兴庄桥国考断面“对标进位”专项行动方案》，下发兴庄河水环境治理重点任务清单21项，明确责任单位及时限，每月开展调度，确保水环境治理取得实效。

（张庆波）

【青口河治理工程通过省级审查】 2022年，赣榆区青口河治理工程取得省水利厅行政许可。青口河贯穿赣榆主城区，承担小塔山水库泄洪，独流入海。治理工程概算总投资2.71亿元，建设任务以防洪、排涝为主，兼顾农田灌溉供水。规划对小塔山水库以下27.25千米河道实施清淤疏浚、滩地整理、堤防加固、岸坡防护、穿堤建筑物拆建（新建）、拦河闸坝加固、防汛路修建等工程，消除汛期安全隐患，提高区域内非城区段防洪能力至20年一遇、城区段防洪能力至50年一遇。 （年 编）

公用事业

【供电】 2022年，赣榆区全社会用电量40.95亿千瓦时，比2021年增长1.84%；完成售电量38.87亿千瓦时，比2021年增长2.28%；最大调度负荷81.6万千瓦。完成固定资产投资1.13亿元，投产110千伏及以上线路51.55千米、变电容量11.3万千伏安；实现营业收入21.9亿元，比2021年增长10.19%；资产总额15.97亿元，比2021年增长4.31%；利润总额14.94亿元，比2021年增长13.05%。

电力保供 镔钢储能接入省集控平台，签订1万千伏安需求响应容量。赣榆经济开发区管委会出台电力需求响应激励政策。组织245户

2022年6月25日，赣榆区供电公司工作人员抢修线路 （滕 洁 摄）

企业精准实施需求响应18天，单日最大错峰9.98万千瓦。投运迎峰度夏项目4个，完成电网加强措施2项。赣榆供电公司强化电力设施保护机制运转，推动艾塘变违建等严重隐患整治。安全管控1项二级、20项三级作业风险。健全违章闭环处置机制，全年查处违章现场110处，发现现场违章138起，罚款12.8万元。约谈外包单位10次。赣榆供电公司与区应急管理局签订战略合作协议，应对"6·24"强对流天气，第一时间恢复受影响用户供电，修订强对流天气应急手册，推行专业化常态应急值班。举办消防、大面积停电等专项演练6场。完成中共二十大、清水进城龙舟赛等37次重大保电任务。

电网升级换挡　赣榆供电公司聚焦绿色低碳安全高效，推进新型电力系统建设，发布《整县屋顶分布式光伏实施方案》，开展"配网一张蓝图绘到底"，全面梳理12个供电网格网架结构现状，完成项目储备496个、涉及资金2.8亿元，220千伏梁丘输变电工程投运，完成赣榆第二高中110千伏洋怀、洋仁、洋城、洋新线路迁改工程，220千伏艾柘线跨越G15沈海高速改造工程。全年在建基建工程项目7个，单体工程13个。

配网运行优化　全年完成配农网投资1.74亿元，新建改造配网线路114千米、电缆21.77千米、配变538台。启动配网自动化实用化提升三年行动，配网线路绝缘化率提升至99.93%，配网全线路故障量比2021年下降8.93%、强停故障比2021年下降17.4%，用户平均停电时间压降30.8%。

电力服务品质提升　赣榆供电公司建立重大项目挂钩机制，金凌创联等14个市重点项目送电。区政府部门联合发文政企共担机制配套支持性政策实施细则4个。完成高压业扩配套项目141个，节约客户办电投资1804万元。省级以上开发区实现"开门接电"全覆盖。建成启用"电水气讯"一站式营业厅，办结投运柘汪产业园全省首个"电水气讯"联办产业园报装业务。全年解决5个居民小区临代正问题，紫荆苑等4个农集区项目送电。区发改委印发《加快居民住宅小区充电基础设施建设的意见》，打造南农信小区"开门接桩"示范工程。投诉意见工单总量比2021年下降38.32%，回访满意率提升2.6个百分点。西棘荡零碳美丽乡村建设成效在央视朝闻天下栏目专题播出。"海马工厂化养殖助农增收""反季对虾大丰收"等主题视频多次被新华社等主流媒体平台刊发。

电力改革创新　2022年，全区完成市场化交易电量20.11亿千瓦时，其中，电网代购用户电量5.58亿千瓦时。推进全业务核心班组建设，自主实施项目36个。全市系统首家试点导入企业级卓越绩效模式，获评第三届"赣榆区质量奖"。申请专利26项、授权专利29项，其中，发明专利申请11项、授权5项。1项管理创新成果获省企业管理现代化创新成果一等奖；1项技术创新成果获全国能源化学地质系统一等奖。2名工匠成果入选全国总工会首届大国工匠创新交流大会创新成果展。（王其东）

【供水】 2022年，赣榆区供水管道长度为448.66千米，供水总量2737.55万立方米，其中，居民家庭用水1050.35万立方米。区城发集团以确保全区供水服务为主线，以解决群众实际问题为重点，投资4000万元建设集水务管理一体化门户以及工单管理系统、移动终端系统于一体的连云港市赣榆智慧水务项目，实现全流程闭环管理，使水务企业向智慧化转型。年内主要完成文化西路、东关北路、徐福片区供水管道铺设10.7千米。塔山水厂深度处理项目于9月完成，提升全区水质标准。

（刘芳兵）

【供气】 2022年，赣榆区各镇供气项目主要进行管道铺设及入户工作。全年完成燃气管网铺设46千米，完成3000户乡镇燃气居民用户安装。区住建等部门立查立改城镇燃气使用安全隐患382处，打击"黑气贩、黑气点"4起。

【污水处理】 2022年，创联水务公司处理污水水质达标排放，共完成污水处理量389.1万立方米，日均水处理量为1.58万立方米。创联污水处理厂污水处理量2368万立方米，日平均水处理量为6.49万立方米。

（刘芳兵）

【城市照明】 2022年，赣榆区住建局常态化开展"白+黑""5+2"巡查工作，对城区各大街小巷1.32万盏路灯进行全面维修，出动车辆1750台次，维修好故障路灯1260盏，城区主干道亮灯率始终保持在95%以上，节日和重大活动期间亮灯率达100%，路灯设施完好率保持在90%以上，受理群众报修业务46次，修复率100%。熄灯时间严格按气候、季

表17　**2022年赣榆城乡区域供水价格一览表**　单位：元/立方米

分类	基本水价	污水处理费	水资源费	到户水价
居民生活用水	1.60	1.15	0.20	2.95
执行居民水价的非居民用户	1.70	1.15	0.20	3.05
生产用水	1.88	1.25	0.20	3.33
特种行业用水	3.40	1.25	0.2	4.85

节的变化及时调整，城市照明智能化控制管理系统基本实现智能化控制。完成春节氛围亮化工程、金海路127栋楼楼体亮化工程，提升维护228及海滨大道路灯灯杆刷新，全面拆除改造文化西路、华中北路、东关北路道路路灯。

【城区道路】 2022年，赣榆区完成文化西路（怀仁路—青年路）、华中路（金海路—徐福路）、东关路（金海路—徐福路）3条道路改造工程。其中，文化西路（怀仁路—青年路）改造工程红线宽32米，将原有水泥混凝土路面改造为沥青混凝土路面，并新增非机动车道，改善道路周边黄海路小学、实验中学学生出行条件。华中路（金海路—徐福路）改造工程红线宽32米，将原有水泥混凝土路面改造为沥青混凝土路面，新增非机动车道，并将沿线强弱电杆线统一迁改入地，东关路（金海路—徐福路）改造工程红线宽35米，将原有水泥混凝土路面改造为沥青混凝土路面，新增非机动车道，拆除新建东关路沙汪河桥，消除城区唯一一座C级桥梁。

【城市高架快速路建设】 2022年，204国道赣榆城区段工程获省建设用地批复。204国道赣榆城区段项目规模为63.37公顷，工程拟采用连续高架形式，跨越青盐铁路赣榆站规划道路、242省道、黄海路、镇海西路等道路，路线全长9914米。 （夏国瑞）

建筑施工

【概况】 2022年，赣榆区有117家施工企业施工总承包资质建筑企业，其中，特级资质企业1家，一级资质企业6家，二级资质企业15家。全区完成建筑业总产值159.05亿元，比2021年增长3.1%；竣工产值106.39亿元，下降18.6%。全区拥有二级以上资质企业22家。全年签订建筑合同额249亿元，与2021年基本持平。省外完成产值53.3亿元，增长11.3%。房屋建筑施工面积1242.43万平方米，下降5.8%；房屋建筑竣工面积334.1万平方米，下降17.3%。

【建筑市场管理】 2022年，赣榆区扶持高等级资质企业做大做强，以特级企业江苏万象建工集团有限公司带动发展6家一级资质建筑企业，形成“1+6”高资质龙头企业集群。引导企业重点向与建筑施工关联度较高的商业地产、房地产业、服务业、建材业等上下游产业延伸，由单一施工企业向集科研、设计、生产、施工、运营服务于一体的全产业链综合性企业转变，努力创建赣榆建筑品牌。引导当地企业与大型国企、上市企业战略合作。改革现行工程组织实施方式，巩固省内市场，加快与国际通行标准相接轨，实现境外承包工程项目建营一体化。全区两家企业取得海外签约权，外出施工产值约占建筑业总产值的40%。利用建设、规划行业管理一体的优势，在土地挂牌出让规划条件或出具项目建设规划条件时，按照《江苏省绿色建筑设计标准》，将绿色建筑相关指标及要求和装配式建筑配建比例、标准纳入规划设计要点，从源头上抓好绿色建筑和装配式建筑的推动落实。2022年，全区新报建竣工的项目绿色建筑比例100%；居住建筑6万平方米以上的装配式建筑面积超过30%，预制装配率不低于50%，公共建筑大于2万平方米的预制装配率不低于45%。赣榆区先后实行绿色建筑审查制度、装配式建筑报备制度，所有新建的民用建筑，在规划设计方案获批后，按照相关标准对建设单位上报的绿色建筑方案、装配式建筑方案开展审查、报备，出具审查意见，对未开展绿建审查、装配式建筑报备或审查达不到要求的，不予核发建设工程规划许可证。

【新墙材推广与应用】 2022年，赣榆区坚持生态优先、节约优先，落实碳达峰碳中和目标任务，加大建筑节能、绿色建筑和绿色建造推广力度，加快城乡建设绿色低碳转型发展，发挥职能作用，贯彻落实《江苏省发展新型墙体材料条例》，指导新型墙体材料研发、生产和推广应用，做好新墙材企业的生产能耗统计，推进事中、事后监管和“双随机”工作。做好墙材革新及乡镇“禁粘”宣传工作，完成“十四五”2022年度沙河镇、塔山镇、城头镇、城西镇“禁粘”目标任务。新认定新墙材企业数量3个，新认定产品数量8个，新墙材产量约2.92亿块标砖，新墙材应用占墙材总量的100%，对年度“禁粘”乡镇的在建工地、烧结类生产企业进行拉

2022年，赣榆区房屋建筑施工面积1242.43万平方米。图为7月4日施工现场 （司 伟 摄）

网式检查，检查"禁粘"乡镇在建工程36个，烧结类墙材企业8家，未发现违规生产或使用黏土砖行为。全区装配式建筑面积为24万平方米，应用比例约为23%。节约土地32.07公顷，节约能源1.81万吨标煤，减少二氧化硫排放362吨，利用工业废渣19.57万吨。

【竣工验收备案及消防审验】 2022年，赣榆区消防审验145件。其中，消防备案与抽查77件，消防验收32件，消防设计审查36件。竣工备案79个项目。其中，房建类项目54个，工业项目25个。

【建筑扬尘治理】 2022年，赣榆区落实企业治理、部门监管、政府引导、全员参与的扬尘污染管控机制，成立工作专班，实施网格监管，推行部门联动，动态化、严标准、全覆盖推进建筑工地扬尘防治工作。实施扬尘防治专项措施报备制度和土方施工报备制度，建筑工地常态化保持"六个百分百"（施工工地周边围档、出入车辆冲洗、拆迁工地湿法作业、渣土车辆密闭运输、施工现场地面硬化、物料堆放覆盖的百分百）要求。

【优质工程】 2022年11月，赣榆区派员参加2020—2021年度鲁班奖颁奖暨行业技术创新大会。会上，赣榆区莒城湖水厂项目获评鲁班奖。8月19日，韩口滨海特色渔村建设项目被江苏省住房和城乡建设厅授予江苏人居环境范例奖。（夏国瑞）

园林绿化

【游园广场绿化】 2022年，赣榆区建成区新增绿地面积17.4公顷，建成区绿地率38.74%。重点推进赣榆区白鹭公园景观绿化、沙汪河（文昌路—G204）城市水体滨水空间环境综合提升、徐福片区景观绿化、河滨广场提升改造等工程。

【道路景观绿化】 2022年，赣榆区建设完成文化西路（怀仁路—青年路）改造工程、华中路（金海路—徐福路）改造工程、东关路（金海路—徐福路）改造工程等道路景观绿化工程。

2022年5月28日，赣榆生态公园全景（区委宣传部 供图）

【园林绿化管理】 2022年，赣榆区融入国家森林城市及江苏省生态园林城市的创建，排查公园广场和游园配套设施，清查城区的主次干道两侧绿化现状，开展绿化养护提质行动，补植各类乔灌木1740株，地被2.6万平方米，基本做到绿地无裸露、无缺株死株。推行绿化养护新模式，对所管辖范围内的公园、广场、游园、道路全面推行网格化管理，创新管养方式。各养护单位对每个网格明确分管领导、养护责任人、养管员，绿化养护定人、定岗、定责，实现"人员、职责、任务"三落实。实现"三化九无"，即"绿化管养覆盖全面化、卫生保洁动态立体化、秩序安全对接无缝化"，绿化管养"无枯死株、无杂草、无病虫害"，卫生保洁"无死角、无灰尘垃圾、无漂浮物"，秩序安全"无空白时段、无空白地段、无不文明行为"。加强广场公共设施维护，对座椅、景观灯、垃圾桶等公共设施逐项检查，及时维修公园、广场、游园破损园路，修缮、新增健身器械，更换绿地牌、警示牌68块，公园广场综合服务功能改善，基本实现绿化设施配置全覆盖。按照城市树木审批流程办理确需移植的苗木，对确有需要占用绿地的市政项目，按照"应保尽保、应留尽留、能移不伐"的原则，对不符合条件的不予审批。全年审批移植项目6件，改变绿化规划、绿化用地的使用性质14件，临时占用城市绿化用地7件。对区内4处17株古树名木生长区域安装古树名木生长环境监测设备及为古树名木挂牌。

【"公园绿地+"和"口袋"公园建设】 2022年，赣榆区均衡公园绿地布局，拓展市民游憩空间，围绕"城市公园绿地十分钟服务圈"建设，运用"公园绿地+"理念，综合布建改造徐福路观澜幸福里北侧、金海路与盛世路交叉口等6个口袋公园及游园。（夏国瑞）

市容管理

【环境卫生管理】 2022年，赣榆区道路清扫保洁面积745.13万平方米采用"机械为主、人工为辅"的作业模式，机械清扫率达95%。建立"组保洁、村收集、镇转运、县（区）处理"垃圾收集收运体系，镇、村垃圾转运工作纳入各镇管理，垃圾转运体系逐步完善，基本实现镇村域内垃圾

日产日清、无积存。全年收运处理生活垃圾25.43万吨（日处理量710吨）、餐厨垃圾8315吨，全部送往康恒焚烧发电厂、金池生物有限公司进行无害化处理，处理率100%。加强公厕日常管理，每天消毒、保洁，不定时喷洒清香剂。投入79.7万元，购置压缩式垃圾转运车2台。投入43.75万元，购置分类果皮箱250只、垃圾桶1000只。

【垃圾分类】 2022年，赣榆区完成20个垃圾分类示范小区垃圾分类房及配套设施等建设，由小区物业公司负责管理，区城管局定期督查监管。4个省级垃圾分类示范镇开启筹备工作。建成投用全区首个垃圾分类科普宣传教育基地，教育基地室内面积99平方米，广场延展面积240平方米，以全面、智能、绿色和趣味建设理念，成为垃圾分类公众宣传教育的前沿阵地和参与的平台，10月10日对社会免费开放。建筑垃圾处理PPP项目完成项目招投标文件制作，进入公共资源交易中心审核流程；生活垃圾飞灰应急填埋场项目完成重大行政决策评估专家论证会议及重大行政决策合法性审查法律顾问论证。

【市容管控】 2022年，赣榆区利用实时音视频喊话系统，推进“门前五包”（包卫生、包绿化、包市政公用设施、包建筑物容貌、包秩序）精细化管理；出动人员4.08万人（次）、执法用车1.38万辆（次），集中清理店外经营9700余处、流动摊贩1.55万处、沿街乱晾晒5400余处，暂扣物品入库722件，清理乱堆放800余处。

【“小广告”整治】 2022年，赣榆区利用微信小程序、便民信息发布平台等载体，持续深化小广告柔性治理。对城区内“牛皮癣”广告进行清理涂盖，全年共铲除清理张贴小广告2.17万处，涂盖喷涂电话号码1.8万处，清洗公共信息栏40余次，拆除各类破损宣传横幅300余条。区城管局联合公安、通信等部门，查处散发小广告200余家，依法立案处罚16起；统计上报各通信部门停机处理违规电话号码255个。

【非机动车管理】 2022年，赣榆区施划非机动车停车位2.04万平方米，新增非机动车停车位4044平方米。对非机动车进行有序排放，共规范排放非机动车3万余辆。

2022年11月9日，区城管局拆除违法违规户外广告　（张爱文　摄）

【渣土智慧管理】 2022年，赣榆区利用鹰眼监控系统6套、建筑工地监控系统6套、渣土运输车辆监控130个，加大渣土运输车辆全过程管理。查处夜间工地施工18起，乱倒建筑垃圾运输车10余辆、抛洒滴漏运输车18辆。

【油烟扬尘治理】 2022年，区城管局排查餐饮单位506家，对未安装排油烟设施的145家商户下达责令整改书。配合区污防指办、联合生态环境局、青口镇等多家单位联合执法共5起。完成城区6家烧烤店集中整治，督促其按规定设置集烟罩、排烟管道、油烟净化装置。对城区在建建筑工地、拆迁工地进行不定时不间断巡查，重点对各工地出入口，车辆冲洗设备、设施及车辆清洗情况进行严查。环卫所出动4台洒水车每天对城区主要道路洒水4次，2台雾炮车每天6小时不间断作业，抑制扬尘污染。

【违建整治】 2022年，区城管局加大违建排查力度，现场排查违法建设40余处，拆除违建总面积3000余平方米。处理绿化类、建筑类、道路类投诉案件200余件，做到即时接件及时处理回复。推进“双清”（存量违法建设按计划清零、新增违法建设动态清零）及住宅小区整治专项行动，全区排查“双清”任务298处，计18.47万平方米；建成区住宅小区违建排查44处，计8663.23平方米，全部拆除完毕。

【城管便民服务】 2022年，区城管局在原有苏果、实验小学、黄海路游园、吾悦广场4个城市红榆伞岗亭的基础上，新建黄海路小学“城市红榆伞”岗亭，为群众免费提供食品加热、饮用水、手机充电、应急药物等13项暖心服务，全年服务群众3万余人次。　（张爱文）

综述

【新型农业主体培育】2022年，赣榆区通过先建后补、以奖代补等形式，扩大政策受惠面，对新型农业经营主体发展予以支持。发挥市场配置资源的决定性作用，推进生产要素向新型农业经营主体优化配置。因地制宜，推进各类新型农业经营主体之间协调发展，为新型农业经营主体发展创造公平的市场环境。坚持联农带农，利益共享。重点支持和农民有紧密联系的、可供农民学习借鉴的、能带动农民增收致富的新型农业经营主体，发挥辐射带动作用，促进小农户与现代农业发展有机衔接。新增注册家庭农场61家、农民合作社43家，新增市级龙头企业13家。

（成节荣　司建波　庄文明）

【人才兴农】2022年，赣榆区农业技术推广人员377人，具有高级职称114人，其中，正高级职称19人；本科以上学历175人。遴选131名农业技术推广人员进村入户，对1740户科技示范户进行技术指导。

【青年农民创业帮扶】2022年，区关工委和金山镇关工委密切配合，推进徐福茶厂青年农民创业培训基地建设，创办“韦君余大师工作室”“陈学花劳模工作室”“韦庆荣创业之星工作室”；依托创业培训基地，举办3期培训班，培训返乡创业青年农民70余人，其中，40余人实施创业计划；帮扶回乡大学生徐成创办“连云港金枝玉叶农机服务专业合作社”，提供农资销售、飞防植保、农机、农产品仓储销售于一体综合服务，8台大疆无人机植保作业范围面向全市；3次组织50余名从事粮油、果茶、蔬菜生产的青年农民和金山中专100余名农林菜专业学生，观摩飞防作业和机栽水稻现场。沙河镇关工委深化“五老”结对帮扶，持续支持青年农民颜廷涛“小鸡快跑”家庭农场和青年农民王世金水产品养殖基地，强化种植、养殖技术管理，提升种植、养殖质量水平。（刘　敏）

农村综合改革

【农村产权制度改革】2022年，赣榆区做好农村产权制度改革，健全村集体经济运行机制，实现村股份经济合作社开户建账与网银设立全覆盖、村委会代持资产移交全覆盖、按章程规定召开“三会”全覆盖。规范使用股份经济合作社“三会”会议记录簿，推动股份经济合作社规范运行。

【农村集体资产监管】2022年，赣榆区清产核资办公室制订《关于做好全区清产核资专项行动中有关核增核减账务处理工作的通知》《关于做好全区清产核资专项行动档案资料整理归档相关工作的通知》《赣榆区清产核资问题清收整改指导意见》《赣榆区清产核资验收工作方案》等指导性文件，开展清产核资业务培训12次、参训人员300余人次。成立5个业务指导组，每周开展镇级清产核资工作检查督查，发现问题及时解决。加强全区农村集体的资金、资产、资源“三资”智慧监管平台建设，完成数据导入、系统完善、平台试运行，实现农村集体家底“一图清”、管理现状“一点明”、合同预警“一键灵”、社情民意“一码行”的“四个一”目标。靶向管理盲点，实现农村集体资源无缝隙管理。

【农村产权交易市场标准化建设】2022年，赣榆区规范农村产权交易，开展农村产权交易市场标准化建设，农村产权交易项目5101个，交易金额4.43亿元，交易溢价5753万元，溢价率14.9%，其中，线上交易项目数999个，成交金额2.19亿元，溢价2379万元，溢价率12.2%。

【经济发达镇改革培育】2022年，区委编办按照省委编办对经济发达镇改革的最新要求，经调研论证、现场评估、专题请示、上级审核、统一批复后，推动海头镇入围省经济发达镇培育名单。制订《关于深入推进经济发达镇行政管理体制改革的实施意见》，在巩固提升柘汪镇品牌地位、抓好海头镇培育创建的同时，择优遴选3—5个基层条件好、经济实力强、

发展后劲足的镇，作为先行培养对象，构建“梯次培育、梯度提档”新机制，成熟一个、申报一个，创建一个、巩固一个，以镇域经济爆发式增长激发全区经济发展活力。（成节荣）

脱贫成果巩固

【概况】2022年，赣榆区贯彻中央、省、市关于巩固拓展脱贫攻坚成果，持续推进乡村振兴的战略部署，以产业发展为抓手，推进乡村振兴补助资金项目建设、帮扶项目资产管理、样板村打造与农村人居环境改善等工作。深化农业供给侧结构性改革，促进农村三产融合发展，鼓励乡村果苗种植、电商经济发展，以产业促发展，以发展带振兴。

【防返贫监测与帮扶】2022年，赣榆区聚焦低保户、五保户、残疾户、建档立卡贫困户四类重点人群，巩固贫困人口不愁吃、不愁穿，保障其义务教育、基本医疗和住房安全，建立健全“两不愁三保障”长效帮促机制，做到早发现、早干预、早帮扶，切实筑牢返贫致贫防线。依托地方特色产业和资源优势，带动“家门口”就业，催生乡村振兴内生动力。持续做好小额信贷工作，全区发放过渡期脱贫人口小额贷款2085笔9559.7万元，引领低收入农户自主创业致富。做好精准防贫保险理赔工作。全区共计理赔精准防贫保险1541笔321.06万元，救助因病、因学致贫家庭，夯实防返贫底线。

【样板村建设】2022年，赣榆区按照“产业兴旺、生态宜居、乡风文明、治理有效、生活富裕”的总要求，坚持规划引领，彰显地方特色，建设富有田园风光和现代气息的乡村振兴样板村，打造海头镇大官庄村、石桥镇韩口村等8个乡村振兴样板村，通过典型带动、以点带面、连线成片，示范带动、全域推进，引领乡村全面振兴。

【省扶持壮大村集体经济发展项目建设】2022年，赣榆区精准实施省扶持村集体经济发展项目，打造“1+N”共富联合体模式。实施沙河镇葡萄小镇二期项目、黑林镇蓝莓采摘园项目、城头镇稻虾核心示范区项目、班庄镇“红星”生态采摘园项目4个省扶持壮大村集体经济发展项目。总投资1220万元，其中，省扶持壮大村集体经济发展资金1140万元，镇财政资金20万元，村集体资金60万元。项目全部完成绩效自评工作。全年所有行政村集体经营性收入超过30万元，“抱团发展、整片联动”做法被全市推广，农村居民收入23811.9元。（成节荣）

2022年7月26日，乡村振兴样板村石桥镇韩口村榆人码头

（韦余倩　摄）

【帮扶项目资产管护】2022年，赣榆区组织对“十三五”扶贫资产管护运行情况进行全面摸底排查，制定并印发相关制度文件，以制度规范帮扶项目资产后续管理工作，建立排查清家底、明权定归属、管护重实效的资产管理模式，确保项目资产始终处于良好的运行状态。（韦余倩）

【移民后扶项目建设】2022年，赣榆区完成水库移民后期扶持资金1.88亿元，发放原迁移民直补资金1174.32万元，全面完成2021年度基金二批6个项目，实施2022年基金项目34个、后扶项目11个。扶持项目主要是与水库移民息息相关的“美丽移民乡村”建设、村庄基础设施、产业扶持、社会公益事业以及河道水环境治理等。34个2022年基金项目分两期实施。一期项目18个，资金6544万元，施工任务全部完成，13个项目通过竣工验收，完成移民劳动技能培训500人次。二期项目16个，计划资金6363万元，2022年12月底全部开工建设，完成工程形象进度约20%。11个2022年直补资金项目，投资1421.75万元，12月29日通过由区水利局、区财政局组织的竣工验收。（张庆波）

镇村建设

【概况】2022年，赣榆区建成美丽宜居村庄306个。其中，省级特色田园乡村2个，市级特色田园乡村3个。全区美丽宜居乡村建成率达87.2%；改善农民住房条件5148户，完成省任务162%；危房改造完成34户，其中，D级29户，C级5户；完成29个行政村农村生活污水“双60”建设任务，治理率达52.4%。

【美丽宜居乡村建设】2022年，赣榆区贯彻落实《关于深入推进美丽江

苏建设的意见》《关于深入推进美丽连云港建设的实施意见》文件精神，紧扣《江苏省村庄环境整治考核评分办法》中“三星级康居村庄”村庄风貌、环境卫生、配套设施3个标准，以改善农村人居环境为目标，以实施村庄环境改善提升行动为抓手，突出特色、集中力量，全力推进，赣榆区规划发展村庄351个，共命名的各类美丽宜居村庄306个，全区美丽宜居乡村建成率达87.2%。全区创建省级特色田园乡村2个，分别是海头镇海脐新型农村社区、海头镇益海新型农村社区（一期）；创建市级特色田园乡村3个，分别是柘汪镇秦家沙村秦家沙、厉庄镇谢湖村谢湖、厉庄镇翔凤岭村翔凤岭。

【农房改善】 2022年，赣榆区改善农民住房条件5148户，完成任务数排名全市第一位。其中，1980年及以前老旧房屋4176户，农村住房改善水平28%，居全市第一位。根据《赣榆区农村危房改造长效管理机制实施意见（暂行）的通知》，明确危房改造总体要求、工作重点及保障措施，危房改造系统录入率、审批率、开工率、竣工率、入住率均达100%，完成2947户农村危房改造，危改资金发放6056万元。

【农村生活污水治理】 2022年，赣榆区新建29个行政村一体化污水处理设施配套建设。农村生活污水处理达到双“60”标准的村庄224个，治理率52.4%，居全市第一位。

【农村垃圾处理】 2022年，赣榆区健全农村生活垃圾收运处置体系，完善“村日常保洁、镇收集转运、区焚烧发电集中处理”农村生活垃圾收运处置模式，优化镇垃圾中转站设置，每村聘有环卫保洁员，确保垃圾日产日清，村环卫保洁员实行村聘镇管，全区15个镇日均清运垃圾50吨。

【“净美家园”村庄清洁专项行动】 2022年，赣榆区以农村人居环境整治提升为抓手，开展清理生活垃圾、清理河塘沟渠、清理公共空间“三清”行动，实现“村里村外不见垃圾、房前屋后见缝插绿、厕所污水一并治理”目标。青口镇成立党员志愿者队伍，逐户进行环境整治宣传，引导每户家庭自行清理房前屋后垃圾，养成良好生活习惯。柘汪镇录制《告村民的一封信》音频，由原来的“干部干群众看”转变为“干部群众一起干”。海头镇采用“3104”模式推进，即3个大片统筹推进，10个小片具体负责，4个条线（工业、农业、城建、党建）针对分管的行业领域督查推进。沙河镇制作“老年人打扫卫生健康长寿”“小朋友打扫卫生能考清华北大”等土味横幅，形成村民主动配合、自行清理的良好氛围，按照“五清四化三改变，全域整治一张网”思路，解决村庄环境脏乱差、污水乱倒乱排等问题，实现镇域范围内水清、渠通、路畅、无违建。塔山镇研究“同心巷”建设，实现各村背街小巷硬化提升，并逐步向全镇拓展。

【村庄治理“六大工程”】 2022年，赣榆区集中实施规划引领工程、目标管理工程、垃圾处理工程、沿路净化工程、河道综治工程、村容提升工程“六大工程”，营造美丽田园风貌，打造宜人景观游园。新建1处日处理生活垃圾焚烧飞灰40吨的垃圾焚烧飞灰填埋场，赣榆污水处理厂二期投入运行。建设石梁河水库“幸福河湖”片区，一体化推进班庄、黑林等镇30个水库移民村庄环境综合整治，治理兴庄河排入沟河21条。按照“村里村外不见垃圾、房前屋后见缝插绿、厕所污水一并治理”目标，开展“整治、提升、巩固”专项活动，鼓励引导农户利用门前屋后及空地、荒地等闲置土地，打造各具特色的小花园、小果园、小菜园，常态化开展“美丽庭院”“美丽家园”等评比活动，推动乡村从“美丽”向“美好”转变。

【交邮融合示范线路建设】 “交邮融合，两个稳定运营”是江苏省政府2022年度50件民生实事之一。赣榆区有序推进农村物流发展，打通农村快递运输的“最后一公里”，确保区乡镇客运站（综合运输站）邮政快递服务和交邮融合示范线路稳定运营。5月1日起，客运公司先后开通3路罗阳线、13路金山线、12B路黑林线、14路夹山线、3061路大赤涧线5条交邮融合示范线路。

【农村改厕】 2022年，赣榆区建立厕所革命联席会议制度，制定《赣榆

2022年，班庄镇东窝子村“美丽移民乡村” （张庆波 摄）

区高质量推进“十四五”厕所革命实施意见》《2022年赣榆区农村卫生户厕改造实施方案》等文件，完成新建及改善提升户厕12097户。

（刘世花）

乡村产业

【特色农业】 2022年，赣榆区创成省级现代农业产业园2个（江苏省赣榆四季田园现代农业示范园、连云港市赣榆区现代农业产业示范园），市级现代农业产业示范园18个，赣榆区现代农业产业园跻身国家现代农业产业园创建名单，为连云港市首家创建国家级现代农业产业园的园区。全区有部级畜禽标准化示范场2个（连云港启迪禽业发展有限公司、连云港远征肉鸡专业合作社）、省级畜牧生态健康养殖示范场37个。全区有国家级出口食品农产品质量安全示范区2个（赣榆区国家级出口泥鳅质量安全示范区、赣榆区国家级出口水果质量安全示范区）、省级农产品出口示范基地4个（蔬菜、黄桃、辣根、黑莓），农产品出口企业40余家，主要产品为泥鳅、洋葱、鱿鱼丝、海苔等。全区实施秸秆综合利用重点县项目、第四轮改革试验区项目，推广秸秆多元化利用，探索构建稻麦秸秆收储体系，确保秸秆综合利用率达98%以上。全区有品牌农业获地理标志农产品2个（谢湖大樱桃、石桥黄桃），地理标志证明商标9个（赣榆梭子蟹、赣榆白虾、赣榆大黄鱼、赣榆对虾、赣榆鲳鱼、赣榆虾皮、赣榆沙光鱼、赣榆缢蛏、赣榆虾酱），创建省特色农产品优势区1个（赣榆梭子蟹）、省农产品品牌目录11家、“连天下”品牌企业24家。

【休闲农业】 2022年，赣榆区举办采摘、赏花节庆活动，吸引游客。厉庄镇、石桥镇、黑林镇、沃田集团、金公果业等政府和企业相继举办大樱桃、黄桃、蓝莓、猕猴桃等赏花、采摘节庆活动。节庆期间，通过举办文艺演出、相亲会等形式，吸引大批游客观赏、采摘。引导企业建立休闲观光精品点、星级旅游企业。引导果蔬种植企业加大投入，增加休闲观光旅游设施，园区建设向休闲观光农业方向发展。沃田集团、金公果业、谢湖村等企业或组织被认定为星级旅游企业或省市休闲观光农业精品点。

【农业产业化联合体】 2022年，赣榆区服务、指导家庭农场与龙头企业、农民专业合作社建立长期稳定的利益共享、风险共担的农产品产销衔接机制和订单履约机制，支持龙头企业与家庭农场采取保底收购、股份合作、利润返还等形式，建立契约型、股权型、分红型等合作方式，推广“订单收购+分红”“家庭农场入股+保底收益+按股分红”等方式，建立紧密的利益联结机制，发展农业联合体功能。全区形成“家庭农场+农户+公司”“家庭农场+村集体经济组织+贫困户”“家庭农场+示范基地+贫困户”等多种模式。全区有5个市级以上产业化联合体，21家参与联合体的家庭农场，带动农户1100余户。

（王超穆　司建波）

【产业融合发展】 2022年，赣榆区有区级以上农业产业化龙头企业142家。其中，国家级2家，省级15家，市级80家，区级45家。涵盖果蔬、特色畜禽、海淡水养殖、花卉林果等特色鲜明的产业，涉及10余个生产领域，省级和市级龙头企业数量较2017年增长1倍。农村三产深度融合，涌现沃田蓝莓、金傲来猕猴桃、厉庄大樱桃、墩尚泥鳅等一大批三产融合发展示范区。（司建波）

【产业园发展】 2022年，赣榆区培育黑林镇富林产业园、城头镇乡村振兴产业园等5个市级乡村振兴产业园，通过引进资源密集型企业，增加村集体收入，带动“家门口”就业，实现富民增收，把乡村振兴产业园建成产业发展的示范区、回乡创业的集聚区和乡村产业振兴的先行区。

（韦余倩）

老区开发

【概况】 2022年，区老促会、区扶贫开发协会开展老区宣传、红色资源普查、项目管理工作，在城西镇举办扬州技师学院“圆梦班”招生座谈会，连续15年进行慰问联系点厉庄镇谢湖村贫困户，获中国老促会全国老区宣传工作一等奖、连云港市老促会红色资源调研普查先进单位、江苏省扶贫开发协会省扶贫示范项目管理先进单位。

【老区宣传】 2022年，赣榆区一大批反映老区建设和扶贫工作的新闻稿件被市级及以上新闻单位采用，每月在上级媒体刊登或播出稿件20余篇，老区网站用稿50余篇。其中，朱代桂采写的《守护忠骨地毕生一寸心》，介绍抗日山烈士陵园守陵员贺龙广的事迹；伏开宪采写的红色经典故事《两袋黄米》，介绍刘少奇在大树村的事迹，先后在《中国老区建设》《江苏老区》和中国老区网刊登。7月9日，中国老促会召开全国老区宣传工作线上视频会议，赣榆老促会、区扶贫开发协会再次上榜，连续12年获全国老区宣传工作一等奖。

【扶贫示范项目管理】 2022年，区老促会、区扶贫开发协会注重扶贫单位和担保单位及担保人的考察工作，在保证项目借款资金安全方面，严格按手续签好合同，获“省扶贫示范项目管理先进单位”牌匾。全区共使用省市“三会”扶贫开发示范项目资金180万元，分为7个以农产品种植和农产品为原料加工转化企业的实施单位。全区项目实施单位拥有净资产6287万元，实现总产值7146万元，获纯利润450.4万元，吸纳就业人员105人，人均年收入2.4万元。季节性临时短期用工16800个，平均每个工人月90元。帮助困难学生32人，每人每年资助现金2000元，均在借款资金到账后春节（寒假）前发到学生手中。在被资助的学生中，上半年有9人为高三学生，全部被高校录取，另有1人应征入伍；下半年在读高三学生15人，高二7人。

【“携手助老区”公募活动】 2022年，区老促会、区扶贫开发协会通过线上线下募集3万元，用于青口镇10户因病因灾返贫困难户，每户资助3000元。（伏开宪）

乡村文化

【乡村文化阵地建设】 2022年，柘汪镇投入资金60余万元，提档镇级小镇书房和24处村级农家书屋，“立学书房”入选市级首批示范小镇书房，响石村农家书屋入选市级第五批示范农家书屋、省级农家书屋示范创新案例、江苏省2021—2022年度五星级示范农家书屋名单和第二届全民阅读大会最美农家书屋拟推荐名单。赣马镇提档升级镇新时代文明实践所，村级新时代文明实践站覆盖全镇36个行政村，镇文体中心篮球场投入使用；有4个乡村大舞台，大高巅、大毛庄等村建有乡贤广场。海头镇重建小镇书房，扩大阅览室面积，改善阅读环境，开展全民读书活动90余场。厉庄镇新型社区梧桐居新增篮球架1个，建设540平方米的塑胶灯光球场，为丰富群众文化体育生活，提高居民身体素质提供坚实保障；开展15分钟品质文化生活圈创建，以创建工作带动文化工作。

【乡村文化活动开展】 2022年，赣榆区开展省“千支优秀群众文化团队培育”专家志愿者走进赣榆第二轮现场辅导活动、第十五届“乡音·乡韵·乡情”民间文艺展演、赣榆第二届生态稻虾美食文化节等乡村文化活动。区文联组建书法、摄影、美术、戏曲、舞蹈、民间文艺等10支志愿者服务队，采取展览、讲座、演出、采风等多种形式，把新时代文明实践中心（站、所）作为活动主战场和展演大舞台，紧扣传统节日与各类节庆纪念时机，用群众喜闻乐见的文化表演和艺术作品，满足群众对文化生活新需求。区摄影家协会在黑林镇等偏远山区村级新时代文明实践所里，为留守儿童拍摄全家福，把照片寄给在外打工的父母，收到社会大量点赞与好评。柘汪镇整合镇村干部、教师、大学生等志愿者100余人，成立“柘里友爱”乡村阅读志愿服务队，依托小镇书房、农家书屋、“柘里友爱”功能室等阅读阵地，常态化开展阅读辅导、读书分享、亲子阅读等活动百余场次；依托镇、村、企业文艺人才，成立“山海之约”文艺志愿服务队，用群众自编自导、自演自赏的方式，将文艺演出送到田间地头、渔船码头、工厂车间，开展文艺演出30余场次，逐步培育出“舞动柘里”广场舞大赛、“出彩柘汪人”“职工歌手大赛”等文艺活动品牌。赣马镇开展文艺演出活动120场，举办展览124场次，举办培训班125场。海头镇组建腰鼓队、打湘莲队、蚌舞表演队3个表演团体，组织开展元宵节传统民俗踩街活动，传承弘扬中华民族的优秀传统文化；组织参与连云港市第一届龙舟公开赛，获直道200米一等奖、直道500米二等奖；围绕“我们的节日”开展迎新春写春联、挂彩灯、猜灯谜、书画比赛等群众喜闻乐见的各类主题特色实践活动30场次。沙河镇开展“庆国庆迎重阳”新时代文明实践系列活动。墩尚镇乡村文化阵地建设依托新时代文明实践所（站），实现镇村全覆盖，以“喜迎党的二十大”为主题开展各类宣传活动，围绕抗战胜利纪念日、烈士纪念日等时间节点开展红色教育基地实境课堂活动，利用好“一馆一碑一广场”（墩尚战斗纪念馆、纪念碑、纪念广场）宣讲阵地，举办墩尚战斗·赣榆解放历史陈列展暨非物质文化遗产图片展等系列活动30余场次；开展“我们的节日”系列活动，利用迎新春送春联、文艺汇演等文化惠民活动，慰问帮扶困难家庭、残疾人等特殊群体。厉庄镇抓好文化工作“软平台”建设，以“樱榭书苑”为平台，以“农味”知识为重点，将农家书屋与樱桃产业、电商发展、农民创业等特色服务相结合，探索“农家书屋+创客空间”发展的工作路径和创新模式，通过送知识、送技术，培育村民致富的“硬核”能力；向上争取资金，为北林村、河墩村、新坝村、双河村、谢湖村、西陡岭村安装健身器材；结合传统节庆，组织开展“德善林”植树活动、农民乒乓球友谊赛、青少年篮球友谊赛、广场舞大赛等全民健身运动。在元宵节期间，组织“中国好人”“省道德模范”及“樱桃红党员”志愿者，到镇养老护理院为五保老人献爱心；以传统节日为契机，组织开展“礼敬中国传统节日”阅读推广活动。

【乡贤文化建设】 2022年，柘汪镇

2022年6月9日，青口镇宋口村乡贤广场（区史志办 供图）

投资40余万元打造4000平方米的乡贤文化广场，设立“乡贤大道”，24个村设置乡贤榜；对评选出的12名“群众中有威信、周边有影响、发展有贡献”的镇级乡贤事迹进行展陈。柘汪镇涌现出江苏“时代楷模”钟佰均、“江苏好人”王笃智等一批新乡贤，先后被《人民日报》、江苏新时空微信公众号、北京西路瞭望微信公众号、学习强国等媒体报道。赣马镇定期组织开展敬老活动、“文明家庭”“好婆婆”“好媳妇”“最美庭院”等评选活动，评选出镇级文明家庭30余户，村级文明家庭600余户。厉庄镇重点围绕乡村振兴工作，健全完善“党委领导、政府负责、民主协商、社会协同、公众参与、法治保障”的社会治理体系，发挥乡贤在社会治理中的积极作用，吸纳100余名乡贤人士加入红白理事会、村民议事会等组织，与村支“两委”干部、村民组长共同参与公共事务，构建基层社会治理新格局；拍摄“江苏好人”、厉庄镇电影队队长卢峻长先进事迹，在全国、江苏省学习强国刊登报道；拍摄的《郭大娘送子参军》专题片在区级公众号发布。

【移风易俗】 2022年，柘汪镇成立24个村级红白理事会，将婚事新办、白事简办、孝亲敬老等纳入村规民约；结合新型农村社区建设，在西棘荡村、响石村、王坊社区试点设立“新风餐厅”3处，“居家养老服务站”3处；结合新时代文明实践活动，常态化开展“小手拉大手”“日行一善”等移风易俗宣传倡议活动50余场次，将移风易俗与评先评优相结合，评选“文明家庭”“好婆婆”“好媳妇”等2000余户（人），西棘荡村探索打造“积分兑换超市”，响石村试点成立“道德积分银行”。墩尚镇开展移风易俗知识竞赛，内容涵盖厚养薄葬、喜事新办等；落实《关于党和国家工作人员操办婚丧喜庆事宜的暂行规定》，开展“反对浪费、文明办事”移风易俗行动，“雷锋月”开展敬老活动，开展“文明家庭”“好婆婆”“好媳妇”“最美庭院”评选等活动，结合文艺汇演、集市演出、敲锣打鼓送荣誉牌上门等形式扩大群众移风易俗知晓率和满意度。海头镇协商议事“移风易俗，白事简办”，提倡厚养薄葬树新风、白事报备制度化、移风易俗白事简办标准化、邻里相助公益化。厉庄镇重点整治“高价彩礼、厚葬薄养、大操大办、打牌赌博、封建迷信”等突出问题，全镇16个行政村相继成立红白理事会，岭南村、谭湖村、谢湖村、新坝村等集中公墓区建设完成。倡导白事简化，用喇叭代替唢呐乐队，定期开展“移风易俗树新风”宣传活动。班庄镇开展“移风易俗我先行，文明新风进万家”活动，实施婚事新办、丧事简办、文明祭扫等一系列改革措施。

（年　编）

乡村治理

【乡村法治宣传】 2022年，区司法局强化区、镇、村三级基础性法治文化阵地建设，与区融媒体中心深度合作，在电视台开设“每日一法”栏目，在电台开设“律师以案释法”栏目，在报纸开设“八五”普法专栏，在公交站台广告栏张贴宣传画报，在显示屏滚动播出普法内容，在“赣榆发布”“赣榆纪检”微信公众号上开设“以案释法”“廉政提醒”“廉政教育”等普法专栏，多渠道开展宣传。区司法局、区人社局、区农业农村局等相关职能部门联合推进法治乡村、绿色乡村和文明乡村建设，以民情助理走村入户、第一书记进基层为契机，开展“4·8”司法日、“民法典宣传月”“农民工学法活动周”“安全生产进社区”“4·15”国家安全教育日主题法治宣传、志愿服务队送法等多种活动形式，了解群众法律需求，引导其合法维权，推动完善党组织领导下的自治、法治、德治有机结合的乡村治理体系。

【镇（村）法治人员队伍建设】 2022年，赣榆区强化镇（村）干部“法治带头人”示范引领，以冬训、“三会一课”为契机，定期对村“两委”班子开展专题法治培训，强化基层干部法治观念。推动“四议两公开”（“四议”是指村党支部会提议、村“两委”会商议、党员大会审议、村民代表会议或村民会议决议；“两公开”是指决议公开、实施结果公开）、科学民主决策等制度落实到位，提升村干部依法管理村务的能力和水平。深化法律明白人培育工程，按每个网格不低于1:3的比例配齐“法律明白人”。配强村（社区）法律顾问队伍，指导村规民约规范修订，为法治乡村建设提供切实可行规范依据。

2022年2月10日，区人社局组织党员志愿者到宋庄镇汪庄大集开展“农民工学法活动周”法治宣传活动　（区人社局　供图）

【民主法治示范村（社区）创建】 2022年，赣榆区把“民主法治示范村（社区）”创建作为法治乡村建设的有效载体和重要抓手，通过实地查看、听取报告、查阅台账、现场询问等方式，对已获“民主法治示范村”称号的村定期进行复核。11月，赣榆召开省级民主法治示范村（社区）及法治文化建设示范点复核工作会议，推进基层民主法治建设，丰富群众法治文化。将“援法议事”全覆盖指标纳入各镇党的建设考核，开展“援法议事”专题培训，打造“援法议事”特色阵地，全区有35个村（社区）获评市级以上援法议事示范村（社区）。推进全区省级“民主法治示范村（社区）”创建和动态管理工作，对不符合创建标准的34个村（社区）提请撤、注销，新申报省级“民主法治示范村（社区）”25个。

【村级组织推广应用“清单制”】 2022年，赣榆区建立全区乡村治理联席会议制度，成立领导机构，负责全区“清单制”推广和乡村治理体系建设工作，梳理规范村级组织治理清单与运行流程，并印制成册下发到村。11月1日，区农业农村局举行各镇“清单制”工作业务负责人培训会。年底，全区15个镇455个涉农行政村开展村级小微权力清单、承担事项清单、公共服务清单等“清单制”工作，覆盖面100%。

【第十六届“农民工学法活动周”启动】 2月10—16日，区委宣传部、区法治宣传教育工作领导小组办公室、区人力资源和社会保障局、区司法局、区农业农村局组织开展以“学法律护稳定喜迎二十大”为主题的第十六届农民工学法活动周。抓住春节前后农民工返乡、回城时机，将实地送法与线上推送相结合，宣传习近平法治思想的时代价值、基本立场和基本要义，宣传宪法确立的国体政体、根本制度、根本任务、公民的权利义务等主要内容，宣传《中华人民共和国民法典》主要框架、核心内容及劳动就业、社会保险、安全生产等与农民工生产生活息息相关的法律知识，宣传社会主义核心价值观的内涵要求，宣传传染病防治法、突发公共卫生事件应急条例等相关法律法规。活动期间，组织“送法入家”活动，将农民工普法宣传融入地方节庆特色活动、融入基层依法治理、融入矛盾纠纷全周期管理，深入农民工家庭开展法律知识普及、家庭关系指导、家事纠纷调解等法律服务；组织“送法入企”活动，针对留企不返乡的农民工，突出“佳节尚文明志愿关爱行”主题，举办“普法大讲堂”“法律咨询会”“案例图片展”等活动，在寓教于乐中提升农民工依法维权、依法履行义务的法治意识；组织“送法入屏”活动，依托新媒体普法矩阵和各类普法户外宣传载体，集中推送农民工全生命周期法律知识，集中展播契合农民工需求的法治文化产品。

【“乡村振兴 法治护航”战略合作协议签约】 8月30日，市委驻赣榆乡村振兴帮促工作队与赣榆区人民法院在城头镇签订《“乡村振兴·法治护航”战略合作协议》，为设在城头法庭的“服务保障乡村振兴联合工作站”揭牌。

市委驻赣榆乡村振兴帮促工作队自2022年1月入驻赣榆后，依靠后方单位和所在镇村的支持，推进帮促项目。区法院发挥审判职能作用，融入基层社会治理，为全区发展提供强有力的司法保障。市委驻赣榆乡村振兴帮促工作队和赣榆区人民法院发挥各自优势，在矛盾纠纷化解、诉源治理、服务产业项目发展等方面开展合作。（年　编）

生态环境保护

综述

【污染防治攻坚】2022年，赣榆区打好污染防治攻坚战，推动全区生态环境质量持续改善。全区$PM_{2.5}$浓度为33微克/立方米，比2021年下降10.6%；空气优良天数比率80.8%，比2021年提升1.6个百分点，2项指标改善幅度在全省54个市、县、区均居第一位。7个国考断面中，6个断面水质达到三类，优三类比例为85.7%，与2021年持平；10个省考断面中，9个断面水质达到三类，优三类比例为90%，比2021年提升10个百分点，国省考断面均达到年度考核目标要求。8个近岸海域考核点位达标率87.5%。全区危险废物实现"零库存"，危险废物网上动态申报率100%。

【生态文明建设示范镇、村、学校创建】2022年，赣榆区推进省级生态文明建设示范镇创建全覆盖，班庄镇、城西镇被评为省级生态文明建设示范镇，石桥镇韩口村被评为省级生态文明建设示范村。全区有14个镇创成省级生态文明建设示范镇，8个村创成省级生态文明建设示范村。柘汪中心小学、海头中心小学、徐山中心小学3所学校被命名为连云港市生态文明教育特色学校。和安小学、宁海路小学、海洋经济开发区小学、经济开发区小学、和安中学、大岭中学、殷庄中学、徐山中学8所学校被命名为连云港市绿色学校。

【省级节水型载体创建】2022年，赣榆区持续加大节水型载体创建力度，引导企业（单位）在节水制度建设、节水技改、节水管理等方面补短板、强弱项，推动企业（单位）的节水工作，促进企业（单位）节水工作整体提升。城南中心小学、塔山中心小学创成省级节水型学校，连云港百通宏达热力有限公司创成省级节水型企业。

【生态环保宣教】2022年，赣榆区开展生态文明"八进"活动，将生态环境保护工作送至酒店、校园、乡村、商圈、社区、企业、超市、景区，引导学生、居民、企业参与生态环境保护工作。全年开展宣传活动15场，发放生态环境保护相关宣传材料2000余份；在市生态环境局公众号发布信息113条，省生态环境厅公众号发布信息5条，《中国环境报》发布信息7条，交汇点新闻、我苏网App等电子媒体2条。（胡新宇）

环境质量

【水环境质量】地表水环境　2022年，赣榆区监测7条河流、2座水库，涉及10个国省考断面，优三类比例为90%，无劣五类断面，其中，石梁河水库欢墩南断面为五类水质。

集中式饮用水源地水质　2022年，小塔山水库、莒城湖两个饮用水源地水质全部达到三类水考核目标要求。

近岸海域环境质量　2022年，赣榆区设置近岸海域水质考核点位8个，其中，7个点位达第一类海水水质标准，1个点位为劣四类海水水质标准，近岸海域整体水质比2021年有所提升。

【空气环境质量】空气质量　2022年，赣榆区环境空气质量达到《环境空气质量标准》（GB3095—2012）二级标准，优良天数比率为80.8%，比2021年上升2个百分点。轻度污染59天，中度污染8天，重度污染3天，主要污染指标是$PM_{2.5}$、PM_{10}、臭氧等指标。环境空气中$PM_{2.5}$、PM_{10}、二氧化硫、二氧化氮年平均浓度分别为33微克／立方米、60微克／立方米、8微克／立方米、27微克／立方米，与2021年相比，分别下降5微克／立方米、14微克／立方米、2微克／立方米、6微克／立方米；一氧化碳浓度为0.9毫克／立方米，与2021年相比无明显变化；臭氧浓度为109微克／立方米，比2021年上升10微克／立方米。

酸雨　2022年，赣榆区年降水年均pH值为6.81，全年pH值范围为5.82—8.01，未出现酸雨现象。

【声环境质量】2022年，赣榆区域环境噪声为51.2分贝，质量等级为较

2022年5月25日，区生态环境局开展《中华人民共和国噪声污染防治法》宣传活动（徐国新 摄）

好；道路交通噪声为61.2分贝，质量等级为好；各类声环境功能区噪声均达标。

【土壤环境质量】2022年，赣榆区土壤环境质量总体良好，未受到环境污染。3个土壤国家网一般风险监控点监测项目均未超《土壤环境质量 建设用地土壤污染风险管控标准（试行）》（GB 36600-2018）风险筛选值标准。污染地块安全利用率达100%，重点建设用地安全利用得到有效保障。纳入市土壤污染重点监管单位名录管理的新海石化、镔鑫钢铁等5家土壤重点监管单位，完成土壤污染隐患排查、土壤和地下水监测工作。完成柘汪临港产业区化工园区地下水环境状况调查评估工作。

（胡新宇）

污染防治

【水污染防治】2022年，赣榆区列入省污染防治计划项目2个，朱稽河一体化6000吨/天污水处理站工程总投资2830万元，建设完成并投入运营；白鹭湿地工程项目总投资4亿元，完成湿地工程建设。力洁污水处理厂二期工程入河排污口，石桥、塔山、城头、城西、墩尚、沙河6个镇生活污水处理厂入河排污口，黄海粮油科技产业园污水处理厂入河排口等8个入河排口获批。对全区15个涉水工业园区开展污水集中处理设施排查、污水管网排查、涉水工业企业排查、环境风险防范能力排查、初期雨水污染防治情况排查。

【空气污染防治】2022年，赣榆区分行业对21家铸造、31家石粉、8家砖瓦、12家4蒸吨/小时生物质锅炉、5家沥青、15家育苗等行业开展专项整治。完成1810台非道路移动机械的登记工作，50辆大型货车安装OBD系统，全区移动源污染防治工作在全省移动源污染防治视频会上作经验介绍。研究制定夏季错峰生产工作方案，组织60家企业填报VOCs综合管理系统，对全区涉VOCs企业进行现场帮扶。区污防办、区住建局等部门联合对全区38个在建工地和拆迁工地开展现场督查，通报并要求整改12家，督促企业落实扬尘管控主体责任。区公安局、区交通局等部门联合整治淘汰290辆国三及以下柴油货车，开展11次路检路查和8次入户检查，排查350辆柴油车，105辆非道路移动机械，清除32辆不合格车辆。

链接：

OBD监控系统守护“赣榆蓝”

为加强道路扬尘管控，科学合理调配环卫作业车辆，赣榆区采用GPS/BDS卫星导航定位技术，在29台保洁车辆上安装4G全网通无线定位终端（OBD）系统，对城区主次干道进行定位管理，全面提高车辆洒水、抑尘、保洁精细化作业水平，守护“赣榆蓝”。

督查人员通过OBD监控系统，可以清晰地看到各类机扫车、冲洗车、降尘车等机械车辆的行走路线、行驶速度、洒水降尘等工作的实时作业情况，随机对242省道清扫情况开展督查。同时，根据OBD监控系统，区城管局合理调度作业车辆，统筹推进城区洒水作业精细化、科学化，全面提高道路扬尘污染管控能力，确保全区空气质量稳定达标。路面施工的相关公司可以精准调配作业区域，及时做好路面清理，妥善处理好影响行车安全的坑槽、车辙等路面病害，确保道路畅通清洁无扬尘。

（《赣榆报》2022年9月20日）

【声污染防治】2022年，赣榆区贯彻落实《中华人民共和国噪声污染防治法》，提高群众噪声污染防治意识能力。对厂界噪声、餐饮油烟噪声、KTV噪声等群众反映强烈的噪声点位开展持续监测。中考、高考期间，巡查考场周边噪声环境。全年办理噪声信访297件，办结率100%。

【土壤污染、辐射防治】2022年，赣榆区出动检查督查组304个参加检查督查人次1172人次，检查企业518厂次，排查存在危险废物环境安全隐患问题81个，均为一般隐患。对星辰新材料和德洋化工等退出关闭企业遗留固危废进行跟踪，督促该类企业对清理的危险废物进行规范化处置，年内行政代处置危险废物4643.48吨，全区危险废物全部妥善处置。督促指导新海石化、镔鑫钢铁、金茂源、云海电源、康乐药业等5家土壤重点监管单位，完成土壤污染隐患排查报告、有毒有害物质排放报告、企业土壤和地下水自行监测方案及监测报告。全区33家辐射工作单位在国家核技术利用辐射安全管理系统提交2021年度辐射安全年度评估报告并予以审核，按时完成辐射安全年度评估工作。对辖区内辐射工作单位进行辐射安全现场监督检查，共出动12人次、检查3家三类射线装置单位，二类射线装置单位1家，涉辐射源头单位1家，有效杜绝辐射安全隐患。（胡新宇）

生态环境监管

【环境监测】 2022年，赣榆区投资300万元新建20个大气点位，利用污染源在线监控、用电监控、视频监控等非现场监管手段，实现排污企业差别化、精准化和精细化管理。在全市率先通过资金争取建设完成7个噪声自动监测站，完善全区自动监测体系能力建设。配置原子吸收光谱仪、原子荧光光谱仪等大型仪器设备，升级生态环境监测硬件能力。

【环保问题整改】 2022年，赣榆区紧盯中央环保督察交办件，第二轮中央生态环保督察共反馈交办全区56件信访事项，办结52件，未办结的4件均为中汇矿业信访问题。开展环境污染治理设施隐患排查整治专项行动，出动执法人员490余人次，对全区699家企业开展摸排检查，排查安全隐患问题918个，基本整改到位。组织20家超标排放废水的紫菜加工企业创新性开展生态环境损害赔偿，以集体磋商代替逐个评估，以公益劳动代替现金赔偿，通过“净滩行动”履行生态环境损害赔偿责任；将信访作为环境违法案件线索重要来源，严查环境违法问题，全年办理信访件1061件，减少信访262件，比2021年下降19.8%。制作移动标准执法1633件，实施环境行政处罚67件，罚款金额1096.18万元。

【环境审批】 2022年，赣榆区在项目环评审批过程中，把握“三线一单”（环境保护生态保护红线、环境质量底线、资源利用上线和生态环境准入清单）要求，审批项目73个，豁免项目2个。研究制定建设项目环评文本《接收通知书》《不予接收告知书》《赣榆生态环境局建设项目环评审查会议方案》等，丰富和完善环评审查全程跟踪服务机制，定期开会，提高项目环评审批效率。采取“送法律、送政策、送服务”的走访帮扶方式，与镇（园区）对接，主动解决项目推进的堵点、属地遇到的难点。到高新区、经济开发区、柘汪、金山、墩尚等上门服务10余次，协助推进项目环评、园区规划环评相关工作。全年争取上级资金5203万元。其中，海头段“美丽海湾”项目获省级补助资金700万元，新海石化VOCs综合治理项目获中央大气污染防治资金1539万元补助，赣榆柘汪紫菜初加工废水处理中心获省绿岛资金914万元。海头镇新区北区生活污水治理项目、塔山镇徐山中小学生活污水治理等4个项目申报市生态文明建设资金，获市级专项资金200万元，获农村生活污水奖补资金105万元。（胡新宇）

2022年9月29日，区生态环境局组织紫菜加工企业履行生态环境损害赔偿责任（徐国新 摄）

水资源保护

【概况】 2022年，赣榆区征收水资源费864.73万元。完成水资源刚性约束“四水四定”试点实施方案编制，重点河库生态评估，青口河莒城湖应急水源地规范化建设工作，节水载体创建，地下水取水工程登记造册等工作。开展执法巡查，查处各类水事违法案件。

【水资源管理】 10月8日，《连云港市赣榆区水资源刚性约束“四水四定”试点实施方案（2023—2025）》获区政府批复。开展小塔山水库、八条路水库、朱稽河、范河、兴庄河5条重点河库生态评估工作。对小塔山水库水源地、青口河莒城湖应急水源地进行长效管护评估，定期检查各项管理与保护措施的落实情况。在完成水源地达标建设的基础上，查找水源地管理和保护工作的短板，对照《集中式饮用水水源地管理与保护规范》，推进青口河莒城湖应急水源地规范化建设并通过验收。完善赣榆区饮用水水源地安全保障规划，强化饮用水水源地监督管理，掌握水源地变化情况。从2022年7月1日起，全区启动地下水取水工程登记造册工作，为进一步全面加强取用水管理，促进水资源合理开发、节约保护与有效利用提供可靠的参考。

【水环境整治】 2022年，赣榆区水利局开展常态水面漂浮物整治。下发《关于开展全区河库清漂专项行动的通知》，全面摸清和清理整治河库管理范围内漂浮物、岸线垃圾等突出问题，清理河道漂浮物150吨，拦网近70处。持续加大河道保洁力度，形成河道保洁责任体系，实行以村为单元的分段保洁制度，明确专门保洁人员，清理河道及其支流水面和岸边漂浮物。

【河长制工作】 2022年，赣榆区围绕江苏省第一号总河长令及省幸福河湖建设指导意见要求，推进河长制工作。对已调职的河长调整，确保河长实时在岗、实效护河，明确区级河长14人、镇级河长195人、村级河长571人，并登记造册。全年区级河长开展巡河推进会65次，下发交办单、“三色”提醒单、催办单30余份、电视曝光6期。实施“清四乱”（乱占、乱采、乱堆、乱建）常态化、制度化、规范化，全年完成135处“清四乱”整治任务，其中，碍洪事件13处，水利部河湖管理督查系统“四乱”17处，市级交办97处，石梁河水库省遥感监测点位8处。建立绣针河联防联控合作协议，有效化解省界绣针河纠纷2起。对389个排口全部明确行政责任人、直接责任人，严格执行全流域闸站统一管控调度机制。区河长办组织力量对389个排口及65个分镇断面每月监测一次，将监测结果上报各区级河长并下发各镇。全年创建幸福河湖15条，分别为市级幸福河湖八条路水库、小塔山水库、旦头河、三八水库以及石梁河北干渠、尖岭水库等11条河库。八条路水库更换苗木600余棵、维修草坪1.8万平方米、新建仿汉白玉护栏964米、维修雨淋沟28条；小塔山水库草坪维护、苗木修建4万平方米，加强蓝藻日常防治；旦头河、三八水库新增景观绿化2.6万平方米，新栽绿化苗木1.5万余株，铺设草皮2万平方米；建设亲水平台4个，跌水平台2个，打造仿古长廊、仿古景观桥各1座，种植水生植物3万多株。区级11条幸福河湖增设河长公示牌、农村河道管护牌44块，建设健康步道2千米、自然生态护坡9.22千米，种植树木2.2万余株，铺设草皮3.28万平方米、疏浚土方50万立方米；清理各类水生植物、垃圾1.8万余吨。

【水政监察队伍标准化建设】 2022年，区水利局以“基地标准化、装备系列化、巡查信息化、队伍规范化、机制常态化”的总体思路，采取示范引路、全面铺开、分步实施等方法，实现水行政执法队伍机构规范化、装备现代化、队伍专业化、管理制度化，全面推进执法标准化建设。

【水行政执法】 2022年，区水利局加强水行政执法队伍建设。严格规范执法行为，推进执法责任制、执法公示制、行政裁量权基准制、案卷评查制等制度。开展水政执法，加大对破堤取土、破坏水利工程等行为的查处力度，维护河堤安全和度汛安全。与相关部门及有关乡镇联合执法近70次，接到水事举报案件160余次，开展执法巡查300余次，查处各类水事违法案件80余起，立案处罚1起。

【石梁河水库清水进城行动】 2022年，区委、区政府系统开展石梁河水库清水进城行动，组织实施碧水畅流、生态修复、乡村建设、道路通达、文旅融合五大工程30项重点任务，发挥水库水资源综合效益，推进石梁河库区生态环境改善。

【石梁河水库生态修复工程获评国家绿色发展典型案例】 11月5日，第八届绿色发展论坛在北京举行，对2022年全国绿色发展的好模式、新经验、好案例、好品牌进行交流、评选，并向全社会发布。石梁河水库生态修复工程被编入《绿水青山就是金山银山实践典范案例汇编（2022）》，获国家级行业权威的高度评价和全国全社会的关注认可。 （张庆波）

海洋资源保护

【概况】 2022年，赣榆区拥有45.71千米的黄金海岸，1.53万公顷滩涂，拥有全省最长的沙滩海岸，10米等深线以内海域面积720平方千米，7000平方千米的海州湾渔场。

【海岸带生态修复】 2022年，赣榆区开展砂质岸线生态修复项目、滨海湿地生态修复项目、龙王河口区域海岸带生态修复项目。砂质岸线生态修复项目，修复长度约2千米，主要施工内容包括防波堤护坡修复、堤顶路建设及绿化、沙滩补沙及跟踪监测4部分，总投资1280万元。滨海湿地修复项目，修复滨海湿地面积约0.42平方千米，主要施工内容包括滨海湿地生态环境整治，清理垃圾、地形整治、清除杂乱树木及死树，补种刺槐、撒播草籽、铺设给水管喷灌、新建湿地区内人行步道、养殖塘取水管网整治、清除破损甬道、敷设新园路（甬道）、安装大理石路沿石、铺设供水管道等，总投资1380万元。开展龙王河口区域海岸带生态修复建设，消除小口度假区沿线区域视觉景观污染，使湿地与周边优美环境融为一体。

【海域和海岛使用管理】 2022年，赣榆区海域确权186宗，确权面积2.66万公顷，其中，养殖用海确权158宗，面积2.55万公顷；港口用海17宗，面积828.39公顷；城镇建设填海造地用海4宗，面积166.76公顷；其他建设用海9宗，面积53.14公顷。征收海域使用金1976.58万元。

【海域综合管理】 2022年，赣榆区建立健全海域使用日常管理机制，严格海域使用管理。健全海域使用审批管理等规章制度。落实海域使用动态监管工作。结合海域管理工作实际，对加强基层海岸线管理、海域使用管理监督工作作出明确要求和规定。开展海上巡查及无人机航拍等监管活动，发现和处置新增违法违规用海行为。保障重大项目用海需求，推进重点用海项目海域验收工作。赣榆金东方木材堆场工程、赣榆途顺木片堆场工程、赣榆港区8#、9#泊位堆场围填工程、赣榆港区10#、11#泊位堆场围填工程等用海项目通过省自然资源厅验收；推进新城琴岛天籁片区填海验收工作，保障重大项目用海需求。报批江苏华电赣榆LNG接收站项目、赣榆港区10万吨级航道南延段一期工程项目2个项目用海，获部、省批复，均办理不动产权证书。推进围填海历史遗留问题处置工作。推进赣榆港区9宗继续围填海项目后续吹填、验收、评估报告上报等工作。对接市自然资源局、省自然资源厅、国家海洋信息中心推进苏鲁争议限制配号区港区4—6#、6#散货泊位工程项目配号工作。根据自然资源部东海局及《江苏省贯彻落实国家海洋督察反馈意见整改方案》《连云港落实海洋督察反馈意见具体问题及整改措施清单》，对涉及赣榆区17项整改内容，逐条逐项细化任务分工，推进相关单位整改。（陈家旭）

土地资源保护

【概况】 2022年，赣榆区耕地面积5.54万公顷，园地面积6390.34公顷，林地面积1.01万公顷，草地面积1351.39公顷，城镇村及工矿用地2.88万公顷，交通运输用地3523.66公顷，水工建筑用地1752.97公顷，水域面积2.79万公顷，湿地面积8430.52公顷，其他用地面积4083.62公顷。

【土地开发利用】 2022年，赣榆区编制土地储备计划。全年挂牌成交经营性用地12宗，面积48.29公顷，成交价款27.38亿元。挂牌出让国有工业用地6宗，面积35.19公顷，成交价款1.22亿元。集体经营性建设用地入市挂牌成交地块53宗，面积105公顷，成交价款3.31亿元。全年申报城乡建设用地增减挂钩复垦项目23个，项目区建设规模61.43公顷，新增耕地面积61.19公顷，耕地占补平衡补充耕地项目42个，项目区建设规模225.98公顷，新增耕地面积223.99公顷。全年有3个批次耕地占补平衡补充耕地项目通过市级验收，共计25个项目，新增耕地238.69公顷；2个批次城乡建设用地增减挂钩复垦项目通过市级验收，共计3个项目，新增耕地12.27公顷，保障全区重大建设项目及城市建设批次用地"占补平衡"需求，为经济社会发展提供用地支持。

班庄镇国土空间全域综合整治项目 省级示范项目，属于多村整治，选取班庄镇境内12个行政村作为项目区，总面积为7301.68公顷，项目投资总额为7.56亿元。项目从农用地整治、建设用地整治、生态保护修复和公共空间治理4个方面整体推进，优化生产、生活、生态空间格局。整治后可形成农用地新增耕地28.15公顷，形成建设用地新增耕地70.89公顷。

石桥镇全域土地综合整治试点项目 江苏省20个国家试点项目之一，项目投资预算为5.42亿元。项目涉及石桥镇石桥村等13个行政村，总面积5422.05公顷。通过农用地整理，新增耕地37.91公顷；建设用地整理45.24公顷，实施矿坑生态修复、水系连通、绿化等项目，修复乡村生态，建设农村文化生活广场，整治村容村貌，保护乡村历史文化。

【耕地保护】 4月，赣榆区根据"三区三线"划定工作要求，划定耕地保护任务5.51万公顷，划定永久基本农田面积5.04万公顷，划定面积占现状稳定利用耕地的92.91%。全年完成耕地流出整改面积600公顷。全年度耕地进出平衡总体方案编制完成上报省自然资源厅备案，耕地转出103.53公顷，耕地转进375.07公顷。12月，在全区集中开展耕地保护政策法规宣传工作，在主要路口、街道等人流量大的位置悬挂宣传横幅165条；在集市等重点区域，发放宣传单3.3万余份；通过"村村响"广播，在各村播放音频进行耕地保护宣传，并精心编辑微信链接，发送至村民群组织学习，覆盖群众超18万人。开展入户走访政策宣传，政策宣讲479次，走访群众6075人，借助直播节目《大盛说法》、抖音短视频等方式扩大宣传效果。城西镇被省政府表彰为2022年度耕地保护先进乡镇，获耕地保护激励资金200万元。

【土地执法检查】 2022年，赣榆区多次召开土地违法违规整改推进会，落实最严格的耕地保护制度，强化自然资源执法监管，规范土地管理秩序，联合检察院、纪委、党委政府等部门奔赴违法违规用地现场督导整改工作，举办9期"周末大讲堂"，对全区自然资源系统人员进行授课。同时邀请法律专家对各镇自然资源执法人员进行全员培训，制定《赣榆区赋予镇域部分行政处罚权工作实施方案》，运用卫星遥感监测、慧眼守土等信息化科技手段，结合"双随机、一公开"监管，应用实时监管系统进行在线巡查和实地核查，实现执法全覆盖，加大土地违法违规问题的整改力度，赣榆区被评为江苏省土地执法先进县区。

【滩涂保护】 2022年，赣榆区加强沿海滩涂管理，杜绝乱占、围垦滩涂。划定生态保护红线和重要湿地保护区。加大生态修复工作力度，严控自然岸线保有率。

【污染地块联动监管机制建立】 10月，区国土资源部门与生态环境部门加强规划管控，建立污染地块联动监管机制。对涉及土地利用的规划和可能造成土壤污染的建设项目，依法进行环境影响评价，合理确定土地规划用途。对涉及疑似污染地块、污染地块的，征求各方意见，并将反馈意见随规划上报审批，做好土壤污染防治法贯彻执行工作。（陈家旭）

矿产资源保护

【概况】 2022年，赣榆区推进矿产资源整合，加强矿山监管和储量动态监管，实现矿产资源开采绿色安全健康发展。全区发现矿产资源24种，其中，非金属矿产17种，金属矿产3种，能源及水气矿产4种。赣榆区主要矿产、特色矿产为大理岩、花岗岩等非金属矿产；蛇纹岩、榴辉岩系列矿产（包括金红石、绿辉石、石榴子石）、硅资源具一定的资源优势。全区主要矿产资源集中分布于境内西部及北部丘陵地区，大多数矿床出露于地表，水文地质条件简单，工程地质条件良好，主要矿产地交通便利。

【矿产资源开发】 2022年，赣榆区开发利用的矿产有4种，为建筑用大理石、饰面用石料（大理石）、片麻岩以及花岗岩。江苏金正阳矿业有限公司赣榆区三清阁大理石矿列入国家绿色矿山名录，柘汪魏斗沟矿获批为省级绿色矿山。全区规划3个开采矿区、1个拟出让开采矿区和2个建筑石料集中开采区。3个开采矿区分别为江苏金正阳矿业有限公司赣榆区三清阁大理石矿、柘汪镇魏斗沟片麻岩矿、赣榆区东平山矿。1个拟出让开采矿区为班庄镇圈洪爽建筑用花岗岩矿区。2个建筑石料集中开采区分别为车辐山集中开采区、河西—银山集中开采区，均列入江苏省矿产资源总体规划（2021—2025年）划定的建筑石料集中开采区。

【矿山资源整治】 2022年，赣榆区推进矿产资源整合，推动采矿权市场规范化运作，加强矿山监理和储量动态监管，通过每月现场检查、每季度监理等形式，杜绝在采矿区越界越层开采行为，督促在采矿山有序、规范开采。2月14日，魏斗沟片麻岩矿获批省级绿色矿山。魏斗沟矿区企业落实绿色矿山主体责任，将绿色矿山理念贯穿于矿产资源开发利用全过程，实现资源效益、生态效益、经济效益和社会效益的共赢。通过“净矿”出让、遵守“多规合一”、严守生态红线等措施，规范矿业权出让行为。4月11日，连云港市赣榆区东平山矿区（整合）建筑用花岗岩矿采矿权公开挂牌、成功出让。 （陈家旭）

森林和自然保护区保护

【概况】 2022年，赣榆区林地面积10062.04公顷，其中，国家级生态公益林约631公顷，省级生态公益林约6370公顷，有古树名木52棵，全区林木覆盖率28.82%，位居全市前列。

【林地绿地湿地保护】 2022年，全区湿地总面积5.04万公顷，其中，自然湿地2.84万公顷，占56.37%；人工湿地2.2万公顷，占43.63%。受保护自然湿地总面积1.49万公顷，自然湿地保护率66.2%。湿地保护率39.27%，位于全市第一。建成湿地保护小区7个（分别为海头滨海湿地保护小区、青口滨海湿地保护小区、宋庄滨海湿地保护小区、新沭河湿地保护小区、青口河湿地保护小区、石桥滨海湿地保护小区、龙王河湿地保护小区）、1个市级湿地公园（连云港市赣榆区石桥滨海市级湿地公园）、4个市级重要湿地（青口市级重要湿地、宋庄市级重要湿地、海头市级重要湿地、石桥市级重要湿地）、新增建设6个湿地保护小区（班庄镇欢西湿地、兴庄河湿地、石梁河北干渠湿地、赣马镇木沟湿地、沙汪河湿地、付河湿地）。自然湿地保护率由2021年的63.2%提高到66.2%，生物多样性明显增强，从水体到沿岸缓坡，形成水生植物、湿地植物和人工林带的自然过渡、合理搭配的植物群落。

【古树名木保护】 2022年，赣榆区加强古树名木资源保护工作，采取挂牌、围栏防护、加强病虫害防治等措施，加大古树名木保护的宣传力度。区自然资源和规划局深入15个镇，开展保护古树名木普法宣传活动，悬挂横幅标语300余条、发放宣传材料折页3000余份。重点宣传《中华人民共和国森林法》《江苏省城市古树名木保护管理规定》《中华人民共和国土壤污染防治法》。完善古树名木保护管理责任制，加强古树名木日常保护管理工作，完善古树名木的动态管理和信息化管理。全区有古树名木52棵，其中，古树一级2棵，二级8棵，三级31棵，名木11株。

【生物多样性保护】 2022年，赣榆区提高湿地自净能力和生物多样性保护水平，在海州湾国家级海洋牧场示范区开展增殖放流活动暨生态修复基地建设，湿地生态系统典型且保持完整，生态系统复杂、多样，生物多样性丰富，造就丰富的鸟类资源、鱼类资源及水生植物。全区有丹顶鹤、苍鹭、白鹭等留居、旅经或在本地区进行繁殖鸟类160多种，其中，有国家一级保护鸟类丹顶鹤、二级保护鸟类黄嘴白鹭、天鹅等，常见鸟类有海鸥、苍鹭、白鹭、黑水鸡、白腰勺鹬、大勺鹬、中勺鹬、林鹬、翘嘴鹬、鹤鹬、红脚鹬、青脚鹬、黑腹滨鹬、阔嘴鹬、灰斑鸻、金斑鸻、环颈鸻、蒙古沙鸻、铁嘴沙鸻、金框鸻、白腰草鹬、红腹滨鹬、反嘴鹬、阔嘴鹬、半蹼鹬、尖尾滨鹬、叽鹬、翻石鹬等。黑斑侧褶蛙等两栖动物6种；黑眉锦蛇、龟、鳖等爬行动物18种、芦苇、三菱藨草等湿地水生植物112种。

【白鹭湿地公园建设】 白鹭湿地公园位于赣榆新城青口河以南，228国道两侧，规划面积177公顷。工程计划总投资1.3亿元，栽植绿化树木73公顷，主要品种为中山杉、樱花、红叶椿等；改造池塘、沼泽，修复滨海湿地100公顷。2022年12月底完成建设，形成集生态、科研、教育、娱乐为一体的大型湿地公园。

【森林执法】 2022年，赣榆区以推进林长制为契机，坚持“打防并举、防管结合，标本兼治、综合治理”原则，采取集中领导、集中时间、集中队伍的方法，严打乱砍滥伐、乱捕滥猎等违法犯罪行为，持续开展系列专项行动。全年立各类涉林案件3起，其中，移交公安刑事案件1起，办结滥伐林木和非法买卖野生动物案件各1起。区自然资源执法监察大队对森林资源、林地、自然保护地、湿地、森林植物检疫、森林防火、野生动物保护等集中检查，统一执法。按照构建简约高效的基层管理体制要求，乡镇自然资源所承办受委托的林业执法事项，承担日常巡护、接受投诉举报、协助调查取证及其他行政执法事项等工作。（陈家旭）

节能减排

【总量减排管理】 2022年，赣榆区根据《主要污染物总量减排核算技术指南》（2022年修订），从产业结构升级、含VOCs产品源头替代、工业VOCs治理、工业NOx深度治理、能源清洁化替代等方面梳理重点工程减排项目，完成66家企业气总量核批，核销44.51吨氮氧化物、10.13吨SO_2、229吨颗粒物、25.15吨VOCs。

【节能降耗】 2022年，赣榆区实施镔鑫钢铁集团智慧生产控制中心技改项目、永旺玻璃高普白玻璃瓶生产线深度智能化改造项目、金茂源生化乙酸乙酯安全提升及节能技术改造项目、西德电梯钣金车间智能化升级改造项目等重点节能改造项目6个。鼓励和引导镔钢、神舟新能源、天富食品、金茂源等企业绿色发展。加大对重点企业节能管理。引导重点用能企业开展企业能源审计工作，指导辖区内新海石化、镔鑫钢铁、金茂源、协鑫发电和海赣科技等11家重点用能企业编写2022年能源利用状况报告。配合市节能监察中心对重点用能单位开展监察审计，查处使用国家明令淘汰的用能设备或生产工艺、单位产品能耗超限额标准用能等问题，实施双随机节能监察企业11家。

【污染物减排】 2022年，赣榆区按照“盯大户、查高值、强执法、促联动、抓整改”治气工作方式，召开重点涉气企业友好减排工作推进会，开展以石化、钢铁、碳素、垃圾焚烧等行业为重点，开展友好减排和深度减排，压降污染物排放浓度，加快推进镔鑫钢铁、百通能源等重点企业超低排放改造进程，压降污染物排放量。15家重点涉气企业落实减排方案，保持污染物稳定达标排放。对砖瓦、铸造、石粉等行业，严厉查处管理粗放、整改敷衍企业。借助VOCs走航车排查重点区域，发现问题点位并锁定污染源头企业，督促相关企业进行整改。

【公共机构节能】 参见第64页【公共机构节能】条目。

【节能宣传周活动】 2022年6月13—19日是全国第32个节能宣传周，全区企事业单位开展节能宣传活动100余场次。区生态环境局组织工作人员走进各个社区，向周边群众宣传绿色低碳发展理念，普及节能小知识，利用电视、微信、微博等多种媒体，动员全社会参与节能降碳，营造崇尚节约、合理消费和低碳环保的社会风尚。区工信局组织重点用能企业节能相关负责人集中观看节能新技术、新产品、新工艺推介会，拓展与会企业节能技术改造新思路。区交通运输系统向群众发放《绿色出行低碳生活建议书》《江苏交通绿色交通主要工作任务》等宣传材料150余份，现场讲解低碳绿色出行知识，开展节能降碳宣传教育。（胡新宇）

综述

【科技人才】 2022年，赣榆区国有事业单位有专业技术人员2.02万人。其中，工程技术人员693人，农业技术人员384人，科技研究人员8人，卫生技术人员5568人，教学人员1.28万人；高级职称3257人，中级职称6541人。全区公有经济企业有专业技术人员271人。其中，工程技术人员167人，经济人员53人，会计人员40人；高级职称11人，中级职称71人。区科技局与区委人才办合作，系统分析18名博士专业、对应企业技术领域，推荐连云港神舟新能源有限公司等11家企业引用高校院所博士人才申请省科技副总，10名博士人才获省委人才办、省科技厅批复。

【科技投入】 2022年，赣榆区完成技术合同登记输出方数据为4.64亿元，入方数据1.1亿元。全区140家规上工业企业填报研发费用13.88亿元，14家重点监控企业上报研发费用10亿元，核减后占地区生产总值比重达到1%。区级财政项目资金238万元，其中，2021年度科技三项经费项目资金200万元；区海洋资源调查与“十四五”海洋经济高质量发展研究专项资金8万元；区营商环境综合评价及优化路径研究项目资金30万元。区科技局争取2021年度区级高新技术企业培育资金250万元。

【科技载体】 2022年，赣榆区加快提升企业研发机构建设水平，以打造具有行业影响力的研发机构为重点，按照“有技术人员、有固定场所、有研发经费、有科研设备、有具体研发方向”的要求，引导大中型工业企业普遍建立研发机构，引导有条件的中小企业立足实际自建或依托高校院所共建研发机构，全年新建市级以上企业工程技术研究中心6家。全年新建新型研发机构3个.新引建重大产业创新平台2个，分别是渤海宏铄（江苏）环保设备研究院、江苏润港智能科技研究院。企业研发人员占比8.46%，居全市第二位。

【科技奖励】 2022年，区科技局争取2021年度区级高新技术企业奖励资金605万元、省创新支撑计划乡村产业振兴项目奖补资金530万元。江苏省镔鑫钢铁集团有限公司、中冶建筑研究总院有限公司的“钢渣辊压破碎—余热有压热闷资源化成套技术研发及产业化”项目，获省2021年度科学技术奖三等奖，获省科技奖金10万元。区科技局组织申报连云港市科技创新奖，江苏省镔鑫钢铁集团有限公司获连云港市科技创新领军单位；江苏沃田集团股份有限公司获连云港市科技创新优秀单位；王帅（江苏西德电梯有限公司）、张孝庆（赣榆区畜牧兽医站）、张绪清（连云港海娃食品有限公司）获2022年连云港市科技创新优秀个人。

【赣榆区入选“科创江苏”试点区县】 2022年，赣榆区新增国家级高新技术企业8家，总数76家。科技型中小企业279家。9月15日，由江苏省人民政府主办，江苏省发展和改革委员会、江苏省科学技术协会、盐城市人民政府承办的2022年“双创”活动周江苏分会场活动在盐城市启动，赣榆区入选“科创江苏”试点区县。

（卢　磊）

表18　　2022年赣榆区高新技术企业一览表

镇（园区）	数量（家）	企业名称
赣榆经济开发区	18	连云港神舟新能源有限公司、江苏久泰电池科技有限公司、连云港众成磨料有限公司、江苏建院欧野科技有限公司、连云港瑞邦药业有限公司、江苏新成标准件有限公司、江苏巨衡机械有限公司、连云港步升机械有限公司、连云港康乐药业有限公司、赛乐福（连云港）复合材料有限公司、连云港华昌生物工程有限公司、连云港明佳智行智能科技有限公司、连云港天誉印花糊料有限公司、连云港市海贡机械有限公司、连云港金信包装有限公司、连云港泰科复合材料有限公司、连云港永旺玻璃制品有限公司、江苏三旗流体设备有限公司
赣榆海洋经济开发区（柘汪镇）	5	天富（连云港）食品配料有限公司、江苏省镔鑫钢铁集团有限公司、连云港新江环保材料有限公司、江苏诚泰车辆有限公司、连云港永泰塑业有限公司
赣榆高新技术开发区	16	江苏汇联铝业有限公司、江苏西德电梯有限公司、江苏中京电缆科技有限公司、江苏捷利达环保科技有限公司、连云港百利合新材料发展有限公司、连云港德友精工科技有限公司、江苏金茂源生物化工有限责任公司、连云港市连大管桩工程有限公司、连云港中海生物科技有限公司、连云港格瑞智慧能源科技有限公司、江苏奥洁智能家居有限公司、江苏经纬环境集团有限公司、江苏天眼医药科技股份有限公司、江苏广晟健发再生资源股份有限公司、江苏润美新材料有限公司、江苏甬怡紧固件有限公司
黄海粮油科技产业园（石桥镇）	2	连云港苏瑞起重机械有限公司、连云港石港高压电瓷有限公司
青口镇	3	连云港盛和生物科技有限公司、连云港韩德饲料有限公司、连云港脱普仪表有限公司
海头镇	1	连云港市兆昱新材料实业有限公司
墩尚镇	15	连云港永喜工贸有限公司、连云港东泰食品配料有限公司、连云港康力特药业有限公司、考克兰（江苏）热能设备有限公司、江苏杰润管业科技有限公司、江苏旭润机电科技有限公司、连云港鑫祥铸造有限公司、连云港利丰医用氧产品有限公司、连云港百仑生物反应器科技有限公司、连云港海腾仪表有限公司、江苏连变电气有限公司、连云港大禹水处理工程有限公司、连云港锐宝电机有限公司、连云港锐宝电机有限公司、连云港赣榆恒安气体有限公司、连云港三木塑业有限公司
赣马镇	3	连云港鑫宝管业有限公司、江苏聚优新型建材有限公司、江苏杰震建设科技有限公司
塔山镇	1	连云港海润包装有限公司
城西镇	3	连云港市赣榆榆翔机械有限公司、连云港华鑫石化机械设备有限公司、江苏珺瑶环境能源有限公司
沙河镇	3	连云港雨虹篷布制品有限公司、连云港国安电子科技有限公司、连云港中成生物技术有限公司
金山镇	1	连云港丽鑫炭业有限公司
班庄镇	2	连云港倍特超微粉有限公司、江苏久久和牧农牧科技有限公司
厉庄镇	2	连云港智诚电子技术有限公司、连云港海太尔防护用品有限公司
黑林镇	1	连云港勤拓实业有限公司
合计	76	

科技计划项目

【省创新支撑计划乡村产业振兴项目】2022年，赣榆区有省创新支撑计划乡村产业振兴项目6个，其中，农业科技成果应用示范项目4个，分别为废旧渔网回收关键技术应用示范、基于新型天然生物防腐剂保鲜的海产品常温调理食品加工增值技术应用示范、即食调味海产品绿色加工技术集成创新与应用示范、环保型中高密度纤维板生产技术应用示范；富民强村科技帮促2个，分别是花生—羊—田种养结合绿色循环生产技术应用示范、肉鸡快速扩繁及质量安全控制技术应用示范。项目合作单位主要有江苏省农业科学院、江苏大学、南京林业大学、江苏海洋大学、江苏省家禽科学研究所、常熟理工学院等。

【乡村产业振兴——农业科技社会化服务项目】2022年，赣榆区实施乡村产业振兴——农业科技社会化服务项目1个，为赣榆海洋水产产业分店，承建单位连云港华海水产科技有限公司，投资金额30万元。（卢　磊）

科技创新

【《赣榆区"十四五"科技创新发展规划》编制完成】3月，《赣榆区"十四五"科技创新发展规划》编制完成，提出"十四五"科技创新发展的总体要求和发展目标，到2025年，赣榆区创新驱动发展战略实施取得实质性成效，全区科技创新综合实力提升，科技创新机制更加完善，创新要素支撑明显加强，产业核心竞争力有效提升，创新服务能力有所改善，基本建成具有区域特色的产业集群，成为"东陇海地区产业特色显著的区域科技创新高地"。规划内容主要有实施科技创新重点任务、聚力优化科技创新生态、强化规划实施保障等。

【科技计划引导】2022年，赣榆区科技局组织企业申报省科技计划项目22个，由科室负责人指导企业撰写申报材料，并邀请专家进行现场指导，6个项目获省科技厅立项，获批科技扶持资金500万元。在塑料再生颗粒制造、塑料制品生产、天然生物防腐、环保型中高密度纤维板生产、即食调味加工等方面加快科技成果转化，均完成合同约定的项目进度及考核指标。

【镔鑫钢铁集团获评国家知识产权优势企业】国家知识产权局公布2022年度国家知识产权优势企业和示范企业名单，江苏省镔鑫钢铁集团有限公司被认定为"2022年度国家知识产权优势企业"。镔鑫钢铁集团有限公司是赣榆区的支柱企业，该公司通过建立完善的知识产权管理体系，加强知识产权保护和风险管理，获授权发明专利180余件。

【镔鑫钢铁集团创新项目获省一等奖】江苏省冶金行业协会、江苏省金属学会公布2022年度科学技术奖综合评审结果，镔钢集团参选的"汽电双驱变频反送电技术在镔钢烧结系统的研究与应用"项目获一等奖。镔钢集团作为行业中第一家引进陕鼓SHRT技术并将之推广应用于生产实践的钢企，在此基础上升级的"SHRT+专利技术"，使设备运行的稳定性及能量回收利用率再次得到提升，此技术属全球首创，为钢铁企业在烧结系统上的节能降耗技术应用提供新思路。（卢　磊）

行业科技成果及转化

【工业科技成果及转化】2022年，赣榆区规模以上工业中，高新技术制造业产值比2021年增长14.3%，占规上工业比重为12%，比2021年提高1.2个百分点；全年高新技术产业投资比2021年增长41%,占全部投资比重为17%，比2021年提高4.9个百分点。全区工业科技有效发明专利总量535个，增长39.3%。江苏省镔鑫钢铁集团有限公司、中冶建筑研究总院有限公司的"钢渣辊压破碎-余热有压热闷资源化成套技术研发及产业化"技术运用，全年新增渣钢11.24万吨、磁选粉11.43万吨、钢渣闷渣106.49万吨，新增销售收入2.04亿元，项目新增净利润4859.64万元。

【农业科技成果及转化】2022年，赣榆区依托5个现代农业产业技术体系推广示范基地建设，提高粮油作物、瓜果新品种引进、试验、推广力度。引进展示徐稻15号、南粳系列、连粳系列等优质食味稻新品种40个，展示淮麦33、淮麦40、烟农1212等小麦新品种15个，示范特色花生新品种10个，示范苏蜜系列等西瓜新品种10个，示范海蜜系列、苏甜系列等甜瓜新品种20个。发布农业重大技术推广计划17项，推广早熟优质食味水稻品种绿色生产、水稻机插缓混一次施肥、稻茬小麦机械化高产优质高效绿色低碳栽培、大豆—玉米带状复合种植、设施蔬菜全程绿色高质高效生产、地方鸡繁育与高产配套、生猪健康养殖、紫菜育养加全产业链生产等技术。

【水利科技成果及转化】9月6日，《赣榆丘陵山区植被退化机制生态修复技术研究》课题通过省水利厅专家验收，课题内容是加快水土流失防治步伐和植被恢复，尽快改变生态恶化的局面，改善山区生态环境。通过对赣榆区丘陵山区生态修复技术的探索，指导该地区开展丘陵山区水土保持生态修复工作，使水土保持生态修复技术成果不仅在苏北地区推广应用，也可推广应用到周边同类型气候环境地区。《丘陵山区植被退化机制生态修区群落构建效果分析》在《自然科学》杂志发表。

【交通科技成果转化】2022年，区交通系统完成204国道违章抓拍发布系统与行人过街预警系统安装项目；投资320万元，在事故多发路段设置安全预警、发光标志等设施，构建交通状态感知及风险预警系统，完成402省道赣榆西段"科技兴安"示范路创建工作，打造服务便民“智慧路”，降低道路交通事故发生率，提升安全智能防控能力和交通运行安全水平。

【自然资源科技成果转化】 2022年，赣榆区采用无人机飞行作业、悬挂诱捕器、注干施药、灯光诱杀等方式，加强对美国白蛾等林业有害生物防控，通过综合防治，林业病虫害发生面积大为减少；强化遥感监测、卫片执法，在全区部署30套“云里听”矿山防盗监测系统。（卢 磊）

【医疗技术应用】 2022年，区人民医院开展心律失常射频消融治疗、预防性抗感染脑室外引流技术、全程可视化微创颅内血肿清除术、经皮扩张气管切开术等治疗手段，填补区内空白新技术9项。立项市级科研课题2项，结题3项。发表SCI论文7篇，影响因子达26.41分。区中医院引进并开展腹腔镜下结直肠癌根治术、关节镜下膝关节半月板成形术及前列腺等离子电切术等新技术3项。

【建筑科技成果转化】 2022年，赣榆区实施建筑工地扬尘远程监测，新设鹰视星抗疫卫士系统，完成17个房地产开发项目智慧工地标准化和3个升级版智慧工地示范创建。徐福片区选青中小学等项目完成智慧工地集成管理平台搭建。推进市政公用设施管理数字化，全部上线运行金海路智慧交通系统、排水管网GIS系统、污水处理监测信息化系统。推进既有建筑安全排查信息化工作，采集信息录入“全国房屋建筑和市政设施调查系统”，实现隐患排查、评估鉴定、危房整治、动态巡查等信息化管理。全区完成城镇绿色建筑面积143.94万平方米，占新建民用建筑面积比例100%。其中，居住建筑面积117.76万平方米，公共建筑面积26.18万平方米。（刘 敏）

2022年8月10日，赣榆区科技局和科技镇长团专家与无锡惠山区科技局及创新平台、科创载体开展产学研交流（区科技局 供图）

科技交流与合作

【高校战略合作】 2022年，赣榆区加快推进与江苏海洋大学开展战略合作，提高当地科研成果本地转化速率。发挥科技镇长团后方优势加强企业与高校和科研院所对接，推动江南大学、中国海洋大学、江苏海洋大学、中国科学院等高校科研院所的科技成果在赣榆转移转化。遴选发布省内外高校院所先进技术成果196项。产学研专项活动37场次，新增产学研合作成果82项。加强与江苏海洋大学战略合作，区生产力促进中心出资10万元，江苏海洋大学科技处遴选20名博士以上专家进驻企业开展常态化创新研究，形成企业创新研究报告20篇。

【科技副总申报】 2022年，全省开展从高校、科研院所等单位选聘到企业兼任副总经理、副总工程师、技术副总等科技副总工作。赣榆区申报江苏省科技副总18人，其中，教授4人，副教授、副研究员5人，中级职称9人。研究领域有智能制造、现代农业、新能源、生物医药、节能环保等方面。其工作单位涉及江南大学、江苏海洋大学、江苏大学、南京晓庄学院、连云港格瑞智慧能源科技有限公司、武汉科技大学、武汉理工大学、常州大学、武汉科技大学、常州工学院等。

【科技镇长团工作】 2022年，赣榆区科技镇长团在整合创新要素、破解技术难题、促进成果转化中发挥关键作用。来自河北工业大学、东北大学、中国海洋大学等高校的8名专家学者组建成立的科技镇长团，深入全区3个重点园区和15个镇，先后走进新海石化、西德电梯、中碳能源、沃田蓝莓等重点企业，重点摸清钢铁石化、海洋水产等区域重点产业发展现状和技术需求，编制钢铁行业人才需求清单和技术服务清单“两张清单”，绘制《钢铁合金产业人才地图》，牵头起草《赣榆区钢铁合金产业高质量发展十条举措》，为全市的钢铁合金产业发展提供重要决策参考。围绕产业发展和技术需求，科技镇长团开展“双招双引”活动，先后举办“智汇赣榆·才绘福城”高层次人才创新创业大赛、人才服务直通车暨人才政策“五进五送”活动、“人到赣榆·如鱼得水”校园引才直播周等系列活动。（刘 敏）

综述

【学校规模】 2022年，赣榆区有中小学校142所，在职教职工13637人，其中，专任教师12774人，中小学在校学生187360人。幼儿园125所，教职工4898人，在园幼儿33834人。学校占地面积725.46万平方米，校舍建筑面积280.81万平方米。

【基础设施建设】 2022年，赣榆区同步课堂招标采购配置希沃常态化录播主机93台，主讲教室覆盖全区所有公办初中、中心完小，听讲教室覆盖全区所有完小、教学点；采购LED教室灯1.92万盏和LED黑板灯6384盏，对全区147所中小学校、2128口教室进行照明改造。持续推进教育装备二类升一类，完成图书、音体美器材、电子钢琴、教师办公电脑、学生机房项目的验收工作。实施大岭中学宿舍楼、金山中学教学楼等新建项目14个，合计新建校舍2.29万平方米。赣中经济开发区校区、实验中学义塘路校区、实验小学义塘路校区、实验幼儿园义塘路校区及黄海路小学海城路校区5所学校建成投用，徐福片区选青中小学、城西小学、黄海粮油科技产业园九年一贯制学校等4所学校建设序时推进，其他新建学校达序时进度。

【区素质教育实践基地建设】 2022年，区教育局重新拟定区素质教育实践基地课程纲要、课程设置与实施方案，相应调整课程及课时计划，新研发《国防教育》课程。强化基地基础设施建设，新扩地2万平方米建设劳动实践场所，供参训学生使用。区素质教育实践基地获评连云港市优秀素质教育基地。

【教育经费】 2022年，赣榆区教育经费总投入为34.24亿元，比2021年增长11.43%。其中，国家财政性教育经费拨款29.75亿元，比2021年增长9.88%（主要包括一般公共预算安排的教育经费29.74亿元，政府性基金预算安排的教育经费15万元）；事业收入3.72亿元，其他教育经费0.77亿元。全区完成发放助学金4625.88万元，资助家庭经济困难学生6.01万人次；完成生源地大学生助学贷款合同8672个，发放助学贷款8803万元，实现应贷尽贷。

【平安校园建设】 2022年，区教育局召开各类安全工作会议，加强学生常态化安全教育，普及安全防范知识，增强学生安全意识和自我防护能力，共创和谐校园。开展“3·28全国中小学生安全教育日”专题教育活动，展示电子（横幅）标语390余条（幅），撰写安全主题教育文章110余篇，微信家长群、QQ家长群转发安全教育信息5000余条。在龙河小学开展“5·26我爱路”主题宣传教育活动。在华中路小学召开防灾减灾演练现场会，促进师生掌握避险方法，提高防灾减灾技能。继续开展暑期游泳技能培训，培训学生1.4万余人。加强暑期防溺水工作，召开校长防溺水工作部署会，成立防溺工作督查组，全区各校教育工作者包干联系10—30名学生，印制发放防溺水家校联系卡22万余份，切实强化学生防溺水“六不准”教育。与区公安局成立联合检查组，采取“四不两直”（不发通知、不打招呼、不听汇报、不用陪同接待、直奔基层、直插现场）的方式深入学校一线开展安全专项检查，对检查中发现的问题现场提出整改意见、下发责令整改通知书、责令限期整改。开展安全隐患大排查大起底活动，有效消除校园各类安全隐患。健全食品安全组织体系，成立教育系统学校食品安全工作领导小组，领导小组下设食堂管理办公室。强化校领导和家长陪餐制，统一在所有学校的食堂门口定制统一的陪餐公示牌，家长可随机到校陪餐，监督学校伙食情况。规范大宗食材采购行为。制定《赣榆区学校统管食材选择优质供货商方案》，加强食堂从业人员管理，实行动态管理轮岗制度，对学校食堂司务长、会计岗位工作超过5年的工作人员进行调整。

【学生资助】 2022年，区教育局与区乡村振兴局、区民政局、区残联等部门对接，健全建档立卡户、低保户、残疾儿童在校学生信息库，确保资助对象精准。开展“爱心助学，‘榆’你寻梦”主题助学活动，将扶贫助学、助学贷款的新政策宣传到学校、社区、村庄。做好生源地助学贷款前期筹备工作。全年发放助学金4517万元，惠及学生6.19万人次。城头初中教师徐燕青获评江苏省优秀资助工作者。省扶贫“三会”（省老区开发促进会、省扶贫基金会、省扶贫开发协会）在全省农信系统连续开展为期三年的滴水筑梦助学活动，每年捐款6万元，资助赣榆20名高中学生，区老促会、区扶贫开发协会于12月13日在赣榆高级中学举行第三年发放仪式，完成赣榆高级中学学生10人、赣榆第一中学学生5人、海头中学学生5人连续3年的资助工作。

【语言文字工作】 2022年，区教育局开展第四届中华经典诵写讲大赛系列活动，小学组、中学组、教师组及社会人员组4个组别按照参赛要求备赛。组织、推荐参加2022年度全区全民阅读工作先进集体、先进个人、优秀项目、优秀阅读组织和优秀阅读推广人评选，区教育局获评区全民阅读工作先进集体，“晒字晒书晒文”工程被评为全民阅读优秀项目。

（李 敏 尚延强）

教育管理

【教育教学质量提升】 2022年，赣榆区教育系统教学改革线上线下融合推进，下发《关于报送“线上教学”工作方案的通知》，对各学段线上教学工作提出指导意见。成立线上教学督查组，每位教研员重点督查6—8所学校，每天形成《线上教学每日简报》，科学有效保障线上教学有序、有效地开展。制定复课教学衔接方案，指导各校进行线上教学内容效果评估，调整教学计划，合理安排教学进度，对重要教学内容进行“零起点”教学。点面结合精准施教。深化教学视导改革，教研员深入学校、课堂指导教师改进教学策略。赛训结合提升素养。坚持“以赛代训”，4—5月，举行全区各学段16门学科教学技能、优秀课评比及班主任基本功大赛，组建区级市赛训练营，培养选拔优秀选手参加市级比赛。

【学生综合素养培育】 2022年，区教育局出台《赣榆区教育局关于进一步加强中小学德育工作的指导意见》《赣榆区中小学德育工作负面清单》，成立德育工作领导小组，修订四季作息时间表，强化班会课、晨会课教育，编印班会课设计，增强班会课实效。分片组织召开中学德育工作推进会议，研讨落实学校德育工作方案，重点推进德育主题活动开展。徐山小学、宋庄小学等5所学校获评省内涵项目建设学校，全区获评省内涵项目42个。

区教育局推进阳光体育大课间活动深入开展，坚持每天锻炼一小时，举行全区中小学阳光体育大课间评比。做好高三体育考试模拟专项考试、初三体育中考组织工作。采取抽测与自测相结合形式 开展小学毕业生体质健康现场评测。开展爱国卫生月宣教活动、禁烟日、爱眼日等主题教育活动，培养学生良好健康生活习惯。创新推进艺体“2+1”（2项运动技能+1项艺术技能）项目，搭建校本课程框架系统，引领艺体教育课程健康发展。举办全区中小学生、幼儿艺术作品比赛，择优选送参加市级比赛，20件书法、37件美术获市一等奖。落实《关于全面加强新时代大中小学劳动教育的意见》，构建学科教学与校园文化融合、家庭与社会衔接的综合 劳动实践育人机制，落实劳动教育课程，优化综合实践活动课程结构。海头小学“一分田”、殷庄小学“农家故院”、赣榆海洋经济开发区小学“问耕园”等劳动教育办学经验接受《江苏教育报》记者专访。

【教育督导】 2022年，区教育局以责任督学挂牌督导工作为抓手，初定中小学责任督学34人、幼儿园责任督学38人，对照2019年国家义务教育质量监测反馈的主要问题，开展教育督导工作，护航教育健康发展。完成对12所小学进行素质教育督导前期材料准备工作。完成全区103所幼儿园、76所中小学“智慧教育云平台”“省督导信息系统”责任督学工作平台学校联络员注册工作。完成中小学、幼儿园责任督学拟选工作。

【线上教学】 2022年，赣榆区教育系统贯彻落实新冠疫情防控期间“停课不停学”工作部署，成立线上教学技术支撑小组，划分5个片区实行分片管理。网络中心实行24小时值班，确保“名师空中课堂”“云海在线”等学习平台稳定运行，分发8批次近千节优质资源，有效满足线上教学需要。搭建新冠疫情防控信息上报平台，实现学生、家长、教师注册全覆盖。开展教师教育技术2.0培训，组织全区15所中小学、112所幼儿园，4498人参加培训，线上学习合格率100%，作品提交完成率达98%以上，实现网络学习空间“人人通”100%。组织教室智慧黑板、办公电脑实操技能线上送培活动，学校培训覆盖率100%，实现优质资源“班班通”全覆盖。组织省市中小学生实验操作大赛选拔活动，开展小学科学、初中生物、高中化学3个学科在线测评，测评人数3.21万人，完成率90.4%。

【家庭教育指导】 2022年，区教育局出台家庭教育工作指导意见，将家庭教育工作纳入学校目标考核。城西小学、海头小学、塔山中学、柘汪小学等学校组建《中华人民共和国家庭教育促进法》宣讲团，深入社区和企事业单位开展宣讲活动10余场次，推荐选拔185名家庭教育骨干指导教师参加全 国中小学“家校社共育”种子教师、家庭教育顾问（初级）培训与考核工作。海头小学、柘汪小学、塔山中学3所学校建成区家庭教育示范基地。 （李 敏 尚延强）

学前教育

【概况】 2022年，赣榆区有125所

幼儿园，教职工数4898人，在园幼儿33834人，学龄儿童入学率100%。幼儿园占地面积94.24万平方米，校舍建筑面积51.75万平方米。区教育部门修订完善幼儿园2022年度目标考核方案、考核细则。17所公办幼儿园取得独立法人资格，完成11所幼儿园不规范名称治理工作。开展第11个学前教育宣传月活动，在赣榆教育发布推出视频案例10个，其中，海森堡幼儿园案例在“学习强国”发布。

【办园条件改善】 2022年，义塘路幼儿园、紫宸幼儿园建成投用，镇海路实验幼儿园、海洋幼儿园转为公办幼儿园，新增公办学位1620个。塔山中心园扩建工程完成内部装修，马站中心园新建工程主体封顶，官河中心园异地新建工程进行主体施工。开展城镇小区配套园建设“回头看”摸底工作，编制配套园装备设备清单，4所小区配套园主体完工。创成省优质幼儿园3所、市优质幼儿园1所，通过省优质幼儿园复审现场考察10所。

【师资培育】 2022年，区教育局举办幼儿园园长专业素养与履职能力大赛，开展教师线上集中培训8场次，91名园长经省级培训取得园长任职资格证书，立项省学前教育学会“十四五”规划研究课题6个。立足省幼小衔接实验区建设，以9对试点园校为引领，构建幼儿园、小学、家长三方共育机制，开展联合教研搭建教师成长平台，有机融入幼儿一日生活，帮助儿童实现从幼儿园到小学的平稳过渡。在班庄小学举行全区幼小科学衔接现场观摩活动。

【课程游戏化建设】 2022年，区域推进幼儿园课程游戏化建设，不断提升课程游戏化实施水平。经济开发区幼儿园被评为省幼儿园课程游戏化项目园，5所幼儿园创成市幼儿园课程游戏化领衔项目园。

（李　敏　尚延强）

义务教育

【概况】 2022年，赣榆区有普通小学101所，在校学生9.69万人，学龄儿童入学率100%，小学毕业生升学率100%。全区普通小学占地面积280.21万平方米，校舍建筑面积83.59万平方米。全区有初级中学27所，九年一贯制学校3所，特殊学校1所，初中在校学生5.44万人，特殊学校在校学生205人，初中毕业生升学率97.22%。全区普通中学占地面积304.44万平方米，校舍建筑面积129.16万平方米。区教育部门制定《赣榆区2022年义务教育阶段学校招生工作意见》，落实属地招生和公办、民办小学、初中学校同步招生要求；民办学校九年一贯制校内“小升初”直升工作，1.77万名七年级新生注册入学。四星级普通高中指标生计划全部分配到区内初中学校；分片召开初中校规范管理推进会，牵头安监科、体卫艺科、食安办等科室对全区所有中学开展新冠疫情防控与常规管理联合检查；分片组织召开中学德育工作推进会议，组织开展骨干班主任暑期培训。

【“双减”工作】 2022年，区教育局指导学校制定作业管理方案，落实作业公示制度，进一步减轻学生课业负担；普及“5+2”（学校每周5天都要开展课后服务，每天至少开展2小时）课后服务模式，打造精品社团，丰富学生文化生活，全区中小学课后服务实现全覆盖，学生作业量明显下降，家长满意度不断提高，信访量显著减少。《江苏省义务教育课后服务质量评价和社会满意度调查报告》显示赣榆区课后服务工作整体质量较高，在全省116个县（市、区）中，综合排名位居前三名。“双减”（减轻义务教育学生作业负担、减轻义务教育学生校外培训负担）典型案例被省级媒体采用刊发48篇、市级媒体49篇。海头小学的“双减”案例《让“双减”更接地气》、塔山小学的“双减”案例《家庭教育“七大课程”助力“双减”》被省“双减”专报刊发。组建“双减”工作联合检查组，分片区对40所小学、36所初中学校开展专项督查，下发规范管理检查通报，召开规范管理反馈会，切实规范办学行为。持续完善课后服务体系，普及“5+2”运行模式，丰富课后服务内容。结合《省教育厅关于实施〈义务教育课程方案和课程标准（2022年版）〉的通知》，对全区小学德育工作、规范管理、课程计划执行、“双减”推进、“五项管理”（手机管理、睡眠管理、课外读物管理、作

2022年11月11日，“金东方杯”赣榆区中小学田径运动会在柘汪中学举行

（区教育局　供图）

业管理、体质健康管理）等进行常态化督查，随机抽查和专项督查相结合，每月定期并下发督查简报。对违反“五项管理”的师生及时发现、立即整改、落实问责。区教育系统关工委组织王老三、孙连东等省知名民间剪纸艺人，深入城南高中、罗阳小学、新城实验小学等多所学校担任社团辅导老师。金山镇关工委组织40余名“五老”辅导员，定期走进该镇西张夏小学，教授中华锣鼓、腰鼓、扭秧歌、打花棍、舞花球等民间技艺，教唱红歌、辅导书法等，将“五老”技艺特长融入课后延时服务中。

【主题活动】 2022年，区教育系统组织开展“喜迎二十大，童心向未来”一年级入学礼、十岁成长仪式、六年级毕业礼、庆“六一”等专题教育活动，开展十佳精彩仪式、优秀仪式评比活动；在“家庭教育宣传周”期间组织开展“弘扬家国情礼赞新时代”主题宣教活动；组织开展市港城好少年、优秀班集体和区级三好学生评选活动；加强班会课、晨会课、《道德与法治》等德育主干课程管理，9月在城南小学召开全区小学德育工作现场推进会，进一步规范升旗仪式，发挥升旗仪式育人功能。做好校级和班级社团活动的开展，开展十佳社团、优秀社团评比。6月在城头小学召开小学社团活动推进会。组织开展“万师访万家携手共成长”活动，各校制定实施方案，每位教干和教师走访学生家庭不少于5户，做到“五类重点人员”家访全覆盖。

【心理健康教育】 2022年，区教育局制定《关于深入推进中小学心理健康教育的意见》，开展心理健康教育月宣传和“倾听一刻钟，运动一小时”活动，组织心理健康优秀案例、视频申报工作，组织学校做好线上心理健康教育，开展心理健康咨询室检查，督促学校心理成长中心建设。定期做好心理危机排查，确定重点关爱对象，并将特殊儿童少年信息与中学无缝交接。在华中路小学举办全区小学心理健康教育专题研究活动，组织开展心理健康案例评比，提高全区小学心理健康教育工作水平。和安小学、塔山小学、经济开发区小学、柘汪小学、龙河小学开展“5·25”心理健康活动月活动。

【劳动实践教育】 2022年，区教育系统构建学科教学与校园文化融合、家庭与社会衔接的综合劳动实践育人机制，黄海路小学、海头小学、徐山小学、马站小学、柘汪小学等开辟校内劳动实践基地，探索“双减”背景下的劳动教育机制，全面落实劳动课程。劳动教育工作经验先后在“学习强国”平台、省“双减专报”报道。徐山小学《“行知”劳动品格习养工程》、宋庄小学《做思共生：小学科学课程育人实践建构》分别获评省品格提升工程建设项目和省前瞻性建设项目，全区获评省内涵项目19个。

【全省第三届初中物理实验创新评比在和安中学举行】 2022年12月16—17日，全省第三届初中物理实验创新评比在和安中学举行。活动由江苏省中小学教学研究室、省教育学会物理教学专业委员会主办，连云港市教研室、江苏科技出版社协办，赣榆区教育局教研室和连云港市和安中学共同承办。全省各市教科院、教研室的物理教研员、专家、评委等20余人参加活动。活动采用评委现场评比，全省初中物理教师在线观摩的方式进行，共有26节实验教学设计课和122节实验创新教具参加此次展评。

【第六届“夹谷山”小学教育论坛】 2022年6月16日，赣榆区第六届“夹谷山”小学教育论坛在城头中心小学举行。此届论坛活动以“‘双减’背景下的学校内涵建设与质量提升”为主题，会议就社团活动、文明礼仪养成教育、学校内涵发展、教育教学质量等工作提出要求。全区各小学校长、分管德育副校长、德育主任及完小校长代表160余人参加活动。

（李 敏 尚延强）

普通高中教育

【概况】 2022年，赣榆区有高级中学9所，在校学生2.9万人，高中招生1.04万人，毕业生7841人，专任教师2344人。高考本科上线总数连续24年位列全市第一。本科达线4639人，3人被清华录取，其中，1人位居全市第一、全省第六。制定和实施《赣榆区2022年高中段学校招生意见》，全面落实属地招生和公办、民办普通高中学校同步招生要求，四星级普通高中指标生计划100%分配到区内初中学校，10302名高一新生注册入学。统筹普通高中、中等职业学校招生工作。全区各高中校承办市级及以上教学研讨活动19场次，教师在省市基本功、优秀课评比活动中获市一等奖及以上17人次。

【达标创建】 2022年，赣榆区全面提升普通高中创建水平，海头高中完成四星级高中复审整改上报工作，赣榆高中、赣榆一中通过省四星级复审现场考察。推进省基础教育内涵项目建设，赣榆高中、厉庄高中申报项目通过省教育厅评审。

【课堂教改】 2022年，区教育局教研室着力构建普通高中“三新”（新课程、新标准、新高考）背景下的新授课、复习课、试卷讲评课“一科三模”“一模多法”高效课堂教学范式，带动全区普通高中各级段课堂教学改革进程。 （李 敏 尚延强）

职业教育

【概况】 2022年，赣榆区有中等专业学校1所，即江苏省赣榆中等专业学校。学校有在校学生6920人，中专招生2468人，毕业生数1918人，五年制高职毕业生就业率100%。教职工数467人。其中，专任教师413人。学校占地面积44.57万平方米，校舍建筑面积15.24万平方米。赣榆中专入选省优秀中等职业学校建设单位，获评省优质专业1个，建成省职业体验中心、市现代学徒制项目、职教集团7个。

【课程设置】2022年，赣榆中专按照生产实际和职业岗位需求，注重文化基础课程，强化职业技能训练课程，拓展通用素质能力课程。其中，职业技能训练课程主要有电子技术应用、汽车运用与维修、工业与民用建筑专业、机电技术应用、计算机应用技术、高星级饭店运营与管理、服装设计与工艺、农机设备应用与维护、工艺美术、畜禽生产技术、作物生产技术、园林绿化等40多门特色课程。每学年安排40周教学活动，各专业平均总学时数为4978学时，公共基础课程占总学时的37.5%，实践性教学学时达总学时数的56.49%，选修课教学时数占总学时的13.1%。

【职业培训】2022年，赣榆中专组织开展建筑施工特种作业人员培训考核1245人次，安全生产特种作业人员培训310人次，组织建筑施工企业"安管人员"继续教育培训460人次，完成6个项目519人次"1+X"（"1"代表1个学历证书，"X"代表若干个职业技能等级证书）职业技能等级证书培训考核工作，组织10名考评员参加省住建厅组织的继续教育培训，且全部通过考核。组织乡镇就业指导培训2961人次，区民政局养老护理员培训106人次，连云港监狱和东海戒毒所培训904人次，区邮政快递员培训45人次，创业意识培训870人次，完成培训考核职务船员（轮机与驾驶）近1000人、普通船员近1000人，完成全区15个乡镇和1个高新技术开发区2254人的企业安全人员培训工作。赣榆东风驾校培训学员1100人次。

【技能竞赛】2022年，赣榆中专探索职业教育课堂教学新模式，多次承办市职教中心教研组活动，承办省全民科学素质大赛线上比赛，并代表连云港市参加比赛，获三等奖。赣榆中专获由中国科协青少年科技中心、中国青少年科技辅导协会颁发的"科创筑梦助力双减试点单位"称号。2022年创业赛事项目中有6个项目参加市赛获一等奖1个，二等奖2个，三等奖2个，参加省赛获三等奖1个。在全市职业学校教学大赛中，获二等奖6个，三等奖2个。在省职业学校教学大赛中，获二等奖1个，三等奖2个。

【校企合作】2022年，赣榆中专利用师生资源优势、教学场地优势，与镔鑫特钢、大力建工集团、宝迪汽配、萌语电商、和安湖大酒店等10多家企业开展校企合作，开展学生实习、企业员工培训等活动，促进校企资源共享、互利共赢。（李　敏　尚延强）

民办教育

【概况】2022年，赣榆区有民办教育机构77个。其中，学校6所，培训机构1个，幼儿园70所，在职教师2079人，学校占地面积87.72万平方米，校舍建筑面积59.57万平方米。1个培训机构达到市级合格培训机构标准，在职教师6人，在校培训人数500人。全区重点围绕机构场所、培训班次、招生对象、教师资格及培训，开展校外培训机构"双随机、一公开"检查专项活动，规范办学行为。开展校外培训机构暑期综合治理，重点查处违规机构开展文化课补习行为，对辖区内的违规办学投诉的问题进行查处，访件办结率为100%。

【办学许可年检】2022年，赣榆区开展民办教育办学许可年检，完成民办中小学、幼儿园、非学历教育培训机构年检77家，其中，民办中小学6家、民办幼儿园70家、非学历教育校外培训机构1家。对11家民办幼儿园的名称进行规范，换发办学许可证。注销博雅初中办学资质。

【招生调节】2022年，赣榆区4所民办校招生计划在2021年基础上减半执行，对民办学校超额的5264名学生采取政府购买学位的方式进行过渡，费用按标准退补给学生家长。

（李　敏　尚延强）

社会教育

【概况】2022年，赣榆区有社区教育中心15所。赣榆区社区教育围绕国家、省、市主管赛事开展工作，组织各镇社区（村）居民参加省、市社区教育竞赛活动14项，报送参赛作品146件，获1项江苏省第三届社会教育（教学）成果奖；创建1个省社区教育特色品牌；8人获省级表彰；1项省社区教育规划课题立项、4项结题；在国家级、省级报刊上发表社区教育论文4篇。赣榆区教育局获市级优秀组织奖2项、4人获市级表彰、51件参赛作品获奖。

【教育培训】2022年，赣榆区围绕社区特点和社区文化特色，面向不同类型的社区成员，特别是老年人、青少年、妇女和农民工等重点群体，开展社会主义核心价值观、人文艺术、职业技能、生活休闲等教育活动。组织青口、赣马、海头、班庄4个镇开展居民教育培训11场次，参与人数达1000多人次。招收农村成人学历提升教育550人，延长劳动人口平均受教育年限，分别完成城区、农村居民社区教育活动年参与率达60%、40%，老年人年参与率达20%以上。

【宋庄社区教育实践项目创成省级特色品牌】11月，《2022年江苏省社区教育特色品牌项目名单》公布，连云港市赣榆区宋庄镇社区教育中心的"学道德模范建文明社区"社区教育实践项目进入项目名单。

（李　敏　尚延强）

成人教育

【成人职业技能培训】2022年，赣榆区围绕新产业、新业态、新模式，开展机械制造、节能环保、家政服务、电子商务、电商物流等职业技能培训。开展全区企业技能竞赛活动，参赛产业工人1万人次以上。

【专业技术资格初定人员培训】 2022年，赣榆区非教师类专业技术资格初定人员至少参加1门公需科目学习并考核合格。全区非教师类专业技术资格初定人员600余人完成学习。全区教师类专业技术资格初定人员要参加规定课程的学习，并完成相应的学分。全区教师类专业技术资格初定人员1000余人参加学习培训。

【赣榆区老年大学】 2022年，赣榆区老年大学有学员500余人，定期举办舞蹈、剪纸、乒乓球比赛、太极拳比赛等活动，实施快乐教育，深化亲情服务。6月30日，区老年大学与区住建局联合开展老党员庆“七一”主题党日宣传活动，学员参展作品20多幅。 （李 敏 尚延强）

特殊教育

【概况】 2022年，赣榆区有3—5岁残疾儿童350人，30人就读于特殊教育学校幼儿园，212人就读于其他机构。义务教育阶段1212人中，236人就读于特殊教育学校，720人在普校随班就读，48人接受送教上门服务。

【课程设置】 2022年，赣榆特殊教育学校以特殊教育学校课程设置实验方案为基础，根据国家课程标准《培智学校课程设置实验方案》《聋校课程设置实验方案》要求，一般性课程设置生活语文、生活数学、生活适应、劳动技能、唱游与律动、绘画与手工、运动与保健等课程。选择性课程着眼于学生个别化发展需要，注重学生潜能开发、缺陷补偿，设置“知识教育、康复训练、艺能培养、职业培训”四位一体的校本特色课程。 （李公治）

【融合教育】 2022年，赣榆区实施融合教育，推进特需学生普通学校随班就读工作，提升全区特殊教育质量和水平。区特殊教育指导中心组织专业评估人员，历时半年时间，完成对全区普通中小学218名随班就读特需学生第一轮教育评估工作。全区新建成14个幼儿园融合资源教室，实现每个乡镇幼儿园、小学、初中、职高资源教室全覆盖。 （李 敏 尚延强）

【社团活动】 2022年，赣榆特殊教育学校设置诵读、素描、儿童画、手工、非洲鼓、桌面舞、烘焙、特色黏土、理发、孵化等10个社团，形成“发展个性、挖掘潜能、全面发展”的培养模式。 （张 琴）

教师队伍建设

【概况】 2022年，赣榆区探索建立教师师德荣誉等级制度，提高校本研训水平，优化“青蓝工程”管理。实施“511”（5年内培养50名特级教师或正高级教师、100名名师、1000名骨干教师）名师培养工程，评选“511”名师18人、骨干教师200人。新招聘教师296人，其中，引进高层次人才47人，录取定向师范生61人。131人通过高级教师评审、267人通过一级教师评审，完成在职教师教师资格证定期注册680人。全区教师人事管理纳入省一体化信息平台事业单位人事管理系统。

【骨干教师培养】 2022年，成立第三期赣榆区名师工作室13个，开展线上活动65场次，线下培训活动10场次。做好连云港市中小学高层次人才“新333工程”第二周期培养计划人选推荐工作，推荐2000名教师参加周期评选。黄海路小学“儒风雅行”“四有”（有理想信念、有道德情操、有扎实学识、有仁爱之心）好老师团队获评省级重点培育团队，实验小学秦艳入选“苏教名家”培养对象，海头初中王顺利获评江苏教师年度人物，黑林小学教师卢燕、徐山中学教师王儒仕获评市“最美港城人”。

【教师培训】 2022年，赣榆区2021年新入职教师191人分组分别到海头高中、大岭小学、海森堡幼儿园开展课堂教学技能培训，提升新教师教学技能和业务水平。组建校本研训督查组，分学段对2022年寒假校本研训情况进行现场督查，并下发督查简报。立项“百位名师百节好课百乡行”的“三百”课程、“青蓝课程”市区级培训项目45场次，启动小学语文、特殊教育、小学数学、小学英语4门学科专场活动。

【师德师风建设】 2022年，赣榆区教育系统贯彻落实教育部教师思想政治和师德师风建设经验交流暨师德专题教育启动部署会精神，12750名教职工参加江苏省师德师风在线培训，将师德师风考核纳入教师职称晋升、职务提拔、表彰奖励等各个环节。对群众反映强烈的到校外培训机构兼职取酬、顶风违纪有偿补课（有偿家教）、违规向学生推销教辅材料等师德师风突出问题开展专项治理。普查全区2017—2019年师德考核结果，对师德存在问题的8人进行重新认定，取消其优秀等次。

【特定教师培育】 2022年，赣榆区新入职教师191人分组分别到海头高中、大岭小学、海森堡幼儿园开展课堂教学技能培训，提升新教师教学技能和业务水平。区教育局印发《赣榆区农村学校教师到城区挂职实施方案》，从部分超编农村学校遴选32名教师到城区学校进行挂职任教。

【教育科研】 2022年，区教育局强化省、市、区“十四五”规划课题管理，派教科研骨干教师开展一对一帮扶指导。29项基础教育类课题被立项为市级课题，21项课题被立项为省级课题。开展中小学教 科研共同体线上教科研培训及课题成果推广工作，组织教师参加“五四杯”“教海探航”“师陶杯”等论文竞赛。 （李 敏 尚延强）

招生考试

【高中阶段学校招生】 2022年，赣榆区初三报名参加中考考试人数16681人。1667名考生报名参加中等职业学校学业水平测试。

【高考招生】 2022年，赣榆区6720名考生（1508名考生被高职院校提前录取）参加高考，高考本科上线人数4639人。3名学生考入清华大学。高考成绩实现全市“二十四连冠”。

【社会考试】 2022年，赣榆区983人报名参加全国自学考试，23名考生毕业，其中，本科22人，专科1人。2497名考生参加全国成人高校招生统一考试，2103人参加全国计算机等级考试；3728名考生报名参加全国教师资格考试笔试考试，涉及幼儿园、小学、初中、高中和中职5个类别。 （李 敏 尚延强）

特色学校

【连云港市赣榆实验幼儿园】 连云港市赣榆实验幼儿园始建于1958年，原名为县直机关幼儿园，1983年更名为赣榆县实验幼儿园，2000年经省教育厅验收，被认定为江苏省示范性实验幼儿园。2022年，该园设为5个分园和1个早教中心的教育集团，占地面积3.26万平方米，建筑面积2.42万平方米；42个教学班，1478名幼儿，202名教职工；“赣榆名师”4人，“新333”骨干教师18人，区“411”“511”骨干教师12人。幼儿园“构建和谐育人环境，促进幼儿快乐发展”。幼儿园先后创建为江苏省幼儿教育科研基地、江苏省幼儿园课程游戏化建设项目园、江苏省教师发展示范基地校、江苏省快乐体操特色幼儿园、连云港市幼儿园课程游戏化领衔项目园。

【连云港市和安幼儿园】 连云港市和安幼儿园始建于2018年，是1所由赣榆区委、区政府批准，投资7000余万元兴办的城区公办示范幼儿园，江苏省优质幼儿园。该园占地面积24357平方米，建筑面积17721平方米，绿化面积3600平方米，户外活动场地15500平方米。园内设有百艺陶工坊、百艺纸工坊、妙手木工坊、智高建构游戏室、国粹京剧体验馆、七彩创意美工坊、天天美食生活坊等幼儿专用活动室等教育设施。2022年，园内有21个班级，834名幼儿，教职工89人，专任教师50人，其中，在编教师30人，均为学前教育专业本科学历。有省教师基本功大赛一等奖1人，市教师基本功大赛获奖4人，省“蓝天杯”优秀课展示一等奖1人，市优秀课评比一等奖2人，市级新“333工程”骨干教师4人、区“411”骨干教师18人。该园负责实施市课程游戏化项目“稚趣童行”体验课程。该园被认定为全国足球示范幼儿园、区学前教育先进单位、区教科研先进集体、区研修先进单位、区“教海探航”“师陶杯”优秀组织单位。

【连云港市赣榆实验小学】 连云港市赣榆实验小学始建于1949年，初名为青口镇隆嘉巷初级小学，1959年改为赣榆县师范学校附属小学，1972年改为赣榆县教师进修学校附属小学，1982年被省教育厅确定为首批“江苏省实验小学”。学校有“文化路”“义塘路”2个校区，总占地面积8.34万平方米，总建筑面积6.45万平方米。2022年，学校有104个教学班，6530名学生，305名教职工。学校以名师工作室为阵地，加强对骨干教师的培养，成立“新儿童教育”紫藤团队建设，培养江苏省“苏教名家”培养对象1人，省特级教师1人，正高级教师2人，市“521”第一层次培养对象1人，“港城名师”2人，市“新333工程”第一层次培养对象6人。学校深化“立新课堂”教学改革。校长相振港主持的“言意转换视域下小学语文‘助学课堂’的实践创新”获江苏省教学成果奖一等奖，教师李秀平获江苏省小学语文优质课评比特等奖，“新儿童教育”成果被推荐第六届中国教育创新成果公益博览会参展，在全市小学教学工作绩效认定中被评为“内涵发展品质校”，课后服务被市教育局评选为典型案例，举办两场省级研讨活动。

【连云港市黄海路小学】 连云港市黄海路小学始建于1992年。2011年9月独立建制。2022年9月，新建黄海路小学海城路校区，实行一校两区管理体制，即文化东路校区和海城路校区，两校区有116个班级，316名教职工，7488名学生。文化东路校区

2022年8月，连云港市黄海路小学海城路校区投入使用

（区教育局 供图）

2022年8月，连云港市赣榆实验中学义塘路校区投入使用

（区教育局 供图）

占地面积5.76万平方米、建筑面积2.51万平方米；海城路校区占地面积3.62万平方米，建筑面积1.68万平方米。学校按照“一脉相承，两校同风”的办学思路推进学校发展，文化东路校区侧重人文情怀涵育，海城路校区侧重科技养成，构建儒雅文化、课程课堂一体发展的文明校园。该校先后获评江苏省文明校园、江苏省智慧校园示范校、江苏省教科研先进集体、江苏省“四有”好教师重点建设团队、江苏省教海探航优秀团队奖、市十佳教学质量先进校、市艺术教育特色校、市内涵发展品质校、区教育工作先进集体等称号。

【连云港市和安小学】 连云港市和安小学2018年建成。该校占地12万平方米，建筑面积8.5万平方米。2022年，该校有82个班级，在校学生近4700人，教职工166人，学校注重科研队伍的打造，有“苏教名家”培养对象1人，特级教师1人，市级名师、教学标兵等37人。学校高标准配备教学硬件、软件设施，建有数字化图书馆、科技馆、水文化广场等。学校本着“给儿童带得走的智慧”的办学理念，深入实施高效“水韵课堂”校本课程，构建“水韵少年”德育课程体系，常态化开展学校特色活动，特色教育珠心算获东部赛区团体特等奖，学生书法作品入选《小学硬笔习字册》优秀作品。学校建设“水文化”生态校园，办学特色《润泽若水，至善致远》于2022年3月在《中国教育报》予以刊登宣传。该校先后被评为全国智慧教育平台试点校、省苏派名校联盟学校。

【连云港市赣榆实验中学】 连云港市赣榆实验中学始建于1923年。1978年5月被省教育厅确定为省首批重点中学。2000年8月，赣榆县中学实施初高中分离，初中部留在原校址并易名为现校名。2002年，学校易地新建。2022年9月，义塘路校区建成使用，占地4.67万平方米。校区建有U形教学楼、智慧教室、创客教室、多功能实验室、电子图书馆和阅览室、健身房、心理咨询室、多功能报告厅、人造草坪操场、环保橡胶跑道、篮球场、排球场，智能化广播系统、智能化校园监控等。实验中学形成拥有黄海路和义塘路两个校区的集团化办学新格局。该校有教职工426人，专任教师405人。其中，特级教师3人，正高级教师3人，高级教师278人；市、区级名师58人，区级以上骨干教师206人；研究生学历52人。省级及以上教师获奖高达300人次，省、市级教学研究课题139项，省级以上核心主流期刊发表论文近千篇。学校有131个教学班，在校学生8000余人。2022年，学校被评为省青少年科技教育协会会员单位、省节水教育基地、市家庭教育指导示范校、市教科研工作先进集体、市国家教育考试优秀考点，获省第二十一届中学生阅读与写作大赛优秀团体奖、省中小学生“党的光辉照我心，童心喜迎二十大”主题征稿活动优秀组织奖、市第三届朱自清小荷文学奖评选活动优秀组织奖。

【连云港市和安中学】 连云港市和安中学2018年建成。学校占地13.87万平方米，建筑面积5.55万平方米。2022年，该校有教学班级72个，在校生4200余人。有专任教师229人，其中，正高级（三级）教师1人，港城名师2人，市、区名师6人，省基本功、优质课一、二等奖获奖教师7人，市基本功、优质课一等奖获奖教师52人，录用重点高校全日制硕士研究生30人。学校建有机器人创客室、VR情境教室、3D打印室、数字化地理实验室、理化生数字化实验室、音乐美术创客室等一流的人文科技场所，并将云办公、智慧黑板、网络直播系统、智能安防系统等智慧互联，构建现代校园运行新模式。2022年，学校先后获全国优秀家长实践学校、江苏省优秀家长学校、连云港市教育质量奖学校、市“双减创建”示范学校、市全民阅读书香校园、市绿色学校等称号。

【江苏省赣榆高级中学】 江苏省赣榆高级中学始建于1923年。2000年9月学校实施初高中分离，易地新建江苏省赣榆高级中学。学校占地23.5万平方米，建筑总面积10万余平方米。2022年，有学生3700人，教职工418人，其中，省特级教师5人，正高级教师11人，省教学名师1人，港城名师8人，研究生学历教师146人。该校是国家级示范高中、省首批四星级高中、省首批高品质示范高中建设培育学校。2022年，该校

2022年8月26日，赣榆高级中学新校区远景（司　伟　摄）

高考名校录取数居全市第一，实现高考全市24连冠。学校先后获评全国科技助力双减试点校、省文明校园、省中小学思政育人特色学校、省中学物理实验创新研究项目实验学校等，学校申报的高中数学课程基地项目被确立为省课程基地。学校先后被复旦大学、国防科技大学、哈尔滨工业大学、中山大学等名校确立为优质生源基地。

【江苏省赣榆中等专业学校】 江苏省赣榆中等专业学校始建于2003年，原为赣榆县职业教育中心。2009年，更名为江苏省赣榆中等专业学校。该校是首批国家中等职业教育改革发展示范学校、国家级重点中等职业学校、江苏省四星级中等职业学校、首批省高水平现代化职业学校、省现代化示范性职业学校、省职业学校智慧校园。2022年，该校开设交通运输、土木水利、加工制造、财经商贸等十个大类27个专业，其中，汽车检测与维修技术、建筑工程技术、婴幼儿托育服务与管理、装配式建筑工程技术、农村电子商务、工程造价、新能源汽车检测与维修技术7个专业为五年制高职专业；建筑工程施工、建筑装饰、汽车运用与维修、机电技术应用、电子技术应用、计算机应用等20个专业为三年制中职专业。汽车运用与维修、建筑工程施工、电子技术应用为省级品牌专业，工程造价为省级特色专业，建筑工程施工专业群、汽车运用维修专业群、机电技术应用专业群、电子商务专业群4个专业群为省现代化专业群，汽车运用与维修、建筑工程施工、机电技术应用3个实训基地为省现代化实训基地。该校是连云港市唯一一家被江苏省住建厅认定的建筑施工特种作业人员考核基地，是省安监局确定的三级安全培训资质单位、市汽修从业人员培训鉴定单位，是全区最大的技术技能人才培养培训基地，建有国家职业技能鉴定所，开展多个社会培训和技能等级认定项目，被评为2019—2021年度江苏省文明校园。

【连云港市赣榆特殊教育学校】 连云港市赣榆特殊教育学校始建于1991年，原名赣榆县聋哑学校。2009年更名为“连云港市赣榆特殊教育学校”。2012年10月，学校被确定为国家级“人工耳蜗康复救助项目定点机构”。2017年，赣榆区特殊教育指导中心挂牌，负责指导全区的随班就读工作。学校占地面积2万平方米，建筑面积9000平方米，配备有多功能室、实验室、图书馆、微机房、室外操场、风雨操场、宿舍等。2022年，有20个教学班，205名学生，41名在编教师，其中，特殊教育专业35人；1人被评为区“511”工程骨干教师，4人被评为市“新333”工程第二层次培养对象。（李　敏　尚延强）

文化

公共文化服务

【概况】 2022年，赣榆区有区文化馆1个、区博物馆1个、镇级文化站15个、村级文化中心427个。全区实施全省“十百千”（26个县级图书馆文化馆、103个乡镇、街道和1019村、社区综合文化服务中心）公共文化服务效能提升工程，创建全市示范文化站3家、村级文化中心15家。区文化馆、区博物馆、石桥镇文化站被评为全省“最美公共文化空间”。沙河镇文化站被评为第九届全国服务农民、服务基层文化建设先进集体。

【公共文化活动】 2022年，赣榆区开展“礼赞新时代奋进新征程”喜迎中共二十大系列文化活动，举办“城发杯”赣榆区“庆元旦迎新春”文艺汇演暨2021年度优秀民间文艺团队颁奖典礼、春节文艺展演、“文艺颂党恩　扬帆新时代”赣榆区庆七一文艺晚会、“喜迎二十大　强国复兴有我”缤纷夏日音乐会、“欢歌喜迎二十大　万水千山‘粽’是情”“新时代颂”摄影美术书法展、“奋进新征程　幸福舞起来”广场舞大赛等主题活动百余场，文化惠民专场文艺演出等活动30多场；开展送戏下乡、送图书下乡、送电影下乡、戏曲进校园、戏曲进乡村等主题活动。全年举办大中型文化活动30余场。组织50余人次参加全市基层文化馆（站）从业人员培训班。　（殷维浩）

2022年10月28日，2022江苏美术摄影主题联展赣榆区美术摄影书法展现场　（司　伟　摄）

【二道街文化街区获批省级夜间文化和旅游消费集聚区】 2022年，二道街文化街区通过“文旅+美食”“文旅+非遗”模式，推动夜游经济快速发展。11月21日，江苏省文化和旅游厅公布第三批省级夜间文化和旅游消费集聚区共11家单位名单，二道街文化街区被认定为省级夜间文化和旅游消费集聚区。

【赣榆区图书馆】 2022年，赣榆区图书馆新增馆藏图书2.9万余册，馆藏图书总计80余万册（含分馆图书），接待读者10余万人次；新建小镇书房分馆15家，建成分馆447家；建设图书流转中心，实现全区文献资源大流转、大共享。区图书馆是国家一级图书馆、江苏省文明图书馆、江苏省最美公共文化空间、国家图书馆（全国图书馆）联合编目中心成员馆、江苏省公共图书馆馆际互借成员馆、江苏省少儿数字图书馆成员馆、连云港市图书馆分馆、连云港市少儿图书馆分馆。馆中馆“徐福文化陈列馆”为江苏省社科教育示范基地、连云港市非物质文化遗产展示馆（厅）。馆内设置20余个功能科室、增添智能导读机器人、设置1000余个阅览座位，为读者提供“一站式”服务。区图书馆实行全年365天开馆制度，对所有读者实行免费服务。开通图书馆官网、移动图书馆、微信公众号等阅读平台，举办线上、线下各类公益性讲座、展览、培训及阅读推广等

2022年5月18日，区博物馆开展“5·18”国际博物馆日·博物馆的力量普法宣传活动
（区博物馆 供图）

读者活动160余场次。在国家一级图书馆评估定级中，投入40万元开展数字化服务，增加数字资源16TB（100万种电子图书，2万多种期刊，2万集视频讲座，1.4万集有声读物），每日更新500种报纸。区图书馆组建“党建引领‘榆’阅福城”阅读推广志愿服务队，开展“五进四送”活动，即流动服务“进社区、进农村、进学校、进军营、进工地”，组织“送书、送展、送影、送活动”志愿服务活动，全年开展志愿服务达2000余人次。
（张慧英）

【赣榆区博物馆】 2022年，赣榆区博物馆藏品总数1023件（套），文物藏品总数567件（套），其中，珍贵文物数105件（套），包括一级文物数1件（套），二级文物数13件（套），三级文物数91件（套），一般文物462件（套）；非文物藏品数456件（套）。全年接受9次藏品捐赠，2次其他单位移交藏品，新增藏品数383件（套）。区博物馆围绕中华传统节日开展“欢乐虎年猜谜拜年”猜字谜活动、“我是小小传承人剪纸庆元宵”传统剪纸活动、“我是小小传承人弘扬传统文化”非遗传承捏面塑活动、“粽情端午香 相约博物馆”传统文化实践活动四场；“5·18”国际博物馆日开展“博物馆的力量”普法宣传活动；开展文物法律法规专题讲座等各类青少年专题活动20余场；举办书画展览1场。
（陈德玉）

【赣榆区文化馆】 2022年，赣榆区文化馆拥有馆舍2处，分别是青口镇二道街文化商业街区的选青书院、青口生态公园中的玉皇阁。选青书院设有馆办公室、非遗中心、音乐舞蹈部、书法美术部、排练厅、琴房、文艺团队管理办公室、百姓文化舞台等办公场所和活动阵地。玉皇阁内设有“百花园”小剧场和非物质文化遗产展示馆。区文化馆利用群众文化活动阵地和文艺专业人才资源，开展元旦、春节、元宵节、端午节、“七一”“八一”、中秋节、国庆节等节日文化活动；承办2022连云港市“非遗购物节暨石梁河美食文化节”的“连云港腔调展演”活动，举办2022年“文化和自然遗产日”赣榆区非物质文化遗产展演大型文艺活动。全年举办书画展览、文艺演出等文化活动92场次。区文化馆开展文艺辅导工作，成立3个文艺辅导小组，分赴基层辅导200余次，辅导文艺团队50余个、文艺节目600余个。区文化馆组织文艺专业人员深入生活，挖掘现实题材，开展文艺创作，全年创作美术、书法、摄影、戏剧、小品、微电影等作品65件。（董家利）

【纪念场馆】 2022年，赣榆区纪念场馆主要有抗日山革命烈士纪念馆、刘少奇纪念室、青口十八勇士纪念馆、赣榆乡贤馆、徐福文化陈列馆等。

抗日山革命烈士纪念馆 位于赣榆区抗日山烈士陵园第二坡段，建筑面积1245平方米。馆名由抗日战争时期山纵2旅团长、中国军旅书法家武中奇亲笔题写。纪念馆定级文物40件（二级文物1件，三级文物39件），其他文物549件。2022年，抗日山文旅产业园启动纪念馆改陈布

2022年12月9日，连云港市归国华侨联合会与抗日山革命烈士纪念馆共建交流基地
（贺龙广 摄）

展工程。全年接待社会各界参观6.6万人次。（贺龙广）

刘少奇纪念室　位于黑林镇大树村，是刘少奇1942年检查指导山东工作时居住的地方。刘少奇纪念室陈设刘少奇用过的部分工作、生活物品（复制件）。“刘少奇纪念室”由开国上将，时任国务委员、国防部部长张爱萍题写。刘少奇纪念室先后被命名为赣榆县爱国主义教育基地、县重点文物保护单位、市文物保护单位。2022年，接待社会各界参观约2万人次。

青口十八勇士纪念馆　位于青口镇前宫路33号，占地面积1160平方米，建筑面积980平方米，有藏品百余件，为市级爱国主义教育基地、市科普示范基地、党员教育实境课堂。2022年，接待社会各界参观约1万人次。

赣榆乡贤馆　位于青口镇银滩路以东、黄海东路以北的和安湖畔，建筑面积约2000平方米，布展面积约3500平方米，是江苏省内首家富有地方特色、展示文化魅力的乡贤馆。2022年，完成馆内展陈资料更新，新增荣誉4大类11项，更新5名乡村振兴带头人、16名清华北大学子信息。接待海州区委统战部、灌南县等6家单位集中调研，接待参观2000余人次。

徐福文化陈列馆　位于区图书馆一楼，是连云港市非物质文化遗产展示馆（厅）、江苏省社科普及示范基地。展厅面积450余平方米，以“徐福东渡”“徐福文化在中国”“徐福文化在日本”“徐福文化在韩国”“友好交往”五大板块为主框架，综合运用文字、图片、实物、影像、多媒体等形式，打造徐福文化品牌，讲好赣榆文化故事。馆藏资料及实物1.1万余册/件，其中，韩日等地友人捐赠展品300余件（册）。2022年，接待社会各界参观3000余人次。

【城乡公共读书平台】2022年，赣榆区实现15家镇级小镇书房全覆盖，新增7处城市书房，提升打造达省五星级农家书屋12家，省三星级农家书屋50家，新建“书香驿站”等公共阅读空间80余处。组织开展“榆您悦读领读经典”、农家书屋千场主题阅读活动等600余场。（年　编）

链接：

赣榆城区建成15分钟阅读文化圈

赣榆区重视城市书房建设，积极拓展品质城市公共阅读空间，大力开展公益阅读活动，全力构建公共阅读服务体系，全区按照“统一审核、统一标识、统一配置、统一监管”的要求，依托国企、民营机构、大型商超、居民住宅小区和商业街合理布点，建设具有特色的城市书房，为附近居民提供免费看书、借书综合性阅读服务，每月举办阅读体验、讲座沙龙等阅读活动，城市书房随处可见，打通公共文化服务的“15分钟阅读文化圈”，加快打造书香赣榆，满足居民业余时间的文化生活需求。

（《赣榆报》2022年11月4日）

群众文化

【群文社团创省优】2022年，赣榆区民间文艺团队18个，赣榆区青丽肘鼓子艺术团、赣榆区弘文普法艺术团、城西镇乡音情艺术团获省级优秀群众文艺团队。青口镇海之韵艺术团、青口镇红霞肘鼓子艺术团、墩尚镇艾塘湖艺术团入选省优秀群众文化团队培育对象。

【赣榆区第三届戏曲节】11月8—13日，赣榆区第三届戏曲节在城区二道街文化街区举办。第三届戏曲节继续践行文化惠民理念，免费公益展演，让更多的观众感受地方传统戏曲文化的博大气韵与历史传承。节目主要以京剧、吕剧、柳琴戏和地方小戏为主，观众人数约5000人。

【第十五届“乡音·乡韵·乡情”民间文艺展演】7月，赣榆区举行第十五届“乡音·乡韵·乡情”民间文艺展演，由赣榆区文体广电和旅游局、各镇党委、政府主办，赣榆区文化馆承办。全区15个镇挖掘地域特色文化内涵，每镇组织一台文艺节目在本镇进行展演，共演出15场。10月，组织15个镇15台节目在赣榆区青口镇二道街文化街区进行展演。展演形式多样，内容丰富，包括器乐、京歌、舞蹈、快板、独唱等10多个节目，服务观众3万余人次。（张　环）

【“欢乐虎年·猜谜拜年”趣味活动】2月5日，区博物馆结合馆内展品和主题，设计100余条谜题，内容涉及文物名称、历史事件、传统文化等多个方面，在区博物馆二楼大厅开展“欢乐虎年·猜谜拜年”趣味活动。活动现场，百条字谜悬挂于大厅墙面，300余人次参与猜谜活动。

（陈德玉）

【“粽情端午·香约博物馆”传统文化活动】6月3日，区博物馆招募20对亲子在区博物馆三楼活动室，举办“粽情端午·香约博物馆”传统文化活动。全程活动分为“舌尖上的博物馆——亲子协作包粽子”、端午龙舟模型DIY、“飞花令”里过端午三个部分。20对亲子感受到端午节文化、中华诗词文化的独特魅力。（周　慧）

文学艺术

【概况】2022年，赣榆区文联有国家级会员26人，省级会员123人，市级会员411人。区文联组织摄影家协会结合党史学习教育“扛红旗当先锋建新功”实践活动，走进乡镇园区，举行文化助力招商引资与企业发展采风活动3期；组织作协代表走进镔鑫钢铁集团、连云港御龙茶业有限公司开展“走近产业工人”主题采风创作活动，组织第八届“和安文学奖”评选，在塔山镇土城村开展“喜迎二十大　强国复兴有我”宣传教育活动。

【文学创作】2022年，赣榆区围绕“喜迎二十大”主题，创排快板《赞

2022年7月2日，“美丽赣榆”摄影展在万达广场举行（司 伟 摄）

歌喜迎二十大》等10余篇。现代戏曲《孟门枣花香》获连云港市第十六届文艺作品征集一等奖；小剧场话剧《客》获连云港市第十六届文艺作品征集二等奖。韦庆英与王成章合著长篇报告文学《主角是农民——世界水晶之都诞生记》入选省作协第八批“重大题材文学作品创作工程”项目，《追光者——郇华民与十所学校》获全省党员教育培训教材展示交流活动评选创新教材奖。王诵诗的长篇章回小说《风雨晴》、王行聪的散文集《梦在远航》出版。吴娱的组诗《总会遇见一些事物》，相宝昌的诗作《草的命》《宠物狗（外一首）》获国家级奖项。王春迪《黄鼬子》、滕敦太《万里挑一》两篇微型小说在国家级刊物发表。

【文艺创作】 2022年，赣榆区摄影、民间文艺、书法、美术类作品获市级以上奖项30余件次。区京剧团创作编排舞台剧《刘少奇在大树村》在黑林镇大树村演出。全区35件文艺作品参加连云港市第十六届文艺作品征稿活动，作品现代戏曲《孟门枣花香》获一等奖、话剧《客》获二等奖、组歌《多彩海湾》获三等奖。

【《赣榆文艺》编印发行】 2022年，《赣榆文艺》杂志出版4期，刊载作品90%以上为当地作者创作，为赣榆文艺家提供文艺创作交流的平台，突出文艺工作宣传主阵地作用。

【第八届“和安文学奖”评选】 1月9日，赣榆区第八届“和安文学奖”在海头镇海脐村文学创作基地举行。第八届“和安文学奖”设小说、诗歌、散文、报告文学、文学评论五类奖项。其中，小说奖是张宜春《一生牵挂》（载2021年第6期《钟山》），滕敦太《讲究》（载2021年第2期《小说选刊》，入选2021年中国微型小说排行榜）。诗歌奖是郝海洋《心风十二月——海洋绝句摘释》（2021年12月上海文艺出版社出版），刘希桥《农历深情的苏北》（2021年1月时代文学出版社出版，2021年6月获第三届连云港诗歌奖提名奖）。散文奖是吴德欣（笔名吴娱）《曾经的篝火如朝霞暖着胸膛》（载2021年第2期《石油文学》）。文学评论奖是胡森《中华生态古诗的博物学解读》（2021年9月上海书店出版社出版，上榜中国社科类图书好书榜），徐学鸿《求真向美的诗学追求——庞涛新诗集〈幸福的意外〉赏析》（载2021年7月12日《连云港日报》）。报告文学奖空缺。（徐 浩）

文化遗产保护

【概况】 2022年，赣榆区规范土地项目文物评估前置流程和要求，宣传文保方案和文物资源勘探、评估业务知识，跟踪项目文保方案、文物评估开展情况。制作文物及普法展板40多块，走进镇村开展文物普法宣传活动3场。全区举办主题展览6场。获批市级非遗项目传承人7人。

【文物保护】 2022年，赣榆区有文物保护单位44个。其中，省级3个，市级12个，区县级29个。全区开展赣榆区文物违法违规拓印排查整治专项行动，公布一般不可移动文物保

2022年5月17日，连云港市海头中心小学学生学习传统木船制作（司 伟 摄）

护单位51处，安装文物安全责任人公示牌47块，申报江苏省革命文物名录（第二批）2处，申报第六批连云港市文物保护单位3家，配合完成文旅资源普查工作。利用春节、端午等传统节日开展亲子普法活动2次，利用“5·18”国际博物馆日在新城实验小学开展普法活动1次。接受区自然资源规划局等部门文物保护咨询9次，申请考古勘探4家。推进考古前置工作，制作考古前置资料汇编、园区文物资源区域评估政策汇编2册。抢救性清理古墓葬1座，申报文物保护项目4个。实施区博物馆文物数字化保护项目，制定文峰塔修缮加固工作计划，选青中小学考古勘探通过省文物局验收，巡查省市级文保单位3次。（张小树）

【非遗保护传承】 2022年，赣榆区拥有国家级非遗项目1个，省级项目7个，市级项目54个；拥有省级非遗代表性传承人7人，市级代表性传承人50人；区级非遗名录共131项，区级非遗代表性传承人160人。全区围绕非遗保护体系建设，开展新一批区级非遗名录申报工作。“文化和自然遗产日”期间，举办赣榆区非遗展示展演活动。7名非遗传承人被评为市级非遗代表性传承人。组织黑陶、贝雕、徐福茶等非遗产品参加第四届大运河文化旅游博览会。组织赣榆清曲、苏北大鼓、苏北琴书、煎饼制作技艺、虾酱制作技艺等15个非遗项目，参加连云港市非遗购物节暨石梁河美食文化节。非遗面塑作品《淮海战役》《扶贫攻坚》《众志成城》《民族团结一家亲》《绣党旗》入选“花开盛世 荣耀中华”2022年全国面塑艺术展。

【“弘扬非遗文化，提高素质教育”文艺进校园活动】 8月26日，由赣榆区文联和赣榆高级中学联合主办，区民间文艺家协会承办的“非遗”进校园活动在赣榆高级中学海滨湿地生物教育课程中心举行。省工艺美术大师、“非遗”贝雕传承人张西月现场授课。（唐晓风）

大众传媒

【概况】 2022年，赣榆区融媒体中心“学习宣传六中全会精神”“喜迎二十大 聚力开新局”“强国复兴有我”群众性主题宣传教育活动等一系列重大主题宣传，通过传统媒体+新媒体的全媒体联动，全方位、多角度讲好中国故事。创作广播剧《董力生》在中央电视台、《人民日报》《光明日报》等央媒刊播稿件85篇（条），在《新华日报》、江苏新时空等省媒刊发稿件400余篇（条），数量和质量均位居全市第一。《海州湾湿地春潮涌动、万鸟齐飞》《石梁河上清波荡库区农民笑声扬》《齐抓共管守护蓝天碧水净土》等稿件受到中央电视台、《农民日报》、人民网等主流媒体关注报道。县融媒体在“强国号”全国平台用稿58篇，用稿量居全市县区之首。“赣榆发布”客户端下载数超23万、注册数超34万，总数居县区榜首。“赣榆发布”公众号、视频号、抖音号的传播力指数位居全省前列，影响力指数综合排名位居全市第一，《海州湾畔迎接2022年的第一缕阳光》《预防溺水有妙招，小朋友们要牢记》等短视频作品阅读量破百万人次。区融媒体中心在江苏省广播电视总台组织的“我们的新时代‘苏’说美好生活”县级融媒体中心大联动活动中，获优秀组织奖。

【《赣榆报》出刊】 2022年，《赣榆报》刊印109期，开设《新春走基层》《建成苏北第一区党员干部在行动》《大干一季度实现开门红》《党员冬训》《美丽乡村纪事——走进乡村看小康》《优化营商环境促发展》《双拥专栏》《疫情防控一线风采》《聚焦石梁河水库幸福河湖建设清水进城行动》《共建净美家园 共享美好生活》《凡人善举》《区外媒体看赣榆》《新时代文明实践在赣榆》《潮涌海州湾 喜迎二十大》《建好江苏北大门 建成苏北第一区百姓安·福城赣榆》《建好江苏北大门 建成苏北第一区生态美·山海赣榆》《建好江苏北大门 建成苏北第一区文化厚·文明赣榆》《对话一把手——贯彻落实区委二届四次全会》《追寻红色印记》《新时代 新征程 聚焦中国共产党第二十次全国代表大会》《二十大时光》《产改进行时》《深入学习贯彻党的二十大精神》等60余个专栏。策划“春节我在岗新春开新局”“赣榆城建‘高光时刻’”“矿坑变身富民池扮靓江苏北大门”“元宵怎么闹”“欢欢喜喜闹元宵虎虎生威向未来”“萌娃画冬奥童心向未来”“党史学习”“社会民生”“‘疫’线风采”“‘云开渔’网上冲浪赣榆海鲜走四方”“贯彻全会精神”“七彩的夏日”“喜迎二十大 赣榆这十年”“初秋赣榆这个季节有点‘甜’”“喜迎二十大 强国复兴有我”“‘双节’特刊”“青口镇筑牢疫情防控安全防线”“欢庆二十大 建功在港城”“聚焦二十大”“三十个知识点带你学习党章”“赣榆层林尽染幸福满枝”“我区4名典型入选新时代江苏重大先进典型主题影像展”等特别报道110余条，转载《奋力谱写县域经济高质量发展新篇章》《大力弘扬科学家精神 勇攀世界科技高峰》《深刻把握新时代十年伟大变革的里程碑意义》《开辟马克思主义中国化时代化新境界》《以中国式现代化全面推进中华民族伟大复兴》《不断夺取全面建设社会主义现代化国家新胜利》《牢记“三个务必” 坚定历史自信 增强历史主动》等40余条。

【广播宣传】 2022年，区融媒体中心广播部完成直播赣榆栏目240档，通过热线电话、微信、QQ听友群等和听众交流，接收投诉类电话100余次，为群众解决实际问题52件；录制赣榆新闻（含一周要闻）280档，其中，每日金句是广播部新闻专设板块，采用“学习强国”平台里每日更新的内容，提升赣榆新闻的可听性；录制学习强国平台音频资料广播剧《烈火芳华》100讲、《红色家书》100档、中华传统文化广播剧采集263集、中华论语145集；红色文物83集，党史故事46集，制作《音乐空间》

60档期、《阅读悦听》70档期、录制“文明实践之声——‘理’花树”14档，第九批中国梦歌曲展播1000余次；开设并播出100期《健康小提示》专栏、209集《歌声里的中国》；开设喜迎二十大专题专栏，播出《习近平足迹故事》《领航》等专题节目；开展中共二十大报告学习活动，开设《文明实践与理分享》栏目，邀请党员干部、先进典型、模范好人代表走进直播间，领学二十大报告原文。应急广播发布平台播发政府通告、新冠疫情防控、公益广告等信息11.4万余条次。其中，日常播发3.9万余条次、应急播发7.5万条次。做好北京冬奥会、冬残奥会、全国两会转播、庆祝中国共产党成立101周年、中共二十大等重大会议及相关节日的安播工作，全年转播中央广播电视总台《全国新闻联播》《新闻和报纸摘要》栏目730余档，完成转播中央重大活动5场直播任务。广播节目栏目创优获市二等奖1件；市三等奖4件；广播录制项目多件作品获市级一等奖，2件作品获省广播电视技术录制质量三等奖。

【电视节目编播】 2022年，区融媒体中心电视部编播电视新闻节目《赣榆新闻》300多档，播发电视新闻消息2000多条。紧扣区委区政府中心工作，聚焦全区经济社会事业发展，把“深入学习贯彻中共二十大精神”“强国复兴有我”群众性主题宣传教育活动等一系列重大主题宣传作为重要政治任务，营造奋进新征程、建功新时代的浓厚氛围。《赣榆新闻》先后推出《聚力强富美高决胜全面小康》《众志成城打好疫情防控阻击战》《不忘初心使命　办好民生实事》《建设国家文明城市　构筑和谐健康赣榆》《新时代文明实践在赣榆》《安全生产警钟长鸣》《农村道路交通安全在行动》《新时代新征程新伟业》《学习贯彻党的十九届五中全会精神》等专题专栏近20个，开展“建好江苏北大门·建成苏北第一区”“我在现场看发展·践行‘四力’在行动”“学习贯彻中共二十大精神·记者走基层”等全媒体新闻行动。

【新媒体传播】 2022年，区融媒体中心新媒体部加强传播手段和话语方式的创新，逐步拓展“媒体+”功能，发挥政务新媒体的作用，赣榆发布App注册量突破34.7万人，下载量突破22.5万人，微信公众号粉丝量11.6万人。围绕赣榆经济社会发展、新冠疫情防控、重点项目重点工程推进、先进典型人物等主题，开展一系列宣传活动，开设《深入学习贯彻党的二十大精神》《优化营商环境》《建设江苏北大门建成办北第一区》《振兴路上·强国复兴有我》《喜迎二十大》《对话一把手》《特产代言》等多个专栏，《特产代言》《小布打卡》等新媒体产品受到社会好评。新媒体部各平台对展播内容、数量等方面进行调整，短视频《请大家坚持，坚持，再坚持！坚守，坚守，再坚守！我们终将迎来疫散云开！》在抖音、快手、视频号全网播放量突破1000万次，《最美逆行，感谢你们！欢送淮安市、宿迁市医疗救援队的英雄们返程》在赣榆发布视频号播放量21.2万次，《疫情终将过去！赣榆，加油！》播放量达34万次。赣榆发布App调整设置掌上服务板块，对照“媒体+服务”清单，增设出入境预约、学区查询、中高考成绩查询、自助移车、苏康码、购票、公积金查询等30多个分类，为群众提供便捷服务。江苏省县级融媒体中心移动传播矩阵第三季度评估通报，赣榆发布App全省排名第18位，赣榆发布公众号全省排名第27位，赣榆发布视频号全省排名第10位，赣榆融媒抖音号全省排名第21位。赣榆发布App、赣榆之路新浪微博获国家互联网新闻信息服务许可证。新媒体部开展《新商学杯歌王争霸赛》《赣榆区2022·奋进·网上祭英烈活动》《2022年江苏省民营企业云聘直播》《连云港市石梁河水库清水进城启动仪式》等直播活动15场次。针对高校毕业生求职难、压力大等问题，区融媒体中心与区人社局合作开展民营企业云聘直播活动，助力毕业生快就业、好就业。全年赣榆发布App发布各类信息3200余条，赣榆发布公众号发布各类信息1400余条，发布扫黑除恶、优化营商环境、新冠疫情防控、交通安全、厉行节约、国家安全等公益宣传7000条次，有效回复网友留言2.1万条次。发布各类短视频350余条，其中，原创类136条。作为全市县区唯一一家学习强国号——赣榆融媒号发布各类稿件900余条，被国家平台选用转发50余条。（庞　群）

地方志工作

【概况】 2022年，赣榆区史志办做好《赣榆年鉴（2022）》编纂、出版、发行工作，推动全区15个镇、2个省级文化特色村的镇村志编纂工作。开展《地方志工作条例》《江苏省地方志工作条例》主题广场日活动，向社会各界赠送方志书籍千余册。

【地方志编纂】 2022年，全区15个镇、2个省级文化特色村编纂人员参加全省镇村志编纂文化工程培训班线上培训，推动《金山镇志》出版和《宋庄镇志》《徐福村志》编纂工作。

【年鉴编纂】 2022年，《赣榆年鉴（2022）》推进征稿、编辑、统稿、审核等流程，3月启动征编工作，8月完成初稿，年底出版发行，在区人大、区政协会议上向人大代表、政协委员赠送。

【方志宣传】 2022年，区史志办在省级“学习强国”学习平台上稿1篇，省级媒体交汇点、今日头条上稿13篇，市级媒体上稿3篇，区级媒体上稿9篇。“赣榆史志”微信公众号抓住春节、清明节、青年节、中秋节、烈士纪念日等重要时间节点推出“赣榆年俗杂谈”“清明祭”“赣榆风物”等方志专题，全年阅读量达4万余次。

【全区镇村志编纂文化工程推进会】 6月2日，全区镇村志编纂文化工程推进会议召开，部署“十四五”期间全区镇村志编纂出版工作。会议要求，“十四五”期间，全区15个镇镇志编纂出版工作实现全覆盖，被列为省级传统村落的黑林镇芦山村、金山镇徐福村完成村志编纂出版工作，为加快实现新时代的“后发先至”、建设“强富美高”新赣榆提供历史智慧和现实借鉴。

【《赣榆百年大事》编印出版】 2022年，为庆祝建党百年和中共二十大，在全社会掀起了解家乡百年奋斗史、做骄傲光荣赣榆人的热潮，12月区史志办编印出版《赣榆百年大事（1921—2021）》，分发到机关、乡村（社区）、校园、新时代文明实践站（所）、农家书屋等。（成秀珍）

2022年7月8日，区档案馆举行珍贵档案资料捐赠仪式

（区档案馆 供图）

档案工作

【概况】 2022年，赣榆区档案馆馆藏档案11.7万卷49.85万件。区档案馆提升档案工作服务大局、服务民生、服务社会的能力和水平，统筹抓好档案治理体系、档案资源体系、档案利用体系、档案安全体系“四个体系”建设，全区完成第二批业务档案建管工作，启动第三批业务档案推广推进工作，召开全区业务档案建管暨年检工作会议。

【档案资源建设及开发】 2022年，区档案馆围绕中心工作，围绕民生需求，推进各类档案接收进馆。全年完成精准扶贫、新冠疫情防控、婚姻登记、党史学习教育等7.8万件（卷）档案进馆工作。

【档案数字化建设】 2022年，区档案馆投入30万元对馆藏50万条档案开展实体、目录和全文数字化的“三位一致”校核及封装，通过人工抽检、接待利用等方式，对校核数据进行抽查验收，确保数据著录准确、数字化成果清晰完整、数据挂接准确无遗漏，数据质量符合标准规范。

【档案保护】 2022年，区档案馆对事故易发多发的部位和环节要集中力量，查细查实。对排查出来的安全隐患，通过加强监控、强化管理等有效措施确保安全风险可控，严防因风险演变、隐患升级导致档案安全事故发生。

【档案利用】 2022年，区档案馆开展异地查档、跨馆出证的不见面、零接触查档，同时提高档案数据校核质量。全年查阅3809人次、5669卷次、8969件次、复印1.24万张、总页数2.23万页、提取证明1.24万件，其中，电话预约144件。

【区档案馆创成“江苏省示范档案馆”】 2022年，区档案馆以提高业务素质和综合能力为重点，全面提升区档案馆服务中心、服务基层、服务民生的能力和水平，为全区社会经济发展提供更加优质的档案服务。8月9—10日，通过档案馆综合业务评价测评，创成江苏省示范档案馆。

2022年11月19—20日，江苏省档案馆专家组到赣榆区数字档案馆进行系统测试

（区档案馆 供图）

【区档案馆获评“国家级数字档案馆”】 区档案馆坚持高质量发展、高标准建设、高水平提升，着力构建以设施为基础、应用为关键、资源为核心、安全为保障的数字档案馆体系，推进档案信息化工作转型升级，11月19—20日，区档案馆通过国家级数字档案馆测试，并报请国家档案局审批通过。（闫昱君）

哲学社会科学

【概况】 2022年，赣榆区哲学社会科学工作围绕区委区政府中心工作，服务大局，以徐福文化、红色文化为重点开展课题研究、社科普及和学术交流，全区哲学社会科学工作品牌初步形成。

【社科普及】 2022年，赣榆区结合党员冬训、理论宣讲、文化科技卫生“三下乡”等，利用社科普及示范基地、新时代文明实践中心（所站）等阵地，开展社科普及活动500余场次，宣传普及中共二十大精神、习近平新时代中国特色社会主义思想、党史知识、社会主义核心价值观、科技卫生知识、应急救护知识等，提高群众的社科知识水平。

【社科普及示范基地】 2022年，赣榆区社科普及示范基地有省级3个、市级5个。省级社科普及示范基地为区中小学素质教育实践基地、抗日山烈士陵园、区徐福文化陈列馆。市级社科普及示范基地为海头高级中学、厉庄高级中学、青口十八勇士纪念馆、怀仁书院、赣榆全国道德模范馆。

【课题研究】 2022年，区社科联参与区委、区政府的农民负担、红色文化、县名溯源等课题研究8项。4个社科项目入选连云港市委书记、市长圈定的重大课题项目，4项社科成果获连云港市第十五届哲学社会科学优秀成果奖。

【学术交流】 2022年，区社科联与全市县区社科联开展朐海文化、盐文化、孝文化等学术交流8次，20人次参加连云港市社科界学术交流大会，6人次在市社科学术大会上作交流发言，9人次获市社科联优秀论文奖。

（庞　群）

红色文化

【概况】 2022年，赣榆区打造“一山一岛一馆一村”红色研学路线，推出红色研学、忆苦思甜饭等一批体验型红色业态产品，拍摄《赣榆党史故事100讲》系列微视频，创作广播剧《董力生》，编撰《赣榆革命遗址遗迹和纪念设施概览》，创新“党建+农家书屋”新文化业态，擦亮红色教育品牌，筑起党性教育新高地。

【红色研学路线】 2022年，为盘活红色资源、传承红色基因、擦亮红色品牌，区委组织部以黑林镇大树村、班庄镇抗日山村先后入选全国红色村建设为契机，按照“一年成形、两年成景、三年成名”时间表、路线图，打造“中国抗日第一山”抗日山爱国主义教育、“黄海国防第一哨”秦山岛国防教育、“全国支前模范”董力生纪念馆·党的群众路线教育、“全国红色村”大树村革命传统教育等现场教学点，形成主题突出、特色鲜明的“一山一岛一馆一村”红色研学路线。为增强品牌吸引力、影响力，精心编排1—7天个性培训菜单，特色开发《血色航线》等系列精品党课，培育打造实景教学、激情教学、访谈教学、红歌教学、情境教学、拓展教学、“三同”教学等7大教学模式，升级改造刘少奇纪念室，建成开放八路军115师在大树陈列馆，创新打造大树红色文化体验区、红色互动体验区，“红绿融合”打造城头稻虾文化核心区、大树精品蓝莓采摘园，串联青口十八勇士纪念馆、小塔山水库党性教育馆等地，成为党员干部党性教育必选地、周边群众红色出游打卡点。赣榆“一山一岛一馆一村”红色研学路线入选省委党校现场教学基地，并得到中组部组织二局、省委组织部调研肯定。开放运行以来，先后承接省、市各级培训班次500余期，接待省内外参观团体3000余批次、15万余人次。

【红色资源普查调研】 7月，区老促会、区扶贫开发协会完成全区红色资源调研普查工作，共收集革命历史事件和活动遗址、遗迹19处；墓碑（群）烈士陵园13处；综合性历史纪念馆等9个（处），比普查前掌握的数据多发掘出13个（处）；革命历史的口头与非物质文化遗产70个（类），其中，革命故事44个、新闻报纸4种、柳琴戏6部、梆子戏2部、秧歌剧8部、曲艺剧目2部、革命歌曲4首；以烈士命名的县区乡3处，分别是竹庭县、镇南区、德南乡；撰写《关于赣榆区红色资源调研普查报告》，印刷出版《赣榆红色资源概览》，并赠阅15个镇和区直35家理事单位。9月1日，在市老区扶贫“两会”五届二次理事会议上，赣榆区老促会被授予“红色资源调研普查先进单位”奖牌。

【抗日山村入选全国红色美丽村庄建设试点】 2022年，班庄镇抗日山村入选红色美丽村庄建设试点。这是全国第三批也是全市首个获此荣誉的村庄。班庄镇以“弘扬抗日山精神、打造乡村振兴样板村”为主题主线，持续推动抗日山村红色村组织振兴建设红色美丽村庄试点工作。挖掘宣传抗战老兵、老党员优秀事迹，拍摄抗日山实景党课、党员教育微视频10余部，不断丰富教育载体。提档升级村党群服务中心，完善乡村大舞台，结合国庆节、春节等节日，筹备民俗踩街、文艺演出等活动30余场，以群众喜闻乐见的形式丰富红色文化生活。善用资源，用产业项目牵引村庄发展。统筹中央扶持资金200万元、省扶持壮大村集体经济发展项目资金240万元，重点建设“红星”农场，开发“共享菜地”、特色采摘等项目，建成红色文化体验区、红色情境互动区、特色观光园，着力打造可观赏、可体验、可亲子、可休闲的红色旅游网红打卡地，吸引许多单位开展团建、拓展训练等活动，带动沿线村年均增收20余万元。实施中心河道河水净化、沿河道路硬化、主次干道亮化“三化”工程，设置沿河栏杆、景观小品等，持续提升基础设施。对村庄主干道群众住房外立面统一规划、统一设计，创作红色主题墙体彩绘，营造浓厚红色氛围。实施“净美家园”村庄清洁专项行动，优化分片包干制度，改善村庄人居环境。

【《赣榆革命遗址遗迹和纪念设施概览》印发】2022年，区史志办编印《赣榆革命遗址遗迹和纪念设施概览》，共收录革命遗址遗迹32处、革命纪念设施22处，附《赣榆区革命烈士名录》《土地革命战争时期赣榆县行政区划图》《赣榆区革命遗址遗迹和纪念设施分布图》。该书抢救性发掘和整理一大批革命遗址遗迹和纪念设施的史料，推动赣榆革命遗址遗迹和纪念设施的保护利用。

（李家君）

徐福文化研究

【概况】连云港徐福研究会为赣榆区的市级群众性学术团体。2022年，连云港徐福研究会有会长1人，副会长9人，常务理事11人，会员近200人，与日本、韩国及国内徐福研究组织开展常态化徐福文化活动，分享研究成果，共同推动徐福文化研究的开展。

【徐福文化研究和学术交流】1月，连云港徐福研究会举办徐福宴研讨会，就秦文化、饮食礼仪、饮食用具、饮食与文旅结合、传统饮食与当下饮食文化融合展开研究讨论。9月17日，连云港徐福研究会与连云港赣榆旅游发展公司共同举办秦山岛文旅开发研讨会，针对秦山岛创建国家AAAA级景区相应标识文字、《秦山岛完全指南》及宏观上历史文化基调定位等方面展开研讨，结合具体景点特点给予实用具体建议，助力地方文旅经济发展。

【徐福研究会五届六次常务理事会议】1月21日，连云港徐福研究会召开五届六次常务理事会，总结2021年工作情况，对2022年工作进行部署。会议指出要大力发展徐福文化产业，把握徐福文化历史定位并与本土文化振兴结合，把徐福文化论坛打造成国内知名论坛。徐福研究会常务理事、顾问等30余人参加会议。

【《世界各地徐福雕像图集》出版】12月，《世界各地徐福雕像图集》印刷出版，该图集将国内外30个地区的徐福雕像系统汇总，共收录徐福像127尊。其中，中国89尊，日本24尊，韩国14尊。1000余册图集赠予国内外各地徐福会及相关专家爱好者。

（王 霞）

文化产业

【概况】2022年，赣榆区文化产业新业态逐步呈现，注重文旅融合产业的发展，挖掘地方优秀文化资源，注重文旅文化品牌的打造，新增规上文化企业22家。

【图书发行】2022年，赣榆新华书店实现主营业务收入1.53亿元。公司做好党的二十大重要文件出版物的宣传学习和征订发行工作，《党的二十大报告（单行本）》销售5.65万册，码洋33.9万元；《中国共产党章程》销售5.8万册，码洋23.2万元；《中国共产党第二十次全国代表大会文件汇编》《党的二十大报告辅导读本》《二十大党章修正案学习问答》《习近平关于坚持和完善党和国家监督体系论述摘编》等销售码洋22.55万元。

（孙克强 孙 昕）

【演艺娱乐】2022年，赣榆区营业性演出经营许可证数量登记共计17家，其中，注册资本1000万元（含）以上的3家，注册资本1000万元（含）以下的14家。娱乐新业态“剧本杀”2家，“密室逃脱”1家。

（殷维浩 李厥岩）

【电影放映】2022年，赣榆区新增乡镇影院1家，春节档影院票房超过500万元。赣榆区全部实现标准化放映，共有数字放映机26套，全年公益电影下乡放映5112场，观众50余万人次。以主题放映活动为亮点，拓宽多种放映模式。开展以“礼赞新时代，奋进新征程”为主题，优秀电影进社区、军营、校园、企业、工地“五进”活动。与市开发区宣传处联合开展送电影进社区、进工地等活动。开展“爱国主义教育影片进校园”，放映300多场，全区中小学校覆盖率95%，观影学生约10万人次。

（康 妮）

【艺术培训】2022年，赣榆区艺术培训机构登记备案的有364家。其中，舞蹈培训机构130家、美术培训机构125家、音乐培训机构89家、书法培训机构20家。

2022年1月23日，吾悦广场新型文化业态——密室逃脱宣传广告

（司 伟 摄）

【印刷出版】2022年，赣榆区核验合格印刷企业37家，从业人员884人，其中，出版物印刷企业2家、包装装潢印刷企业27家、其他印刷品印刷企业8家。全区新增印刷机构登记数共计10家，其中，注册资本1000万元（含）以上的3家，注册资本1000万—500万元的1家，注册资本500万元（含）以下的6家。全区印刷企业资产总额3.39亿元，年工业总产值3.28亿元，利润总额807.76万元，按企业类型划分，出版物印刷企业2135万元，包装装潢印刷企业30130.82万元，其他印刷品印刷企业530.11万元。规模以上重点印刷企业1家，是连云港市金信包装有限公司，资产总额8144万元，工业总产值9530万元，年印刷总产值5000万元，从业人员205人。（区委宣传部）

2022年7月5日，凤凰传媒新华书店赣榆分公司流动书展献爱心活动

（孙　昕　摄）

文化市场管理

【概况】2022年，赣榆区文体广旅局推进文化市场综合执法规范化建设，落实《文化市场综合行政执法人员行为规范》。全年出动执法人员4000余人次，检查经营单位2500家次，查处各类举报120余件。

【"净网"行动】2022年，区文体广旅局依法查处网吧违规接纳未成年人问题，出动检查次数30余次，检查人员110余人次，检查互联网上网服务营业场所260余家次，查处接纳未成年人案件2件。开展文化市场综合执法"护航"专项行动，组织专项行动22次，出动执法人员110人次，检查经营场所194家次，查处网吧、娱乐市场、艺术考级等案件16件。

【娱乐场所集中整治】2022年，区文体广旅局会同公安、消防、市场监督、人社等部门组织开展娱乐场所专项整治行动，开展联合检查16次，出动执法人员120余人次，检查娱乐场所140余家次，查处取缔4家无证经营娱乐场所，下达《关于责令停止娱乐场所相关经营活动的决定》4份，对违规经营设备进行证据先行登记保存64套，查处娱乐场所违规经营案件2件。

【出版物"扫黄打非"】2022年，区文体广旅局推进"扫黄打非"工作，全年开展出版物市场检查64次，出动执法人员260人次，检查出版物经营单位580家次，立案查处出版物案件17件。（张　涛）

卫生健康

综述

【医疗卫生规模】 2022年，赣榆区有医疗卫生机构59个，其中，医院13个、卫生院24个、门诊部19个、妇幼保健院1个，疾病预防控制中心1个、卫生监督所1个。医疗机构床位数6134张，每千常住人口拥有床位数6.2张。有卫生技术人员5568人。其中，执业医师1591人、注册护士2257人、其他卫生技术人员1720人。

【基层卫生服务体系建设】 2022年，赣榆区构筑以区人民医院、区中医院为龙头，24个乡镇卫生院为脊柱，546个村（社区）卫生室为网底的基层卫生服务体系，服务全区人民健康。全区24个乡镇卫生院投入2200万元，新增CT机6台、DR设备4台、彩超4台、心电监护设备6套、生物安全柜24个。新建发热诊室1900平方米，改造病房3670平方米，增设病床143张。

【医疗服务设施建设】 2022年6月，区人民医院感染病区完成主体封顶。区中医院迁建项目，完成EPC招标文件。区精神病防治院病房楼项目，进入验收阶段。海头中心卫生院异地新建项目，2022年9月主体封顶。赣马镇第二卫生院门诊病房综合楼项目开工建设。完成亚定点医院1000张床位改造，开放ICU床位97张。建设、管理全区4家发热门诊，24家发热诊室、1家救护车洗消中心，平急运行2家黄码定点救治医院。

【卫生人才强基工程】 2022年，赣榆区实施《连云港市赣榆区卫生人才强基工程实施方案》，全年招录卫生人才127人。其中，在编39人，编外78人，定向招聘10人。充实乡村医生队伍，安排定向培养农村医学专业中专生57人就业。组织开展基层骨干医师、乡村医生务实进修和实用技能培训。 （张　程）

新冠疫情防控

【概况】 2022年，赣榆区坚持“外防输入、内防反弹”总策略和“动态清零”总方针，坚持“人、物、环境”同防，持续提升监测预警、应急处置能力。先后派出2058人次医护人员支援南京、扬州、苏州、海州、上海等地新冠疫情防控。

【防控方案优化】 2022年，赣榆区优化调整防控措施，调整新冠疫情联防联控指挥部“一办十二组”为“一

2022年5月25日，赣榆第二批援沪医护人员返回 （区卫健委　供图）

办十六组”，完善常态化防控、应急应对运行机制，加强优化防控措施二十条培训工作，做好新冠病毒感染医疗救治保障工作，推动“防感染”向“保健康、防重症”转变。

【就医用药保障】 2022年，赣榆区强化社区（村）网格化管理，保障好群众基本就医购药需求。改造设置便民发热诊疗站5个、流动诊疗车4个，为群众免费发放退烧药品。

（张　程）

医疗卫生改革

【县域医共体建设】 2022年，赣榆区推进紧密型医共体建设，建立健全“基层首诊、双向转诊”预约诊疗机制，构建合理有效的分级诊疗体系，全年下派专家37人，带动新开专家工作室14个，新增联合病床25张，年诊疗量6271人次；开展联合病房手术63台。在医共体内实施医保总额预付，推进二级医疗机构按DIP病种分值付费支付方式改革。

【医院机构职能管理】 2022年，区卫健委完善《赣榆区人民医院机构职能编制规定》《赣榆区中医院机构职能编制规定》，规范内设机构，明确主要职责。区人民医院入选公立医院高质量发展省级试点单位。

【药品供应保障机制建设】 2022年，赣榆区巩固发展基本药物制度，区人民医院基本药物配备品种与金额占比分别达45.33%、43.09%，区中医院基本药物配备品种与金额占比分别达到55.08%、55.56%，基层医疗机构基本药物配备品种与金额占比达65.65%、76.43%。（张　程）

基本公共卫生服务

【概况】 2022年，赣榆区规范落实原12类国家基本公共卫生服务项目和新划入19类重大公共卫生服务项目，人均补助标准提高至93元。建立城乡居民规范化电子健康档案92.24万份，管理高血压患者7.64万人、糖尿病患者1.94万人，管理严重精神障碍患者4546人。投入195万元，建设推广“智慧公卫体检系统”，完成老年人免费健康体检10.18万人。全区甲、乙类传染病发病率为56.68/10万，适龄儿童免疫规划疫苗预防接种率保持在95%以上。

【门诊医疗】 2022年，赣榆区有门诊医疗机构708个，完成门诊医疗服务量560万余人次，其中，基层门诊医疗服务量445万余人次。年平均门诊人次费用130.31元。

【住院医疗】 2022年，赣榆区有住院医疗机构39个，住院医疗服务量11万余人次。年平均住院人次费用6556.64元。

【急救医疗】 2022年，赣榆区急救站获区委机构编制委员会批复，为区卫健委所属公益一类事业单位，核定全额拨款事业编制6人，核定站长（正股）1人，副站长（副股）1人。依托区人民医院和镇属地卫生院设置急救中心1个、急救点6个，配备急救车17辆，配有专兼职工作人员141人，其中，专职16人，兼职医生88人，兼职护士32人，兼职驾驶员21人，专职调度9人，专职驾驶员7人。

【区人民医院核心信息系统建设】 2022年，区人民医院投入1700万元，重建医院核心信息系统，优化互联网医院建设，开展“互联网+”医疗健康服务，提供线上挂号、缴费、检验报告单查询和电子发票查询，线上复诊，视频就诊等功能，12月向江苏省互联网医院监管平台申请验收。

【家庭医生签约服务】 2022年，赣榆区充实扩大家庭医生签约服务队伍，总团队达233个，成员1255人，建成家庭医生工作室13个，创成省星级家庭医生工作室3个。2022年，家庭医生签约服务全人群、重点人群签约服务覆盖率分别为41.69%、72.21%。（张　程）

疾病防治

【免疫规划】 2022年，赣榆区新出生儿童建卡5857人。儿童基础免疫、加强免疫报告接种率均达90%以上。报告疑似预防接种异常反应（AEFI）58例。调查报告AFP病例6例，疑似麻疹病例24例，处置水痘聚集性新冠疫情3起。

【慢性病防治】 2022年，赣榆区报告居民死亡7452例，粗死亡率6.25‰；肿瘤发病2578例，粗发病率216.08/10万；心脑血管事件7648例，报告发病率641.04/10万。开展社区居民大肠癌高危人群筛查，6000人参与评估问卷及便隐血试验，其中，100人进行肠镜检查，筛查确诊4例早期癌症，2例癌前病变，47例息肉。糖尿病高危人群筛查干预工作、国家脑卒中高危人群筛查干预项目序时完成。开展6600例慢性阻塞性肺疾病高危人群筛查，检出慢阻肺高危人群337人，完成肺功能检查249人，确诊慢阻肺高危一期191人，高危二期20人，拟诊慢阻肺患者38人。组织开展全国肿瘤宣传周、爱牙日、全民营养周、全民健康生活方式行动日等宣传活动，合作开展“三减三健”（三减指减盐、减油、减糖，三健指健康口腔、健康体重、健康骨骼）“五进”（进社区、进乡村、进企业、进学校、进机关）活动、省疾控微信线上知识竞赛活动，提升居民识病防病能力。

【结核病防治】 2022年，赣榆区共发现活动性肺结核病人242例，病原学阳性率67.38%，肺结核患者成功治疗率为92.8%。对辖区41所学校新生进行筛查，筛查率98%；新入职教职工688人，筛查率92.01%。

【麻风病防治】 2022年，赣榆区有麻风病治愈存活者145人，全年随访检查率100%。有1名麻风病现症病人，完成随访和密切接触者检查等工作。全年主动报告麻风病可疑线索17例，一周内复核率100%，经复核后排除17例。

【艾滋病防治】 2022年，赣榆区共完成HIV抗体17.93万人次，发现HIV抗体阳性25人，均按照要求进行随访并报告。开展VCT门诊咨询检测846人次，发现26例阳性患者。全年完成HIV抗体检测356人次，CD4检测194人，CD4检测率为97.5%，接受抗病毒治疗病人193人。

【地方病与寄生虫病防治】 2022年，赣榆区1270名发热病人进行血检，无阳性病人。完成2例输入性疟疾病例处置工作。完成100名孕妇和200名8—10岁儿童尿碘监测和300个家庭食用盐碘含量监测。对158个氟病区村进行系统建档，对病区村水氟进行监测，完成158个氟病区村8—12岁儿童氟斑牙监测任务，共监测8622名适龄儿童，监测氟斑牙人数1027名，监测结果均按时上报至国家信息系统。

【职业病防治】 2022年，赣榆区做好从业健康体检和职业健康体检人员的体检工作，增强员工的健康意识和身体素质。全年完成从业健康人员体检25901人，职业健康体检3764人。 （张 程）

2022年6月15日，区中医院赴厉庄镇谢湖村开展中医药健康巡讲活动

（孙小丹 摄）

中医中药

【基层中医药工作】 2022年，赣榆区巩固全国基层中医药工作先进单位创建成果，新增创建四级中医馆3家，建成四级中医馆8家，三级中医馆实现乡镇卫生院全覆盖，完成356家村卫生室“中医阁”建设，覆盖率提升至65%。

【中医人才建设】 2022年，赣榆区有105人基层卫生技术人员参加省级中医药知识与技能培训；4人参加中医馆骨干人才培训项目，并通过考核。

【中医药文化传播】 2022年，赣榆区开展第12届“中医药就在你身边”健康巡讲、“岐黄校园行”活动，开展线上10场、线下15场中医药科普巡讲，向群众发放中医饮食养生、健教等宣传材料1万余份。

【3万余包中药汤剂助力新冠疫情防控】 2022年，区中医院发挥中医药在传染病防治中的独特优势和积极作用，结合新冠中医药治疗方案，因地制宜制定药方，加班加点为相关人员熬制、发放3万余包中药汤饮，帮助他们提高自身免疫力和抵抗力。 （张 程）

妇幼保健

【概况】 2022年，持续推进妇幼健康三大工程，完成孕前优生健康检查6606人，开展免费婚检3752对。完成孕产妇产前筛查5669人、新生儿疾病筛查5511人、新生儿先天性心脏病筛查5626人。全区孕产妇死亡率0/10万，婴儿死亡率1.73‰。

【妇幼公共卫生服务项目】 2022年，赣榆区开展妇幼重大公共卫生服务项目，组织实施农村妇女补服叶酸、农村妇女“两癌”筛查及“艾梅乙”检测工作，完成农村妇女新增叶酸补服4107人，艾滋病、梅毒、乙肝母婴阻断检测6196人，“两癌”筛查2.91万人。做好免费计划生育技术服务，规范开展避孕药具管理与发放工作，实现避孕药具首诊登记和不良反应监测工作全覆盖。开展眼保健和视力检查项目，在园儿童眼保健和视力筛查3.49万人，任务完成率100%。

【妇幼健康“三大工程”建设】 2022年，赣榆区实施“健康妈妈工程”，健全母婴安全绿色通道，提升产科急救能力和水平，全区孕产妇死亡率0/10万，婴儿死亡率1.73‰。持续开展“健康宝贝工程”，加强出生缺陷防治体系建设。开展孕产妇产前筛查5669人、新生儿疾病筛查5511人、新生儿先天性心脏病筛查5626人。扎实推进“健康生殖工程”，完善“一站式”服务模式，推进婚、孕前检查项目实施，提升生殖健康服务水平，完成孕前优生健康检查6606人，开展免费婚检3752对。 （张 程）

健康促进

【概况】 2022年，赣榆区推进创卫长效管理，推进“迎新春”爱国卫生专项行动，以解决脏、乱、差顽疾为重点，巩固提升创卫成果，创成省级卫生村19个、健康促进医院1个。加强病媒生物防制，开展重点场所消杀工作。开展居民健康素养监测和健康元素建设，全区居民健康素养水平提高至35.88%。

【病媒生物防制】 2022年，区爱卫办开展以清除病媒生物孳生场所为重点的消杀工作，消除病媒生物孳生地800余处，从源头上控制“四害”孳生。持续对农贸市场、车站、医院、小区、垃圾中转站毒饵站进行维护、补饵，增添更换破损毒饵站2万个，增加诱蝇笼1.3万个，发放灭鼠药1500千克，灭蚊蝇药物1050箱。对公共场所外环境及小区绿化，楼梯道、犄角旮旯、潮湿阴暗等地开展地毯式药物消杀，消杀面积约56万平方米。建成区内病媒生物密度均达到C级以上水平。

【卫生运动】 2022年，赣榆区做好卫生城镇长效管理工作，每月在全区范围内组织一次现场督查，印发《创卫督查通报》共12期。开展“迎新春”爱国卫生专项行动，下发《关于开展“迎新春”爱国卫生专项活动的通知》，开展健康生活方式倡导、环境卫生整治、病媒生物防制、无烟环境营造四大专项活动。

【健康宣传】 2022年，区爱卫办以爱国卫生月、世界无烟日等主题日活动为契机，开展无烟日宣传咨询活动及“健康江苏，我为控烟发声”网上知识竞赛答题活动，通过公众号发布第35个世界无烟日倡议书、“远离烟草，共建共享健康生活”等科普知识，发放控烟宣传折页1.8万余份，发放无烟公益广告折扇4000把。举办健康教育咨询义诊活动及免费体检共1.6万人次。开展健康城市公益宣传进社区、进乡村、进企业、进学校、进机关“五进”活动，开展“三减三健”等健康知识公益宣讲活动100场次，发放减盐控油小工具3600余份。开展健康居民健康素养监测工作，城乡居民健康素养水平达35.88%。

（张　程）

2022年5月19日，城头中心卫生院在城头镇前海子村开展世界家庭医生日宣传义诊活动　（于　静　摄）

卫生监督

【概况】 2022年，赣榆区开展各项卫生监督工作。持续推进落实“双随机、一公开”“双公示”工作制度，完成国家、省“双随机”监督抽检任务118家，完成率100%，立案查处各类案件84件，结案80件。

【卫生专项督查】 2022年，赣榆区加强医疗卫生监管，开展打击无证行医及非法医疗美容专项行动，出动卫生执法人员200余人次、查处无证行医及非法医疗美容行为5个。《丁某未取得医师执业证书在美容店开展医疗美容活动案》案例入选2021—2022年度全省打击非法医疗美容优秀案例。加强传染病防治和口腔医疗机构监督检查。检查各类医疗卫生机构100余家，下达卫生监督意见100余份，传染病防治监督检查覆盖率100%。开展放射卫生和放射防护专项整治工作，实现放射卫生监督检查覆盖率100%。

【职业健康监管】 2022年，赣榆区开展粉尘危害专项整治行动，全年监督检查用人单位13家。其中，关停单位1家。出动卫生监督员40余人次，现场下达卫生监督意见书13份，下达警告的行政处罚9家，立案进入一般程序的行政处罚2家，纳入整治范围的用人单位监督检查覆盖率100%。完成从业健康人员体检2.59万人，职业健康体检3764人。开展放射卫生和放射防护专项整治工作。对全区的放射诊疗机构单位和人员资质，放射诊疗设备、放射防护检测，职业健康检查和个人剂量监测以及放射卫生档案管理等开展全面监督检查，立案2家，结案2家，放射卫生监督检查覆盖率100%。开展健康企业和“职业健康达人”评审工作。江苏天眼医药科技股份有限公司、江苏金茂源生物化工有限公司参与开展健康企业创建活动，29名员工入围参评“职业健康达人”评选活动。　（张　程）

医政药政管理

【护理服务管理】 2022年，赣榆区深化优质护理服务，建设40个优质护理病房。选送22名护理骨干参加省、市级专科护士培训，选送18名护理人员到上级医院进修学习。突出老年护理和社区护理等重点领域，强化护士技能提升，及时掌握最新护理知识和技能，为患者提供优质、高效的护理服务。 （刘长波）

【医师管理】 2022年，赣榆区持续规范医师管理工作，加强对医师的资格审查和注册管理，提升医师队伍的合法性和专业性，全年新增注册医师数32人，注销人数6人，离岗备案1人。年度内注册总人数87人，其中执业医师57人，助理医师30人。强化医师培训和考核，提高医师的业务水平和临床能力。加强对医师的执业监管，查处违法违规行为，维护医疗行业的正常秩序。 （刘长波）

【临床重点专科建设】 2022年，赣榆区推进二级以上医院临床重点专科建设。区人民医院神经内科、普外科、麻醉科、骨科、检验科、影像中心、呼吸内科、急诊科、神经外科创建为市级重点专科，消化内科、肿瘤内科、儿科、心内科、妇科、药学部为市级临床重点专科建设单位。区中医院男科、骨伤科、脑病科、儿科、妇科为市级中医临床重点专科，老年病科、肿瘤科、康复科获批市级中医临床重点专科建设单位。 （刘长波）

【医疗行风建设】 2022年，区卫健委党委切实担负起全面从严治党主体责任，持续正风肃纪，组织召开全区卫生健康系统党建、党风廉政暨行风建设工作会议，签署《党风廉政建设责任书》，印发《2022年全区卫生健康行风建设工作要点》，落实医疗机构及其工作人员廉洁从业九项准则。建立由人大代表、政协委员、基层代表、医保局等相关部门组成的行风监督员队伍，在医疗机构开展明察暗访，发挥社会监督和民主监督作用。 （刘长波）

【医疗废物管理】 2022年，赣榆区所有一级以上医疗机构均与有关公司签订医疗废弃物回收协议。全区推进医疗废弃物管理信息化、处置精准化工作。7个二级以上医疗机构，有6个均安装医废监测信息系统。区卫生监督所、区院感专家库专家对医疗废弃物开展全面督查，提高各医疗机构医疗废弃物处置意识。新冠疫情防控期间，建立赣榆区医疗废弃物中转场，协调医疗废弃物转运公司清运各医疗机构及隔离点医疗废弃物，及时消除医废隐患。

【医疗事故技术鉴定】 2022年，赣榆区推进医疗风险分担机制建设，各级公立医疗机构均购买医疗责任险。加强医患纠纷人民调解工作，引导医患双方依法维权，处理各类医疗纠纷40余例。 （张　程）

体 育

综述

【体育设施建设】 2022年，赣榆区进行全民健身场地设施提档升级，建设完成篮球场、健身路径等体育场地设施92套、3个篮球场、9个乒乓球台、健身步道25千米，人均体育场地面积3.87平方米。全面推进沿河沿路体育建设，完成琴岛天籁体育设施项目、市民公园南广场体育设施项目、青年路体育设施项目和华中路体育设施建设项目。投资1500余万元，完成区文体公园提升改造项目。

【社会体育指导员培养】 2022年，区文体广旅局打造从区级到国家级的四级社会体育指导员队伍，全区登记在册的社会体育指导员数量达到4000多人。全年举办三级社会体育指导员培训1次，晋升二级社会体育指导员30人，晋升一级社会体育指导员8人，国家级2人，参加市级和省级培训15次。

【国民体质监测】 2022年，全区根据《国民体质监测工作规定》的要求，开展对不同年龄层次的人群进行体质监测工作，全年完成3009人次，国民体质监测合格率95.2%。

【体育社团】 2022年，赣榆区成立各类体育社团25个。区文体广旅局完成区体育协会的全面脱钩工作，实现各协会自主管理。区体育总会对各体育协会在完成脱钩的同时，制定措施，实现“脱钩不脱管”，确保体育协会健康发展。 （唐晓思）

全民健身

【概况】 2022年，赣榆区开展全民健身活动160多场。全区经常参加体育锻炼的人数占比39.5%。柘汪镇文体站获评江苏省群众体育先进单位。

【赣榆区第四届职工拔河比赛】 4月29日，赣榆区第四届职工拔河比赛在赣榆体育馆举行。比赛由区总工会、区文体广电和旅游局主办，区体育总会承办。全区36支代表队参加比赛，参赛运动员350人。比赛设机关组男子540公斤级、女子540公斤级；企业组男子540公斤级、女子540公斤级；乡镇组男子540公斤级、女子540公斤级。消防大队获机关组男子冠军，财政局获女子组冠军；苏海集团获企业组男子组冠军，城发集团获女子组冠军，柘汪镇获乡镇组女子冠军，青口获男子组冠军。

2022年10月1日，赣榆区举行新城马拉松比赛活动 （司 伟 摄）

【赣榆区太极拳比赛】 6月10日，赣榆区太极拳比赛在赣榆体育馆举行。比赛由赣榆区体育总会主办，赣榆区太极拳协会承办，城区及各镇22支代表队参加比赛，参赛运动员250人。青口镇代表队、夕阳红太极拳队、柘汪镇代表队分获比赛前三名。青口镇代表队代表赣榆区参加连云港市太极拳比赛。

【赣榆区“全民健身日”活动启动仪式举行】 8月13日，赣榆区“全民健身日”活动启动仪式在赣榆区体育馆举行。启动仪式由区文体广电和旅游局主办，区体育总会、区广场健身操舞运动协会承办。“全民健身日”活动以“全民动起来，同心向未来”为主题，全区16支健身团队770名队员参加此次活动。启动仪式现场举行大型健身展演活动，区广场舞协会、区健身气功协会、区旗袍协会、康姿百德健身队、青下社区健身队表演歌舞、健身操、太极拳、扇子舞等节目。 （唐晓思）

竞技体育

【概况】 2022年，赣榆区组队参加江苏省县组田径、羽毛球、少儿体适能锦标赛，江苏省青少年射箭、速度轮滑锦标赛，江苏省第二十届运动会青少年橄榄球锦标赛，江苏省第二十届运动会职工部拔河比赛。全区70名运动参赛，1人获得江苏省县组田径比赛铅球第一名；5人分获江苏省第二十届青少年射箭锦标赛12—14岁组男女跑步射箭（30米）第一名、反曲弓男子跑步射箭（30米）第二名、反曲弓男子团体淘汰赛（31米）第五名、反曲弓女子跑步射箭（30米）第六名；1人分获女子速度轮滑比赛14—15岁组1500米、5000米第八名。橄榄球队获得江苏省第二十届运动会青少年橄榄球锦标赛女子甲组第五名、女子乙组第六名。女子拔河队获得江苏省第二十届运动会职工部拔河比赛女子540公斤级亚军、男女混合600公斤级第四名。 （王　嵩）

2022年5月6日，赣榆经济开发区小学开展冰壶运动教学（司　伟　摄）

【全省第二十届运动会比赛获3金2银】 7月，在全省第二十届运动会青少年部射箭比赛中，连云港市（赣榆实验中学）射箭队摘得2金1银，张誉露获女子丙组反曲弓跑射比赛冠军、于子轩获男子丙组反曲弓跑射冠军、卢发明获男子丙组反曲弓跑射亚军。这是连云港市射箭队首次参加省运会，也是赣榆区历史上首次本土运动队参加省运会取得2块金牌的好成绩。赣榆女子橄榄球队比赛分获女子甲组、女子乙组第五名、第六名。赣榆女子拔河队夺得女子540公斤级亚军，男女混合600公斤级第四名。 （唐晓思）

学校体育

【概况】 2022年，赣榆区学校体育工作贯彻健康第一的指导思想，开展阳光体育运动，学生每天锻炼1小时。全区有19所中小学、2所幼儿园为全国足球特色学校，1所小学为全国青少年校园冰雪运动特色学校。体育运动、社团培训、大课间活动等学校体育工作有序开展。

【阳光体育竞赛】 9—10月，赣榆区举办2022年“区长杯”中小学生足球联赛。11月6日，区教育局、区文广体旅局主办、青口镇中心小学承办2022年中小学生棋类邀请赛，共有12所学校256名运动员参加围棋、中国象棋、国际象棋和国际跳棋4个项目8个组别的角逐。12月10—11日，区教育局、区文广体旅局主办，柘汪中学承办，连云港金东方港口投资有限公司冠名协办“金东方杯”中小学生田径运动会。此次运动会共有78支代表队734名运动员参加6个组别、76个项目的角逐，共决出70个单项和6个集体项目名次，有28人次打破18项区纪录。

【体育特色发展】 7月，全区七年级学生进行游泳技能培训。根据《省教育厅　省体育局关于推进实施青少年体育“5621”计划的通知》，推进全区青少年体育“5621”实施工作，即至少推动5个运动项目，每个项目至少布局6所小学、2所初中、1所高中。篮球、排球、乒乓球、田径、体适能5个项目在全区43所学校（28所小学、10所初中、5所高中）完成布局，形成“名校办名队、名队进名校”格局。10—12月，开展体育项目训练，做好区体育局承接的培训项目，做好体教融合工作。

【学生体质健康监测】 6月，区教育局进行为期4天的小学六年级学生体质监测，全区参与监测的学校共计36所，参加监测的学生共计1.66万人。 （区教育局）

体育产业

【概况】2022年，赣榆区体育产业以冰雪运动、体彩销售为主。其中，体育彩票销售再创新高，全年总销量1.57亿元，全省排名第26名。

【高危险性体育项目管理】2022年，区文体广旅局按照国家体育总局《经营高危险性体育项目许可管理办法》第17号令文件精神，严格管控高危险性体育项目，加强政企沟通，举办经营高危险性体育项目培训班，协助相关企业办理高危体育经营许可证。

【冰雪运动】2022年，赣榆区有潜园滑雪场和塔山湖滑雪场，全年接待游客30万人次，举办冰雪嘉年华、冰雪运动进校园等活动，促进全区冰雪运动的推广。

2022年1月23日，赣榆区万达广场销售新春即开型体育彩票

（司朝志　摄）

【体彩销售】2022年，赣榆区体育彩票在售网点118家，全年体彩销售1.57亿元，比2021年增长37.72%，销量全省排名26名，筹措体彩公益金889万元。　（唐晓思）

2022年1月15日，市民在塔山湖滑雪场健身娱乐　（樊豹声　摄）

社会生活

人口家庭

【人口监测】2022年，赣榆区落实国家、省、市对人口家庭工作的新要求，稳妥实施三孩生育政策。奖扶特扶金兑现率100%，全员人口库常住人口覆盖率和主要数据项准确率95%，生育登记率95%，出生性别比110∶100，三孩出生占比为10%。（陈晓燕）

【户政管理】2022年，赣榆区办理户口12.36万件，身份证8.3万人，上门办证128件。开展户口登记管理专项清理整顿排查核实相关工作，补录16周岁以上无图像人员图像2376人，核实无户口人员线索241条，为326人解决无户口难题。（区公安局）

【婚姻服务】2022年，赣榆区推进婚姻领域移风易俗，宣传、倡导现代文明简约的婚礼仪式和中华优秀婚姻家庭文化。提供婚姻家庭教育、婚育辅导、心理疏导等婚姻家庭关系方面的指导帮助，传递健康的婚姻家庭理念，培育文明向上的婚俗文化。协同妇联、妇幼保健院开展“新人杨新风，文明溢榆城”活动，向当天领证新人送去家和业兴的美好祝福。严格婚姻登记管理，提升窗口服务质量，强化婚姻登记管理，办理结婚登记4879对、离婚登记1628对，登记合格率100%。（郑文静）

【家庭】2022年，城乡住户抽样调查显示，100户城镇居民中，户主文化程度分别为未上过学0户，小学9户，初中46户，高中24户，大学专科9户，大学本科数12户，研究生0户；住户成员受大学本科教育49户，受研究生教育2户；家庭规模中一人户2户，二人户23户，三人户22户，四人户36户，五人户15户，六人及以上户数2户。100户农村居民中，户主文化程度分别为未上过学2户，小学18户，初中72户，高中7户，大学专科1户，大学本科数0户，研究生0户；住户成员受大学本科教育10户，受研究生教育0户；家庭规模中一人户9户，二人户31户，三人户17户，四人户33户，五人户6户，六人及以上户数4户。（区统计局）

【生育支持政策落实】2022年，赣榆区开展全市“一乡镇一街道一普惠”托育机构试点，出台《2022年赣榆区普惠托育机构民生实事项目工作实施方案》，依托区妇幼保健院婴幼儿照护服务发展指导中心，按照“一乡镇一街道一普惠”托育机构组织试点架构，支持鼓励社区、企业单位、社会组织、私立幼儿园、个人等各类主体兴办托育机构，探索构建全区普惠托育模式。全区有托育机构（包括幼儿园设立托班）47家，有托位数3050个，每千人口托位数达3.05个，普惠托育实现城乡全覆盖。

【收养登记】2022年，区行政审批局根据省民政厅《关于印发江苏省中国公民收养未成年人登记工作清单

2022年2月22日，赣榆婚姻登记处一对新人展示领取的结婚证

（司　伟　摄）

（2022年版）的通知》《关于收养登记管理若干问题的意见》文件要求，落实“全省一张清单”管理模式，依托“全国儿童福利信息系统”平台，录入收养相关信息，完成收养登记11例。（郑文静）

【流动人口服务】 2022年，赣榆区加强出租房屋、流动人口的治安管理和群租房的安全隐患排查整改工作，全区现采集入库出租房屋2.67万户，入库流动人口3.82万人，排查整改一般出租房屋安全隐患680余处；开展群租房安全隐患联合整治行动，区公安、住建、城管、消防等部门，联合组织22个辖区派出所分片包干，每周集中开展巡查，逐户签订治安责任书，建立一房一档，每周巡查、抄告流转等制度，督促限期整改，并书面或网上抄告流转相关部门，全面排查群租房底数和安全隐患。全区排查出群租房84家，排查隐患680处，整改680处。（区公安局）

收入消费

居民收入

【概况】 2022年，赣榆区居民人均可支配收入3.24万元，比2021年增长4.6%，增速比2021年相比下降4.9个百分点。分城乡来看，城镇居民人均可支配收入4.02万元，增长3.6%，农村居民人均可支配收入2.38万元，增长5.9%。城乡收入比持续走低，城乡融合发展成效明显。从城乡收入比来看，赣榆城乡居民收入比由2021年的1.73∶1降至1.69∶1，远低于全国（2.45∶1）、全省（2.11∶1）及全市（1.82∶1）水平。

【工资性收入】 2022年，赣榆区居民人均工资性收入17826元，比2021年增长4.7%，增速比2021年下降4个百分点。工资性收入在可支配收入中占比为55%，比2021年同期上升0.1个百分点，对可支配收入增长的贡献率达56.5%，拉动收入增长2.6个百分点。分城乡来看，城乡居民工资性收入分别为2.32万元和1.18万元，分别增长3.7%和6.1%。

【经营净收入】 2022年，赣榆区居民人均经营净收入8548元，比2021年增长3.2%，增速比2021年下降6.8个百分点。分城乡来看，城乡居民人均经营净收入分别为9655元、6995元，分别增长2%、4.7%。分产业来看，2022年，居民第一、第二、第三产业经营净收入分别增长3%、2%、4%，分别比2021年下降2.5、10.3、17个百分点。

【转移净收入】 2022年，赣榆区居民人均转移净收入4659元，比2021年增长7.2%，增速比2021年下降3.5个百分点，在可支配收入中占比为14.4%，比2021年上升0.4个百分点，对可支配收入增长的贡献率达21.9%，拉动收入增长1个百分点。分城乡来看，城乡居民人均转移净收入分别为4936元和4352元，分别增长6.7%和7.6%。在转移性收入的主要构成中，家庭外出从业人员寄回带回收入占比为42.5%，养老金或离退休金占比为44.8%。

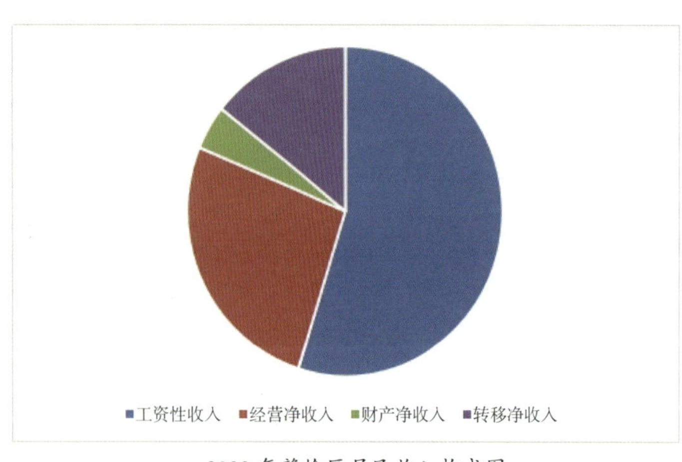

2022年赣榆区居民收入构成图

【财产净收入】 2022年，赣榆区居民人均财产净收入1406元，比2021年增长3.2%，增速比2021年相比下降8.9%，增速降幅在4项收入构成中居首位。财产净收入在可支配收入中占比4.3%。分城乡来看，城乡居民人均财产净收入分别为2363元和346元，分别增长为2.6%和2.5%。受2022年3次降息、楼市交易低迷影响，导致利息净收入、房屋虚拟租金等项增速减缓。（秦小曼）

居民消费

【概况】 2022年，赣榆区居民人均消费支出2.01万元，比2021年增长3.5%。其中，城镇居民人均生活消费支出为2.32万元，比2021年增长2.4%；农村居民人均消费支出为1.67万元，比2021年增长5%。

【食品烟酒支出】 2022年，赣榆区居民人均食品烟酒支出6520元，比2021年增加307元，增长4.9%，恩格尔系数为32.4%，比2021年上升0.4个百分点。分城乡来看，城乡居民人均食品烟酒支出分别为7375元、5574元，分别增长2.8%、7.9%，恩格尔系数分别为31.8%、33.4%，比2021年分别上升0.1和0.9个百分点。

【衣着、其他用品和服务支出】 2022年，赣榆区居民人均其他用品和服务支出比2021年增长11.4%，增幅位居八大支出项之首；衣着消费支出比2021年增长1.8%，增幅为八大支出项第六位。

【居住支出】2022年，赣榆区居民人均居住支出3963元，比2021年增加130元，增长3.4%。分城乡来看，城乡居民人均居住支出分别为4732元、3111元，分别增长3.7%和2.5%。

【生活用品及服务支出】2022年，赣榆区居民人均生活用品及服务支出1393元，比2021年增加29元，增长2.2%。分城乡来看，城乡居民人均生活用品及服务支出分别为1532元、1239元，分别增长为3%、0.8%。受人口老龄化、消费结构升级、"三孩"放开等因素影响，家政服务等家务劳动社会化的消费模式被越来越多的赣榆居民接受和喜爱，全年赣榆区人均家庭服务支出增长12.2%。

【交通通信支出】2022年，赣榆区居民人均交通通信支出1939元，比2021年增加132元，增长7.3%，增幅位居八大支出第二位。其中，交通支出1056元，增长9.7%，通信支出782元，增长4%。分城乡来看，城乡居民人均交通通信支出分别为2291元、1549元，分别增长6.9%、7.7%。

【医疗保健支出】2022年，赣榆区人均医疗保健支出973元，比2021年增加58元，比2021年增长6.3%，增幅位居八大支出项第三位。分城乡来看，城乡居民人均医疗保健支出分别为987元、957元，分别增长为2.5%、10.9%。城乡居民健康观念升级转变，更加重视个人的生理、心理、社会适应能力等方面，定期进行体检，不讳疾忌医，推动医疗保健方面的消费支出。

【教育文化娱乐支出】2022年，赣榆区居民人均教育文化娱乐支出3538元，比2021年下降0.8%。其中，教育支出2419元，下降2.7%，文化娱乐支出1119元，增长3.7%。受国家推动"双减"政策全面落地影响，义务教育学生课外一揽子教育支出有所减少。新冠疫情防控期间，不少学生在家参与网课，居民教育培训支出显著下降。（秦小曼）

市场物价

【居民消费价格】2022年，赣榆区居民消费价格上涨2.3%（CPI为102.3），涨幅比2021年扩大1个百分点，总体运行平稳。其中，食品价格上涨3.6%，非食品价格上涨2%；消费品价格上涨3.4%，服务价格上涨0.9%。扣除食品和能源的核心CPI上涨1.2%。

【居民消费价格指数】2022年，赣榆区各月CPI环比指数分别为100.4、100.5、100.8、100.2、99.8、100.3、100.2、99.7、100.5、100.1、99.9、100.0。各月环比虽略有波动，但较为平稳。1月、2月受春节、寒潮天气、能源价格上涨等多方面影响，环比分别上涨0.4%、0.5%；3月受突发新冠疫情、交通管控等方面影响，市场供应不畅，CPI环比上涨0.8%；4月新冠疫情解封后复工复产有序推进，环比逐渐回落；4月及以后各月环比波动幅度大多在0.3%以内。各月CPI同比指数分别为101.1、101.4、102.6、102.8、102.4、102.9、102.8、102.5、102.6、102.1、102.4、102.5。全年CPI同比涨幅不大，3月受新冠疫情和大宗商品价格上涨等方面影响，同比上涨2.6%，6月受食品和能源价格高涨带动，同比上涨2.9%，其余月份总体呈平稳运行态势。

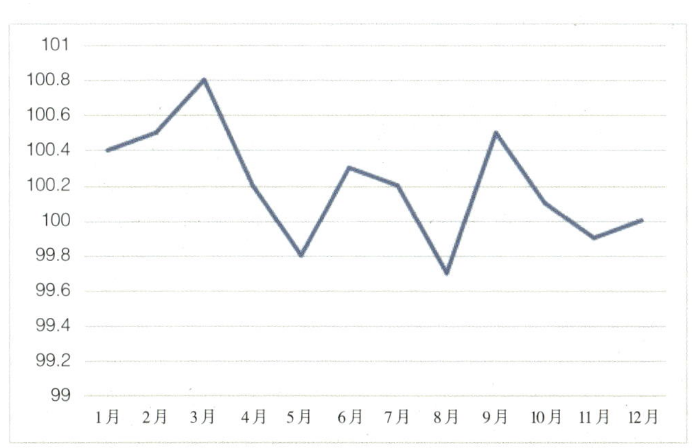

2022年赣榆区各月消费价格环比走势图

【八大类商品和服务价格】2022年，赣榆区八大类商品和服务价格比2021年同期全部上涨。其中，交通通信、食品烟酒、生活用品及服务价格分别上涨5.5%、3.9%、2.1%；衣着、其他用品及服务、医疗保健、教育文化娱乐、居住价格分别上涨1.3%、1.3%、1.1%、0.8%、0.3%。从指数贡献结构特征看，食品烟酒对CPI上涨影响最大，拉动指数上涨1.09个百分点，对CPI总指数影响程度为46.4%。（区统计局）

劳动就业

【概况】2022年，赣榆区统筹做好就业创业、社会保障、人事人才及劳动关系等工作，持续擦亮"愉快就业"服务品牌。全区新增城镇就业7595人。依托公共人力资源市场，挖掘企业用工岗位3500个，发放稳岗扩岗补助等纾困资金1467万元，开展技能培训9629人。加大金融贷款支持，发放富民创业担保贷款4.78亿元、"小微贷"5.25亿元、小额扶贫贷款9606万元，支持自主创业4000余人。健全防返贫长效机制，实施乡村振兴帮促项目14个，培育新型农民2200人。

【助企纾困稳岗】2022年，赣榆区优化助企纾困援企稳岗机制，开展

“政策找企”专项行动，组建5个工作专班，逐一对接全区238家重点企业，发放稳岗返还、一次性扩岗补助、一次性留工补助等纾困资金1467万元，比2021年增加395.83%；完善政策性贷款符合条件企业名录，落实“苏岗贷”4600万元；减免社保费1496万元，惠及企业2000余家。围绕238家重点企业，稳岗扩岗3500余个。

【创业扶持】 2022年，赣榆区建立人社、财政、人民银行富民创业担保贷款联席会议制度，2022年发放富民创业担保贷款4.78亿元，比2021年增加3.75亿元，占全市总发放份额的23.55%。举办创业培训819人，发放创业培训补贴30.81元，支持城乡劳动者自主创业5516万人，带动就业2.07万人。

【就业帮扶】 2022年，赣榆区支持新业态吸纳就业困难人员就业，将赣榆海鲜直播电商打造为省级劳务品牌，吸纳农民工等就业困难人员就业4910人，带动就业5.3万人。针对离校未就业高校毕业生，提供1次职业指导、3次岗位推介、1次技能培训或就业见习的“131”服务2000人，促进期末就业率95%以上。全年帮扶就业困难人员就业3012人。

【就业招聘】 2022年，赣榆区强化就业载体建设，搭建现场、网络、直播招聘“三位一体”供需平台，组织好就业赶大集、大型现场招聘会、线上招聘会等活动。全年组织各类招聘会60场，提供就业岗位1万余个，促进城镇新增就业7595人，全市排名第三。

【职工技能培训】 2022年，赣榆区以“赣榆技能状元”职业技能大赛为抓手，推进职业技能培训贯穿全年、抓在日常。持续开展职业技能提升行动，开展技能提升培训、以工代训、岗前培训等3898人次，发放各类培训补贴209.47万元；针对农村转移就业劳动者、城镇登记失业人员、新生代农民工等群体开展就业技能培训4159人，发放补贴360.38万元。

（区统计局）

社会保险

【概况】 2022年，赣榆区实施优化养老保险参保结构，城乡居民基础养老金在完成省市统一调整基础上，区财政投入460万元，提高保障水平至231.47元，比2021年增长12.24%。企业退休人员月平均工资增长108.42元，达到2240元/人·月，调整比例为5%，高于省定4%的目标。社保基金运行安全平稳。2022年，全区社保基金收入25.05亿元，支出21.51亿元，当期结余3.54亿元，基金运行总体平稳。区医保局优化城乡居民医保财政补助与个人缴费比例，城乡居民基本医疗保险财政补助最低标准提高到每人每年640元；将城乡居民大病保险筹资标准提高至每人每年95元。开展基金监管各类检查30余次，处理定点医药机构180家，其中，解除医保服务协议4家，暂停医保服务协议13家，行政处罚21家，追回医保基金567.57万元，收取违约金90.89万元，行政罚款0.8万元，处理执行率100%。受理查处举报线索9件，公开曝光典型案例23例。

【基本养老保险】 2022年，赣榆区基本养老保险参保人数43.24万人，其中，企业、机关、城乡居民基本养老保险参保人数分别为9.17万人、1.96万人、32.11万人。城乡居民基本养老保险基金收入7.34亿元，基金支出5.42亿元。企业职工基本养老保险基金收入10.44亿元，支出8.64亿元。机关、事业单位养老保险基金收入7.21亿元（含地方财政补助2.6亿元），支出7.24亿元。

【基本医疗保险】 2022年，赣榆区基本医疗保险参保97.87万人，其中，参加城乡居民基本医疗保险人数88.54万人，参加职工基本医疗保险9.33万人。基本医疗保险基金收入11.75亿元，支出10.69亿元。其中，城乡居民基本医疗保险基金收入8.82亿元，支出8.78亿元；职工基本医疗保险基金收入2.93亿元，支出1.9亿元。

【工伤保险】 2022年，赣榆区工伤保险基金收入4945.18万元（含上级补助工伤保险基金1200万元），支出4304.62万元，当期结余640.56万元，结余787.56万元。工伤保险人数8.45万人。

2022年4月，区医保局开展医保基金安全宣传月活动，发放医保政策宣传单页
（张哲瑞 摄）

【失业保险】 2022年，赣榆区失业保险基金收入3323万元（含上级补助181万元），支出3798万元（含失业金支出949万元）。结余6841.7万元；失业保险参保人数5.01万人。

【生育保险】 2022年，赣榆区生育保险参保5.46万人，比2021年底增加5978人。生育保险基金收入4689万元，生育保险基金支出2880万元。

（董虹池）

【经办服务】 2022年，赣榆区实施优化养老保险参保结构，制定《关于开展企业职工基本养老保险扩面工作方案》，印制宣传材料6万份，促进新增企保参保人数8297人，农保2000元以上高标准缴费1.5万人。调整城乡居民养老保险调整缴费档次，提高补贴标准，将个人缴费标准提高到最低年缴费600元、最高年缴费8000元7个标准，将政府对参保人员个人缴费补贴标准调整为70元至200元4个标准。通过自助认证、上门认证、多部门数据比对认证等方式，完成23万余名退休待遇领取人员资格认证工作。新增1家工伤保险协议医疗机构。

【基金监管】 2022年，赣榆区推进社保基金提升年行动，成立专项领导小组，建立疑点数据定期比对制度，全年比对参保信息5万余条，核查疑点数据251条，追回基金67.87万元，在全区构建了社保基金“人员防、制度防、技术防、机构防、数据防、资金防”六位一体综合体系。（杜婷婷）

社会救助

【概况】 2022年，区民政局以“救助改革有温情、服务大局显担当”为主题，启动社会救助宣传月活动；建立“线上线下+一函通”社会救助新模式，有效解决常住本地但持有外地户籍的困难群体救助保障难度大的问题。开展特殊困难群体救助帮扶专项排查整治行动，梳理排查6类已纳入保障和服务对象3.14万人、9类未纳入保障对象但可能存在特殊困难或风险对象1313人，解决“急难愁盼”问题330个，确定需跟踪帮扶重点对象2429户（人），确定镇村两级帮扶责任人853人，为102名无户籍困难对象解决户籍问题并给予救助帮扶。

【最低生活保障】 2022年，赣榆区城乡低保标准提高到每人每月650元。全区有城乡低保对象1.56万人，发放低保金8480.2万元。全区有重残单人保525户、精神智力三级单人保107户、重病单人保155户。

2022年5月31日，区民政局组织“救助改革有温情　服务大局有担当”社会救助宣传活动（李江宁　摄）

【特困救助供养】 2022年，赣榆区特困对象基本生活保障标准提高到每人每月845元。全区有特困供养对象1791人，发放特困供养金1821.74万元。建立特困供养人员照料护理机制，确定全护理、半护理、全自理3个护理等级，对全护理、半护理特困供养对象分别按照每人每月100元、50元发放护理补贴，全年发放特困照料护理补贴13.94万元。

【低收入人口认定】 12月，赣榆区除城乡低保、特困供养对象外，共认定低收入人口1088户2799人。其中，低保边缘家庭993户2546人，支出型困难家庭95户253人。

【临时生活救助】 2022年，赣榆区储备镇级临时救助备用金15万元，有效解决群众突发性、紧迫性、临时性基本生活困难，提升“救急难”成效。全年为430户1250名困难群众发放临时救助资金109.19万元。

（郑文静）

【医疗救助】 2022年，区政府全额资助76336名困难人员参加居民基本医疗保险。纳入医疗救助范围的特困供养人员、困境儿童中的孤儿住院符合医保政策范围内自付医疗费用按100%比例救助。最低生活保障对象、60年代精减退职职工，重点优抚对象、临时生活救助对象、特困职工医疗救助对象住院符合医保政策范围内自付医疗费用救助比例为75%。城乡困难居民医疗救助年封顶线提高为20万元。拓展救助对象住院费用的个人自付部分，在年度救助限额内按照70%的报销比例予以救助。全区医疗救助基金支出6217.76万元。其中，资助困难群众参保金额2671.76万元；医疗救助对象住院救助2.39万人次，救助金额3104万元；门诊救助医疗救助对象10.17万人次，救助金额442万元。（彭　楠）

【慈善救助】2022年，全市“幸福家园”村社互助项目现场会在赣榆区召开，柘汪镇西棘荡村“幸福家园”村社互助项目成为全市唯一一家被中华慈善总会确定为“幸福家园”村社互助项目试点村，赣榆区入选首批全国联动区域慈善协同示范县创建名单。区慈善总会接收捐款716.6万元，慈善救助支出521.5万元，救助群众4100余人次，支出占比72.7%。其中，“情暖江苏”春节慰问贫困户336户36.1万元；“瑞华助孤”项目救助49名孤儿15.4万元；“贫困家庭儿童重大疾病医疗救助”项目救助52人68.7万元；关爱困难退役军人项目救助475人44.8万元；各类定向、专项救助356.5万元。

全区开展慈善“一日捐”活动，共收到捐款31.3万元；“9·9公益日”网络募捐活动，涵盖助孤、助困、助学、助军等项目，共有2.4万人参与捐款，募集善款111.5万元。慈善“一日捐”“9·9公益日”网络募捐分别获省市慈善总会网络募捐“团队鼓励奖”。“关爱赣榆退役军人”项目被省慈善总会评为全省慈善“9·9公益日”活动“慈善品牌项目”。

（汪帮亮）

【流浪乞讨人员救助】2022年，赣榆区强化主动救助，全面开展街面巡查，确保城乡街面无流浪乞讨人员。对受助人员，运用人口管理信息系统、DNA鉴定、人脸识别等技术手段，精准核实信息；对站内滞留人员，利用全国救助寻亲网、“头条寻人”以及社会爱心寻亲平台，开展寻亲服务。区救助管理站救助流浪乞讨人员51人次，街面劝导10余人次，成功寻亲2人，省内护送返乡22人次，回访11人，安置滞留9人。开展“寒冬送温暖”“夏季送清凉”“6·19开放日”等专项活动，发放宣传材料600余份。提前为流浪乞讨人员储备棉衣棉被、生活用品、食品、药品及预防新冠疫情物资，切实保障流浪乞讨人员和遇困群众合法权益。

（郑文静）

社会福利

【儿童福利】2022年，赣榆区全面提高困境儿童保障标准，其中，孤儿基本生活保障标准提高到每人每月1745元，监护人监护缺失儿童保障标准提高到每人每月1396元，无力监护儿童保障标准提高到每人每月1047元，重残重病儿童保障标准为每人每月872.5元。全年为1469名困境儿童发放生活补助金1157.58万元。新建赣马镇新时代中心儿童关爱之家，为1074名困境留守儿童出资2.15万元购买意外伤害保险。

【老龄福利】2022年，区民政系统为80周岁以上老年人发放尊老金2023.01万元。全区投入195万元，建设推广“智慧公卫体检系统”，完成65岁及以上老年人免费健康体检10.18万人，健康管理率64%。区公安分局落实省公安厅、市公安局等关于特殊困难群体救助帮扶相关工作要求，对老弱病残等特困老人群体，推行上门办证、上门送证等送温暖活动。区民政系统投入专项资金789万元，为3.65万名80周岁以上和中度、重度失能特困、低保家庭老人提供“点单式”居家养老上门服务，保障高龄、失能老人足不出户即可享受上门贴心服务。

【残疾人福利】2022年，区民政系统为1.33万名残疾人发放“两项补贴”资金5212.32万元。

【福彩公益】2022年，赣榆区福利彩票电脑投注站77个。全年销售福利彩票4675万元，销售量位居全市第二。全区在福利彩票公益金的投放使用上，加强社会福利彩票公益金的管理，做到专款专用。福利彩票公益金共投放使用455.07万元，主要用于城乡困难群众医疗救助、临时救助、残疾人生活补贴、养老服务体系建设、老年体育经费五个方面。

（郑文静）

住房保障

【保障性住房分配及租赁补贴】2022年，赣榆区分配经济适用房132套，分配廉租住房208套，发放227户住房租赁补贴34.29万元。赣榆区按照《赣榆县廉租住房保障办法》《关于调整赣榆区保障性住房有关政策标准的通知》等文件要求，分配经济适用房、廉租住房。其中，经济适用住房申请条件：夫妻双方至少有一方具有赣榆城区城镇常住户籍并连续居住满3年以上；家庭年人均可支配收入低于21700元；在城区规划范围内无房或住房人均建筑面积低于18平方米（含），离异满3年须2口人以上的家庭；无商铺或其他用于商业用途房屋的；家庭成员中拥有汽车价值超低于8万元；在工商局参与登记注册为个人独资企业，合伙企业（含合伙人）、有限责任公司（含股东），注册资金低于20万元。

廉租住房申请条件：夫妻双方至少有一方具有赣榆区城区城镇常住户籍并连续居住满3年以上；家庭年人均可支配收入低于13600元；在赣榆城区规划范围内无房或住房人均建筑面积低于15平方米（含）；失去自有或共有住房（含承租公有住房）满5年；单身满35周岁的1口人的家庭（含离异）；无商铺或其他用于商业用途房屋；申请家庭成员中没有汽车（残疾人代步车除外）；在工商局参与登记注册为个人独资企业，合伙企业（含合伙人）、有限责任公司（含股东），注册资金低于2万元。

廉租住房租赁补贴标准：人均补贴面积为15平方米；最低收入（低保、特困）无房困难家庭按照每人每月每平方米补贴6元标准执行；低收入无房困难家庭按照每人每月每平方米补贴5元标准执行；1人户按2人户计算，2—3人户按实计算，4人以上户按4人家庭标准计算执行。廉租住房租金标准：最低收入（低保、特困）家庭每月每平方米0.6

元，低收入家庭每月每平方米1.5元执行。（夏国瑞）

【住房公积金归集与提取】 2022年，赣榆区新增建立住房公积金制度单位239家，新增缴存人数4012人；归集住房公积金8.9亿元，提取住房公积金5.9亿元，缴存余额超23亿元；为1040户职工发放住房贷款4.6亿元，回收贷款资金3.2亿元，住房公积金贷款比率78%。

【住房公积金政策落实】 7月1日起，赣榆区落实《关于进一步促进连云港市房地产市场健康稳定发展的通知》，对住房公积金落实阶段性调整政策：提高住房公积金贷款额度，将个人公积金可贷额度从30万元调整至50万元；提高高层次人才可贷额度，高层次人才可贷额度在原来类别的基础上提高20万元；调整职工家庭成员贷款相关规定，在连云港市购房的职工家庭，无论是否占有产权，父母或子女任一方都可以作为共同借款人申请贷款。

【个人住房公积金贷款一次办模式】 2022年，市住房公积金管理中心赣榆分中心与区不动产中心沟通合作，完成个人住房公积金贷款流程梳理，制订实施方案，建立联系制度，设立线下一件事窗口，完成线上"一件事"办理试运行工作，推进个人住房公积金贷款"一网办、一窗办、一次办"，形成个人住房公积金贷款一次办的新模式。（徐月华）

基层治理

【概况】 2022年，赣榆区完成省政府"改造提升和新建社区综合服务设施项目"建设任务，宋庄镇和安村综合服务中心、黑林镇兴隆村综合服务中心、黑林镇大赤涧村综合服务中心、金山镇临马疃村综合服务中心、厉庄镇厉庄村综合服务中心、柘汪镇下驾沟村综合服务中心均完成施工并投入使用。全区贯彻落实市"一委三会"标准化文本，基层"一委三会"治理模式常态化运转。持续加强新型农村社区建设，打造新型农村社区建设样板，柘汪镇响石村被省民政厅确认为新型农村社区治理服务省级示范点建设单位。

【社区建设】 2022年，全区完成7个社区综合服务设施新建和改造项目建设任务，项目分别安排在宋庄镇和安村、金山镇临马疃村、柘汪镇下驾沟村、厉庄镇厉庄村、黑林镇兴隆村、黑林镇大赤涧村、海头镇大兴庄村。进一步规范和强化"一委三会"（社区党委、社区议事会、社区居委会、社区监委会）社区治理模式，完善以社区党组织为领导的多元共治架构。柘汪镇响石村被省民政厅确认为新型农村社区治理服务省级示范点建设单位。指导青口镇完成金海社区拆分，分别成立金海社区、和安湖社区、琴岛社区三个社区。（周文权）

【社工队伍建设】 2022年，全区开展社区工作者培训，组织70多名城市社区工作者及新招聘的社区工作者就社区治理基本理论、社区治理能力提升、社区工作者基本职责任务社区工作方法创新等进行培训，提升社区工作者服务能力。规范社区工作者服务制度，推行"全科社工"，实现"一窗式受理、全科式服务"。

（周文权）

【村级组织减负增效】 2022年，区民政局制定《连云港市赣榆区民政局开展实施村级组织"减事项"行动实施方案》，通过微信公众号、印制宣传手册线上线下宣传"三个清单"内容，成立民政局实施村级组织"减事项"行动领导小组，在全区各镇开展村级减负工作。形成村级组织主体责任清单16项，村级组织协调办理事项准入清单12项，村级组织履职负面事项清单14项。

【社区拆分工作指导】 2022年，区民政局为适应新时期社区治理工作需要，提升基层治理能力，更好地服务社区居民，针对青口镇金海社区过大的现状，指导金海社区按照社区调整工作流程拆分为金海社区、琴岛社区、和安湖社区3个社区。

【全区网格化社会治理工作推进会】 1月29日，全区网格化社会治理工作推进会召开。会议通报全区网格化社会治理工作情况，对2021年度最美网格长、最美网格员进行表彰，并就下一步工作进行部署，会议要求，切实把创新网格化社会治理作为重要的政治任务抓紧抓实，打造网格化社会治理样板，为"建好江苏'北大门'、建成苏北第一区"提供坚强保证。各镇、各相关单位主要负责人120余人参加会议。（郑文静）

社会组织管理

【概况】 2022年，赣榆区按照中央关于"放管服"改革总体部署和社会组织监管工作要求，由重入口登记管理转为入口登记管理与事中、事后监管并重，加强社会组织监督管理，首次开展社会组织评估工作，推进社会组织管理工作规范化。

【社会组织年检与评估】 2022年，赣榆区开展社会组织年检工作，其中，135家社会组织合格，47家社会组织基本合格。开展社会组织评估工作，其中，6家社会组织获评AAA级社会组织，6家社会组织获评AA级社会组织，1家社会组织获评A级社会组织。开展"僵尸型"社会组织专项整治工作，全年撤销98家"僵尸型"社会组织。依法撤销赣榆区思博教育培训中心等5家学科类校外培训机构。对法人治理结构不健全的连云港市赣榆区教育发展基金会进行行政处罚，并将其纳入江苏省社会组织活动异常名录。

【行业协会商会涉企收费专项治理】 2022年，赣榆区开展行业协会商会涉企收费专项治理活动，对行业协会收费不合理问题，立即取证调查，要求退还，并进行处罚，保障人民群众合法利益。对海头镇浅海水域养殖协会等乱收费问题进行调查处理，作出警告、责令整改的行政处罚，并纳入社会组织信用系统黑名单，有效维护良好营商环境。（郑文静）

区划和地名管理

【地名标志设置与界线联检】 2022年，赣榆区村级地名标志设置率达90%以上。完成与山东省临沂市临沭县、莒南县和日照市岚山区的行政区域界线联检，边界平安无纠纷，界桩维护完好率100%。

【两处革命遗址遗迹入选省级红色地名】 2022年，赣榆区刘少奇旧居、符竹庭政委殉国处入选江苏省第二批100个红色地名。（郑文静）

退役军人事务

【概况】 2022年，区退役军人事务局推进“法律政策落实年”活动，以“让退役军人获得感成色更足、幸福感更可持续、荣誉感更加提升”为重点，开展抗日山祭扫、散葬烈士墓搬迁、烈士寻亲活动等工作。利用抗战胜利77周年、“9·30”烈士纪念日等时间节点开展双拥活动，举办“铁血荣光　红色印记”文艺演出。完善全区15个镇服务站、462个村社退役军人服务中心站保障体系建设。举行徐祺鹏烈士骨灰安葬仪式、徐祺鹏“烈士光荣证”颁授仪式，做好江苏省退役军人关爱基金会志愿者招募工作。

【服务保障体系建设】 2022年，赣榆区建立健全退役军人服务保障体系，提升服务站建设标准。按照事务部“一城一品牌、一村（社区）一队伍”要求，15个乡镇服务站达到服务保障体系建设标准，开展服务站地理位置高德地图标注工作，完善全区15个乡镇、462个村社退役军人服务中心站管理服务系统信息。

2022年8月3日，徐祺鹏烈士骨灰安葬仪式在抗日山烈士陵园举行（陈　建　摄）

【接收安置】 2022年，赣榆区完成转业军官和符合政府安排工作条件退役士兵安置任务；接收2022年自主就业退役士兵，举办适应性培训，完成下岗失业志愿兵困难补助年审工作，计发放104.4万元；建立退役军人企业线上招聘数据库，20家企业通过资质审核，发布招聘通知36次，提供岗位数3224个，举办专场招聘会7场；举办退役军人暨现役军人随军家属招聘会2场，提供就业岗位信息1224个。《红玉国防教育》获2022年市“惠兵兴业”退役军人创业创新大赛一等奖，《谢湖大樱桃奏响助农增收致富曲》获省退役军人就业创业大赛二等奖；参加退役军人产品展陈3次，推送展陈产品14个。（庄浩壬）

【优抚褒扬】 2022年，赣榆区发放优抚对象补助，推进建档立卡和优待证申领工作，持续进行登记发放；强化审批业务，依托信息化手段，做好优抚对象信息核查、各类优抚对象认定、备案和调评残工作；实现优抚对象医疗保障全覆盖。全区烈属共20人，发放定期抚恤金86.5万元。按照“应迁尽迁、集中维护”的原则，全年组织搬迁烈士墓209座，固化零散烈士墓9座。8月，为徐祺鹏烈士举行骨灰安葬仪式，将其安葬在抗日山烈士陵园，并向徐祺鹏烈士父母发放《烈士证光荣证》。全区接收喜报343份。其中，二等功2份，三等功104份，“四有”表彰236份、优秀共产党员表彰1份。开展送喜报活动，增强广大军人及其家属的荣誉感、获得感和自豪感。（张新荷　陈　建）

链接：

《新华日报》点赞抗日山烈士陵园守墓人

2022年4月1日，《新华日报》以《25年守陵巡山，他磨破280多双解放鞋——守护抗日忠骨传播先烈精神》为题，点赞赣榆抗日山烈士陵园守陵人贺龙广。

文章中写道，赣榆区西部有一座我国唯一以“抗日”命名的山——抗日山。山上碑塔矗立，树木繁茂，松涛阵阵。这里长眠着1800余位革命先烈，镌刻着3576位烈士英名。

陵园内的烈士墓分散在抗日山东西两侧，每天，守陵人贺龙广都要沿着蜿蜒的山路，将1600多座烈士墓走上几遍，检查有没有破损，顺便擦拭墓碑、清理杂草。贺龙广说，墓区以前并没有路，所谓的路是山林间守墓人长年累月走出来的小道，2009年园区修建了墓区间游步道，巡山之路也变得顺畅了。

1997年贺龙广大学刚毕业，出于对革命先烈的敬仰和崇拜，他放弃了城里优越舒适的工作，选择来到偏远的抗日山烈士陵园做守陵管护工作，期间多次放弃组织对他调离和升迁的安排，一干就是25年。

贺龙广熟悉每个坡段石阶和安葬在此的每位烈士的姓名。每年，有许多来抗日山烈士陵园寻亲的后代，接待他们也成贺龙广的一项重要工作。2020年清明节，67岁的尹克云老人一大早坐车从山东来给抗日战争时期牺牲的哥哥扫墓，却怎么也找不到墓地的位置。老人的哥哥名叫尹克明，贺龙广想起陵园西1墓区13排19穴是"杨振祥、张茂林、尹克明"3人的合葬墓，但只有烈士的名字，别的没有任何记载。当贺龙广把老人带到墓前时，老人不禁放声大哭，诉说着这些年家里的变化，久久不肯离去。

为了让更多烈士的亲人能够准确找到墓地，贺龙广不仅绘制了抗日山烈士墓地网络图，还整理出一套系统的烈士墓资料。由于年代久远，烈士们的档案都是人工登记，纸张磨损严重，信息不全，甚至模糊不清。贺龙广多次和烈士生前所在地核实，尽可能为烈士建立完整翔实的电子档案。远道而来的烈士亲人和前来凭吊的社会各界人士都对贺龙广的敬业精神给予高度肯定和赞扬。

25年来，贺龙广守陵巡山磨破了280多双解放鞋，登记整理备案3576名英烈，接待了来自全国各地10多个省份的烈士遗属和后代，撰写了一本本抗日山烈士陵园文物资料，记录了一摞摞接待笔记。为整理烈士生平和战斗史料，他足迹遍布多个省市，骑坏了3辆自行车，磨平了100多个自行车胎。为了把抗日山烈士陵园建设得更好，他多次设计草拟抗日山烈士陵园改扩建方案，并及时向有关部门反映情况争取维护资金，不断完善陵园设施。如今，抗日山烈士陵园已成为全国爱国主义教育基地和苏北鲁南红色旅游胜地。每年清明节前后，苏北、鲁南地区数十万人慕名到抗日山烈士陵园凭吊祭奠。

（《赣榆报》2022年4月8日）

老龄事务

【概况】 2022年，赣榆区户籍老年人口（60岁以上）23.58万人。其中，65岁以上17.99万人；80岁以上3.17万人。60岁以上人口数占全区人口比率19.90%，65岁以上人口数占全区人口比率15.19%，80岁以上人口数占全区人口比率2.68%。

【老龄福利】 参见第238页【老龄福利】条目。

【老龄护理服务】 2022年，赣榆区集中供养的老年人护理服务机构有12家，分别为赣榆区仁和护理院、青口镇社会福利院、海头镇农村五保供养服务中心、柘汪镇农村五保供养服务中心、江苏华苑老龄产业发展有限公司墩尚分公司、城西镇农村五保供养服务中心、塔山镇农村五保供养服务中心、沙河镇五保供养服务中心、班庄镇农村五保供养服务中心、厉庄镇农村五保供养服务中心、黑林镇农村五保供养服务中心、古河套村温馨老年公寓。其中，公建民营企业3家，为赣榆区仁和护理院、江苏华苑老龄产业发展有限公司墩尚分公司、江苏华苑老龄产业发展有限公司墩尚分公司；民办企业1家，为古河套村温馨老年公寓；其余为公办性质。全区老人护理机构占地总面积8.27万平方米，建筑总面积3.77万平方米，总床位数1361张，护理型床位数905张。全区提供老龄护理服务家政公司有800余家，老年人专业护理人员1万余人。

【适老化改造】 2022年，赣榆区创建江苏省老年友善医疗机构14家，3家医疗机构被评为省级老年友善医疗机构优秀单位，新增医养结合护理中心1家。建设医养结合机构5家，创建老年友善医院29家。加强老年友好社区建设，柘汪镇响石村获评全国示范性老年友好型社区，柘汪镇西林子村、王坊村获评江苏省老年友好型社区建设单位。赣榆区住建局加强落实破旧老楼加装电梯工作，按照"先行先试、稳步推进"的要求，逐步让破旧老楼变成"电梯房"，住宅加装电梯完成2部，施工2部，公示2部，6部进行前期工作。

【敬老爱老活动】 2022年，区卫健委开展"敬老月"、计生特殊家庭帮扶等活动，开展多种形式的走访慰问，落实计生特殊家庭综合保险，营造全社会关爱重点特殊群体的浓厚氛围。 （郑文静）

关心下一代工作

【概况】 2022年，区关工委举办基层关工委主任培训班，对石桥、海头、黑林3个镇和区教育系统关工委班子进行调整。推动关爱青少年政策举措落实，区关工委等10家单位被评为全市关心下一代工作优秀集体、朱孔岗等21人被评为全市关心下一代工作优秀个人。区关工委等5家单位被评为全市"学先争优创五好"先进集体、贾顺德等15人被评为全市"学先争优创五好"先进个人；参加全省"党的光辉照我心，童心喜迎二十大"主题征稿竞赛，赣榆区获奖数量位列全省第一，区关工委、区教育系统关工委及金山中心小学等21所学校获"最佳组织奖"、欢墩中心小学等36所学校获"优秀组织奖"。区关工委被《中国火炬》杂志社评为宣传标兵单位，区关工委副主任兼办公室主任陈运芳被评为"优秀通讯员"。区关工委与宋庄镇关工委联合拍摄《追寻红色印记、践行青春使命》校外教育辅导站特色活动专题片，获省特等奖。在全省2022年度《关心下一代周报》、江苏少年网多项活动评选中，张波等7名教师分别被评为"十佳"小记者辅导员和优秀小记者辅导员，石桥中心小学等6所学校小记者站被评为优秀小记者站，张明睿等46

2022年5月12日，区关工委举行“传承红色基因工程”系列活动启动仪式，“五老”和青少年代表在全国支前模范董力生雕像前宣誓　（许　磊　摄）

部门，加强网吧管理。各镇关工委和“五老”义务监督员，坚决守住禁止未成年人违规进入网吧的红线。海头镇关工委坚持抓好“两个重点”，做到“三个不放松”，即抓好节假日、寒暑假重点时段，抓好未成年人重点群体；坚持思想认识不放松，坚持巡查监督不放松，坚持严格要求不放松。5月29日，青口镇关工委组织“五老”网吧义务监督员，对城区网吧、游戏厅进行全面检查。8月5日，区关工委联合区文体广旅局，对全区网吧进行“拉网”检查。9月28日，区关工委召开网吧义务监督工作表彰会议，表彰先进集体1个、先进个人26人。

名学生分别被评为“十佳”小记者、标兵小记者、优秀小记者和资深小记者。

【青少年法治宣传教育】2022年，区关工委组织“五老”法治报告团深入夹山小学开展法治宣传教育，区关工委常务副主任张庆爱作“青少年不良行为的预防与矫治”专题报告。区政法系统关工委、区检察院“红萍工作团队”到石桥小学开展儿童防性侵专题教育，到区实验小学开展未成年人不良行为和自护安全知识教育。区公安局关工委组织警营开放日活动，邀请华杰双语学校30余名小学生，近距离体验警察生活。海头镇关工委联合镇妇联开展《家庭教育促进法》社区宣传活动。厉庄镇关工委联合镇司法所开展法治宣传教育活动5次，受教育师生4000余人次。区政法系统关工委推进法治学校创建，全区152所中小学校全部创建为市级及以上“依法治校示范校”，全区中小学校法治副校长聘任率100%。

【未成年人“零犯罪、零受害”村（社区）创建】2022年，区关工委推进未成年人“零犯罪、零受害”村（社区）创建活动，参与社会治理创新，开展结对帮扶帮教。沙河镇关工委组织“五老”志愿者，参与全镇66名矫正对象帮扶帮教，采取“一帮一”方法，“五老”志愿者与矫正对象每周开展谈心谈话活动。“五老”志愿者参与镇内信访化解工作，“五老”志愿者张连梅、陈世铨、顾介青成功化解信访27例。金山镇关工委挑选9名“五老”志愿者兼任全镇7所完小、1所中学和金山中专法制副校长。11名“五老”志愿者结对帮教9名“五失”青少年，“五老”志愿者韦有林和王其镇分别结对帮教失学青少年韦某某和失教儿童王某某，韦某某考入海头高中，王某某升入金山初中。

【网吧义务监督】2022年，赣榆区各级关工委和100余名“五老”网吧义务监督员，协助文化市场管理职能

【弱势青少年关爱工作】2022年，全区各基层关工委配合民政部门做好留守儿童排查登记，开展结对帮扶帮教活动。海头镇关工委建立“三知、三多、三沟通制度”，即知道留守儿童基本情况、知道留守儿童父母外出务工地点和联系方式、知道留守儿童在家监管人情况，多与留守儿童交心、多入户家访、多开展关爱活动，定期与留守儿童在外父母沟通、定期与留守儿童监管人沟通、定期与村（社区）负责人沟通。金山镇关工委组织12名“五老”志愿者，结对帮扶1—2名留守儿童或家庭经济困难学生。区关工委组织摄影家协会的摄影家们，为厉庄镇谢胡村18名留守

2022年6月19日，区关工委组织蒲公英助学协会在赣榆高级中学为55名特困特优学生捐资助学　（许　磊　摄）

儿童免费拍摄“全家福”。夹山小学关工委组织家访团，进村入户对留守儿童进行家访。

区关工委做好“冰凌花”奖学金资助对象的摸底排查，为24名特优特困学生每人申请500元奖学金；争取省关心下一代基金会支持，为11名家庭困难的中学生，每人申请1200元助学金，为4名家庭困难的小学生，每人申请600元助学金。开展“扬子晚报阳光助学行动”，对高考被大学本科录取、家庭困难的23名新生，每人给予5000元资助。华明眼镜有限公司为欢墩中心小学5名家庭困难的学生捐献3000元助学金和学习用品。赣榆区蒲公英助学协会为赣榆高级中学和赣马高级中学65名家庭困难学生，捐助善款6.5万元。区教育系统关工委牵头爱心单位向相关学校捐款、捐物合计89.5万元，帮助特困学生417人。城头镇关工委联系无锡爱心人士资助5名家庭困难学生，金山镇关工委联系健康粮油、佳宇电子等爱心企业为16名家庭困难学生提供帮助。（陈运芳）

民族宗教事务

【概况】 2022年，赣榆区有少数民族37个，人口1217人，占全区总人口的0.12%。其中，回族299人，满族123人，彝族110人，蒙古族97人，壮族91人，分布在全区15个镇，呈小聚居大分散布局。居住较集中的主要有2个民族村和2个民族组，分别是黑林镇黑林三村、班庄镇欢西村、沙河镇解放村三组和沙河镇下河口村四组。

全区有佛教、道教、伊斯兰教、天主教、基督教等宗教，以佛教、基督教为主。有佛教寺庙1处。

【少数民族帮扶】 2022年，赣榆区加快推进少数民族发展资金项目实施。重点利用好省级少数民族发展资金300万元，做好黑林镇特色产业集聚区标准化厂房项目、班庄镇民族团结林项目及欢墩埠村冬暖蔬菜大棚项目的建设。加大民族聚居村帮扶力度，帮助制定发展规划，改善基础设施，发展特色产业，重点加强少数民族流动人员服务管理，帮助解决就业、教育、医疗等方面的实际困难。

【民族团结进步创建】 2022年，赣榆区推进“红石榴家园”创建工作。黑林镇黑林三村、班庄镇欢墩埠村确定为省级“红石榴家园”创建单位，沙河镇解放村、青口镇谷沙社区被确定为市级“红石榴家园”创建单位。

【宗教活动场所建设及安全管理】 2022年，赣榆区做好全区宗教活动场所的布局安排，在总数不变基础上合理布局，确保全区信教群众宗教生活正常顺利。开展宗教活动场所安全隐患大排查大整治活动，推进“平安宗教活动场所”创建工作。开展宗教场所安全生产月、春季防火教育宣传，全区各宗教场所开展消防安全知识讲座23场次，参加活动人数960人次，开展消防安全演练46场次。

【宗教团体建设】 2022年，赣榆区支持宗教团体加强自身建设，督促宗教团体建立健全经常性的学习制度，分层级举办宗教教职人员培训班、学习会；指导区宗教团体充实和完善各项规章制度，为宗教场所依法依规开展活动提供保障。

【宗教界代表人士专题培训】 2022年，赣榆区举办宗教工作干部培训班2期，60余人次参加培训；宗教教职人员专题培训班1期，参训人员50余人。开展宗教政策法规集中宣讲活动2场次，发放宣传资料800余份。（区委统战部）

精神文明建设

【公民思想道德建设】 2022年，赣榆区贯彻落实《新时代公民道德建设实施纲要》，持续实施公民思想道德建设工程，选树赣榆好人19人组，连云港好人7人，江苏好人6人组，连云港市道德模范及提名奖各1人。开展“强国复兴有我”道德讲堂暨“学习道德模范传递榜样力量”道德模范事迹宣讲报告会72场次。

【未成年人思想道德建设】 2022年，赣榆区以培育“担当民族复兴大任的时代新人”为目标，以“立德树人”为根本任务，拓展未成年人思想道德建设内涵。开展“心向阳光健康成长”未成年人心理健康教育宣传月系列活动32场次，全区各中小学举办入学仪式、入队仪式、成人仪式、成长仪式等86场次，承办“喜迎二十大　筑梦向未来”全市2022级新生入学仪式示范观摩活动。征集“向习爷爷汇报”主题优秀短视频20个，征集“童心里的诗篇”少儿诗会优秀作品3600余件，开展区级新时代好少年评选，评选区级新时代好少年30名，6人获评市“新时代好少年”。全省“党的光辉照我心，童心喜迎二十大”主题征稿竞赛，全区有22所幼儿园、133所小学、32所中学和1个社会培训机构参与，投稿总量4.7万件，位列全省所有县（市、区）第一。区关工委、区教育系统关工委及21所学校获最佳组织奖、36所学校获优秀组织奖。

【文明创建】 2022年，赣榆区将文明城市、文明单位、文明村镇、文明校园和文明家庭“五大创建”作为精神文明建设的重要抓手统筹推进，以文明城市创建为龙头，持续落实网格化管理制度，发挥“网格长+路段长+街巷长+楼道长”四级管理机制优势，形成督查、交办、整改管理“闭环”。引入第三方管理，强化无物管小区及单体楼长效保洁，集中开展文明交通、飞线整治等综合整治行动，推进老旧小区、城市道路等提升改造工程，群众满意度和幸福感持续提升。文明城市创建实现争先进位，乡风文明、社会文明程度均居全市县区首位、全省前列。开展文明村镇、单位、校园创建评选工作，评选区级文明家庭100户。全区70家文明单位与新时代文明实践站结成对子，开展各类文明共建活动237场次，中国文明网“全国文明村镇创建巡礼”栏目聚焦展播全国文明镇柘汪镇。

【新时代文明实践活动】2022年，赣榆区以深化拓展新时代文明实践中心建设为主要任务，不断完善工作机制、丰富群众文化生活、培育和践行社会主义核心价值观，切实建强新时代文明实践网络。强化中心、所、站三级统筹能力，推广使用文明实践智慧指挥云平台，形成“中心吹哨、三级响应”的文明实践网络。建立区镇村新时代文明实践活动月发布制度，实行“周展示、月发布、季评比”，发布理论宣讲、文化文艺、科技科普等活动1256场次。区级中心统筹各所站常态化开展“千树万树‘理’花开”理论惠民大型主题宣讲、“乡音乡韵乡情”文艺演出等主题活动213场次。打造城管“360”便民服务、电信城市书房等“文明实践+”便民服务圈。开设“文明实践我示范”专栏，柘汪镇、海头镇、墩尚镇岭灶村等26个新时代文明实践所站典型案例在“学习强国”学习平台、“文明江苏”微信公众号等平台广泛刊发。

2022年12月5日，柘汪镇党员干部通过网络电视观看“致敬奋斗者——新时代江苏重大典型主题影像展”专题片　（司　伟　摄）

【志愿服务】2022年，赣榆区发挥赣榆义工、海英草、蒲公英等志愿服务组织的引领作用，持续实施“榆你寻梦”“非遗助学·巧手圆梦”“365手杖”“心心点灯”等精准化、多元化、系统化志愿服务项目，打造“柘里友爱”等一批学雷锋志愿服务站点。立足不同群体的特定需求，培育壮大“小榆点”志愿服务队、红色少年志愿宣讲团等新生志愿服务力量，孵化“理”花树理论宣讲、榆您阅读·领读经典、彩虹桥心智障碍儿童互助照料、红色少年志愿宣讲等一批新生志愿服务项目，广泛开展理论宣讲、全民阅读、关爱心智障碍儿童、红色故事宣讲等专业化志愿服务396场次，持续打造志愿服务新名片。举办新时代文明实践志愿服务项目大赛，评选优秀志愿服务项目28个，柘汪镇“柘里友爱益童成长”、墩尚镇“知心姐姐”关爱帮扶志愿服务项目获评2022年度江苏省学雷锋优秀志愿服务项目，青口镇后陈社区获评2022年度江苏省学雷锋优秀志愿服务社区。围绕“我们的节日”，组织百花文艺、青年追梦、榆树花开等志愿服务团队开展健康义诊、送春联送图书、拍摄全家福等活动。新冠疫情防控期间，1.2万余名机关党员志愿者、10余个志愿组织奔赴抗击新冠疫情一线。　（区文明办）

综述

【公共安全制度建设】 2022年，赣榆区坚持“疫情要防住、生产要稳住、发展要安全”的总要求，调整区安全生产各专业委员会组成及人员，印发《2022年全区安全生产工作要点》《赣榆区气象灾害应急预案》《关于明确“食品三小”(小作坊、小餐饮、小摊点)安全监管责任的实施意见》等一系列公共安全相关文件，完善公共安全制度。

【公共安全重点整治】 2022年，赣榆区围绕43项年度重点任务，共检查企业6532家次，排查整治隐患1.09万条，其中，整治重大隐患22条。全区开展危化品、自建房、燃气等16个行业领域安全生产百日攻坚行动，采取督促企业自查、派出检查组检查、交叉互查组检查等多种形式，发现问题隐患5226条，全部落实整改措施。

【公共安全宣传教育】 2022年，赣榆区加大公共安全的宣传力度，各相关职能部门先后举办安全生产普法知识竞赛、全国交通安全日宣传、消防宣传月、安全生产宣传咨询日、食品安全宣传周等宣传活动。区消防大队持续开展“敲门行动”“入户检查”等工作，借助电视、报刊、广播、微信等媒体向群众发送专项治理和消防常识温馨提示宣传短信110万条，张贴消防宣传海报、消防手册等5000余份，订购中小学消防安全读本4000余份，全面推广普及“消防蓝码”和“全民消防安全学习平台”扫码注册工作。创作报送的“我眼中的火焰蓝”故事讲述活动作品在市消防总队评比中获一等奖。（年　编）

应急管理

【预案管理】 2022年，区应急管理局统筹推动区19个有关部门开展专项应急预案修订工作，统筹15镇、2个园区全面开展基层应急预案修订工作，进一步完善区应急预案体系。赣榆区危险化学品生产安全事故应急预案参加全省应急预案评选，被评为江苏省县(区)专项应急预案优秀奖第一名。区内企业开展应急预案编制、修订和备案工作，做好企业预案与政府部门行业预案衔接工作。区内20余家危化品、烟花爆竹、金属冶炼、非煤矿山等高危行业企业应急预案完成备案登记。构建全区横向到边、纵向到底、上下衔接、务实管用的基层应急预案体系。

【应急演练】 2022年，区应急管理局开展“预案检验年”活动，按照

2022年11月15日，区应急管理局在赣榆嘉汇城广场开展赣榆区高层建筑火灾应急救援演练　（单小慧　摄）

“突出镇（园区）属地组织、突出部门行业指导、突出重点企业示范”等组织方式，选定30家重点演练单位开展示范演练，制定观摩重点行业、企业实战演练、桌面推演清单，组织相关行业、企业代表到建筑工地触电事故演练现场、紫源燃气公司燃气管道破坏事故演练现场、动物疫情事故演练现场等进行观摩。开展赣榆区危化品道路交通事故（液氯泄漏）应急救援桌面演练。召开赣榆区生产安全事故桌面推演示范学习专题培训会议，规范提升区企业桌面推演内容和形式。开展赣榆区高层建筑火灾事故应急救援演练，在全市首次实现上级领导远程视频点评演练效果。

【救援协调】 2022年，区政府应急管理委员会（应急委）、区应急管理局成立，印发《关于加强全区应急救援队伍建设的意见》。全区各镇（园区）、相关单位建立健全队伍体系机制建设，成立46支应急救援队伍，规范、提升应急救援队伍建设。印发《关于加强和完善全区应急救援联动体系的实施方案》，立足“全灾种、大应急”要求，统筹全区各类应急资源，完善应急救援联动机制，构建“指挥统一、联动有序、反应迅速、处置科学”的应急救援联动体系大格局。（徐大东）

防灾减灾

【防汛防旱】 2022年，赣榆区投资180余万元，购置编织袋、土工布、防汛块石、移动式防汛泵站、移动电源和发电机组等物资和设备；投资230余万元，完成青口河右堤沙墩段、一级截洪沟陈洪爽段水毁堤防、石埝漫水闸左侧水毁护坡应急处理和新城区强排站维修加固；投资785万元，实施红领巾和万桥2号水库防渗处理工程。清除河道阻水障碍和违建36处，疏浚河道、沟渠120千米。1—6月，全区总降水量73.7毫米，仅为常年同期的3成左右，为1953年有气象记录以来历史同期最少，全区4万公顷在田作物普遍受旱。全区投资1160余万元，投入4300余人和720余台（套）抗旱设备进行抗旱，共放、调、引水约1亿立方米，保障“三夏”用水和全区居民生活用水需求。进入主汛期，受多次降水和上游客水叠加影响，78座小水库有多座小水库超汛限水位溢洪，小塔山水库、八条路水库排泄洪水1.13亿立方米。新沭河从6月28日开始连续行洪36天，最大泄量2540立方米/秒；青口河、龙王河、绣针河多次行洪，沿海各闸全年排涝10余亿立方米。为有效应对第12号台风“梅花”，9月13日18时30分区防指启动防台风四级应急响应，14日14时30分提升至三级，并发布预警信息，快速落实响应措施，区防指成员单位按照职责分工，建立健全联动机制，防台风工作取得胜利。（樊继岭）

【防震减灾】 2022年，区应急管理局加强灾情管理和预警发布工作，完善灾情报送网络，落实区镇村三级AB角制度，全区灾害信息员979人。严格按照要求开展灾情报送工作，全区13个镇3.44万人不同程度受灾，受伤8人，紧急转移安置受灾群众324人、紧急避险转移群众101人；全区直接经济损失1.31亿元，其中，房屋及家庭财产损失1947.97万元、农林牧渔业损失7385.18万元、工矿商贸业损失1456.3万元、基础设施损失1336.1万元、公共服务损失704.6万元、其他损失220.24万元；区应急局、区财政局发放2022—2023年冬春救助资金91万元，救助2121户4942人。（纪娟娟）

【森林防火】 2022年，赣榆区强化责任落实，与各有林镇、相关业务部门签订森林防灭火责任状，建立考核和奖惩制度。区森防办制定森林防灭火专项整治工作方案，开展“三清”工作，对道路两侧、林缘周边、交叉区域、园区、墓区等重点区域的可燃物全面清理。区森防指成立联合督查组，开展森林防灭火工作专项督查，重点对防火宣传教育、野外火源管控、日常巡护等情况进行督查，通报问题并限期整改闭环。有林镇、相关部门分管领导和业务骨干参加全国森林防灭火业务大讲堂和全省森林防灭火业务培训。消防大队、吴山林场给各有林镇培训森林防灭火业务。各有林镇观摩吴山林场防灭火演练和器材使用，提高各单位森林防灭火业务水平。各有林镇、相关部门制定森林防灭火应急预案，在清明、冬至前开展森林防灭火应急演练。（王　亮）

【地质灾害防治】 2022年，赣榆区印发《赣榆区2022年度地质灾害防治方案》，提高地质灾害防治能力，防范地质灾害风险。全区有7处隐患点。通过搬迁避让，消除班庄镇于沟村夹谷山南地质灾害隐患点1处。加强地质灾害知识宣传，进基层宣讲4次，向地质灾害隐患点周边居民发放“避险卡”“明白卡”，统一印制宣传手册1600册，宣传手袋800个。开展地质灾害防治知识培训，举办赣榆区地质灾害应急演练，强化汛期地质灾害应急值守，每日安排专人24小时值班值守。

【森林病虫害防治】 2022年，赣榆区防控美国白蛾等林业有害生物，监测调查面积4.62万公顷，轻度以上发生1.05万公顷、其他低虫口分布1.77万公顷，杨舟蛾发生2530公顷。防控面积4.57万公顷，其中，飞机施药防治美国白蛾作业共飞行255架次，防治作业面积3.33万公顷，灯光诱杀成虫、地面喷药、释放天敌等措施防治1.23万公顷，人工剪网幕9.3万个。通过监测覆盖率100%；美国白蛾和杨舟蛾等重大林业有害生物防治率100%，无公害防治率达到90%以上，城区、主要景区、交通要道两侧及重大活动场所周边等林木叶片保存率95%以上，村庄及周边等其他地区叶片保存率85%以上，产地检疫率、调运检疫率和调入复检率100%。全区林业有害生物成灾率低于1.8%。

赣榆区防治松材线虫病，对抗日山、夹谷山等重点景区的松林进行注干施药甲维盐5.81万瓶，保护松树5.74万株。所有实施打孔注药的松树均进行拍照、定位、编号、挂牌登记。在松褐天牛羽化初期，采用无人机喷洒3%噻虫啉微囊悬浮剂防治松褐天牛200公顷，悬挂诱捕器100个。通过综合防治，松材线虫病发生面积和松树感病力大为减少，有效降低松褐天牛的种群数量。（邱　涛）

【防灾避难场所建设】2022年，赣榆区建设1处固定防灾避难场所，场所定位为综合型中期固定防灾避难场所，场所占地面积21.36万平方米，避难建筑0.97万平方米，有效避难面积7.15万平方米，容纳避难人口0.8万人。（夏国瑞）

卫生应急

【新冠疫情防控应急】2022年，赣榆区加强应对新冠疫情防控应急队伍建设。卫生、公安、工信等部门成立工作专班，优化整合流调小组，完善组建区、镇两级流调溯源小队，形成“区镇一体、部门联动”局面。成立完善区新冠医疗救治专家组成员，储备24名医疗救治专家，提高新冠应急救治能力。依托区疾控中心，组建环境消杀队伍，储备消毒人员145人，指导落实全区新冠疫情处置消杀工作。开展区级新冠疫情应急处置演练2次，参加人员130人次；各医疗机构开展应急演练32次，参加演练人次650次。

【自救互救应急宣传】2022年，赣榆区实施全民自救互救素养提升工程，加强医务人员自救互救培训，开展卫生应急“六进”（进学校、进社区、进企业、进机关、进家庭）活动125次。发挥门诊、候诊大厅的宣传窗口作用，设置健康教育宣传专栏。开展卫生应急知识宣传活动。制作宣传横幅35条，发放宣传资料3000余份，张贴宣传画30余张，接受群众咨询400人次，推进地震、暴雪、洪水等自然灾害灾后急救和常见病多发病防治、自救互救知识深入人心。

【应急中心建设】2022年，赣榆区建设急救中心1个、院前急救点6个，出车1.07万次，救治8202人次，急救病人现场处置率95.7%，危重病人现场处置率100%。（张　程）

公共卫生安全

【概况】2022年，赣榆区推进基层医疗卫生机构建设，推进医共体建设，推进资源下沉，激活镇级卫生发展动能，做优公共卫生服务，做好疾病防控，规范基本公共卫生服务项目和承担该项目的机构，推动公共卫生服务提质增效，扩展公共卫生服务覆盖面，强化重点人群健康服务保障，提升基层医疗服务能力、人民健康水平和群众看病就医满意度。

【传染病防治监督】2022年，赣榆区加强传染病防控和医疗废物日常监督检查，共检查各类医疗卫生机构100余家，下达卫生监督意见100余份。对未将医疗废物按照类别分置于专用包装物或者容器内和将医疗废物混入其他废物和生活垃圾的违法行为进行立案查处，共查处3家。传染病防治监督检查覆盖率100%，按时完成13家的国家、省“双随机”监督抽查任务，完结率100%。

【生活饮用水卫生监督】2022年，赣榆区对3家集中式供水单位、3家二次供水单位（含2家二次供水托管单位）和7家现制现售水经营单位开展监督检查，完成国家“双随机”监督抽检任务。全年出动卫生监督员30人次，下达卫生监督意见书16份。

【公共场所卫生监督】2022年，赣榆区围绕美容美发、公共浴室、文化娱乐场所等各类公共场所，出动执法人员900余人次，检查场所经营单位2000余户次，下达指导性监督意见书1000余份，确保公共场所通风、消毒、人员健康管理和个人防护等传染病防控关键措施落实到位。开展游泳场所“放心游”专项整治工作，对全区12家游泳场所的布局流程、人员健康管理、水质循环净化消毒、水质检测和公示、消毒剂卫生安全进行全面监督检查。

【学校卫生监督】2022年，赣榆区根据国家、省“双随机、一公开”监督抽检方案要求，开展学校卫生和传染病监督抽查和抽检工作，完成率100%。结合春秋开学季开展传染病和新冠疫情防控等工作。开展高考、中考生活环境，新冠疫情防控和饮用水专项监督检查。全年共下达卫生监督意见书340余份。

【赣榆区突发公共卫生事件应急医院封顶】6月，计划总投资1.5亿元，占地面积5000平方米，建筑面积约1.8万平方米，地下一层、地上局部七层，内设发热门诊、急诊、检验、超声、CT、核磁、手术室、综合ICU及病房等，开放床位126张的赣榆区突发公共卫生事件应急医院封顶，开始转入室内二次结构及内外装饰装修施工。该项目是完善“平战结合”的新冠疫情应对机制的重要举措，促进提升全区公共卫生安全。（张　程）

农产品质量安全

【农产品质量安全监管】2022年，赣榆区农产品生产经营主体纳入江苏省农产品质量追溯平台5142家，全年督查巡查1.1万家次，开展农残速测11.87万批次，乡镇抽检合格率99.99%，农产品生产5848批次，打印标签430余万张。

【农产品质量安全专项整治】2022年，赣榆区通过开展农产品质量安全“控药残治违禁促提升”三年行动，重点整治蔬菜、畜禽、禽蛋、水产品中使用禁用、停用药物及农药兽药隐性添加、生猪私屠滥宰、注水注药等突出问题。执法单位进行明察暗访，排查风险隐患。全年出动执法人员1600余人次，查处农产品质量安全案件14起。（王光起）

【畜产品质量安全监管】 2022年，赣榆区开展畜产品质量安全专项整治行动，检查兽药经营、饲料生产企业212家次，"瘦肉精"抽检养殖场673家次、抽样2937个次，查处违法案件16起。畜禽屠宰企业执法（安全）检查12家次，常态化开展畜禽屠宰管理巡查，出动执法人员228人次，处理"12345"举报11条，立案处罚私屠滥宰案件10起，没收生猪产品1210.95千克。

【畜间人畜共患病防控】 2022年，赣榆区完成市级以上重大动物疫病采样送样任务762份，其中，国家送样150份、省级送样462份、市级送样160份，区兽医实验室完成样品采样检测9538份。犬类狂犬病免疫犬3.62万只，采集检测犬血样品225份。牛、羊"布病"普查养殖场（户）1573次；普查牛3974头、羊1.67万只，采集送检牛、羊血清样品7027份。 （苏常明）

【农资安全】 2022年，赣榆区出动执法车辆200余台次，出动执法人员600余人次，检查农资经营场所210家（次），依法查处农资违法案件39起，处罚金额48.13万元。受理"12345"农民投诉案件20起，调解成功率100%。现场整改安全隐患16起。开展农业政策法律、法规宣传培训，引导广大经营者学法、守法、依法经营，经营户签署《诚信经营承诺书》300余份。发放张贴《国家禁用和限用的农药名单》《严禁经营推广未经审定的杂交稻种子的公告》《严控直播稻发展的公告》等1200余份，举办农资经营暨农药安全使用培训班3期，培训280人，通过"12316"平台向农户推送《购买农资注意事项》手机短信9000余条，接受市人大《中华人民共和国种子法》《江苏省种子条例》专项检查1次。 （张 杰）

食品药品安全

【概况】 2022年，赣榆区制定食品安全考核办法，落实"党政同责"，健全责任体系，细化党政领导干部食品安全责任清单和监管部门事权清单。区委、区政府主要领导全年10余次听取食品安全工作汇报、解决食品安全突出问题4个，区分管领导开展实地专题调研6次、解决食品安全突出问题5个。全年发布消费预警信息和消费提示消费预警20余次。建立食品安全宣传联络员制度和舆情监测处置机制，强化舆论监测监控，食品安全事件应急处置率100%。全区未发生级别以上食品安全事故，食品安全形势总体稳定向好。

【食品安全监管】 2022年，区市场监管局聚焦食品生产、流通、餐饮、特殊食品、投诉举报、案件查办等环节，开展食品安全"守底线、查隐患、保安全"专项行动，检查覆盖率、问题发现率、问题处置率均达到规定要求。处置食品安全类投诉举报2854条。立案查处食品类案件290件，结案141件。试行智慧分类监管，建立食品经营主体电子监管档案，实现动态监管。5家小作坊获评省"名特优"食品小作坊，4家小作坊获评省食品安全示范小作坊。对486家生产企业进行风险等级划分。开展海苔生产企业专项整治，约谈5家，对1家拒不整改企业进行立案查处。联合区教育局开展校园食品安全守护行动，全覆盖监督检查学校食堂185户次、学校周边店铺68户，限期整改16家。推进食堂"明厨亮灶、智慧监管"工程，全区155家学幼食堂全部完成"明厨亮灶"工程改造，实现可视化监管。开展婴幼儿配方乳粉等特殊食品主体专项检查1205家次。通过省级食品安全示范城市跟踪评价。推进小作坊集中区建设，赣马镇半路村熟食集中加工区二期建设、宋庄镇新康邑煎饼产业园二期建设加快推进。推进"阳光食堂"直采平台和中央厨房建设，选取4家学校开展平台直采配送试点。全年完成食品安全监督抽检4517批次，完成率100%，不合格187批次，不合格率4.16%。

【市场与物流防控监管】 2022年，区市场监管局根据新冠疫情防控要求，做好市场与物流防控组工作，坚持精准防控、人物同防。农贸市场、餐饮场所、零售药店从业人员应检尽检。强化农贸市场督查，下达督查通报1份、监督意见书41份。落实四类药品销售管理要求，加强药械质量监管及保供稳价，在全区463家零售药店设立驻店联络员，投放市场退热药品布洛芬片22万片、对乙酰氨基酚片10万片、医用防护口罩（N95）8万个，抗原检测试剂7.5万人份，电子（玻璃）体温计1.1万支。

【冷链食品监管】 2022年，区市场监管局严格落实进口冷链食品安全监管，率先在全市实行进口冷链食品"双报备"制度。进口冷链食品经营者到所在地的新冠疫情防控办公室进行报备，明确进口冷链食品的类别、进口地、入境路线、入境时间等相关信息，由新冠疫情防控办公室根据报备信息派专人接驳。经营者提前24小时到所在地的市场监管部门报备，明确进口冷链食品的名称、货物来源地、到货时间等相关信息，市场监管分局根据到货时间，派执法人员到现场查验"三证"及监管仓出仓证明，督促经营主体对进口的冷链食品录入"江苏冷链"系统。多次组织各镇、相关部门、江苏海福特以及苏果超市、家得福超市等单位，开展进口冷链新冠疫情防控专题培训5期。全年立案查处2批进口冷链食品未进监管仓违法行为，有效防范和阻断进口冷链食品新冠疫情传播风险。

【药品医疗器械监管】 2022年，区市场监管局强化药品安全风险防控，开展医疗器械批发企业和使用单位专项检查，加强医疗器械质量风险监管。聚焦儿童化妆品、特殊用途化妆品监管，推广化妆品监管App，动员社会各方广泛参与化妆品质量安全监管。全年出动执法人员1258人次，检查药品零售企业195家、医疗器械经营企业67家、医疗机构300家、化妆品经营企业67家，责令整改

61条次，吊销药品经营许可证1家。完成药品抽样140批次、化妆品10批次。上报药品不良反应报告1473例、化妆品不良反应报告151例、医疗器械不良事件报告508例。

（李厥岩）

安全生产

【概况】 2022年，赣榆区开展“百团进百万企业千万员工”宣讲，宣讲91场，覆盖企业832家，员工5418人；先后举行安全生产文艺演出、“6.16安全咨询日”等活动，发放宣传材料3万余份，宣传品4000余份。全区安全生产专项资金增至1.1亿元，用于补齐海洋渔业、道路交通、森林防火等重点行业领域的历史欠账。全区发生事故18起，死亡7人，比2021年分别下降37.9%和53.3%，继续保持“双下降”。

【安全生产责任落实】 2022年，区委理论学习中心组2次专题学习安全生产内容，区委全会报告、区政府工作报告专篇部署安全生产工作。全年9次区委常委会、7次区政府常务会、4次党政联席会议、146次其他各类会议专题研究部署安全生产工作，制定区委常委会成员、区政府领导班子成员年度安全生产任务清单。坚持党政领导述职，专委会、镇（园区）、部门述职履职制度。新增危化品专委会，安全生产体系更加完善。全区采取工作履职和现场抽查相结合的方式开展区级考核，压实安全责任，国务院考核交办问题隐患2条、省安委办挂牌督办1条、省第七督导组交办34条、市级督导交办72条、区级第一轮巡查反馈2928条、中共二十大期间专项督导反馈363条、第二轮巡查反馈540条，全部完成整改。

【安全生产专项整治】 2022年，赣榆出台《关于深化提升安全生产专项整治三年行动的实施方案》，围绕全区43重点工作任务不断补短板、强弱项，聚焦16个领域118条整治事项开展百日攻坚行动，赣榆区安全券管理办法入选《省“三年大灶”制度成果汇编》，化解一批重大安全风险隐患，完成安全保障任务。全区排查隐患1.24万条，全部完成整改，责令停产整顿24家，约谈警示97家，联合惩戒18家。组织开展安全生产大检查，全面落实国务院安委会15条硬措施，共派出督查组1412个，检查企业7167家，排查隐患1.59万项，下达整改令582个，全部整改完成，其中，发现并完成整改重大隐患23条。强化重点行业领域问题隐患攻坚，共督促企业自查整改隐患1239个，专项检查整改隐患3987条。完善出渔船组织化管理、校园安全管理、“小散远”场所安全治理、公路超载治理、交通安全管理5项治理机制，执法告知、巡查督导、森林防火3项工作机制，被市《战报》采纳推广。组织开展各项安全生产战斗，形成战地头条13条、战报快讯48条，数量在全市各县区板块处于前列，推动全区“三百工程”（百场战斗、百项机制、百个建模）取得实效。

【安全生产监管执法】 2022年，区应急管理局完善执法体系，实施“精准执法+优质服务”，制定重点检查事项清单94条，落实执法预告（提前15日告知企业执法事项）和轻微违法行为不予行政处罚事项清单，共检查企业213家，排查整改事故隐患989条。开展安全生产帮扶，联合住建、市场、生态环境、消防等部门对镔钢、新海石化（润海油品）、金茂源等重点企业开展的安全“体检”，共排查整改隐患678条；区安监局领导班子根据挂钩联系镇情况选取150家基础较为薄弱企业开展帮扶，提升企业本质安全水平。发放“安全券”433万元，321家企业创建小微标准化。落实工业企业风险报告制度，1882家企业报告较大以上风险2276条。

（詹兆军　单小慧）

2022年6月16日，区应急管理局在嘉汇城广场开展“6·16安全生产咨询日”活动

（单小慧　摄）

消防安全

【概况】 2022年，赣榆区消防救援队伍共接处警1278起，其中，火警923起，抢险救援和社会救助等出警355起，全年共出动消防救援力量2351辆车次、1.28万人次，抢救疏散被困人员402人，抢救财产价值1.66亿元。开展消防安全演练210次，先后成功处置“6·17”赣马镇源泰橡胶厂火灾、“7·1”柘汪镇新海湾码头海滩水域救援、“7·12”城西镇有道新材料科技有限公司仓库火灾、“7·13”班庄镇仟佰弘纺织有限公司厂房火灾等急难险重任务。

2022年10月22日，区应急管理局在金茂源有限公司开展安全生产检查
（司 伟 摄）

【消防设施建设】2022年，区消防大队推广安装简易消防设施，安装独立式火灾探测报警装置1250个、简易喷淋100套、电动车集中充电桩90个、电气火灾监控系统90套，消防栓60个，社会面消防安全环境得到不断改善。

【消防监督执法】2022年，区消防大队检查单位820家，督促整改隐患654处，下发临时查封决定书15份，下发处罚决定书122份；约谈相关单位200家次，召开培训会27次，赴各镇（园区）派出所开展消防安全指导86次，筑牢消防安全屏障。年内未发生重特大火灾事故，社会面消防安全形势持续向好。（刘汉雷）

特种设备安全

【概况】2022年，区市场监管局强化安全生产组织领导，根据区政府、区安委会要求及监管人员变动和工作需要，调整专委会组成人员，明确各相关单位分管领导负责分管业务范围内的安全生产监管工作，做好全区特设安全生产工作的组织协调、指导督促和检查落实，制定出台《2022年安全生产重点工作清单》《贯彻落实关于深化提升安全生产专项整治三年行动的意见实施方案》，明确各类风险点、责任人和监控人，强化防控措施及监督检查。

【特种设备监管执法】2022年，区市场监管局开展特种设备岁末年初安全生产大排查大整治百日专项行动、瓶装气体"安全瓶"全链条专项行动、锅炉专项检查和起重机专项排查等活动，完成227家特种设备使用单位日常检查，发出特种设备安全监察指令书39份，督促整改安全隐患122条。对898台超期未检特种设备逐台逐套检查销号，办理停用手续366台，现场检查核实公告拆除52台。对26个小区705台电梯维保质量进行全面检查，要求全部纳入96333应急处置服务平台管理。全区10家液化气站、2家管道燃气经营单位35万只气瓶均加装二维码，全面实现充、装信息一码追溯。对江苏新海石化、润海油品、镔鑫钢铁、金茂源4家重点生产企业的1898台（套）特种设备进行重点检查，发现问题隐患308项并全部整改到位。（李厥岩）

网络及信息安全

【网络社会组织建设】2022年，赣榆区有网络社会组织3个，与2021年持平。区委网信办鼓励赣榆义工、海英草之家等网络社会组织借助互联网，拓展服务空间。网络社会组织依托网络文明素养实践教育基地——新时代文明实践中心为主阵地，结合特殊节日、休息日，组织成员开展助学、抗击新冠疫情、关爱特殊群体等志愿活动，联合全区各互联网平台和媒体单位进行网上宣传。赣榆义工获评江苏省互联网行业党建示范工作室。（庞 群）

【网络信息安全治理】2022年，赣榆区落实网络安全"三同步"（同步规划、同步建设、同步使用）原则，加强对信息化项目审核，确保信息化项目网络安全保障到位。建立一体化网络安全监测预警体系，建立并完善网络安全应急预案，并对重要信息系统进行常态化漏洞扫描。对城管、通信运营商、重点企业进行网络安全检查，整改问题21个。对医院、学校等重点数据部门进行常态化检查。开展网络安全专题培训，对重点企业开展网络安全业务培训指导。区委网信办制定《赣榆区党的二十大网络安全保障工作方案》等文件，从严从快落细落实资产梳理、风险排查、问题整改、域名清理、应急值班等各项工作，问题处置率100%。依托第三方机构、市态势感知平台、人工巡查，建立网络安全监测体系。开展工作检查，出具报告25份，提出完善意见64条，进行"回头看"确保整改到位。联合公安依法约谈相关责任人5次，关停存在安全风险网站6家。联合探索建立《区级政务信息化项目联审机制》，对于网络安全保障不到位的新项目一律不予审批。区委机要保密局、区政府保密工作局组织开展互联网应用安全保密自查和保密工作专项检查，加强互联网保密技术监管，排查消除泄密风险隐患。以微信使用保密管理为重点，指导督促机关、单位进行覆盖全员的保密教育，做好信息公开发布保密审查工作。

【网络"护苗""护老"系列活动】2022年，赣榆区开展网络"护苗""护老"系列活动30余场；全市首个乡村

“网络护苗工作站”在柘汪镇响石村正式挂牌，网络护苗工作获中央网信办官微以及中央省级媒体报道，省委网信办《网信动态》刊登。

【全区网络安全工作推进会】 6月8日，全区网络安全工作推进会召开。会议传达学习省、市网络安全推进会精神，传达区委书记吕洁对网络安全工作批示要求，总结2021年以来网络安全形势，部署下一阶段网络安全工作。柘汪镇、区公安局、电信公司等单位进行经验交流。

【网络安全宣传“主题巴士”启程】 9月5—11日，赣榆区委网信办开展以“网络安全为人民网络安全靠人民”为主题的网络安全宣传周活动，创新打造网络安全宣传“主题巴士”。“主题巴士”车身印有“清朗网络空间共建网络文明”等宣传标语，车厢内挡板、扶手牌上印有“携手护网行，共治E空间”等宣传标语，车顶电子屏滚动“网络安全为人民网络安全靠人民”等主题字幕。“主题巴士”宣传专线全程60千米，穿越主城区和沿海乡镇途经18个公交站点，日客流量3000余人次。活动发放网络安全文创产品600余份，网络安全宣传册1000余份。 （刘 敏）

2022年12月13日，区委网信办、区行政审批局联合开展网络安全应急演练暨业务专题培训会 （区委网信办 供图）

交通安全

【交通安全管理】 2022年，赣榆区压实乡镇、职能部门和企业主体责任，推动建立由镇长任交安委主任的各镇交安委，并建立交通死亡事故党政领导到场、责任捆绑、会商调度、考核问责等制度。区公安局以事故预防“减量控大”为抓手，研究制订五年交通安全管理规划和年度实施计划。交通安全隐患排查整治排查出道路交通安全隐患170处，整改96处，整改率56.4%。对违法违规高、事故多等隐患突出的高风险企业进行联合约谈、挂牌整治、跟踪督办，推动重点运输企业落实安全主体责任。共检查重点运输企业180余次，发放《车辆及驾驶人交通安全告知单》114份、《重点车辆交通安全隐患整改通知书》52份，约谈重点运输企业26家，清理逾期未检验、逾期未报废车辆717辆，清理“毒驾”“病驾”等危险驾驶人36人。深化集成指挥、智能感知实战应用平台等系统应用，精准查缉客货车辆疲劳驾驶、闯禁区、假套牌等违法，消除各类事故隐患。开展违法载人、货车超载、“一盔一带”等20余个专项行动，开展国省道整治行动、周末夜查行动、逢五、逢十整治行动等统一执法检查行动280余次，查处各类交通违法行为45.9万起，其中，酒驾醉驾1520起，涉牌涉证1851起，面包车超员1027起，货车超载7343起，违法载人108起；办理危险驾驶案件332起、交通肇事案件95起、移诉362人；处理降驾、吊驾319人。

【国省干线安全隐患整治】 2022年，区交通局投资1000万元，完成402省道赣榆西段道路安全隐患整治工程；投资660万元，完成204国道违章抓拍发布系统与行人过街预警系统安装项目；投资320万元，完成402省道赣榆西段“科技兴安”示范路创建工作。国省干线公路附属设施维护及绿化养护工程完成投资1600万元。

【道路运输管理】 2022年，区委办、区政府办联合印发的《关于进一步深化安全生产三年专项整治工作的实施意见》。区交通运输局完成全区交通运输系统安全生产专项整治2022年深化提升年各项工作任务，开展安全生产专项整治三年行动，强化安全隐患排查治理和整改工作。全年召开安全会议22次，下发安全方面文件38份。制定重要时间节点和节假日安全专项督查方案，到全区“两客一危”等重点企业，查改安全隐患问题103个。全区12家“两客一危”（公路客运、旅游客运、危化品运输车）运输企业全部完成企业安全生产标准化建设和双重预防机制建设。1家危货运输企业设置安全总监。区交通局开展客运、维修、驾培等运输市场专项整治活动，查处各类违章经营行为1214件，罚款320余万元。吊销道路运输证3起，企业停业整顿15起，暂扣道路运输许可证24件，暂扣从业资格证19件，对普货运输企业做出停业整顿的行政处罚15起。

【超限超载治理】 2022年，区交通局严格落实路警联合治超工作机制，以G204柘汪、S242黑林两个收费站及G228青口河特大桥、G233欢墩检

2022年3月2日，苏鲁两省联合整治公路运输"百吨王"活动

（张平安　摄）

查站为管控重点，开展24小时不间断查处。开展苏鲁联合治超行动，分别联合山东省日照市岚山区、莒南县、临沂市临沭县开展5次联合治超执法行动，取得显著成效。全年共查处违法超限运输车辆4326辆，其中，路警联合查处3322辆，卸驳载货物3.18万吨，路政非现场处罚车辆1335辆，完成赣榆超限检测站提质升级改造。开展新建柘汪超限检测站前期工作。加强货运源头单位超限超载治理，严格落实"一超四罚"和高频超限超载运输企业约谈警示制度，现场（电话）约谈普货运输企业负责人14家，联合交警、当地政府约谈普货企业3家。对2辆"百吨王"车辆运输业户行政处罚1万元，对5起"百吨王"核查单涉及赣榆区货物装载源头进行核查，区治超办下发5份治理超限超载交办单给相关镇和交警部门，警示约谈普货运输企业负责人和个体运输业户120人次，对企业做出"一超四罚"停业整顿处罚15起，吊销道路运输证3起。

（刘裕贤）

建筑安全

【工程安全管理】 2022年，赣榆区通过新受监项目113项，新增面积194.24万平方米，新增造价46.8亿元，系统统计在监项目数165项。在监建筑面积520.29万平方米，进行安标考评112项。开展春季复工大检查、秋季大检查、高处作业、起重机械、深基坑、脚手架、高支模、冬季施工等专项检查8次，签发限期整改通知书393份，停工通知书39份，查处并整改安全隐患3172条，移交行政处罚12起。

【工程质量管理】 2月，赣榆区住建局印发并实施《连云港市赣榆区住宅工程质量信息公示试点工作实施方案》，健全住宅工程质量社会监督体系，要求城区住宅工程全部落实到位。全年赣榆区完成住宅工程质量信息公示项目35项，占比55%；住宅工程竣工前业主开放日活动完成3项。后续新建工程全数按公示要求落实到位。下发工程质量监督抽查整改通知书43次，下发停工通知书4次，约谈10次。

【城镇既有建筑安全排查整治】 2022年，赣榆区根据《市政府办公室关于印发连云港市既有建筑安全隐患排查整治专项行动实施方案的通知》《市政府办公室关于印发连云港市自建房安全专项整治暨百日行动工作方案的通知》文件部署要求，依据2021年排查结果，完成非集体土地既有建筑排查录入2.26万栋，计2400万平方米。其中，居住建筑1.67万栋、1261万平方米，文、教、卫、体等公共建筑1967栋、317万平方米，工业建筑1490栋、498万平方米，其他建筑2240栋、353万平方米。全区15个镇（园区）形成并提交隐患建筑清单，初判隐患建筑311栋，拆除12栋，完成鉴定299栋（B级10栋，C级183栋，D级106栋）。需整改的C级既有建筑183栋（自建房133栋、单体楼16栋、乡镇公房34栋）；需整改的D级既有建筑106栋（自建房96栋、乡镇公房4栋、直管公房6栋）。根据《关于开展自建房安全专项整治信息采集工作的通知》等文件部署要求，区住建局启动自建房等既有建筑安全隐患再排查并开展信息录入工作，将排查结果录入全国自建房排查信息归集系统。位于主城区的青口镇自建房排查录入57624栋（包含农村住房和城镇住房），其中，经营性自建房录入1418栋。

【房屋建筑白蚁防治】 2022年，全区签订白蚁防治合同83份，签订白蚁防治面积259万平方米，完成白蚁防治面积136万平方米，回访白蚁防治面积167万平方米，工程覆盖率100%。

（夏国瑞）

青口镇

【概况】 青口镇地处黄海之滨，沂蒙山南脉，扼苏鲁交界门户，东距连云港港口50千米，沈海高速、204国道、沿海高等级公路穿境而过。青口镇是全国文明镇、全国千强镇、国务院首批沿海开放镇、江苏省百家名镇。2022年，全镇土地面积87.28平方千米，其中，耕地面积21.26平方千米。辖39个社区和19个行政村，户籍人口25.3万人。有383个基层党组织，其中有村级党委3个，有党员8172人。镇区内有高新技术开发区、青口国家中心渔港。全镇完成一般公共预算收入2.93亿元，实现地区生产总值172.68亿元，实现工业应税销售收入13.26亿元，完成规模以上固定资产投资44.8亿元。

【产业发展】 2022年，青口镇出台现代服务业发展扶持办法，深化政府购买第三方代理记账服务，代记账服务企业突破100家。推动赣榆万达广场项目开业，成为连云港县区级首家。推进恒昌新能源年产8万套光伏路灯、宜瑞婴儿辅食加工、班庄水泥系列技改等重点项目。完成城市配套产业园规划审批和特色产业集聚区认定，明确循环经济、纺织、建筑建材和物流仓储特色产业发展定位。推进工业集中区控制性规划和产业发展规划编制工作，弥补高新区规划调整留出规划空白。创成千亩省级水稻绿色高质高效示范区，完成780公顷江苏省绿色优质农产品（稻谷）基地复验工作。完成49个村社清产核资清查工作。青口镇限额以上贸易销售额21亿元，比2021年增长15%；新增“四上”（规模以上工业企业、资质等级建筑业企业、限额以上批零住餐企业、国家重点服务业企业）企业37家，完成全年目标任务的2.5倍。

【镇村建设】 2022年，青口镇实施城市提升战略。修复破损路面2.5万平方米，新建水泥路3.8万平方米。拆除乱搭乱建178处1.8万平方米，拆除各类违法建筑57处1.15万平方米，全镇157户D级危房全部解危。完成河南片区、204国道城区段、青柘线等地块约23万平方米房屋征收任务。推进海城片区、西关南路、原海洋局地块共28万余平方米旧城改造工作。推进原易达酒业地块搬迁拆除工作，化解历史遗留问题。引进榆航置业有限公司开发原县医院棚改地块，引进百康置业开发实验中学南侧地块。对全镇498栋单体楼、21个城中村实施市场化专业保洁。新增和更新公益广告1万余处。联合整治问题线缆3万余米。提升完善新时代文明实践站33家，举办各类文体活动200余场次。

【社会事业】 2022年，青口镇开展安全生产3年专项整治。排查整治各类生产经营单位4000余家；抓扣“三无”（无船名船号、无船舶证书、无船籍港）渔船86艘，拆解30艘；平台录入安全生产问题隐患377条，全部按期处置到位。投资5000余万元

2022年8月10日，青口镇潜园全景　　（青口镇　供图）

的雨污分流一期工程全部完工，潜园水系连通工程和竹园中沟水环境治理工程建成投用，国省考断面水质达到三类水以上。启动南美白对虾整治，233.33公顷养殖塘全部清退，土地回填基本完成。40余条涉及环保问题的交办工单如期办结，中央环保督察反馈问题全部对账销号，整改到位。深化平安青口建设，划分342个"微网格"，完善网格化社会治理体系。常态化开展扫黑除恶斗争，按期办结4件涉黑涉恶线索。化解疑难积案21件，中央、省、市联席办交办件化解率100%，"12345"政务热线办结率100%。

【后陈社区入选江苏省优秀志愿服务社区】 2022年，青口镇后陈社区有注册志愿者3020人，占社区常住人口比例的15%。依托12个网格，探索建立"小网格"志愿服务模式。组建"理响后陈""战疫先锋""文明养成"等6支志愿服务队，常态化开展假日课堂、家政培训、新冠疫情防控等志愿服务活动400余场次，以"小网格"推动志愿服务"大提升"，实现志愿服务与群众需求"精准对接"，直接受众超2万人次。青口镇后陈社区入选江苏省优秀志愿服务社区。

（孙孝洁　刘家献　朱　明）

2022年7月12日，配套齐全、功能完善的柘汪新城

（司　伟　摄）

柘汪镇

【概况】 柘汪镇位于赣榆区东北部，地处海州湾畔，204国道、同三高速穿境而过，分别与山东日照、临沂两市接壤，是"江苏北大门"。柘汪镇先后获评全国文明镇、全国重点镇、全国改革发展试点镇、省经济发达镇等称号。2022年，全镇总面积76.24平方千米，规划面积20.84平方千米，耕地面积19.81平方千米，海岸线长11.8千米。辖24个行政村。有175个基层党组织（含下级党支部），3311名党员。常住人口7.5万人，户籍人口5.6万人。镇区内有省级开发区——江苏赣榆海洋经济开发区、柘汪临港产业区化工园区和赣榆港区，比邻连云港港、日照港、青岛港，沈海高速、204国道、228国道、临海高等级公路途经境内，"港公铁管"综合集疏运体系优势明显。全镇实现地区生产总值190.37亿元、工业应税销售收入559.33亿元、一般公共预算收入5.66亿元，完成规模以上固定资产投资47.7亿元。

【产业发展】 2022年，柘汪镇完成外贸进出口19.12亿美元，比2021年增长30.69%；固定资产投资54.59亿元，比2021年增长19.53%；净增规模以上工业企业6家。总投资超200亿元的丰海高新材料丙烷综合利用项目开工，投资额63.95亿元的华电液化天然气接收站获国家发改委核准批复；润海库区及管道、爱仕沃玛纺丝等12个项目开工建设，镔钢智慧生产控制中心等7个项目完成主体工程施工；渤海宏铄危废处置等项目投产达效，紫菜产业园实现"满铺运营"。北上山东、河南，南下上海、常州，考察70余家外地企业，90余名客商到柘汪镇洽谈，全年收集有效招商信息125条，新圣锦半导体材料等12个亿元以上项目签约。海洋经济开发区总规、产规、控规编制完成，规划环评及镔钢1250高炉环评通过审核，创成国家级智慧化工园区，供热管网实现全覆盖。新海石化、镔鑫钢铁入选2022年江苏百强和制造业百强企业，海福特入选市级智能制造示范车间。

【镇村建设】 2022年，柘汪镇通过创文省级测评，基础环境得到提升，在全区"净美家园迎新春""生态宜居美丽示范镇村创建""洁美家园喜迎二十大"等综合评比中均获第一等次。望海佳苑一期完成交房，四湖村、陡岭村240户村民入住，二期项目具备交付条件，附属工程有序推进。西棘荡新型农村社区二期主体完工。投入1200余万元，实施老204国道、柘响路水泥路改沥青路工程，镇区主要道路完成沥青路改造。通港二桥于12月中旬通车。投资950余万元，完成韦岭、四草城等村生活污水支管接入。投入680余万元，完成11条河道清淤疏浚，提升全域水环境质量。

【社会事业】 2022年，柘汪镇围绕重点人群加强宣传普及、健康服务和医疗救治，全镇60—79岁人群加强针、80岁以上人群首针及加强针接种率在全区领先。完成1.2万余人城乡居民养老保险、3.9万余人医疗保险征缴工作，试点推行"福村宝"公益保险，全镇4.9万人纳入保障。"柘里友爱"公益基金发挥兜底作用，救助42

户突发重大变故家庭。柘汪小学食堂报告厅完成主体验收，马站中心幼儿园主体封顶，马站卫生院病房综合楼投入使用。柘汪小学“双减”工作获评“江苏省十佳家校合作案例”，柘汪中学获评共青团中央“小平科技创新实验室”建设学校。新建“立学书房”入选全市示范小镇书房。升级改造6家村党群服务中心，探索打造“一站式”服务窗口，新建3家“柘里友爱”功能室，建成“榆快驿·跨境电商之家”、危废停车场暖心小站，加速打通便民服务“最后一公里”。推进社会综合治理，全年受理案件1391件，调解成功率100%。创新创优网格治理，初步探索“党建+网格”治理模式，响石村参评全市网格化社会治理先进集体。开展清产核资，清收整改资金1000余万元。组建棘荡联合党委，带动周边村融入循环经济产业链。秦家沙村便民市场二期主体封顶，镇区商贸初具雏形，全镇村集体经营性收入均超30万元。拆除违建400余平方米，严控民房批后建设全流程监管。根治农民工工资拖欠案件，全年受理相关事项361件，涉及金额1900余万元。在全区率先启动并完成赣榆“三无”渔船拆解工作，共拆解渔船161艘，查扣“三无”渔船25艘，伏季休渔规范有序，实行渔港、渔船“全天候+封闭式”监管，开展浒苔绿藻打捞防控工作，出动渔船422艘次，打捞浒苔1000余吨，保护海岸生态环境。

【“柘里友爱 益童成长”志愿服务项目实施】 2022年，柘汪镇“柘里友爱”志愿服务队组织实施的“柘里友爱 益童成长”志愿服务项目，主要服务于全镇缺少管护的农家孩子。常态化开展兴趣培养、网络护苗、红色教育等活动百余场，邀请清华大学、上海交通大学学子开办“启航大讲堂”3期，惠及3000余名儿童；发起“柘里友爱”公益基金，先后募集资金100余万元，解决200余名家庭困难孩子的求学问题。“柘里友爱 益童成长”志愿服务项目被评为江苏省学雷锋优秀志愿服务项目。（朱建霖）

2022年6月18日，石桥镇“大叔的田”618电商直播活动

（司 伟 摄）

石桥镇

【概况】 石桥镇位于赣榆区东北部，处于苏鲁两省交界处的海州湾畔，西接沂蒙山脉，东邻黄海，与柘汪、海头、金山三镇接壤。石桥镇先后获评国家级卫生镇、江苏省生态镇、江苏省卫生镇、江苏省建筑之乡。2022年，全镇土地面积78.65平方千米，其中，耕地面积25.16平方千米，海岸线长10千米。石桥镇辖23个行政村，户籍人口6.53万人，有56个基层党组织，2948名党员。镇域内有海州湾、东温庄水库、芦山、龟山等风景名胜，石岭汉墓遗址，小沙东海战纪念碑、杨洼抗日英雄纪念地等遗址遗迹。境内有赣榆港区三凸堤，开通10万吨级航道；连盐铁路横穿镇区，建有铁路货运站；南距连云港港口、连云港火车站不足1小时车程，北距山东省岚山港直线距离不足20千米，1小时可到达连云港、日照、临沂三个机场；距最近的赣榆港高速公路出入口仅2千米，204国道、沿海高速、临海高等级公路纵贯全镇，形成集公路、铁路、水路于一体的沿海大通道。全镇完成一般公共预算收入6673万元，实现地区生产总值33.34亿元、工业应税销售收入13.7亿元，完成规模以上固定资产投资15.8亿元。

【产业发展】 2022年，石桥镇推动重大项目建设，实现工业投资10.04亿元，工业总产值13.5亿元，批零住餐贸易额6.9亿元，净增规模以上工业企业4家。粮油产业取得突破，签约投资百亿元的中粮油脂连云港基地项目和总投资30亿元的瑞茂通饲料蛋白项目。镇工业集中区初步实现集聚，签约兴港新材料、顾香仿生食品、时若蔬菜加工等项目6个，总投资11.3亿元。全镇在建项目4个，总投资5.25亿元。宝鲜乐供应链项目、荣豫鑫电极糊项目、双石光学镜片项目完成试生产，云香连油脂完成项目主体建设。黄桃种植面积1666.67公顷，总产量7万吨，产值1.87亿元；苹果种植面积113.33公顷，总产量5100吨，产值3570万元；梨种植面积25.33公顷，总产量1150吨，产值910万元；葡萄种植面积6公顷，总产量270吨，产值270万元；大樱桃种植面积5.33公顷，山楂种植面积2公顷，茶园种植面积17.33公顷。黄桃成为石桥镇林果业的主导产业，石桥镇深化村企共建机制，搭建“生产+加工+销售”一条龙服务平台，拓展线上、线下销售渠道，打造黄桃电商品牌。

【镇村建设】 2022年，石桥镇集体经营性收入超30万元村有13个、超

50万元村有8个、超百万元村有1个、超千万元村有1个。龙头、大温庄2个村序时完成收入超百万元目标。石桥镇推进全域土地综合整治项目实施，完成村庄规划、永久基本农田调整、项目实施方案调整及审查工作。建设3条生态河道并通过省级验收。完成石柳路、范芦路等4个农村道路项目施工，开展道路维修、标志安装等工作。全镇改造户厕1.7万座，改厕率98.5%。做好禁控违工作，全镇拆除违建21处，约1.3万平方米。清理农村生活垃圾7500余吨，清理黑臭水体83处，清理"三堆"（柴草堆、粪便堆、垃圾堆）5690余处。开展生态宜居美丽示范镇村建设，完成韩口村市级生态宜居美丽示范村验收。开展清产核资工作，完成23个村资产资源丈量、核实、资金建账审计等工作，建立资产资源问题清单3673个、资金问题清单3048个。

【社会事业】 2022年，石桥镇完成全镇65岁老人免费体检工作，常态化管理全镇90%常住人口公共卫生档案，夯实公共卫生服务基础。改建提升大温庄村、娄官庄村、东拱齐村卫生室，均投入使用。常态化开展新冠疫情防控工作，做好困难群众医疗救治工作，为200余名生活困难群众、困境儿童送去物资和慰问金。小镇书房被打造为市级科普示范点，九里村被评为市级农家书屋。发挥"海燕""爱心桥"等志愿服务队的带头作用，招募近700名志愿者组成67支志愿服务队，参与新冠疫情防控、防汛抗旱、文明创建等活动，服务困难群众500人次。通过挖掘宣传，涌现出"赣榆好人"姜其君等先进典型。发放各类保障金、救助金1200余万元。完成城镇居民养老保险征缴5700余人。为农民工免费提供就业指导，帮助农民工就业与维权。开展安全生产排查整治工作，检查各类场所650余次，排查电气线路安全、消防设施配备、应急疏散通道等方面隐患568处。打击"三无"（无船名船号、无船舶证书、无船籍港）船舶，发放宣传告知书1.5万余份。全年查扣拆解涉渔"三无"船舶10艘。开展移风易俗活动，推行殡葬改革全覆盖，简化操办流程。

【石桥镇九里海产品电商创业园开园】 2022年8月，石桥镇九里海产品电商创业园开园。该园位于韩口渔港以北、九里村党群服务中心以南，占地面积约66万平方米，布局创客中心、冷链仓储物流区、海鲜交易区、海产品食品加工四个区域，"喜哥喜嫂""昌平海鲜""金大苏"等粉丝过百万、销售额过亿元的电商大户入驻，打造"一站式"直播基地。

（张　苏）

金山镇

【概况】 金山镇地处苏鲁交界，位于赣榆区北部，与山东莒南县相邻。2022年，全镇土地面积66.9平方千米，其中，耕地面积29.02平方千米。全镇辖21个行政村，户籍人口4.79万人，有47个基层党组织，2208名党员。全镇完成一般公共预算收入5200万元，实现地区生产总值18.66亿元，完成规模以上固定资产投资14.8亿元。

【产业发展】 2022年，金山镇有136.33公顷的市级十佳工业集中区，主要有循环经济、新型建材两项主导产业，按照"有规划体系、有产业定位、有配套设施、有储备土地"要求，不断完善基础配套，优化营商环境，拓展发展空间。招引燕龙基光学玻璃分选、康联汽车拆解、威勒斯新能源等循环经济项目5个，总投资7.4亿元；赣环、惠达、金凯祥等新型建材项目4个，总投资4.9亿元，均竣工投产。金山镇新增入库规模以上工业企业5家、批零住餐企业5家、服务业企业4家，完成工业投资14.6亿元，工业应税销售收入14.27亿元，规模以上工业产值12.86亿元。完善工业集中区控制性详细规划，盘活闲置地块约17公顷，铺设集中区天然气管道3.2千米、地下雨污管网6.7千米。投资700万元完成金桥路、园区南路道路铺沥青、亮化、绿化工程。金山镇打造北部佃马场徐福茶和特色林果、南部西张夏阳光玫瑰葡萄园、东部仲马南湖优质稻米及大港头蚕桑养殖、中部赵湖鲜切花等特色农业产业。有茶园面积63.33公顷，年产量25吨，产值约1000万元，黄桃、山楂、葡萄等林果种植面积近200公顷，其中，西张夏葡萄园种植面积3.37公顷，全年总产量20吨，产值约100万元。

【村镇建设】 2022年，金山镇清淤河道、清理垃圾、清除私搭乱建，投入200万元开展"净美家园"环境整

2022年6月7日，位于金山镇的连云港新东方家纺科技有限公司厂区

（金山镇　供图）

治专项行动。完成兴庄河、徐福河等8条河道近20千米的疏浚、整治任务，清淤土方约11.5万立方米，清运垃圾7380吨，整治黑臭水体23处，清除违建1400平方米，形成村收集、镇转运的垃圾收集转运模式。马集前等4个村庄建成生活污水集中处理设施，处理设施实现第三方统一运维。新建、改造、提升5个村1096座户厕，农村户厕粪污接管处理率和资源化利用率提升5个百分点。新建镇区4.5千米污水管网，完成镇区中心路道路南段提升。制定民房建设标准，规范项目建设流程，按照农房建设标准和要求，全年改善农房120余户。完成清产核资工作，清查资产资源类问题7165个，清查土地面积2903.79公顷、多清出土地251.6公顷，卖而未建宅基地837位874.8万元。资金类问题4265个，清查出15村37个"包包账"（无具体项目明细的流水账），涉及资金1457万元。资产资源类问题已整改完成5190个，完成率96.12%，规范承包地合同2680份，追缴拖欠承包费756万元；资金类问题整改完成100%。

【社会事业】 2022年，金山镇推进社会救助、低保、农业保险等基础保障工作，发放各项惠民补贴800多万元。开展特殊困难群体救助帮扶专项排查整治，救助低保、特困、困境儿童等对象315人。开发就业岗位412个，新增就业368人。完成全镇农房安全排查登记工作，邀请专家进行专业认定，拆除D级危房52栋，翻修改建66栋。金山中学教学楼、宿舍楼完成改建，13名金山籍学子被985、211院校录取，金山中专获省技能大赛二等奖。提档升级新时代文明实践站，打造群众家门口满意的文化阵地。开展文化惠民活动，举办各类演出20余场。开展依法治镇和"八五"普法宣传教育活动。开展反诈骗专项行动，发放反诈防骗宣传单4万余张，集中发送反诈短信8万余条。开展3次安全生产和消防安全宣传活动，现场发放宣传材料2000余份，现场知识宣讲惠及2500余人次。

【赵湖村、后徐福村打造省级特色田园乡村】 2022年，金山镇推动赵湖村、后徐福村打造省级特色田园乡村。投资225.5万元实施徐福村农房改善配套基础设施工程，硬化前徐福村内道路2.44万平方米，配套建设下水道、安装路灯、绿化部分路段等。后徐福村改造厕所107户，卫生户厕普及率100%，建设2座三类水冲式公共厕所、1座移动式厕所；沿街设置分类垃圾箱20个，住户门前分类垃圾桶210个。生活污水接入镇污水处理厂集中处理，污水收集管网实现全覆盖。结合绿地设置雨水花园、植草浅沟，雨水排放通畅。后徐福村建成挂牌的各级各类美丽庭院、美丽家园示范户的比例为62%。赵湖村整治河道2000米、污水塘8处，改造村内主要道路沥青路面约2500米，新建污水管网1500米、雨水管网1500米，新建1处日处理能力200吨的污水处理站。改造公共厕所2座，无害化户厕覆盖率100%，设置分类垃圾箱50个，改造1处居家养老服务中心，建设面积200平方米的高标准多功能运动场地。美丽家园示范户281户，挂牌比例为70%以上。5月，后徐福村、赵湖村申报省级特色田园乡村。 （李昊霖）

黑林镇

【概况】 黑林镇地处两省（江苏、山东）三县区（赣榆、莒南、临沭）交界处，北接山东莒南县，西接山东临沭县，南邻班庄镇和塔山镇，东邻厉庄镇，地处赣榆区饮用水源塔山水库的上游。242省道、欢林公路、石黑公路穿境而过。境内有连云港市第二高峰大吴山、塔山水库、旦头河、南京紫金山天文台吴山观测站等自然、人文景观，有全国红色村大树村、刘少奇纪念室、符竹庭将军殉国纪念处等红色旅游基地。黑林镇是江苏省乡村振兴示范乡镇、江苏省健康镇。2022年，全镇土地面积82.62平方千米，其中，耕地面积40.94平方千米。辖行政村21个，自然村38个，村民小组142个，户籍人口4.41万人。全镇完成一般公共预算收入1189万元，实现地区生产总值8.38亿元，完成规模以上固定资产投资6.4亿元。

【产业发展】 2022年，黑林镇推动林果、纺织、红色文旅三大产业规模壮大、层次提升。招引高沃木业、禾峰纺织、宏桥纺织、圣彩纺织、浦顺纺织5个工业项目，均投产运营。全年规模以上工业企业培育超额完成4家，全镇有规模以上企业12家。新

2022年9月16日，位于黑林镇的八路军115师在大树陈列馆全景

（吴 涛 摄）

签约项目任务数4亿元，完成13.2亿元，其中，1亿~10亿元项目任务数4个，完成9个；新增开工项目任务数3亿元，完成4.7亿元。新建标准化厂房6栋1.6万平方米，建设农产品仓储保鲜中心，配套建设冷藏库、恒温保鲜库及综合性电商服务中心，打造苏鲁省界冷链基地。建设服装纺织特色产业集聚区。黑林镇扶持沃田建设国家级浆果实验室，提升蓝莓数字化农业设施水平，以数字化建设为主，建立信息化数据管理平台。投资1000万元建阳光大棚48栋，修旅游观光道路15千米，沿线配套休息驿站、观光电动车，打造旅游休闲基地。投资800余万元在大树村红色文化体验区东南侧建设大树庄园，打造红绿产业融合样板。

【镇村建设】 2022年，黑林镇在黑林一村整合1.87万平方米土地新建居民小区“凤凰居”，可安置28户居民，实现固定资产增值2000余万元。在21个行政村39个网格精准划分为344个微网格，选优配齐微网格长，在微网格的基础上细分十户长，落实“精网微格”。制定《黑林镇深入开展安全生产专项整治行动实施方案》，开展行业领域专项整治。建立完善黑林镇四级森林防火组织体系，在吴山周边建造公祭台12个，消除森林火灾隐患。大树庄园项目落地建设，大树村景观绿化、彩色道路、创意木屋等建成投用。实施水系连通工程，清障树木2.36万棵，河道清淤12千米、刷坡12千米、护坡1千米，建成拦水坝5座。青口河整治工程基本完成两岸清障工作、推进“净美家园”环境整治工作。清理“三堆”3273处，清理小广告1.26万处，转运垃圾625车，群众参与1600余人次。开展“户厕革命”活动，推进2个村413座户厕改造工作。

【社会事业】 2022年，黑林镇推进低保、临时救助工作，全镇有低保404户701人，发放低保金330.73万元。有五保老人108人，发放五保供养金108.03万元，发放尊老金83.46万元。全镇持证残疾人1011人，发放资金245.93万元，免费发放残疾人康复器材118件。全年足额发放义务兵家庭优待金、大学生入伍奖励金、现役军人立功奖励金、优抚对象补助、一次性退伍安置补贴。黑林镇更新旦头河公园新时代文明实践所，建设小镇书房“初心书房”，获评全市首批示范小镇书房。开展“强国复兴有我”“喜迎二十大”“学习贯彻中共二十大精神”理论宣讲、文艺汇演、元旦踩街等文化活动，创建“蓝莓花开”“红色讲解”“尚林丝竹”“理论宣讲”等志愿服务品牌，开展文明村、文明单位、文明家庭、好媳妇好婆婆创建评选活动。推进校园安全生产工作，落实护学岗工作，开展食品和安全督查，整改安全生产问题23个，全年无校园安全事件发生。争取上级资金400余万元，新修（加宽）农村道路7.5千米。

【蓝莓小镇建设】 2022年，黑林镇种植蓝莓1000余公顷，年产值近3.5亿元。该镇整合高标准农田和丘陵山区开发项目，全面实现蓝莓园区节水灌溉；建设标准化厂房6栋1.6万平方米的农产品仓储保鲜中心，配套建设冷藏库、恒温保鲜库，通过延长产业链和错峰销售提高蓝莓附加值。打造跨境电商孵化基地，利用快手、抖音、小火山等平台，通过网红带货、电商直营等形式，开辟线上蓝莓销售新途径，培植农村经济发展新业态。江苏沃田集团股份有限公司是赣榆区唯一一家蓝莓全产业链、新三板上市公司，形成集蓝莓种苗繁育、鲜果种植、深加工产品系列研发、生产及销售于一体的优质蓝莓产业链运营模式。投资1000万元新建蓝莓智能育苗设施项目，年可育苔藓苗300万株，年可收益600余万元。投资1000万元，引进先进的栽培生产操作系统，在沃田建设6000平方米日光玻璃温室，打造蓝莓种苗繁育生产、高新技术系统参观展示、培训教育三大基地。投资800万元，建设占地3.93公顷阳光温室大棚，全有机质栽培优瑞卡等优质蓝莓品种，每公顷可产2250千克蓝莓，实现产量翻番。成立家庭农场联盟及连云港金清蓝莓种植专业合作社等20家果蔬、农作物种植合作社，通过“合作社+村集体+农户”“合作社+家庭农场”“合作社+种植大户”等多种方式开展蓝莓等林果种植、销售，为广大农户提供政策咨询、技术推广、疫病防控、质量检测检验、农资供应、市场营销等多项服务，优化蓝莓产业发展机制。投资800余万元，在大树村红色文化体验区东南侧建设大树庄园，结合山区丘陵特点，采取梯田式种植公爵、绿宝石、莱克西等早中晚熟错峰等蓝莓品种，打造蓝莓采摘观光体验园，与刘少奇纪念室、符竹庭将军殉国纪念处、大吴山战斗抗日烈士纪念碑、八路军115师在大树陈列馆、红色互动体验区等红色资源串联形成集党性教育、红色游览、餐饮住宿、红色情境互动、绿色采摘等于一体的红色文化旅游产业园。（孟楠楠）

厉庄镇

【概况】 厉庄镇地处赣榆西北丘陵山区，与金山镇、赣马镇、黑林镇、塔山镇相邻。厉庄镇是中国大樱桃之乡，全国农业旅游示范点、省生态文明建设示范镇。2022年，全镇土地总面积62.03平方千米，耕地面积31.34平方千米。下辖16个行政村，户籍人口3.53万人，基层党组织95个，党员1739人。全镇完成一般预算收入1801万元，实现地区生产总值8.51亿元，完成规模以上固定资产投资6.8亿元。

【产业发展】 2022年，厉庄镇优化产业布局，推进总投资6亿元的中升防护、金之源食品、康尔泰药业等14个项目，新增培育规模以上企业3家，实现规模以上工业总产值3.94亿元，工业应税销售收入4.63亿元。推进园区设施建设。完成“三横三纵”6条道路5.3千米的硬化、铺沥青、亮化工程，提高园区承载能力。推进农业由高产量增长向高质量发展转变，推广使用生物源、植物源和高效低毒低残留农药，完成100公顷机插秧集中育苗生产，建成稻谷高产千亩示范区、北林玉米绿色防控示范区，高标准农田比重91.6%，粮食总产量1.82万吨。发展设施农业，建成设施农业大棚71栋。

【镇村建设】2022年，厉庄镇实现村集体经营性收入1482.11万元，比2021年增长16%，全镇所有行政村经营性收入均30万元以上，经营性收入超过100万元的行政村占37%，其中，翔凤岭村经营性收入340.89万元。厉庄镇推动区域环境镇村扮靓工程、基层社会治理示范工程、教育服务品质倍增工程等民生工程落地落实。投资1800余万元实施迎宾大道、银山路、兴文路、厉大路等11千米道路的铺沥青、绿化、亮化工程。聚焦农村生活垃圾治理、生活污水治理和村容村貌提升等重点任务，对村庄周边、房前屋后、道路两侧、河塘沟渠等重点区域开展环境整治。全镇年内清理农村积存垃圾8349吨，清理村内河塘沟渠、排水沟182处、黑臭水体35处，违章建筑850处，完成农户改厕325户。投资370万元整治龙泉河。投资700万元，整治尚庄河、兴庄河环岭干渠47千米。实施中小学改造升级工程，投资800余万元，为厉庄初中兴建可容纳900人住宿的学生宿舍、1000人同时就餐的学生餐厅。实施公共卫生服务体系优化工程，提档升级公共卫生服务中心，实现医疗服务与卫生服务分开。开通卫生院东大门，新建120个车位的停车场，方便群众就医。

【社会事业】2022年，厉庄镇推进低保、临时救助工作，全镇有低保383户635人，发放低保金375.77万元。集中供养22人，分散供养35人，发放五保供养金56.9万元，发放尊老金70.12万元。全镇持证残疾人802人，发放困难残疾人生活补贴和重度残疾人护理补贴479人、199.9万元。免费发放残疾人辅具器具23件。全年足额发放义务兵家庭优待金、大学生入伍奖励金、现役军人立功奖励金、优抚对象补助，一次性退伍安置补贴。厉庄镇投资600余万元新建新时代文明实践所。连续开展两届高考优秀学生表彰活动，奖励99名优秀“双一本”（一本院校、一本专业）学子；开展“文明家庭”“好婆媳”等先进典型评选活动，评出先进典型63人，激励引导广大群众对标先进、自觉看齐、共倡新风。探索管理新模式，将村庄、产业园区等划分为108个“微网格”，把城建、综治、环保、信访等条线力量配入网格，发挥“微网格”作用。推进“平安村居”建设，开展夜间巡逻260余次，联合中国电信赣榆分公司对辖区公共场所视频监控全覆盖，以“智能摄像头+平安巡逻队”，守护群众安全感。打通“清产核资”最后一公里。完成规范合同405份，清收资金115.06万元，收归集体土地9.33公顷，整改养殖场地5个，清理农田树木5500余棵。全镇16个行政村均建设污水处理设备，其中，12个村建设一体化污水处理设备，1个村接入城镇管网，3个村建设氧化塘，设备覆盖率100%，总投资1176万元，配套管网18.55千米。

2022年3月12日，厉庄镇谢湖村大樱桃研发中心全景（徐 星 摄）

【樱桃小镇建设】2022年，厉庄镇加强大樱桃产业“种、加、销”全产业链建设。投资100余万元购进设施设备，启动1900平方米组培车间和4000平方米的炼苗智能温室，对新品种果树、花卉、优质蔬菜进行脱毒快繁，一期年产种苗100万株。坚持“1+N”共富联合体模式，以镇属企业金扁担农业开发有限公司打头阵，连片开发、统一经营，各村集体合作社参与运营，带动周边170余名村民就业，人均增收1.2万元。整合区域优质生态旅游资源，打造3万平方米谢安新型文化社区，建成民俗农家乐12个，培育产业发展新增长极。

【谢湖村获评全国乡村特色产业产值超亿元村】2022年，厉庄镇聚力“一村一品”工程，创新推行现代栽培模式和标准化生产技术，推广水肥一体化、自动控温、垄带覆膜等新技术，示范种植美早、俄罗斯8号、吉塞拉等新品种，实现良种、良砧与良法配套，年产值2.4亿元。谢湖村入选2022年全国乡村特色产业产值超亿元村。（韦雪琪）

海头镇

【概况】海头镇位于赣榆区东北部，东邻黄海，南接青口镇，北连石桥镇，西与金山镇、赣马镇接壤。海头镇是省级经济发达镇培育镇。2022年，全镇土地面积83.33平方千米，其中，耕地面积24.62平方千米，有11.6千米的海岸线。辖29个行政村（45个自然村），户籍人口8.39万人。204国道、228国道、G15、青盐铁路穿境而过，海头国家级中心渔港连通四海。境内的盐仓城村是汉古县城，兴庄夜雨为明朝“赣榆八景”之一。全镇完成一般公共预算收入1.19亿元，实现地区生产总值42.81亿元。完成规模以上固定资产投资32.4亿元。

【产业发展】 2022年，海头镇签约项目7个，开工项目7个，完成工业投资31.21亿元，培育海回鲜、有利农业2家食品加工企业、夏小海夫等6家销售额超500万元电商户、金丰海水产等5家线下海产品批发零售业成为规模以上企业，昌搏人力资源等3家服务业成为规模以上企业，完成15家科技型中小企业申报工作。现代农业提质增效，计划总投资4.5亿元，年产16万吨的生态蔬菜基地启动建设，完成南美白对虾养殖清理整治340.87公顷；投资600万元实施土地整理项目，新增耕地9.33公顷。鹏宇家庭农场获评市级示范家庭农场；“赣榆梭子蟹”申报为国家农产品地理标志，在首届江苏品牌农产品营销促销大赛中获铜奖。加快发展现代服务业，电商年交易额100亿元，电商产业集聚区获评江苏省县域电商产业集聚区。投资3亿元的峰叠实业生态电商中心、投资6亿元的城发智慧冷链综合体、投资1.5亿元的海后电商服务中心开工。

【镇村建设】 2022年，海头镇推进路网建设，投资1700万元的海口大桥建成通车，投资220万元的金海线高速路口至新204国道段绿化提升工程完成，投资2000万元的海龙路改造提升工程主路面建成通车，投资370万元修建龙岗线、王朱尹线等4条农村公路共3.64千米。投资155万元完成大官庄村4千米路面铺沥青工程，投资100万元实施宅基村1万多平方米的道路铺沥青工程；投资1亿元的小口东润新型社区12栋300套住房主体完工。海脐、梁沙两个新型农村社区创成省级特色田园乡村，宅基村获批省级绿化乡村，大官庄村获评市乡村振兴先进单位，获区“净美家园”农村人居环境正向激励评价第一等次。

2022年7月8日，海头镇大官庄村蚕桑养殖大棚　（王　涛　摄）

【社会事业】 2022年，海头镇发展教育事业，海头高中全市综合排名第三，海头初中先后获区教科研先进集体等称号十余项，海头小学成为全国传统文化传承示范校。龙河小学是全国优秀家长实验学校、全国优秀校本教材实验学校。投资6700万元的海头中心卫生院迁建项目完成主体建设，推动优质医疗资源扩容。为533户低保、216户五保家庭发放救助金450余万元。对因突发重大疾病和灾害导致生活困难的家庭开展临时救助，救助5户家庭，发放救助资金1.2万元；申报低保户20户、申报五保户13户；申报困境儿童5人；申报困难残疾人生活补贴10人；申报重度残疾人护理补贴8人，将“脱保”“返贫”的困难群体重新纳入低保。发放困难残疾人生活补贴和重度残疾人护理补贴614人、18.47万元、办理残疾证1310人。3月，清产核资工作启动，完成29个行政村的所有资产资源摸底工作，梳理问题清单，全镇汇总资源地块1.21万个，问题清单6782个。

【海头镇获评全省基层“三整合”改革先进单位】 2022年，海头镇推动审批服务“一次就好”，承接33项区级下放审批服务事项和77项镇级原有事项，搭建“1+29+N”服务体系，形成以镇便民服务中心为辐射点，29个村便民服务中心为链接点，上门代办、云柜投办、网上办等方式为辅助的办事链条。推动综合执法“一专多能”，承接6个部门99项行政处罚事项，设置3个全能型中队和1个专业型中队，配有执法人员61人，构建起“综合执法+联合执法”工作机制。推动社会治理“一网统筹”，配备30名网格长、29名专职网格员、39名兼职网格员，创新性设置“蓝海义警”队伍，融合专兼职网格员、执法队员等队伍，形成“一长三员”基层网格治理队伍。推动指挥调度“一键直通”，借助一体化平台，构建集任务派遣、力量调度、日常监管、效能考核等于一体的指挥体系，接入275路监控，配置巡察无人机、视频指挥系统等智能化设备，大气管控、安全生产等模块成为基层治理“好帮手”。

【大官庄村生态产业模式入选全省首批乡村产业绿色发展典型案例】 2022年，海头镇大官庄村整合全村农民家中的66.67公顷桑田资源和村里复垦老村庄净增耕地20余公顷集体土地，创新蚕桑产业发展模式，成立物华蚕桑专业合作社，重点发展桑叶茶炒制、丝棉被加工、果桑采摘游、

电商销售等蚕桑资源综合利用的新业态，形成“党建+合作社+基地+农户”的运行模式，探索出“蚕桑+深加工+旅游+互联网+”就业的乡村振兴之路；物华蚕桑专业合作社获评省级示范社。 （王 涛）

塔山镇

【概况】 塔山镇位于赣榆区中西部，东至赣马镇，西抵班庄镇，南邻城头镇，北接黑林镇。塔山镇是全国首批乡村治理示范镇、国家级卫生镇、江苏省文明镇、江苏省生态文明镇。2022年，全镇土地面积105.36平方千米，其中，耕地面积42.29平方千米。辖30个行政村，51个自然村，215个村民小组，户籍人口6.08万人，有基层党组织62个，党员2960人。塔山镇完成一般公共预算收入2722万元，实现地区生产总值18.36亿元，完成规模以上固定资产投资8.3亿元。

【产业发展】 2022年，塔山镇出台《塔山镇招商引资奖惩办法》，收集招商信息200余条，其中，总投资超3.6亿元的正旭包装、恒佳预制菜等7个项目成功签约落地；总投资超2.3亿元的天耀实业、康烨保鲜膜等5个项目开工建设；新培育宝都新材料、乐富新材料等4家规模以上企业，实现主导产业链式集聚。坚持园区配套与扩容“双轮”驱动，新修园区沥青道路1.9千米，完成弱电、雨污分流等附属建设，实现水、电、路等同步升级；实施园区空间再造，园区内预留建设用地3.53公顷，新储备发展用地5公顷，保障产业发展用地供给。塔山镇投入200万元，在沃勤农业新建温室大棚2.67公顷，沃勤农业成为继猕猴桃产业后的第二大支柱产业。高标准农田建成竣工并通过区级验收，治理面积200公顷。拓展“计斤夜经济”，擦亮“千年古城　山水塔山”旅游招牌。整合山、水、城资源，推出季节性优质果蔬采摘、家庭定制直销，打响“吃大鱼，到塔山”特色旅游品牌，逐步实现“一路两线多点”的全域旅游格局。

【镇村建设】 2022年，塔山镇新建党群服务中心3家，全镇30个行政村集体经营性收入均超30万元。先后完成汇丰家园、金鑫佳苑、耕耘家园3个房地产项目建设，新建老年养护院5栋楼等单项投资超600万元的民生配套项目。完成镇区3.2千米污水管网建设，提档升级金光路、迎宾路两条镇区主干道，全镇基础设施日益完善。完成宋岭搬迁，改善农户238户，腾出建设用地6.6公顷。开展郭葛埠等黑臭水体整治及青口河、兴庄河溯源整治，新建三坡村等6个村污水处理设施，推进33条“同心巷”建设，实现人居环境硬、软件同步提升。推动厕所、危旧房改造工作，完成2870户农村户厕改造任务，翻建房屋150户。实施人居环境“四季战役”三步走行动，以人居环境“家家到”为抓手，打造“干净、整洁、生态”的人居环境。铺设污水管网2.6千米、清理老旧管网4.2千米，统筹抓好庄留、城前等5个村美丽乡村建设，推动形成“点上出彩、线上成景、面上开花”的靓丽塔山。

【社会事业】 2022年，塔山镇发放困境儿童养育费、特困供养、城乡低保、残疾人两项补助等各类救助资金578万元，城乡社会救助体系进一步完善。全年申报公益性岗位，安置困难人员就业40人，城镇新增就业372人。加快推进社保扩面，新增参保人数近400人。城乡居民养老保险参保人数约1.1万，完成90.1%。开展创业讲坛、种植、养殖技能等各类培训20次，帮助群众提升创业水平，增长致富技能。塔山镇投资700余万元，新建幼儿园3栋楼，提档升级徐山中学宿舍楼和师生食堂，完成徐山小学报告厅装修工程和幼儿园消防设施建设。完成塔山小学南门道路铺设沥青、徐山中学塑胶跑道更新等一批利学工程。塔山、徐山中小学获评全区年度教育目标管理一等奖，两所中学共56名学生考入赣榆高级中学，居全区乡镇中学前列。依托“灯塔”志愿服务品牌，打造“云上花开”“点亮微心愿”等公益项目2个。开展文明实践活动1000余场次，服务群众2万余人次。举办民俗文艺演出、广场舞大赛等演出活动20余场，开展“理”花树等理论宣讲300余场。抓好安全生产，开展全覆盖隐患排查整治4轮、专项排查整治22次，完成D级危房整治、森林防火设施建设。推进清产核资，“三资”管理更加规范。化解信访积案11个，其中，国家级和省级积案全部化解。

【特色农产品全链条打造】 2022年，塔山镇打造集休闲观光、特色采摘、旅游度假于一体的产业发展模式，推进特色产业发展。发挥金公果业、昂

2022年5月6日，位于塔山镇的连云港金公果业有限公司全景图

（司 伟 摄）

2022年12月28日，塔山镇渔民捕获鲢鱼 （司 伟 摄）

和农业、沃勤农业等龙头企业牵引作用，发展有机蔬菜种植，提升特色林果产业，带动群众致富增收，使特色农产品成为推动乡村振兴的“绿色引擎”。金公果业投入1500万元，建设农产品仓储冷链设施和温室育苗大棚，提高猕猴桃培育与收储能力。建成金公果业研发中心、育苗中心，通过“产学研+农文旅”深度融合方式，赋予农旅产业新的业态能量。针对园区农业生产智能化、农业农村信息化、农业服务在线化、产品营销精准化、休闲农旅数字化等方面的需求，利用5G、物联网、人工智能、大数据、“互联网+”等技术，建立集智能化、全生态、高效益于一体的猕猴桃智慧运营体系。依托塔山湖独特水资源禀赋，持续做好“鱼”文章，塔山鲢鱼成为塔山镇美食文化的鲜明标识。

【便民服务中心实现“应驻尽驻”】 2022年，塔山镇推进审批服务便民化，将公共服务事项纳入便民服务中心办理，供水、供电、低保办理等民生服务项目全部入驻镇便民服务中心，实现公共服务项目“应驻尽驻”，让群众就近能办、少跑快办。便民服务中心承担审批服务事项8大类79项，日服务群众近200人次，解决群众办事“摸不着门、找不到人、办不成事”的“老大难”问题。（刘宇豪）

赣马镇

【概况】 赣马镇位于赣榆区中部，东邻海头，西邻塔山，北邻厉庄，南与城区接壤，属典型的城郊镇，镇驻地距城区仅2千米，交通运输便捷。2022年，全镇土地面积85.6平方千米，其中，耕地面积40.42平方千米。辖36个行政村，户籍人口8.29万人。基层党组织149个，党员3277人。境内有青盐铁路赣榆火车站，位于赣马镇驻地东部仲庄村，G15、204国道、242省道、青盐铁路穿越境内。向南35千米即是陇海铁路，距连云港机场40多千米，距连云港港50千米，距青岛港200余千米。镇驻地城里村是后唐、宋（金）、元、明、清六朝县衙所在地，赣榆战役发生地。全镇实现一般公共预算收入0.72亿元，实现地方生产总值24.73亿元，完成规模以上固定资产投资14亿元。

【产业发展】 2022年，赣马镇推进工业集中区建设，把园区打造成产业转型升级的主阵地和招商引资的大平台，园区利用土地3.64公顷，在建占地11.08公顷，储备土地15.33公顷，铺设发展路等4条1.4千米沥青路面，回填文峰大道等道路3万余立方米路基，架设2.5千米供电高压线路。晨安智造、豪亿包装、优品包装、溢善杰供应链等9个项目实现开工建设，和帆玩具、儒曼公司产业园等6个项目竣工投产。培育老丹刃食品、文峰木业、长生缘食品等20家“四上”企业。赣马镇实现工业投资12.32亿元，工业销售收入8.31亿元，规模以上工业产值6.38亿元。粮食产量5.1万吨；林果种植面积120公顷，蔬菜种植面积213.33公顷。培育省级家庭农场1家、区级家庭农场7家。举办第十届黄金梨采摘节。

【镇村建设】 2022年，赣马镇改善农村基础设施条件，完成153户C、D级危房整改工作，老旧房屋翻建557户。投入200余万元，提档升级毛庄路、李刘路等3条农路。拆除改造旱厕1500余座，清理“三堆”6500余处，清理杂物堆放点100余个，黑坡、大毛庄、西官庄、大高巅等村达到美丽宜居示范村标准。开展兴庄河干支流清淤工程，其中，支渠清淤15条、农渠清淤39条，清淤长度73千米，清淤土方37万立方米，清障树木11万余株，种植绿化树1.4万棵，实施南美白对虾养殖整治，封填水井、池塘平整完成，养殖户全部退出，复垦池塘120.67公顷，建生态护坡3000平方米，建成每日处理200吨生活污水的处理设施2座，完成古河套、刘黑坡等5个村污水设备招标建设，沙汪河等3条境内河流水质保持三类水平，$PM_{2.5}$年均浓度全区最优，实现人居环境治理再提升。

【社会事业】 2022年，赣马镇推进低保、临时救助工作，全镇有低保651户1292人，发放低保金约663万元。全镇五保老人185人，其中，集中供养11人，分散供养174人，发放五保供养金约184.7万元，发放尊老金160.06万元。全镇持证残疾人1710人，发放困难残疾人生活补贴和重度残疾人护理补贴1102人、资金400万余元，免费发放残疾人辅助器具44件。全年足额发放义务兵家庭优待金、大学生入伍奖励金、现役

军人立功奖励金、优抚对象补助、一次性退伍安置补贴。招引轩宇康养服务中心项目，打造集生态宜居、智能养老、康复医疗、文化娱乐于一体的综合性养老示范中心。赣马高级中学综合楼建成投用，官河中心幼儿园主体完工。开展清产核资工作，落实“村务卡”等制度，完成全镇36个行政村资源及账内资金全面清查，清查各类问题7239个，清收资金780余万元。

【赣马镇现代循环农业产业示范园区建设】 园区位于兴庄河北岸，紧靠242省道和银杏大道。2022年，园区建设规模116.67公顷，主要建设地点在黑坡、柳树、李宅、官河、大毛庄等村。园区建设占地面积0.7公顷的镇畜禽粪污集中处理场一处，推广“畜禽粪污—沼气粪肥—粮蔬林果”生态循环种养模式，园区以“道路修整、街道绿化、房屋美化、内涵提升”为内容，打造一个文旅服务中心；建设千亩高效设施蔬菜温室50个，每个温室占地面积1.33公顷，建设占地面积13.33公顷畜禽生态养殖基地一处，建设26.67公顷稻虾综合种养基地一处，沿兴庄河、柳树河建设瓜果采摘、特色蔬菜、度假垂钓、畜禽观养等休闲观光品尝农业，打造两条总长12千米、宽4.5米的兴柳生态农业观光走廊，绿化面积约12万平方米，建设单孔闸10座，双孔闸2座，三孔闸2座，泵站11座，桥8座；园区依托牛羊生态科技产业基地，以老丹刃食品为核心，构建“养居造售”全产业链条。（刘乙萱）

2022年12月11日，赣马镇儒曼德尔高科智能产业园竣工投产

（李永杰 摄）

班庄镇

【概况】 班庄镇地处赣榆区西部，位于两省（苏、鲁）三县（区）（赣榆、东海、临沭）交会处，南依江苏省最大的人工水库——石梁河水库，西接沂蒙山余脉。班庄镇先后获评省级美丽乡村环境综合整治样板乡镇、省级生态镇、江苏省花生小镇。2022年，全镇土地面积175.41平方千米，耕地面积70.41平方千米。辖44个行政村，户籍人口9.63万人。基层党组织83个，党员3925人。全镇完成一般公共预算收入3386万元，实现地区生产总值23.96亿元，完成规模以上固定资产投资9.7亿元。

【产业发展】 2022年，班庄镇加大“石材建材特色产业集聚区、食品精深加工产业园、工业集中区”发展力度，石材建材产业集聚区完成44户拆迁2.31万平方米，完成墓地拆迁956座。一期8.53公顷石材建材产业集聚区国丰石业建设完成投入使用。工业集中区仟佰弘纺织投产，其余三块土地挂牌投入使用，晨露湿巾、科汇木材、盛和家居分别确定土地使用权并开始建设。全年工业投资8.5亿元，新培育3家工业企业达规入库；新签约项目12个，其中过5亿元项目1个、过2亿元项目1个、过亿元项目2个、5000万元以上项目4个。投产项目2个。新开工项目10个。总投资1240万元，新建高标准农田300公顷；引进花生深加工柏香园项目，完成设备调试。

【镇村建设】 2022年，班庄镇开展“净美家园”行动，打造孙净埠、李小湾等16个人居环境示范村。加大农村垃圾清运力度，对村庄内外垃圾积存点消杀、清运，确保垃圾日产日清，清理“三堆”1.13万处、违章建筑2103平方米。完成清水进城工作任务，对班庄高速出口至欢墩埠湖景大道实施亮化、绿化、美化改造，沿线建筑立面出新3.6万平方米，栽种绿化苗木2000余株，栽植草坪1.7万平方米。推进山水庭院新型社区、凤栖花园新型社区、刘洪爽村、洪爽村农房项目和基础配套项目建设，新修村庄道路6897米、排水沟1732米、活动广场1699平方米，完成山水庭院、凤栖花园主体建设。建设窦洪爽、三清阁、泉子坡、演马场4个村庄生活污水一体化处理设施。

【社会事业】 2022年，班庄镇发放低保金1157.94万元、五保供养金75.76万元、尊老金14万余元、发放低保内残疾补贴10万余元、低保外残疾补贴27万余元、护理补贴9万余元，一户多残109人发放资金4.7万元。免费发放残疾人辅具器具53件。全年足额发放义务兵家庭优待金、大学生入伍奖励金、现役军人立功奖励金、优抚对象补助，一次性退伍安置补贴。班庄镇排查工贸企业、小微加工点、餐饮场所1092家次，整改各类安全隐患1888条，关闭取缔散乱污企业11家；查处违规使用燃煤企业2处，清理露天堆场85处，整改浴室锅炉、餐饮油烟处理设施134处，拆除小铸造厂、塑料颗粒加工点等“小散乱”企业6处。开展国家宪法日、预防和打击电信及养老诈骗等系列宣传活动12次，开展“法治宣传”进网格、进企业活动3次，发放宣传材料1.6万份、悬挂宣传横幅436条、张贴海报740余份。

【工业集中区、石材建材特色产业集聚区建设】 2022年，班庄镇推进工业集中区、石材建材特色产业集聚区建设。工业集中区规划占地面积58.67公顷，开发利用土地面积22公顷，主导产业为服装制造、纺织加工和家居制造。园区有企业9家，其中，规模企业5家。晨露湿巾项目、科汇木制品项目、盛和家具项目均完成主体建设。打造产业发展可持续、配套设施完善、生态环境和谐、文化特色鲜明的区级特色石材建材产业集聚区。园区规划面积49.87公顷，建成8.13公顷的一期项目，吸纳园区外搬迁改造“小、散、乱”石材企业10家，有国丰石业、金正阳矿业、金柱石粉、榆班石材、丰睿粉体等5家企业。年产60万立方米人造大理石板材项目在建，总投资约1.1亿元。建标准化厂房5000平方米，大理石板材生产线2条，大理石数控雕刻生产线1条。（周冬晓）

城头镇

【概况】 城头镇位于赣榆中部地区。2022年，全镇土地面积117.79平方千米，其中，耕地面积61.07平方千米。城头镇辖43个行政村，户籍人口8.72万人，有63个基层党组织，3515名党员。全镇完成地方一般预算收入2591万元，实现地区生产总值18.58亿元，完成规模以上固定资产投资5.7亿元。工业总产值8.38亿元，农业总产值6.95亿元，粮食总产量7.29万吨，外贸进出口完成2690万美元，居民人均可支配收入2.89万元。

【产业发展】 2022年，城头镇启动城发轻纺园一期、河东乡村振兴厂房、润信诚新型建材、金佳工艺品二期等多个项目建设，重点培育规模以上企业9家。整合经济发展、审批、国土、建设等多部门职能，成立园区管理服务办公室，推出项目发展“一站式”服务，实现“园区事园区办”。在农业发展上，提档升级稻虾文化体验园、赣榆人民支前纪念馆，依托“四季不同时、时时有主题”特色农事体验，开发支前教育、稻虾旅游、农耕体验、果蔬采摘、户外露营、劳动教育等旅游新业态，推进“红+绿”特色旅游进入新发展阶段。9月，中国农民丰收节暨稻虾美食文化节举办。探索实践“1+N”共富联合体模式，带领致富指导员“携手”共富合伙人，打造“后备箱经济”“菜篮子经济”，推进农产品上行。

【镇村建设】 2022年,城头镇实现村集体经营性收入3220.52万元，比2021年增长28.6%，43个行政村经营性收入均达30万元以上,经营性收入超过100万元的行政村占23.2%。城头镇提升村级基础设施，翻建水利站桥、西刘夫桥2座危桥，改建城东线、大黄线、大彭线、玉翠线4条农路，畅通镇域交通环境；开展建筑行业安全隐患排查整治，完成D级危房改造任务。城头镇合理规划村民建房，受理普通村民建房260户，其中，主房250户、伙房4户、加层5户、维修1户，经会议联审同意审批97户；受理新增动态危房改造153户，其中，24户重建、31户待建。开展“绿城行动”，加大村级环境卫生整治力度，启动朱稽河、二级截洪渠等多条河流综合治理工程。提档升级城头污水处理厂，建设门河污水处理厂，推进剩余8个村一体化建设，一体化设施实现43个村全覆盖。

【社会事业】 2022年，城头镇推进低保、临时救助工作，全镇有农村低保户752户1388人，城市低保48户5人。全年发放农村低保金747.26万元。临时救助31户，救助金11.07万元。启动区域性康养服务中心建设，完成规划和建筑设计。推进小镇书房建设，实现43个行政村全覆盖。推进清产核资工作，成立清产核资工作专班，盘活村级资源。组织党员干部、人大代表、政协委员结对帮扶100余名困难儿童。丰富群众文体活动，承办全区广场舞大赛预赛，举办农民丰收运动会、村级艺术宣讲等活动。（李华宁）

城西镇

【概况】 城西镇位于赣榆城区西郊，东与青口镇交界，南与沙河镇相连，西与城头镇接壤，北与赣马镇毗邻。2022年，全镇土地面积49.17平方千米，其中，耕地面积25.45平方千米。辖21个行政村，户籍人口4.49万人，有基层党组织85个，党员1573人。城西镇完成地方一般预算收入2015万元，实现地区生产总值11.64亿元，农民人均可支配收入超过2.82万元，完成规模以上固定资产投资6亿元。

【产业发展】 2022年，城西新增规模以上工业企业4家、规模以上服务业2家、限额以上批零住餐企业7家，实现总量翻番，规模以上工业企业达8家，税收超百万元的企业达2家。新增“专精特新”企业1家、战略性新兴企业1家，培育高新技术企业3家，红动服饰、卓诚包装等4家企业完成技术改造，完成申报授权专利6个、发明专利14个。红动服饰项目投产达效，曼卓新型建材、鲁构钢结构、华鑫石化设备、红动服装二期、博通工艺品、卓诚包装等开工项目推进，经纬环保设备、敬昕电气设备、晨曦新材料、榆翔机械二期等项目取得用地手续、完善开工准备。全年实现工业应税销售收入6.2亿元、外贸进出口700万美元。新增建设高标准农田400公顷，建成高标准农田2615.67公顷，占耕地总面积83.9%，全年完成粮食播种面积4400余公顷，粮食产量超4万吨。建成农业生产全程全面机械化示范点1家（彭军中蛋鸡养殖场），市级数字农业生产基地1家（连云港赣榆丰绿蔬菜种植专业合作社），新增市级示范家庭农场1家（连云港春和高新农业蔬菜专业合作社）。全年流转土地666.67公顷，仙丘铺、高庄、新合等7个村基本实现整村流转。

【镇村建设】2022年，城西镇实现村集体经营性收入1162.24万元，比2021年增长10.68%，全镇所有行政村经营性收入均30万元以上。推进农房改善，共审批建房210户，进城购房136户，目标任务数300户，完成率115%。推进控违治违工作，拆除违建面积6570平方米。引入第三方环卫机构，提升村庄人居环境，新建公厕6座，改建公厕1座，户厕改造完成281户。建成通车全长2.4千米、5米宽的朱稽河北岸道路，打开南片村级东西向交通网络；建设完成全长1000米送水渠东岸道路，镇区路网更加畅通；5.2千米青黄干渠项目清障工作基本完成，路面施工和沿线绿化建设序时推进。建成运行日处理生活污水100吨的处理厂1座，修雨污分流管线1620米并完成企业接管，新修道路600米，铺设辅道6636平方米。对镇域内7条主要镇级河道进行清淤整治，完成河道清淤48千米、土方68万立方米，生态治理河道2条6.6千米，绿化5.8万株。

【社会事业】2022年，城西镇完善全镇安全基础设施，建消防栓22个、取水口21个，在部分临水道路加装波形防撞护栏。兜牢民生底线，发放五保金129万元、农村低保金236万元。推进养老服务，完成对镇五保供养中心食堂“气改电”；办理退役军人优待证；建立优抚对象抚恤补助标准自然增长机制，加大大病医疗救助力度和临时救助力度。完善公共设施配套，推进城西镇中心小学迁建工作，完成规划方案设计、新校址鱼塘回填、污水主管网铺设等前期工作；启动建筑面积210平方米、藏书6000余册的知行书房建设。清收各类拖欠承包租赁费165.3万元，清收各类资源及规范合同管理增加收入97.3万元，清收债权金额35.9万元，规范合同482份，维护群众和村集体利益。

【耕地保护工作获省奖励】2022年，城西镇建立永久基本农田保护牌1个，基本农田保护界桩500个，与村签订责任书21份，与村民签订保护责任卡1400余份，设基本农田保护员21人。落实耕地占补平衡制度，申报占补平衡项目2个、基本农田整理项目1个、工矿废弃地土地复垦项目1个，实施省级投资土地整治项目1个，建设规模500公顷，总投资2700万元，新增耕地面积8公顷。实施岗尚村耕地开垦费投资土地整治项目，建设规模100公顷，总投资920万元，平整土地30余公顷，新建泵站2座、生产桥2座、渡槽2座、涵洞5座、新修水泥路5000余米、渠道5500余米以及其他配套设施。城西镇耕地保护工作被列入江苏省自然资源厅公布的2022年省级耕地保护激励单位名单，获省级镇（道）耕地保护激励单位荣誉和200万元资金奖励。（康文洋）

2022年10月17日，城西镇小镇书房建成投用（康文洋 摄）

宋庄镇

【概况】宋庄镇位于赣榆区东南，紧邻城区。2022年，全镇土地面积50.4平方千米，其中，耕地面积8.08平方千米。海岸线长13千米，潮上、潮间带滩涂73.33平方千米，浅海水域养殖面积36.67万平方千米。全镇辖17个行政村，户籍人口2.95万人，有32个基层党组织，1600余名党员。全镇完成一般公共预算收入2亿元，实现地区生产总值81.03亿元，完成规模以上固定资产投资35亿元。

【产业发展】2022年，宋庄镇围绕新能源、装备制造主导产业，组团外出招商20余次，拜访企业30余家，请进来企业20余家。沙口海产工厂化养殖项目建成启用。孙店、范口、任庄、孟庄、宋庄5个村率先采取“村+公司”模式开展集体经营。完成全镇农业科技入户工作，新增农业科技示范户60户，辐射带动农户600户。扶持发展新康邑煎饼、三洋港海产品深加工、邵庄缢蛏等特色产业，以“赣榆沙光鱼”“赣榆缢蛏”“赣榆虾酱”成功申报国家地理标志商标为契机，打造“老海边”“海小二”“煎饼嫂”“馨茉莉”等富民电商品牌。

【镇村建设】2022年，宋庄镇加快集中居住区建设，投资1.9亿元，推进总占地2.2公顷、建筑面积4.3万平方米的紫荆苑二期工程建设，建成后可安置262户村民。加快路网建设，投资2000万元，实施老青罗线黑化、镇区道路两侧路面改造、通港路黑化等工程，实现镇区慢行系统和环境面貌整体改善提升，方便群众出行。宋庄镇围绕沙口村、四新村、刘郭村打造人居环境示范带。创建全区首家省级美丽宜居生态示范镇，沙口村、四新村创成省级美丽宜居示范村，加快打造刘郭村省级特色田园乡村。制定宋庄镇农村卫生长效管护机制，打造全区首家农村生活垃圾分类试点。

推进养老院标准化创建工作，仁和护理院获评AAA级养老院。

【社会事业】 2022年，宋庄镇引进赣榆高级中学开发区分校入驻，并于下半年招生，打通全镇教育“幼教、小学、初中、高中”全链条，全年拨付540万元支持学校发展。完善校园周边基础配套，投资2000万元，实施赣中开发区校区周边道路景观提升、路灯亮化、景观绿化等工程；投入3100万元，新建开发区幼儿园、小学教学楼，实施市政管网、景观亮化等附属工程；投入1000万元，对宋庄中小学、幼儿园周边及校内道路2万多平方米进行黑化。加大对低保户、特困供养等群体保障力度，全年发放低保金162万元、五保金12万元、临时救助2.8万元，做到应保尽保、应补尽补。推进社会福利，加大困境儿童、残疾人、养老服务投入，发放生活救助金37万元、残疾人补贴160万元、尊老金66万元。

【海产工厂化养殖项目建成启用】 2022年，宋庄镇制定《关于白对虾养殖规范及整治实施方案》，整合资源，创新方法，规划13.33公顷以上连片专项水产养殖区，建成尾水处理设施实现达标排放，白对虾养殖产业转型重生。投资1500余万元，占地面积约20公顷，建成海产工厂化养殖项目。通过高密度、无污染、恒温室、零排放的养殖技术，工厂化养殖青蟹及各色海洋鱼类，实现经济效益与环保效益双提升，打造新型养殖示范样板。 （董悦悦）

2022年7月6日，“水美小镇”宋庄镇全景 （司　伟　摄）

沙河镇

【概况】 沙河镇位于赣榆区西南部，南依新沭河，西襟海陵湖，历史上文教鼎盛、文化荟萃，是人口大镇、物流要镇、商贸重镇和文旅名镇，233国道、267省道、连临高速等穿镇而过，被社会活动家费孝通称为“苏北最大集镇”。2022年，全镇土地面积132.52平方千米，其中，耕地面积74.06平方千米。户籍人口12.03万人，辖52个行政村，有233个基层党组织，3943名党员。全镇完成一般公共预算收入3545万元，实现地区生产总值23.07亿元，完成规模以上固定资产投资13.8亿元。

【产业发展】 2022年，沙河镇锚定“纺织服装加工、循环经济”主导产业定位，强化产业链招商、驻点招商、亲情招商，紧盯纺织、服装辅料、电子加工等项目，优化德尔高科产业园产业质态。加快在谈复合纤维、纺织、激光高科等项目签约落地，推进中腾再生资源拆解、贤瑞丝棉纱和元开滤芯等项目建设，推动国安电子二期、飞之源针织品和正雅针织品等项目全面投产达效。沙河镇完成17个村333.33公顷土地规模流转。做强做优镇乡村振兴产业园，建成蜗牛育种、养殖等温室大棚48栋，“葡萄小镇”钢架大两期全面完工。发展沿233国道特色经济带，打造“十里瓜果长廊”，深化朱屯葡萄、新庄蔬菜等特色种植产业村建设。规范管理物流企业，择优培强规上物流企业。

【镇村建设】 2022年，沙河镇增强执法巡查，打击违法乱建，推进农村环境整治，完成453户农房改善任务，推动基础设施向农村延伸，公共服务向农村覆盖，改善农村人居环境。围绕石梁河水库清水进城行动，推进全域水系联通工程，完成新沭河沿岸村庄污水处理设施及配套管网建设。完成镇区污水处理厂改造。投资8000多万元，完成233国道沙河段全长16.7千米提升改造工作，完成国道侧绿化栽植、立面出新，创建233国道示范路段。完成沙河镇北环路、东大路、工业园区道路铺沥青路工程，构建镇、园区一体化、循环式的“快速路”，畅通镇域路网内循环。完成17家停车场改造，97家维修点和2000多辆重卡全部进驻。加快兴泰便民市场等重点工程建设，畅通新高线、卢朱路等道路循环，提升重点中心镇公共服务水平。推进孟曹埠村86户、3.05万平方米征迁工作。完成石梁河东出入口旅游开发项目详规以及民宿、游客服务中心等规划设计。

【社会事业】 2022年，沙河镇完成城乡居民养老保险征缴2.76万人，为3060名80周岁以上的老人发放尊老金210.72万元，为129名困境儿童发放资金119.76万元，对全镇困难群体做到应保尽保。开展就业培训和招聘会共16场，就业技能培训3530人次，城镇新增就业781人。打造占地面积200平方米的小镇书房“溯沂书房”，藏书6000余册，满足群众阅读需求。盘活原废弃农具厂地块，建设四轨制共12个教学班幼儿园，增设居家养老服务中心。全面启动52个行政村清产核资工作，清查资源问题地块4182个，面积1213.33公顷，涉及承包金额6800.5万元，清查资金问题清单5074个；推进网格化治理，配备专职网格员49人，发放巡逻

2022年6月20日，沙河镇四季果蔬丰收采摘 （王丽施 摄）

车52辆，化解各类矛盾1120起。开展2311名特殊困难群体救助帮扶、妇女儿童权益保障、专项排查整治工作。

【“三整合”改革】 2022年，沙河镇整合39个原有站所，呈现出“大党建、大经济、大治理、大执法”的扁平化管理模式，初步实现“加强党的全面领导，审批服务一窗口、综合执法一队伍、基层治理一网格、指挥调度一中心”的“1+4”改革目标，构建起体制简约、运行高效、多方协同、法治保障的基层治理新格局。以群众办事不出村为工作目标，构建“1+2+52”行政审批服务组织网络，镇区打造设施完备、配套齐全的便民服务中心，殷庄、大岭2个较大片区布局便民服务工作站，52个行政村党群服务中心统一标准设置便民服务大厅。启用“沙河镇行政审批专用章”，由原区、镇13个部门承担的81项标准类审批服务事项依法转由沙河镇便民服务中心统一行使，65%的审批事项当场办结、当场取证，审批效率提速70%以上。 （相福安）

墩尚镇

【概况】 墩尚镇地处赣榆区最南部，位于连云港市区、连云区和赣榆区三区交界处。墩尚镇是赣榆著名战斗一墩尚战斗所在地。2022年，全镇土地面积128.54平方千米，其中，耕地面积38.79平方千米，淡水养殖40平方千米，滩涂湿地30平方千米。下辖29个行政村，户籍人口7.73万人。全镇完成一般公共预算收入3874万元，实现地区生产总值30.68亿元，完成规模以上固定资产投资11.1亿元；居民人均可支配收入3.91万元。

【产业发展】 2022年，墩尚镇新增规上企业6家，限上批零住餐企业9家，高新技术企业申报8家，评审通过江苏杰润管业科技有限公司、江苏旭润机电科技有限公司等5家。规模以上工业增加值6.39亿元；工业应税销售收入15.73亿元；规模以上固定资产投资14.18亿元，其中，规模以上工业投资11.05亿元，增长48.18%；社会消费品零售总额12.06亿元，增长24.17%；实际利用外资及港澳台资100万美元；外贸进出口6409万美元。墩尚镇推进自控设备项目建设，形成临港产业园一体化发展，建设成为赣榆南部规模较大、产值较多、科技含量较高的高质发展新载体。推动联润新材料、福斯特灭菌器、昌悦机械、华云桩业二期、海腾水表二期、大禹水处理二期等项目手续办理，完成投资8亿元。墩尚镇发展园区建设，开展“南拓北扩”工程，向南投入300万元，完成6.07公顷鱼塘平塘及土地征收；向北投入1000万元，完成4家企业、1户住宅拆迁、鱼塘及地上建筑物征收。退渔还耕项目新增耕地214.4公顷，并完成验收；清理虾塘育苗棚1901个，改善河流水质；建立泥鳅养殖示范区200公顷，配备泥鳅尾水治理设备；利用退渔还耕契机，因地制宜发展蔬菜种植、冷链加工，打造优质蔬菜品牌，加快打造千亩蔬菜基地。

【镇村建设】 2022年，墩尚镇实施农房改善项目。总投资2.5亿元的“尚善居”新型农村社区完成工程扫尾、通过市级验收，一期完成3个村庄生态控制区内194户房屋拆除和安置工作，新增耕地约6.67公顷。推进危房改造工作，完成排查农村房屋2.29万户，经网格初判存在安全隐患174户，经专业机构鉴定C、D级危房126户，全部完成整治。完成1980年及以前房屋整改，通过翻建、危房整治和尚善居农房改善搬迁，完成450户。推进农村道路提升改造项目。岭灶村连接罗阳中学的滨河路、河口村204东侧出庄路辅道等建成通车。开展创文和净美家园行动，改善村庄环境。行政村污水处理设施覆盖率100%，自然村覆盖率62%。推进幸福河湖建设工程，西韩村、新生村、南街村、岳韩村、新合村、河口村、东关村的新沭河沿岸河堤滩地3316座散葬坟墓搬迁到百孝园、万福园。

【社会事业】 2022年，墩尚镇做好社会保障工作。发放60周岁以上养老金3612万元，发放尊老金136万元。完成企业职工养老保险补贴187人，失业登记247人，就业困难人员认定159人。新增低保户19户30人，每月补助13484元。全年为508户低保户发放生活保障金485.86万元。办理临时救助17户47人，发放临时救助金3.91万元。办理特困供养9户9人，发放特困供养金106.82万元。墩尚镇开展乡镇创业扶持，

2022年12月10日，墩尚镇双槐村电商园冷库工作场景（司　伟　摄）

成功创业225人次，带动就业人数1038人，开展就业指导培训437人，为乡村振兴提供公益性岗位43个。加强学校安全管理、食品管理、收费管理及周边环境治理，增加中小学教育投入，改善办学条件。强化学校管理，创办特色学校，培养特长人才。推进全民阅读，打造小镇书房、农家书屋。开展全民阅读活动70余场，开展“我的书屋我的梦”“强国复兴有我·我是阅读推广人”等活动，提升全民阅读覆盖面和影响力。

【渔光互补项目启动】 2022年，墩尚镇依托丰富的养殖水面优势，发展新能源产业，依托“公司+基地+农户”的产业化经营模式推广高效养殖，实现一二三产融合发展，渔光互补项目规划用地800公顷，年发电量达8亿千瓦时。养殖户实行电气化养殖，提高养殖效率，惠及农户500户，每年实现养殖业增收3亿元，节约标准煤21万吨。

【“沭洲·尚善居”新型社区建设】 该社区位于墩尚镇新镇区南侧，总投资2.5亿元，占地6.87公顷，建设25幢住宅楼，建筑面积8万平方米，可安置610户，社区集安置、休闲、商贸于一体。项目分为南北两区，2020年8月，开工建设。2022年，北区13幢楼竣工，建筑面积4.8万平方米，安置东关、新合村吴公、河口等老村庄住户340户。南区规划建设12幢住宅楼和2幢附属配套楼。

【“百团进百万企业千万员工”宣讲活动】 8月，墩尚镇开展“百团进百万企业千万员工”宣讲活动，全镇相关部门和企业通过观看安全生产专题片《生命至上》，举行安全生产应急演练，强化企业树立“人民至上、生命至上”的理念，提高安全责任意识和工作责任意识。（王　珉）

优秀退役军人

马守奎 男，赣榆区青口镇人，1985年3月出生，中共党员，2005年12月入伍，先后于黑龙江省公安边防总队某机动中队和某部队服役，先后在班长、区队长、代理排长等岗位履职。2017年1月，荣立个人一等功。2022年4月退出现役，安置于连云港市赣榆区中小学素质教育实践基地。

（庄浩壬）

江苏好人

卢峻长 男，1955年生，连云港市赣榆区厉庄镇电影放映员。1976年，卢峻长高中毕业后被选拔为第一批电影放映员。46年来，从平板车、自行车到机动三轮车，1.5万余场电影放映量见证着卢峻长对电影放映工作的坚守。他曾被文化部授予"全国农村电影普及放映先进工作者"称号。

秦民夫妇 秦民，男，1974年生；仲婷婷，女，1972年生。夫妻二人为连云港市赣榆区青城名邸残疾人之家、彩虹桥心智障碍者家庭互助中心发起人。从1998年投身社会公益以来，秦民夫妇走访帮扶300余个心智障碍者家庭，资助30余名残疾儿童。2020年初，他们牵头自筹20余万元建成"彩虹桥"心智障碍者家庭互助中心，致力于为心智障碍者及家庭建立关爱网络和支持体系。

贺龙广 男，1973年生，连云港市赣榆区抗日山烈士陵园管理处宣教科科长。1997年，贺龙广大学毕业后来到抗日山烈士陵园从事守陵管护工作。25年来，他坚守岗位，登记整理备案3576名英烈，接待来自全国各地10余个省份的烈士遗属、后代，搜集整理革命文物549件。

胥珍珍 女，1989年生，连云港市赣榆区公安局青口派出所三级警长。胥珍珍创新成立"飞天小女警"新媒工作室，自编自导自演反诈主题短视频19期，观看人次50余万，点赞转发量7.3万次。她创新的民警合照正面喊话骗子，被《人民日报》、新华社、央视新闻、光明网、中国警察网等国家级媒体大量省内外媒体相继报道，阅读量超过1000万次。先后立个人三等功1次，获嘉奖1次，2022年5月，被评为"首届港城公安杰出青年卫士"，并以第一名的成绩当选为连云港市公安"金牌反诈宣讲员"。

王笃智 男，1974年生，连云港市柘汪中学教导处主任。1999年，王笃智任教的马站中学（后改名为柘汪二中）是一所地处偏远的农村中学，所在的乡镇路面没有硬化、照明设施不全。他每天在走读生晚自习放学后，骑着摩托车护送孩子们回家。从1人到1个车队，23年来，无论风霜雪雨，他一直坚守在护学路上。

吕从西 男，1987年生，连云港市赣榆区海英草志愿者中心理事长。吕从西从2006年上大学开始投身志愿服务事业。毕业后，他牵头探索政府主导、全社会参与的志愿服务模式，集结爱心单位160余家，建立68个分站，常态化、专业化、品牌化开展公益项目26个，结对帮扶困难家庭65户、孤儿53人，曾获第十二届中国青年志愿者优秀个人奖等荣誉。

（顾绍杨）

获连云港市委、市政府、省厅以上表彰的先进人物

2022年，赣榆区获市委、市政府、省厅以上表彰的赣榆人共计87人。其中，获国家部委及相关部门表彰的6人，获省委、省政府及相关部门表彰的81人。

表19　**2022年获市委、市政府、省厅以上表彰的先进人物一览表**

<table>
<tr><th>序号</th><th>姓名</th><th>单位</th><th>表彰称号</th><th>表彰单位</th></tr>
<tr><td>1</td><td>杨　锐</td><td>赣榆区信访局</td><td>全国信访系统优秀信访局长</td><td>国家信访局</td></tr>
<tr><td>2</td><td>高文龙</td><td>赣榆区交通局</td><td>交通运输部系统建设模范机关先进个人</td><td>交通运输部</td></tr>
<tr><td>3</td><td>邱孟根</td><td>赣榆区农业农村局</td><td>全国农村集体产权制度改革工作先进个人</td><td>农业农村部</td></tr>
<tr><td>4</td><td>彭言强</td><td>赣榆区农业农村局</td><td>渔业执法系列专项行动工作突出个人</td><td>农业农村部、公安部、中国海警局</td></tr>
<tr><td>5</td><td>穆家伟</td><td>柘汪镇卫生院</td><td>慢阻肺病高危人群早期筛查与综合干预项目优秀工作人员</td><td>全国慢阻肺病高危人群早期筛查与综合干预项目管理办公室</td></tr>
<tr><td>6</td><td>赵　杰</td><td>赣榆区农业农村局</td><td>最美统计员</td><td>农业农村部畜牧兽医局</td></tr>
<tr><td>7</td><td>张　军</td><td>沙河镇人民政府</td><td>江苏省乡村振兴先进个人</td><td>江苏省委、省政府</td></tr>
<tr><td>8</td><td>李家学</td><td>海头镇大官庄村党总支书记</td><td>江苏省乡村振兴先进个人</td><td>江苏省委、省政府</td></tr>
<tr><td>9</td><td>卢华伟</td><td>海头中心小学</td><td>教学成果奖</td><td>江苏省人民政府</td></tr>
<tr><td>10</td><td>韦庆英</td><td>赣榆第一中学</td><td>江苏省第十二届精神文明建设“五个一工程”荣誉奖</td><td>江苏省委宣传部</td></tr>
<tr><td rowspan="4">11</td><td rowspan="4">杨红萍</td><td rowspan="4">赣榆区人民检察院</td><td>2022年度江苏省优秀共青团干部——团支部书记专项</td><td>江苏省委宣传部</td></tr>
<tr><td>江苏“最美法治人物”</td><td>江苏省委宣传部</td></tr>
<tr><td>第八批江苏省“岗位学雷锋标兵”</td><td>江苏省委宣传部、江苏省文明办</td></tr>
<tr><td>全国青少年普法教育优秀辅导员</td><td>最高人民检察院</td></tr>
<tr><td>12</td><td>汪姝含</td><td>赣榆区检察院</td><td>全省检察机关司法警察警务技能标兵</td><td>江苏省人民检察院</td></tr>
<tr><td>13</td><td>董洪利</td><td>赣榆区检察院</td><td>全省检察机关扫黑除恶斗争先进个人</td><td>江苏省人民检察院</td></tr>
<tr><td>14</td><td>李　明
李小芹</td><td>赣榆区检察院</td><td>《如何做好轻伤害案件和解工作》被评为第四批江苏省检察教育培训优秀课程</td><td>江苏省人民检察院</td></tr>
<tr><td>15</td><td>刘　丽</td><td>赣榆区人民法院</td><td>全省法院第三十三届学术讨论会优秀奖</td><td>江苏省高级人民法院</td></tr>
<tr><td>16</td><td>杨薇薇</td><td>赣榆区人民法院</td><td>全省法院第三十三届学术讨论会优秀奖</td><td>江苏省高级人民法院</td></tr>
<tr><td>17</td><td>臧明宏</td><td>赣榆区检察院</td><td>2022年度全国检察宣传先进个人</td><td>检察日报社</td></tr>
</table>

续表19

序号	姓名	单位	表彰称号	表彰单位
18	周小江	赣榆区公安局交通警察大队海头中队	江苏省公安厅交警总队优秀宣传员	江苏省公安厅交警总队
19	郭彦翠	塔山中学	教育系统先进个人	江苏省教育厅、江苏省人力资源和社会保障厅
20	单　霞	赣榆中等专业学校	江苏省教学名师	江苏省教育厅
21	吴玉涛	龙河小学	江苏省首届实验操作大赛组织工作先进个人	江苏省教育厅
22	阮洪涛	城西中学	科技教育校长	江苏省教育厅
23	仲赛男	城西中学	科技教育辅导员	江苏省教育厅
24	王顺利	海头初级中学	2022年江苏教师年度人物	江苏省教育厅
25	尤云云	赣榆区司法局	“法律明白人”培育工作成绩突出个人	江苏省司法厅
26	李大专	青口镇农路管理站	江苏省乡土人才大师工作室领办人	江苏省人力资源和社会保障厅
27	孙　慧	赣榆区工信局	全省工信系统先进工作者	江苏省人力资源和社会保障厅、江苏省工业和信息化厅
28	王　勇	赣榆初级中学	省“333高层次人才”第三层次培养对象	江苏省人才办、江苏省人事厅
29	陈跃香	赣榆中等专业学校	江苏省第六期“333工程”第三层次培养对象	江苏省人才办、江苏省人社厅
30	徐建华	赣榆区生态环境局	污染防治攻坚专项行动标兵个人	江苏省生态环境厅
31	汪海洋	赣榆区司法局	2022年度后续照管工作成绩突出个人	江苏省戒毒管理局
32	周　慧	赣榆区博物馆	江苏省第二批红色旅游五好讲解员	江苏省文化和旅游厅、江苏省文物局
33	王　晨	赣榆区行政审批局	第二届全省市场主体数据分析大赛三等奖	江苏省市场监管局
34	王传堂	赣榆区行政审批局	第二届全省市场主体数据分析大赛三等奖	江苏省市场监管局
35	梁　晨	赣榆区行政审批局	第二届全省市场主体数据分析大赛三等奖	江苏省市场监管局
36	李常华	赣榆区卫健委	爱国卫生运动70周年表现突出个人	江苏省爱卫会
37	汪志愿	柘汪镇卫生院	防护服规范脱卸优秀标兵	江苏省新冠疫情联防联控指挥部
38	张　波	赣榆区气象局	2022年度江苏省气象局观测网络业务先进个人	江苏省气象局
39	李润波	赣榆邮政管理局	全省邮政管理系统邮政管理标兵	江苏省邮政管理局
40	伏在江	赣榆区总工会	2022年度全省“十佳集体协商指导员”	江苏省总工会
41	张玉龙	赣榆区教育局	江苏新疆西藏青海少年儿童“手拉手”活动先进个人	共青团江苏省委
42	钱荟竹	赣榆区海英草志愿者中心	2022年度江苏省优秀共青团员	共青团江苏省委
43	安继伟	青口镇安庄村	2022年度江苏省优秀共青团干部	共青团江苏省委

续表19

序号	姓名	单位	表彰称号	表彰单位
44	仲启强	塔山镇官庄村	“江苏省乡村振兴青年先锋”	共青团江苏省委
45	李加朋	城头镇农业农村和社会事业局	“江苏省乡村振兴青年先锋”	共青团江苏省委
46	田红艳	个体户	省最美家庭	江苏省妇女联合会
47	李瑶潇	中国移动赣榆分公司	省最美家庭	江苏省妇女联合会
48	李淑娟	个体户	省五好家庭	江苏省妇女联合会
49	仲　翠	赣榆区妇联	江苏省巾帼建功标兵	江苏省妇女联合会
50	闫　寒	海头小学	省绿色家庭	江苏省妇女联合会、江苏省文明办、江苏省生态环境厅、江苏省农业农村厅
51	莫延安	赣榆区烟草专卖局	江苏省第五届“书香家庭”	江苏省妇联、江苏省全民阅读办
52	王　浩	共青团赣榆区委员会	江苏大学生志愿服务乡村振兴计划优秀志愿者	江苏省大学生志愿服务乡村振兴计划省项目管理办公室
53	郭　锐	塔山镇人民政府	江苏大学生志愿服务乡村振兴计划优秀志愿者	江苏省大学生志愿服务乡村振兴计划省项目管理办公室
54	来　静	城西镇人民政府	江苏大学生志愿服务乡村振兴计划优秀志愿者	江苏省大学生志愿服务乡村振兴计划省项目管理办公室
55	张　岚	共青团赣榆区委员会	江苏大学生志愿服务乡村振兴计划优秀志愿者	江苏省大学生志愿服务乡村振兴计划省项目管理办公室
56	韩　娟	徐山中学	连云港市普通中学优秀班集体	连云港市委
57	张孝庆	赣榆区畜牧兽医站	连云港市“后发先至”经济发展先进个人	连云港市委、市政府
58	张绪清	连云港海娃食品有限公司	连云港市“后发先至”经济发展先进个人	连云港市委、市政府
59	王　帅	江苏西德电梯有限公司	连云港市“后发先至”经济发展先进个人	连云港市委、市政府
60	张泽生	江苏金凌创联新材料有限责任公司	产业项目推进优秀企业家	连云港市委、市政府
61	侍述康	赣榆高新技术产业开发区管理委员会（筹）招商局负责人	连云港市“后发先至”经济发展先进个人	连云港市委、市政府
62	张连培	赣榆区商务局	连云港市“后发先至”经济发展先进个人	连云港市委、市政府
63	沈学乾	柘汪镇	连云港市“后发先至”经济发展先进个人	连云港市委、市政府
64	孙明亮	宋庄镇	连云港市“后发先至”经济发展先进个人	连云港市委、市政府
65	冯镇方	塔山镇	连云港市“后发先至”经济发展先进个人	连云港市委、市政府

续表19

序号	姓名	单位	表彰称号	表彰单位
66	谭　平	沙河镇新兴村闫庄	连云港市“后发先至”社会治理先进个人	连云港市委、市政府
67	庄雪玲	宋庄镇范口村	连云港市“后发先至”社会治理先进个人	连云港市委、市政府
68	苗润刚	赣榆区委政法委	连云港市“后发先至”社会治理先进个人	连云港市委、市政府
69	马文超	班庄镇古城村	连云港市“后发先至”社会治理先进个人	连云港市委、市政府
70	董潇文	赣榆区人民检察院	连云港市“后发先至”社会治理先进个人	连云港市委、市政府
71	张文娟	赣榆区人民法院	连云港市“后发先至”社会治理先进个人	连云港市委、市政府
72	幸洪	赣榆区委政法委	连云港市“后发先至”社会治理先进个人	连云港市委、市政府
73	韩凯	赣榆区委宣传部	连云港市“后发先至”社会治理先进个人	连云港市委、市政府
74	吕恒刚	赣榆区劳动监察大队	连云港市“后发先至”社会治理先进个人	连云港市委、市政府
75	焦祥峰	赣榆区消防救援大队	连云港市“后发先至”社会治理先进个人	连云港市委、市政府
76	范强	赣榆区黄海路消防救援站	连云港市“后发先至”社会治理先进个人	连云港市委、市政府
77	周汪平	赣榆区黄海路消防救援站	连云港市“后发先至”社会治理先进个人	连云港市委、市政府
78	邱　冬	柘汪镇农业农村和社会事业局	连云港市“后发先至”经济发展高质量发展类（乡村振兴方面）先进个人	连云港市委、市政府
79	吴晓光	赣马镇黑坡村	全市实施乡村振兴战略先进个人	连云港市委、市政府
80	刘世花	赣榆区农业农村局	评为“后发先至”经济发展高质量发展类（乡村振兴方面）先进个人	连云港市委、市政府
81	冯镇方	塔山镇人民政府	开放型先进经济个人	连云港市委、市政府
82	张　军	沙河镇人民政府	党管武装好书记	连云港市委、市政府、市警备区
83	李　磊	柘汪镇人民武装部	优秀基层武装部长	连云港市委、市政府、市警备区
84	范　勇	赣榆区卫健委	2022年度连云港市优秀人大代表	连云港市人大常委会
85	徐玉玲	和安中学	2022年度连云港市优秀人大代表	连云港市人大常委会
86	陈跃香	赣榆中等专业学校	江苏省教科研先进个人	江苏省教育科学研究院
87	相振港	赣榆实验小学	江苏省教科研先进个人	江苏省教育科学研究院

（年　编）

连云港市五一劳动奖章获得者、第八届道德模范

2022年，赣榆区获连云港市五一劳动奖章者共7人，其中，机关单位1人、企业单位6人。获市第八届道德模范称号1人。

表20　　2022年赣榆区市级五一劳动奖章获得者、第八届道德模范一览表

序号	姓名	表彰称号	工作单位
1	王　康	连云港市五一劳动奖章	江苏海福特海洋科技股份有限公司
2	姜国厚	连云港市五一劳动奖章	连云港市金泰公路工程有限公司

续表20

序号	姓名	表彰称号	工作单位
3	董鸿杰	连云港市五一劳动奖章	江苏西德电梯有限公司
4	徐大伟	连云港市五一劳动奖章	连云港康乐药业有限公司
5	孙　强	连云港市五一劳动奖章	江苏省镔鑫钢铁集团有限公司
6	肖晶晶	连云港市五一劳动奖章	江苏新海石化有限公司
7	李常华	连云港市五一劳动奖章	赣榆区卫生健康委员会
8	秦　民	连云港市第八届道德模范	赣榆区烟草专卖局

（穆　彪）

获正高级职称资格专业人员

2022 年，赣榆区获正高级职称专业人员 54 人，其中，卫生系统 48 人、教育系统 6 人。

表21　**2022年赣榆区获正高级职称资格专业人员一览表**

序号	姓名	单位	资格专业	资格名称
1	贺龙翠	连云港市赣榆区妇幼保健院	妇产科护理	主任护师
2	谢月英	连云港市赣榆区人民医院	妇产科护理	主任护师
3	施玉娟	连云港市赣榆区精神病防治院	护理学	主任护师
4	张　华	连云港市赣榆区人民医院	护理学	主任护师
5	苏　静	连云港市赣榆区人民医院	护理学	主任护师
6	邱　梅	连云港市赣榆区人民医院	内科护理	主任护师
7	李贤侠	连云港市赣榆区人民医院	内科护理	主任护师
8	郑成娟	连云港市赣榆区人民医院	内科护理	主任护师
9	陈志英	连云港市赣榆区中医院	内科护理	主任护师
10	曹高凡	连云港市赣榆区中医院	内科护理	主任护师
11	胡继菊	连云港市赣榆区人民医院	外科护理	主任护师
12	杨　环	连云港市赣榆区人民医院	临床医学检验技术（技）	主任技师
13	尚庆毅	连云港市赣榆区人民医院	临床医学检验技术（技）	主任技师
14	刘　玲	连云港市赣榆区人民医院	医院药学	主任药师
15	陈青林	连云港市赣榆区人民医院	传染病	主任医师
16	孙大伟	连云港市赣榆区人民医院	耳鼻喉（头颈外科）	主任医师
17	刘　涛	连云港市赣榆区疾病预防控制中心	放射医学（医学影像）	主任医师
18	李　勇	连云港市赣榆区人民医院	妇产科	主任医师
19	徐　梅	连云港市赣榆区中医院	妇产科	主任医师
20	樊亚军	连云港市赣榆区人民医院	骨外科	主任医师

续表21

序号	姓名	单位	资格专业	资格名称
21	朱时宝	连云港市赣榆区人民医院	呼吸内科	主任医师
22	张　涛	连云港市赣榆区人民医院	普通外科	主任医师
23	张桂祥	连云港市赣榆区人民医院	普通外科	主任医师
24	夏扣柱	连云港市赣榆区人民医院	普通外科	主任医师
25	陈建曙	连云港市赣榆区人民医院	普通外科	主任医师
26	安利贤	连云港市赣榆区人民医院	神经内科（脑电诊断）	主任医师
27	杨　红	连云港市赣榆区人民医院	消化内科	主任医师
28	徐恒超	连云港市赣榆区中医院	消化内科	主任医师
29	李　敏	连云港市赣榆区人民医院	小儿内科	主任医师
30	熊正根	连云港市赣榆区青口中心卫生院	中医妇科	主任中医师
31	皮苏芹	连云港市赣榆区宋庄镇卫生院	社区（超声、放射、心电）诊断	社区主任医师
32	胡秋梅	连云港市赣榆区石桥中心卫生院	社区（超声、放射、心电）诊断	社区主任医师
33	万学丽	连云港市赣榆区青口中心卫生院	社区妇产科	社区主任医师
34	吕　媛	连云港市赣榆区海头中心卫生院	社区妇产科	社区主任医师
35	成彩霞	连云港市赣榆区宋庄镇卫生院	社区护理	社区主任护师
36	罗　毅	连云港市赣榆区墩尚镇卫生院	社区护理	社区主任护师
37	刘　巍	连云港市赣榆区海头中心卫生院	社区内科	社区主任医师
38	庞振武	连云港市赣榆区宋庄镇卫生院	社区全科	社区主任医师
39	王从富	连云港市赣榆区海头中心卫生院	社区全科	社区主任医师
40	张来利	连云港市赣榆区城头中心卫生院	社区全科	社区主任医师
41	王　磊	连云港市赣榆区塔山镇卫生院	社区全科	社区主任医师
42	李其华	连云港市赣榆区城头镇门河卫生院	社区全科	社区主任医师
43	张周娟	连云港市赣榆区墩尚镇卫生院	社区外科	社区主任医师
44	徐向阳	连云港市赣榆区城头镇门河卫生院	社区外科	社区主任医师
45	李宗梅	连云港市赣榆区黑林中心卫生院	社区医疗技术（技）	社区主任技师
46	董　梅	连云港市赣榆区墩尚镇卫生院	社区预防保健	社区主任医师
47	韦国余	连云港市赣榆区赣马镇第二卫生院	社区预防保健	社区主任医师
48	孟宪珍	连云港市赣榆区柘汪镇马站卫生院	社区中药学	社区主任中药师
49	樊　杰	江苏省赣榆高级中学	物理	正高级教师
50	尚延联	江苏省赣榆高级中学	语文	正高级教师
51	吴庆业	江苏省海头高级中学	语文	正高级教师
52	陆吉龙	赣榆实验中学	生物	正高级教师
53	相振港	赣榆实验小学	语文	正高级教师
54	孙　丽	赣榆经济开发区小学	幼儿园	正高级教师

（杜婷婷）

获省厅级以上表彰的先进集体

2022年，赣榆区委、区政府获全国投资潜力百强区、第二批全国农作物病虫害绿色防控整建制推进县（市、区）、全国信访工作示范县（市、区、旗）、国家知识产权强县建设试点县（市、区）、江苏省第十二届双拥模范城县（区）、江苏省土地执法先进县（市、区）、江苏省知识产权建设示范县（区）、"科创江苏" 试点区县（市、区）、江苏省 "信用便企" 试点地区。赣榆区相关单位获省级以上表彰的先进集体77个，其中，获国家部委及相关部门表彰的11个、获省委、省政府及相关部门表彰的66个。

表22　**2022年赣榆区获省厅级以上表彰的先进集体一览表**

序号	受表彰主体	表彰称号	表彰单位
1	赣榆区检察院第二检察部	2022年打击骗取留抵退税违法犯罪成绩突出集体	国家税务总局、公安部、最高人民检察院、海关总署、中国人民银行、国家外汇管理局
2	赣榆区检察院	2022年度全国检察宣传先进单位	最高人民检察院、检察日报社
3	厉庄镇谢湖村	2022年全国乡村特色产业超亿元村	农业农村部
4	海头镇海前村	2022年全国乡村特色产业超亿元村	农业农村部
5	赣榆区潜园滑雪场、大树村红色体验	中国美丽乡村休闲旅游行（冬季）精品景点路线	农业农村部
6	赣榆区国家现代农业产业园	入围国家现代农业产业园创建公示名单	农业农村部办公厅财政部办公厅
7	苏鲁海产品批发市场	"省部共建" 国家级农产品产地专业市场	农业农村部市场与信息化司
8	石梁河灌区、小塔山水库灌区	国家级节水型灌区两处	中华人民共和国水利部办公厅
9	赣榆区税务局	一星级全国文明号	全国创建青年文明号活动组委会
10	赣榆区工商联	2021—2022年度全国 "四好" 商会的通报	全国工商联办公厅
11	赣榆区科协	全国科普日活动优秀组织单位	中国科协办公厅
12	黑林镇党委	江苏省乡村振兴先进集体	中共江苏省委、江苏省人民政府
13	赣榆区检察院	工商联与检察机关沟通联系机制建设示范单位	江苏省工商业联合会、江苏省人民检察院
14	赣榆区发改委	全省发展改革系统2022年度综合先进单位	江苏省发改委
15	赣榆区教育局	江苏省先进组织奖	江苏省教育厅
		江苏省最佳组织奖	江苏省关工委
16	赣榆区公安局	全省优秀公安基层单位	江苏省人力资源和社会保障厅、江苏省公安厅
17	赣榆区司法局	全省司法行政为民先进集体	江苏省司法厅
		全国组织宣传人民调解工作先进集体	江苏省司法厅
		全国组织宣传人民调解工作先进集体	江苏省司法厅
		全省司法行政系统 "高质量发展" 争先进位奖	江苏省司法厅
		全省推进行政复议体制改革表现突出单位	江苏省司法厅
		全省公共法律服务工作成绩突出集体	江苏省司法厅
18	赣榆区财政局	高标准农田建设获真抓实干督促激励表彰	江苏省人民政府办公厅
		粮食安全责任制落实获真抓实干督促激励表彰	江苏省人民政府办公厅
		移民扶持资金绩效评价获优秀等级表彰	江苏省水利厅、江苏省财政厅

续表22

序号	受表彰主体	表彰称号	表彰单位
19	赣榆区住建局	人防工作先进单位	江苏省人防办
20	赣榆区生态环境局	污染防治攻坚专项行动标兵集体	江苏省生态环境厅
21	区水利局	打好污染防治攻坚战先进集体	江苏省生态环境厅、江苏省人力资源和社会保障厅
		创建江苏省水利厅2022年度幸福河道（段）建设示范工程	江苏省水利厅
22	赣榆区市场监管局	江苏省文明单位	江苏省精神文明建设指导委员会
23	赣榆区史志办	全省党史部门先进集体	中共江苏省委党史工作办公室
24	赣榆区档案局	全省党委办公室（厅）、研究室系统先进集体	江苏省委办公厅、省委研究室、省人社厅
25	共青团连云港市赣榆区委	全省团属报刊宣传工作先进单位	共青团江苏省委
26	区妇幼保健院护理组	获评省巾帼文明岗	江苏省城镇妇女“巾帼建功”活动领导小组、江苏省妇女“双学双比”竞赛活动领导小组、江苏省妇女联合会
27	中碳能源（江苏）有限公司	2022年江苏省五一劳动奖状	江苏省总工会
28	江苏天眼医药科技股份有限公司车间生产二部	2022年江苏省工人先锋号	江苏省总工会
29	赣榆区科协	第三十三届江苏省青少年科技创新大赛优秀组织单位	江苏省青少年科技创新大赛组织委员会
		江苏省全民科学素质大赛团体赛三等奖	江苏省全民科学素质工作领导小组办公室
		全国科技活动周暨江苏省第34届科普宣传周优秀组织单位	江苏省科学技术协会
		“全国科技工作者日”优秀组织单位	江苏省科学技术协会
		江苏省全民科学素质大赛网络赛优秀单位	江苏省科学技术协会
		江苏省“全国科普日”优秀活动主办单位	江苏省科学技术协会
		县级科协创新发展能力提升计划优秀单位	江苏省科学技术协会
		江苏省科技志愿服务及科普中国信息传播工作优秀单位	江苏省科学技术协会
30	赣榆区工商联	工商联与检察机关沟通联系机制建设示范单位	江苏省工商业联合会
		工商联系统先进集体、先进工作者和商会组织先进集体	江苏省人力资源和社会保障厅江苏省工商业联合会
		2021—2022年度江苏省四好商会	江苏省工商业联合会
31	赣榆区供销合作总社	江苏省供销合作社信息宣传先进单位	江苏省供销合作总社
32	墩尚镇	江苏省基层党员冬训工作示范镇	江苏省委宣传部、组织部
33	海头镇	省级经济发达镇培育镇	江苏省委机构编制委员会办公室
		江苏省推进基层整合审批服务执法力量工作先进单位	
34	青口镇后陈社区	江苏省学雷锋优秀志愿服务社区	江苏省志愿服务工作协调小组
35	城西镇	江苏省耕地保护激励镇	江苏省自然资源厅

续表22

序号	受表彰主体	表彰称号	表彰单位
36	金山镇、厉庄镇、石桥镇	第四批省级生态文明建设示范镇、村	江苏省生态环境厅
37	厉庄镇农产品质量安全监管站	第二批五星级乡镇农产品质量安全监管机构	江苏省农业农村厅
38	柘汪镇响石村	新型农村社区治理服务省级示范点建设单位	江苏省民政厅
39	海头镇	全省推进基层整合审批服务执法力量工作先进单位	江苏省编制委员会办公室
40	海头镇信访办	2022年度全省“人民满意窗口”建设质量提升工程先进单位	江苏省政府信访局
41	青口镇信访办	2022年度全省“人民满意窗口”建设质量提升工程先进单位	江苏省政府信访局
42	“彩虹桥”心智障碍儿童互助照料志愿服务项目	第六届江苏志愿服务展示交流会铜奖	江苏省委宣传部、江苏省文明办、江苏省民政厅、共青团江苏省委
43	“柘里友爱益童成长”志愿服务项目和“知心姐姐”关爱帮扶志愿服务项目	江苏省学雷锋优秀志愿服务项目	江苏省志愿服务工作协调小组
44	连云港赣榆港区10万吨级航道南延伸段一期工程	2022年度江苏省公路水运工程平安工地建设省级“示范工程”	江苏省交通运输厅
45	连云港港赣榆港区防波堤二期工程（A段）施工项目（FBD-A-SG2标段）	2022年度江苏省公路水运工程平安工地省级“示范工地”	江苏省交通运输厅
46	赣榆区柘汪镇魏斗沟片麻岩矿	江苏省自然资源厅评为省级绿色矿山	江苏省自然资源厅
47	赣榆海产品电商产业集聚区	第二批江苏省县域电商产业集聚区	江苏省商务厅
48	韩口滨海特色渔村建设项目	江苏人居环境范例奖	江苏省住房和城乡建设厅
49	海头镇海脐新型农村社区、海头镇益海新型农村社区（一期）	江苏省特色田园乡村	江苏省农村住房条件改善和特色田园乡村建设工作联席会议办公室
50	赣榆区文化馆、赣榆区博物馆、石桥镇文化站	全省“最美公共文化空间”	江苏省文化和旅游厅
51	秦山岛	获批国家AAAA级旅游景区	江苏省文化和旅游厅
52	二道街文化商业街区	第三批省级夜间文化和旅游消费集聚区	江苏省文化和旅游厅
		第二批江苏省文化和旅游消费便捷支付示范区	中国银联股份有限公司江苏分公司
53	“融媒体传声新人扬新风”	省优秀妇联融媒体工作案例	江苏省妇女联合会
54	青城名邸残疾人之家	省级“书香残疾人之家”	江苏省残联、江苏省全民阅读办
55	江苏凤凰新华书店集团有限公司赣榆分公司	凤凰新华2022年度先进单位	江苏凤凰新华书店集团有限公司
		凤凰新华2022年度教育服务突出成绩奖；	江苏凤凰新华书店集团有限公司
		凤凰传媒2022年度“发行利润奖”	江苏凤凰出版传媒股份有限公司

（年　编）

表23 **2013—2022年赣榆区国民经济主要指标一览表**

指标名称	计量单位	2013年	2014年	2015年	2016年	2017年	2018年	2019年	2020年	2021年	2022年
一、行政组织											
行政区域面积	平方千米	1514.08	1514.08	1514.08	1514.08	1514.08	1514.08	1514.08	1514.08	1477.46	1477.46
镇（乡）数	个	15	15	15	15	15	15	15	15	15	15
村民委员会数	个	427	427	427	427	427	427	427	427	426	426
居民委员会数	个	42	42	42	42	42	42	37	37	37	39
二、人口											
年末户籍人口	万人	117.85	119.27	119.63	120.30	119.58	119.97	119.81	119.83	119.31	118.45
#非农业人口	万人	53.30	53.94	67.93	69.91	69.82	71.48	71.64	72.98	73.09	73.09
农业人口	万人	64.55	65.33	51.70	50.39	49.76	48.49	48.17	46.85	46.22	45.36
年末总户数	万户	34.32	34.26	34.19	34.23	34.07	34.67	35.20	35.72	37.99	38.15
出生人口	万人	2.42	2.20	1.77	1.36	1.79	1.86	1.25	1.34	0.92	0.80
出生率	‰	20.78	18.59	14.85	11.33	14.94	15.48	10.46	11.18	7.72	6.74
死亡人口	万人	0.25	0.48	0.58	0.30	2.01	0.82	0.72	0.72	0.97	1.35
死亡率	‰	2.15	4.03	4.82	2.52	16.79	6.82	6.02	5.99	8.16	11.41
人口自然增长率	‰	18.63	14.56	10.03	8.81	-1.85	8.66	4.44	5.20	-0.04	-4.67
年末常住人口	万人	96.56	97.43	98.15	98.91	99.48	100.03	100.12	100.42	100.41	99.80
年末常住人口城镇化率	%	47.38	48.69	50.18	51.57	52.94	54.31	55.59	56.70	57.44	58.11
三、地区生产总值	亿元	376.41	426.87	441.93	483.17	543.95	581.60	623.43	631.58	707.50	727.43
第一产业	亿元	56.24	62.20	69.97	76.55	85.53	99.36	107.1	110.88	108.03	116.40
第二产业	亿元	187.55	212.19	211.08	224.66	254.83	263.82	279.65	267.06	308.63	310.26

续表23

指标名称	计量单位	2013年	2014年	2015年	2016年	2017年	2018年	2019年	2020年	2021年	2022年
#工业	亿元	146.39	166.62	154.21	165.99	189.12	181.4	194.27	190.99	212.44	210.8
第三产业	亿元	132.62	152.48	160.88	181.96	203.59	218.42	236.68	253.64	290.84	300.77
人均地区生产总值	万元	3.91	4.40	4.52	4.90	5.48	5.83	6.22	6.30	7.05	7.27
四、农业											
年末耕地面积	千公顷	70.05	68.55	70.04	68.50	68.50	68.49	68.47	68.47	56.41	55.37
农林牧渔业总产值（现价）	亿元	131.79	142.2	154.58	167.55	177.75	181.41	195.51	202.58	202.24	214.6
#农业产值	亿元	41.63	44.02	46.87	48.79	48.63	44.34	45.54	48.5	48.99	50.62
林业产值	亿元	3.72	3.94	4.16	4.38	4.46	2.88	3.28	3.40	2.09	2.06
牧业产值	亿元	19.41	19.78	21.41	23.01	23.71	17.62	21.19	21.89	19.66	22.41
渔业产值	亿元	65.61	72.19	79.63	88.43	97.46	11.20	12.04	122.49	124.42	131.7
农林牧渔业生产情况											
粮食播种面积	千公顷	78.63	79.17	79.14	78.97	78.97	71.50	72.53	72.62	72.71	72.92
粮食总产量	万吨	55.69	56.97	57.02	56.44	56.55	51.61	52.54	52.64	52.63	52.64
油料面积	万亩	22.26	19.46	19.55	19.53	19.53	14.29	14.31	14.31	14.31	14.59
油料产量	万吨	6.98	6.30	6.33	6.34	6.33	4.65	5.15	4.72	4.74	4.95
水果产量	万吨	7.02	6.29	10.57	9.76	18.88	17.69	19.04	15.77	16	16.66
造林面积	千公顷	1.94	1.87	1.51	1.22	0.93	1.02	1.10	0.92	0.20	0.31
木材采伐量	万立方米	1.65	1.43	1.62	3.90	—	—	—	—	—	—
生猪年末存栏数	万头	37.70	29.62	38.03	37.10	36.45	41.70	11.20	23.76	22.05	19.14
生猪全年出栏数	万头	67.46	73.10	71.26	69.51	66.13	66.90	30.80	27.54	34.88	38.35
家禽年末存栏数	万只	462.58	342.64	340.28	343.68	348.28	305.60	334.70	199.50	227.30	248.45
家禽全年出栏数	万只	630.77	907.45	802.24	810.24	806.37	796.7	1107.7	635.57	102.75	403.19
水产品产量	万吨	45.91	45.83	45.78	45.11	44.80	43.92	43.87	43.27	43.4	44.32
五、规模以上工业											
企业个数	个	411	411	437	470	428	236	220	218	236	295
工业总产值	亿元	1084.85	1302.30	1461.03	1635.57	1428.56	506.08	577.23	557.27	695.87	737.79
营业收入	亿元	1062.90	1293.09	1451.40	1625.95	1401.15	516.49	579.87	563.52	752.01	773.62
利税总额	亿元	98.77	150.12	158.60	165.70	150.13	56.74	63.22	48.40	50.86	56.65
#利润总额	亿元	58.86	88.29	97.90	107.19	102.43	24.35	30.20	22.78	16.24	9.96
资产总额	亿元	307.86	467.41	530.94	589.17	420.45	317.95	352.24	347.24	421.69	524.86
六、建筑业											
建筑业总产值	亿元	156.21	140.66	172.32	179.38	216.59	274.89	159.16	136.49	154.23	157.92

续表23

指标名称	计量单位	2013年	2014年	2015年	2016年	2017年	2018年	2019年	2020年	2021年	2022年
房屋施工面积	万平方米	1916.59	1851.58	1581.09	1629.47	2041.37	2611.29	1419.88	1166.89	1319.30	1242.43
从事建筑业活动的平均人数	万人	9.76	7.9	8.87	10.21	10.83	11.97	7.06	6.47	5.56	5.21
利润总额	亿元	7.47	6.29	7.26	8.56	9.54	11.21	5.67	4.52	5.08	4.36
七、固定资产投资											
全社会固定资产投资总额	亿元	262.51	324.66	390.35	460.97	469.97	238.06	265.56	262.85	301.86	303.37
#工业投资	亿元	180.69	211.1	267.83	307.24	363.02	161.01	186.49	178.71	207.21	232.21
规模以上固定资产投资额	亿元	203.08	254.84	306.41	372	465.16	234.56	262.66	262.85	301.86	303.37
#工业投资	亿元	161.61	188.01	239.98	277.99	361.68	159.67	185.66	178.71	207.21	232.21
#房地产	亿元	21.71	23.19	25.01	25.46	16	28.87	33.16	35.61	48.91	31.05
八、国内贸易											
社会消费品零售总额	亿元	106.75	117.05	130.64	145.82	160.37	172.10	182.61	165.44	181.63	184.91
贸易额	亿元	—	—	—	—	—	—	—	598.67	692.38	727.04
#批发业销售额	亿元	—	—	—	—	—	—	—	445.14	507.43	539.33
零售业销售额	亿元	—	—	—	—	—	—	—	139.44	167.27	171.73
住宿业营业额	亿元	—	—	—	—	—	—	—	1.11	1.26	1.27
餐饮业营业额	亿元	—	—	—	—	—	—	—	12.98	16.42	14.71
九、对外经济											
三资企业基本情况											
新批外资项目	个	25	33	16	11	16	11	17	11	7	4
协议利用外资	亿美元	1.89	2.87	1.5	0.98	3.39	1.61	9.34	1.29	1.87	1.33
实际利用外资	亿美元	1.6	1.61	0.59	0.96	1.02	0.95	0.62	1.01	1.15	0.39
对外贸易											
进出口总额	亿美元	4.21	6.28	6.37	5.12	5.98	6.26	11.63	12.13	21.27	27.39
#出口额	亿美元	3.2	4.15	3.7	4.04	4.97	4.99	5.54		6.25	6.95
十、电力											
全社会用电量	亿千瓦时	32.82	35.76	36.29	34.93	37.02	36.11	37.46	39.38	40.21	40.95
#工业用电量	亿千瓦时	24.55	26.93	26.59	24.09	25.5	22.98	23.48	25.59	24.29	23.19
生活用电量	亿千瓦时	4.59	4.59	4.95	5.69	6.13	7.06	7.1	7.34	8.04	9.26
十一、金融											
金融机构存款余额	亿元	213.69	246.68	284.47	327.07	375.97	407.98	497.71	604.18	679.08	748.09

续表23

指标名称	计量单位	2013年	2014年	2015年	2016年	2017年	2018年	2019年	2020年	2021年	2022年
#住户存款	亿元	141.66	163.51	189.12	218.43	245.23	271.26	321.73	368.14	407.94	478.29
金融机构贷款余额	亿元	170.75	204.73	237.13	261.02	297.85	356.16	433.13	541.80	651.32	748.59
#短期贷款	亿元	89.59	92.85	101.04	98.73	108.68	116.88	143.94	167.75	195.37	247.72
十二、财政											
一般公共预算收入	亿元	34.93	40.17	44.51	25.02	23.17	25.81	28.78	30.02	34.81	33.49
一般公共预算支出	亿元	59.47	66.67	75.58	60.22	61.58	69.59	75.65	81.02	89.81	91.79
十三、人民生活											
年末城镇职工人数	万人	9.91	10.10	8.68	7.70	7.56	8.18	4.69	5.02	5.25	5.12
城镇在岗职工平均工资	万元	4.08	4.44	4.74	5.27	6.09	6.51	6.87	7.8	8.47	9.18
全体居民人均可支配收入	万元	—	—	—	—	—	—	—	2.83	3.10	3.24
全体居民人均消费支出	万元	—	—	—	—	—	—	—	1.60	1.94	2.01
城镇居民人均可支配收入	万元	2.15	2.30	2.51	2.72	2.96	3.2	3.45	3.58	3.88	4.02
城镇居民人均消费支出	万元	1.25	1.42	1.54	1.66	1.74	1.84	1.95	1.92	2.27	2.32
农村居民人均可支配收入	万元	1.16	1.24	1.35	1.47	1.61	1.75	1.91	2.03	2.25	2.38
农村居民人均消费支出	万元	0.76	0.87	0.96	1.07	1.15	1.22	1.31	1.26	1.59	1.67
十四、广播电视											
有线电视用户数	万户	14.4	15.1	14.0	13.6	13.3	13.5	13.2	13.6	14.9	15.07
十五、教育											
各类学校数	所	149	149	148	148	146	150	150	152	151	142
#普通中学	所	35	35	35	35	33	35	35	37	37	36
小学	所	108	108	107	107	105	106	106	108	108	101
在校学生数	万人	15.25	15.42	15.86	16.40	16.87	17.5	18.04	18.50	18.76	18.74
#普通中学	万人	5.89	5.67	5.61	5.59	5.77	6.25	6.86	7.49	8.02	8.34
小学	万人	8.34	8.99	9.63	10.13	10.37	10.52	10.52	10.38	10.08	9.69
教职工数	万人	1.22	1.21	1.19	1.27	1.30	1.33	1.36	1.41	1.37	1.36
#普通中学	人	6746	6717	6309	6119	6273	6266	6529	6613	6927	7098
小学	人	4897	4836	5124	6062	6171	6527	6603	6972	6290	6031
专任教师数	万人	1.1	1.09	1.09	1.17	1.21	1.24	1.30	1.34	1.30	1.28

续表23

指标名称	计量单位	2013年	2014年	2015年	2016年	2017年	2018年	2019年	2020年	2021年	2022年
高考本科上线人数	人	3819	3568	3056	2975	4439	4446	3904	4564	4268	4639
十六、卫生											
卫生机构数	个	45	47	47	66	64	48	49	58	58	59
#医院	个	36	37	37	39	39	39	39	39	13	13
医疗床位数	张	2803	2892	3144	4077	4496	4726	5372	5943	6234	6134
#医院	张	1913	2016	2248	2884	3097	3202	3368	3448	3669	3570
卫生技术人员	人	3772	3952	4313	4639	4777	5036	5313	5647	5548	5568
#执业医师	人	1001	1034	1098	1248	1271	1363	1502	1514	1579	1591
十七、社会保障											
城镇职工养老参保人数	万人	7.35	7.45	7.65	7.80	7.88	7.99	8.05	8.21	9.46	9.17
失业参保人数	万人	4.54	4.62	4.67	4.69	4.71	4.72	4.22	4.57	5.06	5.00
城镇职工医疗参保人数	万人	6.98	6.97	7.06	7.16	7.24	7.28	7.32	7.48	7.89	9.33
各类福利院个数	个	16	16	16	16	16	16	16	13	13	13
各类福利院床位数	张	2477	2477	2510	2960	2499	2499	2319	1651	1451	1451
各类福利院收养人数	人	1650	1044	382	384	321	289	261	495	369	350
城镇居民最低保障线人数	人	1279	1209	1141	1122	960	779	656	565	528	451
农村居民最低保障线人数	万人	2.44	2.43	2.39	2.49	2.30	2.03	1.86	1.74	1.70	1.52

注:1. 本表中2021年全区行政区域面积不包括青口盐场。 2. 人均GDP2006年及以后年份按常住人口计算，2005年及以前年份按户籍人口计算。 3. 因2019年地区生产总值核算制度改革，2019年以前的地区生产总值相关数据有部分调整。 4. 因2020年人口普查，2020年以前的常住人口数据有部分调整。

（周传利）

表24

2013—2022年赣榆区国民经济主要比例关系一览表

单位：%

指标名称	2013年	2014年	2015年	2016年	2017年	2018年	2019年	2020年	2021年	2022年
一、地区生产总值中一二三产业比例										
第一产业	14.9	14.6	15.8	15.8	15.7	17.1	17.2	17.5	15.3	16.0
第二产业	49.8	49.7	47.8	46.5	46.9	45.4	44.7	42.3	43.6	42.7
第三产业	35.3	35.7	36.4	37.7	37.4	37.6	38.1	40.2	41.1	41.3
二、全社会固定资产投资与地区生产总值之比	69.7	76.1	88.3	95.4	86.4	40.9	42.6	41.6	42.7	41.7
社会消费品零售总额与地区生产总值之比	32.8	32.0	34.7	35.7	35.1	35.5	34.8	26.2	25.7	25.4

续表24

指标名称	2013年	2014年	2015年	2016年	2017年	2018年	2019年	2020年	2021年	2022年
三、一般公共预算收入占地区生产总值比重	9.3	9.4	10.1	5.2	4.3	4.4	4.6	4.8	4.9	4.6
四、工业增加值占地区生产总值比重	38.9	39.0	40.5	39.9	40.3	31.2	31.2	30.2	30.0	29.0
五、农村居民恩格尔系数	35.9	33.2	33.2	33.0	33.0	32.5	31.6	34.5	32.5	33.4
城镇居民恩格尔系数	37.1	32.4	32.2	32.3	32.1	32.1	32.1	32.8	31.6	31.8
六、农林牧渔业总产值中各业比例										
农业	31.6	30.9	28.5	29.1	27.4	27.5	23.3	23.9	24.2	23.6
林业	2.8	2.8	2.5	2.6	2.5	2.5	1.7	1.7	1.0	1.0
牧业	14.7	13.9	12.8	13.7	13.3	13.1	10.8	10.8	9.7	10.4
渔业	49.8	50.8	46.7	52.8	54.8	54.4	61.6	60.5	61.5	61.4

注：因2019年地区生产总值核算制度改革，2019年以前的地区生产总值相关数据有部分调整。

（周传利）

表25

2022年连云港市各县区主要经济指标一览表

县区名称	东海县	灌云县	灌南县	连云区	海州区	赣榆区	开发区	徐圩新区
地区生产总值绝对量（亿元）	684.49	451.48	480.42	265.26	740.24	727.43	446.31	183.81
进出口总额（亿美元）	7.99	3.37	2.52	25.73	12.83	27.39	38.30	42.97
实际利用外资（亿美元）	0.76	1.18	0.32	1.15	0.88	0.39	3.21	2.02
固定资产全部投资（亿元）	320.23	244.56	164.14	141.59	313.15	303.37	141.42	539.63
固定资产项目投资（亿元）	289.51	215.02	143.63	122.99	211.09	272.32	82.1	539.43
固定资产工业投资（亿元）	287.55	157.08	124.34	80.34	104.43	232.22	68.03	471.61
固定资产工业技改投资（亿元）	40.81	28.63	44.57	9.75	52.66	27.3	27.31	93.24
固定资产高新技术产业投资（亿元）	86.78	39.52	29.95	6.16	62.59	51.53	32.17	14
固定资产制造业投资（亿元）	276.41	134.9	119.71	18.56	90.66	219.13	63.9	430.75
房地产开发商品房销售面积（万平方米）	70.56	62.75	59.38	14.72	104.37	58.29	52.54	2.1
房地产开发商品房销售额（亿元）	54.31	36.64	29.67	11.24	117.64	50.25	38.18	0.61
建筑业总产值（亿元）	120.19	83.31	109.1	49.33	73.57	159.05	20.66	17.21
规模以上工业经济效益（亿元）	360.96	135.2	389.01	479.46	418.9	746.62	734.94	749.01
规模工业耗能（万吨标准煤）	32.90	55.10	349.51	131.78	208.28	279.45	43.39	379.17
规模以上服务业营业收入（亿元）	29.62	8.25	21.97	185.97	201.05	28.7	127.69	118.42
社会消费品零售总额（亿元）	263.15	79.19	95.1	78.14	442.55	184.91	52.97	1.67
批发业销售总额（亿元）	226.39	192.13	171.79	218.08	393.13	539.33	238.93	222.58
零售业销售总额（亿元）	186.26	80.60	79.85	39.56	460.80	171.73	28.73	2.57
住宿业营业额（亿元）	2.57	0.56	0.94	3.28	4.41	1.27	0.19	—
餐饮业营业额（亿元）	9.44	7.13	14.34	12.14	31.76	14.71	2.76	0.96

（周传利）

赣榆区组织机构和领导人名录

中共赣榆区委员会

书　记：吕　洁

副书记：李　莉（女）
任文革（乡村振兴，2月任）
杜其松（挂职，9月任）
臧国徽

常　委：吕　洁
李　莉
任文革
杜其松
臧国徽
郭　鹏（11月免）
邢于全
姜自成
封　波
尹纪生（8月免）
高　站（11月免）
马秀云（女）
张　锐
周著全（8月任）
杨国忠（挂职，8月任）
曹晓飞（乡村振兴，8月任）

赣榆区人大常委会

主　任：毛太乐

副主任：汪晓峰
李启文
徐　健
李　康

赣榆区人民政府

区　长：李　莉（女）

副区长：封　波（11月任）
高　站（11月免）
杨国忠（挂职，8月任）
曹晓飞（乡村振兴，8月任）
周　霞（女）
徐　蓓（女）
邵　胤
谢　斌
顾绍波
张洪起（挂职，8月免）

赣榆区政协

主　席：李　冰

副主席：张自强
王继连
李　安
张文岳
韦庆东

中共赣榆区纪律检查委员会

书　记：姜自成

副书记：相振满
李传亮

常　委：卜曙光
单燕青
刘乃光
孟宏伟

赣榆区监察委员会

主　任：姜自成（兼）

副主任：相振满（兼）
李传亮（兼）

委　员：卜曙光
单燕青
王　婷（女）
孙承晨

赣榆区人民法院

院长、党组书记：杜兴淼

副院长：刘炳海
王召忠
曹　胜

赣榆区人民检察院

检察长、党组书记：肖　楠
副检察长：车莲珠
刘　颢
董洪利

区委工作部门及直属机构

区委办公室（挂“区委研究室、机要局，区国家保密局、区国家密码管理局、区档案局”牌子）
主　任：卢玉旺
副主任：杨　锐（兼）
张来涛
周文密

区委全面深化改革委员会办公室（设在区委办）
副主任：赵　昆（7月免）
陈清华（7月任）
区委机要局
局　长：卢玉旺（兼）
副局长：万永顺

区国家安全领导小组办公室（设在区委办）
主　任：臧国徽（兼，5月任）
简新毅（兼，5月免）
副主任：宋晓红（7月免）

区委组织部（挂“区委非公有制企业和社会组织工作委员会、区公务员局、区委党建工作领导小组办公室”牌子）
部　长：封　波（11月免）
副部长：刘永全（常务）
董　平
房　强（兼）

区委党建办公室
副主任：孙　勇
区公务员局
局　长：董　平

区委非公有制企业和社会组织工作委员会（区委“两新”工委）
书　记：刘永全（兼）
副书记：李　通

区考核工作委员会办公室（设在区委组织部）
副主任：苏来栋

区委宣传部（挂“区政府新闻办公室、区精神文明建设指导委员会办公室、区新闻出版局（区版权局）、区互联网信息办公室”牌子）
部　长：马秀云（女，兼）
副部长：王维志（常务）
刘顺林（7月免）
汤岳峰（7月任）
穆　荔（女）
刘玉洪

区委网络安全和信息化委员会办公室（设在区委宣传部）
副主任：王海涛（7月免）
周云利
仲崇栋（7月任）

区精神文明建设指导委员会办公室
主　任：穆　荔（兼）
副主任：仲崇栋（7月免）

区委统一战线工作部（挂“区委台湾工作办公室、区政府台湾事务办公室、区民族宗教事务局、区政府侨务办公室、区归国华侨联合会”牌子）
部　长：张　锐（兼）
副部长：朱贵涛（常务）
徐允锋（5月免）
郑典萍（女，7月任）
庞　博
杨惠光

区委台湾工作办公室
主　任：杨惠光（兼）
副主任：潘　婷
王如解

区归国华侨联合会
副主席：宋晓红（女，7月任）

区委政法委员会
书　记：邢于全（兼）
副书记：王　喻（常务）
简新毅
王德习

区委机构编制委员会办公室（挂“区事业单位登记管理局”牌子）
主　任：王传苏
副主任：张明超
陈　磊

区事业单位登记管理局
局　长：王传苏（兼）

区委区级机关工作委员会
书　记：杨康泗
副书记：朱传甲
董洪娟（女，7月任）
纪工委书记：董淑习

区委巡察工作办公室（设在区纪委）
主　任：李传亮（兼）
副主任：李江波
熊正荣

区委老干部局（挂“区委离退休干部工作委员会”牌子）
局　长：房　强
副局长：李　平
刘　剀

区委离退休干部工作委员会
书　记：房　强（兼）
副书记（专职）：徐　永

区委党校（挂"区行政学校"牌子）
副校长：顾　涛（常务）
公培丽（女）
王宜起

区行政学校
校　长：郭　鹏（11月免）

区党史地方志工作办公室
主　任：王　淙
副主任：徐学鸿
尹士洁（女）

区档案馆
馆长、党组书记：刘延乐
副馆长：安　源
李　新

区融媒体中心
副主任：王海涛
卢继利
位珊珊（女）
王黎青（女）

区人大常委会工作机构

办公室
主　任：徐维干（7月任）
郑典萍（女，7月免）
副主任：王　阳

研究室
主　任：沈庆敏
副主任：董　玉

监察和司法委员会
主　任：汤岳峰（7月免）
副主任：刘程锋

社会建设和教科文卫委员会
主　任：张仕通
副主任：李　硕（7月任）

财政经济委员会
主　任：李海涛
副主任：汪务诚

农业经济委员会
主　任：刘顺林（7月任）
徐维干（7月免）
副主任：于玉浩

人事代表联络委员会
主　任：李金斗
副主任：闫　波
张秋晨

环境资源城乡建设委员会
主　任：刘入兵
副主任：王佐昆

区政府工作部门及直属机构

区政府办公室（挂"区政府研究室、区政府外事办公室、区政府金融工作办公室"牌子）
主　任：吴　军
副主任：董　琦（1月免）
宓守峰（5月免）
寇新才
杜厚奎（1月任）
相恒让（5月任）

区政府外事办公室
主　任：吴　军（兼）
副主任：陈清华（7月免）
王琨济（7月任）

区政府金融工作办公室
主　任：吴　军（兼）
副主任：王昌永

区发展和改革委员会（挂"区粮食和物资储备局"牌子）
主任、党组书记：张文岳（5月免）
王聪益（5月任）
副主任：曹　玮
张玉伟（7月免）
程德武

区粮食和物资储备局
局　长：张文岳（兼，5月免）
王聪益（兼，5月任）
副局长：徐坡德
盛江海
尚庆功（4月任）

区委教育工委、区教育局
书记、局长：居潘娣
副书记：高旭东
副局长：李　杰

区政府教育督导室（设在区教育局）
主　任：张　波

区科学技术局
局长、党组书记：潘　阳
副局长：田维彬
魏本连

区工业和信息化局
局长、党委书记：黄家友（8月免）
王卫东（8月任）
副局长：倪　阳
刘波永

区公安局
局长、党委书记：谢　斌（兼）
政委、党委副书记：周玉堂（12月免）
朱　峰（12月任）
党委副书记：朱　峰（12月任）
周相体

副局长：周相体
张文祥（12月免）
侯永德
郑　奎（8月任，12月免）

区民政局
局长、党组书记：范　勇（8月免）
宓守峰（8月任）
副局长：陈　源
王道江
王丽萍（7月免）
尹圣连（7月任）
刘浩永

区司法局
局长、党组书记：刘顺航
副局长：王　斌
秦海燕
柴海波

区财政局（挂“区政府国有资产监督管理办公室”）
局长、党组书记：谢春娟
副局长：孙玉霞
徐在流

区政府国有资产监督管理办公室
主　任：谢春娟（兼）
副主任：孙成刚

区人力资源和社会保障局
局长、党组书记：胡　勇
副局长：尹德玲
谭为民（7月免）
王川济（7月任）
周　苇

区住房和城乡建设局（挂“区人民防空办公室、地震局”牌子）
局　长：唐金芝
党委书记：汪官洲
副局长：唐　珂
张　晓

区人民防空办公室
主　任：唐金芝
副主任：孙　璐

区城市管理局（挂“区综合行政执法局”牌子）
局长、党组书记：陈　靖（女，1月免）
董　琦（1月任）
副局长：孙承玉
刘希堂
李修立

区交通运输局
局长、党委书记：李冬明（1月免）
陈　靖（女，1月任）
副局长：张文海
刘国方

区水利局
局　长、党委书记：李超凡
副局长：王宜亮
于　忠
赵德龙

区农业农村局（挂“区乡村振兴局”牌子）
局长、党委书记：于　健
副局长：全传富
仲伟方
陈　洁
刘　惠

区乡村振兴局
主　任：于　健（兼）
副主任：李传吉

区委农村工作领导小组办公室（设在区农业农村局）
主　任：于　健（兼）
副主任：仲冬玲

区商务局
局长、党委书记：王　萍
副局长：舒敏华
秦黎明
张连培

区文体广电和旅游局（挂“区文物局”牌子）
局长、党委书记：赵敏涛
副局长：宋巧艳
许进学（7月任）
金　华（7月免）
李胜海　朱其茂

区卫生健康委员会
主任、党委副书记：范　勇（8月任）
党委书记：董自芳
党委副书记：刘永全（5月免）
祁洪山（7月任）
副主任：祁洪山（7月免）
李海燕
李常华（7月任）

区退役军人事务局
局长、党组书记：王维昊
副局长：马济涛
董站立
陆常青

区应急管理局（9月撤销党组，成立党委）
局长、党委书记：张　波
副局长：庞会来（9月免）
仲仁维
李　波
亓孟云
刘　雷

区安全生产监督管理委员会办公室（设在区应急局）

专职副主任：胡秀娟

区审计局

局长、党组书记：李　军

副局长：董　昊

孟　莉

宋　杨

区行政审批局（挂"区政务服务管理办公室、区大数据管理局"牌子）

局长、党组书记：贺　慧

副局长：徐秀丽

卢华君

徐小永

区大数据管理局

局　长：贺　慧

副局长：王乐炼（9月任）

区市场监督管理局（挂"区知识产权局"牌子）

局长、党委书记：陈昌江

副局长：邹维明（7月任）

张振仁

尹圣连（7月免）

董家农

王鹏起

区统计局

局长、党组书记：王卫东（8月免）

党组书记：张玉伟（7月任）

副局长：张玉伟（7月任）

孙永生

樊继绪

赵　文（7月免）

区医疗保障局

局长、党委书记：张宜梅

副局长：王川济（7月免）

谭为民（7月任）

李雪梅

区委信访局、区信访局

局长、党组书记：杨　锐

副局长：王祥军

黄　臻

夏新刚

区供销合作总社理事会（赣榆供销企业集团公司）

主任、党委书记、总经理：范忠贤

副主任：于　浩

丁　玮

刘复习

监事会主任：英成茂

赣榆经济开发区

党工委书记：邵　胤

管委会主任：李　杰

党工委副书记：李　杰

胡亚玲

管委会副主任：胡亚玲

许进学（7月免）

李光耀（9月任）

黄立业（7月任）

纪工委书记：王　丽

赣榆海洋经济开发区

党委书记：张来涛（7月任）

管委会主任：鲍俊霞（7月免）

董惠民（7月任）

党委副书记：董惠民（7月任）

鲍俊霞（7月免）

副主任：曹军华（7月任）

王　涛（7月任）

王　雷（9月任）

刘春善（7月免）

葛　旭（7月免）

张　玉（7月免）

纪检组长：魏茂松（7月免）

赣榆高新技术产业开发区

党工委书记：顾绍波（1月任）

李运昌（1月免）

管委会（筹）主任：鲍俊霞

管委会（筹）副主任：孙莹莹

刘春善（7月任）

葛　旭（7月任）

董洪松（7月任）

张　玉（7月免）

纪工委书记：魏茂松（7月任）

柘汪临港产业区

党工委书记：张来涛（兼）

管委会（筹）主任：董惠民（兼）

党工委副书记：吴　瑞（7月免）

管委会（筹）副主任：许　进

曹军华

黄富堂

海州湾生物科技园区

党工委书记、管委会（筹）主任：

顾绍波（兼，1月免）

党工委副书记：张文任（兼，1月免）

管委会（筹）副主任：方　舰

陈军波

李世波

抗日山文旅产业园

党工委书记、管委会（筹）主任：

李道江

党工委副书记：张英杰（7月任）

管委会（筹）副主任：

张英杰（7月任）

朱家永（7月任）

仲伟涛

侯宏亮（8月免）

区抗日山文化旅游管理处（挂"区抗日山烈士陵园管理处"牌子）

主　任：（空缺）

副主任：丁永玲（7月任）

区区域治理现代化指挥中心（筹）

主　任：张玉柏

副主任：胡　伟

区小塔山水库管理处

主　任：高圣泉

江苏省赣榆中等专业学校（挂“连云港市赣榆区技工学校”牌子）

校　长：王　慈（5月免）

党委书记：王　慈（5月免）
刘永全（5月任）

党委副书记：柏茂东（5月任）

副校长：柏茂东（5月任）
仲崇柱（5月免）
李　勇
盛　冬

纪委书记：李大吾

连云港市赣榆区技工学校

校　长：王　慈（5月免）

副校长：李　勇

江苏省赣榆高级中学

校长、党委书记：王经军

副校长：徐　谦
樊　杰
张春宁

纪委书记：尚延联

海头高级中学

校长、党委书记：刘兴法

副校长：张俭平
张　雷
董自展

江苏苏海投资集团有限公司

董事长、党委书记：卢　玮（1月免）
张汉卫（1月任）

总经理：张汉卫

监事会主席：孙成刚（兼）

党委副书记：王方杰（5月免）
曹晟（7月任）

副总经理：顾　星
陈　成（7月任）
吴开召（7月任）

纪委书记：苏欣高

连云港金东方港口投资有限公司

董事长：张汉卫（兼，7月免）
吴开召（7月任）

总经理：吴开召

连云港市赣榆城市建设发展集团有限公司

董事长、党委书记、总经理：顾远方

党委副书记：柏　莉

副总经理：李大旭
周　华

纪委书记：王维聪

连云港市创联投资发展有限公司

董事长：顾远方（兼，7月免）
张　哲（7月任）

总经理：顾远方（兼，7月免）

连云港市赣榆农业发展集团有限公司

总经理：空缺

副总经理：顾金伟（主持工作）
陈福美
柏大团
周　兴（7月任）

赣榆物资集团总公司

总经理、党委书记：徐宜超

党委副书记：（空缺）

副总经理：（空缺）

赣榆商业集团总公司

总经理、党委书记：徐宜超（兼）

副总经理：姜军民

区政协工作机构

秘书处

秘书长：韦典余

副秘书长：朱　波

办公室

主　任：朱　波

副主任：刘成艳
程新连

学习文史委员会

主　任：孙传思

副主任：王明芝

提案委员会

主　任：王永涛

副主任：杨　骅

经济科技委员会

主　任：伏新军

副主任：张征昌

社会事业委员会

主　任：王道亮

副主任：仲法维

农业和农村委员会

主　任：张定民

副主任：殷成军

人民团体

区工商业联合会

主　席：王继连（兼）

党组书记：徐允锋（兼，5月免）
郑典萍（7月任）

副主席：刘希胜
张明东
王乐炼（9月免）
尹世能（9月任）

区总工会

主　席：王学济（兼，5月免）

　　　徐　健（兼，5月任）

党组书记：闫德壮

副主席：闫德壮

　　　袁　宏

　　　董自永

共青团赣榆区委员会

书　记：张艺馨（9月任）

副书记：张　童

　　　朱瑞涛（9月任）

区妇女联合会

主席、党组书记：仲　翠

副主席：杨卿云

　　　李利萍（7月任）

区科学技术协会

主席、党组书记：王旭善

副主席：徐宝才

　　　樊东卿（7月免）

　　　贺龙生

　　　徐　超（7月任）

区文学艺术界联合会

主　席：谢春岐

副主席：徐　浩

区残疾人联合会执行理事会

理事长、党组书记：李家华

副理事长：潘庆乐

　　　韦　涌（7月免）

　　　樊东卿（7月任）

区红十字会

会　长：周　霞（兼）

副会长：郭　瑜（常务）

各镇党委、人大、政府、纪委

青口镇

党委书记：李运昌（11月免）

党委副书记（专职）：孙运春

　　　于绪成（7月免）

　　　闫伦菊（7月任）

人大主席：李　斌（7月任）

　　　于绪成（7月任）

党委副书记、政府镇长：周录江

政府副镇长：闫伦菊（7月免）

　　　张　伟

　　　周　青

　　　徐秀清（7月免）

　　　吴丛祥

纪委书记：王同起

柘汪镇

党委书记：

党委副书记（专职）：张家鹏

　　　钟佰均

人大主席：黄兵叶

党委副书记、政府镇长：张来涛

政府副镇长：董惠民

　　　李　清

　　　郑文丽（7月免）

　　　沈学乾

　　　李　强

　　　张玉（7月任）

纪委书记：刘树文

海头镇

党委书记：顾绍波（1月免）

　　　李冬明（1月任）

党委副书记（专职）：朱孟涛

　　　孙中伟（9月任）

人大主席：姜冰厚

党委副书记、政府镇长：张文任

政府副镇长：王　进

　　　李大庆（7月免）

　　　耿晓晨（9月免）

　　　王东升

　　　杜　瑞

　　　王攀明（7月任）

纪委书记：李宝勇

沙河镇

党委书记：张　军

党委副书记（专职）：秦　波

　　　刘永飞

人大主席：邹维明

党委副书记、政府镇长：李　婷

政府副镇长：谌小伟

　　　相庆仁

　　　陈文文（9月免）

　　　朱敬萱

　　　王华州

　　　朱书静（9月任）

纪委书记：辛　宇

班庄镇

党委书记：詹　磊

党委副书记（专职）：闫杰伦

　　　辛作彰

人大主席：徐　阳

党委副书记、政府镇长：王　恕

政府副镇长：李　伟（7月任）

　　　黄立业（7月免）

　　　邵珊珊

　　　宋海宁

　　　王珍珍

　　　徐修鹏（7月免）

　　　梁培志（7月任）

纪委书记：魏　超

墩尚镇

党委书记：李　杰（1月免）

　　　卢　玮（1月任）

党委副书记（专职）：

　　　赵　昆（7月任）

　　　李　硕（7月任）

人大主席：刘顺刚

党委副书记、政府镇长：

　　　相恒让（7月免）

　　　赵　杰（7月任）

政府副镇长：曹　晟（7月免）

　　　李海波

徐希江
韦军余
柏叶霖（7月任）
纪委书记：梁怀省

石桥镇
党委书记：万　鹏
党委副书记（专职）：刘洪明
人大主席：宋龙江
党委副书记、政府镇长：卢　淼
政府副镇长：昝立强
周　倩
孟　阳（9月免）
李庆安
朱传坤（9月任）
纪委书记：王　浩

宋庄镇
党委书记：倪大江
党委副书记（专职）：张　彬
人大主席：王　涛（7月免）
吴　瑞（7月任）
党委副书记、政府镇长：王　钰
政府副镇长：王祥善
刘永强
许元丽
李光耀（9月免）
纪委书记：宋厚莉

赣马镇
党委书记：董淑省
党委副书记（专职）：
张英杰（7月免）
李　敏（7月任）
人大主席：王　亮
党委副书记、政府镇长：李璀华
政府副镇长：李　伟（7月免）
胡　刚（7月任）
朱建明
刘永丽（7月免）
许镇涛
赵统江（7月任）
纪委书记：李　敏（7月免）
孙成军（7月任）

城头镇
党委书记：于维兵
党委副书记（专职）：王都梅
人大主席：郑智强
党委副书记、政府镇长：薛晓晖
政府副镇长：丁　强
卜兴祥
张　琦
苏常霞（7月免）
王延光（7月任）
纪委书记：李珍光

塔山镇
党委书记：王聪益（5月免）
庄国翠（5月任）
党委副书记（专职）：瞿海良
人大主席：马济亮
党委副书记、政府镇长：
庄国翠（5月免）
祁德志（5月任）
政府副镇长：唐邓邓
宋秋忙
赵　波
刘善梁
纪委书记：王　彬

厉庄镇
党委书记：李　振
党委副书记（专职）：陈　刚
人大主席：刘崇良
党委副书记、政府镇长：
赵　杰（7月免）
政府副镇长：胡　刚（7月免）
王泽祥
史雯雯（11月任）
孙　勇
纪委书记：刘盛国

金山镇
党委书记：张克阳
党委副书记（专职）：高维仲
人大主席：姜先亮
党委副书记、政府镇长：高来全
政府副镇长：尹世能（9月免）
耿晓晨（9月任）
卢　毅
李一夫
孙　雷
纪委书记：孙传政

黑林镇
党委书记：谌廷纯
党委副书记（专职）：侍崇锋
人大主席：程中祥
党委副书记、政府镇长：韦婕妤
政府副镇长：朱家永（7月免）
闫　华
刘　哲
谭斌兴
纪委书记：颜景杰

城西镇
党委书记：周　洁
党委副书记（专职）：张新建
人大主席：陈　飞
党委副书记、政府镇长：李伟
政府副镇长：王　雷（9月免）
杨智凯（9月任）
董　伟（7月免）
张　艳（7月任）
刘　超　刘亚军
纪委书记：李毛毛

（袁　牧）

重要文件目录

表26　　2022年赣榆区委、区政府重要文件目录一览表

文号	文件名称	发布日期
赣委发〔2022〕1号	中共赣榆区委、赣榆区人民政府关于做好2022年全面推进乡村振兴重点工作的实施意见	2022年6月15日
赣委发〔2022〕2号	中共赣榆区委、赣榆区人民政府关于赣榆区乡村振兴战略实施情况的报告	2022年1月11日
赣委发〔2022〕3号	中共赣榆区委关于2021年赣榆区意识形态工作责任制落实情况的报告	2022年1月11日
赣委发〔2022〕10号	中共赣榆区委关于我区市十四届政协委员（党外）初步人选酝酿推荐情况的报告	2022年2月11日
赣委发〔2022〕14号	中共赣榆区委关于印发中共赣榆区委常委会2022年工作要点的通知	2022年3月2日
赣委发〔2022〕17号	中共赣榆区委关于督察组交办第十八批信访事项情况报告批示落实情况的报告	2022年4月14日
赣委发〔2022〕18号	中共赣榆区委关于成立中共赣榆区委人才工作领导小组的通知	2022年4月15日
赣委发〔2022〕19号	中共赣榆区委关于督察组交办第二十三批信访事项情况报告批示落实情况的报告	2022年4月20日
赣委发〔2022〕21号	中共赣榆区委、赣榆区人民政府关于印发《全力打响“人到赣榆·如鱼得水”人才品牌加快建设人才工作先行区的若干政策意见》的通知	2022年5月5日
赣委发〔2022〕22号	中共赣榆区委关于督察组交办第二十九批信访事项情况报告批示落实情况的报告	2022年4月26日
赣委发〔2022〕23号	中共赣榆区委、赣榆区人民政府关于成立连云港市赣榆区粮食安全工作领导小组的通知	2022年4月28日
赣委发〔2022〕26号	中共赣榆区委、赣榆区人民政府关于印发赣榆区优化营商环境行动计划的通知	2022年6月23日
赣委发〔2022〕29号	中共赣榆区委、赣榆区人民政府关于全区2021年度综合考核结果的通报	2022年6月30日
赣委发〔2022〕31号	中共赣榆区委、赣榆区人民政府关于印发赣榆区深入打好污染防治攻坚战实施方案的通知	2022年7月14日
赣委发〔2022〕35号	中共赣榆区委关于“整县光伏”网络舆情调查情况的报告	2022年8月20日
赣委发〔2022〕36号	中共赣榆区委印发《赣榆区村党组织书记专业化管理实施办法（试行）》的通知	2022年8月20日
赣委发〔2022〕37号	中共赣榆区委、赣榆区人民政府关于废止和宣布失效一批涉计划生育区委区政府文件的决定	2022年9月5日
赣委发〔2022〕38号	中共赣榆区委、赣榆区人民政府关于表彰2022年教育工作先进单位和先进个人的决定	2022年9月8日
赣委发〔2022〕39号	中共赣榆区委关于区委常委工作分工的通知	2022年10月28日
赣委发〔2022〕40号	中共赣榆区委关于深入学习宣传贯彻党的二十大精神的通知	2022年11月21日

续表26

文号	文件名称	发布日期
赣委发〔2022〕42号	中共赣榆区委关于印发《赣榆区共青团基层组织改革实施方案》的通知	2022年12月5日
赣委发〔2022〕43号	关于恳请支持江苏徐淮地区连云港农业科学研究所落户赣榆的请示	2022年12月15日
赣委发〔2022〕44号	中共赣榆区委、赣榆区人民政府关于赣榆区乡村振兴战略实施情况的报告	2022年12月28日

（闫　梅）

表27　**2022年赣榆区委办公室、区政府办公室重要文件目录一览表**

文号	名称	发布日期
赣委办发〔2022〕1号	区委办公室、区政府办公室关于印发赣榆区突发新冠疫情应急处置指挥体系设置方案的通知	2022年1月4日
赣委办发〔2022〕2号	中共赣榆区委办公室关于认真组织开展2021—2022年度基层党员冬训工作的意见	2022年1月17日
赣委办发〔2022〕3号	区委办公室、区政府办公室关于调整区四套班子领导包镇分工的通知	2022年1月22日
赣委办发〔2022〕4号	区委办公室、区政府办公室关于印发2022年度领导干部定期接待群众来访工作实施方案的通知	2022年1月24日
赣委办发〔2022〕5号	区委办公室、区政府办公室关于印发赣榆区2022年关心下一代工作要点的通知	2022年1月27日
赣委办发〔2022〕6号	区委办公室、区政府办公室印发《关于建立健全“网格实战”工作机制的意见》的通知	2022年1月29日
赣委办发〔2022〕9号	中共赣榆区委办公室关于调整区委巡察工作领导小组组成人员的通知	2022年3月8日
赣委办发〔2022〕10号	中共赣榆区委办公室转发区科协党组《关于筹备召开赣榆区科学技术协会第一次代表大会的请示》的通知	2022年3月30日
赣委办发〔2022〕11号	区委办公室、区政府办公室关于印发开展清产核资专项行动深化五项监管机制工作实施方案的通知	2022年3月30日
赣委办发〔2022〕13号	区委办公室、区政府办公室关于印发《2022年度全区重点工作目标任务分解方案》的通知	2022年4月15日
赣委办发〔2022〕14号	中共赣榆区委办公室印发《关于苏海集团纪检监察机构设置有关事项的意见》的通知	2022年4月16日
赣委办发〔2022〕15号	中共赣榆区委办公室关于印发《中共赣榆区委全面深化改革委员会2022年工作要点》的通知	2022年4月16日
赣委办发〔2022〕16号	区委办公室、区政府办公室、区政协办公室关于印发《政协赣榆区委员会2022年协商计划》的通知	2022年4月22日
赣委办发〔2022〕17号	区委办公室、区政府办公室关于表彰全区人才工作先进单位和重才爱才伯乐企业的决定	2022年5月5日
赣委办发〔2022〕18号	区委办公室、区政府办公室关于进一步强化粮食安全工作的意见	2022年4月27日
赣委办发〔2022〕23号	区委办公室、区政府办公室关于印发《区委常委会成员、区政府领导班子成员2022年安全生产重点工作清单》的通知	2022年6月9日

续表27

文号	名称	发布日期
赣委办发〔2022〕24号	中共赣榆区委办公室关于印发2022年度全面从严治党责任清单的通知	2022年6月9日
赣委办发〔2022〕25号	区委办公室、区政府办公室关于印发赣榆区“优化营商环境攻坚年”专项行动实施方案的通知	2022年6月23日
赣委办发〔2022〕26号	中共赣榆区委办公室关于印发《连云港市赣榆区侨联改革实施方案》的通知	2022年6月23日
赣委办发〔2022〕27号	区委办公室、区政府办公室关于印发《赣榆区统计工作委员会工作职责》的通知	2022年6月30日
赣委办发〔2022〕39号	中共赣榆区委办公室关于邀请市委、市政府主要领导参加中粮油脂连云港基地项目签约仪式的报告	2022年7月31日
赣委办发〔2022〕40号	区委办公室、区政府办公室关于调整区海防委员会组成人员和办公室设置的通知	2022年8月2日
赣委办发〔2022〕41号	区委办公室、区政府办公室印发《关于进一步加强各镇食品安全建设的实施方案》的通知	2022年8月4日
赣委办发〔2022〕42号	中共赣榆区委办公室关于印发《连云港市赣榆区档案馆职能配置、内设机构和人员编制规定》的通知	2022年8月25日
赣委办发〔2022〕47号	中共赣榆区委办公室关于印发《中共连云港市赣榆区纪律检查委员会、连云港市赣榆区监察委员会机关职能配置、内设机构和人员编制规定》的通知	2022年10月8日
赣委办发〔2022〕48号	中共赣榆区委办公室印发关于推动党史学习教育常态化长效化实施意见的通知	2022年10月8日
赣委办发〔2022〕49号	中共赣榆区委办公室印发关于当前我区意识形态领域形势通报的通知	2022年10月8日
赣委办发〔2022〕50号	中共赣榆区委办公室关于印发郜虎林、马士光、吕洁在省委第九巡视组巡视赣榆区工作动员会上的讲话	2022年10月12日
赣委办发〔2022〕51号	区委办公室、区政府办公室关于印发赣榆区追赃挽损专项行动工作方案的通知	2022年10月17日
赣委办发〔2022〕52号	区委办公室、区政府办公室印发关于深化全区应急管理综合行政执法改革实施方案的通知	2022年10月17日
赣政办发〔2022〕1号	关于印发《全区交办消防安全隐患突出问题集中攻坚行动工作方案》的通知	2022年1月29日
赣政办发〔2022〕2号	关于印发连云港市赣榆区国家知识产权强县建设工作方案（2022—2024年）的通知	2022年2月15日
赣政办发〔2022〕3号	关于印发进一步加强赣榆区基层消防工作的实施意见的通知	2022年2月15日
赣政办发〔2022〕4号	关于调整创建江苏省连云港市赣榆区国家现代农业产业园工作领导小组人员的通知	2022年3月4日

续表27

文号	名称	发布日期
赣政办发〔2022〕5号	关于调整江苏省连云港市赣榆区国家现代农业产业园（创建）管委会人员的通知	2022年3月10日
赣政办发〔2022〕6号	关于印发2022年区政府规范性文件制定计划的通知	2022年3月31日
赣政办发〔2022〕7号	关于进一步规范国有不动产出租行为的通知	2022年4月14日
赣政办发〔2022〕8号	关于印发《赣榆区制造业智能化改造和数字化转型实施方案》的通知	2022年4月20日
赣政办发〔2022〕9号	关于印发赣榆区农村寄递物流体系建设实施方案的通知	2022年5月11日
赣政办发〔2022〕10号	关于印发赣榆区“十四五”产业发展规划等专项规划的通知	2022年5月24日
赣政办发〔2022〕11号	关于印发赣榆区助企惠民20条政策的通知	2022年5月26日
赣政办发〔2022〕12号	关于印发《关于支持多渠道灵活就业的若干措施》的通知	2022年6月10日
赣政办发〔2022〕14号	关于印发赣榆区“进千企、解难题、促发展”大走访活动实施方案的通知	2022年6月14日
赣政办发〔2022〕15号	关于公布2022年度区政府重大行政决策事项目录的通知	2022年6月24日
赣政办发〔2022〕17号	关于印发赣榆区中小微企业应急转贷资金管理办法的通知	2022年7月11日
赣政办发〔2022〕18号	关于印发赣榆区完善税费协同共治体系实施意见的通知	2022年10月12日
赣政办发〔2022〕19号	关于印发赣榆区加强沿海地区船舶出海管理百日行动工作方案的通知	2022年8月1日
赣政办发〔2022〕20号	关于印发赣榆区淮河流域入河排污口排查整治专项行动工作方案的通知	2022年8月8日
赣政办发〔2022〕21号	关于印发赣榆区妇女发展规划（2021—2025年）和赣榆区儿童发展规划（2021—2025年）的通知	2022年10月30日
赣政办发〔2022〕22号	关于公布赣榆区行政许可事项清单的通知	2022年10月28日
赣政办发〔2022〕23号	关于成立连云港市赣榆渔港经济区建设工作领导小组的通知	2022年10月8日
赣政办发〔2022〕24号	关于印发连云港市赣榆区家庭农场经营者基本养老保险补贴办法的通知	2022年11月1日
赣政办发〔2022〕25号	关于印发赣榆区打击野生动植物非法贸易联席会议制度方案的通知	2022年12月7日
赣政办发〔2022〕26号	关于印发赣榆区气象灾害应急预案的通知	2022年12月19日
赣政办发〔2022〕27号	关于印发连云港市赣榆区气象灾害预警信息快速发布与传播实施细则的通知	2022年12月19日
赣政办发〔2022〕28号	关于落实“食品三小”安全监管责任的实施意见	2022年12月20日
赣政办发〔2022〕29号	关于调整黄海粮油科技产业园及中粮油脂连云港基地项目建设指挥部成员的通知	2022年12月30日
赣政办发〔2022〕30号	关于印发赣榆区城乡物流服务一体化发展三年行动计划（2021—2023年）实施方案的通知	2022年5月30日
赣政办发〔2022〕31号	关于印发赣榆区农村物流达标县建设实施方案的通知	2022年6月27日

（闫　梅　李　森）

重要文件辑存

连云港市赣榆区国家知识产权强县建设工作方案(2022–2024年)

赣政办发〔2022〕2号

为贯彻落实《国家知识产权局办公室关于面向城市、县域、园区开展知识产权强国建设试点示范工作的通知》(国知办函 运字〔2021〕1197 号)要求,江苏省知识产权局《关于开展知 识产权强国建设试点示范工作的通知》(苏知发〔2022〕2号)的精神和要求,全面推进我区知识产权工作,切实提升我区知识产权创造、运用、保护、管理和服务水平,更好地推动创新驱动发展战略实施,特制定本方案。

一、指导思想

深入贯彻党的十九大精神,全面落实习近平总书记系列重要讲话精神,主动适应经济发展新常态,把握“强服务、强政策、强机制、强投入、强考核”的总基调,更加突出科技创新在发展全局中的核心地位,以增强区域自主创新能力和综合竞争力为核心,以加快经济发展方式转变为主线,以打造知识产权密集型产业为主攻方向,以优化知识产权法制环境为保障,不断创新、完善知识产权创造体系、运用体系、保护体系、管理体系和服务体系,着力培育一批具有核心自主知识产权的产品和企业,着力构建以知识产权为支撑的现代产业体系,着力完善有利于知识产权发展的体制机制,大幅提升知识产权对经济增长的贡献率,为我区实施创新驱动发展战略提供强有力支撑。

二、实施原则

(一)改革创新。加强全区知识产权工作管理体系建设,造就一批高水平的知识产权专业人才队伍,改革创新体制机,破除制约知识产权事业发展的障碍,充分发挥知识产权制度在激励创新、促进创新成果合理分享方面的关键作用,推动企业提质增效、产业转型升级。

(二)典型示范。选择一批知识产权工作成效突出、产业特色明显、发展潜力大的企业,通过重点特色项目的实施,进一步提升区域内知识产权综合实力,发挥典型示范作用,带动全区知识产权整体水平的提高。

(三)市场主导。发挥市场配置创新资源的决定性作用,强化企业创新主体地位,着力建立公共知识产权服务体系,促进创新要素向企业聚集,培育一批具有较强市场竞争力的知识产权密集型企业和知识产权密集型产业。

三、目标与任务

(一)主要目标

促进全区知识产权创造卓越、运用高效、保护有力、管理科学、服务优质、人才集聚,知识产权发展主要指标达到全市先进水平,知识产权对经济社会发展的支撑和推动作用充分显现。2022年建成国家知识产权强县建设试点示范县,到2024年,知识产权政策、法规体系基本完善;工作、服务体系基本完整;知识产权管理规范;知识产权密集型企业达到50家,形成机械制造、生物化工两大知识产权优势产业,规模以上工业企业专利覆盖面达到90%以上,高新技术企业发明专利基本实现全覆盖;参与知识产权贯标企业超过60家,参与知识产权优势、示范创建企业达到10家以上;专利产出结构更加合理,发明、实用新型专利占比达到60%以上,万人有效发明专利突破4件。

(二)重点任务

1.积极培育高质量知识产权。鼓励企业与高校、科研院所整合创新资源,联合开展技术攻关。推动企业、高校院所、知识产权服务机构加强合作,围绕我区新兴产业和优势产业,在主要技术领域创造一批创新水平高、权利状态稳定、市场竞争力强的高价值专利。不断加大对企业知识产权创造的支持力度,特别对于新授权的发明、实用新型专利,其授权所需费用予以全额资助。

2.强化企业知识产权管理标准化建设。以高新技术企业和科技型企业为重点,大力推行国家《企业知识产权管理规范》,指导企业建立科学化、标准化的知识产权管理制度,选择创新能力较强的企业,实施企业知识产权战略推进计划,推动企业将知识产权管理融入研发、生产、销售全过程,不断增强企业知识产权获取、维护、运用和保护能力,全面提升企业核心竞争力。对企业开展知识产权管理标准化示范创建工作并通过国家认证或省级绩效考核的给予一定奖励。

3.打造知识产权密集型企业。实施知识产权密集型企业培育计划,遴选一批具有较强创新实力、较大品牌优势、良好发展潜质的骨干企业,实施知识产权密集型企业培育计划。同等条件下优先支持知识产权密集型企业建设高水平的研发机构、实施科技计划项目,努力集聚高层次知识产权人才和团队,创造引领产业发展的知识产权成果。对获批的国家知识产权优势企业、示范企业给予一定奖励。

4.培育知识产权密集型产业。着力培育专利密集型、商标密集型、版权密集型等知识产权密集型产业，抢占产业的制高点。设立知识产权密集型产业培育专项资金，支持密集型企业培育、密集型产品运用推广、知识产权密集型产业发展、公共服务平台建设。

5.推动知识产权运营。鼓励社会资本投资设立专业化知识产权运营公司，促进知识产权商业化运营，开展发明价值评估、许可转让等工作，推动知识产权流动转化。建立健全多元化、多层次、多渠道的知识产权投融资体系，鼓励金融机构支持知识产权产业化，创新金融产品，改进运营模式，扩大信贷规模。加快推进知识产权运营与交易体系建设，积极搭建区域技术与知识产权交易平台。

6.严格知识产权执法，完善知识产权保护体系。以全区各类商贸流通企业聚集区、商业街区、专业市场及本地区的电子商务平台为重点检查和整治对象开展执法，严厉打击侵权假冒违法行为，对情节严重的，依法予以行政处罚。加大对小微企业知识产权保护援助力度，构建公平竞争的创新创业环境。强化知识产权行政执法机构和队伍建设，优化行政执法资源配置，提高知识产权行政执法保护质量，提升全社会知识产权保护意识。加强部门协作联动，建立完善案件移送、案情通报、信息共享、委托调解、沟通协调等制度，努力形成知识产权保护合力。

7.健全知识产权管理体系。把知识产权工作纳入区委、区政府工作的重要议程，充分发挥区实施知识产权强省建设区域示范工作领导小组的作用，统筹协调全区的知识产权工作。合理配备区知识产权局及各乡镇知识产权管理人员，并将开展知识产权工作的绩效作为目标考核各乡镇的重要指标之一；在区内重点企业内部建立知识产权工作机制，配备专（兼）职知识产权工作人员。

8.加强知识产权服务机构建设，加快知识产权人才队伍培养。吸引高水平知识产权服务机构到我区设立分支机构，支持服务机构开展特色化、高端化服务，实施知识产权服务能力提升工程。大力开展知识产权管理、执法、服务等专业人才培训，加大知识产权工程师、知识产权总监培训力度，加快培养高层次企业知识产权人才。支持企业事业单位创新人才引进方式，完善薪酬制度，使知识产权人才引得进、留得住、用得好。

四、实施步骤

（一）动员部署（2022年1月）。成立实施国家知识产权 强县建设试点示范县工作领导小组，制定工作方案，明确职责分工，进行工作部署，全面启动开展创建活动。

（二）申请创建（2022年2月-3月）。根据督查情况和自评，由区政府向省知识产权局提出实施国家知识产权强县建设试点示范县工作申请。

（三）督查推进阶段（2022 年 4月-2024年6月）。各部门按照工作方案组织实施，创建领导小组对创建工作开展督查并将相关信息通报各创建单位。

（四）检查考核阶段（2024年7月-2024年10月）。按照工作方案，区政府创建工作领导小组对照考核职责分工及任务分解表，对全区参与创建的成员单位进行考核，考核结果应用于区政府对部门年度综合目标考核。

（五）总结完善和迎接验收阶段（2024年11月-12月）。总结经验和做法，提升全区知识产权工作水平。根据工作方案，按时迎接验收考核。

五、保障措施

（一）加强组织领导和考核监督。成立赣榆区实施国家知识产权强县建设试点示范县工作领导小组，由区主要领导任组长，区分管领导任副组长，负责组织、协调、统筹知识产权强省建设区域示范工作。领导小组办公室设在区知识产权局，负责日常工作。强化对知识产权工作的考核监督，健全国家知识产权强县建设试点示范县统计制度，完善知识产权统计监测工作。

（二）加大财税和金融的支持力度。设立知识产权专项资金，区财政投入的知识产权专项经费逐年增长，调整专利资助政策导向，重点资助发明专利和 PCT 专利，加大对专利大户、高质量专利及优秀发明人的奖励，加大对于驰名、著名、知名商标及优秀著作权作品、软件著作权登记等的奖励力度。着力引导企业建立知识产权体系，培育知识产权密集型产业。

（三）深化宣传引导。积极营造知识产权氛围，将知识产权宣传作为日常性、基础性的工作来抓，通过互联网、电视、报纸等媒体，开展多层次、多渠道、多形式的知识产权宣传培训活动，立体式地强化全民的知识产权意识；重点抓好“4·26世界知识产权日”“中国专利周”“知识产权保护宣传周”和“12·4 法制宣传日”等重要活动的宣传工作。在科技型企业内普遍开展知识产权培训,牢固树立各类员工的知识产权意识，强化企业主体的知识产权创造、运用、管理和保护能力。

全力打响"人到赣榆·如鱼得水"人才品牌加快建设人才工作先行区的若干政策意见

赣委发〔2022〕21号

为深入贯彻中央、省委、市委人才工作会议精神，把人才战略资源摆上发展战略地位，实行更加积极、更加开放、更加有效的人才政策，以好机制营造好生态，全方位引进、培养、用好各类人才，全力打造具有赣榆特色的"人到赣榆·如鱼得水"人才品牌和区域竞争优势，为"建好江苏北大门、建成苏北第一区"提供坚强人才保障，现就全力打响"人到赣榆·如鱼得水"人才品牌，加快建设人才工作先行区提出以下政策意见。

一、坚持党管人才"一号工程"，深入实施人才强区战略

（一）坚持党管人才。坚持党对人才工作的全面领导，区委将人才工作列为"一号工程"，定期召开专题"议才会"，将招才引智作为制度性安排，与中心工作同研究、同部署、同推进。实行人才工作"书记项目"，将人才工作作为各级党委（党组）党建工作述职评议重要内容，推动各级"一把手"抓"第一资源"。

（二）强化组织领导。成立区委人才工作领导小组，健全人才工作常态化推进机制，领导小组会议年度研究部署，人才办主任会议季度盘点，相关职能部门月度调度。用好综合考核"指挥棒"，落实人才工作目标责任制，将人才工作落实情况纳入区委、区政府高质量发展考核体系，推动各部门全面履行人才工作职责。

（三）落实资金保障。自2022年起，区财政每年设立不低于2000万元人才发展专项资金，列入预算重点保障项目予以重点支持，人才发展资金计划单列、专款专用，并建立合理增长机制。优化资金管理流程，在人才发展专项资金预算额度内，使用单位可适当调整支出项目及预算金额，切实提高资金使用效益。

二、实施人才招引汇智工程，大力集聚海内外优秀人才

（四）实施顶尖人才突破计划。紧盯高精尖缺，对顶尖人才给予顶尖支持。从我区申报入选国家级重大人才工程的，一次性给予个人100万元奖励。对诺贝尔奖获得者、中国或发达国家院士等同类别顶尖人才来区创新创业，按照"一事一议"原则，给予最高1亿元综合资助。

（五）实施产业人才集聚计划。围绕园区载体，以及钢铁、石化、粮油、海洋、新材料等区域重点产业，组织开展"人到赣榆·如鱼得水"人才品牌活动，重点引进对产业发展有引领带动作用的产业人才。对入选的各类重点产业顶尖人才、领军人才、紧缺人才，分别给予最高1500万元、800万元、500万元的创新创业资助，按标准享受200万元、100万元、50万元购房券，入选省"双创人才"的，按上级创新创业资助标准给予1∶1配套奖励。鼓励人才带技术、带资金、带团队来区创业，创业项目符合省"双创计划"创业类申报条件的，一次性给予5万元资助，优先享受各类招商引资政策。

（六）实施青年人才倍增计划。大力支持高校毕业生到企业工作，对全职引进的博士、硕士、"双一流"高校本科毕业生，分别发放20万元、15万元、10万元购房券，连续三年享受每月3000元、2000元、1000元的生活补贴，具有正高级、副高级、中级职业技术资格的人才，分别参照博士、硕士、"双一流"高校本科毕业生标准享受生活补贴，其中具有正高级、副高级职业技术资格的人才分别发放20万元、15万元购房券。其他全日制普通高校应届毕业生到企业工作，享受3万元购房券，连续三年发放每月500元生活补贴。优先支持本籍大学生返乡就业创业，对符合条件的赣榆籍应届本科及以上毕业生，一次性发放1万元返乡补贴。事业单位引进的博士研究生，享受10万元购房券，连续三年发放每月1000元生活补贴。鼓励职业院校大专及以上毕业生到企业就业见习，按标准发放生活补贴和见习补贴，对见习期满留用率达50%的企业，按每人600元的标准给予留用补贴。对35岁以下青年人才，同等条件下优先推荐申报省"双创计划""333培养工程"、市"花果山英才计划""521培养工程"。

（七）实施海外人才归雁计划。坚持全球视野，大力引进海外人才。对40岁以下具有海外留学工作经历的硕士及以上海外人才，首次到我区企业就业的，一次性给予1万元就业补贴。各类海外高层次人才从我区申报国家级海外引才计划的，给予1万元申报补贴，入选后按上级资助标准给予1∶1配套奖励。

（八）支持企业借智借脑柔性引才。坚持不求所有、但求所用，鼓励企业柔性引进高校专家学者开展项目合作、联合攻关，柔性引进人才在各类项目申报过程中，可不受社保参保地限制。对企业柔性引进、年薪超过30万元的人才，直接纳入区级人才计划予以支持。从省内外高校院所选派一批专家教授担任企业科技副总，参与企业生产管理、科技创新，根据绩效择优给予每人5万—15万元资助。

（九）坚持多渠道市场化引才。强化用人单位主体作用发挥，鼓励企业出台引才政策、自主引进人才，对人才引进成效显著的用人单位，一次性给予10万元奖励。对企业引进的全日制应届本科及以上毕业生，按照1000元/人标准给予企业一次性引才补贴。推行引才奖励制度，通过第三

方机构或引荐人引进的人才，在我区申报入选省、市级重点引才工程的，分别给予2万元、1万元奖励。

三、实施本土人才培育工程，统筹推进各类人才队伍建设

（十）积极培育企业人才。加快培育科技企业家队伍，定期举办企业家高级研修班，对入选省、市级科技企业家的人才，一次性给予10万元、5万元奖励。对企业引进符合条件的技能人才，给予最高100万元奖励。本土企业人才入选省“333培养工程”第一、二、三层次的，分别一次性给予5万元、2万元、1万元奖励。

（十一）重点支持民生人才。针对教育、卫生等民生行业人才给予重点支持，符合条件的高层次人才，可通过综合考察等方式直接录用，纳入事业编制管理。实施“511名教师培养工程”，鼓励本土教师加强教学研究、提高教学水平，引进特级教师等相当层次以上的教育人才，优先推荐申报省“333工程”、市“521工程”。鼓励在职医学人才提高学历层次，对在职期间取得博士、硕士学位的，一次性奖励10万元、5万元。对我区各级医院、学校引进的“双一流”高校全日制硕士研究生（一流大学及一流学科建设高校优势学科毕业生），享受5万元购房券。引进的其他特别优秀人才，按“一事一议”原则享受购房券、生活补贴。

（十二）加快培育乡土人才。深入实施“赶海英才扬帆计划”，鼓励乡土人才发挥“三带”作用，对优秀乡土人才创业项目，给予最高50万元资金资助。鼓励申报省、市级乡土人才“三带”计划，对被认定为“乡土人才创业基地”“乡土人才工作室”“三带”典型的，按上级奖励资金给予1∶1配套支持。放大“电商人才20条”政策效应，定期开展电商直播人才评选表彰，对优秀电商直播人才给予2万元资金支持，建立电商人才负面行为清单，不断推动电商行业健康发展。

四、实施平台建设提升工程，加快搭建各类平台载体

（十三）支持研发机构建设。加强校地、校企合作，鼓励新建各类新型研发机构、高校技术转移中心、研究院等平台载体。对新认定的省级院士工作站、省级重点实验室一次性给予50万元补助，获批省、市级以上企业“三站三中心”，按上级补助标准，给予1∶0.5配套经费支持。对企业新建各类产业研究院，经评审最高给予100万元人才专项补贴。

（十四）支持在外人才机构建设。在上海设立区级人才离岸孵化基地，鼓励镇（园区）与第三方专业机构合作建设人才飞地，对入驻项目及人才，不受社保缴纳地所在地限制，按区内标准同等享受人才政策。充分发挥发展家乡促进会、侨办、台办等作用，在南京、上海等地设立在外人才联络站，探索海外人才离岸孵化基地建设，多渠道吸引海内外优秀人才来赣榆创业就业。对引进人才成效较好的，经认定给予每年最高50万元运行经费。

五、实施人才服务优化工程，全力打响“人到赣榆·如鱼得水”人才品牌

（十五）打造人才工作品牌。聚焦打响“人到赣榆·如鱼得水”人才品牌，以城市最高礼遇服务人才。落实党政领导联系人才制度，加强人才政治引领和政治吸纳，定期推荐评选赣榆杰出人才奖。经认定的高层次人才，可在子女入学、配偶就业、疗养旅游等方面享受“绿色通道”。高层次人才子女申请就读学前和义务教育阶段学校的，不限户籍所在地，均享受当地常住居民子女入学政策。申请由区外转入我区就读高中阶段学校的，优先安排到四星级高中就读。

（十六）做实人才安居保障。采取政府为主导、园区为主体、市场化补充的方式，解决人才安居难题。到2025年底，赣榆经济开发区、海洋经济开发区分别建成环境良好、设施齐全、服务完善的人才公寓不少于500套，出台专项优惠政策，优先服务保障企业人才。符合购房券申领使用条件的人才，公积金贷款最高额度按市级标准同步享受，购房商业银行贷款可享受连续三年贷款基准利率50%的贴息。

（十七）探索人才金融服务。设立园区人才创业投资基金，赣榆经济开发区、海洋经济开发区要结合自身产业发展实际，适时引入第三方专业机构，帮助人才解决“首投”问题。用好省级人才金融综合服务平台，鼓励苏海集团与金融机构合作，整合苏科贷、人才贷等金融产品，发放“人到赣榆·如鱼得水”英才卡，为人才提供创业担保和金融产品贴息等服务，帮助人才企业成长壮大。

（十八）营造良好发展环境。充分向用人主体授权，加快建立区级人才评价标准体系，坚决破除“唯论文、唯职称、唯学历、唯奖项”。建立有利于人才创新创业的容错免责机制，重大创新事项向上级主管部门或纪检监察部门备案，对人才创业或人才工作者无故意过错、未取得预期成效的，在勤勉尽职、未取得非法利益的前提下，免于追究责任，对参与人才项目投资的国有资本免于保值增值考核。

本政策自2022年5月15日起施行，由区委人才工作领导小组办公室负责解释。原《赣榆区高层次人才引进实施办法》（赣委发〔2017〕22号）、《赣榆区“542英才培育工程”培养对象选拔培养与管理办法》（赣委发〔2017〕23号）同时废止。

本政策适用范围为在我区行政区域内注册且纳税所在地为赣榆区的企业单位，以及我区纳入事业编制管理的各类医疗、教育机构（民办医疗、教育机构参照事业单位标准执行），不含电力、通信、油气等民生行业央企、国企以及各类商业银行在我区设立的分公司、子公司及分支机构等。

本政策若与省、市级人才政策及区委、区政府其他支持奖励政策有交叉、重复内容，由区级财政负担的同类别资助、补贴等按就高不就低原则，不重复享受。政策涉及补贴奖励资金，从区级人才专项经费中列支。资助奖励的具体补贴范围、申报程序、资助标准等，由区委人才办会同各相关部门另行制定实施办法（细则）。

关于做好2022年全面推进乡村振兴重点工作的实施意见

赣委发〔2022〕1号

2022年是党的二十大召开之年，也是全面推进乡村振兴的关键之年，做好农业农村工作具有特殊重要意义。全区上下要坚持以习近平新时代中国特色社会主义思想为指导，深入贯彻党的十九大和十九届历次全会精神，按照中央和省市区委决策部署，全面实施乡村振兴战略，坚持稳中求进，坚决守好保障粮食安全和不发生规模性返贫两条底线，加快实现农业强区的现代化跨越，确保农业稳产增产、农民稳步增收、农村稳定安宁。

一、聚焦稳产保供，深入推进农业提质增效

（一）实施重要农产品稳产保供行动。切实履行维护粮食安全的政治责任，全面落实粮食安全党政同责，确保粮食播种面积108.6万亩，粮食力争有增产。示范推广大豆玉米带状复合种植0.9万亩，大豆播种面积1.1万亩，确保主要农作物耕种收机械化水平96%以上。稳定常年菜地保有量，全区蔬菜播种面积19万亩左右。建设蔬菜园艺标准园1个，加快推进1万亩绿色蔬菜保供基地建设，绿色蔬菜占比达到60%。稳定生猪生产长效扶持政策和基本产能，能繁母猪正常保有量1.37万头，最低保有量1.18万头，规模猪场（户）保有量100个以上。提升标准化健康养殖水平，创建省级生态健康养殖示范场5个，生猪规模养殖比重达90%以上。提升"1+N"兽医社会化服务能力，探索"3+N"畜禽屠宰检疫模式，全面加强非洲猪瘟等重大动物疫病防控。

（二）实施农业特色产业培育行动。以补链、延链、强链为重点，扶持海淡水产、特色林果、规模畜禽、优质粮油等全产业链建设。加强优质食味稻米品种的引进与推广，优质食味稻米占比提高到50%以上。建设5000亩以上水稻示范片2个、千亩示范区4个。积极发展渔业产品加工流通，支持水产品现代冷链物流体系建设。推动丘陵山区蓝莓、黄桃、猕猴桃、茶叶等林果产业提档升级。加大畜牧、林果、渔业、设施农业和农产品初加工机械化推进力度，确保特色农业机械化率达60%以上。加快特色产业发展载体建设，提高省级以上"一村一品"示范村镇、农业产业强镇、现代农业产业园区、农产品加工集中区建设水平，创建国家级现代农业产业园，培强特色产业产值亿元村。

（三）实施现代渔业提升行动。推动现代渔业转型发展，统筹海洋深度开发和海岸高效利用，推进海洋牧场高质量发展，加快秦山岛东部海域国家级海洋牧场示范区建设，年增殖放流3亿单位以上。优化紫菜产业布局，退出近岸滩涂紫菜养殖，推动紫菜养殖从浅水向深水区域拓展转移。加速资源优势向经济优势转化，加快赣榆渔港经济区建设，提升周边配套产业的集聚能力和服务水平，形成集渔船避风补给、渔货交易、冷链物流、休闲观光为一体的现代渔业经济区。加快海头镇设施渔业集中区建设，积极发展陆基工厂化养殖，推进500亩以上连片池塘生态化改造，年内完成高标准池塘生态化改造3000亩，形成一批标准高、规模大、设施优、技术强、环境美的池塘养殖基地。全面运营紫菜产业园，重点推进市级综合性、现代化海产品交易市场建设，重点建设海福特30万吨海洋食品基地。

（四）实施农业品牌培育提升行动。坚持贴近市场、贴近消费者需求培育壮大农产品品牌，积极运用新媒体扩大品牌知名度，更大力度培育赣榆梭子蟹、沃田蓝莓、石桥黄桃、谢湖大樱桃、金公猕猴桃等地方特色农产品品牌。持续放大"连天下"区域公用品牌影响力，力争入选省级目录品牌1个。突出农机农艺融合，提高主要农作物病虫害防控水平，建设省级绿色防控示范区7个。推进农业生产"三品一标"提升行动，健全农产品标准化生产体系，着力打造一批绿色优质农产品生产基地。全区绿色优质农产品比重力争达66%。大力发展电商经济，打造全国规模第一海产品电商直播基地，全面擦亮赣榆电商特色品牌，实现农产品网络零售额增长10%以上。持续加快国家农业对外开放合作试验区建设，力争新增省级出口农产品示范基地1个。

（五）实施新型农业经营主体壮大行动。做大做强农业龙头企业，新增市级以上龙头企业10个，力争新增省级农业产业化龙头企业、联合体各1个。开展"苏韵乡情"系列活动，培育一批省级创意农园，力争培育中国美丽乡村1个。实施家庭农场、农民专业合作社典型培树工程，培育县级以上示范家庭农场、农民合作社示范社各20个以上，力争新增省级"全程机械化+综合农事"服务中心1个。发展以生产托管为主要形式的社会化服务，实施中央农业生产托管面积10万亩。提升农业农村大数据体系整体效能和益农信息社服务水平。

（六）实施耕地保护和建设提升行动。实行耕地保护党政同责，坚决守住耕地红线，按照上级部署足额带位置逐级分解下达耕地保有量和永久基本农田保护目标任务。严格落实耕地利用优先序，永久基本农田重点用于粮食生产。紧扣不同产业发展需求，坚持将高标准农田建设、灌区建设与地方特色产业发展相结合，统筹谋划、重点投入、一体实施。以建设"吨粮田"为核心标准，年内新增高标准农田7.5万亩。实施农田通达工程，改善农田生产通行条件，新改建田间机械通行道路112公里、农桥220座。持续推进中型灌区续建配套和现代化改造，力争建成1个省级节水型灌区。健全“县负总责、乡镇落实、村为主体、所有者管护、受益者参与”的高标准农田长效管护机制。

（七）推进农机化“两大行动”。深入开展省级农业生产全程全面机械化示范县创建活动和农机装备智能化绿色化提升行动，确保粮食生产耕、种、收、植保、烘干、还田等六大环节全程机械化水平超84%。深入实施农机购置补贴政策，确保新增各类农机装备600台套以上，力争新增信息化智能化装备80台套，促进农机装备结构进一步优化提升。围绕加快绿色发展步伐，实施老旧农机具报废更新，实施秸秆机械化还田，还田率达55%以上，确保生态型犁耕深翻面积1万亩。

（八）实施农业农村安全保障行动。统筹好发展与安全的关系，有效防范化解各类农业农村安全隐患。围绕种质资源保护、育种创新攻关、强化市场监管等方面，积极推进种业振兴行动，提高农业种业安全保障水平。开展食用农产品“治违禁、控药残、促提升”三年行动，试行农产品承诺达标合格证制度，加强农产品检验检测体系建设，开展食品和农产品安全抽检1500批次，规模以上农业生产主体可追溯率达90%以上，确保地产农产品质量安全例行监测合格率98%以上。完善粮食与应急物资储备体系，合理确定并动态调整政府粮食储备规模，提升粮食安全保障水平。强化涉粮问题专项巡视反馈意见整改。开展自然灾害综合风险普查，强化结果运用，提高防灾减灾救灾水平。严格落实“港长制”，实现涉渔“三无”船舶动态清零，规范养殖船舶管理，提升渔船组织化管理水平。全面强化农机、渔业、农药等农业生产与流通领域安全管理和执法监督，建成投用渔港渔船综合信息监管平台。创新法治乡村建设载体，依法严厉打击农村各类违法犯罪活动，维护农村社会平安稳定。健全农村地区新冠疫情常态化防控机制。

二、聚焦共同富裕，切实加快富民强村步伐

（九）深入实施富民强村帮促行动。保持脱贫攻坚政策总体稳定，继续实施精准防贫保，发挥“12345”精准防贫帮促工作机制作用。因地制宜建立农村低收入人口动态识别机制和标准年度退出机制，对监测对象不设规模限制，进一步简化识别程序，确保及早发现、应纳尽纳。根据监测对象风险类别、发展需求等精准施策，确保监测对象有人管、管到位。严格把握退出标准，规范退出程序，稳定消除返贫致贫风险，坚决防止规模性返贫。围绕“抓两头、促中间”，健全先富带后富机制，重点推进30个省级乡村振兴重点帮促村、10个市级乡村振兴重点帮促村稳定增收。坚持一二三产业融合发展，提档升级乡村振兴产业园，创建市级乡村振兴产业示范园2个、巾帼助推共同富裕村1个。构建分级分类合理、权属关系清晰、监管职责明确、运营管护严格、收益分配优化、处置方式规范的帮扶项目资产后续管理长效机制，促进帮扶项目资产稳定良性运转。

（十）扎实推进农民收入十年倍增计划。健全农民增收联席会议制度。在乡村产业发展中聚焦农民、企业、财政收入“三个口袋”，让“三个口袋”更加实起来、鼓起来。加快构建农民收入持续较快增长长效机制，多途径拓宽增收渠道，多要素激发增收活力，农民年人均可支配收入增幅8%以上，高于同期城镇居民增幅；农村低收入人口可支配收入高于农民平均增幅。依靠科技提高农业经营现代化水平，坚持人才下沉、科技下乡、服务“三农”，全区科技特派员动态维持在98名左右。加强对有转移意愿的农村劳动力就业技能培训，稳步提升农业转移人口就业能力。深入实施全民创业行动计划，农民创业者可申请富民创业担保贷款，符合条件的可享受免担保抵押、15万元以下贷款全额贴息等优惠。健全农村集体经济运行机制，完善收益分配机制。

（十一）实施农村综合改革创新工程。建立健全乡村建设行动专项推进机制。对3个市级乡村振兴样板村提档升级，培育示范典型。优化到村帮促资产经营模式和利益联结机制，健全帮促村集体经济增收长效机制。健全土地流转规范管理制度，新增土地流转面积4万亩以上。深化农村土地承包“三权分置”改革，组织实施省第四轮农村改革试验任务。依法有序开展农村公共空间治理。实施“五项监管提升”工程，规范农村产权交易和集体资产管理，持续推广农村产权线上交易和“银社通”模式，打造“五项监管”先进乡镇2个以上，探索构建农村集体“三资”智慧监管系统。深化供销社综合改革。

（十二）实施农村温情救助服务行动。健全基层党员、干部关爱联系制度，经常探访空巢老人、留守儿童、残疾人。对低保对象、特困人员、低保边缘家庭和支出型困难家庭等符合条件的特殊群体实行大病保险倾斜政策，起付线较普通参保人员降低50%，相应费用段报销比例较普通参保人员提高10%。稳步提高城乡低保标准，城乡居民基本养老保险基础养老金最低标准提高到每人每月198元，建立健全养老托育服务体系，启动2个区域性养老服务中心建设，打造沙口村全市首家村级居家养老服务综合体。基本医疗保险财政补助最低标准提高到每人每年640元。关怀农村困境儿童，为全区农村留守儿童购买关爱保险。实施“海生草”关爱困境留守儿童公益项目，帮助困境留守儿童210人。

（十三）实施高素质农民培育行动。组织现代青年农场主、农村实用人才带头人、新型农业经营主体带头人轮训，年培育高素质农民2100人、科技入户主体1740户，组织农机职业技能培训380人。依托农业园区、农民专业合作社、农业龙头企业等平台，搭建专业齐全、功能完善的高素质农民培育基地，力争建成省级高素质农民培育实训基地1个。

（十四）实施乡村治理能力提升行动。健全和完善乡村治理联席会议制度。有序推进清单制、积分制、数字化在乡村治理中的应用，引导村级组织开展小微权力清单、承担事项清单、公共服务清单等实践。推进新时代文明实践中心（所、站）建设，按照有场所、有队伍、有活动、有项目、有机制的标准实现新时代文明实践中心（所、站）三级全覆盖。持续开展文明村镇、文明家庭、文明户评选，倡导文明新风尚，普及科学知识，推进农村移风易俗，推动形成文明乡风、良好家风、淳朴民风。深入开展移风易俗重点领域突出问题专项整治。推进乡村公共文化服务体系建设，推进小镇书房和五星级标准农家书屋建设，推动农家书屋转型升级。实施公共文化场馆服务效能提升工程，推进文化惠民，持续开展"三送"活动，举办大中型文艺演出50余场，群众性体育赛事3场以上。创新开展"听党话、感党恩、跟党走"系列宣讲活动。

三、聚焦乡村建设，着力建设生态宜居美丽乡村

（十五）实施农村人居环境整治提升行动。严格落实《乡村清洁条例》，以法治化思维健全乡村清洁规范机制。发挥农村"一事一议"财政奖补资金杠杆作用，组织实施村级公益事业项目，提升村容村貌。扎实推进"乡村清洁行动"，培树生态宜居美丽示范村10个，庭院美化示范户2000户。建立农村厕所革命联席会议制度，制定实施方案，建立户厕改善平面布局图和动态数据库，形成合力推进机制。合理规划布局农村公共厕所，加快建设乡村景区旅游厕所。实施农村户厕改造提升，完成12097户农村户厕新建及整改达标任务，探索厕所粪污长效管护试点，农村户厕粪污接管处理率和资源化利用率新增5个百分点。加快农村垃圾分类收集处理体系建设，有序推进生活垃圾就地分类和资源化利用。强化农村生活污水、黑臭水体整治，完成治理农村黑臭水体20条，实现农村生活污水处理设施行政村全覆盖，农村生活污水治理率达到50%。建设幸福河湖3条，农村生态河道覆盖率提高到27%以上。推进石梁河水库幸福河湖建设清水进城行动，深入开展碧水畅流、生态修复、乡村建设、道路通达、文旅融合"五大工程"，推动库区高质量发展。推进生态网箱养殖、民俗民宿体验区、鱼鲜特色美食街等富民项目建设，打造幸福河湖建设新标杆。

（十六）实施农业农村绿色低碳发展促进行动。积极发挥农业碳汇功能，实现农业生产过程的节能减排、降碳固碳。加快绿色种养循环农业试点县建设。完善主要农作物绿色高产高效施肥技术体系和病虫害专业化防治服务组织体系建设，全年化肥和农药使用量较2020年减少1.2%、1%，植保机械化率达到98%以上。突出重点河流及水源地沿线地区，全年秸秆离田收储超60万亩，建设国家农作物秸秆综合利用重点区，秸秆综合利用率达98%以上。完善废旧农膜回收利用机制，全区农膜回收率达到88%。推进"1420"体系农药包装废弃物回收处理工作，推动农药零差率统一配供试点，实现包装农药废弃物回收试点6万亩，回收率达90%以上。因地制宜推广粪污全量收集还田等模式，确保非规模畜禽养殖场设施配套率达到90%以上，畜禽粪污综合利用率达97%以上。加强水产养殖尾水治理，提升水产健康养殖水平。加强村庄片林、道路林网、水系林网、农田林网建设，完成绿化造林1000亩，建设省级绿美村庄8个。

（十七）实施乡村宜居建设工程。坚持数量服务质量、进度服从实效，求好不求快，把握好乡村建设的时度效。结合美丽宜居乡村和特色田园乡村建设，开展现代乡村建设试点。加强城乡统筹规划，优化乡村规划空间布局，因地制宜编制和实施实用性村庄规划。深化农村公共基础设施管护体制改革，建立分类管护机制，推动管护水平和质量显著提升。鼓励农户进城入镇，引导农户有序向规划保留村庄集居。积极开展新型农村社区建设，重点推进1980年前建的农房改造改善，支持鼓励1981年至2000年所建农房改善，改善农民住房2210户，确保已改善农户按期入住，逐步建立与农房改善项目适宜的产业和配套服务。新建美丽宜居乡村36个，培育省市级特色田园乡村4个。严格宅基地使用和农房建设审批管理，建成并试运行农村宅基地审批管理平台，推动一个窗口对外受理、多部门内部联动运行机制网络化。巩固农村供水保障能力。提档升级农村公路40公里，改造危桥4座，全面建立覆盖县镇村道的"路长制"。继续推进4G网络深度覆盖和5G网络建设，实现所有城镇和重点行政村5G网络全覆盖，农村地区光纤网络接入能力普遍达到100M。

（十八）实施农村公共服务均等化配套行动。增强乡镇的区域公共服务功能。优先补齐农村义务教育办学条件短板，建设心理咨询室、图书室等功能教室，创成全国义务教育优质均衡发展区。加快健康赣榆建设，升级农村医疗设施，新建1个省级农村区域性医疗卫生中心，广泛开展新时代爱国卫生运动，新建卫生村10个，创建省级健康镇1个、健康村5个。深化广电公共服务，向9375户农村低保户收看有线电视给予收视维护费补贴，建设智慧广电镇5个。加强县域商业体系建设，引导大型商贸流通企业和传统县域商贸流通企业渠道下沉。建设农产品冷藏保鲜设施8个以上。加快完善区镇村三级寄递物流体系，建成区级寄递物流园区，实施快递进村工程，设置村级农村寄递服务点，实现所有行政村具备快件收发能力。

（十九）实施农业农村重大项目提质增效年行动。坚持以重大项目引领农业农村发展，做实实体、做实项目，依托园区布局重大项目，依托重大项目提档农业园区。全年力争建设重大项目超30个、投资额超20亿元。聚焦重点领域，做到储备一批、建设一批、达效一批。落实好领导挂钩联系推进重大项目制度，抓好时间节点，严控进度要求，确保项目如期建成、发挥效益、长期运行。组织多种形式招商活动，积极撬动社会资本投入重大项目建设，注入资金资本、引入先进理念、引领产业发展。鼓励地方各类企业把产业链实体和价值链留在县域，将就业岗位更多留在乡村，吸纳农民就地就近就业。持续推进“万企联万村、共走振兴路”行动，深化精准对接，做实联建项目。创新开展“岗村结对”活动。

四、坚持和加强党对“三农”工作的全面领导，健全完善乡村振兴体制机制

（二十）压实全面推进乡村振兴责任。深入贯彻《中国共产党农村工作条例》和省市实施办法，按照国家乡村振兴促进法的有关要求，切实加强党对农村工作的全面领导，形成切实管用的组织推动、要素保障、政策扶持、考核督导等工作机制。坚持五级书记抓乡村振兴，实施乡村振兴“书记项目”，推动镇党委书记切实扛起“第一责任”，镇党委书记要当好乡村振兴“一线总指挥”，抓好重点任务分工、重大项目实施、重要资源配置等工作。区委农村工作领导小组要发挥“三农”工作牵头抓总、统筹协调等作用，一体承担巩固拓展脱贫致富奔小康工程成果、全面推进乡村振兴议事协调职责。完善区镇乡村振兴组织领导体系，成立专门业务指导组。推进区委农村工作领导小组议事协调规范化制度化建设，建立健全重点任务分工落实机制，协同推进乡村振兴。强化区委农村工作领导小组办公室建设。加强换届后乡镇领导班子、村“两委”班子建设，举办村干部“双提升”班。制定“党建引领、富民兴村”年度计划，强化政治激励和经济奖励，鼓励村党组织书记干事创业。

（二十一）强化乡村振兴政策协同。认真落实“四个优先”要求，健全规划、财政、金融、土地、科技、人才等政策协调和工作协调机制，推动农业农村各类资源的统筹配置。确保财政支农投入力度不断增强、总量持续增加。按照规定统筹安排土地出让收入用于乡村振兴，支持依法合规发行地方政府债券用于乡村振兴建设项目，加强涉农资金统筹使用。积极发挥乡村振兴基金、农担公司、农发公司等主体，对农业农村领域产业项目发展的发现撬动、主力引领、示范推动作用。强化乡村振兴金融服务，加大“富民兴村贷”投放力度，支持各类金融机构探索开发服务农业农村金融产品，逐步形成财政优先保障、金融重点倾斜、社会积极参与的多元投入格局。落实土地支持乡村三产融合、设施农业等用地保障政策。

（二十二）营造乡村振兴干事创业氛围。始终将农民的利益作为农业农村工作的出发点和落脚点，贯彻落实基层减负有关要求，坚持不懈整治“四风”，一级做给一级看，一级带着一级干。健全乡村振兴联系点制度。落实区领导班子成员包镇走村入户、镇领导班子成员包村联户、村“两委”成员经常入户制度。加强舆论引导，积极利用新媒体和传统媒体相结合的方式，宣传农业农村领域涌现的典型案例、先进事迹，营造有利于乡村振兴战略实施的良好社会氛围。完善乡村振兴考核体系，强化过程考核评价，推进争先进位，为全区高质量发展提供支撑。

赣榆区优化营商环境行动计划

赣委发〔2022〕26号

为深入贯彻落实国家、省、市关于优化营商环境的决策部署，持续优化营商环境，增强发展内生动力，现制定优化营商环境行动计划。

一、总体要求

以习近平新时代中国特色社会主义思想为指导，全面贯彻党的十九大和十九届历次全会精神，深入贯彻落实习近平总书记对江苏工作重要指示精神和省第十四次党代会、省委经济工作会议、市委党代会、市委第十三届二次全会等一系列会议精神，紧紧跟进国家、省、市营商环境创新试点改革举措，坚持对标先进、深化改革、协同联动、法治保障，以综合更优的政策环境、公平有序的市场环境、高效便利的政务环境、公正透明的法治环境、亲商安商的人文环境全面提升市场主体满意度和获得感，建设市场化、法治化、国际化的一流营商环境，努力将赣榆打造成具有吸引力和竞争力的投资目的地，擦亮“榆快办”服务品牌，为“建好江苏北大门，建成苏北第一区”提供有力支撑。

二、打造综合更优的政策环境

（一）完善全区优化营商环境政策

1.出台“1+5+N”系列政策。制定1个行动计划，对全区优化营商环境作出系统谋划和整体部署。围绕政策环境、市场环境、政务环境、法治环境、人文环境等5个环境，区级有关部门分头组织制定实施方案（2022—2024年）。同时，聚焦赣榆区实际编制年度改革事项清单，对优化营商环境重点任务实行清单化管理、项目化推进。区相关部门根据自身职能，推出N项优化营商环境具体举措。

2.持续优化营商环境政策供给。推出一批具有赣榆特色、含金量高的政策举措，增强市场主体获得感和满意度，以高质量的政策供给为营商环境提供制度支撑。因自然灾害、事故灾难或公共卫生事件等突发事件造成市场主体普遍性经营困难的，及时制定纾困解难政策。

3.推动政策集成创新。鼓励先行先试、大胆探索，对锐意改革的区域和单位加大激励力度，复制推广成熟经验和典型做法。鼓励赣榆经济开发区、赣榆海洋经济开发区、赣榆高新技术产业开发区（筹）等区域，以制度创新为核心，在重点领域、关键环节取得突破，加大营商环境制度集成创新改革。定期梳理制约企业和群众办事创业的痛点堵点问题，开展营商环境痛点堵点疏解行动，督促相关部门和地方限期解决。

4.构建制度型开放新优势。以开放促改革促发展，加快构建双向开放新格局，加快规则、规制、管理、标准等制度型开放，构建与高标准全球经贸规则相衔接的规则制度。全面实施外商投资法及其配套法规，依法平等对待内外资企业。

（二）完善涉企政策制定落实机制

5.规范涉企政策制定程序。制定与市场主体生产经营活动密切相关的规范性文件，应充分听取市场主体、行业协会商会、消费者等方面的意见，除依法需要保密外，向社会公开征求意见，并建立健全意见采纳情况反馈机制。制定行政规范性文件应当进行合法性审核，没有法律法规或国务院决定和命令依据的，不得作出减损市场主体合法权益或增加市场主体义务的规定。

6.全面落实公平竞争审查制度。制定市场准入和退出、产业发展、招商引资、招标投标、政府采购、经营行为规范、资质标准等涉及市场主体经济活动的政策措施时，应全面进行公平竞争审查，防止排除、限制市场竞争。健全公平竞争审查抽查和第三方评估制度。

7.打通政策落实“最后一公里”。涉及市场主体的规范性文件和政策出台后，除依法需要保密外，应当及时向社会公布，并同步进行宣传解读。建立完善涉及市场主体的改革措施及时公开和推送机制，及时梳理公布惠企政策清单，通过“苏企通”平台主动精准推送。大力推行惠企政策“免申即享”，符合条件的企业免予申报、直接享受政策；对确需企业提出申请的，合理设置并公开申请条件，畅通申报通道，简化申报手续，加快实现一次申报、线上审核、快速兑现。

8.建立健全政策评估制度。以政策效果评估为重点，定期评估和动态评估相结合，健全重大政策事前评估和事后评价制度。建立政策评估主体多元化制度，积极发挥第三方评估作用，提高政策评估过程的透明度，完善评估结果的反馈处理机制。对市场主体满意度高、效果显著的政策，及时复制推广、持续深化；对获得感不强、效果不明显的政策，及时调整或停止施行。

（三）完善营商环境法规制度

9.全面贯彻优化营商环境条例政策。实施《江苏省优化营商环境条例》《连云港市优化营商环境办法》，制定贯彻落实年度任务清单，强化责任落实。不断完善以《条例》《办法》为基础、相关领域专业措施为补充的“1+N”赣榆营商环境规范制度。开展《条例》《办法》贯彻落实情况执法检查。

10.完善营商环境法规配套制度。将完善优化营商环境长效机制和重点改革事项相结合，以深化改革促进政策完善。结合实际每年迭代升级出台本地营商环境综合性改革措施，发挥政策综合集成效应。持续开展营商环境相关的政策文件清理。

三、打造公平有序的市场环境

（一）降低市场准入门槛

11.全面实施市场准入负面清单制度。贯彻落实国家市场准入负面清单和外商投资准入负面清单，落实非禁即入的市场准入制度。完善投资项目服务推进机制，强化跟踪服务。加强市场准入评估，排查和清理市场准入对市场主体资质、资金、股比、人员、场所等设置不合理条件。进一步畅通市场主体对隐性壁垒的投诉渠道，健全处理回应机制。

12.提升企业开办便利度。依托企业开办全链通平台，实现企业开办事项全程网上办理。进一步放宽新兴行业企业名称登记限制，放宽小微企业、个体工商户登记经营场所限制，推进一照多址、一证多址等住所登记制度改革。

13.深化行政审批制度改革。编制本区行政许可事项清单。推进“证照分离”改革全覆盖，及时调整涉企经营许可事项清单。全面推行证明事项和涉企经营许可事项告知承诺制。探索推进“一业一证”改革，实现一证准营。

（二）切实维护公平竞争的市场秩序

14.平等对待各类市场主体。依法平等保护各类所有制企业产权和自主经营权，保障依法平等使用土地、技术、数据等生产要素，深化要素市场化配置改革。清理对各类市场主体的不合理限制。

15.规范政府采购和招标投标。按照全省统一的集中采购目录，完善集中采购项目采购规则，推进政府采购意向提前公开发布。清理政府采购和招标投标领域妨害公平竞争的规定和做法，清除对外地企业设置的隐性门槛和壁垒等。完善与统一开放的政府采购和招标投标市场相适应的监管模式。推行全流程电子化招标投标，推进招标投标活动在线监管，探索建立招标计划提前发布制度。

16.加强反垄断和反不正当竞争执法司法。实施《江苏省经营者反垄断合规指引》。健全举报处理和回应机制。严肃查处资本无序扩张、妨碍创新和技术进步等竞争违法行为。加强对企业的反垄断、反不正当竞争辅导，帮助企业健全竞争合规体系。加强公用事业、医药等民生重点领域反垄断执法。加强平台经济、共享经济等新业态新经济领域反垄断和反不正当竞争规制。做好反垄断和反不正当竞争司法审判工作。

（三）降低企业经营成本

17.降低企业税费负担。落实国家减税降费政策，强化对中小微企业、个体工商户等支持力度。持续优化纳税服务，精简享受税费政策的办理流程和手续。规范降低重点领域涉企收费，科学合理界定政府、企业、用户权利义务，降低经济社会运行基础成本，不断提升水电气暖网络等产品、服务供给质量和效率。完善涉企收费目录清单制度，加强对涉企收费的监督检查，严厉查处涉企违规收费行为。

18.降低企业融资成本。依法加强对资本的有效监管，发挥资本作为生产要素的积极作用，有效控制其消极作用，支持和引导资本规范健康发展。拓展市场主体融资渠道，推动金融服务供给增量提质，鼓励金融机构创新信贷产品与服务，加大对小微企业、个体工商户等市场主体的支持力度。完善银企融资对接机制，进一步发挥省综合金融服务平台效用。实施动产和权利担保统一登记制度，加强担保信息共享，便于市场主体进行动产及权利担保融资。

19.降低企业其他经营成本。持续降低企业制度性交易成本。规范垄断性交易市场收费，加强对中介机构、行业协会商会、交通物流等领域的监督检查。推进物流降本增效，大力推进多式联运，优化运输结构。鼓励企业以数字技术赋能降本增效，引导企业对标国际先进，提升成本管控水平。

四、打造高效便利的政务环境

（一）简政放权激发市场活力

20.提升行政权力运行规范化水平。实行政府权责清单管理制度，将依法实施的行政权力事项列入权责清单，及时调整并向社会公开。编制行政权力事项的各类目录清单，应当以法律、法规、规章为依据。建立行政权力运行考核评估制度，规范权力运行，完善约束机制，强化监督问责。

21.提升行政权力下放赋能成效。深化行政权力事项下放工作，同步制定配套保障措施，从人力、财力等方面加强对基层保障，做好全流程指导，确保基层接得住、管得好。继续做好国务院、省政府和市政府取消、下放事项的落实和衔接，推动赋权事项落地落实。定期开展效果评估，对基层承接效果不好或企业获得感不强的权力事项要按程序及时收回。

22.提升重点领域简政放权实效。深化投资审批制度改革，进一步优化投资项目审核流程，不断拓展投资项目在线审批监管平台功能，促进项目代码全面应用，加快各相关部门审批系统互联共享。深化工程建设项目审批制度改革，积极推进实施告知承诺制改革，精简规范工程建设项目审批涉及的技术审查、中介服务事项。推进社会投资项目“用地清单制”改革。深入推进“多规合一”“多测合一”，建立健全测绘成果共享互认机制。推行水电气暖等市政接入工程涉及的行政审批在线并联办理。进一步优化工程建设项目联合验收，推动联合验收“一口受理”。推进产业园区规划环评与项目环评联动。依法压减涉及工业产品的行政许可事项，落实强制性产品认证制度改革。

（二）优化服务助力企业发展

23.深入推进“一件事”改革。优化应用服务场景，大力推进一批关联事项整合服务，将涉及的相关审批事项打包，提供套餐式、主题式服务，由一个牵头部门统一受理、配合部门分头办理，优化再造办事流程。推动省定精品、省定标准“一件事”落到实处。结合我区实际,将更多的政务服务事项纳入“一件事”改革，实现线上线下“一次办”。

24.完善一体化政务服务平台。政务服务事项按照规定纳入政务服务一体化平台，推动实现更多政务服务网上办、一次办。推进政务服务标准化，实行减环节、减材料、减时限。大力推广“苏服码”，实现全领域应用。及时纠正限定线上办理等不合理做法，允许企业自主选择线上、线下办理方式，并加强对老年人、视障听障残疾人等群体的引导和服务。

25.深入推进省内通办和跨省通办。确保国家统一部署事项异地可办。持续推进长三角“一网通办”、跨省通办。认真执行高频政务服务省内通办事项清单的办事标准，实现同一事项无差别受理、同标准办理。建设“一网通办”政务服务地图，提供政务服务窗口地理位置、预约排队等信息和导航服务。

（三）创新机制提升服务效能

26.创新审批监管工作机制。实行相对集中行政许可权改革的地区，进一步厘清审批部门和监管部门的职责边界，针对审批事项逐一划分监管职责。下放或者取消行政审批事项，同步配套制定事中事后监管措施。审批部门、行业主管部门建立审批、监管信息“双推送”“双回路”机制，实现审管联动，形成管理闭环，确保审批监管有效衔接。

27.完善政务服务“好差评”制度。完善政务服务反馈机制，实现政务服务事项、评价对象和服务渠道全覆盖，形成评价、反馈、整改、监督全流程衔接。完善政务服务一次一评、一事一评工作规范，健全差评问题和投诉问题调查核实、督促整改和反馈机制。持续改进窗口服务，推行首问负责、一次告知、一窗受理、并联办理、限时办结等制度。

（四）数字赋能提升治理能力

28.推动政务服务数字化治理转型。加快推进信息化系统基础设施集约建设，以政务数据资源共享为核心，推进跨层级、跨地域、跨部门的系统互联互通建设。深化“苏服办”应用推广使用，运用数字化、信息化、智能化的手段，优化线上线下服务。

29.推进公共数据资源治理。加强政务数据资源目录编制，建立数据共享清单。完善公共数据开放共享应用标准规范，建立健全政务数据资源及时采集、动态维护、共享交换、开发利用工作机制，推进公共数据完整归集、按需共享。健全公共数据分类分级管理机制，上线公共数据开放平台，建立数据需求的动态更新维护机制，探索公共数据运营管理新模式，推进公共数据和其他数据融合应用。大力推动重点系统与地方政务数据协同服务，积极争取更大范围、更高效率的国家数据场景授权和属地回流。

五、打造公正透明的法治环境

（一）健全完善产权保护制度

30.加强市场主体权益保护。进一步完善公共法律服务，为中小企业提供全生命周期法律服务。司法机关依法及时办理涉及市场主体的各类案件，审慎使用强制措施。深化民商事案件审判执行制度改革，推进繁简分流改革，持续提升审判质效。推进司法数字化智慧化转型，健全完善智慧法院、智慧检察、智慧警务、智慧法务，加强案件管理信息系统建设。

31.加强知识产权保护。完善新业态新领域知识产权保护机制，严格执行知识产权侵权惩罚性赔偿制度。强化对知识产权代理机构的监管，加强对知识产权成果转化的指导。探索知识产权市场化定价和交易机制，进一步推进知识产权、技术产权交易市场建设。完善知识产权纠纷解决机制，建立知识产权举报投诉集中处理平台。完善海外知识产权纠纷应对指导机制，开展重点产业领域海外知识产权风险防控体系建设。加强知识产权犯罪侦查队伍专业化建设，进一步加大知识产权犯罪刑事打击力度。

32.建立健全多元化涉企纠纷解决机制。完善调解、仲裁、行政裁决、行政复议、诉讼等有机衔接、协调联动、高效便捷的多元化纠纷解决机制。建立“一站式”多元解纷中心，集聚行政保护、司法保护、仲裁调解和法律服务，构建市场主体产权和合法权益全链条保护体系。建设线上、线下一体纠纷解决平台，引入调解组织、仲裁机构。进一步畅通企业依法申请行政复议渠道，提高审查涉企行政复议案件的规范性和透明度，严格依法纠正侵犯企业合法权益的违法或不当行政行为。

（二）强化事中事后监管

33.深化“双随机、一公开”监管。推动“双随机、一公开”监管与企业信用风险分类管理等有效结合，减少对守法诚信企业的检查次数。统筹制定全区监管任务计划，梳理全区市场监管领域抽查事项清单。建立健全跨部门行政执法联动响应、协作机制和专业支撑机制，实现违法线索互联、监管标准互通、执法结果互认。深入推进跨部门综合监管改革，拓展部门联合“双随机、一公开”监管覆盖范围，制定跨部门联合抽查事项清单，明确联合抽查操作流程，将各部门检查频次高、对企业干扰大且适合合并的检查事项全部纳入跨部门联合抽查范围。

34.加强重点领域监管。对消防安全、食品医药、环境保护、水土保持、医疗卫生等重点领域，建立完善全主体、全链条、全流程监管体系。探索将医疗、教育、工程建设等重点领域从业人员的执业行为记入个人信用记录，对严重不良行为依法实行行业禁入等惩戒措施。加强部分重点领域数据汇集，进一步完善“互联网+”监管系统风险预警模型。

35.创新包容审慎监管。针对新产业、新业态、新模式的性质和特点，探索开展触发式监管等新型监管模式，研究制定包容审慎监管实施细则。在部分领域实施柔性监管、智慧监管，制定不予实施行政强制措施清单、轻微违法违规行为免予行政处罚事项清单。行政机关不得在未查明违法事实的情况下，对一定区域、领域的市场主体普遍实施责令停产停业、责令关闭等行政处罚。

36.坚持严格规范公正文明执法。贯彻实施新修订的《行政处罚法》，细化管辖、立案、听证、执行等程序制度。编制针对市场主体的年度行政执法检查计划，并向社会公布。推行远程监管、移动监管、预警防控等非现场监管，对能够通过非现场监管方式实现监管效果的事项，不再纳入现场检查。规范行政处罚自由裁量权的行使，加大对随意执法等行为的查处力度。全面推进更高水平平安赣榆建设，创造更加安全稳定的社会环境。

（三）推进诚信赣榆建设

37.强化政务诚信建设。完善政务诚信建设监测和评价体系，健全政府守信践诺机制，履行向企业依法作出的承诺，未如期履行承诺的要限期解决。探索建立政务诚信诉讼执行协调机制，推动人民法院与政务诚信牵头部门之间信息共享，共同推进政府履约，持续开展政务失信专项治理。健全防范和化解拖欠中小企业账款长效机制，建立专门投诉通道，形成受理、办理、反馈和回访闭环机制。

38.推进全流程信用监管。健全信用承诺制度，将信用主体履行承诺情况纳入信用记录，为履行承诺的市场主体提供便利措施，对不履行承诺的市场主体依法实施失信约束措施。根据市场主体生产经营活动风险程度和企业信用等级实施差异化监管。完善行业信用评价制度，制定行业信用评价办法，推进实施信用分级分类监管。制定失信惩戒措施补充清单，规范失信约束和失信行为认定。完善市场主体信用修复机制，规范信用修复条件和流程。

39.深化信用信息归集应用。根据省市要求，推进信用信息平台网站一体化，强化公共信用信息一体化归集处理，统一基础应用，拓展特色应用。制定公共信用信息补充目录，深化信用信息资源共享。推动公共信用信息和市场信用信息在商务、金融、民生等领域融合应用，大力培育信用服务市场。

（四）完善市场主体退出机制

40.畅通市场主体退出渠道。推动部门数据共享和业务协同，建立全流程一体化企业注销登记服务平台，实现办事流程清晰透明、办理进度和结果实时共享，进一步提升企业注销便利度。拓展企业简易注销程序适用范围，规范简易注销流程，实行法院裁定强制清算终结或裁定宣告破产的企业办理简易注销登记免予公告等。探索开展长期吊销未注销企业强制注销试点，并依法保障当事人合法权益，提高市场主体退出效率。

41.健全完善企业破产制度。健全破产案件财产处置协调机制，简化破产程序，降低破产企业处置成本。做好破产企业登记、金融、涉税等事项办理，提升企业破产处置效果。探索建立破产预重整制度。完善破产管理人选任机制。积极引导困难企业破产重整，完善破产信用管理制度和信用修复机制。建立健全企业破产重整府院联动机制。加强破产审判队伍建设，健全完善管理人履职管理和培训机制，为企业破产处置提供专业化服务与保障。

六、打造亲商安商的人文环境

（一）着力构建亲清新型政商关系

42.健全完善政企沟通渠道。深化“一企来”企业服务热线建设，整合政务服务热线，推进热线管理规范化、标准化，对企业和群众诉求做到接诉即办。建立常态化、规范化、制度化的政企沟通渠道。强化主动沟通，建立完善定点联系、定点走访、会议论坛、营商环境监督员等常态化制度化政企沟通机制，主动对接市场主体需求，依法帮助市场主体协调解决生产经营中遇到的困难和问题。

43.规范政商交往行为。着力构建亲而有度、清而有为的亲清政商关系，营造风清气正的政治生态和良好的发展环境。公职人员应当规范政商交往行为，主动担当作为，增强服务意识，关注企业需求，帮助企业解决实际困难；依法履行职责，不得干扰市场主体正常经营活动，不得增加市场主体负担，不得吃拿卡要，不得以设立“影子公司”等方式破坏营商环境。依法严肃查处官商勾结、利益输送、以权谋私等严重破坏政商关系、损害营商环境的违纪违规违法行为。

（二）弘扬企业家精神

44.积极融入新时代苏商群体。弘扬厚德、崇文、实业、创新精神，激励新生代企业家茁壮成长，努力造就一批以张謇为楷模、典范的新一代苏商群体。培养一批具有全球战略眼光、市场开拓精神、管理创新能力和社会责任感的优秀企业家。

45.营造企业家健康成长环境。依法保护企业家合法权益，促进企业家公平竞争诚信经营。支持和引导企业家践行新发展理念，拓展国际视野，走“专精特新”发展道路。完善企业家正向激励机制，营造鼓励创新、宽容失败的文化和社会氛围，不得捏造或者歪曲事实损害市场主体的声誉。加强对优秀企业家先进事迹、突出贡献的宣传报道和荣誉激励。贯彻宽严相济刑事政策，坚持“少捕慎诉慎押”，深入推进检察机关主导的涉案企业合规改革试点，督促帮助企业整改问题、排除风险，促进企业健康发展。

（三）优化创新发展环境

46.完善科技企业孵化体系。瞄准人工智能、区块链等前沿领域，持续推进前沿引领技术基础研究专项、前瞻性产业技术创新专项。创新高水平研发机构引进合作机制，支持企业联合高校院所共建联合创新中心、新型研发机构等，争创一批重大技术创新平台载体。鼓励重大科研基础设施和大型科研仪器、国家级和省级创新平台向中小企业开放，增强中小企业创新活力。

47.探索科技成果产权制度改革。推动国家赋予科研人员职务科技成果所有权或长期使用权试点单位深化改革，进一步探索促进科技成果转化的机制和模式。完善技术转移转化机制，强化技术产权交易市场桥梁纽带功能。加大科技企业金融支持，积极探索通过天使投资、创业投资、知识产权证券化、科技保险等方式推动科技成果资本化。鼓励商业银行采用知识产权质押、预期收益质押等融资方式，为促进技术转移转化提供更多金融产品服务。

（四）完善育才引才聚才保障机制

48.完善公共服务配套。加强城市规划设计和管理，改善城市环境，持续提升生态环境质量。强化基本公共服务供给，加快配套完善教育、医疗、交通、社会保险等公共服务，以高品质人居环境吸引更多市场主体和人才来赣榆投资兴业。

49.促进人力资源有序流动。落实支持多渠道灵活就业的政策，进一步拓展劳动者就业渠道。完善企业用工指导服务机制，建立用人单位招聘岗位、技能人才、企业需求、个人求职信息指标体系，为企业精准推送服务信息。加强对岗位信息共享机制应用，促进人力资源跨省流动和合理配置。支持人才大胆创新创造。完善企事业单位人才交流机制，畅通人才跨所有制流动渠道。健全劳动力市场调解与仲裁衔接机制，健全劳动者权益预警处理机制。鼓励人才有序流动，建立本地区人才挂钩合作机制。

50.优化国际人才服务体系。鼓励企业建立与国际规则接轨的招聘、薪酬、考核等人才保障制度。研究建立与国际接轨的人才评价体系。推动建立国际人才职称评审绿色通道。探索建立与国际接轨的高技术人才管理制度。完善人才薪酬激励机制，指导用人单位实行以增加知识价值为导向的分配政策。进一步优化完善外籍人员工作许可和出入境便利措施。推动实施港澳居民在江苏发展便利化计划，打造更具吸引力的国际化人才服务环境。

七、保障措施

（一）强化组织领导。加强对全区优化营商环境工作的统筹领导和组织协调，成立由区委书记、区长任组长的优化营商环境工作领导小组，研究制定营商环境重大政策举措。领导小组办公室设在区发改委，承担协调推进、跟踪调度、督促落实职责。各镇、各部门主要负责人是优化营商环境工作第一责任人，亲自抓部署、抓方案、抓协调、抓落实。针对重点领域、重点问题，建立工作专班、专项小组推进机制，配齐配强人员力量。

（二）加强统筹推进。区各有关部门强化对上争取、横向协同、对下指导，主动对标国际国内一流营商环境，大胆探索、积极创新。对改革事项进行清单化、表格化管理，科学把握改革时序、节奏和步骤。持续完善以市场主体满意度为导向的评价机制，充分发挥评价对优化营商环境的引领和督促作用，创新评价方式，优化评价指标，继续将营商环境评价纳入高质量发展考核。

（三）严格督查问责。建立全过程督查问责机制，将营商环境工作纳入专项督查，强化对改革事项落实情况的审计监督。广泛听取人大代表、政协委员、企业和群众对政策落实情况的意见建议，主动接受监督。认真贯彻落实鼓励激励、容错纠错、能上能下"三项机制"，对积极担当、勇于作为、抓落实成效明显的干部，强化表扬和正向激励；对政策执行做选择、打折扣、搞变通以及不作为、慢作为、乱作为的干部，依规依纪依法严肃追究责任。

（四）凝聚各方合力。发挥第三方机构作用，为营商环境评价、政策评估提供支撑。发挥专家、专业机构等研究力量的作用，加强营商环境政策前瞻性研究。

（五）加强宣传推广。广泛宣传推介全区优化营商环境政策，提升赣榆营商环境的感知度和影响力，形成全社会广泛支持和参与营商环境建设的良好氛围。及时总结优化营商环境改革经验，不断推广各镇（园区）及相关部门的典型案例和成功做法，形成更多可复制可推广的工作机制和创新成果，实现全区营商环境的整体提升。

附件：优化营商环境行动重点任务分工

表28 **优化营商环境行动重点任务分工**

序号	重点任务	责任单位
1	出台“1+5+N”系列政策	区发改委、区市场监管局、区行政审批局、区司法局、区工商联分别牵头区相关部门单位按职责分工负责
2	持续优化营商环境政策供给	区发改委、区司法局、区行政审批局、区市场监管局牵头，区相关部门单位按职责分工负责
3	推动政策集成创新	区发改委、区司法局、区商务局、区行政审批局、区市场监管局牵头，区相关部门单位按职责分工负责
4	构建制度型开放新优势	区商务局、区发改委牵头，区相关部门单位按职责分工负责
5	规范涉企政策制定程序	区委统战部、区司法局、区发改委、区工商联等区相关部门单位按职责分工负责
6	全面落实公平竞争审查制度	区市场监管局牵头，区相关部门单位按职责分工负责

续表28

序号	重点任务	责任单位
7	打通政策落实“最后一公里”	区发改委、区行政审批局等区相关部门单位按职责分工负责
8	建立健全政策评估制度	区发改委、区司法局、区市场监管局等区相关部门单位按职责分工负责
9	全面贯彻优化营商环境条例	区发改委牵头，区相关部门单位按职责分工负责
10	完善营商环境法规配套制度	区司法局、区发改委等区相关部门单位按职责分工负责
11	全面实施市场准入负面清单制度	区发改委、区商务局、区市场监管局牵头，区相关部门单位按职责分工负责
12	提升企业开办便利度	区行政审批局牵头，区公安局、区人社局、区住建局、区市场监管局、赣榆区税务局、人民银行赣榆支行等区相关部门单位按职责分工负责
13	深化行政审批制度改革	区司法局、区商务局、区行政审批局、区市场监管局等区相关部门单位按职责分工负责
14	平等对待各类市场主体	区发改委、区工信局、区住建局、区交通运输局、区商务局、区市场监管局等区相关部门单位按职责分工负责
15	规范政府采购和招标投标	区发改委、区财政局、区行政审批局等区相关部门单位按职责分工负责
16	加强反垄断和反不正当竞争执法司法	区委政法委、区法院、区检察院、区市场监管局等区相关部门单位按职责分工负责
17	降低企业税费负担	区发改委、区工信局、区财政局、区住建局、区市场监管局、赣榆区税务局、区供电公司等区相关部门单位按职责分工负责
18	降低企业融资成本	区发改委、区财政局、区市场监管局、区金融办、人民银行赣榆支行等区相关部门单位按职责分工负责
19	降低企业其他经营成本	区发改委、区工信局、区民政局、区财政局、区交通运输局、区商务局、区行政审批局、区市场监管局、海关赣榆办事处等区相关部门单位按职责分工负责
20	提升行政权力运行规范化水平	区委编办、区司法局、区行政审批局牵头，区相关部门单位按职责分工负责
21	提升行政权力下放赋能成效	区委编办、区司法局、区行政审批局、区财政局牵头，区相关部门单位按职责分工负责
22	提升重点领域简政放权实效	区发改委、区自然资源局、赣榆生态环境局、区住建局、区水利局、区行政审批局、区市场监管局、区消防救援大队、区供电公司等区相关部门单位按职责分工负责
23	深入推进“一件事”改革	区行政审批局牵头，区相关部门单位按职责分工负责
24	完善江苏一体化政务服务平台	区行政审批局牵头，区相关部门单位按职责分工负责
25	深入推进省内通办和跨省通办	区行政审批局牵头，区相关部门单位按职责分工负责
26	创新审批监管工作机制	区委编办、区行政审批局牵头，区相关部门单位按职责分工负责
27	完善政务服务“好差评”制度	区行政审批局牵头，区相关部门单位按职责分工负责
28	推动政务服务数字化治理转型	区行政审批局牵头，区相关部门单位按职责分工负责
29	推进公共数据资源治理	区行政审批局牵头，区相关部门单位按职责分工负责
30	加强市场主体权益保护	区委政法委、区法院、区检察院、区工信局、区公安局、区司法局、区信访局等区相关部门单位按职责分工负责

续表28

序号	重点任务	责任单位
31	加强知识产权保护	区市场监管局牵头，区法院、区检察院、区科技局、区公安局等区相关部门单位按职责分工负责
32	建立健全多元化涉企纠纷解决机制	区委政法委、区法院、区司法局、区信访局等区相关部门单位按职责分工负责
33	深化“双随机、一公开”监管	区市场监管局牵头，区相关部门单位按职责分工负责
34	加强重点领域监管	区发改委、区教育局、区公安局、区自然资源局、赣榆生态环境局、区住建局、区水利局、区卫健委、区行政审批局、区市场监管局等区相关部门单位按职责分工负责
35	创新包容审慎监管	区工信局、区司法局、区金融办、区市场监管局、人民银行赣榆支行等区相关部门单位按职责分工负责。
36	坚持严格规范公正文明执法	区委政法委、区司法局、区公安局、区市场监管局等区相关部门单位按职责分工负责
37	强化政务诚信建设	区发改委牵头，区法院、区工信局等区相关部门单位按职责分工负责
38	推进全流程信用监管	区发改委牵头，区相关部门单位按职责分工负责
39	深化信用信息归集应用	区发改委牵头，区相关部门单位按职责分工负责
40	畅通市场主体退出渠道	区行政审批局、区市场监管局牵头，区法院、区人社局、赣榆区税务局、海关赣榆办事处、人民银行赣榆支行等区相关部门单位按职责分工负责
41	健全完善企业破产制度	区法院牵头，区司法局、区市场监管局、赣榆区税务局、人民银行赣榆支行等区相关部门单位按职责分工负责
42	健全完善政企沟通渠道	区发改委、区工信局、区行政审批局、区工商联等区相关部门单位按职责分工负责
43	规范政商交往行为	区纪委监委机关、区工信局、区国资办、区工商联等区相关部门单位按职责分工负责
44	壮大新时代苏商群体	区委统战部、区发改委、区工信局、区国资委、区工商联等区相关部门单位按职责分工负责
45	营造企业家健康成长环境	区委宣传部、区委统战部、区委政法委、区融媒体中心、区法院、区检察院、区工信局、区公安局、区国资办、区工商联等区相关部门单位按职责分工负责
46	完善科技企业孵化体系	区发改委、区教育局、区科技局、区工信局等区相关部门单位按职责分工负责
47	探索科技成果产权制度改革	区发改委、区教育局、区科技局、区工信局、区金融办、区市场监管局、人民银行赣榆支行等区相关部门单位按职责分工负责
48	完善公共服务配套	区教育局、区人社局、区自然资源局、赣榆生态环境局、区住建局、区水利局、区卫健委、区医保局等区相关部门单位按职责分工负责
49	促进人力资源有序流动	区委组织部、区人社局等区相关部门单位按职责分工负责
50	优化国际人才服务体系	区委组织部、区教育局、区科技局、区公安局、区人社局、区外办等区相关部门单位按职责分工负责

本索引采用主题分析法编制，按标引词第一字汉语拼音字母顺序排列，同音字按声调排列，音调相同按下一字的音译排列。标引词后的数字表示内容所在页码，字母a、b、c分别表示左、中、右栏。

A

B

C

D

E

F

G

H

J

M

N

X